LA DÎME DU CORPS :
DOCTRINES ET PRATIQUES DU JEÛNE

Volume 2

Jeûnes chrétiens
Jeûnes d'aujourd'hui

BIBLIOTHÈQUE DE L'ÉCOLE DES HAUTES ÉTUDES
SCIENCES RELIGIEUSES

VOLUME
201

Illustration de couverture : Giovanni di Consalvo, *Vie de Saint Benoît*, 1436-1439, Fresque, Cloître des Orangers, Badia Fiorentina, Florence.

LA DÎME DU CORPS :
DOCTRINES ET PRATIQUES DU JEÛNE

Volume 2
Jeûnes chrétiens
Jeûnes d'aujourd'hui

sous la direction de Hocine BENKHEIRA
et de Sylvio Hermann DE FRANCESCHI

BREPOLS

Collection
« Bibliothèque de l'École des Hautes Études, Sciences religieuses »

Cette collection, fondée en 1889 et riche d'environ deux-cents volumes, reflète la diversité des enseignements et des recherches menés au sein de la Section des sciences religieuses de l'École pratique des hautes études – PSL (Paris, Sorbonne). Dans l'esprit de la section qui met en œuvre une étude scientifique, laïque et pluraliste des faits religieux, on retrouve dans cette collection tant la diversité des religions et aires culturelles étudiées que la pluralité des disciplines pratiquées : philologie, archéologie, histoire, philosophie, anthropologie, sociologie, droit. Avec le haut niveau de spécialisation et d'érudition qui caractérise les études menées à l'EPHE, la collection *Bibliothèque de l'École des Hautes Études, Sciences religieuses* aborde aussi bien les religions anciennes disparues que les religions contemporaines, s'intéresse aussi bien à l'originalité historique, philosophique et théologique des trois grands monothéismes – judaïsme, christianisme, islam – qu'à la diversité religieuse en Inde, au Tibet, en Chine, au Japon, en Afrique et en Amérique, dans la Mésopotamie et l'Égypte anciennes, dans la Grèce et la Rome antiques. Cette collection n'oublie pas non plus l'étude des marges religieuses et des formes de dissidences, l'analyse des modalités mêmes de sortie de la religion. Les ouvrages sont signés par les meilleurs spécialistes français et étrangers dans le domaine des sciences religieuses (enseignants-chercheurs à l'EPHE, anciens élèves de l'École, chercheurs invités).

Directeurs de la collection : Mohammad Ali AMIR-MOEZZI, Ivan GUERMEUR

Éditeurs : Morgan GUIRAUD, Cécile GUIVARCH, Anna WAIDE

Comité de rédaction : Andrea ACRI, Constance ARMINJON, Jean-Robert ARMOGATHE, Samra AZARNOUCHE, Marie-Odile BOULNOIS, Marianne BUJARD, Vincent GOOSSAERT, Andrea-Luz GUTIERREZ-CHOQUEVILCA, Christian JAMBET, Vassa KONTOUMA, Séverine MATHIEU, Gabriella PIRONTI, François de POLIGNAC, Ioanna RAPTI, Jean-Noël ROBERT, Arnaud SÉRANDOUR, Judith TÖRZSÖK, Valentine ZUBER

Les ouvrages publiés dans cette collection ont été soumis à une évaluation par les pairs à simple insu, par un membre spécialiste du comité éditorial et un spécialiste externe.
Method of peer review: single-blind undertaken by a specialist member of the Board and an external specialist.

© 2023, Brepols Publishers n.v., Turnhout, Belgium.

All rights reserved. No part of this publication may be reproduced, stored in a retrieval system, or transmitted, in any form or by any means, electronic, mechanical, photocopying, recording, or otherwise without the prior permission of the publisher.

D/2023/0095/175
ISBN 978-2-503-60652-1
e-ISBN 978-2-503-60653-8
ISSN 1784-2727
E-ISSN 2565-9324
DOI 10.1484/M.BEHE-EB.5.133942

Printed in the EU on acid-free paper.

TABLE DES MATIÈRES

Introduction
Hocine Benkheira et Sylvio Hermann De Franceschi　　　　7

I. Jeûnes chrétiens

Les arguments des Pères grecs en faveur de la pratique du jeûne
Alain Le Boulluec　　　　23

*« La faim qui mange ta chair t'offre le bonheur de l'Éden ».
Le jeûne dans le monachisme syriaque*
Florence Jullien　　　　45

L'institution du jeûne dans l'Église orthodoxe : parcours historique
Vassa Kontouma　　　　79

*Coutumes et nécessité dans la doctrine canonique du jeûne
au Moyen Âge*
Laurent Mayali　　　　109

Le jeûne des ascètes dans la tradition médiévale occidentale
Patrick Henriet　　　　131

*Trajectoires et enjeux du jeûne eucharistique chrétien de l'Antiquité tardive
à l'exaltation gallicane de l'« Église des Pères » à l'âge classique*
Philippe Bernard　　　　155

*Un jeûne par excellence : l'âge d'or du Carême dans l'Occident latin
du Moyen Âge*
Bruno Laurioux　　　　197

Différence des mets, discipline du corps : les protestantismes et le jeûne
Olivier Christin　　　　229

Le jeûne protestant en France au XVIIe siècle
Yves Krumenacker　　　　249

*Rigueur morale et jeûne eucharistique
dans le catholicisme posttridentin*
Sylvio Hermann De Franceschi 269

*Sévérité morale et jeûne ecclésiastique
dans le catholicisme posttridentin*
Sylvio Hermann De Franceschi 325

II. Jeûnes d'aujourd'hui

Le jeûne et la faim : perspectives philosophiques
Andrea Borghini 355

Jeûne et combat spirituel au sein du protestantisme évangélique
David Vincent 373

*Piété, athéisme et mysticisme en Albanie : le jeûne du matem
entre innovation et tradition*
Gianfranco Bria 391

Rompre le jeûne sans avoir jeûné : Iftar *postsoviétique
à Samarcande (Ouzbékistan)*
Anne Ducloux 415

*« Endurer la soif et la faim pour les autres » : jeûne
et expertise rituelle en pays mandingue (Afrique de l'Ouest)*
Agnieszka Kedzierska Manzon 437

Karèm *: le jeûne dans la religion hindoue réunionnaise*
Loreley Franchina 453

Le repas du iftâr *au Liban et sa symbolique*
Aïda Kanafani-Zahar 481

*L'aşure ou la recherche de l'harmonie dans la différence :
un plat de jeûne emblématique dans la Turquie contemporaine*
Marie-Hélène Sauner 503

Jeûner en haute Amazonie
Oscar Calavia Saez 523

Index 543

INTRODUCTION

Hocine Benkheira et Sylvio Hermann De Franceschi
EPHE, Université PSL

DRESSER UNE TYPOLOGIE des jeûnes reste une entreprise assurément très complexe. Pour s'en tenir au terrain chrétien, l'oratorien Bon de Merbes (1598-1684) – un antijésuite promoteur d'une morale rigoureuse – proposait, en reprenant dans sa *Summa christiana* (1683) un inventaire des différentes formes de privations alimentaires désormais classique parmi les théologiens moralistes, de distinguer entre le jeûne *naturel* – exigé des prêtres avant la célébration de l'office et des laïcs avant la communion et qui consiste à se priver de nourriture et de boisson absorbées oralement à partir de la minuit précédant la messe[1] –, le jeûne *thérapeutique* ou *médical*, par lequel on s'abstient de manger ou de boire afin de se maintenir en bonne santé ou de guérir d'une indisposition[2], le jeûne *philosophique*, qui permet, par la privation alimentaire, de se libérer des activités digestives et de mieux disposer son esprit à l'exercice de la réflexion sur les choses de la nature et les mystères de la religion[3], le jeûne *moral*, destiné à favoriser la réalisation

---

1. B. DE MERBES, *Summa Christiana seu orthodoxa morum disciplina ex Sacris Litteris, Sanctorum Patrum monumentis, Conciliorum oraculis, Summorum denique Pontificum decretis fideliter excerpta, in gratiam omnium ad ædicationem corporis Christi (quod est Ecclesia) incumbentium elaborata*, 2 vol., Paris 1683, t. II, part. III, q. IV, *Quodnam sit ieiunium ab Ecclesia imperatum*, p. 283 : « Ieiunium naturale est omnimoda externi cibi et potus per fauces in stomachum traiecti abstinentia, quæ ab media nocte inchoatur. Vnde sacerdotes postridie celebraturi, sicut et laici communicaturi ab media nocte nihil cibi aut potus adhibere possunt, alioquin infringerent legem ecclesiasticam qua utrisque, id est sacerdotibus celebraturis et laicis communicaturis, naturale ieiunium indicitur. »
2. B. DE MERBES, *Summa Christiana*, p. 283 : « Ieiunium medicinale illud est quo quis ab esculentis poculentisque, uel ad tuendam, uel ad recuperandam corporis sanitatem abstinet. »
3. *Ibid.* : « Ieiunium philosophicum illud est quo quispiam ab cibo et potu abstinet, ut animo nullis cibi aut potus uaporibus infuscato liberius et expeditius in peruestiganda uel rerum naturalium, uel diuinarum arcana incumbere ualeat. »

d'un acte surnaturellement méritoire – ainsi quand un croyant s'abstient de manger ou de boire afin de réprimer ses élans de concupiscence[4] –, le jeûne *spirituel*, qui consiste à s'abstenir de pécher et n'a donc pas de conséquences alimentaires, le jeûne *pénitentiel*, dont l'observance impose de se priver seulement d'aliments ou de boissons qui flattent particulièrement les sens et qui a valeur expiatoire[5], et enfin le jeûne *ecclésiastique*, périodiquement requis des fidèles par l'Église et dont la finalité est la macération et la mise à l'épreuve physique des corps par une privation partielle de nourriture sans qu'il soit interdit de boire. Parmi les chrétiens de naguère ou d'aujourd'hui, les différentes pratiques de jeûne ainsi distinguées peuvent être successivement ou concomitamment observées, et des parallèles peuvent d'ailleurs être aisément faits avec les observances repérables dans d'autres cadres religieux ou même sociaux – de plus en plus souvent, en effet, jeûne et privations alimentaires volontaires sont aujourd'hui des pratiques qui tendent à s'extraire d'un cadre ecclésial, voire à s'abstraire d'une dimension religieuse.

Au sein de l'espace français, plusieurs études récentes indiquent qu'une profonde transformation du rapport aux techniques ascétiques est en cours qui n'a pas manqué d'affecter la manière dont le jeûne est conçu – il semble que le cycle de la critique rationaliste du jeûne soit en train de s'achever et qu'un nouveau cycle soit en train de s'ouvrir, plus favorable aux privations alimentaires volontaires, mais désormais envisagées selon des formalités non religieuses. Dans une contribution publiée en mars 2019 par la revue *Études*, Isabelle Jonveaux a pu montrer que les pratiques ascétiques, dont les communautés religieuses étaient naguère le lieu incontestable d'élection en christianisme, faisaient un retour imprévisible dans des sociétés occidentales pourtant largement sécularisées et structurées autour d'une exclusion du religieux. Pour analyser un phénomène d'éclosion récente, Isabelle Jonveaux en vient à parler d'« ascèse séculière », dans la mesure où « elle est vécue de manière indépendante de la

---

4. *Ibid.* : « Ieiunium morale est uoluntaria ab cibo et potu abstinentia, quæ ad alicuius finis moraliter boni assecutionem assumitur, ut si quis ieiunet ad comprimendos rebellantis concupiscentiæ motus. »
5. *Ibid.* : « Ieiunium pœnitentiale illud est quo quis sibi cibum potumque delectabilem abiudicat ut tali abstinentia Dei iram ipsius criminibus accensam placare et eorumdem criminum remissionem impetrare ualeat. »

religion institutionnelle »[6]. Alors que, dans les différentes catholicités européennes, moines et moniales ont peu à peu cessé d'observer le jeûne au quotidien, Isabelle Jonveaux relève que les laïcs, croyants ou non croyants, sont de plus en plus nombreux à jeûner – ainsi, notamment, de la pratique du jeûne « holiste », dont la méthode Buchinger-Lützner est assurément l'exemple le plus connu. On a affaire ici à une adaptation séculière très inattendue de l'ancien exercice purificateur et tempérant du jeûne observé au temps du christianisme primitif. Isabelle Jonveaux remarque très justement que « le jeûne holiste ne signifie pas seulement ne rien manger afin de mettre son corps à l'épreuve pour une entité supérieure, mais aussi le purifier intégralement »[7]. Élaborées à partir de l'exploitation de nombreux témoignages de jeûneurs, les interprétations d'Isabelle Jonveaux signalent également que l'actuelle vogue des pratiques de privations alimentaires procède aussi très fréquemment de motifs qui tirent leur justification d'un puissant rejet de la société de consommation : « L'ascèse séculière prend place dans un contexte de remise en cause de la consommation de masse comme unique voie d'accès au bonheur. Par la limitation volontaire, elle souhaite suggérer que plus de consommation n'apporte pas nécessairement plus de bonheur[8]. » Jeûner est ainsi devenu un acte d'engagement politique et citoyen révélant des convictions écologiques. La privation alimentaire devient une forme de dissidence, une pratique contestataire, ainsi que le montre une étude de Patrice Cohen, Laura Bellenchombre et François Féliu parue en 2019 dans la *Revue des sciences sociales*[9]. À partir des jalons sociologiques posés par Claude Fischler dans ses travaux désormais classiques sur les représentations de l'alimentation[10], les trois chercheurs relèvent une vogue récente de la pratique du jeûne en France, particulièrement perceptible à partir du début des années 2000. Un discours socialement diffus, souvent appuyé d'arguments médicaux plus ou moins bien fondés, a procédé à une valorisation des privations alimentaires volontaires

---

6. I. Jonveaux, « La redécouverte de l'ascèse », *Études* 2019/3, p. 67-77 [p. 67].
7. *Ibid.*, p. 72.
8. *Ibid.*, p. 74.
9. P. Cohen, L. Bellenchombre et Fr. Féliu, « Jeûner en France. Généalogie d'une pratique contestataire et contestée », dans *Dissidences alimentaires*, *Revue des sciences sociales* 61 (2019), p. 100-109.
10. Cl. Fischler, *L'homnivore*, Paris 1990, et *Les alimentations particulières*, Paris 2013.

par l'insistance sur de prétendues vertus diététiques, nutritionnelles, physiologiques et thérapeutiques du jeûne. Un rapport d'expertise collective rendu en novembre 2017 par le Réseau National Alimentation Cancer Recherche signale qu'en France, 4 000 à 5 000 personnes jeûnent chaque année en dehors d'un cadre religieux ou spirituel[11]. À partir de données remontant aux assises chrétiennes du jeûne qui s'étaient tenues à Saint-Étienne du 12 au 14 février 2010, il a été possible de mieux connaître une population qui pratique régulièrement les privations alimentaires en France : il s'agissait alors essentiellement de femmes (71 %), d'individus âgés de 45 à 50 ans (54 %) et ayant un haut niveau d'études, au moins un niveau bac +3 pour plus de la moitié de l'échantillon (59 %)[12]. Dans leur analyse de la modification de l'image de la pratique du jeûne dans la société française, Patrice Cohen, Laura Bellenchombre et François Féliu ont mis en lumière l'impact récent de plusieurs facteurs. Il y a, d'une part, la vogue de la naturopathie, introduite en France par Pierre-Valentin Marchesseau (1911-1994) dans les années 1970 et qui fait une place cruciale aux privations alimentaires. Il y a, d'autre part, l'émergence du réseau « Jeûne et randonnée », fondé en 1990 par Gertrud et Gisbert Bölling et qui s'inspire d'expériences allemandes durant les années 1970 et surtout du mouvement *Fastenwandern* lancé en 1984 par Christoph Michl en Allemagne. À quoi il faut ajouter l'influence des médecines non conventionnelles qui développent des approches holistiques où le jeûne est recommandé. Patrice Cohen, Laura Bellenchombre et François Féliu relèvent ainsi un tournant médiatique et scientifique au début des années 2010 qui conduit à une « acceptabilité sociale croissante » du jeûne, pour reprendre leur formule, et dont le succès du documentaire sur *Le jeûne, un espoir thérapeutique* conçu et réalisé en 2011 par les journalistes Sylvie Gilman et Thierry de Lestrade a été l'illustration la plus convaincante. Processus de médiatisation qui n'a fait que s'accentuer ensuite avec la publication d'un nombre toujours plus important d'articles de vulgarisation scientifique dans la presse.

---

11. *Jeûne, régimes restrictifs et cancer : revue systématique des données scientifiques et analyse socio-anthropologique sur la place du jeûne en France*, Réseau National Alimentation Cancer Recherche (Nacre), novembre 2017, https://www6.inrae.fr/nacre/content/download/5448/46454/version/4/file/Rapport+NACRe-Je%C3%BBne-regimes-restrictifs-cancer_2017_2018.02.06.pdf [consulté le 4 juillet 2021].
12. *Jeûne, régimes restrictifs et cancer*, p. 66.

Introduction

Si le style de vie monastique s'est désormais très éloigné d'une observance rigoureuse du jeûne, il reste que sporadiquement des voix se sont fait entendre avec une légitimité institutionnelle indéniable pour en défendre les vertus physiques et morales. En 2018, le bénédictin flamand Benoît Standaert, moine de l'abbaye Saint-André de Zevenkerken près de Bruges et qui a fait le choix en 2007 de vivre en ermite, fait paraître dans la revue *Études* un article significativement intitulé *L'art de jeûner dans la joie*[13]. Le constat est d'emblée posé d'une longue déshérence de la pratique du jeûne suivie d'un récent renouveau que les chrétiens paraissent largement ignorer : « De toutes les grandes religions, nous, chrétiens occidentaux, sommes les seuls à ne plus savoir ce que peut représenter la pratique du jeûne. En Orient, en revanche, les chrétiens n'ignorent pas du tout le jeûne. De nos jours, parmi nous, ce sont surtout les musulmans qui nous rappellent que le jeûne annuel pendant tout le mois de Ramadan est source de joie, partagée dans une large solidarité de par le monde entier[14]. » Dom Standaert note que le *Catéchisme de l'Église catholique* ne dit rien de significatif sur le jeûne et qu'il se contente de renvoyer au *Code de droit canonique*, où l'on ne trouve que de brèves indications, essentiellement relatives aux excuses qui peuvent être invoquées pour ne pas jeûner – et le bénédictin de relever : « Que le jeûne puisse impliquer de ne rien manger durant toute une journée ne semble pas faire partie de l'imaginaire des auteurs[15]. » Dom Standaert reconnaît sans difficulté que de chercher à réhabiliter une observance authentique du jeûne est une entreprise délicate – les privations alimentaires volontaires suscitent la crainte dès qu'on en parle : « Il n'existe d'ailleurs que deux sortes de personnes : celles qui jeûnent et les autres. Et d'en parler a même un petit côté terroriste : en effet, l'autorité de l'expérience désarme d'un seul coup toute l'argumentation de ceux qui n'en ont jamais fait l'expérience[16]. » Dom Standaert rappelle que, dans la tradition monastique ancienne, le jeûne rigoureux impliquait de ne rien manger avant la tombée de la nuit – un usage qui correspond à celui des musulmans pendant le Ramadan. Le bénédictin suggère de rétablir progressivement un jeûne véritable le Vendredi saint : « Allons-y par étapes : attendre pour manger jusqu'au vendredi midi,

---

13. B. Standaert, « L'art de jeûner dans la joie », *Études* 2018/3, p. 99-104.
14. *Ibid.*, p. 99.
15. *Ibid.*, p. 99, n. 1.
16. *Ibid.*, p. 100.

puis jusqu'au vendredi soir et finalement ne rien manger du jeudi soir au vendredi soir, voilà ce qui pourrait être une mesure praticable[17]. » La pratique de jeûne, au surplus, est largement justifiée par l'enseignement du Christ lui-même. Pour dom Standaert, il est clair que les chrétiens peuvent désormais se libérer des contraintes de calendrier pour décider de jeûner et qu'ils doivent surtout se fonder sur « un critère purement christologique » : « À chaque souffrance qui nous parvient, on peut manifester sa solidarité par un jeûne ; à chaque fête qui s'annonce, on peut librement interrompre le jeûne à cause de l'Époux qui vient. Observer un jeûne commun avec des personnes appartenant à une autre religion constitue un lien interreligieux très intense. N'hésitons jamais à le faire[18]. » D'un point de vue anthropologique et culturel, poursuit dom Standaert, le premier commandement signifié à Adam de ne pas manger à tort et à travers interdit précisément la voracité déréglée – or, insiste le bénédictin, le comportement humain à l'âge contemporain correspond au contraire à une consommation débridée des ressources communes. Dès lors, la pratique du jeûne est susceptible de reprendre un sens véritable : « Une culture du plein a peur du vide, du silence, de la lenteur, du jeûne, de l'ouverture à l'autre que soi-même. Qui jamais ne jeûne en vient à nier autrui[19]. » Ainsi conçu, le jeûne redevient un acte de sagesse et de respect humain, et même, selon dom Standaert, un acte pleinement politique, voire cosmique, de révérence à l'égard du prochain et du monde. Retrouver une pratique du jeûne parmi les chrétiens implique de refaire connaissance avec un usage qui s'est perdu. Dom Standaert suggère d'essayer d'abord de ne plus rien manger pendant vingt-quatre heures – certes, le corps ne peut manquer d'élever alors ses protestations, mais il faut les ignorer : « En réalité, l'expérience confirmera vite que le plus difficile lorsqu'on a prolongé un peu le jeûne, c'est de recommencer à manger. Il ne faut surtout pas se précipiter, mais commencer par très peu, et bien mastiquer ce qu'on mange[20]. » Dom Standaert, lui-même issu d'une tradition monastique attachée à la pratique du jeûne, plaide pour un renouveau écologique et spirituel des privations alimentaires volontaires.

---

17. *Ibid.*, p. 100.
18. *Ibid.*, p. 101.
19. *Ibid.*, p. 103.
20. *Ibid.*, p. 104.

Introduction

Discours qui faisait fidèlement écho à des considérations développées trente ans auparavant par Adalbert de Vogüé (1924-2011), lui aussi bénédictin et moine de l'abbaye Sainte-Marie de la Pierre-qui-Vire, qui avait publié en 1988 un essai bref, mais percutant, expressivement intitulé *Aimer le jeûne*. L'ouvrage développait une réflexion dont Adalbert de Vogüé avait posé de premiers jalons dans un ample commentaire de la règle de saint Benoît publié de 1971 à 1977 où ses convictions étaient déjà clairement exprimées[21]. D'après lui, l'idéal chrétien de vie monastique était depuis longtemps entré en décadence, et son dépérissement se mesurait notamment à l'aune du relâchement de la discipline alimentaire : « Depuis un quart de siècle, l'Église a supprimé presque tout vestige des jeûnes et abstinences traditionnellement imposés aux fidèles. Quant aux moines, leurs propres observances, déjà très affaiblies, tendent actuellement à s'amenuiser ou à s'évanouir[22]. » L'essai publié en 1988 tente d'affronter sans ménagement un sujet d'étonnement sans dissimuler l'ardeur d'un engagement spirituel franchement assumé au risque de rebuter le lecteur : « Peut-être certains de mes propos sur l'état actuel de la vie religieuse paraîtront-ils trop sévères. De fait, ma recherche est née d'une surprise, voire d'un scandale : comment le jeûne peut-il être totalement absent d'un genre de vie qui le requiert nécessairement ? Qu'on ne voie là, pourtant, aucune opposition de principe au monde moderne et à la forme qu'y a prise le monachisme. Au contraire, c'est mon appartenance à l'un et à l'autre qui me paraît exiger pareille franchise lucide. Car la modernité est essentiellement critique[23]. » L'ouvrage s'ouvre par le témoignage personnel du bénédictin, qui a choisi de redécouvrir les vertus d'une discipline alimentaire exigeante et qui ne mange qu'une fois par jour, à la fin de la journée. Entré au monastère à l'âge de dix-neuf ans, dom de Vogüé y a passé trois décennies en mangeant normalement trois fois par jour. Après avoir décidé de rompre avec la vie en communauté pour mener une existence d'ermite solitaire à l'âge

---

21. Sur Adalbert de Vogüé, voir D.-O. HUREL et P. HENRIET (éd.), « Érudition et vie monastique au XXe siècle. L'œuvre du père Adalbert de Vogüé (1924-2011) et sa réception », *Revue Mabillon* 89 (2017), et D. HERVIEU-LÉGER, *Le temps des moines. Clôture et hospitalité*, Paris 2017, « À la recherche du jeûne perdu », p. 201-214.
22. A. DE VOGÜÉ, *La règle de saint Benoît. Commentaire doctrinal et spirituel*, 7 vol., Paris 1971-1977, t. VII, p. 320-321.
23. A. DE VOGÜÉ, *Aimer le jeûne. L'expérience monastique*, Paris 1988, p. 11.

de quarante-neuf ans en 1974, dom de Voguë a procédé par étapes, diminuant son petit-déjeuner jusqu'à le supprimer complètement au bout de deux ans. Puis il a procédé à la réduction progressive de son souper et s'en est finalement complètement passé. Désormais astreint à un seul repas par jour, il a fini par le prendre le soir. Seules exceptions dans sa semaine, les dimanches et éventuels jours de fête, où dom de Voguë se plie à un usage monastique millénaire en déjeunant à la mi-journée et en faisant un léger repas du soir : « Avouerai-je que ce n'est pas sans une sorte de regret ? Ces jours, qui devraient être les plus saints, en deviennent de fait les plus médiocres. La digestion m'ôte, l'après-midi, l'incomparable allégresse des jours de jeûne[24]. » À lire le témoignage d'Adalbert de Voguë, on découvre une expérience du jeûne qui, loin de provoquer la souffrance ou la fatigue, engendre au contraire une authentique euphorie et se répercute sur l'ensemble de la vie morale du jeûneur en rendant en particulier plus facile la maîtrise des passions charnelles : « L'action bénéfique du jeûne se fait sentir avant tout dans le domaine sexuel. Sans peine, j'ai pu vérifier la liaison établie par les Anciens entre les premiers *vices principaux*, gourmandise et luxure, et par suite entre les deux ascèses correspondantes : jeûne et chasteté. Pour un religieux qui a voué cette dernière, le jeûne est le plus efficace des auxiliaires[25]. » Dans son témoignage, Adalbert de Voguë insiste avec force sur la facilité avec laquelle il a réussi à se plier à une discipline du jeûne qui était tombée en déshérence parmi ses confrères – au motif fallacieux mais souvent invoqué selon lequel les complexions modernes étaient devenues incapables de supporter les privations qui faisaient le quotidien des moines aux temps anciens.

Étudier la pratique du jeûne aujourd'hui implique d'être conscient de sa situation dans un contexte d'intérêt pour la discipline alimentaire dont les coordonnées se sont finalement redéfinies au tournant des XXe et XXIe siècles. En 2007, le journaliste Jean-Claude Noyé, lui-même un adepte du jeûne spirituel, fait paraître un ouvrage intitulé *Le grand livre du jeûne* où il aborde la pratique des privations alimentaires volontaires dans une perspective comparative et où il livre de nombreux témoignages de jeûneurs, et notamment celui du musulman Tareq Oubrou, un imam libéral d'origine marocaine, dont les propos entrent

---

24. *Ibid.*, p. 16.
25. *Ibid.*, p. 18.

en involontaire consonance avec les analyses d'Adalbert de Voguë : « Le jeûne, c'est la santé même. Non par mortification gratuite, mais maîtrise des instincts les plus redoutables : la pulsion sexuelle et la faim. Dans la tradition musulmane, ces instincts peuvent à nouveau s'exprimer le soir après la rupture du jeûne mais avec modération[26]. » Pour sa part, Isabelle Morin-Larbey, qui enseigne à Paris le *hatha yoga* et qui est donc marquée par la spiritualité indienne, exprime des convictions que l'on peut aisément mettre en parallèle avec les conclusions avancées en 2018 par dom Standaert : « Le jeûne crée un espace de disponibilité à l'autre, d'accueil à ce qu'il est. Il nous met dans une sensibilité de partage. Nous invite à faire de la place pour autrui. Comme quand on fait de la place et du ménage dans sa maison pour accueillir des hôtes. Ce qui est en jeu, c'est une plus grande justesse de présence[27]. » L'ouvrage exprime la conviction, assez répandue par ailleurs, qu'avec la pratique du jeûne, un instrument idéal semble avoir été trouvé pour favoriser le dialogue interreligieux.

Le renouveau récent de l'intérêt des historiens pour les disciplines alimentaires se situe alors au croisement de deux mouvements, d'une part, l'actualité médiatique indéniable du jeûne, d'autre part, le développement des enquêtes de la *food history* et de l'histoire de l'alimentation, qui a eu pour résultat une multiplication de travaux consacrés aux pratiques alimentaires envisagées d'un point de vue religieux et moral[28]. Parmi les travaux les plus récents, quelques publications doivent être en particulier mentionnées. En 2007 paraît un volume collectif intitulé *À croire et à manger : religions et alimentation* dirigé par Aïda Kanafani-Zahar, Séverine Mathieu et Sophie Nizard.

---

26. Cité dans J.-Cl. NOYÉ, *Le grand livre du jeûne*, Paris 2007, p. 226.
27. *Ibid.*, p. 243.
28. Dans le domaine des études consacrées au christianisme, on peut citer D. GRUMETT et R. MUERS (éd.), *Eating and Believing. Interdisciplinary Perspectives on Vegetarianism and Theology*, Londres – Oxford 2008 ; D. GRUMETT et R. MUERS (éd.), *Theology on the Menu. Asceticism, Meat and Christian Diet*, Londres 2010 ; K. ALBALA et Tr. EDEN (éd.), *Food and Faith in Christian Culture*, New York 2011, et S. DE FRANCESCHI, *Morales du Carême. Essai sur les doctrines du jeûne et de l'abstinence dans le catholicisme latin (XVIIe-XIXe siècle)*, Paris 2018. Pour le champ des études islamologiques, après l'étude classique de K. WAGTENDONK, *Fasting in the Koran*, Leyde 1968, la question de la discipline alimentaire a retenu l'attention de M. H. BENKHEIRA, *Islam et interdits alimentaires. Juguler l'animalité*, Paris 2000, et plus récemment de Fr. GORGEON, *Le mois le plus long. Ramadan à Istanbul de l'empire ottoman à la Turquie contemporaine*, Paris 2017.

Hocine Benkheira et Sylvio Hermann De Franceschi

L'ouvrage s'inscrit dans des perspectives à la fois anthropologiques et sociologiques en partant explicitement de la thèse avancée par Claude Lévi-Strauss dans *Le totémisme aujourd'hui* (1962) selon laquelle les nourritures constituent assurément un excellent observatoire pour analyser les sociétés. La question du jeûne, si essentielle, n'est pourtant traitée que marginalement dans l'ouvrage. Plus récemment, un autre volume collectif, lui aussi intitulé *Religions et alimentation* (2020) et dirigé par Rémi Gounelle, Anne-Laure Zwilling et Yves Lehmann, a consacré à la pratique du jeûne une entière section, ouverte par une stimulante synthèse de Nadine Weibel[29]. S'y trouve d'emblée justement souligné le fait que d'aborder scientifiquement la pratique du jeûne implique de se situer à la croisée de plusieurs disciplines, la sociologie, l'anthropologie, l'histoire, la psychologie et la théologie – on peut même y ajouter la physiologie. Nadine Weibel relève que, si se nourrir « participe de l'identité religieuse », il en va de même également des différents types de jeûne : « Au respect des normes est conférée une double fonction : agrégative, puisqu'il permet d'adhérer au groupe, mais aussi ségrégative, excluant ceux et celles qui s'en éloignent par des pratiques différentes[30]. » À son tour, Nadine Weibel souligne le fait que, dans les sociétés occidentales, marquées par une forte sécularisation, les jeûnes religieux traditionnels sont désormais très largement ignorés, mais la pratique des privations alimentaires volontaires paraît revenir sous des formes nouvelles, hygiénistes et inspirées du *healthism* contemporain : « Le jeûne, encore souvent synonyme de pénitence et de mortification, si la dimension de purification y est toujours attachée, évolue vers une pratique plus légère[31]. » Fortement caractérisé par une dimension pénitentielle et expiatoire au sein des religions universelles, le jeûne n'en a pas moins aussi fréquemment une action purificatoire. Au tournant des XIXe et XXe siècles, on assiste à l'apparition du phénomène du jeûne-spectacle, dans lequel des jeûneurs, professionnels des privations alimentaires, s'exhibent en public – on connaît le cas célèbre de l'Italien Giovanni Succi (1850-1918), évoqué par le psychiatre romain Sante de

---

29. N. Weibel, « Le jeûne : entre pénitence, purification et fascination », dans R. Gounelle, A.-L. Zwilling et Y. Lehmann (éd.), *Religions et alimentation. Normes alimentaires, organisation sociale et représentations du monde*, Turnhout 2020, p. 23-34.
30. N. Weibel, « Le jeûne : entre pénitence, purification et fascination », p. 24.
31. *Ibid.*, p. 24.

Sanctis (1862-1935) dans un ouvrage intitulé *I sogni : studi psicologici e clinici di un alienista* (1899) et qui avait récemment publiquement enduré à Turin deux jeûnes de cinquante et de soixante-six jours respectivement ; Succi devait plus tard inspirer à l'écrivain Franz Kafka (1883-1924) sa dernière nouvelle, intitulée *Ein Hungerkünstler* (1922). Nadine Weibel note aussi que le jeûne « revendicatif », ou jeûne politique, soit la grève de la faim, s'est développé au XXe siècle, après avoir été inauguré par les suffragettes britanniques en 1905. Récemment, la vogue de différentes formes de jeûnes hygiénistes a contribué à changer l'image d'une pratique trop souvent identifiée à une ascèse doloriste. D'où la conclusion de Nadine Weibel : « Le glissement le plus spectaculaire est indubitablement celui qui s'opère de la mortification vers la joie. De contraignant et vexatoire, le jeûne devient facultatif et libératoire. De non-jouissance, il se transforme en plaisir et en bien-être. Dans les cas extrêmes, selon l'intensité des expériences personnelles interprétées comme des états de conscience modifiée, l'exaltation ressentie peut se muer en une réelle jouissance, comme le révélait Gandhi[32]. » Il en ressort la conception d'un jeûne revalorisé, empreint de sérénité et de consistance spirituelle et où le caractère mortificatoire s'est effacé pour laisser place à une technique de soi de réconciliation et d'apaisement.

À son tour, le présent ouvrage, qui fait suite à un premier volume spécifiquement consacré aux jeûnes anciens et orientaux et aux jeûnes d'islam, entend apporter sa contribution à une meilleure connaissance des pratiques du jeûne en un temps où elles connaissent un singulier regain. La nécessité d'une enquête plus approfondie et plus large s'est imposée aux deux éditeurs après leur commune participation au volume collectif intitulé *Affamés volontaires : les monothéismes et le jeûne* (2020). L'ouvrage a permis de poser de premiers et précieux jalons dans une entreprise d'approche comparative du jeûne. Ainsi, dans la religion juive, jeûner consiste surtout à obliger les croyants à réfléchir au caractère spirituel de leurs actes. Il n'y a pas, dans les privations alimentaires imposées aux juifs, de dimension pénitentielle ou expiatoire ; il s'agit plutôt, par le jeûne, d'éveiller ou de réveiller la mémoire religieuse des croyants et de rendre plus intense l'expérience de leur foi. Pour leur part, les musulmans ont une pratique du jeûne qui correspond à la fois à une œuvre d'expiation et à une forme

---

32. *Ibid.*, p. 33.

d'offrande à Dieu, raison pour laquelle, selon Hocine Benkheira, il arrive qu'il soit substitué à un sacrifice ; il faut toutefois constater que la conception du jeûne comme moyen de subjuguer les désirs charnels – si présente dans le christianisme du Moyen Âge et de l'époque moderne – ne se rencontre nulle part dans le corpus coranique, alors même qu'elle va devenir essentielle en islam à partir du Xe siècle[33]. À se reporter à leurs significations premières, le jeûne des chrétiens et celui des musulmans sont finalement apparentés, tandis que le jeûne propre au judaïsme se distingue radicalement par son caractère imprescriptiblement mémoriel. En islam comme en christianisme, les pratiques volontaires de privations alimentaires ont donné naissance à une production casuistique dont une étude comparée est très instructive[34]. La dimension proprement communautaire de la pratique du jeûne, si essentielle au faire Église parmi les catholiques au temps de la déchirure des réformes protestantes[35], se retrouve également, à un degré bien supérieur, chez les musulmans – dans une étude publiée en 2019,

---

33. H. BENKHEIRA, « Le jeûne dans le Coran », dans S. DE FRANCESCHI, D.-O. HUREL et Br. TAMBRUN (éd.), *Affamés volontaires. Les monothéismes et le jeûne : austérités religieuses et privations alimentaires dans une perspective comparative*, Limoges 2020, p. 42-61.

34. Voir, pour le domaine musulman, H. BENKHEIRA, « Un acte manqué peut-il invalider le jeûne ? À propos de l'oubli et de cas semblables », *Mélanges de l'Institut dominicain d'études orientales du Caire* 34 (2019), p. 3-34, et R. BRUNNER, « Entre devoir religieux et repère d'identité : quelques observations autour du jeûne dans l'Islam moderne », dans S. DE FRANCESCHI, D.-O. HUREL et Br. TAMBRUN (éd.), *Affamés volontaires*, p. 425-441. Sur la casuistique du jeûne dans le catholicisme de l'époque moderne, on se permet de renvoyer à S. DE FRANCESCHI, « Discipline alimentaire et morale monastique à l'âge classique. Approches casuistiques de l'observance du jeûne et de l'abstinence en milieu régulier (XVIIe-XVIIIe siècles) », *Food and History* 16/1 (2018), p. 21-47, S. DE FRANCESCHI, « Alimentation et morale monastique dans le catholicisme de l'âge classique. Les enjeux ecclésiaux d'une casuistique du jeûne et de l'abstinence en milieu régulier (XVIIe-XVIIIe siècles) », dans S. DE FRANCESCHI, D.-O. HUREL et Br. TAMBRUN (dir.), *Affamés volontaires*, p. 381-401, et S. DE FRANCESCHI, « Ascétisme alimentaire et morale monastique à l'âge classique. La casuistique moderne et la discipline du jeûne et de l'abstinence en milieu régulier (XVIIe-XVIIIe siècles) », dans E. MAZZETTO (éd.), *« Vous n'en mangerez point ». L'alimentation comme distinction religieuse*, Problèmes d'histoire des religions 27 (2020), p. 173-191.

35. Voir S. DE FRANCESCHI, « La morale catholique posttridentine et la controverse interconfessionnelle. Jeûne et abstinence dans la confrontation entre protestants et jésuites : privations alimentaires et confessionnalisation », dans Y. KRUMENACKER et Ph. MARTIN (éd.), *Jésuites et protestantisme, XVIe-XXIe siècle. Actes du colloque de Lyon, 24-25 mai 2018*, Lyon 2019, p. 69-93.

Hocine Benkheira a ainsi montré que le jeûne du Ramadan était un élément crucial de la « fabrication de la Communauté des fidèles »[36]. Perspectives qui soulignent la nécessité, lorsqu'on étudie le jeûne, de réfléchir en termes de formalités des pratiques, pour reprendre une notion naguère illustrée par un article célèbre de Michel de Certeau (1925-1986)[37]. Si la pratique du jeûne alimentaire n'est, en soi, guère complexe – une privation de nourriture –, les sens et la portée morale que lui donnent ceux qui partout s'y appliquent sont en revanche innombrables. Infinie variété dont le présent volume veut donner l'illustration en multipliant les types d'approches et les points de vue dans l'espace et le temps. Si la sexualité a donné lieu à des recherches abondantes depuis la publication du premier volume de l'*Histoire de la sexualité* de Michel Foucault (1926-1984) en 1976 et si elle s'est installée de fait au cœur de l'historiographie contemporaine, force est de constater que l'histoire de l'alimentation n'a quant à elle trouvé sa place que dans la mesure où elle était associée à la gastronomie et que la pratique du jeûne, qui compte au nombre des « techniques de soi » – pour reprendre un concept particulièrement valorisé par les travaux de Michel Foucault – les plus fondamentales, n'a jamais pu accéder au statut d'objet majeur des études historiques. Les travaux ici rassemblés entendent combler une lacune qui n'est restée que trop longtemps béante dans le champ des investigations relatives aux pratiques alimentaires.

---

36. Voir H. BENKHEIRA, « Le jeûne de ramaḍān : la fabrication de la Communauté des fidèles », *Studia Islamica* 114/2 (2019), p. 107-204.
37. M. DE CERTEAU, « La formalité des pratiques. Du système religieux à l'éthique des Lumières (XVIIe-XVIIIe) », dans *La società religiosa nell'età moderna. Atti del Convegno di studi di storia sociale e religiosa, Capaccio-Paestum, 18-21 maggio 1972*, Naples 1973, p. 447-509, repris dans M. DE CERTEAU, *L'écriture de l'histoire*, Paris 1975, p. 153-212.

– I –

Jeûnes chrétiens

LES ARGUMENTS DES PÈRES GRECS EN FAVEUR DE LA PRATIQUE DU JEÛNE

Alain Le Boulluec
EPHE, Université PSL, LEM (UMR 8584)

LES PÈRES GRECS, dès les premiers temps, déploient leur enseignement sur le jeûne en le plaçant sous l'autorité de la prédication de Jésus[1]. Ils ont accès à son message soit par la tradition orale, soit à travers des recueils de « dits » du Seigneur, ou bien, à partir du milieu du IIe siècle, grâce aux Évangiles devenus canoniques. Or cette prédication n'édicte pas de règles concernant le jeûne, mais critique des manières de le pratiquer, ou en indique les limites, tout en se référant aux coutumes juives de l'époque[2]. Les docteurs chrétiens, qui affirment la nouveauté du christianisme, sont enclins à interpréter la critique des observances exprimée par les Prophètes au nom de l'authenticité de la piété et de son accord avec la conduite quotidienne[3] comme rejet du culte juif[4]. Cependant, à mesure qu'une Église se constitue, ils substituent à ce culte une ritualité nouvelle qui, loin de l'annihiler, le transforme, en mettant au centre la Passion et la Résurrection du Christ. Cette attitude ambivalente se manifeste dans les réflexions sur le jeûne. Ainsi

---

1. E. CHAKHTOURA, *Il digiuno nella tradizione della Chiesa siriaca antica*, Kaslik 2016, p. 27-32, rappelle les traits principaux de cette prédication.
2. P. PIOVANELLI, « Le dépassement du jeûne expiatoire dans le mouvement de Jésus à ses débuts », dans S. DE FRANCESCHI, D.-O. HUREL et Br. TAMBRUN, *Affamés volontaires. Les monothéismes et le jeûne : austérités religieuses et privations alimentaires dans une perspective comparative*, Limoges 2020, p. 31-41, montre comment les textes évangéliques sur le jeûne, sans renier cette pratique traditionnelle du judaïsme du Second Temple, en relativisent la portée. L'exégèse patristique de Mt 9, 14-15 mériterait à elle seule une étude.
3. Voir R. ARBESMANN, « Fasten », *RAC* VII, 1969, col. 456.
4. Il faut, bien entendu, distinguer le jeûne de l'observance des interdits alimentaires de la Loi.

l'auteur de l'*Épître de Barnabé*, très hostile au culte juif, fait-il pourtant de celui-ci une préfiguration du culte nouveau quand il rapproche du rituel pascal chrétien un midrash sur la fête des Expiations[5]. Cette fête est assimilée à un jeûne dans le judaïsme de l'époque[6]. Sa signification, à la fois expiation et propitiation, gouverne les liens étroits entre le jeûne chrétien, la prière et la pénitence, liens resserrés constamment par les Pères grecs. L'Évangile de Matthieu (16, 2-18), d'autre part, associe lui-même les trois bonnes œuvres, le jeûne, l'aumône et la prière, une liaison que les Pères développeront aussi, et qui correspond à la piété juive du temps de Jésus[7]. Hermas retient la relation entre le jeûne, l'humilité et l'aumône[8]. La liturgie du baptême accorde par ailleurs très tôt une place au jeûne : « Que le baptisant, le baptisé et d'autres personnes qui le peuvent jeûnent avant le baptême ; mais ordonne au baptisé de jeûner un jour ou deux auparavant[9] ». La ritualisation du jeûne, dès les documents les plus anciens, se sépare, certes, du calendrier juif, mais selon des modalités analogues. Ce mélange d'altérité et de proximité est patent par exemple dans la *Didachè*, qui remplace les deux jeûnes hebdomadaires de judaïsants très pieux par un rythme différent : « Que vos jeûnes n'aient pas lieu en même temps que ceux des hypocrites. Ils jeûnent en effet le deuxième et le cinquième jour de la semaine ; vous donc jeûnez le quatrième jour et le jour de la Préparation[10] ». Il est remarquable que le précepte sur le jeûne précède la règle concernant

---

5. *Barn.* 7, 3-5 ; voir le commentaire de P. Prigent, SC 172, p. 128-133, et la traduction annotée de M.-O. Boulnois, *Premiers écrits chrétiens*, éd. B. Pouderon, J.-M. Salamito et V. Zarini, *Bibliothèque de la Pléiade*, Paris 2016, p. 791 et p. 1361.
6. Josèphe, *Les Antiquités juives*, III, 240 ; Philon d'Alexandrie, *Lois spéciales*, I, 186 ; Mishna, *Yoma* 8, 1 ; cf. Actes des Apôtres, 27, 9 ; *Barn.* 7, 3b.
7. Voir R. Arbesmann, « Fasten », *RAC* VII, col. 486.
8. *Le Pasteur, Similitudes*, V, 56, 5-8 (7 : « Le jour que tu jeûneras, tu ne prendras rien, sauf du pain et de l'eau, et tu calculeras le prix des aliments que tu aurais pu manger ce jour-là et tu le mettras de côté pour le donner à une veuve, à un orphelin ou à un indigent, et ainsi tu te feras humble, ταπεινοφρονήσεις, pour que, grâce à cette humilité, celui qui a reçu rassasie son âme et prie le Seigneur pour toi » ; traduction de R. Joly, SC 53 bis, p. 231).
9. *Doctrine des douze apôtres*, 7, 4, traduction de W. Rordorf et P. Tuilier, SC 248 ; cf. Justin Martyr, *Apologie* I, 61, 2 ; voir W. Rordorf, « Le baptême selon la *Didachè* », *Mélanges liturgiques offerts au R. P. Dom Bernard Botte O.S.B.*, Louvain 1972, p. 499-509.
10. « ... le jour de la Parascève » (« Préparation », veille du Sabbat), *Doctrine des douze apôtres*, 8, 1 ; voir le commentaire de W. Rordorf, SC 248, p. 172-173.

Les arguments des Pères grecs en faveur de la pratique du jeûne

la prière, qui introduit une forme du Notre Père, de la même façon : « Ne priez pas comme les hypocrites[11]... » On lit dans le même écrit : « Bénissez ceux qui vous maudissent, priez pour vos ennemis et jeûnez pour ceux qui vous persécutent[12] ». Au temps d'Irénée, la discussion fait rage entre les communautés sur la manière de jeûner, notamment pendant les jours précédant la Résurrection. L'évêque de Lyon intervient pour pacifier les esprits, ce qui lui vaut plus tard l'éloge d'Eusèbe de Césarée : « Irénée » a bien mérité son nom[13]. Peu à peu des règles s'instaurent, plus ou moins généralisées, pour le Carême, la Semaine sainte, le baptême, l'ordination, l'Eucharistie, la pénitence[14]. Elles tiennent une grande place dans la prédication des Pères. Les *Catéchèses* de Cyrille de Jérusalem et les *Constitutions apostoliques*, au IVe siècle, sont des sources importantes. Nous présentons plutôt ici les arguments que les Pères ont utilisés pour inviter à pratiquer le jeûne, en prenant pour fil conducteur les deux *Homélies sur le jeûne* de Basile de Césarée, prononcées à l'orée du grand jeûne du Carême[15].

1. Exhortation à pratiquer le jeûne

« Le jeûne est la ressemblance avec les anges, la cohabitation avec les justes, la correction de la vie[16] ». Cette définition de Basile de Césarée récapitule certains des traits principaux de la signification spirituelle conférée par les Pères grecs au jeûne. La maîtrise de

---

11. *Ibid.*, 8, 2.
12. *Ibid.*, 1, 3 ; cf. Mt 5, 44 ; Lc 6, 28 ; Le jeûne est absent de ces parallèles évangéliques. Le couple prière-jeûne est rétabli dans la tradition manuscrite d'autres passages du Nouveau Testament : Mt 17, 21 ; I Co 7, 5.
13. Eusèbe, *Histoire ecclésiastique*, V, 24, 12.
14. Voir R. Arbesmann, « Fasttage », *RAC* VII, col. 500-524 et, pour les aliments du jeûne, « Fastenspeisen », *RAC* VII, col. 493-524 ; F. Cabrol, « Jeûnes », *DACL* 7 (1927), 2481-2501 ; A. Scarnera, *Il digiuno cristiano dalle origene al IV secolo*, Rome 1990.
15. *PG* 31, 161-197. Texte grec, introduction, traduction italienne et notes de F. Trisoglio, *Omelie sull'Esamerone e di argumento vario*, Florence 2017 ; I. De Francesco, C. Noce, M. B. Artioli, *Il digiuno nella chiesa antica. Testi siriaci, latini e greci*, Milan 2011, p. 449-465 (traduction de la première Homélie). Une enquête plus large que la nôtre, allant jusqu'à Jean Damascène, est menée par H. Musurillo, « The Problem of Ascetical Fasting in the Greek Patristic Writers », *Traditio* 12 (1956), p. 1-64.
16. Basile de Césarée, *Homélies sur le jeûne*, II, 6 (*PG* 31, 193 A).

l'appétit corporel fait partie des capacités qui apparentent la vie du jeûneur à « la vie angélique », les anges selon Basile étant des natures raisonnables et invisibles, qui trouvent la félicité dans « la lumière intelligible », œuvre de Dieu antérieure à la genèse du monde[17]. Même les Pères qui considèrent, comme Origène, que les anges sont doués d'une corporéité subtile et qu'ils ne sont pas sans besoin, ne leur attribuent pas de nourriture matérielle, mais leur donnent pour aliment la parole de Dieu, « le pain des anges » de Ps 77, 25[18]. Le jeûne participe de « la vie angélique », comme le fait la chasteté, d'après Mt 22, 30[19]. Cette vie est caractérisée par l'impassibilité. Jean Chrysostome ne la réserve pas aux moines et aux moniales. Il la propose comme idéal à tous les chrétiens[20], et par conséquent aux gens mariés[21]. Tenter de répondre à cet appel, qui offre un don très ancien, primordial, c'est restaurer l'état paradisiaque, selon Basile :

> Crois-tu que je fasse dépendre de la Loi le principe de son antiquité ? Le jeûne est plus ancien que la Loi. Attends un peu, et tu trouveras la vérité de ce que je dis. Ne crois pas que le jour de la propitiation, fixé pour Israël au septième mois, le dixième jour du mois, soit le début primordial du jeûne. Viens ici et, cheminant à travers l'histoire, recherche sa première origine. Ce n'est pas une découverte récente, mais un trésor de nos pères. Tout ce que distingue l'antiquité est vénérable. Sois

---

17. BASILE DE CÉSARÉE, *Homélies sur l'Hexaemeron*, I, 5 ; cf. GRÉGOIRE DE NYSSE, *Vie de Moïse* II, 45, SC 1bis, p. 132-133 : nature « incorporelle » des anges gardiens ; JEAN CHRYSOSTOME, *Homélies sur la Genèse* 22, 2. Grégoire de Nysse décrit « le mode vie angélique » de sa sœur (*Vie de sainte Macrine*, 11, édition et traduction annotée de P. MARAVAL, SC 178, p. 176-181).
18. ORIGÈNE, *Commentaire sur Jean* XIII, 214, SC 222, p. 148-149 ; cf. *Sur la prière* XXVII, 10. Si Basile prend Ps 77, 25 au sens littéral, c'est pour promouvoir la sobriété qui se contente du pain : « S'il existe une nourriture des anges, c'est le pain, comme dit le prophète : "L'homme a mangé le pain des anges" ; ni viande, ni vin, ni tout ce que convoitent ardemment les esclaves du ventre » (*Homélies sur le jeûne*, I, 9).
19. Voir ORIGÈNE : « Car de même que les élus "ne se marient pas et n'épousent pas, mais sont comme les anges de Dieu" (Mt 22, 30), de même ils ne prennent ni nourriture ni boisson, "mais sont comme les anges de Dieu". Par une doctrine très nette… l'Apôtre établit que, dans le Royaume de Dieu, il n'y a plus de place pour les nourritures corporelles ni pour la boisson, mais pour la justice et la paix dans l'Esprit Saint (cf. Rm 14, 17) » (*ComRm* X, 1, 2, SC 555, p. 267).
20. Voir L. BROTTIER, *L'appel des « demi-chrétiens » à la vie angélique. Jean Chrysostome prédicateur : entre idéal monastique et réalité mondaine*, Paris 2005, notamment p. 55 et 383.
21. Voir par exemple *Homélies sur Ozias*, IV, 2-3, SC 277, p. 146-155.

intimidé par les cheveux blancs du jeûne. Il a le même âge que l'humanité : la loi du jeûne a été instituée au paradis. C'est le premier commandement que reçut Adam : *Vous ne mangerez pas de l'arbre de la connaissance du bien et du mal* (Gn 2, 17). Ces mots *Vous ne mangerez pas* constituent la loi du jeûne et de la continence. Si Ève avait jeûné de l'arbre, nous n'aurions pas besoin maintenant de ce jeûne-ci[22]. *Les gens qui se portent bien n'ont pas besoin de médecin, mais les mal portants* (Mt 9, 12). Nous sommes devenus malades par le péché ; soyons guéris par la pénitence ; or la pénitence sans le jeûne est inefficace. *La terre est maudite, elle ne fera lever pour toi que des épines et des chardons* (cf. Gn 3, 17-18). Tu as reçu l'ordre d'être dans la tristesse, non dans la jouissance. Présente à Dieu ta défense par le jeûne. Mais la conduite au paradis est une image du jeûne, non seulement parce que l'homme, ayant le même régime que les anges, parvenait, en se contentant de peu, à leur ressembler, mais aussi parce que tout ce que la pensée des hommes a trouvé par la suite n'avait pas encore été conçu par ceux dont le régime était celui du paradis ; il n'y avait encore ni beuveries ni sacrifices d'animaux, ni tout ce qui rend trouble l'esprit humain. Parce que nous n'avons pas jeûné, nous sommes tombés hors du paradis ; jeûnons donc, pour y retourner[23].

2. Modèles bibliques

Le jeûne est aussi « la cohabitation avec les justes ». L'Écriture offre des exemples de justes qui ont été conduits à Dieu par le jeûne. Moïse ouvre le cortège, ainsi chez Basile :

> Nous savons aussi que Moïse accéda à la montagne dans le jeûne. Il n'aurait pas eu la témérité de s'approcher du sommet couvert de fumée (cf. Ex 19, 18), il n'aurait pas eu l'audace d'entrer dans la ténèbre (cf. Ex 21, 21 ; 24, 18) s'il n'avait pas eu l'armure du jeûne. C'est dans le jeûne qu'il reçut le commandement écrit sur les tables par le doigt de Dieu (cf. Ex 31, 18 ; 34, 28). Dans les hauteurs le jeûne était le protecteur de l'instauration de la Loi, en bas la gloutonnerie poussa la folie jusqu'à l'idolâtrie : *Car le peuple s'assit pour manger et pour boire, et ils se levèrent pour jouer* (Ex 32, 6). L'assiduité du serviteur jeûnant et priant pendant quarante jours (Ex 24, 18 ; cf. Ex 34, 28), une seule

---

22. Le jeûne quadragésimal, occasion de l'homélie.
23. BASILE, *Homélies sur le jeûne*, I, 3-4 ; cf. ATHANASE, *De la virginité*, 6 (*PG* 28, 260). Voir T. M. SHAW, *The Burden of the Flesh. Fasting and Sexuality in Early Christianity*, Minneapolis 1998, p. 174-180.

saoulerie la rendit inutile. Car les tables inscrites par le doigt de Dieu que le jeûne avait reçues, l'ivresse les brisa (cf. Ex 32, 19) : le prophète jugea le peuple ivre indigne d'avoir la Loi de Dieu. En un seul instant de gloutonnerie, ce peuple qui avait été instruit de la connaissance de Dieu par les plus grands prodiges roula dans la folie égyptienne des idoles. Mets ces deux faits côte à côte : comment le jeûne conduit à Dieu, et comment la jouissance trahit le salut[24].

Ce thème est présent déjà dans l'*Épître de Barnabé* : « L'Écriture dit en effet : "Moïse jeûna sur la montagne quarante jours et quarante nuits, puis il reçut du Seigneur l'alliance, les tables de pierre écrites par le doigt de la main du Seigneur". Mais pour s'être tournés vers les idoles, ils la perdirent[25] ». Le texte cité comme « Écriture » combine Dt 9, 9 LXX et la narration d'Ex 31 et 32[26]. La même tradition est reprise en 14, 2, sous une forme différente, dans un contexte où l'auteur expose son enseignement sur la substitution de l'alliance donnée aux chrétiens par « le Seigneur Jésus » à l'alliance rompue par les péchés du peuple ancien. Le jeûne de Moïse n'est pas mis clairement en relief, mais il occupe une place homologue à ce que « le Seigneur a enduré pour nous », la différence étant maintenue entre le « serviteur » et « l'héritier lui-même[27] ». Quant à la doctrine du jeûne agréable à Dieu, elle est fondée dans l'*Épître* sur Is 58, 4b-5.6-10, qui assimile le jeûne à la justice et à la générosité envers les pauvres[28].

Un autre document ancien, très vénéré par les Pères, l'*Épître aux Corinthiens* de Clément de Rome, célèbre le modèle qu'est Moïse :

> Comme Moïse était monté sur la montagne et avait passé quarante jours et quarante nuits dans le jeûne et l'humilité (cf. Dt 9, 9 ; Ex 34, 28), Dieu lui dit : « Descends vite d'ici, car ton peuple a violé la loi, ceux que tu as fait sortir d'Égypte ! Ils se sont vite écartés de la voie que tu leur avais prescrite ; ils se sont fondu des idoles » (Dt 9, 12 ; Ex 32, 7-8). Et le Seigneur lui dit : « Je t'ai parlé une fois et même deux fois en ces termes : J'ai vu ce peuple et voici que c'est un peuple au cou raide ; laisse-moi les exterminer ; j'effacerai leur nom de dessous le ciel, et je ferai de toi une grande et admirable nation, bien plus nombreuse que celle-ci » (Dt 9, 13-14 ; Ex 32, 10). Et Moïse répondit :

---

24. BASILE, *Homélies sur le jeûne*, I, 5.
25. *Barn.* 4, 7a-c, SC 172, p. 98-99.
26. Voir les explications de P. PRIGENT, *SC* 172, p. 98-100.
27. *Barn.* 14, 4a-5a.
28. *Barn.* 3, après une argumentation antisacrificielle.

« Ah non ! Seigneur ! Mais pardonne à ce peuple son péché ou bien, moi aussi, efface-moi du livre des vivants » (Ex 32, 32). O grande charité ! O perfection qu'on ne peut surpasser ! Un serviteur s'exprime en toute franchise avec son Seigneur ; il implore le pardon pour la multitude, ou bien il réclame d'être supprimé, lui aussi, avec eux[29].

La tradition chrétienne de lecture de l'Exode et du Deutéronome met toutes les rencontres de Moïse avec Dieu sous le signe du jeûne. Clément de Rome l'associe ici à la signification essentielle que lui donne la Bible, « l'abaissement » (ταπείνωσις d'après la Septante), l'humilité[30]. C'est cet aspect qu'il accentue aussi dans le cas d'Esther, parmi les exemples bibliques de ceux qui se sacrifient pour le bien commun. Il l'introduit après Judith :

> Ce n'est pas à un moindre danger que s'exposa Esther, parfaite dans sa foi, afin de sauver les douze tribus d'Israël qui allaient périr. Dans le jeûne et l'humiliation (διὰ γὰρ τῆς νηστείας καὶ τῆς ταπεινώσεως αὐτῆς) elle implora le Maître qui voit tout, le Dieu des siècles ; lui, voyant l'humilité (τὸ ταπεινὸν) de son âme, délivra le peuple pour l'amour duquel elle avait affronté le danger[31].

Le jeûne est désigné dans le livre d'Esther par l'expression « elle humilia extrêmement son corps[32] » et cet « abaissement », souligné par la tenue de deuil, qui contraste avec les parures et la gloire de la « reine », et qui est qualifiée d'« habits du culte » en Est 5, 1, est conforme à l'attitude de la suppliante, qui implore le Seigneur, Dieu d'Israël[33]. Clément d'Alexandrie, montrant l'égalité de la femme avec l'homme dans

---

29. *Épître aux Corinthiens*, 53, 2-5, trad. A. JAUBERT, SC 167, p. 185 et 187.
30. Dans le tour hébreu signifiant « affligez vos âmes », qu'on traduit souvent en français par « jeûner », parce que telle est la principale action prescrite par ce commandement, le verbe est rendu dans la Septante tantôt par ταπεινοῦν, « abaisser, humilier », tantôt par κακοῦν, « maltraiter » (voir la note de G. DORIVAL sur Nb 29, 7 dans *La Bible d'Alexandrie*, 4, *Nombres*, Paris 1994, p. 504). Ainsi les textes bibliques sur le jeûne du Grand Pardon sont-ils ouverts pour les hellénophones aux deux thèmes de l'humiliation du pénitent et de sa mortification.
31. *Épître aux Corinthiens*, 55, 6, SC 167, p. 188-189.
32. Est 4, 17k Rahlfs (voir l'introduction de Cl. CAVALIER sur les « additions » grecques du livre, *La Bible d'Alexandrie*, 12, *Esther*, Paris 2012, p. 37-39 ; 42-44).
33. Clément est très concis. Avant les marques de deuil qui précèdent sa prière, Esther a en effet demandé à Mardochée de faire jeûner pour elle pendant trois jours les Juifs de Suze (c'est le verbe νηστεύω qui est alors employé) et a ajouté : « et moi non plus, avec mes servantes, nous ne nous alimenterons pas (ἀσιτήσομεν), et alors j'entrerai devant le roi, contre la loi, même si c'est pour ma perte » (Est 4, 16).

l'abnégation, paraphrase son prédécesseur en ces termes : « Et puis cette femme parfaite en sa foi, qui affranchit Israël de la domination d'une puissance tyrannique et de la cruauté du Satrape : cette femme seule, exténuée par les jeûnes (νηστείαις τεθλιμμένη), tint tête à des myriades de bras armés, rendant vain, par sa foi, l'ordre du tyran. En vérité, elle l'apaisa, contint Aman et préserva Israël de tout dommage par la prière parfaite qu'elle adressa à Dieu[34] ». Origène fait une place de choix à la supplication d'Esther, parmi les témoignages scripturaires de l'efficacité de la prière d'intercession[35].

Basile introduit d'autres justes qui se sont signalés par l'efficacité de leur jeûne :

> Et Samuel ? N'est-ce pas la prière (1 R 1, 11-13) accompagnée de jeûne (cf. 1 R 1, 7) qui fit don de Samuel à sa mère (cf. 1 R 1, 17.20) ? À quoi le grand héros Samson dut d'être invincible ? N'est-ce pas au jeûne, avec lequel il fut conçu dans le sein de sa mère (cf. Jg 13, 5.7). Le jeûne l'enfanta, le jeûne l'allaita, le jeûne que l'ange avait prescrit à sa mère en fit un homme. *De ce qui provient de la vigne, qu'il ne mange rien, et qu'il ne boive ni vin ni boisson fermentée* (Jg 13, 14). Le jeûne engendre les prophètes, il donne vigueur aux forts ; le jeûne rend sages les législateurs ; c'est un bon gardien de l'âme, un compagnon sûr du corps, une arme pour les héros, une palestre pour les athlètes. C'est ce qui repousse les tentations, entraîne pour la piété, en compagnon de la sobriété et artisan de la tempérance. À la guerre il nourrit le courage, dans la paix il enseigne la tranquillité. Il sanctifie le nazir, il rend parfait le prêtre[36]. Il n'est pas possible sans le jeûne d'oser exercer le service divin ; il en va ainsi pour le culte mystique et véritable, mais déjà dans le culte figuratif conformé à la Loi. C'est lui qui permit à Élie de contempler la grande vision ; après avoir purifié son âme par un jeûne de quarante jours (cf. 3 R 19, 8), depuis la grotte

---

34. *Stromates* IV, 119, 1-2, trad. Cl. MONDÉSERT, *SC* 463, p. 252-255.
35. *Sur la prière*, XIII, 2 ; XIV, 3 ; voir L. PERRONE, *La preghiera secondo Origene*, Brescia 2011, p. 128-129 et 143, et M. HARL, *Voix de louange. Les cantiques bibliques dans la liturgie chrétienne*, Paris 2014, p. 205-210 (qui retrouve par ailleurs dans la prière d'Esther, et précisément dans sa vieille traduction latine, le schéma de la prière juive hellénistique rappelant les Hébreux sauvés par leur Dieu pour justifier la demande nouvelle, *Voix de louange*, p. 199-204).
36. « Prêtre » dont Samuel est ici probablement aussi la figure. Selon Grégoire de Nazianze, « Anne, avant même que Samuel fût né, le promit à Dieu (cf. 3 R 1, 28) ; puis elle l'éleva avec le vêtement sacerdotal (cf. 3 R 2, 18-19) » (*Discours* 40, 17, traduction de R. GALLAY, *SC* 358, p. 235, avec note : Samuel, au sanctuaire de Silo, avait un *ephod* de lin, et sa mère lui apportait chaque année une robe neuve).

Les arguments des Pères grecs en faveur de la pratique du jeûne

du Chôreb il mérita de voir le Seigneur, dans la mesure où il est possible à l'homme de le voir (cf. 3 R 19, 9-13). Par le jeûne il rendit son enfant à la veuve (cf. 3 R 17, 22-23) ; il se montra fort contre la mort grâce au jeûne. La voix sortant de la bouche du jeûneur ferma le ciel au peuple transgresseur pendant trois ans et six mois. Pour amollir le cœur indomptable des gens à la nuque raide (cf. Ex 33, 3, etc.), il choisit de se condamner lui-même à cette souffrance. Aussi dit-il : *Par Dieu vivant, il n'y aura pas d'eau sur cette terre, sinon par la parole de ma bouche* (3 R 17, 1)[37]. Et il amena à tout le peuple le jeûne de la famine, de manière à corriger le vice produit par une vie de jouissance et de relâchement. Et de quelle sorte était la vie d'Élisée ? Comment bénéficia-t-il de l'hospitalité de la Sounamite (cf. 4 R 4, 8) ? Comment saluait-il les prophètes ? Ne pratiquait-il pas l'hospitalité en offrant des légumes sauvages (cf. 4 R 4, 39) et un peu de farine (cf. 4 R 4, 41) ? Alors, quand ils eurent goûté à la courge, ils étaient près de mourir, si le poison n'avait été annihilé par le jeûneur (cf. 4 R 4, 40-41)[38].

Samuel et Sanson, consacrés à Dieu, sont réunis[39]. L'importance accordée au jeûne pour que la prière soit parfaite est manifestée par la façon dont Basile transforme le récit biblique. Ce n'est pas en effet un jeûne religieux qu'observe Anna selon 1 R 1, 7, mais elle exprime par là sa douleur d'être stérile, et selon 1 R, 1, 15 c'est pour répondre au prêtre Éli qui la croit ivre qu'elle dit : « Je n'ai bu ni vin ni boisson fermentée ». Or voici, selon Basile, que « le jeûne engendre les prophètes », ainsi Samuel (1 R 3, 20)[40]. Le récit concernant Samuel est assimilé à l'histoire de Samson, le « Nazir ». Sa mère rapporte ainsi à son mari la parole de l'ange : « Voici que toi, tu es enceinte et que tu vas enfanter un fils ; et maintenant ne bois ni vin ni boisson fermentée et ne mange rien d'impur, car le petit enfant sera saint de Dieu dès le sein de sa mère jusqu'au jour de sa mort[41] ». Basile reprend ces exemples dans sa deuxième *Homélie sur le jeûne* :

---

37. Cf. 3 R 18, 44 : c'est Élie qui annonce la fin de la sécheresse.
38. *Homélies sur le jeûne*, I, 6.
39. Il semble bien que Basile considère que Samuel est un nazir (voir Nb 6, 1-21, sur les observances du naziréat) comme Samson, quoique la Septante ne le nomme pas ainsi, ni le TM, ni le Targum de Jérusalem (ce point est discuté par M. LESTIENNE, *La Bible d'Alexandrie*, 9.1, p. 132-133).
40. Origène, dans ses *Homélies sur Samuel* (I, 5-18), ne parle pas de jeûne d'Anna.
41. Jg 13, 7 d'après le texte du Vaticanus (trad. P. HARLÉ, *La Bible d'Alexandrie*, 7, Paris 1999, p. 199). Le lien entre la qualité de « nazir » de Samson et sa grandeur

> Samuel est le fruit du jeûne. C'est en jeûnant qu'Anne a prié Dieu : « Adonai Seigneur, Élôai Sabaoth, si tu voulais jeter un regard sur ta servante, et me donner un rejeton mâle, je le donnerai en don devant toi ; il ne boira ni vin ni boisson fermentée, jusqu'au jour de sa mort » (1 R, 1, 11). Le jeûne a aussi élevé le grand Samson, et tant qu'il est resté avec lui, les ennemis tombaient par milliers (cf. Jg 15, 16), les portes des villes étaient arrachées (cf. Jg 16, 3), les lions ne résistaient pas à la force de ses mains (cf. Jg 14, 6). Mais lorsque l'ivresse et la débauche (cf. Jg 16, 1) s'emparèrent de lui, il fut une proie facile pour les ennemis et, privé de ses yeux, devint un jouet livré aux enfants des étrangers (cf. Jg 16, 23-25)[42].

C'est à l'abstention de vin et de boisson fermentée, comprise comme jeûne, que Basile attribue la force de Samson, et non au premier vœu fait pour le Nazir « dès le sein maternel » : « le fer ne passera pas sur sa tête » (Jg 13, 5). Or, le récit biblique présente la rupture de ce vœu comme la cause de la perte du héros (Jg 16, 17.19.20)[43]. L'éloge hyperbolique du jeûne entraîne donc Basile à modifier les deux épisodes, dans le cas de Samson comme dans celui de Samuel. Un autre détail va dans le même sens : le livre des Juges n'accuse pas Samson d'avoir rompu le second vœu par « l'ivresse », mais évoque sa visite à une prostituée à Gaza (Jg 16, 1). Basile ajoute cette transgression, le jeûne devenant ainsi le moyen de réfréner toute sorte de convoitise. Il est alors « une palestre pour les athlètes ». Il récapitule ainsi tous les pouvoirs de l'ascèse, constamment représentée chez les Pères, imitateurs de Paul[44], au moyen des images des concours du stade.

---

    est établi par l'ange en Jg 13, 5 : « ... car le petit enfant sera nazir de Dieu dès le sein maternel, et lui, il entreprendra de sauver Israël de la main des Philistins ».
42. *Homélies sur le jeûne*, II, 6.
43. Les Pères retiennent le plus souvent le fait que la force de Samson réside dans ses cheveux ; voir par exemple Clément d'Alexandrie (*Stromates* VI, 153, 3 ; *Eglogues prophétiques* 39) et Origène (fragment sur Mt 10, 29-31 = fr. 211, *Origenes*, GCS XII, 3, p. 101 : les « cheveux » sont les pensées que la « tête », le Christ, fait pousser, explication allégorique qui va de pair avec une autre figure de Samson, comparé au Christ ; voir aussi *Commentariorum series in Mt* 115, GCS XI, p. 243, 1-2). Dans son éloge d'Athanase, Grégoire de Nazianze compare l'état de l'Église, privée de sa force par l'exil du champion de l'orthodoxie, à Samson privé de sa chevelure (*Discours* 21, 26).
44. Ainsi 1 Co 9, 24-27. Th. PICHLER, *Das Fasten bei Basileios dem Grossen und im antiken Heidentum*, Innsbruck 1955, p. 106-107, a réuni les textes de Basile qui usent de cette comparaison, notamment l'exorde de l'*Homélie* II sur le jeûne, où la référence est aussi au combat guerrier : « "Vous, prêtres", dit (le prophète), "parlez

À Moïse, Samson et Samuel, Basile joint les justes qui se sont illustrés « dans le culte figuratif conformé à la Loi », celui des Juifs, qu'il voit comme le type du « culte mystique et véritable », celui des chrétiens[45]. Il commence par la paire fameuse Élie et Élisée. Il a pu trouver le jeûne d'Élie dans le fait que la nourriture reçue de l'ange lui permet de marcher quarante jours (3 R 19, 8)[46], et, à la rigueur, dans la sobriété qui se contente d'une jarre de farine et d'une cruche d'huile (3 R 17, 14-16)[47]. Mais le récit biblique ne mentionne pas de jeûne d'Élie quand

---

aux oreilles de Jérusalem" (Is 40, 1-2). Le discours a par nature la capacité d'intensifier les élans des braves et d'éveiller l'ardeur des paresseux et des nonchalants. C'est pourquoi les chefs de guerre, quand ils mettent l'armée en ordre de bataille, prononcent des exhortations avant les combats, et leur allocution a tant de pouvoir qu'elle provoque souvent chez la plupart le mépris de la mort. Les entraîneurs des athlètes et les maîtres de gymnastique, quand ils conduisent les concurrents aux combats du stade, multiplient les ordres concernant les efforts à faire pour gagner les couronnes, au point que beaucoup, par ambition d'obtenir la victoire, se laissent convaincre de ne pas ménager leur corps. Aussi ai-je le devoir, moi qui commande les soldats du Christ pour la guerre contre les ennemis invisibles (cf. Éph 6, 12) et qui prépare les athlètes de la piété, par la tempérance, aux couronnes de la justice, de faire un discours d'exhortation. Que dis-je donc, mes frères ? Que pour les gens dont l'activité est militaire et pour ceux qui s'évertuent dans la palestre, il est raisonnable de se fortifier corporellement par l'abondance de nourriture, afin d'affronter les épreuves avec plus de robustesse. Au contraire, ceux dont "la lutte n'est pas contre le sang et la chair, mais contre les principautés, les puissances, contre les gouverneurs de ce monde de ténèbres, contre les esprits mauvais" (Éph 6, 12), ceux-là nécessairement doivent être entraînés au combat par la tempérance et par le jeûne. L'huile engraisse l'athlète, le jeûne fortifie l'ascète de la piété. Par conséquent, plus tu frustres la chair, plus tu feras resplendir l'âme de santé spirituelle. Ce n'est pas par la vigueur corporelle, mais par la constance de l'âme et l'endurance dans les épreuves que l'emporte la force contre les ennemis invisibles ».

45. Basile compare vraisemblablement Lv 10, 8-11 au jeûne eucharistique (Th. PICHLER, *Das Fasten bei Basileios dem Grossen und im antiken Heidentum*, p. 78-80).
46. Grégoire de Nazianze suggère que l'ascète chrétien pourra imiter Élie en s'abreuvant aux fontaines et aux cours d'eau : « Si tout se tarit par l'effet de la sécheresse, il se désaltérera sans doute à un torrent (cf. 3 R 17, 4) » (*Discours* 26, 12, trad. J. MOSSAY, SC 284, p. 255).
47. Plus exactement, ces versets célèbrent la permanence miraculeuse de cette nourriture simple, assurée par Dieu à Élie jusqu'à la fin de la sécheresse. Grégoire de Nazianze compare Basile à Élie : « Il ne pouvait [...] faire sourdre une nourriture inépuisable dans des fonds de vase se remplissant à mesure qu'on les vidait, chose tout aussi extraordinaire, afin de nourrir en retour de son hospitalité celle qui le nourrissait », mais il organisait l'assistance aux pauvres (*Discours* 43, 35, trad. J. BERNARDI, SC 384, p. 203).

Alain Le Boulluec

il prie le Seigneur de faire revenir à la vie l'enfant de la veuve (3 R 17, 19-23). Au temps de Basile, Élie est déjà le modèle du moine. Antoine se réclamait de son exemple, selon Athanase[48]. Quant à Élisée, le disciple d'Élie, il ne peut être qu'un jeûneur lui aussi, même si le récit biblique ne rapporte pas directement cette forme d'ascèse : si la Soumanite le contraint en l'invitant à sa table « à manger le pain » (4 R 4, 8 LXX), c'est qu'Élisée devait s'en priver[49]. Et la suppression de la nocivité de la nourriture empoisonnée est comprise implicitement comme l'effet de l'aliment du jeûneur, un peu de farine (4 R 4, 41).

Basile clôt sa liste des exemples bibliques par « les trois enfants » dans la fournaise[50] et Daniel :

> Et, pour le dire une fois pour toutes, tu trouveras que le jeûne conduit tous les saints au mode de vie selon Dieu. Il existe une sorte de corps, qu'on appelle amiante, qui par nature ne peut être détruite par le feu ; placé dans la flamme, il paraît se transformer en charbon ; mais, si on l'ôte du feu, comme s'il sortait brillant de l'eau, il devient plus pur. Tels étaient les corps des trois enfants en Babylonie, qui, grâce au jeûne, avaient la propriété de l'amiante. Si grande que fût la flamme dans la fournaise, comme s'ils avaient eu la nature de l'or, ils se montraient supérieurs au dommage commis par le feu. Ils se montraient même plus puissants que l'or ; car le feu ne les faisait pas fondre, mais les conservait indemnes. Et pourtant rien ne résistait alors à cette flamme qu'alimentaient le naphte, la poix et les sarments, au point qu'elle s'étendait sur quarante-neuf coudées (cf. Dn 3, 46-47), dévorant tout alentour, et qu'elle détruisit de nombreux Chaldéens (cf. Dn 3, 48). Les enfants, donc, foulaient aux pieds cette fournaise-là parce qu'ils y étaient entrés

---

48. *Vie d'Antoine*, 7, 12-13. G. J. M. Bartelink, éditeur et traducteur de l'ouvrage, signale d'autres textes des Pères sur Élie exemple de vie ascétique (*SC* 400, p. 155). Clément d'Alexandrie vante son « endurance » et la simplicité de sa vie (*Stromates*, III, 52, 1 ; 53, 5 ; IV, 105, 4 ; *Pédagogue*, II, 112, 3). Voir aussi É. POIROT, *Élie et Élisée dans la littérature chrétienne ancienne*, Turnhout 1997.
49. Pour les Pères des IIe et IIIe siècles, l'ascèse d'Élie et Élisée est marquée par la simplicité de leur vêtement (voir les textes de Clément d'Alexandrie, dépendant de Clément de Rome [*Cor.* 12, 1 ; 17, 1], signalés à la note précédente). Basile, dans l'exorde de sa dernière *Homélie sur l'Hexaemeron* (IX, 1), demande à ses auditeurs indulgence : « Car, au temps d'Élisée, on ne refusait pas son invitation, comme celle d'un mauvais hôte, bien qu'il régalât ses amis d'herbes sauvages » (traduction de Stanislas Giet, *SC* 26 bis, p. 479).
50. Les exemples de Moïse, Samson, Élie, « les trois enfants », ainsi que d'Esther, se retrouvent chez les auteurs syriaques des Ve et VIe siècles (voir E. CHAKHTOURA, *Il digiuno nella tradizione della Chiesa siriaca antica*, p. 226-239).

en jeûnant, et respiraient un air léger et plein de rosée au milieu d'un feu aussi violent (cf. Dn 3, 50). Le feu n'osa pas même toucher leurs cheveux (*ibid.*), qui étaient nourris par le jeûne.

Basile substitue à l'intervention de « l'ange du Seigneur » (Dn 3, 40) l'efficacité du jeûne ; un jeûne, il est vrai, de nature particulière, puisque c'est le régime frugal demandé par Daniel, des légumes et de l'eau, pour éviter la rupture des interdits alimentaires et la souillure qui en résulterait (Dn 1, 8.13) ; régime que sont donc censés respecter encore Azarias, Misaèl et Ananias quand ils refusent d'adorer la statue d'or élevée par Nabuchodonosor (Dn 3, 17-18)[51]. Origène déjà, célébrant la fermeté et l'impassibilité des prophètes, retenait leur exemple : « Considère encore la vie pleine de force des tout jeunes gens Daniel et ses compagnons, en lisant que leur habitude était de ne boire que de l'eau et que, s'abstenant de viande, ils ne se nourrissaient que de légumes[52] ». Une raison personnelle pouvait inciter Basile à mettre en relief la geste des « trois enfants », si du moins il était disposé à comparer à leur courage sa lutte contre l'empereur Julien menée avec Grégoire de Nazianze, comme le fit son ami en parlant de leur combat commun[53].

La puissance du jeûne, telle que la décrit Basile, est aussi prodigieuse, enfin, dans le cas de Daniel. Il ne s'agit plus seulement du régime frugal initial, mais, par une nouvelle généralisation, de l'abstinence et des signes de deuil qui accompagnent la supplication (Dn 9, 3), après le récit du miracle de la fosse aux lions, et même de la pénitence de trois semaines (Dn 10, 2-3) qui précède la vision de l'homme « vêtu de lin », et les paroles de l'ange qui assure que Dieu a écouté ses paroles dès le premier jour de son « abaissement[54] » :

---

51. De même l'auteur du *Commentaire sur Isaïe* attribué à Basile écrit qu'« ils ont abominé les délices de la table royale, ils ne se sont pas prosternés et ils ont méprisé toute la puissance humaine ; ils ont même éteint la force du feu » (161, sur Is 5, 11, *PG* 31, 381 D).
52. ORIGÈNE, *Contre Celse* VII, 7, trad. M. BORRET, *SC* 150, p. 31. ÉPIPHANE, *Panarion* 80, 5, 1, souligne que « les enfants à Babylone se sont illustrés en refusant la table du roi et en décidant de se contenter de graines ».
53. *Discours contre Julien*, V, 40, 1. Grégoire, invitant ses auditeurs à être les émules des martyrs, « athlètes avec les athlètes », dans la lutte contre les passions habitées par les persécuteurs invisibles (cf. Éph 6, 12), retient « les plaisirs du ventre » et précise : « Ne nous prosternons pas à cause de la crainte "devant la statue d'or" (Dn 3, 18) » (*Discours* 11, 4-5).
54. Ταπεινωθῆναι selon la Septante, κακωθῆναι selon la révision de Théodotion ; voir ci-dessus n. 30.

Daniel, l'homme des désirs (Dn 9, 23 ; 10, 11.19), qui pendant trois semaines n'avait pas mangé de pain, ni bu de l'eau (cf. Dn 10, 2-3)[55], apprit même aux lions à jeûner, quand il descendit dans la fosse. Comme s'il avait été composé de pierre, de bronze ou d'une autre matière plus dure, les lions ne purent pas planter en lui leurs dents. Le jeûne avait à ce point trempé le corps du héros, comme un bain le fait pour le fer, qu'il le rendait invincible pour les lions ; ils n'ouvraient pas la gueule contre le saint (cf. Dn 6, 23). Le jeûne éteignit la puissance du feu, boucha les gueules des lions. Le jeûne fait monter la prière au ciel, comme une aile pour son ascension dans les hauteurs[56].

Au terme de l'évocation des exemples bibliques, c'est donc la relation entre le jeûne et la prière qui est réaffirmée. Il n'est pas indifférent que plusieurs des personnages mis ainsi à l'honneur, Moïse, la mère de Samuel, les trois Hébreux dans la fournaise, fassent partie des orants dont les prières sont entrées dans les listes de cantiques liturgiques, faisant « passer dans le monde chrétien l'héritage du judaïsme hellénistique[57] ». Cette transmission est perceptible aussi dans le catalogue des jeûneurs, d'origine probablement juive, présent dans les *Constitutions apostoliques*[58].

3. Exemples néotestamentaires

Basile rappelle aussi l'enseignement que donne le Nouveau Testament à travers des modèles du jeûne, depuis la référence aux anciens jusqu'à l'exemple du Christ lui-même :

Souviens-toi des saints des origines, eux dont le monde n'était pas digne (He 11, 38a) ; ils menèrent une vie errante, vêtus de peaux de moutons[59] et de toisons de chèvres, soumis aux privations, à l'oppression, aux mauvais traitements (He 11, 37)[60]. Imite leur comportement, si tu cherches à obtenir leur part. Quelle chose valut à Lazare de reposer dans le sein d'Abraham (cf. Lc 16, 22) ? N'est-ce

---

55. Le texte biblique ne parle que d'abstention de pain, de viande et de vin.
56. BASILE DE CÉSARÉE, *Homélies sur le jeûne*, I, 7.
57. M. HARL, *Voix de louange*, p. 219.
58. V, 20, 16 ; voir M. HARL, *Voix de louange*, p. 215.
59. Allusion à Élie (cf. 4 R 1, 8) et à Élisée (cf. 4 R 2, 13-14).
60. Le Pseudo-Basile réunit, en se référant à He 11, 37, Élie, Moïse, Daniel et Jean, notamment pour leur pratique du jeûne (*Commentaire sur Isaïe* 31, *PG* 31, 181 B ; cf. 122, 316 C).

pas le jeûne[61] ? Toute la vie de Jean n'était que jeûne (cf. Mt 3, 4). Il n'avait ni lit, ni table, ni champ à labourer, ni bœuf de labour, ni grain, ni boulanger, ni rien de ce qui fait une vie confortable. C'est pourquoi de plus grand que Jean le Baptiste parmi ceux qui sont nés de femmes il ne s'en est pas levé (Mt 11, 11). C'est le jeûne qu'il a compté, entre autres, parmi les raisons de s'enorgueillir de ses souffrances (cf. 2 Co 11, 27.30), qui fit monter (Paul) jusqu'au troisième ciel (cf. 2 Co 12, 2). Parlons du point principal : notre Seigneur, ayant fortifié par le jeûne sa chair, qu'il avait assumée pour nous, subit en elle les assauts du diable (cf. Mt 4, 2a). Il nous apprenait à nous entraîner par les jeûnes et à nous exercer à affronter les combats des tentations ; et il offrait à l'adversaire comme une prise au moyen de la faim (cf. Mt 4, 2b). Il n'aurait pu en effet l'approcher, à cause de la hauteur sublime de sa divinité, si (notre Seigneur) n'était pas descendu au niveau humain[62].

Jean le Baptiste est constamment associé à Élie depuis la reprise en Mt 11, 14 et 17, 11-13 (cf. Mc 9, 11-13) de la prophétie de Malachie (3, 23). Il l'est aussi en raison de sa nourriture plus que frugale[63]. L'ascèse de Paul est unanimement célébrée, avec le soutien de 2 Co 11, 27.30,

---

61. Cf. Lc 16, 21. Le « jeûne » du pauvre Lazare ne relève pourtant pas de l'ascèse. Basile a déjà dit auparavant : « Ne vois-tu pas comment Lazare, après avoir jeûné, est entré au paradis ? » (cf. Lc 16, 22) (*Homélies sur le jeûne*, I, 4). Grégoire de Nazianze est plus proche de la parabole quand il l'invoque pour inciter à faire abstinence afin de venir au secours du pauvre (*Discours* 36, 12 ; cf. *D.* 26, 6).
62. BASILE DE CÉSARÉE, *Homélies sur le jeûne*, I, 9. L'idée ici est proche de la thèse de Grégoire de Nysse selon laquelle Dieu a caché sa divinité sous l'enveloppe de la nature humaine à l'insu de l'ennemi (*Discours catéchétique* 23-26). Basile ajoute : « Toutefois, alors qu'il allait remonter au ciel, il prit de la nourriture, pour prouver la réalité du corps qui était ressuscité (cf. Lc 23, 43 ; Ac 1, 4) ». Irénée avait donné la même cause à la faim ressentie par Jésus d'après Mt 4, 2b : « Au reste, s'il n'avait rien reçu de Marie, il n'eût pas pris les aliments tirés de la terre, par lesquels se nourrit le corps tiré de la terre ; il n'eût pas, après avoir jeûné quarante jours comme Moïse et Elie, ressenti la faim, du fait que son corps réclamait sa nourriture » (Irénée de Lyon, *Contre les hérésies*, III, 22, 2, trad. A. ROUSSEAU, Paris 1984, p. 384 ; cf. Origène, Fragment 61 sur Mt, *GCS* XII, 3, p. 39).
63. Parmi beaucoup d'autres, GRÉGOIRE DE NAZIANZE, *Discours* 22, 5 ; 33, 10 ; 39, 15. Il construit un parallèle entre Jean et Basile : « Lui aussi, il a habité le désert ; lui aussi, il portait un cilice la nuit, sans qu'on le sût, en dehors de toute ostentation ; lui aussi, il s'est contenté de la même nourriture, se purifiant pour Dieu par l'abstinence ; lui aussi, il a eu l'honneur de devenir le héraut du Christ… » (*Discours* 43, 75, trad. J. BERNARDI, *SC* 384, p. 293).

de Col 3, 5, de 2 Co 4, 10 et Rm 6, 19. Jean Chrysostome participe à ce concert, en portant l'éloge à son paroxysme paradoxal : « Le jeûne enfle, lui aussi, et le Pharisien le montre bien quand il dit : *Je jeûne deux fois la semaine* (Lc 18, 12). Pour Paul, il ne s'agissait pas de jeûner, mais bien de souffrir de la faim (λιμώττων)[64], et pourtant il se nommait lui-même un avorton (1 Co 15, 8). Pourquoi parler de jeûne et de science (cf. 1 Co 8, 1), puisqu'il avait sans aucun doute avec Dieu des entretiens si élevés et si continuels, comme aucun prophète et aucun apôtre n'en eurent jamais, et qu'il s'en humiliait davantage (μᾶλλον ἐταπεινοῦτο)[65] ? » Quant au combat de Jésus contre Satan au désert, Origène le célébrait en ces termes : « Mais le Christ a triomphé, il a vaincu pour t'ouvrir le chemin de la victoire. Il a vaincu en jeûnant, pour que toi aussi tu saches qu'on peut triompher *de ce genre de démons par les jeûnes* (cf. Mc 9, 29)[66] », ouvrant ainsi la voie au recours incessant des moines au jeûne dans la lutte contre les démons[67].

4. Arguments spirituels et moraux

Aux thèmes déjà révélés par les modèles bibliques du jeûne, le lecteur des homélies de Basile en découvre d'autres. Commentant Mt 6, 16-17, il invite à accueillir d'un air joyeux les jours de jeûne : « Personne ne reçoit la couronne, qui est morose, personne ne lève le trophée, qui est d'humeur sombre. N'aie pas l'air triste, puisque tu es soigné. Il est absurde de ne pas se réjouir de la santé de l'âme, mais d'être chagriné par le changement de nourriture, et de paraître avoir plus de faveur pour le plaisir du ventre que pour le soin de l'âme. En réalité, la satiété fait s'arrêter la joie au ventre ; le jeûne fait monter le profit jusqu'à l'âme. Sois de bonne humeur, car un remède qui enlève le péché t'est donné de la part du médecin. ... Nettoie ton âme des péchés. Oins ta tête d'une onction sainte, afin de participer au Christ (/Oint), et aborde le jeûne de cette façon. ... Tel que tu es, apparais tel, sans te transformer pour sembler triste, en poursuivant la gloire d'être

---

64. Cf. 2 Co 11, 27 : ἐν λιμῷ καὶ δίψει, ἐν νηστείαις πολλάκις. R. ARBESMANN, « Fasten », *RAC* VII, col. 472, note qu'ici le terme grec est pris au sens originel de « ne pas avoir à manger » (cf. 2 Co 6, 5).
65. *Panégyriques de Saint Paul*, V, 9-10 (trad. A. PIÉDAGNEL, *SC* 300, p. 249).
66. *Homélies sur l'Exode*, II, 3 (trad. M. BORRET *SC* 321, p. 79).
67. À commencer par Antoine, d'après Athanase, *Vie d'Antoine*, 5, 4 ; 23, 2 ; 25, 3-5 ; 27, 4 ; 30, 2 ; 40, 3-4.

tempérant en apparence[68] ». Paroles que l'on peut rapprocher de ces propos d'Origène : « Puissions-nous [...] jeûner d'un jeûne agréé que le Seigneur reçoit (cf. Is 58, 5). Lorsque nous ne nourrissons pas la pensée de la chair (cf. Rm 8, 6.7), nous jeûnons d'un bon jeûne ; pour ce jeûne il convient d'oindre sa tête d'huile (cf. Mt 6, 17), non pas de l'huile du pécheur – car il y a une huile du pécheur, dont le juste dit : *Que l'huile du pécheur ne mouille pas ma tête* (Ps 140, 5b). Pour ce jeûne donc, quand je m'abstiens des nourritures matérielles et corporelles qui nourrissent *la pensée de la chair*, je me lave le visage et je n'ai pas la mine triste, mais gaie. Car ce jeûne est devenu pour moi la cause des biens spirituels qui sont dans le Christ, à qui gloire et puissance dans les siècles. Amen[69] ».

L'efficacité spirituelle, voire mystique, du jeûne, qui implique la joie de guérir du péché et de participer à l'onction du Christ, passe par l'abstinence, qui exclut « la pensée de la chair » (cf. Rm 8, 6.7). La nécessité de l'ascèse est donc affirmée, avec le jeûne de pénitence[70]. Les Évangiles canoniques sont discrets à ce sujet[71]. C'est un dit de l'*Évangile de Thomas*, qui a circulé aussi de façon indépendante, qui insiste sur la renonciation nécessaire : « Si vous ne jeûnez pas du monde, vous ne trouverez pas le Royaume[72] ». La nouveauté de Paul, qui est l'exemple par excellence de l'ascète, est d'introduire dans le combat contre le péché, dans le cas de l'abstinence de viande et de vin, une part de liberté, et de laisser le choix de leur conduite aux « forts » comme aux « faibles », en subordonnant l'observance à la loi de l'amour des frères et à la foi en la grâce de Dieu[73]. Origène a développé les conséquences à la fois pratiques et spirituelles des distinctions très subtiles de Paul, en retenant pour critère : « Ne pas faire ce qui choque ton frère » (Rm 14, 21). Il suffit ici de citer la conclusion de son commentaire de Rm 14, 20-2 :

---

68. Basile de Césarée, *Homélies sur le jeûne*, I, 1-2.
69. 4 *HPs* 77, 11 : *Origenes, GCS* XIII, *Die neuen Psalmenhomilien*, éd. L. Perrone, avec M. Polin Pradel, E. Prinzivalli et A. Cacciari, Berlin 2015, p. 408, 15-24.
70. Th. Pichler, *Das Fasten bei Basileios dem Grossen und im antiken Heidentum*, p. 76, souligne qu'on chercherait en vain un équivalent de ce jeûne-là chez les Grecs et les Romains.
71. Comme le remarque R. Arbesmann, « Fasten », *RAC* VII, col. 471, à propos de la réponse de Jésus sur le jeûne en Mt 9, 15-17 (Mc 2, 19-22 ; Lc 5, 34-39).
72. *Logion* 27 ; voir A. Guillaumont, « Νηστεύειν τὸν κόσμον (P. Oxy. 1, verso, l 5-6) », *Bulletin de l'Institut Français d'Archéologie Orientale* 61 (1962), p. 15-23.
73. Voir Rm 14, 1-6.13-23 et R. Arbesmann, « Fasten », *RAC* VII, col. 472.

> [Il faut considérer] que l'Apôtre n'a pas dit : c'est bien de manger de la viande et de boire du vin, mais : de ne pas manger de viande et de ne pas boire de vin, si cela choque ton frère. Il n'a donc pas voulu qu'en raison de ceux qui jugent qu'ils peuvent en manger, celui qui en est choqué soit contraint d'en manger, mais en raison de celui qui ne pense pas qu'il faille en manger, il ordonne de s'en abstenir, même à ceux qui jugent licite d'en manger. Car il est à craindre que peut-être, une fois franchi le mur de la continence, et accepté le laisser-aller dans la gloutonnerie, on ne tombe dans la tempête et l'abîme de la luxure et que s'ensuive également le naufrage de la chasteté. Il faut donc tout faire pour que l'œuvre de Dieu ne soit pas détruite par cela : c'est pourquoi il faut manger si le frère en est édifié, et ne pas manger si, par là, grandit l'œuvre de Dieu ; boire si par là le frère progresse dans la foi, et ne pas boire si, pour cela, ton frère encourt un dommage pour sa foi, ou toi un amoindrissement de ta charité[74].

Si, en suivant Paul, Origène réduit la portée de l'abstinence en transposant sur le plan spirituel l'opposition entre le pur et l'impur, il est enclin à exhorter à la pratique du jeûne et, de nouveau dans la fidélité à l'Apôtre, à prôner « la mortification de la chair[75] ». Paul traduit en termes grecs, en 1 Co 9, 27, par la métaphore du pugilat[76], la continence infligée au corps, dont le jeûne fait partie, pour lutter contre les passions, à savoir « la pensée de la chair » (cf. Rm 8, 6-7). Origène associe 1 Co 9, 27 à Col 3, 5 : « Faites donc mourir (νεκρώσατε) les membres terrestres : fornication, impureté, passion, convoitise mauvaise... », et à Rm 8, 13 : « Car si vous vivez selon la chair, vous mourrez. Mais si, par l'Esprit vous mettez à mort (θανατοῦτε) les œuvres de la chair, vous vivrez[77] ». Il commente ainsi, par exemple, Ps 74, 8b, en relation avec Ps 74, 4a : « *(Dieu) abaisse celui-ci* (Ps 74, 8b) : la pensée de la chair (cf. Rm 8, 6-7) et la chair. *Je maltraite mon corps et le tiens en servitude* (1 Co 9, 27). *Il élève celui-là* (Ps 74, 4a) : l'âme et l'esprit. Au contraire, l'âme des pécheurs est abaissée par le péché, et d'autre part l'âme des justes est élevée, de ceux qui jeûnent

---

74. *ComRm* X, 3, 4-5, *SC* 555, p. 280-283. Origène donne aussi une interprétation « plus profonde de la règle des nourritures charnelles », en y distinguant des degrés dans l'accès à la connaissance : *ComRm* IX, 36 ; 38, 42 (avec référence à Col 2, 16-19 en 42, 6 et à Mt 15, 11.19 en 42, 9).
75. Voir ci-dessus, n. 30.
76. « Je maltraite (ὑπωπιάζω : litt. "je frappe sous l'œil") mon corps ».
77. Cf. Rm 8, 36, citant Ps 43, 23 : « À cause de toi nous sommes mis à mort tout au long du jour ».

(νηστευόντων), qui aiment les efforts (φιλοπονούντων), qui passent la nuit à veiller (ἀγρυπνούντων), qui font mourir (νεκρούντων) les membres terrestres (cf. Col 3, 5)[78] ». Dans le *Contre Celse*, il distingue l'abstinence des ascètes chrétiens de celle des disciples de Pythagore : « Ils la pratiquent, eux, à cause du mythe de la métensomatose de l'âme. Et qui donc *serait assez fou pour élever vers le ciel son fils bien-aimé et l'immoler avec imprécation*[79] ? Mais nous, par cette même pratique, nous maltraitons notre corps et le tenons en servitude (cf. 1 Co 9, 27), nous voulons faire mourir (νεκροῦν) *les membres terrestres : fornication, impureté, impudicité, passion, convoitise mauvaise* (Col 3, 5) ; nous faisons tout pour mettre à mort (θανατώσωμεν) les œuvres du corps (cf. Rm 8, 13)[80] ». En commentant Rm 8, 12-13, Origène prend soin de préciser : l'Apôtre « ne refuse pas que nous prenions soin de la chair dans ses nécessités, mais non point dans ses convoitises », avant d'indiquer « comment on met à mort, par l'Esprit, les œuvres de la chair » que sont la haine, « la tristesse selon le monde », la discorde, « l'impatience de la chair » ; « la bonté supprime la méchanceté, la douceur la sauvagerie, la continence l'intempérance, et la chasteté tue l'impudicité ; et c'est de telle manière que celui qui aura mis à mort les œuvres de la chair vivra[81] ».

Bien entendu, cette mortification, selon Origène et les autres Pères, fait participer à la mort salvatrice du Christ, qui donne, par l'Esprit, la vie de la résurrection, conformément à l'enseignement paulinien, et son sens appartient à la doctrine baptismale[82].

---

78. Origenes, *GCS* XIII, p. 274, 5-9.
79. Empédocle, fr. B 137 Diels-Kranz, I p. 367.
80. *CCels* V, 49 ; cf. VIII, 22 : Le chrétien parfait qui s'applique constamment aux paroles et aux actes du Logos de Dieu célèbre sans cesse les dimanches. « Quand on se prépare (παρασκευάζων) sans cesse à la vie véritable, sans nourrir "la pensée de la chair" (cf. Rm 8, 6-7), mais qu'au contraire on maltraite son corps et qu'on le tient en servitude (cf. 1 Co 9, 27), on ne cesse de célébrer les Parascèves (παρασκευάς) », la Parascève étant ici le jeûne du vendredi.
81. *ComRm* VI, 3, *SC* 543, p. 231. Voir aussi, parmi d'autres passages, *LvHom* II, 4, où Origène substitue aux sacrifices d'Israël l'offrande du jeûne : « ... si tu mortifies ta chair et la dessèches par des jeûnes et à force d'abstinence et peux dire : "mes os sont grillés comme une poêle à frire" (Ps 101, 4), alors tu offres "un sacrifice de fleur de farine cuite à la poêle ou sur le gril" (cf. Lv 2, 4) ; et il se trouve ainsi que tu offres avec plus de vérité et de perfection selon l'Évangile les sacrifices que, selon la Loi, Israël ne peut plus offrir » (*SC* 286, traduction de M. Borret, p. 113).
82. Voir par exemple Grégoire de Nysse, *Homélies sur le Cantique*, VI, 7 ; cf. IV, 2 ; VI, 5 ; XII, 2 ; XII, 3 ; *Vie de Moïse* II, 187 ; *Discours catéchétique*, 35.

Dans la pratique, la « mortification de la chair » réunit le jeûne et la maîtrise des désirs sexuels, l'un étant utile à l'autre[83]. Les recommandations sur ce thème abondent chez Clément d'Alexandrie. Elles ne relèvent pas cependant du jeûne spécifiquement chrétien, mais du régime frugal qui met la vie du sage sous l'empire de la sobriété[84]. Il s'agit alors chez lui, comme chez d'autres Pères, de l'adaptation de motifs soit néopythagoriciens, à propos de l'abstention de nourriture carnée, soit stoïciens. Il en va de même pour les préceptes qui vantent les bienfaits de l'abstinence pour des raisons médicales. Basile n'en est pas avare[85]. Dans ces domaines les Pères exploitent leur héritage grec. Ainsi Grégoire de Nazianze, prescrivant les épreuves diverses qui permettent de progresser vers « la philosophie véritable », c'est-à-dire vers la perfection chrétienne, indique celles qui conviennent au bien-portant : « Il passera les nuits en prière, couchera sur la dure, jeûnera (νηστεύσει), réduira la puissance de la matière, contemplera les réalités terrestres et célestes et mettra tout son zèle à méditer sur la mort (μελετήσει τὸν θάνατον)[86] ». Les derniers mots penchent du côté des exercices spirituels de la philosophie grecque[87].

Basile de Césarée, admirateur de la cité grecque, retient parmi les bienfaits du jeûne qui doivent inciter à le pratiquer sa contribution à l'ordre domestique et social[88]. Ce faisant, il s'oppose aux excès ascétiques de courants monastiques dont les pratiques pouvaient sembler subversives et qui avaient été condamnées en 355 au concile de Gangres. Cette hostilité se situait dans la ligne de la polémique des Pères des IIe et IIIe siècles contre les « encratites ».

Un dernier thème illustre encore la façon dont la préconisation du jeûne fait passer dans le christianisme des premiers siècles de modèles

---

83. Voir T. M. SHAW, *The Burden of the Flesh*.
84. Voir R. ARBESMANN, « Fasten », *RAC* VII, col. 489, et Th. PICHLER, *Das Fasten bei Basileios dem Grossen und im antiken Heidentum*, p. 82-84.
85. BASILE DE CÉSARÉE, *Homélies sur le jeûne*, I, 4.9 ; II, 7 ; « la νηστεία est mère de la santé » (I, 7). Voir R. ARBESMANN, « Fasten », *RAC* VII, col. 490, et Th. PICHLER, *Das Fasten bei Basileios dem Grossen und im antiken Heidentum*, p. 80-81.
86. *Discours* 26, 11, SC 284, p. 253.
87. Rencontre entre l'ascèse chrétienne et la méditation philosophique, dont P. HADOT, *Exercices spirituels et philosophie antique*, nouv. édition revue et augmentée, Paris 2002, p. 78, a bien souligné la différence, tout en étudiant la réception dans le christianisme de l'ἄσκησις grecque comme « activité intérieure de la pensée et de la volonté ».
88. BASILE DE CÉSARÉE, *Homélies sur le jeûne*, II, 5 ; cf. I, 11 ; II, 2.

bibliques juifs à des usages hérités de l'hellénisme. Basile n'oublie pas la capacité de Daniel comme voyant : « Mais le sage Daniel n'aurait pas vu les visions, s'il n'avait pas rendu son âme plus limpide par le jeûne (cf. Dn 9, 3 ; 10, 2-3.12). Car les exhalaisons fuligineuses qu'émet la nourriture grasse interceptent, comme un épais nuage, le rayonnement dont irradie l'Esprit dans l'intellect[89] ». Dans l'apocalyptique juive, le jeûne du prophète renforce sa prière pour obtenir des révélations. Hermas est directement sous l'influence de cette conviction[90]. D'après les *Actes des apôtres* (13, 1-3), dans un milieu de « prophètes », l'envoi en mission par l'Esprit Saint de Barnabas et Saul se fait pendant un culte accompagné de jeûne. La méfiance envers les visions extatiques engendrée par l'expansion de la « nouvelle prophétie » de Montan amène les Pères, dès le début du IIe siècle, à restreindre strictement les manifestations du charisme prophétique. La prophétie associée au jeûne n'apparaît plus, comme chez Basile, que dans une explication de forme grecque du phénomène biblique de la vision ou dans une représentation, d'origine grecque elle aussi, de l'activité théologique, ainsi chez Grégoire de Nazianze : dans un contexte platonicien, comportant la formule « on ne peut toucher la Pureté sans être pur », il précise que cette activité est réservée « à ceux qui sont avancés dans la contemplation et, avant cela, qui ont purifié leur âme et leur corps[91] ».

Conclusion

Les premiers écrits chrétiens, indépendamment des évangiles devenus plus tard canoniques, ont amorcé la codification du jeûne qui s'est développée par la suite dans le cadre de la semaine et de l'année liturgique de l'Église. Cette élaboration s'est faite aux origines selon un double rapport d'opposition et de similitude avec le culte juif, lui-même en pleine recomposition après la ruine du Second Temple. Quant à la signification donnée au jeûne, elle a été d'emblée déterminée par les actes de pénitence, d'expiation, de propitiation, de prière, qui le caractérisaient dans le judaïsme. Le recours aux modèles bibliques invoqués par les Pères de l'Église dans leurs exhortations à

---

89. BASILE DE CÉSARÉE, *Homélies sur le jeûne*, I, 9.
90. *Le Pasteur*, 6, 1 ; 9, 2 ; 18, 6.
91. *Discours* 27, 3 ; cf. CYRILLE D'ALEXANDRIE, *Commentaire sur Isaïe*, PG 70, 149 D$_9$-151 A$_5$. Sur tout ceci, voir R. ARBESMANN, « Fasten », *RAC* VII, col. 452 ; 479-481 et col. 487.

pratiquer le jeûne a perpétué cette influence. La référence aux Épîtres de Paul, relues à la lumière des Évangiles, a orienté la visée vers la participation à la Passion du Christ, dans l'espoir de la régénération en cette vie et de la résurrection dans l'au-delà. Ce sens proprement chrétien de la « mortification », lié dès l'enseignement paulinien à la lutte contre les vices, contre « la pensée de la chair », a été complété par les Pères grecs au moyen des modèles de l'ascèse philosophique. Le jeûne étant devenu l'une des expressions de la foi dans la vie quotidienne, ces modèles ont contribué à tempérer les excès des chrétiens qualifiés d' « encratites » par les Pères et, à partir du IVe siècle, de certains courants monastiques, au profit de la sobriété et de la frugalité. Le souci pastoral des Pères a aussi revivifié le rôle social du jeûne, par son association à l'aumône. Leur prédication ne cesse de répéter qu'il est sans valeur s'il n'est pas accompagné de la justice et de la concorde. Une formule de Basile de Césarée résume cette portée morale : « Le jeûne véritable est d'être étranger aux vices[92] ».

---

92. BASILE DE CÉSARÉE, *Homélies sur le jeûne*, I, 10. Formule qui peut faire écho au mot d'Empédocle (fr. 144) cité par Plutarque (*Comment réfréner la colère*, 16, 464 B) : « Jeûner du mal (νηστεῦσαι κακότητος) ». Dans les *Homélies sur l'Hexaemeron* (VIII, 8), Basile demande aussi : « Quel avantage y aurait-il à soumettre le corps au jeûne, et à laisser l'âme remplie d'innombrables maux ? »

« LA FAIM QUI MANGE TA CHAIR T'OFFRE LE BONHEUR DE L'ÉDEN »
Le jeûne dans le monachisme syriaque

Florence Jullien
CNRS, CeRMI (UMR 8041)

> *Au début, la guerre commença contre la gourmandise du ventre ; et ce désir, le Christ le vainquit par l'abstinence du jeûne, pour nous donner l'exemple et nous poser une loi claire, afin que nous aussi, si nous voulons commencer dans les règles spirituelles, nous commencions par le jeûne, et qu'après cela nous soyons conduits peu à peu à tous les triomphes* [1].

CET EXTRAIT D'HOMÉLIE prononcée par Philoxène de Mabboug pose dès l'abord le cadre de la vie du chrétien – et du moine en particulier – dans la perspective paulinienne d'un combat au cœur duquel se positionne le jeûne, *caput* ou "capitaine" de l'avancement dans les voies spirituelles ; celles-ci se trouvent de la sorte ordonnées à cette pratique. Dès l'origine, le christianisme syriaque fut teinté d'une coloration ascétique marquée dont le courant monastique a gardé l'empreinte, à la croisée d'influences extérieures, et le jeûne y occupe une place centrale. Il trouve ses premières justifications dans la prise de conscience de la présence/absence du Christ soustrait au regard des siens au jour de l'Ascension, présence/absence qui ouvre une ère de pénitence et d'abstinence dans laquelle se situent les auteurs ascétiques parfois pénétrés

---

1. PHILOXÈNE DE MABBOUG, *Homélies*, XI, 480 (E. LEMOINE, avec la collaboration de R. LAVENANT, *Philoxène de Mabboug, Homélies*, Paris 1956 [« Sources chrétiennes », 44], p. 418).

d'encratisme[2]. La vie du Christ[3] mais aussi la discipline de la communauté apostolique[4], les traditions des apôtres (spécialement Thomas dont les *Actes* apocryphes mettent singulièrement en évidence cet idéal d'austérité lors de la scène du banquet du roi de l'Inde[5]), les figures prophétiques, mystiques ou ascétiques devenues référentes dans leur expérience et leurs conseils[6], sont des archétypes idéaux et les garants du moine jeûneur, les garde-fous de la vie angélique. De là, l'acte même

---

2. Cf. Lc 5, 35, Mt 9, 15 : « Viendront des jours où l'Époux leur sera enlevé, alors ils jeûneront ». Voir la *Règle d'Abraham de Kaškar*, canon 2 : « Sur le jeûne. D'après les paroles de Notre-Seigneur : "Quand le Fils de l'Homme sera enlevé, alors ils jeûneront en ces jours". Et l'Apôtre dit encore : "En jeûnant beaucoup". Et encore : "Ils ont jeûné, certes, et supplié Dieu". Et encore : "Que nous ne soyons pas faibles dans la soumission au jeûne". Mais les fruits du jeûne et le bénéfice que nous en retirons, nous les apprenons précisément de Moïse, d'Élie et de ses compagnons, de notre Sauveur, des apôtres et des saints Pères. Ainsi donc, observons le jeûne en ce qu'il est cause de nombreux bienfaits », Fl. JULLIEN, *Le monachisme en Perse. La réforme d'Abraham le Grand, père des moines de l'Orient*, Louvain 2008 (« CSCO », 622, « Subsidia », 121), syr. p. 135, trad. p. 131 ; A. VÖÖBUS, *Syriac and Arabic Documents, regarding legislation relative to Syrian Asceticism*, Papers of the Estonian Theological Society in Exile, 11, Stockholm 1960, p. 156.
3. Cf. Mt 4, 2, Lc 4, 2.
4. Cf. Mt 6, 16-18 ; Ac 13, 2-3.
5. *Actes de Thomas*, § 4-8 : P.-H. POIRIER et Y. TISSOT, « Actes de Thomas », *Écrits apocryphes chrétiens*, 1, éd. P. GEOLTRAIN et Fr. BOVON, Paris 1997, p. 1334-1335 ; H. J. W. DRIJVERS, « The Acts of Thomas », *New Testament Apocrypha* II. *Writings Relating to the Apostles, Apocalypses, and Related Subjects*, éd. W. SCHNEEMELCHER et E. HENNECKE, éd. révisée, Westminster 1992, p. 340-343.
6. Le prophète Daniel, Dn 10, 3 ; la fuite d'Élie le Tishbite au torrent de Kérit (1 R 17, 4-6) a été perçue comme une retraite avec jeûne, cf. PHILOXÈNE DE MABBOUG, *Questions-réponses des moines d'Égypte* : R. KITCHEN, « Introduction to selections from the Ge'ez Filekseyus. Questions and answers of the Egyptian Monks, Ethiopian Monastic Manuscript Library No. 1387 (f. 1a-81b) », dans M. KOZAH, A. ABU-HUSAYN, S. S. AL-MURIKHI et H. Al THANI (éd.), *An Anthology of Syriac Writers from Qatar in the Seventh Century*, Piscataway 2015 (« Gorgias Eastern Christian Studies », 39), p. 200-201 ; cf. Jean bar Aphtonia, considéré comme « l'émule d'Élie et de Jean le Précurseur » : Fr. NAU, « Histoire de Jean bar Aphtonia », *Revue de l'Orient Chrétien* 7 (1902), p. 130. Voir aussi les conseils d'ISAAC DE NINIVE, *Chapitres sur la connaissance*, IV, 27 traduits par Gr. KESSEL, dans M. KOZAH, A. ABU-HUSAYN, S. S. AL-MURIKHI et H. Al THANI (éd.), *An Anthology of Syriac Writers from Qatar*, p. 276 ; ISAAC DE NINIVE, *La troisième partie*, IX, 1 : S. CHIALÀ, *Isaaco di Ninive. Terza Collezione*, Louvain 2011 (« CSCO », 637, « Script. syr. », 246), p. 62, et (« CSCO », 638, « Script. syr. », 247), Louvain 2011, p. 91.

« La faim qui mange ta chair t'offre le bonheur de l'Éden »

de se nourrir peut être discrédité et commué en un symbole d'intempérance et de dérèglement de l'esprit. Mais au-delà des formes extrêmes et spectaculaires qui caractérisent les débuts du monachisme en Syrie, en Mésopotamie et en Perse, cette pratique à la fois matérielle et spirituelle s'est progressivement codifiée pour devenir l'expression d'une identité où le jeûneur devient à son tour une référence.

1. Les modalités du jeûne

Le vorace est du côté du démon

Dans la Syrie des ascètes, la famille d'une femme boulimique vient trouver Macédonios, un moine syriaque : les trente poulets qu'elle dévore chaque jour mettent à mal les ressources familiales, et il faut y trouver remède. Sur l'intervention du saint, la malade inassouvie réprimera son appétit de telle sorte que désormais un seul petit morceau de volaille suffira à combler sa faim[7]. Pour l'hagiographe, le message est clair et la norme inversée : le vorace est du côté du démon, celui qui vit sobrement, comme le jeûneur, est sûr de son salut[8]. Car, selon Éphrem, le « Mauvais séduit par la nourriture[9] » et la prise d'aliments était parfois considérée comme une porte ouverte aux influences diaboliques, les démons étant susceptibles au moment des repas de s'introduire dans le corps par l'orifice de la bouche. Le premier fragment syriaque du *Testament d'Adam* popularisa une pratique de sustentation à partir de la croyance en une liturgie céleste des heures du jour et de la nuit : durant la première heure de la nuit, les démons, occupés à leurs adorations, cessaient d'importuner les hommes[10], et cette heure était ainsi pri-

---

7. THÉODORET DE CYR, *Histoire des moines de Syrie*, XIII, 9 : P. CANIVET et A. LEROY-MOLINGHEN, *Théodoret de Cyr. Histoire des moines de Syrie « Histoire philothée »*, I, Paris 1977 (« Sources chrétiennes », 234), p. 492-493.
8. Ainsi Éphrem de Nisibe désigne-t-il le Diable comme « le Vorace », *Hymnes sur le jeûne* V, 2 : voir D. CERBELAUD, *Éphrem le Syrien, Hymnes sur le jeûne*, Bégrolles-en-Mauges 1997 (« Spiritualité orientale », 69), p. 55.
9. *Autre Hymne sur le jeûne*, 1, 7 : D. CERBELAUD, *Éphrem le Syrien, Hymnes sur le jeûne*, p. 96, Appendice 1.
10. *Testament d'Adam*, § 1 : « *Première heure de la nuit*. C'est l'heure de l'adoration des démons. Durant tout le temps que durent leurs adorations, ils cessent de faire le mal et de nuire à l'homme, parce que la force cachée du Créateur de l'univers les retient », E. RENAN, *Fragments du livre gnostique intitulé :* Apocalypse d'Adam, *ou* Pénitence d'Adam, *ou* Testament d'Adam, *publiés d'après deux versions syriaques*, Paris 1854, syr. p. 15 ; trad. p. 28 ; M. KMOSKO, *Testamentum*

vilégiée pour prendre une collation. Mais la consommation d'aliments restait considérée comme une concession faite aux besoins naturels du corps, et par là même un détournement de la vie spirituelle : dans ses *Hymnes sur la virginité*, Éphrem de Nisibe conduit une réflexion sur le jeûne du Christ au désert et oppose le mirage du pain proposé par le Tentateur, « symbole de l'avidité d'Adam », au jeûne de « Celui qui rassasie tous les êtres et qui par son jeûne guérit la gloutonnerie [11] ». Ainsi se justifie progressivement une valorisation du jeûne dans la spiritualité monastique syriaque : voie d'accès privilégiée à une vie de perfection, il se trouve placé *de facto* au cœur des efforts quotidiens du moine. C'est la raison pour laquelle sans doute le nom de Barṣauma, qui signifie « le jeûneur », était couramment donné aux religieux, un nom quasi générique, comme un programme de vie.

Les restrictions alimentaires

D'une manière générale, il faut souligner la diversité des pratiques alimentaires en milieu monastique. La documentation sur le monachisme syro-mésopotamien et perse est d'abord ecclésiale, essentiellement produite par les moines eux-mêmes soucieux de transmettre avant tout une image forte de perfection [12]. Les sources transmettent deux aspects importants du contrôle du corps par la frugalité : une abstinence complète de nourriture sur une période établie, l'exclusion permanente ou temporaire de certains aliments. Souvent, le jeûne

---

Patris nostri Adam, Paris – Turnhout 1907 (« Patrologia syriaca », 2), col. 1319. Fr. Nau pensait que ce texte était fondé sur une tradition remontant déjà à Apollonius de Tyane dans son traité sur les influences astrologiques (*Apotelesmata*) : Fr. NAU, *Sur la connaissance et la compréhension des influences astrologiques (Apotelesmata)*, Paris – Turnhout 1907 (« Patrologia syriaca », 2), col. 1372-1391. Mais A. M. Denis a montré qu'il n'en était rien : A. M. DENIS, « chapitre I. L'apocalypse de Moïse (Vie d'Adam et Ève) et le cycle d'Adam », dans *Introduction aux pseudépigraphes grecs d'Ancien Testament*, Leyde 1970 (« Studia in Veteris Testamenti pseudepigrapha », 1), p. 10-11.

11. *Hymnes sur la Virginité*, XIV, 11 : D. CERBELAUD, *Éphrem le Syrien. Le Christ en ses symboles. Hymnes de Virginitate*, Bégrolles-en-Mauges 2006 (« Spiritualité orientale », 86), p. 87.

12. Voir A. BINGGELI, « La vie quotidienne des moines en Syrie-Mésopotamie au miroir déformant des sources littéraires (IVe-Xe siècles) », dans O. DELOUIS et M. MOSSAKOWSKA-GAUBERT (éd.), *La vie quotidienne des moines en Orient et en Occident (IVe-Xe siècles)*, I. *L'état des sources*, Le Caire – Athènes 2015 (« Bibliothèque d'étude », 163), p. 179-211.

exprime une dimension de mise à part sociale, les moines développant un rapport au manger qui diffère des usages de la société environnante – qu'elle soit majoritairement chrétienne ou pas. En contexte semi-cénobitique, la ration hebdomadaire de nourriture était distribuée lors des rencontres communautaires du dimanche[13] : il s'agissait essentiellement de grains de céréales à moudre, chaque frère devant fabriquer son pain[14]. La consommation de viande était proscrite et parfois assimilée à de la fornication, comme le rappelle une prescription conservée dans des canons rédigés à l'attention des moines miaphysites de Perse[15]. Mais des indications incidentes nous apprennent que les sauterelles pouvaient être consommées puisqu'elles étaient parfois distribuées en aumônes aux indigents[16] ; on remarque au passage que la sauterelle, modèle de l'ordinaire johannite[17], ne semble pas avoir été considérée comme une viande dans certains milieux judéo-chrétiens des marges comme chez les Ébionites par exemple – un détail relevé par Épiphane de Salamine[18]. La nourriture animale est l'une des cibles des ascètes. Une anecdote en rend compte, rapportée par Théodoret de Cyr : dans une historiette amusante à finalité d'édification, l'écrivain raconte comment un chasseur ismaélite qui avait fait promesse d'abstinence perpétuelle de viande transgressa son vœu en tuant un oiseau ; décidé à le manger, ce « barbare » ne put consommer

---

13. Voir R. Draguet, *Commentaire du Livre d'Abba Isaïe (logoi I-XV) par Dadišo Qaṭraya (VIIe s.)*, Louvain 1972 (« CSCO », 326, « Script. syr. », 144), syr. p. 94 ; (« CSCO », 327, « Script. syr. », 145), Louvain 1972, trad. p. 72 ; Fl. Jullien, *Le monachisme en Perse*, p. 162.
14. Sur la cuisson du pain, cf. *Règle de Dād-Īšōʿ*, canon 15 : Fl. Jullien, *Le monachisme en Perse*, syr. p. 146, trad. p. 141 ; A. Vööbus, *Syriac and Arabic Documents*, p. 171.
15. *Règles pour les moines miaphysites de Perse*, canon 23 : A. Vööbus, *Syriac and Arabic Documents*, p. 92. Même condamnation dans la *Règle anonyme pour les moines*, canon 17, p. 112 ; cf. canon 10, p. 111. L'interdit de viande et de vin demeure dans les communautés dyophysites : voir les Pseudo-canons de Marūtha de Maypherqaṭ, 2, p. 148.
16. *Histoire de Rabban Bar ʿEdta* : E. A. W. Budge, *The Histories of Rabban Hôrmîzd the Persian and Rabban Bar-ʿIdtâ*, Londres 1902, I, p. 154 ; II, p. 200.
17. Mt III, 4 ; Mc I, 6.
18. Épiphane de Salamine, *Panarion* XXX, 13, 4-5 : Fr. Williams, *The Panarion of Epiphanius of Salamis. Book I (Sects 1-46). Second edition revised and expanded*, Leyde 2009 (« Nag Hammadi and Manichaean Studies », 63), p. 141-142. A. Vööbus, *History of Asceticism in the Syrian Orient*, II, Louvain 1960 (« CSCO », 197, « Subsidia », 17), p. 263, n. 38.

Florence Jullien

le produit de sa chasse, car la chair du volatile avait été changée en pierre à la prière de Syméon le stylite[19]. Le procédé littéraire permettait ainsi de confirmer les pénitents dans leurs résolutions ascétiques. Les sources syriaques à notre disposition restent discrètes sur l'interdit d'aliments provenant d'êtres animés (laitages, œufs, fromage). À l'inverse de ce type d'aliments, l'ingestion d'herbes et de plantes était en honneur[20] ; certains moines proscrivaient même tout aliment "fabriqué" ou transformé (épluché, mélangé ou cuisiné, moulu, cuit, etc.), à l'instar des *boskoi* (les pâtres ou les paissants) et autres "brouteurs" que l'on trouve entre Égypte, Syrie et Mésopotamie[21]. Ainsi l'auteur de l'*Histoire syro-orientale* décrit-il Abraham de Kaškar comme un ascète rigoureux se nourrissant « des herbes de la montagne[22] ». Xvadāhōy, l'un de ses disciples lointains, au VIIe siècle, s'abstint de prendre des aliments cuits durant les sept années d'édification de son couvent[23]. Pendant les temps de jeûnes prescrits, certains

---

19. Théodoret de Cyr, *Histoire des moines de Syrie*, XXVI, 18 : P. Canivet et A. Leroy-Molinghen, *Théodoret de Cyr. Histoire des moines de Syrie « Histoire philothée »*, II, Paris 1979 (« Sources chrétiennes », 257), p. 198-199.
20. *Histoire de Rabban Bar 'Edta* : E. A. W. Budge, *The Histories*, I, p. 119 ; II, p. 173.
21. Sozomène, *Histoire ecclésiastique*, VI, 33, 1-2 : « 1. Brillaient surtout alors chez les Nisibéniens, près du mont dit Sigaron, [des ascètes]. 2. On les appelait "les Paissants", et ils avaient récemment pris l'initiative de ce genre d'ascèse. On leur donne ce nom attendu qu'ils [...] ne mangent pas de pain ou d'aliments cuits, ne boivent pas de vin [...] L'heure venue de s'alimenter, comme s'ils paissaient, armé chacun d'une faucille, ils parcourent la montagne en se nourrissant de plantes », dans A.-J. Festugière et B. Grillet, *Sozomène, Histoire ecclésiastique. Livres V-VI*, Paris 2005 (« Sources chrétiennes », 495), p. 422-425 ; Évagre le Scholastique, *Histoire ecclésiastique*, I, 21, dans A.-J. Festugière, B. Grillet et G. Sabbah, *Évagre le Scholastique. Histoire ecclésiastique*, l. I-III, Paris 2011 (« Sources chrétiennes », 542), p. 196-197. Voir Th. Špidlik, M. Tenace et R. Cemus (éd.), *Questions monastiques en Orient*, Rome 1999 (« Orientalia Christiana Analecta », 259) ; Cl. Fauchon, « Les formes de vie ascétique et monastique en milieu syriaque, V[e]-VIIe siècles », dans Fl. Jullien (éd.), *Le monachisme syriaque*, Paris 2010 (« Études syriaques », 7), p. 11-38. Fl. Jullien, « Forms of Religious Life and Syriac Monasticism », dans D. King (éd.), *The Syriac World*, Cambridge 2019, p. 93.
22. *Histoire syro-orientale* de Séert, c. XVIII : A. Scher, *Histoire nestorienne inédite (Chronique de Séert)* II/1, Paris – Turnhout 1911 (« Patrologia orientalis », 7), p. 134 [42].
23. *Histoire syro-orientale* de Séert, c. XCVIII : A. Scher et R. Griveau, *Histoire nestorienne inédite (Chronique de Séert)* II/2, Paris – Turnhout 1919 (« Patrologia Orientalis », 13), p. 594 [274].

frères ne consommaient aucun fruit de la terre, tel Rabban Hormizd du monastère de Bar ʿEdta[24]. Beaucoup se nourrissaient de petites quantités de graines ou de légumes secs trempés dans un peu d'eau[25]. S'interdire les produits des arbres ou du sol constituait une ascèse personnelle que certains frères pouvaient pratiquer au sein d'une communauté (semi-) cénobitique[26]. La réduction de la portion journalière de nourriture ou l'usage d'aliments peu appréciés, amers ou astringents, étaient considérés comme une forme de vertu, ainsi que le présente Jacques de Saroug dans l'une de ses lettres[27]. Les portions de pain pouvaient être calculées en fonction d'une quantité décidée d'avance : le moine Marān-ʿAmmeh des environs de Balad « ne prenait pendant toute la journée que six bouchées de pain[28] » ; Sabr-Īšōʿ de Bēth-Qoqa (m. 650) ne mangeait son pain que deux fois par semaine[29]. Un seul pain tous les deux jours suffisait pour Zénon ou Aphraate dont le régime alimentaire est décrit par Théodoret[30], tous les trois jours pour la communauté de Téléda du temps de Syméon le Jeune[31], tous les

---

24. *Histoire de Rabban Hormizd le Perse* : E. A. W. Budge, *The Histories*, I, p. 15 ; II, p. 23.
25. Évagre le Scholastique, *Histoire ecclésiastique*, I, 21 : A.-J. Festugière, B. Grillet et G. Sabbah, *Évagre le Scholastique*, p. 196-197. Pour les références à la littérature ascétique et spirituelle, voir A.-J. Festugière, *Les moines d'Orient*, I. *Culture et sainteté*, Paris 1961, p. 44, n. 11. *Vie de Syméon stylite*, 13 : P. van den Ven, *La vie ancienne de S. Syméon Stylite le Jeune (521-592)*, II. *Traduction et commentaire. Vie grecque de sainte Marthe mère de Syméon. Indices*, Bruxelles 1970 (« Subsidia Hagiographica », 32), p. 17.
26. *Histoire de Rabban Hormizd le Perse* : E. A. W. Budge, *The Histories*, I, p. 15 ; II, p. 23.
27. Jacques de Saroug, *Lettre à l'un de ses amis (des solitaires)*, 25 : M. Albert, *Les Lettres de Jacques de Saroug. Traduction française*, Kaslik (Liban) 2004 (« Patrimoine syriaque », 3), p. 283 ; syr. G. Olinder, *Iacobi Sarugensis epistulae quotquot supersunt*, Paris 1937 (« CSCO », 110, « Script. syr. », 57), p. 221. Arthur Vööbus interprète ce passage comme une allusion au goût amer des aliments auquel doit s'habituer l'ascète, A. Vööbus, *History of Asceticism*, II, p. 262, n. 36.
28. A. Mingana, « Appendice [Histoire en vers du couvent de Sabrišo de Béth Koka] », *Sources syriaques*, I, Leipzig 1907, p. 259.
29. *Ibid.*, p. 232.
30. Théodoret de Cyr, *Histoire des moines de Syrie*, XII, 3 : P. Canivet et A. Leroy-Molinghen, *Théodoret de Cyr. Histoire*, I, p. 462-463 ; VIII, 3, p. 378-379.
31. Théodoret de Cyr, *Histoire des moines de Syrie*, XXVI, 5 : P. Canivet et A. Leroy-Molinghen, *Théodoret de Cyr. Histoire*, II, p. 166-167.

Florence Jullien

huit jours pour Julien Saba ou Syméon[32]. P. Canivet et A. Leroy-Molinghen font remarquer qu'il devait exister des balances pour peser les portions[33]. Une vigilance sur la discipline de l'effort au sein des monastères restait préconisée comme en témoignent trois canons édesséniens du Ve siècle qui dénoncent chez certains frères la prise de nourriture en dehors des périodes prescrites ou des heures prévues : durant la journée par exemple, lors d'une petite virée au verger, ou à l'occasion de la venue d'un parent[34]. Pour chacune de ces situations, l'autorisation du *rišdayro* ou de l'intendant était exigée.

Réduction alimentaire. Réduction hydrique également. Julien Saba mesurait sa boisson non à sa soif « mais se limitait à la quantité exigée par la nourriture absorbée[35] ». Pour le vin, les conseils monastiques diffèrent. Certaines sources comme les Pseudo-canons de Marūtha de Maypherqaṭ ne l'interdisent pas mais en limitent l'usage aux jours de fête ou de commémoration à raison d'une hémine par tête (0,24 litre)[36]. Les règles attribuées à Rabbūla sont plus radicales et l'interdisent pour éviter tout risque de blasphème en cas d'abus[37]. Pour bon nombre d'auteurs ascétiques, comme l'auteur de la *Vie* grecque *de Syméon le Jeune*, rédigée après la mort du saint survenue en 592 par quelqu'un qui se dit témoin oculaire, la rédaction d'une biographie répond d'abord à une représentation de la sainteté[38] ; ainsi, l'intransigeance est de rigueur contre les frères qui goûtent au vin, car il « signifie le voisinage des

---

32. THÉODORET DE CYR, *Histoire des moines de Syrie*, II, 2 : P. CANIVET et A. LEROY-MOLINGHEN, *Théodoret de Cyr. Histoire*, I, p. 196-199 ; XXVI, 5, II, p. 166-167.
33. P. CANIVET et A. LEROY-MOLINGHEN, *Théodoret de Cyr. Histoire*, I, p. 251, n. § 3.1.
34. *Règles attribuées à Rabbūla*, canons 12, 17, 18 : A. VÖÖBUS, *Syriac and Arabic Documents*, p. 82-83. Sur la législation de Rabbūla, voir O. HENDRIKS, « La vie quotidienne du moine syrien », *L'Orient syrien* 5 (1960), p. 316-327.
35. THÉODORET DE CYR, *Histoire des moines de Syrie*, II, 2 : P. CANIVET et A. LEROY-MOLINGHEN, *Théodoret de Cyr. Histoire*, I, p. 196-197.
36. *Pseudo-canons de Marūtha de Maypherqaṭ*, 25 : A. VÖÖBUS, *Syriac and Arabic Documents*, p. 143.
37. *Règles attribuées à Rabbūla*, canon 3 : A. VÖÖBUS, *Syriac and Arabic Documents*, p. 80 ; canon 4 : p. 27.
38. Syméon Stylite le Jeune a probablement pris modèle de Syméon l'Ancien, son hagiographie ayant pu renforcer la comparaison par l'homonymie et la ressemblance des modes de vie. Pour la date et la rédaction, voir V. DÉROCHE, « Quelques interrogations à propos de la Vie de Syméon Stylite le Jeune », *Eranos* 94 (1996), p. 65-83.

démons et échauffe le corps de désirs fiévreux, rend le sommeil lourd et accroît la paresse de l'esprit [...], fait de tout le corps l'habitation du démon, si bien qu'on dit ce qu'il ne faut pas dire et qu'on fait ce qu'il convient de ne pas faire[39] ». Les règles anonymes pour les communautés monastiques miaphysites préconisaient à l'encontre des buveurs occasionnels une pénitence proportionnée au nombre de fois où ils auraient cédé à la tentation : 30 jours de jeûne jusqu'au soir par jour de boisson ; si le contrevenant résistait, il était considéré comme exclu du Royaume de Dieu[40]. Le jeûne est ici considéré comme un moyen de régulation et de sanction de la désobéissance et manifeste l'autorité des supérieurs de monastères responsables de l'application des canons établis. Les règles de Rabbūlā pour les laïcs consacrés (*benay qeyama* ou membres de l'Ordre) prescrivaient un renoncement quotidien : il leur était défendu de manger de la viande ou de boire de vin ; quiconque était retrouvé dans une taverne devait être expulsé de son église[41].

Autres formes extérieures du jeûne

À une diminution volontaire (voire une absence provisoire) de nourriture ou de boisson, étaient fréquemment associés d'autres types de privation : restriction du temps de sommeil, maîtrise de la parole, surveillance du regard, garde du cœur – autant d'expressions extérieures et intérieures du jeûne. Dans son troisième *Exposé* « Sur le jeûne », Aphraate le Sage perse énumère dix manières de jeûner de façon pure :

> Il y a plusieurs manières d'observer le jeûne : il y a certes celui qui s'abstient de pain et d'eau jusqu'à avoir faim et soif, mais il y a celui qui s'abstient en ce qu'il reste vierge, qui a faim et ne mange pas, qui a soif

---

39. *Vie de Syméon stylite*, 27 : P. VAN DEN VEN, *La vie ancienne de S. Syméon Stylite le Jeune*, p. 35. Dans son *Livre de la perfection*, Sahdona a une longue diatribe sur la nécessaire abstention de vin qui préserve la sainteté et spécialement pour garder la pureté de la continence, § 17-19 : « Ne lie pas amitié avec le vin, ô toi qui observe la sainteté ! N'introduis pas ton ennemi au-dedans de toi, de peur qu'une fois entré dans ta maison, il ne te fasse périr », IIe partie, chapitre VII, § 19 : A. DE HALLEUX, *Martyrius (Sahdona). Œuvres spirituelles*, II. *Livre de la perfection, IIe partie (ch. 1-7)*, Louvain 1980 (« CSCO », 214, « Script. syr. », 90), syr. p. 79-80, trad. p. 80.
40. *Règles anonymes pour les communautés monastiques*, canon 25 : A. VÖÖBUS, *Syriac and Arabic Documents*, p. 76-77.
41. *Règles de Rabbūlā pour le Qeyama*, canon 23 : A. VÖÖBUS, *Syriac and Arabic Documents*, p. 42.

et ne boit pas, et ce jeûne est le meilleur. Il y a encore celui qui s'abstient par sainteté, car c'est aussi un jeûne, et il y a celui qui s'abstient de viande, de vin ou de certains aliments. Il y a celui qui s'abstient en ce qu'il met une clôture à sa bouche pour ne pas dire de paroles laides, et il y a celui qui s'abstient de la colère, qui réprime son penchant afin qu'il ne soit pas vainqueur. Il y a celui qui s'abstient de biens pour se dépouiller lui-même de leur servitude, et il y a celui qui s'abstient de toute espèce de lit pour demeurer éveillé dans la prière. Il y a celui qui, dans l'épreuve, s'abstient des choses de ce monde, pour ne pas être frappé par l'Adversaire, et il y a celui qui s'abstient en demeurant dans le deuil afin de plaire à son Seigneur dans l'épreuve. Il y a enfin celui qui réunit tout cela pour en faire un seul jeûne[42].

Insistance est portée sur la démarche intérieure du jeûneur qui est invité à maîtriser ses passions, à veiller sur ses sens. L'*Histoire de Rabban Bar ʿEdta* insiste sur les dispositions requises de chaque frère qui, pour purifier ses pensées, devait être « constant dans la récitation des Psaumes et des veilles de nuit, dans la vigilance aux temps de prière, jeûnant quotidiennement à la tombée du jour, priant de manière continuelle chaque heure, méditant les saintes Écritures, purifiant les pensées de [son] âme[43] ». Forme de jeûne en tant qu'absence de sommeil, la veille prolongée était néanmoins réservée aux plus éprouvés des frères ; ainsi en était-il au sein de la communauté de Grand monastère du mont Izla où le fondateur de la congrégation, Abraham de Kaškar, encourageait les plus vaillants de ses compagnons à prolonger leur temps de prière par une lecture persévérante des Écritures durant la nuit précédant la célébration de la synaxe, le samedi soir. Au cœur de l'éthique monastique, la lutte contre le sommeil, jugé comme un obstacle à la vie spirituelle, valorisait l'effort de vigilance contre le laxisme de l'endormissement. A. Vööbus a montré les différentes stratégies de combat des moines syriens et mésopotamiens pour pallier la fatigue de leurs corps somnolents et se maintenir en station verticale, s'interdisant de s'asseoir comme Syméon, contemporain de Rabbūla d'Édesse, se suspendant à des cordes, s'attachant au mur, ou bougeant de tous côtés sans répit comme les frères du monastère de Qartmīn[44]. Dans une lettre à l'un de ses amis, ʿAbd-Īšōʿ Ḥazzāyā

---

42. Cf. APHRAATE LE PERSE, *Exposés* 3, 1 : M.-J. PIERRE, *Aphraate le Sage Persan, Les Exposés I-X*, Paris 1988 (« Sources chrétiennes », 349), p. 268-269.
43. *Histoire de Rabban Bar ʿEdta* : E. A. W. BUDGE, *The Histories*, II, p. 172, p. 184.
44. Rapporté dans le manuscrit Sachau Berlin 221, fol. 77 ; A. VÖÖBUS, *History of*

donne un remède contre les appétits en préconisant « le jeûne, une veille permanente, le renoncement à boire, ainsi qu'un déplacement continuel » dans l'espace de la cellule ; « bien plus », ajoute-t-il, le solitaire « ne devra pas dormir en position allongée mais assise, ou debout sur ses pieds », jusqu'à ce que cesse cette envie[45]. Veille continue et jeûne sont les supports de la prière du moine[46].

2. Le jeûne, une forme de martyre

La voie du monachisme dans sa dimension mortifiante et de renoncement intérieur est considérée par certains auteurs syriaques comme une forme de martyre[47] : la faim et la soif, la réduction de nourriture ou de sommeil, la privation de confort, toute forme de jeûne corporel contribue à identifier le moine au Christ en croix. Cet aspect est particulièrement développé chez les littérateurs syriaques à propos des dendrites de l'espace syrien septentrional par exemple, anachorètes comme attachés au bois en une crucifixion non sanglante[48]. Un véritable transfert analogique est effectué qu'Éphrem exprime avec des images très vives dans son *Exhortation aux moines* : les religieux sont invités à reproduire en eux, par leur expérience ascétique, les peines et souffrances des martyrs[49]. Tout spécialement, il insiste sur le rôle du jeûne répété de nourriture qui rend visible ce sacrifice : « La faim

---

Asceticism, II, p. 264-265. À propos de Titus, disciple de Daniel le stylite, voir H. DELEHAYE, *Les Saints Stylites*, Bruxelles 1923 (« Subsidia hagiographica », 14), p. L-LI.

45. ʿABD-ĪŠŌʿ ḤAZZĀYĀ, *Lettre à un ami sur les agissements de la grâce* : A. MINGANA, *Early Christian Mystics*, Cambridge 1934 (« Woodbrooke Studies », 7), p. 174.
46. Voir par exemple chez Joseph Ḥazzāyā, *Traité mystique* : A. MINGANA, *Early Christian Mystics*, p. 184.
47. Cf. par exemple chez Éphrem de Nisibe, *Hymnes sur les confesseurs et les martyrs*, dans lesquels Abraham de Qidūn ou Julien Saba sont mis au rang des martyrs au même titre que les 40 martyrs : Th. J. LAMY, *Sancti Ephræm Syri Hymni et sermones*, III, Malines 1889, col. 641-936.
48. K. P. CHARALAMPIDIS, « Dendrites "martyrs of peace" », *Studi sull'Oriente cristiano* 1/1-2 (1997), p. 141. K. SMITH, « Dendrites and other standers in the *History of the exploits of Bishop Paul of Qanetos and priest John of Edessa* », *Journal of Syriac Studies* 12/1 (2009), p. 117-134.
49. ÉPHREM DE NISIBE, *Exhortation aux moines*, § 5 : Th. J. LAMY, « Exhortatio ad monachos », *Sancti Ephræm Syri Hymni et sermones*, IV, Malines 1902, col. 213-216.

qui mange ta chair t'offre le bonheur de l'Éden ; la soif qui boit tes veines t'irrigue de la source de vie ; le jeûne [...] illumine le visage et t'apaise[50] ».

Le jeûne, nourriture de l'âme

D'une manière générale, l'idéal de perfection est assimilé à un jeûne "du monde" et de ses convoitises, un renoncement à ses valeurs, dans une perspective pénitentielle et non pas seulement dans une finalité de conversion personnelle. Les premiers textes du christianisme syrien témoignaient déjà de l'importance de l'influence encratite dans les milieux ascétiques et plus largement chrétiens fervents. Dans toute l'aire de langue syriaque, le célibat fut très tôt considéré comme une condition essentielle d'accès au baptême[51], et l'abstention de nourriture comme une étape préparatoire à sa réception. Le *Livre des degrés* y fait écho ; rédigé à la fin du IVe siècle dans l'empire sassanide, il distingue à travers une collection de trente *memrē* le mode de vie des « justes » (*i.e.* les laïcs) de celui des « parfaits » (*i.e.* ceux qui pratiquaient un jeûne perpétuel et universel dans le célibat)[52]. Aphraate décrit ce jeûne "du monde" à travers l'image du chien, que Marie-Joseph Pierre a relevée dans une étude sur les laïcs consacrés Membres de l'Ordre, les *benay qeyama* : « Ceux qui s'appliquent à implorer la miséricorde obtiennent le "pain des fils", et on ne leur jette » – glose sur l'épisode néo-testamentaire de la Syro-phénicienne dans lequel il est question des petits chiens qui mangent le pain tombé de la table des enfants (Mt 15, 26-27)[53] ; pour Aphraate, « les chiens montent la garde », se font veilleurs.

---

50. ÉPHREM DE NISIBE, *Sermon. Sur les moines, ascètes et ermites*, § 5 : Th. J. LAMY, « Sermo de Monachis, ascetis et eremitis », *Sancti Ephræm*, IV, col. 153-154. Cf. A. VÖÖBUS, *History of Asceticism*, II, p. 100.
51. S. P. BROCK, « Early Syrian Asceticism », *Numen* 20/1 (1973), p. 7-8.
52. Par exemple le *Mīmrā* 11, § 14-15 : M. KMOSKO, *Liber graduum*, Paris – Turnhout 1926 (« Patrologia Syriaca », 1/3), col. 475-478. R. KITCHEN et M. PARMENTIER, *The Book of Steps: TheSyriac Liber Graduum*, Kalamazoo (Michigan) 2004 (« Cistercian Studies Series », 196). A. VÖÖBUS, *History of Asceticism in the Syrian Orient*, I, Louvain 1958 (« CSCO », 184, « Subsidia », 14), p. 11-15. A. GUILLAUMONT, « Situation et signification du "Liber Graduum" dans la spiritualité syriaque », dans *Ier Symposium Syriacum 1972*, Rome 1974 (« Orientalia Christiana Analecta », 197), p. 311-325.
53. APHRAATE, *Exposé* 7, 21 : M.-J. PIERRE, *Aphraate*, I, p. 434 ; *Exposé* 20, 8 : M.-J. PIERRE, *Aphraate le Sage Persan, Les Exposés XI-XXIII*, II, Paris 1989

« La faim qui mange ta chair t'offre le bonheur de l'Éden »

Les surenchères du jeûne : identité du monachisme syro-mésopotamien ?

Les pratiques ascétiques des solitaires, qui ont évolué en milieu syriaque rejoignent, comme l'ont souligné F. Millar, Ph. Rousseau ou plus récemment C. Fauchon, des formes identiques de privations corporelles adoptées dans le monachisme grec. C'est le cas aussi pour le jeûne dans ses diverses expressions qui a connu des formes sévères allant jusqu'aux limites de l'extrême[54]. À travers des exemples parfois vécus et des descriptions assez fiables, l'*Histoire des moines de Syrie* rédigée par Théodoret de Cyr vers 444 en donne comme une typologie désormais bien étudiée et exploitée[55]. Qu'elles aient été vécues de manière individuelle ou collégialement au sein d'un monastère, ces austérités hors normes furent aussi l'objet de surenchères, fruit d'émulations "concurrentes", voire de tensions, tant du côté des ascètes que de certains hagiographes désireux d'édifier leur lectorat/auditoire ou de les éduquer à une orthopraxie qui culpabilise les gloutons et dénonce les transgresseurs[56]. Théodoret donne en exemple Jacques

---

(« Sources chrétiennes », 359), p. 795-796 ; syr. J. PARISOT, *Aphraatis Sapientis Persæ Demonstrationes*, Paris 1894 (« Patrologia syriaca », 1/2), col. 349 et col. 905-907.

54. F. MILLAR, « Theodoret of Cyrrhus: A Syrian in Greek Dress? », dans H. AMIRAV et R. B. TER HAAR ROMENY (éd.), *From Rome to Constantinople. Studies in Honour of Averil Cameron*, Louvain 2007 (« Late Antique History and Religion », 1), p. 105-125 ; Ph. ROUSSEAU, « Excentrics and coenobites in the Late Roman East », *Byzantinische Forschungen* 24 (1997), p. 35-50 ; Cl. FAUCHON, « Les formes de vie ascétique », p. 11-38. V. DÉROCHE, « Quand l'ascèse devient péché : les excès dans le monachisme byzantin d'après les témoignages contemporains », *Kentron* 23 (2007), p. 167-178 (https://journals.openedition.org/kentron/1752).
55. Voir surtout P. CANIVET et A. LEROY-MOLINGHEN, *Théodoret de Cyr. Histoire*, I-II ; A.-J. FESTUGIÈRE, *Antioche païenne et chrétienne. Libanius, Chrysostome et les moines de Syrie*, Paris 1959 (« Bibliothèque des Écoles françaises d'Athènes et de Rome », 194), p. 291-310 ; R. PRICE, *Theodoret of Cyrrhus. A History of the Monks of Syria*, Kalmazoo (Michigan) 1985 (« Cistercian Studies Series », 88). Voir A. BINGGELI, « La vie quotidienne des moines », p. 183.
56. Je renvoie à la réflexion de C. Cremonesi sur les processus rédactionnels utilisés par un disciple anonyme de Syméon le Jeune dans la biographie de son maître : il le décrit comme modèle exceptionnel de jeûneur dès la petite enfance (thème classique de l'enfant qui possède la sagesse d'un Ancien) – la sainteté devenant davantage un faire spectaculaire qu'un état intérieur. C. CREMONESI, « The Meaning of Illness : Metamorphoses of Wounds from Symeon the Elder to Symeon the Younger », dans Fl. JULLIEN et M.-J. PIERRE (éd.), *Les Monachismes d'Orient. Images – Échanges – Influences*, Turnhout 2011 (« Bibliothèque de l'École des

futur évêque de Nisibe au IVᵉ siècle, qui conseillait de restreindre le boire et le manger aux limites des besoins de la nature humaine[57] ; « le vrai jeûne, c'est la faim continuelle », déclarait l'ascète Marcianos aux dires de l'historien ecclésiastique[58] qui valorise son protagoniste aux limites du crédible en précisant qu'il se contentait d'un poids de pain « tel qu'il n'aurait pas suffi même à un petit enfant qu'on viendrait de sevrer », c'est-à-dire une livre coupée en quatre par jour, consommée en un seul repas journalier à l'image d'Antoine du désert[59]. Mais l'abstention totale de pain était jugée remarquable parmi les abstinents eux-mêmes[60]. Durant le Carême, les hagiographes renforcent encore les prouesses ascétiques de leurs protagonistes en décrivant des jeûnes stricts de quarante jours sans aucune prise d'aliments[61] – un tel jeûne restant de durée et de pratique symboliques ; il s'agit de montrer l'absolu d'une existence toute vouée à Dieu dans les limites du vital.

Dans la recherche d'un idéal de jeûne parfait s'inscrit une catégorie de jeûneurs refusant toute nourriture à l'exception des espèces eucharistiques, ce que B. Caseau a appelé l'« anorexie eucharistique ». La pratique de ne se nourrir que du pain et du vin consacrés répond à une sorte d'idéalisation de sainteté, rappelant aussi que l'eucharistie est au centre de la vie de l'ascète, véritable aliment[62]. L'auteur de la *Vie* de Syméon stylite le Jeune raconte comment, encore petit, l'ascète suppliait le Seigneur de le délivrer des nourritures du corps, de tout aliment de ce monde, et confessait avoir été exaucé en recevant d'un ange chaque dimanche une sorte de manne nourrissante sous forme

---

Hautes Études. Sciences religieuses », 148), p. 248-249. Voir l'édition de P. VAN DEN VEN, *La Vie ancienne de S. Syméon Stylite le Jeune*, et V. DÉROCHE, « Quelques interrogations », p. 65-83.

57. THÉODORET DE CYR, *Histoire des moines de Syrie*, I, 2 : P. CANIVET et A. LEROY-MOLINGHEN, *Théodoret de Cyr. Histoire*, I, p. 162-163.
58. THÉODORET DE CYR, *Histoire des moines de Syrie*, III, 3 : P. CANIVET et A. LEROY-MOLINGHEN, *Théodoret de Cyr. Histoire*, I, p. 250-251.
59. *Ibid.*
60. Cf. *Règles de Yoḥannān bar Qūrsos pour le monastère de Mār Zakkaï*, canon 48 : A. VÖÖBUS, *Syriac and Arabic Documents*, p. 61.
61. Par exemple pour Syméon le stylite chez THÉODORET DE CYR, *Histoire des moines de Syrie*, XXVI, 9 : P. CANIVET et A. LEROY-MOLINGHEN, *Théodoret de Cyr. Histoire*, II, p. 176-179.
62. A. BINGGELI, « Les stylites et l'Eucharistie », dans N. BÉRIOU, B. CASEAU et D. RIGAUX, *Pratiques de l'Eucharistie dans les Églises d'Orient et d'Occident (Antiquité, Moyen Âge), I. L'institution*, Paris 2009 (« Collection des Études Augustiniennes. Série Moyen Âge et Temps Modernes », 45), p. 441.

de riz blanc[63]. Toutefois ce mode de jeûne mystique fut largement contesté dans certains milieux monastiques[64], comme en fait foi une clause des *Règles* de Yoḥannān bar Qūrsos (m. 538) pour le monastère miaphysite de Mār Zakkaï à Callinique (aujourd'hui Raqqa en Syrie) :

> Car il y a dans le monastère des abstinents d'excellence, non seulement de vin, mais aussi de pain [...]. Nous avons entendu dire qu'il existe une pratique qu'ils font par ignorance : au moment où ils distribuent le Corps et le Sang, ils donnent plus de *marganiata* (*i.e.* parcelles consacrées) à ces jeûneurs, et pareillement pour la coupe de rémission. Mais nous pensons que, parce que ceci est une aliénation de la religion de Dieu, cela ne devrait pas être. Car il suffit que le prêtre donne une ou deux parcelles ; de même pour la coupe de rédemption [...], afin que ne soit pas accompli sur eux ce que dit le bienheureux Rabbūla, évêque d'Édesse, à propos de ceux qui sont comme ceux-là, qu'ils sont des chiens goulus mangeant leur Seigneur[65].

Le jeune Hormizd se contentait de demander une fois par semaine les pains de l'oblation au sacristain avant l'office communautaire du soir – son unique nourriture, avec un peu de sel, jusqu'à la synaxe dominicale[66]. Ce détail de l'hagiographe contribue à camper le personnage en ascète accompli, jeûnant avec une nourriture sanctifiée et donc sanctifiante.

Dans les milieux monastiques et mystiques syro-orientaux, spécialement chez les auteurs des VIIe et VIIIe siècles comme Sahdona, Isaac de Ninive ou Jean de Dalyatha, la thématique de la régénération du corps par la communion eucharistique est particulièrement développée. D'après ce dernier, ceux qui communient « ne souffrent

---

63. B. CASEAU, « Syméon stylite le jeune (521-592) : un cas de sainte anorexie ? », *Kentron* 19 (2003), p. 179-204 (https://journals.openedition.org/kentron/1861, § 36). Le moine, idéal d'une société, « techniquement n'est pas humain » et vit la vie des anges, P. BROWN, *La société et le sacré dans l'Antiquité tardive*, trad. de l'anglais par A. ROUSSELLE, Paris 1985, « La société et le surnaturel. Une transformation médiévale », p. 256. A. Binggeli parle d'un « équivalent mystique » de l'Eucharistie, administrée par l'ange de la même manière au moyen d'une cuillère, A. BINGGELI, « Les stylites et l'Eucharistie », p. 440-441.
64. B. CASEAU, « Monastères et banquets à Byzance », dans J. LECLANT, A. VAUCHEZ et M. SARTRE (éd.), *Pratiques et discours alimentaires en Méditerranée de l'Antiquité à la Renaissance*, *Cahiers de la villa Kérylos* 19 (2008), p. 223-269.
65. Cf. *Règles de Yoḥannān bar Qūrsos pour le monastère de Mār Zakkaï*, canon 48 : A. VÖÖBUS, *Syriac and Arabic Documents*, p. 61.
66. *Histoire de Rabban Hormizd* : E. A. W. BUDGE, *The Histories*, I, p. 15 ; II, p. 23.

pas, ne mangent pas et n'ont pas faim », ils « ne boivent pas et n'ont pas soif[67] ». À la suite de Hans Lewy, S. P. Brock a mis en valeur ce motif de la *sobria ebrietas*, l'ébriété spirituelle ; la coupe eucharistique qui enivre celui qui y boit et la communion au Corps du Christ sont sources de renouveau, comme le reflète cet extrait d'homélie d'Isaac de Ninive : « les ivrognes deviennent jeûneurs » et « l'amour suffit pour se nourrir en lieu et place des aliments et de la boisson[68] ».

Le corps du jeûneur

Si le jeûne de sommeil occupe une part essentielle dans la mortification du moine soucieux d'un contrôle rigoureux et permanent de ses sens et de ses pensées, il se conjugue souvent avec un jeûne du paraître, qui va jusqu'à la négligence de son propre corps. Le consacré vit dans une condition "hors du monde" que rappelle la couleur noire de son habit, évoquée par exemple dans les actes des synodes des Églises orientales[69]. Signe d'humilité et d'abandon des préoccupations matérielles, le noir traduit cette absence de préoccupation de l'apparence et de l'ego. La question de l'hygiène ou des soins apportés au corps n'apparaissent pas directement dans les sources, si ce n'est en cas de maladie. Mais l'insouciance de certains ascètes "d'extérieur" vis-à-vis des facteurs météorologiques, infectieux, ou simplement parasitaires, et de leur incidence directe sur la santé ou le bien-être, montre assez l'idéal d'indifférence recherché à travers un mépris du corps et de ses réactions. Syméon le stylite négligeait ainsi la douleur générée par ses plaies ouvertes et ulcéreuses qu'un diacre vint un jour constater en haut de son

---

67. JEAN DE DALYATHA, *Lettre* 37, « Sur le manque de consolation » : R. BEULAY, *La collection des Lettres de Jean de Dalyatha*, Turnhout 1978 (« Patrologia orientalis », 39), p. 407 [155].
68. ISAAC DE NINIVE, *Homélie* 43, citée par S. P. BROCK, « Sobria ebrietas according to some syriac texts », *Aram* 17 (2005), p. 191.
69. Le synode syro-oriental de Mār Acace en 486 dénonce l'action de missionnaires miaphysites « vêtus de noir » et trompant les foules « sous l'apparence de la pénitence et du naziréat, de la religion et de l'ascétisme », J.-B. CHABOT, *Synodicon Orientale ou recueil des synodes nestoriens*, Paris 1902 (« Notices et extraits des manuscrits de la Bibliothèque Nationale et autres bibliothèques », 37), syr. p. 55 ; trad. p. 302. Voir également le 59e canon attribué à Marūtha de Maypherqaṭ au début du Ve siècle, consacré au vêtement du moine, A. VÖÖBUS, *Syriac and Arabic Documents*, p. 148, canon 59, l. 3-4.

« *La faim qui mange ta chair t'offre le bonheur de l'Éden* »

échelle[70]. Dans l'une de ses hymnes, Éphrem lui-même évoque la saleté des moines, dont ils seront définitivement délivrés en paradis[71]. Résultat d'une lutte contre le corps dont le jeûne est le moyen par excellence, l'accès à l'indifférence devient pour l'hagiographe ou le pèlerin admiratifs expression d'un changement de nature, et marque pour certains auteurs ascétiques, en une perception excessive du discours paulinien, une étape pour accéder à l'état de l'« homme parfait », de l'« homme nouveau » – qui est la finalité de l'ascèse monastique[72].

Quelques rares notations décrivent en passant l'aspect pris par le corps du jeûneur : l'une des recensions de la *Vie* syriaque d'Éphrem précise qu'il ne consommait qu'un peu de pain, quelques légumes secs et des herbes de temps à autre, dépeignant un physique sec, la peau sur les os et la chair desséchée « comme un vase de potier », des vêtements assemblés en nombreux chiffons couleur du fumier[73]. L'*Histoire syro-orientale* de Séert a conservé un portrait de l'ascète Xvadāhōy, qui vécut dans le désert de Ḥīra en Mésopotamie centrale au milieu du VIIe siècle : « s'abstenant de tous les plaisirs », et sous l'effet de la chaleur et du froid, son corps avait pris l'aspect du bois brûlé[74]. Évagre le scholastique parle des « cadavres sur terre qu'on croirait voir » dans ces ascètes syriaques[75]. Finalement, l'un des buts de l'adoption d'un régime ascétique est de s'affranchir des contingences corporelles et de la chair elle-même[76].

Le jeûne, un impact social ?

Il faut reconnaître avec G. Fisher l'intérêt des écrivains, historiographes ou hagiographes à mettre en valeur les relations étroites

---

70. Théodoret de Cyr, *Histoire des moines de Syrie*, XXVI, 23 : P. Canivet et A. Leroy-Molinghen, *Théodoret de Cyr. Histoire*, II, p. 208-209.
71. Éphrem, *Hymnes sur le paradis* VII, 3 : R. Lavenant et Fr. Graffin, Éphrem de Nisibe, *Hymnes sur le paradis*, Paris 1968 (« Sources chrétiennes », 137), p. 96.
72. Ep 4, 13 ; Col 3, 10.
73. *Vie d'Éphrem*, § 23, citée par A. Vööbus, *History of Asceticism*, II, p. 101, n. 1.
74. *Histoire syro-orientale* de Séert, c. XCVIII : A. Scher et R. Griveau, *Histoire nestorienne*, II/2, p. 590 [270] et p. 592 [272].
75. Évagre le scholastique, *Histoire ecclésiastique* I, 21 : A.-J. Festugière, B. Grillet et G. Sabbah, Évagre le Scholastique, p. 196-199.
76. B. Caseau parle d'« être sans chair », ἄσαρκος, B. Caseau, *Nourritures terrestres, nourritures célestes. La culture alimentaire à Byzance*, Paris 2015, p. 255.

des moines et des missionnaires avec les populations rencontrées[77] : leurs mœurs ascétiques sont données comme de puissants vecteurs de transmission de la foi, et la mise en situation scripturaire à travers leurs descriptions est un moyen de faire passer un message. Ainsi l'auteur de la *Vie* de Syméon le stylite décrit-il les nombreux pèlerins accourant auprès de l'ascète pour s'édifier à le voir jeûner, veiller, résistant à la douleur[78]. Le corps du saint vivant (et non pas seulement ses reliques), malmené par les privations et les restrictions sévères, est présenté à lui seul comme une forme de prédication populaire[79] : à son contact, des Ibères, des Arméniens et des Perses reçoivent le baptême ; des Ismaélites, renonçant à leurs cultes ancestraux, s'abstiennent définitivement de manger de la viande – onagre et chameau[80]. Le mode de vie ascétique du protagoniste est ainsi devenu générateur de nouveaux comportements d'imitation. Dans la *Vie d'Aḥudemmeh*, on relève un double phénomène d'attraction-imitation identique parmi les tribus arabes évangélisées – les populations évangélisées par le

---

77. Voir Gr. FISHER (éd.), *Between Empires. Arabs, Romans and Sasanians in Late Antiquity*, Oxford 2011, p. 356. En milieu byzantin, voir V. TONEATTO, « Le récit hagiographique : réinterprétation de l'histoire et construction idéologique. Le cas d'Euthyme et de Sabas par Cyrille de Scythopolis », dans P. ODORICO et P. A. AGAPITOS (éd.), *Les Vies des saints à Byzance ? Genre littéraire ou biographie historique ? Actes du IIe colloque international philologique, Paris, 6-7-8 juin 2002*, Paris 2004 (« Dossiers byzantins », 4), p. 137-159.
78. Pour les visites au stylite, empereurs, pèlerins et simples particuliers, voir par exemple la vie de Syméon le Jeune conservée en grec, § 42-254, P. VAN DEN VEN, *La vie ancienne de S. Syméon Stylite le Jeune*, p. 51-245. THÉODORET DE CYR, *Histoire des moines de Syrie*, XXVI, 11 et 13 : P. CANIVET et A. LEROY-MOLINGHEN, *Théodoret de Cyr. Histoire*, II, p. 180-183 et 190-199. Pour les relations de Daniel le stylite et ses disciples avec l'empereur Léon et sa femme Eudoxie, H. DELEHAYE, *Les Saints Stylites*, par ex. p. XLVIII-LI.
79. Sur le culte rendu aux saints vivants, voir G. FRANK, *The Memory of the Eyes: Pilgrims to Living Saints in Christian Late Antiquity*, Berkeley 2000 (« The Transformation of the Classical Heritage », 30) ; P. COX MILLER, « Visceral Seeing: the Holy Body in Late Ancient Christianity », *Journal of Early Christian Studies* 12/4 (2004), p. 399-401. Voir aussi B. CASEAU, J.-Cl. CHEYNET et V. DÉROCHE (éd.), *Pèlerinages et lieux saints dans l'Antiquité et le Moyen Âge. Mélanges offerts à Pierre Maraval*, Paris 2006. Sur la dimension catéchétique de l'ascèse et du jeûne, voir aussi C. CREMONESI, « Il corpo e lo sguardo : la relazione tra attore e spettatore nella *performance* ascetica », *Atti e memorie dell'Accademia Galileiana di Scienze, Lettere ed Arti* 116/3 (2003-2004), p. 169-191 ; C. CREMONESI, « The Meaning of Illness », p. 239-252.
80. THÉODORET DE CYR, *Histoire des moines de Syrie*, XXVI, 13 : P. CANIVET et A. LEROY-MOLINGHEN, *Théodoret de Cyr. Histoire*, II, p. 190-191.

« La faim qui mange ta chair t'offre le bonheur de l'Éden »

moine-évêque entre la région de Nisibe, Tagrīt et Ḥīra plus au sud sont décrites comme des ascètes, « aimant le jeûne et la vie ascétique plus que tous les chrétiens, au point de commencer le saint jeûne des quarante jours (*i.e.* le Carême) une semaine avant tous les chrétiens » : « Beaucoup de personnes chez eux ne mangent pas de pain durant tout le temps du jeûne, non seulement les hommes, mais encore beaucoup de femmes[81] ». Pour le biographe, cette attitude clairement monastique authentifiait la réussite de la mission et la réalité de la conversion. Ce thème hagiographique de la conversion par émulation se retrouve sur un terrain similaire dans la *Vie* d'Abraham de Kaškar, qui dépeint dans les agissements du protagoniste l'aiguillon exemplaire des transformations des mœurs des habitants de Ḥīra :

> L'ange du Seigneur apparut [à Abraham] dans une vision divine et lui dit [...] d'aller à la ville Ḥirta des Arabes, qui était alors très célèbre par le paganisme de rois païens. Il arriva vite à Ḥirta et y demeura peu de temps ; il s'y occupait à la méditation des saints livres, avec des jeûnes et des prières sans fin, et son ascétisme convertit déjà beaucoup d'habitants de Ḥirta. Il les instruisit et en fit des chrétiens. Ils abandonnèrent l'étoile ʿUzzā qu'ils adoraient ; ils adorèrent le Dieu vivant que Mār Abraham leur prêcha, et tous devinrent chrétiens au temps de Noʿmān, fils de Mundhir[82].

Mais si les intentions d'écriture ont vocation à démontrer une perfection reflet des attentes de la société vis-à-vis du saint, tant dans son discours et son mode de vie que dans ses relations bienfaisantes avec ses interlocuteurs[83], l'impact réel du mode de vie ascétique sur les populations reste dépendant des démonstrations narratives, et le discours l'emporte parfois sur l'effet social[84]. Il faut néanmoins souli-

---

81. Fr. Nau, *Histoires d'Aḥoudemmeh et de Marouta, métropolitains jacobites de Tagrit et de l'Orient*, Paris – Turnhout 1909 (« Patrologia orientalis », 3), p. 28.
82. Fr. Nau, « Histoire d'Abraham de Kaskar et de Babaï de Nisibe », *Revue de l'Orient Chrétien* 21 (1918-1919), f° 133a ; Fl. Jullien, *Le monachisme en Perse*, p. 59.
83. Voir à ce sujet la réflexion de M. Kaplan, « Hagiographie et histoire de la société », dans P. Odorico et P. A. Agapitos (éd.), *Les Vies des saints à Byzance ?*, p. 25-47.
84. Voir à ce propos Br. Turner, *The Body and Society*, Oxford 1984 ; B. Caseau, « Christian bodies: the senses and early Byzantine Christianity », dans L. James (éd.), *Desire and denial in Byzantium*, Aldershot 1999 (« Society for the Promotion of Byzantine Studies Publications », 6), p. 101-102.

gner le fruit unificateur du modèle du moine ou de l'ascète, visité par différentes catégories de populations sans distinction d'éducation ou de niveau de richesse.

L'importance de la dimension ascétique au sein du courant miaphysite est aussi une caractéristique de véracité souhaitée à l'attention des populations rencontrées. Dès l'origine du mouvement, les prêtres syro-orthodoxes furent tenus de se comporter en abstinents. Le mode de vie proposé aux missionnaires envoyés par Jacques Baradée hors des frontières de l'empire romain oriental était adapté en fonction du régime monastique : stricte observance du jeûne, abstinence perpétuelle de viande et de vin, port de l'*eskimo* habit religieux sobre. Au XIIIe siècle, le maphrien Bar 'Ebrōyō condamne d'ailleurs sévèrement les abus de certains métropolites miaphysites du Fārs qui avaient coutume de transgresser cette tradition de rigoureuse abstinence, notamment en consommant du vin et en contractant mariage : un des fautifs, érigé en anti-modèle, fut ainsi déposé du siège de Rew-Ardašīr et remplacé[85].

3. Jeûne et liturgie

Sous la conduite de la règle

Éphrem présente le monachisme comme l'institution par excellence de la pénitence et la pratique du jeûne comme l'une des activités primordiales de l'état monastique, ainsi que le définiront les principales règles canoniques des communautés syro-orientales comme syro-occidentales. Le jeûne est le soutien de la prière, en particulier celle des Psaumes, qui constituent le cœur de la liturgie des Heures. C'est la raison pour laquelle certains commentateurs spirituels du Psautier, comme Aḥūb Qaṭrāyā, présentent parfois David comme l'archétype du prophète jeûneur[86]. En régime semi-cénobitique, l'apprentissage du jeûne est marqué par des étapes pour le novice, qui

---

85. BAR 'EBRŌYŌ, *Chronique ecclésiastique* : J.-B. ABBELOOS et Th. J. LAMY, *Gregorii Barhebraei Chronicon ecclesiasticum* I-II, Louvain 1872, section II, p. 170-172.
86. AḤŪB QAṬRĀYĀ, *Livre de la finalité des Psaumes* : R. B. TER HAAR ROMENY, « Introduction to the *Book of the aims of the Psalms* by Aḥūb Qaṭraya », dans M. KOZAH, A. ABU-HUSAYN, S. S. AL-MURIKHI et H. AL THANI (éd.), *An Anthology of Syriac Writers*, p. 94.

correspondent aussi à une progression dans les voies du monachisme : d'abord expérimenté au sein du cœnobion, parfois sous l'autorité d'un maître, il est par la suite vécu en solitude dans la cellule sur une durée limitée, selon les périodes liturgiques. Le jeûne est donc, dans un premier temps, une affaire collective en tant qu'il est partagé par la communauté s'exerçant aux mêmes pratiques codifiées par la règle – les normes et canons sont contraignants. Le jeûne devient une démarche personnelle lorsque l'ascète est jugé apte à vivre en ermite. Dans le courant réformé initié par Abraham de Kaškar au VIe siècle dans le Ṭūr 'Abdīn, le jeune moine était invité à se construire une cellule à l'extérieur, une fois la période probatoire de trois ans achevée en communauté ; c'est là désormais qu'il s'exerçait à des pratiques autogérées, toutefois accomplies dans le cadre de la règle[87]. Le rôle des canons est bien d'encadrer le jeûneur et de contrôler l'alimentation en délimitant les obligations sans limiter les développements d'initiative personnelle. Cela explique les sanctions prises envers les contrevenants à ces dispositions disciplinaires, sanctions parfois d'une grande sévérité.

Des rythmes et des fêtes

Dans les textes de la liturgie syriaque, le terme *ṣauma* (*ṣwm'*) se rapporte à la fois au jeûne et à la période de jeûne, selon des rythmes adaptés au calendrier des fêtes. Selon les traditions, des périodes plus spécifiques étaient imposées, les célébrations liturgiques initiant finalement des pratiques alimentaires. Pour les jeûnes qui étaient pratiqués quotidiennement de façon communautaire, une durée avait été fixée : depuis la nuit « jusqu'à la neuvième heure », avec une incitation à reprendre le jeûne dans la soirée[88]. Au sein du monachisme palestinien chalcédonien, Mār Saba œuvra à une reformulation de la liturgie et modifia les habitudes imposées par son maître Euthyme, qui prescrivait six jours de jeûne par semaine : il restreignit la durée à cinq jours, revenant à la coutume jusqu'alors en usage à Jérusalem et qu'Égérie connut lorsqu'elle

---

87. Fl. JULLIEN, *Le monachisme en Perse*, p. 149-150.
88. *Vie de Syméon stylite*, 27 : P. VAN DEN VEN, *La vie ancienne de S. Syméon Stylite le Jeune*, p. 34. Voir aussi les *Règles anonymes pour les moines*, canon 7 : A. VÖÖBUS, *Syriac and Arabic Documents*, p. 107 : « On jeûnera jusqu'à la neuvième heure et, s'il est possible, la soirée se passera [en jeûne] continuel ».

Florence Jullien

visita les lieux saints[89]. P. Patrich a relevé que cette pratique du jeûne était directement liée à la célébration de la synaxe – dès le samedi soir dans la communauté de Mār Saba, uniquement le dimanche dans les cercles d'Euthyme[90]. Les canons du catholicos syro-oriental Mār Abba stipulent en règle indiscutable l'interdit de jeûner le dimanche, se faisant l'écho des résolutions synodales précédentes depuis Nicée : « S'il se trouve quelqu'un qui, sous prétexte de pratiques vertueuses ou en signe de mépris, fasse son jeûne le dimanche, qu'il soit anathème[91] ! » L'un des canons pour les moines syro-orientaux attribués à Marūtha de Maypherqaṭ fait allusion à une pratique propre à chaque monastère, décidée et imposée par le supérieur : « La communauté de toute la fraternité devra persévérer dans le service, la prière, la lecture et le jeûne, selon la tradition établie pour eux par le *rišdayro*[92] ». Dans les textes canoniques, plusieurs indications incitent à se priver plus radicalement de nourriture de façon hebdomadaire, le mercredi et le vendredi, en mémoire de la trahison de Judas et de la Passion du Christ[93].

Dans l'Église syro-orientale était observé le jeûne des Ninivites, correspondant à trois jours de Rogations durant la troisième semaine avant le Carême[94]. Ces Rogations pratiquées collectivement font mémoire de la réponse des Ninivites à l'appel à la conversion lancé par Jonas : selon le livre prophétique, tous les habitants de la ville, « hommes et bêtes, gros et petit bétail », ne goûtèrent à rien, ne mangèrent pas et ne burent pas pendant trois jours en signe de repentance[95].

---

89. ÉGÉRIE, *Journal de voyage*, 27, 1, 9 ; 28, 1 : P. MARAVAL, *Égérie, Journal de voyage*, Paris 1982 (« Sources chrétiennes », 296), p. 258-259 et p. 264-265.
90. J. PATRICH, *Sabas, Leader of Palestinian monasticism. A comparative Study in Eastern Monasticism, Fourth to Seven Centuries*, Washington 1995 (« Dumbarton Oaks Studies », 32), p. 272-273.
91. J. PATRICH, *Sabas, Leader of Palestinian monasticism*, syr. p. 546, trad. p. 556.
92. *Pseudo-canons de Marūtha de Maypherqaṭ*, § 54 « Sur la discipline et les règlements monastiques répercutés par les décisions synodales », canon 1 : A. VÖÖBUS, *Syriac and Arabic Documents*, p. 138.
93. *Canons qui sont nécessaires pour les moines*, 12 : A. VÖÖBUS, *Syriac and Arabic Documents*, p. 73 : « Il est juste pour les moines de jeûner de nourriture aussi bien que de vin le mercredi et le vendredi pour que leur jeûne soit complet et leur récompense parfaite ». Ces règles anonymes rédigées à l'attention des communautés monastiques miaphysites sont inspirées de plusieurs sources : canons ayant circulé sous le nom de Marūtha de Maypherqaṭ, canons de Philoxène, etc. Voir Th. J. TALLEY, *Les origines de l'année liturgique*, trad. A. DAVRIL, Paris 1990.
94. Ce jeûne fut par la suite adopté par l'Église syro-occidentale.
95. Jon 3, 3-10 ; cf. Mt 12, 41 et Lc 11, 30, 32.

« La faim qui mange ta chair t'offre le bonheur de l'Éden »

D'après l'historiographe arabe chrétien Ṣalībā ibn Yūḥannā, la tradition du jeûne des Ninivites aurait été instituée au moment de la grande peste qui décima les populations des empires sassanide et byzantin probablement durant les dernières années du règne de Khusrō Ier et qui se prolongea sous son successeur : lors de l'épidémie, les évêques de Nisibe et le métropolite du Bēth-Garmaï Sabr-Īšōʿ organisèrent une cérémonie de repentance sur plusieurs jours, qui fut ensuite formalisée en une commémoration annuelle[96]. Le catholicos Īšōʿyahb III mit en place les services liturgiques de ce jeûne avec l'aide du moine de Bēth-ʿAbē ʿEnan-Īšōʿ au milieu du VIIe siècle.

Annuellement, des privations de longue durée se sont mises en place, comme dans le monachisme byzantin. Une notice de l'*Histoire syro-orientale* de Séert consacrée à l'un des moines du Grand monastère du mont Izla, Sahrōy, permet de mieux connaître ces habitudes au sein du monachisme syro-oriental : pendant quarante années successives, Sahrōy, nous dit-on, « supporta la chaleur et le froid, se privant de pain durant les *trois semaines*[97] ». Ces « trois semaines » correspondent en fait à trois cycles de jeûnes liturgiques : celui des Apôtres (dépendant de la date de la fête de Pâques, il pouvait varier de quelques jours à sept semaines, débutant après la Pentecôte et s'achevant à la fête des saints Pierre et Paul), celui d'Élie (sept semaines durant l'été), suivi de celui de Moïse (quatre semaines après) – soit un tiers de l'année[98]. Ces désignations des temps liturgiques servirent à l'occasion pour dater des narrations, comme on le lit dans l'histoire de Karkā d-Bēth Slokh, où les martyrs furent couronnés « la

---

96. *Livre de la tour* : H. GISMONDI, *Maris, Amri et Slibæ De patriarchis nestorianorum commentaria, Pars altera*, Rome 1897, p. 25-26. Sur les hésitations des sources concernant la date de l'événement, voir J. M. FIEY, *Assyrie chrétienne*, III, Beyrouth 1968, p. 20-21. A. VÖÖBUS, *History of the School of Nisibis*, Louvain 1965 (« CSCO », 266, « Subsidia », 26), p. 220 et n. 12. Sur cette peste et les sources évoquant l'événement, voir K. HARPER, *The Fate of Rome: Climate, Disease, and the End of an Empire*, Princeton 2017.
97. *Histoire syro-orientale* de Séert, c. LII : A. SCHER et R. GRIVEAU, *Histoire nestorienne*, II/2, p. 457 [137]. Voir aussi le relevé assez large des périodes de jeûnes traditionnels pratiqués durant l'année liturgique dans les diverses Églises orientales, J. VELLIAN, « Lenten Fast of the East Syrians », dans R. FISCHER (éd.), *A Tribute to A. Vööbus, Studies in Early Syriac Literature and its Environment, Primarily in the Syrian East*, Chicago 1977, p. 373-378, spécialement p. 373, n. 2.
98. Pour les sept jeûnes célébrés chez les syro-orientaux et les chaldéens à époque tardive, voir la brève présentation de J. S. ASSEMANI, *Bibliotheca orientalis clementino-vaticana* III/2, Rome 1728, p. CCCLXXXVII.

Florence Jullien

6ᵉ semaine après le jeûne des Apôtres[99] ». Le Carême – ou « jeûne du Seigneur » – restait la grande période d'abstinence, avec réclusion en cellule pendant les 40 jours[100]. En tant que période de préparation ascétique aux fêtes de Pâques, il impliquait une intensification des exercices de prière et un régime adapté de type pénitentiel. L'*Exposition des offices de l'Église* attribuée à Guiwarguis d'Arbèles au IXᵉ siècle précise que ce jeûne du Seigneur était originellement pratiqué dans les communautés chrétiennes aussitôt après la célébration de l'Épiphanie, sur modèle évangélique, le Christ étant parti au désert après son baptême. La semaine sainte constituait une période de jeûne dont les observances se déclinaient en une palette de pratiques variant selon les jours ; après Nicée, le jeûne des 40 jours fut définitivement associé à la préparation de Pâques[101].

Plus proprement monastique, le jeûne des sept semaines qui se mit en place dans le courant du VIIᵉ siècle se présentait comme un temps de retraite jusqu'à sept semaines consécutives qu'encouragèrent des auteurs spirituels comme Dād-Īšōʿ Qaṭrāyā (m. 690). Il en décrivit les grandes lignes dans son *Traité sur la solitude*[102] ou dans sa *Lettre à Abkūš*, prônant une claustration complète qui ne devait être interrompue sous aucun prétexte, même pour les offices[103]. Lui-même avait expérimenté cette spiritualité de la vie solitaire en cellule au couvent de Rabban-Šābuhr en Bēth-Huzāyē (Susiane), où cette pratique était déjà codifiée[104]. A. Guillaumont et M. Albert avaient souligné dans un article commun que cette « retraite des semaines »

---

99. P. BEDJAN, *Acta martyrum et sanctorum syriace* II, Paris – Leipzig 1894, p. 525.
100. *Règle d'Abraham de Kaškar*, canon 5 : « À propos de ceci : que lors du jeûne quadragésimal, aucun des frères ne sorte de sa cellule sans nécessité et permission du corps ». Voir Fl. JULLIEN, *Le monachisme en Perse*, p. 132 ; A. VÖÖBUS, *Syriac and Arabic Documents*, p. 160.
101. R. H. CONNOLLY, *Anonymi auctoris expositio officiorum ecclesiæ Georgio Arbelensi uulgo adscripta*, I, Paris 1911 (« CSCO », 64, « Script. syr. », 25), p. 61 ; trad. lat. (« CSCO », 71, « Script. syr. », 28), Paris 1913, p. 51. Pour le décompte des jours de jeûne et la répartition entre 6 et 8 semaines, voir B. CASEAU, *Nourritures terrestres*, p. 182-185. Ces distinctions peuvent provenir d'un souci de différenciation identitaire entre courants christologiques.
102. DĀD-ĪŠŌʿ QAṬRĀYĀ, *Traité sur la solitude* : A. MINGANA, *Early Christian Mystics*, p. 76-143.
103. *Ibid.*, p. 90-97.
104. Fl. JULLIEN, « Rabban-Sapur, un monastère au rayonnement exceptionnel », *Orientalia Christiana Periodica* 72 (2006), p. 341-343. Sur cette pratique ascétique, voir Cl. FAUCHON, « Les formes de vie ascétique », p. 37-63.

répondait à un type d'enfermement dont les prémices se trouvaient déjà dans le grand jeûne de Carême lors duquel les religieux n'étaient pas autorisés à quitter leur cellule[105]. Cette période de quarante-neuf jours où se mêlaient des exercices pour le corps (jeûne, veilles, génuflexions et prosternations) et pour l'esprit (prières canoniques, méditations) fut peut-être influencée par le semi-anachorétisme égyptien vécu par exemple à Scété ou à Nitrie[106]. Concrètement, cette pratique était réservée aux plus éprouvés des frères d'une communauté, qui s'engageaient à jeûner strictement, contrairement aux « solitaires des cellules (*yḥydy' qly'*) » qui gardaient le grand silence et jeûnaient « la petite semaine » de la Passion. Dād-Īšōʿ précise :

> Autre chose aussi est la conduite des solitaires qui gardent l'isolement des sept semaines d'obligation, c'est-à-dire des sept semaines du jeûne de notre Seigneur, du jeûne des Apôtres et du jeûne des Prophètes[107].

La pratique du jeûne précédait non seulement les grands événements de l'année liturgique, mais elle accompagnait aussi certains rituels ponctuels, comme par exemple la fabrication de supports de prière. L'*Histoire* de Rabban Bar ʿEdta, disciple d'Abraham de Kaškar, rapporte ainsi comment l'élaboration du *ḥenana* exigeait du moine une préparation intérieure et spirituelle. Cette pâte élaborée à partir d'ossements de martyrs ou de saints était distribuée aux visiteurs de passage au monastère. Avant de procéder à sa fabrication, Bar ʿEdta se soumet à un jeûne sévère, s'isolant de sa communauté pendant plusieurs jours. Son disciple et biographe rapporte qu'il avait pratiqué une petite ouverture dans le mur de sa cellule, et qu'il y disposait de la « poussière de martyrs » à l'intention de ses visiteurs[108]. Très réticent face à ces usages, et spécialement au recours de cette « pâte à miracles », l'hérésiographe Théodore bar Koni revient sur ces

---

105. A. Guillaumont et M. Albert, « Lettre de Dadisho Qatraya à Abkosh, sur l'hésychia », *Mémorial André-Jean Festugière. Antiquité païenne et chrétienne*, Cahiers d'Orientalisme 10 (1984), p. 235.
106. A. Guillaumont, *Annuaire de l'EPHE Sciences religieuses* 86 (1977-1978), p. 346.
107. Dād-Īšōʿ Qaṭrāyā, *Traité sur la solitude* : A. Mingana, *Early Christian Mystics*, p. 78.
108. *Histoire de Rabban Bar ʿEdta* : E. A. W. Budge, *The Histories* I/1, syr. p. 189 ; trad. p. 286-287.

pratiques dans un discours christocentrique où il leur oppose la puissance du Christ seul capable de guérir, puissance qui agit à travers la foi pure, la confiance en Dieu, la prière et le jeûne[109].

4. L'esprit du jeûne

La mesure

Face aux pratiques ascétiques extrêmes de certains moines qui pouvaient susciter un esprit de rivalité dommageable pour la communauté, l'exigence de modération dans les privations est une préconisation fréquente dans les textes normatifs. Elle s'inscrit dans la longue tradition des Pères d'Égypte – dans ses *Institutions cénobitiques*, Jean Cassien rappelle avec force l'importance de la mesure spécialement dans le jeûne : « Rien n'est plus vrai et plus sage que la doctrine des Pères qui fait consister le jeûne et l'abstinence dans la mesure et la privation[110] ». Évagre le Pontique, dont les écrits forment le socle de la *paideia* monastique, invite également à la modération dans le jeûne, envisagé comme un moyen parmi d'autres pour atteindre la contemplation[111]. Abraham bar Dāšandād au VIIIe siècle s'en fait ainsi l'écho : « Qu'une mesure cependant soit mise à vos veilles, que votre jeûne soit modéré, mais que l'ardeur de votre amour n'ait pas de limite dans son assiduité et sa vigilance, jusqu'à la mort[112] ». Pour ces responsables de fraternités monastiques, la volonté d'un réencadrement des exercices corporels de piété manifeste aussi la crainte d'un débordement que trahirait par exemple un esprit de supériorité chez ces « héros du jeûne[113] ». Certains auteurs mystiques, tel Syméon de Ṭay-

---

109. Théodore bar Koni, *Livre des scholies* : R. Hespel et R. Draguet, *Théodore Bar Koni. Livre des Scholies. Mimrè* (« CSCO », 431-432, « Script. syr. », 187-188), Louvain 1981, syr. p. 22-26 ; trad. p. 19-22.
110. Jean Cassien, *Institutions cénobitiques* V, 5, 8, cf. aussi V, 5, 2 et 9.
111. Voir A. Guillaumont, *Un philosophe au désert. Évagre le Pontique*, Paris 2004 (« Textes et Traditions », 8), p. 256. V. Déroche, « Quand l'ascèse devient péché », p. 167-178.
112. Abraham bar Dāšandād, *Traité mystique* : A. Mingana, *Early christian Mystics*, p. 187.
113. Voir P. Brown, *Society and the Holy in Late Antiquity*, Berkeley 1982, « The Rise and Function of the Holy Man in Late Antiquity », p. 136-141, cité par Cl. Fauchon, « Les formes de vie ascétique », p. 56, n. 88.

« La faim qui mange ta chair t'offre le bonheur de l'Éden »

būtheh à la fin du VIIe siècle, préconisaient la consommation d'un peu de pain sec avec du sel en cas de distractions, d'abattement de l'esprit ou de perturbation des sens, mais sans chercher la satiété[114].

Ce souci d'équilibre explique l'usage antique au sein du courant monastique d'un assouplissement des règles du jeûne en certaines occasions, par charité fraternelle. Les règles du monachisme syriaque ne dérogent pas à ces exemptions, et insistent particulièrement sur ce devoir envers les plus faibles. Au Ve siècle dans ses canons, Rabbūla d'Édesse recommandait aux malades et aux infirmes de prendre de la viande et du vin, considérés comme un remède[115]. Ceux attribués à Marūtha requièrent du *rabbayta*, intendant du monastère, la charge de veiller sur eux[116]. Abraham de Kaškar, dans son neuvième canon, stipule un renoncement au jeûne en cas de maladie, et mentionne trois autres circonstances d'interruption (toute autre raison étant considérée comme un relâchement entraînant une mise à l'écart de la communauté) : le devoir d'hospitalité à l'arrivée d'étrangers, un long voyage, et aussi lors des périodes de rude labeur[117]. En ce dernier cas, on sait que les moines réformés travaillaient périodiquement aux champs pour les labours et les moissons d'été[118]. Le soin des frères malades induit la préparation d'une nourriture adaptée, améliorée quant à l'ordinaire, et exige qu'ils puissent dormir dans des lits. Les règles du successeur d'Abraham au Grand monastère du mont Izla attestent la mise en place de tours de service hebdomadaires auprès des moines malades[119].

---

114. SYMÉON DE ṬAYBŪTHEH, Œuvres mystiques : A. MINGANA, *Early Christian Mystics*, p. 34 ; C. VILLAGOMEZ, « The Fields, Flocks, and Finances of Monks: Economic Life at Nestorian Monasteries, 500-850 », PhD thesis, Université de Los Angeles, 1998, p. 133. S. CHIALÀ, « Simeone di Taibuteh e il suo insegnamento sulla vita nella cella », dans E. VERGANI et S. CHIALÀ (éd.), *La grande stagione della mistica siro-orientale (VI-VIII secolo)*, Milan 2010 (« Biblioteca ambrosiana », 26), p. 121-138.
115. *Règles de Rabbūla pour le Qeyama*, canon 23 : A. VÖÖBUS, *Syriac and Arabic Documents*, p. 42.
116. Pseudo-canons de Marūtha de Maypherqaṭ, « L. Sur [l'office du] *rabbayta* », canon 5 : A. VÖÖBUS, *Syriac and Arabic Documents*, p. 131.
117. *Règle d'Abraham de Kaškar*, canon 9 : Fl. JULLIEN, *Le monachisme en Perse*, p. 133 ; syr. p. 137. A. VÖÖBUS, *Syriac and Arabic Documents*, p. 161.
118. *Histoire de Rabban Bar 'Edta* : E. A. W. BUDGE, *The Histories*, I, p. 121 ; II, p. 177-178.
119. *Règle de Dād-Īšōʿ*, canon 27 : « Si une maladie affecte l'un des frères, quelle qu'elle soit, et qu'il ne veuille pas aller à la ville, il ne sera pas contraint mais chaque semaine, un frère sera détaché et le servira là où il lui plaira, de sorte que

Florence Jullien

L'accueil des hôtes de passage devait l'emporter sur toute pratique ascétique, y compris le jeûne, une disposition néanmoins variable selon les communautés puisque Syméon le Jeune, sans déroger au devoir de la charité, encourageait le moine accueillant à ne pas se joindre au repas, à l'image d'Abraham recevant les trois mystérieux voyageurs au chêne de Mambré (Gn 18, 8)[120].

« Vêtus de l'armure du jeûne[121] » : des dispositions intérieures du moine

Les auteurs syriaques donnent le jeûne comme l'un des moyens privilégiés pour le moine d'acquérir la constance dans la fidélité. À des frères qui l'interrogent sur les moyens concrets favorisant l'hésychasme en cellule, Philoxène de Mabboug mentionne d'abord le jeûne : « Les outils physiques sont le jeûne et la prière, et les prosternations, la souffrance et les larmes, les longues prières et la lecture de la Sainte Écriture [...] – lumière dans la solitude[122] ». Dans le même sens, le deuxième canon des règles du monachisme syro-oriental réformé, rédigées en 571, associe jeûne et raffermissement spirituel : « Sur le jeûne [...]. Et encore [nous apprenons] des Pères : *Le jeûne certes sera pour toi un raffermissement devant Dieu*[123] ». Par la maîtrise de son corps sur ses besoins immédiats, le jeûneur parvient à gagner en force d'âme pour persévérer dans son engagement premier.

Dans la version garshounie du *Commentaire abrégé du Paradis des Pères* de Dād-Īšōʿ Qaṭrāyā, il est précisé que si l'abstinence vient à bout de la gourmandise, le jeûne « continuel jusqu'au soir » permet quant à lui de vaincre le désir – une idée déjà repérable chez Éphrem dans ses *Hymnes sur le jeûne* : « Béni soit le Clément qui nous a donné le jeûne, lequel tarit la source des désirs[124] ! » Il s'agit de propor-

---

ne lui manque ce qui est utile et nécessaire pour sa maladie » : Fl. JULLIEN, *Le monachisme en Perse*, p. 143 ; syr. p. 147-148 ; A. VÖÖBUS, *Syriac and Arabic Documents*, p. 175.
120. B. CASEAU, « Un cas de sainte anorexie ? », § 34.
121. Cf. APHRAATE LE PERSE, *Exposés* 3,1 : M.-J. PIERRE, *Aphraate*, I, p. 268-270 ; syr. J. PARISOT, *Aphraatis*, col. 97 et col. 100.
122. PHILOXÈNE DE MABBOUG, *Questions-réponses* : R. KITCHEN, « Introduction to selections from the Geʿez Filekseyus », p. 242, § [232].
123. *Règle d'Abraham de Kaškar*, canon 2 : Fl. JULLIEN, *Le monachisme en Perse*, p. 131 ; syr. p. 135.
124. DĀD-ĪŠŌʿ QAṬRĀYĀ, *Commentaire abrégé du Paradis des Pères* (version garshounie) : M. KOZAH, S. MOURAD et A. ABU-HUSAYN, « Dadishoʿ Qaṭrayaʾs

tionner la restriction de nourriture à la virulence de la tentation. Selon Dād-Īšōʿ, ces pratiques participent des neuf vertus fondamentales qu'il propose aux moines – avec le contentement de peu, la tenue des vigiles, sept heures de prière quotidienne, la lecture des Livres saints, ainsi que l'exercice de la douceur, de l'humilité et de l'amour du prochain, vertus de renoncement aux biens et à soi-même. Dans la seconde partie du *Livre de la perfection*, Sahdona reprend le procédé évagrien consistant à proposer à ceux qui seraient tentés par certaines tribulations ou vices de l'âme l'exercice de douze vertus opposées. Au-delà des réminiscences évagriennes, André de Halleux a toutefois montré la liberté de l'auteur syriaque dans le choix des vertus présentées contre des vices essentiellement dirigés contre la charité fraternelle[125]. Plus globalement, il faut souligner l'aspect pénitentiel traditionnel du jeûne pour obtenir le pardon des péchés, mais aussi sa dimension réparatrice de la faute originelle.

C'est sans doute dans ce sens qu'il nous faut comprendre l'insistance sur l'efficacité du jeûne dans l'éloignement des démons. Dād-Īšōʿ Qaṭrayā donne ainsi en exemple à ses disciples un moine du désert d'Égypte qui refusa de s'alimenter jusqu'à ce que ses bonnes pensées aient surpassé en nombre les mauvaises, associant ainsi son corps à ses efforts spirituels – et de commenter : « Non seulement l'âme souffre des difficultés du corps dues à son unité, mais les démons qui le combattent souffrent plus encore [...]. La souffrance des saints exténue les démons parce que les anges, sur commandement de Dieu, les font souffrir[126] ». Le jeûne, arme de combat, est arme de victoire : « Béni soit Celui qui nous donne une arme pour faire la guerre à Satan ! », s'écriait Éphrem dans l'un de ses chants sur le jeûne[127].

Compendious Commentary on the *Paradise of the Egyptian Fathers* in Garshuni », dans M. KOZAH et al. (éd.), *An Anthology of Syriac Writers from Qatar*, p. 171. ÉPHREM, *Hymnes sur le jeûne* V, 2 : D. CERBELAUD, *Éphrem le Syrien, Hymnes sur le jeûne*, p. 56.
125. MARTYRIUS (Sahdona), *Livre de la perfection* : A. DE HALLEUX, *Martyrius (Sahdona)*, p. 82. Cf. V. VAN VOSSEL, « Le moine syriaque et son diable », dans *Le monachisme syriaque aux premiers siècles de l'Église*, Antélias 1998 (« Patrimoine syriaque », 5), p. 205-206, n. 37.
126. Voir par exemple chez Dād-Īšōʿ Qaṭrayā : M. KOZAH, S. MOURAD, A. ABU-HUSAYN, « Dadishoʿ Qaṭraya's *Compendious Commentary* », p. 1172-1173.
127. ÉPHREM, *Hymne sur le jeûne* I, refrain : D. CERBELAUD, *Éphrem le Syrien, Hymnes sur le jeûne*, p. 95. Sur l'arme du jeûne chez Évagre, voir A. GUILLAUMONT, *Un philosophe au désert*, p. 253.

Florence Jullien

En même temps et traditionnellement, les auteurs spirituels insistent sur la nécessaire humilité de celui qui jeûne – la régulation des mauvaises pensées ne provient pas de prouesses ascétiques mais bien d'une grâce du saint-Esprit : « Le malade d'esprit n'est pas guéri par ses œuvres, que ce soit la quiétude, le silence, le jeûne, les veilles, l'honnêteté et l'humilité. Au contraire, il est guéri et vainc les démons par la grâce du saint-Esprit[128] ». Jeûner présuppose avant tout une attitude intérieure, une disposition centrale du cœur que Syméon de Ṭaybūteh au milieu du VIIe siècle décrit ainsi dans ses *Œuvres mystiques* : « Qui possède les grandes vertus de jeûne, veille et ascèse, mais manque d'une garde à son cœur et à sa langue travaille en vain[129] ». Cette thématique rejoint celle de la quête de la pureté ou de l'unicité du cœur considérée comme un jeûne dans les plus anciens traités ascétiques syriaques. Aphraate y insiste souvent, comme l'a rappelé Marie-Joseph Pierre, montrant que le véritable jeûne revient finalement selon le Sage perse à s'abstenir de toute méchanceté[130].

Préfiguration du Paradis à venir

Le recours au jeûne revient à adopter la vie angélique en renonçant aux exigences terrestres et à rendre visible dans le corps cette vie céleste. Pour Dād-Īšōʿ Qaṭrayā, moine et auteur ascétique qui vécut dans le courant du VIIe siècle, le jeûne, comme les veilles ou autres pratiques, fait partie des « fondations du Grand palais du Bien » et reflète la rupture du cœur et du corps du moine d'avec le monde et ses faux désirs[131]. L'idée topique du moine en relation avec le monde angélique est fréquemment

---

128. Dād-Īšōʿ Qaṭrayā : M. Kozah, S. Mourad et A. Abu-Husayn, « Dadishoʿ Qatraya's *Compendious Commentary* », p. 167.
129. Syméon de Ṭaybūteh, *Œuvres mystiques* : A. Mingana, « *Medico-Mystical Work* by Simeon of Ṭaibūtheh », *Early Christian Mystics*, p. 22.
130. Cf. Aphraate le Perse, *Exposés* 3, 16 et 7, 1 : M.-J. Pierre, *Aphraate*, I, p. 290-291 et 413-414 ; syr. J. Parisot, *Aphraatis*, col. 136, col. 313 et col. 316. M.-J. Pierre, « Les Membres de l'Ordre d'Aphraate au *Liber Graduum* », dans Fl. Jullien (éd.), *Le monachisme syriaque*, Paris 2010 (« Études syriaques », 7), p. 21, n. 47 : Jésus en « est le modèle, seul innocent, vainqueur du mal et de la mort ». Sur la notion d'*iḥidāyā* dans le proto-monachisme syrien (*i.e.* le solitaire au cœur unifié, non divisé), voir S. P. Brock, *L'Œil de lumière. La vision spirituelle de saint Éphrem*, traduit de l'anglais et du syriaque par D. Rance, Bégrolles-en-Mauges 1991 (« Spiritualité orientale », 50), p. 161-164.
131. M. Kozah, S. Mourad et A. Abu-Husayn, « Dadishoʿ Qatraya's *Compendious Commentary* », p. 181.

exprimée chez les auteurs syriaques, en particulier depuis Éphrem, qui, notamment dans ses *Hymnes sur la virginité*, montre comment les anges guident, donnent l'illumination divine aux ascètes, veillent enfin sur leurs dépouilles[132]. Pareille perspective permet de mettre en relation le jeûne avec le renoncement à une certaine forme de corruption, dans la participation à la vie céleste. C'est sans doute la raison pour laquelle certains anachorètes ne s'autorisaient d'autre nourriture que les produits directement prélevés dans la nature, comme un retour à une certaine forme de vie originelle rappelant le jardin d'Éden en un désir de simplification et de perfection. Comme l'énonce B. Caseau à propos du monachisme byzantin, « toute forme de convoitise alimentaire rappelle la faute originelle[133] ». Dans une sorte de projection dans le Royaume à venir, le diacre d'Édesse allait jusqu'à donner l'air à respirer du Paradis comme la sustentation véritable déjà accessible dès ce monde au jeûneur, car la vie du pénitent, « citoyen des cieux » (cf. Ph 3, 20), est déjà une préfiguration de la vie posthume : « L'air [du Paradis] est vraiment le pain de notre pain, l'engrais de notre champ ; combien cet air béni doit-il donc plus encore délecter les esprits ! Ils le mangent, ils le boivent[134] ». Ailleurs, Éphrem insiste encore sur les profits à tirer présentement de cet exercice : « Prends courage, vie pénitente, tu atteindras le Paradis [...]. À ta faim, Il (*i.e.* le Paradis) présentera ce fruit qui rend purs ses mangeurs et étanchera ta soif d'un céleste breuvage : Il offre la sagesse à ceux qui s'en abreuvent[135] ». Il y a là une mise en perspective du sens et de la finalité du jeûne. L'historien ecclésiastique Théodoret de Cyr parle ainsi de la « nourriture spirituelle » (τὴν πνευματικὴν τροφήν) qu'apportaient à l'âme les efforts corporels[136] pour dégager le corps de sa pesanteur, de ses besoins physiologiques normaux (faim, sommeil, chaleur, etc.) sur le modèle angélique.

Cette nécessité du jeûne comme rupture et signe de la vie du Royaume s'inscrit donc dans une perspective eschatologique. Ainsi

---

132. Exemple cité par A. VÖÖBUS, *History of Asceticism* II, p. 311, n. 17.
133. B. CASEAU, *Nourritures terrestres*, p. 249.
134. ÉPHREM, *Hymnes sur le Paradis* IX, 16 : R. LAVENANT et Fr. GRAFFIN, *Éphrem*, p. 127.
135. ÉPHREM, *Hymnes sur le Paradis* VII, 3 : R. LAVENANT et Fr. GRAFFIN, *Éphrem*, p. 96. « Vie pénitente » : litt. « tristesse », « solitude », en syriaque *abīlūtā*, qui pourrait désigner aussi ceux qui mènent la vie solitaire, voir n. 2.
136. THÉODORET DE CYR, *Histoire des moines de Syrie* I, 3 : P. CANIVET et A. LEROY-MOLINGHEN, *Théodoret de Cyr. Histoire*, I, p. 164-165.

pour l'abstinence de vin : breuvage par excellence du banquet céleste, sa consommation reste limitée et associée à la cérémonie eucharistique de la synaxe dominicale, préfiguration des Noces de l'Agneau. Les règles du monachisme syro-oriental issu de la réforme du milieu du VIe siècle insistent sur le rôle du *rišdayro*, le supérieur du monastère, chargé de veiller au respect de la synaxe, des offices liturgiques, mais aussi des temps de jeûne, ce dont il devra rendre compte « devant le trône du Messie Juge » pour chacun de ses frères[137]. Martin Tamcke a rappelé l'importance de cette dimension eschatologique, au cœur du perfectionnement monastique, motivant le religieux dans ses efforts de pénitence – une dimension déjà bien perceptible dans les textes ascétiques syro-orientaux du IVe siècle, chez Aphraate par exemple, ou un peu plus tard dans le *Livre des degrés*[138]. Tendue vers le monde à venir, vers l'acquisition de l'*apatheia*, du détachement parfait et de la tranquillité de l'âme, la vie du moine cherche ainsi à anticiper la vie paradisiaque promise, et la régulation, voire le refus, de nourriture constituent en cela une pratique clef à forte portée prophétique[139].

Le thème narratif de l'inoffensivité des animaux féroces à l'égard du moine, assez classique, participe de cette problématique de la vie paradisiaque retrouvée et anticipée[140]. Jean-Pierre Mahé effectue un lien particulier très intéressant entre l'inappétence soudaine des bêtes et le jeûneur à propos d'un des prodiges attribués en terre géorgienne au moine Iovane Zedazneli dans le manuscrit géorgien sinaïtique NSin 50. Iovane soumet à son autorité un gros ours affamé, prodige que commente ainsi son hagiographe : « Les bêtes savent honorer les jeûneurs[141] » ; et de rapprocher l'épisode du passage biblique où les

---

137. *Règle d'Abraham*, canon 4 : Fl. JULLIEN, *Le monachisme en Perse*, p. 132 ; syr. p. 136-137. A. VÖÖBUS, *Syriac and Arabic Documents*, p. 169. Voir M. TAMCKE, « Theology and Practice of communal life according to Dadiso' », *The Harp* 4 (1991), p. 178-179.
138. M. TAMCKE, *Der Katholikos-Patriarch Sabrišo' I. (596-604) und das Mönchtum*, Francfort 1988 (« Europäische Hochschulschriften », 23/302), p. 48-49.
139. Sur cette thématique, voir R. ARBESMANN, « Fasting and Prophecy in Pagan and Christian Antiquity », *Traditio* 7 (1949-1951), p. 1-71.
140. Voir exemples dans Fl. JULLIEN, « Types et topiques de l'Égypte : sur quelques moines syro-orientaux des VIe-VIIe siècles », dans Fl. JULLIEN et M.-J. PIERRE (éd.), *Les Monachismes d'Orient*, p. 151-163.
141. J.-P. MAHÉ, « Les Pères syriens et les origines du monachisme géorgien d'après le nouveau manuscrit sinaïtique », dans Fl. JULLIEN et M.-J. PIERRE (éd.), *Les Monachismes d'Orient*, p. 58 ; pour le récit, il renvoie à l'édition par Z. ALEK-SIDZE, *Le nouveau manuscrit géorgien sinaïtique NSin 50, édition en fac-similé*,

fauves, flairant en Daniel un ascète à la diète (il s'était gardé de manger les mets de la table du roi plusieurs semaines), en viennent à penser : « Il n'est pas fait d'une chair qui puisse être notre nourriture[142] ! » On retrouve déjà pareille exégèse chez Éphrem, qui, glosant sur le passage de *Daniel* III, attribue métaphoriquement au feu du brasier ce flair détectant la chair des jeûneurs :

> Le feu s'est approché et il a flairé
> la chair pure des jeûneurs.
> Il a senti l'odeur puissante de leurs jeûnes
> et leurs corps échappèrent à sa cupidité.
> Il a jeûné des jeûneurs et s'est délecté des gloutons ;
> il a mangé les mangeurs et préservé les jeûneurs[143].

La chair indestructible du jeûneur... comme une image vivante du paradis à venir et de la Résurrection promise.

---

introduction traduite du géorgien et notes complémentaires par J.-P. Mahé, Louvain 2001 (« CSCO », 586, « Subsidia », 108), c. II.
142. J.-P. Mahé, « Les Pères syriens », p. 58.
143. Éphrem, *Hymnes sur le jeûne* VII, 8 : D. Cerbelaud, *Éphrem le Syrien, Hymnes sur le jeûne*, p. 69. Cf. Dn III, 22.

L'INSTITUTION DU JEÛNE DANS L'ÉGLISE ORTHODOXE : PARCOURS HISTORIQUE

Vassa Kontouma
EPHE, Université PSL

Introduction – Du jeûne comme institution : éléments de doctrine

LE RÉCIT SCRIPTURAIRE de la transgression originelle est remarquablement prolixe sur l'acte de manger. À travers les trente-quatre versets de la Septante dont il fait l'objet (Gn 2, 15-3, 24), le terme « manger » (ἐσθίω / φαγεῖν) est répété vingt-deux fois pour être corrélé, non seulement à la vie et à la liberté, mais aussi à la mortalité, au péché et à la perte de la félicité. Rappelons ainsi son passage le plus célèbre : « Le Seigneur Dieu fit ce commandement à Adam : "Tu mangeras de tous les arbres du paradis. Mais de l'arbre de la connaissance du bien et du mal, vous ne mangerez pas, car le jour où vous en mangerez, vous mourrez" » (Gn 2, 16-17 [LXX]).

La tradition orthodoxe attache à ce récit un enseignement élaboré, dont les grandes lignes sont les suivantes[1] : ayant librement choisi de manger le fruit défendu, l'homme s'est lui-même enchaîné aux lois de la corruption, il a été réduit à un état contraire (παρὰ φύσιν) à celui auquel Dieu le destinait. Pour effectuer un retournement, surmonter ses besoins vitaux et renouer avec son état original (κατὰ φύσιν), une voie simple s'offre à lui. Elle consiste dans le libre choix du jeûne. Car en refusant volontairement de se nourrir, en choisissant de défier les lois pourtant implacables de la mortalité, l'homme ne combat pas seulement les désordres de la chair. Il se met également en situation d'accomplir le

---

1. Voir A. SCHMEMANN, « Jeûne et liturgie », *Irénikon* 27 (1954), p. 292-301, ici p. 297-298.

commandement qu'Adam a transgressé. Enfin, il rompt la malédiction du labeur, énoncée en ces termes : « à la sueur de ton visage tu mangeras ton pain » (Gn 3, 19). La nourriture redevient pour lui don divin et image du banquet messianique (Is 25, 6), en accord avec la parole du Seigneur : « Moi, je suis le pain de vie. Qui vient à moi n'aura jamais faim ; qui croit en moi n'aura jamais soif » (Jn 6, 35).

Pour être efficace, le jeûne doit donc être librement consenti, guidé par le repentir (μετάνοια) et associé à la prière. Sa pratique ne peut et ne doit pas faire l'objet de décisions dogmatiques, ni être imposée par des règles coercitives. Il revient à chacun d'en définir la rigueur selon ses capacités personnelles (κατὰ δύναμιν). Partant de cette conception, les jeûnes orthodoxes ne sont pas pensés comme des lois, mais comme des préceptes généraux visant à accompagner les fidèles dans leurs efforts particuliers en vue du salut. Il n'en reste pas moins qu'ils ont évolué au fil du temps pour donner lieu à un système complet de pratiques occupant la moitié de l'année. Ce système et les règles qui le régissent est désigné par l'expression « institution du jeûne » (θεσμός τῆς νηστείας)[2].

L'institution orthodoxe du jeûne est christocentrique. Nouvel Adam, le Christ a restauré par son Incarnation et sa Résurrection l'état originel de l'Ancien Adam. Il a réconcilié l'homme avec son créateur, ouvrant la voie du salut à ceux qui suivent son exemple. Tenté lui-même par le diable, ayant vaincu celui-ci « en jeûnant quarante jours et quarante nuits » (Mt 4, 2), il a donné à ses disciples un modèle renouvelé du jeûne quadragésimal. Puis, sur le Mont des Oliviers, il leur a clairement enseigné que le jeûne était, avec la prière et la miséricorde, l'une des trois vertus extérieures à pratiquer en secret : « Pour toi, quand tu jeûnes, parfume ta tête et lave ton visage, pour que ton jeûne soit connu, non des hommes, mais de ton Père qui est là, dans le secret » (Mt 6, 17). Enfin, face à ceux qui reprochaient à ses disciples de ne pas jeûner, il a associé le jeûne à l'attente et le faste à la présence, c'est-à-dire à la Parousie : « Les compagnons de l'Époux peuvent-ils jeûner pendant que l'Époux est avec eux ? Tant qu'ils ont l'Époux avec eux, ils ne peuvent pas jeûner. Mais viendront des jours où l'Époux leur sera enlevé, et alors ils jeûneront » (Mc 2, 19-20 ; Lc 5, 33-35 ; Mt 9, 14-16). Inconcevable durant la présence du Christ parmi les hommes – présence qui culmine avec la Cène, festin nuptial

---

2. Ch. M. ENISLEIDÈS, Ὁ θεσμὸς τῆς νηστείας [*L'institution du jeûne*], Athènes 1958 ; 3ᵉ éd. Thessalonique 2000.

L'institution du jeûne dans l'Église orthodoxe : parcours historique

de l'Eucharistie –, le jeûne redevient nécessaire après son départ[3]. Il marque l'attente des fidèles, il caractérise la préparation de ceux qui « veillent » jusqu'à son retour (Mt 24, 42).

Énoncés par le Christ lui-même et bénéficiant de ce fait de la plus incontestable autorité, les enseignements relatifs au jeûne quadragésimal, au secret de la pratique, à l'accord des jours fastes ou jeûnés avec les temps de présence ou d'attente, constituent le noyau doctrinal qui fonde l'enseignement orthodoxe sur le jeûne. Cependant, comment est-on passé de cet enseignement à un système de pratiques d'une infinie complexité, tel que se présente aujourd'hui l'institution orthodoxe du jeûne ? Dans l'exposé qui va suivre, j'aborderai l'histoire de la formation de ce système, en présentant ses principales étapes à partir d'une série de sources originales, toutes d'expression grecque. Cette périodisation n'ayant pas encore fait l'objet de recherches avancées, l'approche synoptique que je tenterai sera nécessairement provisoire et parcellaire, mais je l'espère utile pour lancer le débat. Elle m'amènera aussi à présenter la structure générale de ce système dans la dernière étape de sa formation. Mais je ne m'attarderai pas sur les nombreuses controverses et discussions de détail qui se rapportent à ce mécanisme d'Anticythère[4] chrétien, à cet algorithme liturgique, pour me concentrer sur les grandes lignes retenues aujourd'hui par l'Église orthodoxe dans son ensemble.

1. Le jeûne monastique et son impact croissant sur la sphère laïque

Plaçant le combat spirituel sous le signe de la prière et du jeûne, le monachisme ancien, qui fut d'abord un érémitisme du désert[5], fit de ces deux vertus extérieures les principales armes du moine face aux assauts

---

3. A. SCHMEMANN, « Jeûne et liturgie », p. 294-296.
4. Découvert en 1902 au large de l'île d'Anticythère, ce mécanisme unique en son genre date du Ier siècle av. n. è. Il était composé de dizaines de roues dentées en bronze dont il reste des parties. Il servait probablement d'horloge astronomique permettant de déterminer quels jours étaient propices à certains événements ou célébrations panhelléniques.
5. V. DESPREZ, *Le monachisme primitif : des origines jusqu'au concile d'Éphèse*, Bégrolles-en-Mauges 1998 ; D. MOSCHOS, *Eschatologie im ägyptischen Mönchtum. Die Rolle christlicher eschatologischer Denkvarianten in der Geschichte des frühen ägyptischen Mönchstums und seiner sozialen Funktion*, Tübingen 2010.

des démons[6]. Dans la littérature des *Paterika*, les apophtegmes des Pères sur les jeûnes témoignent toutefois de pratiques très personnelles, à travers lesquelles étaient surtout valorisés l'émulation des ascètes et leur détachement absolu face aux contraintes élémentaires de l'alimentation. La plus grande abstinence était le modèle, et celle-ci ne pouvait être interrompue que par la présence du Christ-Époux, une présence que les ermites expérimentaient à travers la célébration eucharistique commune en vue de laquelle les frères se réunissaient exceptionnellement. Elle devait en outre faire l'objet d'allégements lorsque l'ascète sortait de son isolement et se soumettait au commandement suprême, celui de l'amour du prochain. Ainsi, un ascète aguerri disait-il à Abba Cassien, qui lui rendait visite dans son ermitage égyptien :

> Le jeûne est toujours avec moi ; mais vous, je ne puis vous garder toujours avec moi. D'autre part, le jeûne est bien une chose utile et nécessaire, mais il relève de notre libre volonté ; tandis qu'accomplir la charité (ἀγάπη), la loi de Dieu (νόμος Θεοῦ) l'exige absolument. Recevant donc en vous le Christ, je dois vous traiter en toute sollicitude, mais lorsque je vous aurai vu partir, je pourrai reprendre la règle du jeûne (κανὼν τῆς νηστείας). En effet, les fils de l'Époux ne peuvent jeûner aussi longtemps que l'Époux est avec eux, mais quand l'Époux leur sera enlevé, alors, ce jour-là, ils jeûneront (Mc 2, 19-20)[7].

C'est dans le contexte du monachisme cénobitique, dans lequel les moines vivent dans des communautés structurées où les repas sont pris en commun, que les périodes de jeûne commencent à faire l'objet d'une réglementation. Celle-ci se fonde sur trois préceptes généraux énoncés au IVe siècle par Basile de Césarée (329-379), à savoir : aucune nourriture ne saurait être prohibée, car toute chose créée par Dieu est bonne ; les constitutions et les besoins des hommes étant différents, les régimes destinés à les maintenir en bonne santé ne sauraient être identiques ; pour fournir « le nécessaire en suffisance » à chacun, tout en évitant la complexité, l'alimentation doit être la plus ordinaire et la plus facile à se procurer[8].

---

6. Voir J.-Cl. GUY, « Un dialogue monastique inédit », *Revue d'ascétique et de mystique* 33 (1957), p. 177-182, n° 29.
7. *Apophtegmata patrum*, coll. *alphabetica*, K1, trad. L. REGNAULT, *Les Sentences des Pères du désert. Collection alphabétique*, Solesmes 1981, p. 159.
8. BASILE DE CÉSARÉE, *Regulæ fusius tractatæ*, 18-20 : *Patrologia græca* 31, 965[A]-976[A].

L'institution du jeûne dans l'Église orthodoxe : parcours historique

Partant de là, comme l'enseigne Basile, il revient aux supérieurs des monastères de déterminer les régimes des moines en fixant « ce qui convient aux santés normales », tout en établissant « prudemment des exceptions pour les cas particuliers[9] ». On en arrive ainsi à une grande variété de règles, que nous connaissons précisément grâce à des *Typika* plus tardifs[10]. Dans ces documents d'époque médiobyzantine, les prescriptions vont du végétalisme le plus strict, pratiqué toute l'année durant, à des régimes alternant périodes fastes – pendant lesquelles est autorisée voire imposée la consommation de poissons, laitages, œufs, huile et vin – et périodes de végétalisme strict ou tolérant la consommation des produits de la mer. Il est à noter que certains *Typika* précisent également les heures des repas et le nombre de repas pris à table, les moines pouvant se sustenter de pain ou de fruits secs dans des périodes de jeûne strict, sans toutefois s'attabler.

En ce qui concerne la pratique des jeûnes chez les laïcs, nos informations sont beaucoup plus réduites. Les jeûnes hebdomadaires des mercredis et des vendredis étaient certainement de mise depuis une époque très haute, comme il apparaît dans la littérature catéchétique[11]. Il en est de même de la Quarantaine pré-pascale, bien qu'il soit difficile de dire précisément comment celle-ci se déroulait. Peut-être constitua-t-elle, en un premier temps, une extension du jeûne pré-baptismal mentionné par la *Didachè de Douze Apôtres*[12]. Au IIIe siècle, sa pratique n'était pas stabilisée, comme le constate Denys d'Alexandrie (m. ca 265)[13]. Ce qui est certain, c'est qu'elle évolua diversement selon les régions. Au Ve siècle, l'historien ecclésiastique Socrate de Constantinople (ca 380-ca 450) témoigne en effet d'une grande disparité des usages :

---

9. BASILE DE CÉSARÉE, *Regulæ fusius tractatæ*, 19 : *Patrologia graeca* 31, 968[AB].
10. J. THOMAS et A. CONSTANTINIDES HERO (éd.), *Byzantine Monastic Foundation Documents. A complete Translation of the Surviving Fouder's* Typika *and Testaments*, Washington, D.C., 2000, V, p. 1696-1716 (Appendix B) : « The Regulation of Diet in the Byzantine Monastic Foundation Documents ».
11. La *Didachè des Douze Apôtres*, 8, 1 (*Sources chrétiennes* 248 bis, Paris 1998, p. 172-173), un texte datant du Ier/IIe siècle, parle explicitement du jeûne du mercredi et du vendredi. Plusieurs Pères anciens, ainsi Clément d'Alexandrie, *Stromates*, VII 75, 2 (*Sources chrétiennes* 428, Paris 1997, p. 234-235), confirment cette pratique. – On ajoutera que le jeûne du samedi, attesté à Rome, n'est jamais suivi en Orient, où sa pratique est vigoureusement combattue et même interdite.
12. *Didachè des Douze Apôtres*, 7, 4 : *Sources chrétiennes* 248 bis, p. 172-173.
13. DENYS D'ALEXANDRIE, Βασιλείδῃ [*À Basilide*], éd. P.-P. JOANNOU, *Fonti. Fasc. IX. Discipline générale antique (IVe-IXe s.)*, Grottaferrata 1963, II, p. 10-11.

> Les jeûnes précédant Pâques sont diversement pratiqués chez les uns et les autres. À Rome, on jeûne durant trois semaines continues avant Pâques, à l'exception des samedis et des dimanches. En Illyrie, dans toute la Grèce et à Alexandrie, on pratique le jeûne pré-pascal durant six semaines, et on appelle celui-ci Quarantaine. Ailleurs, on commence ce jeûne sept semaines avant la fête [de Pâques], jeûnant trois fois cinq jours, avec des interruptions, et on n'appelle pas moins cette période Quarantaine. [...] D'ailleurs, on ne trouve pas seulement des gens qui sont en désaccord sur le nombre de jours, mais également qui ne s'abstiennent pas de la même façon des aliments. En effet, certains s'abstiennent absolument de nourriture animale, d'autres ne consomment, parmi les animaux, que les poissons, d'autres encore goûtent également aux volatiles, parce que ceux-ci sont [seraient] issus de l'eau, selon Moïse (cf. Gn 1, 20-22). D'autres s'abstiennent de fruits et d'œufs, d'autres ne consomment que du pain sec, d'autres encore se privent même de celui-ci. D'autres jeûnent jusqu'à none, puis ils mangent à leur gré [...]. Et comme personne à ce sujet ne peut produire une prescription écrite, il est clair que les apôtres s'en sont remis là-dessus à l'opinion et au choix de chacun, afin que chacun fasse ce qui est bien sans crainte et sans y être contraint[14].

Jusqu'au VIIIe siècle, ces disparités ne semblent pas s'être entièrement résorbées, comme l'atteste une controverse bien documentée sur la durée du jeûne pré-pascal[15]. Aussi est-on amené à penser que c'est la réforme liturgique des IXe-XIe siècles, conduite sous l'impulsion du monachisme stoudite, qui eut pour effet collatéral de réglementer les jeûnes dans la sphère laïque.

---

14. Socrate de Constantinople, *Histoire ecclésiastique*, V, 22, 30-40 : *Sources chrétiennes* 505, Paris 2006, p. 224-229 (ma trad.). Ce témoignage est d'ailleurs corroboré par celui de Sozomène, *Histoire ecclésiastique*, VII, 19, 2 ; 7 : *Sources chrétiennes* 516, Paris 2008, p. 168-173 (ma trad.) : « Les mêmes traditions ne sont pas pratiquées dans toutes les Églises de façon identique et ce, même si ces [Églises] partagent la même foi [...]. Et ce [jeûne] nommé Quarantaine que l'on pratique avant celle-ci [= la fête de Pâques], et pendant lequel la foule jeûne, les uns pensent qu'il a une durée de six semaines : tel est le cas des Illyriens, des Occidentaux, de toute la Libye, de l'Égypte et des Palestiniens. Les autres considèrent qu'il doit durer sept semaines, ainsi à Constantinople et chez les peuples alentour, jusqu'aux Phéniciens. D'autres enfin pratiquent un jeûne discontinu sur six ou sept semaines, d'autres un jeûne continu de trois semaines avant la fête [de Pâques], d'autres enfin [ne jeûnent que] deux semaines, comme les Montanistes ».
15. Le point sur cette controverse est fait dans plusieurs articles réunis dans V. Kontouma, *John of Damascus New Studies on his Life and Works*, Farnham 2015, réimpr. Londres 2020, n° VII-IX.

L'institution du jeûne dans l'Église orthodoxe : parcours historique

Il ne s'agit pas de s'attarder ici sur cette réforme liturgique[16]. On précisera seulement qu'à la suite de la longue crise iconoclaste, les moines du Stoudion, avec à leur tête Théodore Stoudite (759-826), introduisirent à Constantinople les traditions hiérosolymitaines – dites également sabaïtes –, et produisirent une synthèse qui irrigua les pratiques liturgiques aussi bien monastiques que séculières. Or, la tradition sabaïte reprise par les Stoudites est éminemment ascétique. Elle intègre un temps liturgique de componction connu sous le nom de *Triôde* (Τριώδιον) qui rythme les dix semaines précédant Pâques ; sept semaines de jeûne y sont incluses[17]. Son usage élargi à Constantinople et à son aire d'influence modela les pratiques du jeûne auprès des laïcs de l'Empire byzantin et contribua à l'uniformisation de celles-ci. De plus, c'est à leur image, mais par gradations, que furent progressivement instituées les autres périodes de jeûne de l'Église orthodoxe. On notera que le *Typikon* produit par la réforme stoudite coexista plusieurs siècles encore avec un rituel séculier dit *asmatique* ou chanté (ἀσματικὴ ἀκολουθία)[18]. Il éclipsa définitivement ce dernier au XIVe siècle, avec une nouvelle réforme initiée par le patriarche de Constantinople Philothée Kokkinos (m. 1379), elle-même étendue au monde slave[19].

À partir de cette réforme, dont l'épicentre fut le Mont Athos[20], le rituel orthodoxe devint entièrement monastique[21]. Il trouva son expression achevée dans le *Typikon* néo-sabaïte qui s'imposa dans la période post-byzantine – et jusqu'à aujourd'hui – comme « le maître absolu des célébrations liturgiques [...], l'œil de l'Église, un gardien

---

16. À ce sujet, voir R. TAFT, *Le rite byzantin*, trad. J. LAPORTE, Paris 1996, p. 61-94 ; N. EGENDER, « La formation et l'influence du *Typikon* liturgique de Saint-Sabas », dans J. PATRICH (éd.), *The Sabaite Heritage in the Orthodox Church from the Fifth Century to the Present*, Louvain 2001, p. 209-216.
17. MACAIRE DE SIMONOS PÉTRA, *Mystagogie du Grand Carême. Essai de théologie du temps liturgique*, Limours 2018.
18. Au début du XVe siècle, Syméon de Thessalonique constatait que l'office *asmatique* n'était plus « conservé et maintenu que dans sa pieuse ville de Thessalonique » : *Patrologia græca* 155, 553.
19. R. TAFT, *Le rite byzantin*, p. 95-103 ; J. GETCHA, *La réforme liturgique du métropolite Cyprien de Kiev. L'introduction du* Typikon *sabaïte dans l'office divin*, Paris 2010.
20. R. TAFT, « Mount Athos: ALate Chapter in the History of the Byzantine Rite », *Dumbarton Oaks Papers* 42 (1988), p. 179-194.
21. C'est par conséquent de façon indifférenciée qu'il est suivi aussi bien dans le cadre monastique que séculier.

et un protecteur qui sauvegarde la vie spirituelle[22] ». La prévalence des jeûnes en est une des caractéristiques. Actuellement, suivant le *Typikon*, près de la moitié de l'année est occupée par des jeûnes stricts (végétalisme sans huile ni vin) ou moins stricts (végétalisme avec huile, vin et fruits de mer, complété de poisson à certaines occasions).

2. La normalisation de la pratique des jeûnes dans l'Église byzantine

Dès lors que la pratique des jeûnes devenait relativement uniforme sous la conduite de l'*ordo* liturgique, et touchait la sphère laïque dans son ensemble, il incombait à l'institution ecclésiastique de la formaliser, sans toutefois lui conférer un caractère dogmatique absolu qui aurait été en contradiction avec son principe même. Cependant, l'Église byzantine tarda considérablement dans cette démarche de normalisation, procédant d'abord par constat, puis restant évasive face aux sollicitations plus appuyées auxquelles elle eut à répondre. Et ce n'est qu'à travers des commentaires canoniques qu'elle finit par se prononcer clairement.

Parmi les rares sources canoniques que l'Église avait à sa disposition au sujet du jeûne, le 69e Canon apostolique (IVe siècle) offrait la base la plus tangible :

> Si un évêque, un prêtre, un diacre, un sous-diacre, un lecteur ou un préchantre ne jeûne pas la sainte Quarantaine, ou le vendredi ou le mercredi, qu'il soit déposé, sauf s'il en avait été empêché par une maladie corporelle. Si c'est un laïc, qu'il soit excommunié[23].

L'orthodoxie de ce texte considéré comme apocryphe avait d'ailleurs été confirmée par le second canon du Concile *in Trullo* (691-692)[24], si bien que les canonistes pouvaient sans difficulté s'en saisir. Il fallut toutefois attendre la seconde moitié du XIe siècle pour qu'un avis général et argumenté soit émis. L'occasion se présenta par deux fois, d'abord en 1087, sous le règne d'Alexis Ier Comnène (1081-1118) et le patriarcat de Nicolas III Grammatikos (1084-1111), puis à une date non connue, mais qu'il faut placer sous le règne de Manuel Ier

---

22. N. EGENDER, « La formation et l'influence du *Typikon* », p. 215.
23. Canons des Apôtres, 69 : *Sources chrétiennes* 336, Paris 1987, p. 300-301 (ma trad.).
24. Concile *in Trullo*, Canon II, éd. P.-P. JOANNOU, *Fonti. Fasc. IX. Discipline générale antique (IIe-IXe s.)*, Grottaferrata 1962, I, p. 120-121.

L'institution du jeûne dans l'Église orthodoxe : parcours historique

Comnène (1143-1180) et le patriarcat de Luc Chrysobergès (1156-1169)[25]. Il s'agissait, dans les deux cas, de répondre à la question de savoir « s'il fallait suivre le jeûne du mois d'août[26] ». La première fois, le synode permanent, consulté par Nicolas III, ne réussit ni à répondre clairement à cette question, ni à développer une argumentation relative à la pratique des jeûnes ; il se contenta d'une réponse lapidaire, par laquelle il signifiait que le jeûne du mois d'août « avait été déplacé pour ne pas coïncider avec des jeûnes païens[27] ». En revanche, la seconde fois, sous Luc Chrysobergès, cette même instance patriarcale prit l'initiative de se référer à un texte canonique datant de l'an 920, l'*Acte d'Union*. Ce texte ne concernait pas directement les jeûnes, mais il en dressait explicitement une liste par référence à des grandes fêtes de l'année : Pâques, Dormition de la Vierge, Nativité du Christ[28]. Le synode en inféra qu'il était indispensable (ἀπαραίτητον) de respecter ces jeûnes. Quant à leur durée, la réponse qu'il donna fut partielle, comme le rapporte quelques années plus tard le canoniste et patriarche d'Antioche Théodore Balsamon (m. ca 1195) :

> Certains ayant émis des doutes à l'époque [où la question du jeûne du mois d'août était discutée] au sujet du nombre de jours de ce jeûne, le très saint patriarche [Luc] répondit que ne disposant pas de document écrit (ἔγγραφον) relatif à sa durée, ni à celle du jeûne de la Nativité,

---

25. Nicolas III de Constantinople, Ἐρωτήσεις μοναχῶν τινων ἔξω τῆς Πόλεως ἀσκουμένων, καὶ ἀποκρίσεις [*Questions posées par des moines pratiquant l'ascèse en dehors de la Ville, et réponses*], III, éd. G. Rhallès, M. Potlès, Σύνταγμα τῶν θείων καὶ ἱερῶν κανόνων [*Collection des divins et sacrés canons*], 6 vol., Athènes 1852-1859, IV, p. 419-421. Cette édition des *Questions* est accompagnée du commentaire de Balsamon.
26. Nicolas III de Constantinople, Ἐρωτήσεις μοναχῶν τινων ἔξω τῆς Πόλεως ἀσκουμένων, IV, p. 419.
27. *Ibid*. Un autre document attribué à Nicolas III, mais transmis uniquement par une copie des XIXᵉ-XXᵉ siècles sujette à caution, donne une réponse plus explicite à ce sujet : voir J. Oudot, *Fonti*, série II, fasc. III : *Patriarchatus Constantinopolitani Acta Selecta*, I, Cité du Vatican 1941, p. 14. Voir aussi *ibid*., p. 28-29, un document attribué à Michel II de Constantinople (1143-1146), au sujet des jeûnes des saints Apôtres, de la Dormition et de la Nativité.
28. Τόμος ἑνώσεως [*Acte d'Union*], éd. G. Rhallès, M. Potlès, Σύνταγμα (cf. n. 25), V, p. 8, au sujet de la communion des trigames : « Ils ne pourront participer à la communion des Saints Mystères que trois fois dans l'année, la première à la Résurrection salvatrice de notre Christ et Dieu, la seconde à la Dormition de Notre-Dame la très pure Mère de Dieu, la troisième au jour de la Nativité du Christ notre Dieu, parce que ces fêtes sont précédées par des jeûnes dont ils pourront tirer bénéfice ».

nous sommes obligés de suivre la tradition ecclésiastique non écrite (ἐξ ἀγράφου ἐκκλησιαστικῆς παραδόσεως), et nous devons jeûner à partir du 1er août [dans le premier cas] et à partir du 14 novembre [dans le second cas][29].

C'est d'ailleurs à Balsamon que revint la tâche de développer cette décision et d'énoncer une doctrine plus complète au sujet des principaux jeûnes de l'année et de leur durée. Ces commentaires, il les fit sur mandat officiel, d'où leur caractère réellement normatif[30]. S'appuyant en un premier temps sur le 69e Canon des Apôtres, il posa la prééminence absolue du Grand Carême sur les autres jeûnes :

> Remarque sur la base de ce canon qu'il y a principalement un jeûne quadragésimal, celui de Pâques. En effet, s'il y en avait d'autres, ce Canon les aurait mentionnés. Cependant, lorsque nous jeûnons dans les autres périodes, c'est-à-dire [avant les fêtes] des Saints Apôtres, de la Dormition de la sainte Mère de Dieu et de la Nativité du Christ, nous n'avons pas à en rougir[31].

Il rappela que le jeûne quadragésimal fut « d'abord enseigné par le Seigneur », et qu'il est une *xérophagie* (ξηροφαγία : végétalisme strict), qu'on doit rompre toutefois les samedis et les dimanches[32], en raison du 66e Canon des Apôtres qui interdit le jeûne pour ces deux jours[33]. Puis, dans ses *Réponses canoniques* à *Marc patriarche d'Alexandrie*, rédigées au terme d'une discussion synodale, alors qu'il occupait déjà le siège patriarcal d'Antioche, il souligna à son tour le caractère indispensable (ἀπαραίτητον) de quatre jeûnes supplémentaires, à savoir les trois mentionnés précédemment et un quatrième, le jeûne de la Transfiguration. Il précisa aussi qu'à la différence du Grand Carême, ces quatre jeûnes étaient plus légers, avec deux repas

---

29. NICOLAS III DE CONSTANTINOPLE, Ἐρωτήσεις (avec comm. de Balsamon), éd. G. RHALLÈS, M. POTLÈS, Σύνταγμα (cf. n. 25), IV, p. 419-420
30. Sur le caractère officiel des commentaires de Balsamon, voir V. GRUMEL, « Les réponses canoniques à Marc d'Alexandrie. Leur caractère officiel. Leur double rédaction », *Échos d'Orient* 38 (1939), p. 321-333.
31. Th. BALSAMON, *In canones SS. Apostolorum commentaria* : *Patrologia graeca* 137, 180A ; éd. G. RHALLÈS, M. POTLÈS, Σύνταγμα (cf. n. 25), II, p. 89-90. Voir aussi Canons des Apôtres, 64 : *Sources chrétiennes* 336, p. 298-299.
32. Th. BALSAMON, *In canones SS. Apostolorum commentaria*.
33. Th. BALSAMON, *In canones SS. Apostolorum commentaria*, *Patrologia graeca* 137, 169A-172A ; éd. G. RHALLÈS, M. POTLÈS, Σύνταγμα (cf. n. 25), II, p. 84-85.

L'institution du jeûne dans l'Église orthodoxe : parcours historique

autorisés par jour[34], mais aussi plus courts, avec une durée de sept jours (ἑπταήμεροι), car « unique est le jeûne quadragésimal[35] ». Toutefois, si l'on jeûnait plus longtemps, « soit par sa propre volonté, soit pour obéir à un *Typikon* monastique, on ne devait pas en rougir ». En revanche, ceux qui s'abstenaient entièrement de jeûner dans ces quatre périodes étaient passibles de peines canoniques (ἐπιτιμιῶν)[36]. Enfin, toujours dans un souci de normalisation et d'uniformisation, Balsamon insista sur les usages identitaires de certains jeûnes, qui permettaient aux orthodoxes de ne pas se mêler aux hétérodoxes, notamment aux Arméniens, lorsque les circonstances les y obligeaient[37].

À la fin du XIIe siècle, suivre ces jeûnes était ainsi devenu, sinon une obligation, du moins un devoir impérieux. Parlant en ses propres qualités patriarcales, et non plus comme commentateur officiel, le patriarche d'Antioche les considérait même comme nécessaires (ἐξ ἀνάγκης)[38] et déplorait, dans sa *Lettre synodale aux Antiochiens*, que « les auteurs des *Typika* de Jérusalem et du Stoudion […] n'aient pas largement traité des jeûnes autres que le Grand Carême[39] ». Ainsi, pour leur conférer un statut théologique de premier plan, il élabora à leur propos une typologie originale, voyant leur préfiguration dans « les cinq solennités que Moïse ordonna au peuple d'Israël, et qui

---

34. Nicolas III de Constantinople, Ἐρωτήσεις (avec comm. de Balsamon), éd. G. Rhallès, M. Potlès, Σύνταγμα (cf. n. 25), IV, p. 489.
35. Nicolas III de Constantinople, Ἐρωτήσεις, IV, p. 488.
36. *Ibid.*
37. Nicolas III de Constantinople, Ἐρωτήσεις (avec comm. de Balsamon), éd. G. Rhallès, M. Potlès, Σύνταγμα (cf. n. 25), IV, p. 487 : « [Durant la Semaine des Laitages], nous faisons le contraire de ce qu'ils font (ἀντιπράττοντες), et nous rompons le jeûne afin de ne pas paraître partager leurs doctrines (ἵνα μὴ δόξωμεν ὁμοφρονεῖν αὐτοῖς). Cependant, cela doit se faire lorsque l'on fréquente des quartodécimains ou des Arméniens ». Il s'agit là d'un aspect auquel l'étude comparée des religions accorde, aujourd'hui encore, une certaine attention. Voir B. Heyberger, « Les transformations du jeûne chez les chrétiens d'Orient », *Revue des mondes musulmans et de la Méditerranée* 113-114 (2006), p. 267-285.
38. Nicolas III de Constantinople, Ἐρωτήσεις, IV, p. 488.
39. Th. Balsamon, Ἐπιστολὴ χάριν τῶν ὀφειλουσῶν τελεῖσθαι νηστειῶν ἑκάστου ἔτους, πεμφθεῖσα πρὸς τοὺς Ἀντιοχεῖς [*Lettre envoyée aux Antiochiens au sujet des jeûnes qui doivent être suivis chaque année*], éd. G. Rhallès, M. Potlès, Σύνταγμα (cf. n. 25), IV, p. 566.

sont accompagnées d'un même nombre de jeûnes[40] ». Cette typologie le conduisit à établir les correspondances suivantes entre solennités juives et fêtes chrétiennes : Agneau (ἀμνός : Ex 12, 3-15) et Pâques ; Semaines (ἑβδομάδαι) et Pentecôte / Saints Apôtres ; Expiation (ἱλασμός) et Transfiguration ; Tentes (σκηνοπηγία) et Dormition ; Acclamations ou Trompes (σάλπιγγαι) et Nativité[41]. Quant à la durée de ces jeûnes, s'il rappela la nécessité du jeûne quadragésimal avant Pâques, et du jeûne hebdomadaire avant les quatre autres fêtes, il ne manqua pas d'encourager les Antiochiens à suivre des périodes plus longues d'abstinence, leur indiquant que « la plupart des habitants [de Constantinople] jeûnent quarante jours avant la Nativité[42] ».

De fait, la capitale de l'Empire se montrait particulièrement sensible à ce type de dévotion. Des écrits de direction spirituelle récemment mis en lumière, témoignent d'un enseignement centré sur le jeûne comme « le plus ancien et le premier commandement » de Dieu (ἀρχαιοτέρα καὶ πρώτη ἐντολή)[43]. Datant du XIIIᵉ siècle, ils émanent d'un certain Marc, moine et directeur spirituel d'Irène Paléologue (ca 1218-1284), l'influente sœur de l'empereur Michel VIII (1259-1282)[44]. Ce dernier avait reconquis Constantinople des mains des Latins (1261) et refondé l'Empire dévasté et morcelé à la suite de la quatrième croisade, mais avait également signé avec Rome l'Union de Lyon (1274), cédant à des compromis auxquels sa sœur, devenue moniale dès avant 1261, s'opposait vigoureusement.

Dans ce climat d'affrontements entre « unionistes » et « anti-unionistes » au plus haut niveau de l'État et de l'Église[45], les écrits de Marc,

---

40. Th. BALSAMON, Ἐπιστολή, IV, p. 567. Voir Lévitique (Lv 23, 1-34) et Nombres (Nb 28, 16-29, 39).
41. Th. BALSAMON, Ἐπιστολή, IV, p. 567-570.
42. *Ibid.*, p. 577.
43. MARC LE MOINE, *Opera ascetica. Florilegium et sermons tres*, éd. Ph. ROELLI (Corpus Christianorum. Series Graeca, 72), Turnhout 2009, p. 43, 110.
44. Voir à ce sujet la préface de Ph. ROELLI, *ibid.*, p. XI-XVI.
45. À ce sujet, voir en dernier lieu (avec bibliographie), E. MORINI, « L'Union vue par les "antiunionistes" : l'orthodoxie ecclésiologique et l'incohérence de l'orthodoxie de Lyon à Florence », dans M.-H. BLANCHET et Fr. GABRIEL (éd.), *Réduire le Schisme ? Ecclésiologies et politiques de l'Union entre Orient et Occident (XIIIᵉ-XVIIIᵉ siècle)*, Paris 2013, p. 13-40 ; M. STAVROU, « Les tentatives gréco-latines de rapprochement ecclésial au XIIIᵉ siècle », *ibid.*, p. 41-56 ; Cl. DELACROIX-BESNIER, « Les Prêcheurs de Péra et la réduction du schisme (1252-1439) », *ibid.*, p. 57-74 ; E. MITSIOU, « Regaining the True Faith: the Confession of Faith of Theodora Palaiologina », dans M.-H. BLANCHET et Fr. GABRIEL (éd.), *L'Union à*

L'institution du jeûne dans l'Église orthodoxe : parcours historique

qui appartient de toute évidence au camp de la stricte orthodoxie[46], manifestent le désir de gagner à l'ascèse la plus rigoureuse un milieu aristocratique susceptible de dévier – et peut-être même une forme d'emprise. Pour Marc, moines aussi bien que laïcs doivent œuvrer à leur salut avec des moyens similaires. Liés à des peines canoniques[47], les commandements des Apôtres sur les jeûnes ne sont pas contraignants pour les seuls moines, mais pour tout baptisé[48]. Ainsi, durant le Grand Carême, « tout chrétien doit se contraindre à l'acribie […] pour la rémission des péchés de l'année entière[49] ». D'ailleurs, Marc demande à ses lecteurs de redoubler d'efforts en vue d'un « surplus de justice » (cf. Mt 5, 20)[50] : si les juifs jeûnaient quatre fois l'an et deux jours par semaine, les chrétiens se doivent de les surpasser. Il leur faut donc ajouter le lundi, voire le mardi, aux jeûnes hebdomadaires des mercredis et des vendredis[51], et évidemment se conformer aux trois jeûnes annuels de la Nativité, des Saints Apôtres et « du mois d'août ». Le premier est une quarantaine[52], et c'est sur son modèle que doivent aussi être suivis les deux autres. Marc ne parle pas explicitement de leur durée, mais il s'oriente vraisemblablement vers un dépassement du jeûne hebdomadaire arrêté par Balsamon. À travers ses propos, on voit par ailleurs qu'à cette époque, le jeûne de la Transfiguration s'était définitivement fondu dans celui de la Dormition.

Mineurs mais d'influence certaine dans les hautes sphères du pouvoir, les écrits de Marc témoignent de l'état d'esprit des milieux monastiques un siècle avant la réforme néo-sabaïte mise en œuvre par Philothée Kokkinos. Ils sont aussi annonciateurs du mouvement hésychaste, appelé à connaître un important développement, non seulement dans la dernière période byzantine, mais aussi à l'époque moderne et

---

l'épreuve du formulaire. Professions de foi entre Églises d'Orient et d'Occident (XIIIe-XVIIIe siècle), Paris 2016, p. 77-96.
46. MARC LE MOINE, *Opera ascetica*, p. 110, rappelle à ses lecteurs qu'ils doivent « se garder d'altérer la profession de foi du *credo* » (κρατεῖν καὶ τοῦ ἁγίου συμβόλου τὴν ὁμολογίαν ἀνοθεύτως), allusion explicite aux compromis auxquels certains de ses contemporains cédaient pour concilier la doctrine orthodoxe avec le *filioque* latin.
47. MARC LE MOINE, *Opera ascetica*, p. 119.
48. *Ibid.*, p. 117, p. 146-147 et 152-155.
49. *Ibid.*, p. 111 et 141.
50. *Ibid.*, p. 120-121.
51. *Ibid.*, p. 121 et 140.
52. *Ibid.*, p. 113.

contemporaine. La spiritualité ascétique dont ce mouvement sera le promoteur et qui, de Marc le moine jusqu'à l'édition vénitienne de la *Philocalie* (1782)[53], s'adresse indifféremment aux religieux et aux laïcs, s'accompagne d'une valorisation toujours croissante de la pratique du jeûne, considéré comme le point de départ de tout progrès spirituel. Au fil du temps, ce qui a été défini comme commandement apostolique, puis commandement de Dieu, sera aussi mis en avant comme « commandement de l'Église » (ἐντολὴ τῆς Ἐκκλησίας)[54].

3. Le jeûne selon l'*establishment* post-byzantin : fait social et commandement de l'Église

Après la débâcle de 1453, l'Église fut la seule institution byzantine à subsister sous son caractère propre. Et si les patriarcats d'Alexandrie, d'Antioche et de Jérusalem virent leur position dégradée se confirmer, le rôle du Patriarcat œcuménique de Constantinople se renforça vis-à-vis des chrétiens orthodoxes de l'Empire ottoman. Seule instance officielle à les représenter auprès de la Porte, dans des affaires d'intérêt aussi bien religieux que séculier, la Grande Église fut le lieu où se développa une autorité politique et morale portée par un *establishment* prudent et conservateur. Dans ce contexte, l'attachement à la coutume (συνήθεια) devint prépondérant. Dans le même temps toutefois, une bonne partie de l'hellénisme se trouvait sous l'autorité du *Stato del Mar*, soit parce qu'il vivait dans les territoires conquis par Venise – ainsi la Crète, les îles ioniennes ou certaines îles de l'Égée –, soit par ce qu'il avait émigré vers la Lagune. Là, de nombreux Grecs s'étaient engagés dans des entreprises éditoriales, pris d'enthousiasme pour l'imprimerie comme nombre de leurs contemporains occidentaux. En plus des éditions classiques auxquelles ils collaborèrent, ils eurent aussi à cœur de faire imprimer leurs livres liturgiques, afin de les diffuser largement auprès de leurs coreligionnaires de l'Empire ottoman. Durant plus de trois siècles, plusieurs centaines d'éditions liturgiques virent ainsi le jour à Venise et prirent la route de l'Orient.

---

53. Sur l'édition de la *Philocalie des saints neptiques* (Venise 1782) et sa réception dans le monde orthodoxe, voir en dernier lieu V. KONTOUMA, « The Philokalia », dans A. CASIDAY (éd.), *The Orthodox Christian World*, Londres 2012, p. 453-465.
54. Voir ci-dessous, n. 72.

L'institution du jeûne dans l'Église orthodoxe : parcours historique

À la croisée de ces deux tendances – conservatisme de l'*establishment* constantinopolitain, dynamisme de l'activité éditoriale de l'hellénisme hors frontières – la coutume ecclésiastique se cristallisa, tout en se diffusant largement.

En 1545 parut l'*editio princeps* du *Typikon* de Saint-Sabas, aux soins du voyageur érudit Andronikos Noukios (m 1556)[55]. De facture soignée, il présentait aussi l'intérêt d'associer le texte complet de ce *Typikon* à une série de textes canoniques, dont une part non négligeable concernait la pratique des jeûnes. L'éditeur s'en expliquait d'ailleurs dès la première page de son épître dédicatoire :

> Il me semble superflu d'expliquer pourquoi ce livre est nécessaire et très utile. Qui pourrait donc ignorer, ô amis et pères respectables, qu'il est la jauge et la règle et le modèle (στάθμη, καὶ κανών, καὶ τύπος) de ceux qui ont choisi de vivre selon l'orthodoxie ? À travers ce livre en effet, ils sauront à quels moments il faut goûter aux viandes et aux poissons, et à quels moments il ne le faut pas, quand sont fixés les jours de fête et les jours de jeûne. Je ne m'étendrai donc pas sur le fait que ce livre a été édité pour le bien commun[56].

Insistant sur les difficultés extrêmes qu'il avait rencontrées pour trouver un manuscrit du *Typikon* présentant un texte bien conservé, Noukios décrivait de plus le travail de collation et de compilation auquel il s'était adonné pour produire un livre utile et complet à tous égards[57]. Il apparaît ainsi que son entreprise ne se limitait pas à la reproduction d'un livre liturgique. En fournissant à son lecteur un choix de textes canoniques, il officialisait certains usages et contribuait à les fixer. Plusieurs questions de détail concernant les jeûnes trouvaient ainsi leur solution sur de nombreuses pages[58]. Et bien que l'on n'y rencontre pas de mention explicite des quatre jeûnes annuels,

---

55. [ANDRONIKOS NOUKIOS], Τυπικὸν καὶ τὰ Ἀπόρρητα [*Typikon et ce dont on ne doit pas parler*]. *Con privilegio dello Illustrissimo Senato Veneto* [...], Venise, Fratelli Sabbio, 4 janvier 1545. Sur cette édition et son éditeur, voir E. LAYTON, *The Sixteenth Century Greek Book in Italy. Printers and Publishers for the Greek World*, Venise 1994, p. 421-423 (avec bibliographie) et p. 494-499. L'ouvrage étant rarissime, il est aussi très peu consulté. J'y ai eu accès grâce à une numérisation récente, présente entre autres sur *google.books*. L'édition originale n'étant pas paginée, je me réfère ci-dessous à la pagination du document numérique, entre crochets.
56. [NOUKIOS], Τυπικόν, [p. 11].
57. *Ibid.*, [p. 11-12].
58. *Ibid.*, [p. 351-354, 361-364 et 365-370].

celui de la Nativité est bien présenté comme une quarantaine et la fête de la Transfiguration est mentionnée comme se trouvant « au milieu des jours de jeûne » (ἐν μέσῳ οὔσῃ νηστίμων ἡμερῶν) du mois d'août[59]. À la fin de l'ouvrage, un calendrier du cycle liturgique mobile (πασχάλιον), établi pour les années 1545-1604, montre de plus qu'à cette date, le jeûne des Saints Apôtres était devenu extensible, soumis lui-même aux contraintes du cycle mobile[60]. Ainsi, ce jeûne comptait 26 jours en 1545, 8 en 1546, 23 en 1547, 32 en 1548, etc.

Les usages consignés dans le *Typikon* trouvent une vivante illustration dans le *Précis sur la situation des Grecs du temps présent*, un ouvrage publié à Cambridge en 1619 et destiné à faire connaître les mœurs orthodoxes aux professeurs des grandes universités britanniques[61]. Parlant à travers son expérience personnelle, son auteur, le moine exilé Christophoros Angélos (1575-1638), s'attarde longuement sur les jeûnes et livre ses propres interprétations à ce sujet. Pour lui, le Grand Carême est d'une part un hommage à la Crucifixion, d'autre part il constitue la « dîme de l'âme » (δεκατισμὸς τῆς ψυχῆς)[62]. Tenus de le respecter sous ce double aspect, les moines ne peuvent transgresser la *xérophagie*, sous peine de sanctions ; la consommation d'huile et de vin est toutefois tolérée pour les laïcs, dont on considère alors qu'ils n'ont suivi ce jeûne que sous son premier aspect (ch. 4). Le jeûne de la Nativité constitue également un double hommage : au Christ d'une part, mais aussi au jeûne de Moïse (ch. 5). En revanche, Angélos ne donne aucune interprétation concernant les jeûnes des Apôtres et de la Dormition, qu'il se contente de mentionner (ch. 6 et 7). Il établit toutefois des distinctions quant à leur rigueur : aux jeûnes de la Nativité et des Saints Apôtres, les laïcs peuvent consommer du poisson et s'attabler deux fois par jour ; pour celui de la Dormition, les deux repas sont également permis, mais pas la consommation de poisson (ch. 8).

Après cette partie portant sur les quatre grands jeûnes de l'année, Angélos poursuit ses explications aux ch. 12-19, précisant que le mercredi est jeûné en signe de pénitence pour la trahison de Judas, et le vendredi comme manifestation de l'attente de l'Époux (ch. 12). Il

---

59. *Ibid.*, [p. 353].
60. *Ibid.*, [p. 383-395].
61. Chr. ANGÉLOS, Ἐγχειρίδιον περὶ τῆς καταστάσεως τῶν σήμερον εὑρισκομένων Ἑλλήνων [*Précis sur la situation des Grecs du temps présent*], Cambridge 1619 ; rééd. Leipzig 1668.
62. *Ibid*, rééd. Leipzig 1668, p. 72.

signale aussi deux jeûnes compris comme purification préparatoire à deux moments de la vie ecclésiale : celui de l'Exaltation de la Croix, « afin de pouvoir embrasser la Croix », et celui de la veille de l'Épiphanie, « car le lendemain on boit l'eau bénite » (ch. 15)[63]. Puis il dresse la liste des jours et périodes non jeûnés (ch. 16-19). Enfin, il présente un tableau pris sur le vif des pratiques monastiques, au sein desquelles il établit une hiérarchie. Il considère en effet qu'il y a trois ordres distincts dans le monachisme orthodoxe, celui des cénobites, celui des anachorètes et celui des ascètes :

> Le jeûne du premier ordre et du second [...] est celui-ci : durant toute l'année, ils jeûnent trois jours par semaine, le jour de la Lune, le jour d'Hermès, le jour d'Aphrodite [...]. [Ces jours-là], à la seconde heure de l'après-midi, ils prient dans l'église, puis en sortent et se rendent au réfectoire, et mangent des fèves avec du jus, sans huile ou beurre, et quelques herbes avec du vinaigre, ou alors des pois cassés verts ou jaunes cuits sans huile ni beurre ou quoi que ce soit du même genre. Et le soir, ils entrent dans l'église, et lorsqu'ils en sortent après les prières, ils s'assoient autour de l'église, et alors le cuisinier fait le tour de celle-ci avec un panier plein de morceaux de pain, et il donne à chaque moine un morceau de pain et un verre d'eau. Les plus jeunes prennent cela, mais les plus âgés ne prennent rien, ils restent assis un moment, puis retournent dans l'église[64].

Les ascètes ne mangent qu'une fois par jour durant toute l'année, à l'exception des grandes fêtes, où ils peuvent manger plusieurs fois, sauf s'ils visent l'excellence, et alors ils refusent de dîner, selon ce que nous avons raconté précédemment au sujet du premier et du second ordre[65].

Ces hommes vivent très durement. Ils ont seulement des maisonnettes ou des grottes, mais ni vignes, ni champs ; toutefois, certains ont quelques grandes treilles qui ne produisent pas de vin, mais dont on peut manger les fruits. De même, ils ont des figuiers et ce genre de choses. Et ils ne vivent que de [leurs fruits] et de quelques autres [aliments], fèves, cerises séchées, pommes, marrons, pain biscuit au four. L'été, ils récoltent des pommes, des poires, des figues, des cerises ; ils les coupent en morceaux et les font sécher au soleil. Et tout au long de l'année, ils les font bouillir et les mangent avec le pain biscuit, une fois par jour durant toute l'année, et deux fois par jour aux fêtes. Certains d'ailleurs ne mangent qu'une fois, même à celles-ci[66].

---

63. *Ibid.*, p. 192.
64. *Ibid.*, p. 606-608.
65. *Ibid.*, 612.
66. *Ibid.*, p. 598.

De précisions de ce type sont extrêmement rares pour l'époque, et c'est pourquoi il nous a semblé intéressant de les reprendre ici. Notons de plus que pour Christophoros Angélos, les pratiques dont il se veut le témoin sont loin d'être isolées. Ainsi, selon lui, les communautés du premier ordre regrouperaient entre 50 et 400 moines, voire parfois plus.

Accordant une forte valeur à la coutume, le Patriarcat de Constantinople ne pouvait pas négliger la question des jeûnes, alors même que ceux-ci semblaient largement suivis. Un siècle après la parution du premier *Typikon* imprimé, il se prononçait par la bouche d'un prédicateur de renom, Mélétios Syrigos (ca 1586-ca 1663) *didascale* de la Grande Église. Pour répondre aux interrogations du prince de Moldavie Basile le Loup (1634-1653, m. 1661), Syrigos produisit une *Lettre sur les jeûnes* datée du 1er mars 1635[67]. Dans son argumentation, il prit appui sur deux corpus nomocanoniques byzantins, la *Collection alphabétique* de Matthieu Blastarès (fl. 1334/5) et l'*Épitomè des saints canons* de Constantin Harménopoulos (fl. 1345/46), corpus qui eux-mêmes reproduisaient pour l'essentiel les dossiers traités par Théodore Balsamon[68]. Mais il élargit la réflexion par des considérations d'ordre social, construites sur la validité à la fois religieuse et légale de la coutume. Invoquant d'une part Basile de Césarée au sujet des traditions non écrites (ἄγραφα)[69], et d'autre part l'empereur

---

67. K. Dyobouniôtès, « Μελετίου Συρίγου ἀνέκδοτος ἐπιστολὴ περὶ νηστείας » [Une lettre inédite sur le jeûne de Mélétios Syrigos], Ἱερὸς Σύνδεσμος II/12 (1916) n° 274, p. 1-3 ; n° 275, p. 2-5 ; n° 276, p. 9-11. – Sur cette lettre, voir aussi J. Pargoire, « Mélétios Syrigos, sa vie et ses œuvres (suite) », *Échos d'Orient* 12 (1909), p. 18.
68. M. Blastarès, Σύνταγμα κατὰ στοιχεῖον [*Collection alphabétique*], N, éd. G. Rhallès, M. Potlès, Σύνταγμα (cf. n. 25), VI, 397-399. Voir aussi *ibid.*, p. 588-589 (index : νηστεία). Syrigos consulte certainement une version manuscrite de ce corpus ; en revanche, il cite explicitement l'*editio princeps* de l'*Épitomè des saints canons* de Constantin Harménopoulos : M. Freher, *Juris Græco-Romani tam canonici quam civilis*, I, Francfort 1596, particulièrement p. 66-67. Sur la position d'Harménopoulos et son usage de Balsamon, voir aussi C. Pitsakis, « [Κωνσταντίνου Ἀρμενόπουλου ;] ἀνέκδοτη "πραγματεία" περὶ νηστειῶν » [(Constantin Harménopoulos ?), traité inédit sur les jeûnes], Ἐπετηρὶς τοῦ Κέντρου Ἐρεύνης τῆς Ἱστορίας τοῦ Ἑλληνικοῦ Δικαίου 18 (1971), p. 223-238.
69. K. Dyobouniôtès, « Μελετίου Συρίγου », n° 275, p. 4. Syrigos cite la lettre de Basile à Diodore (*Ep.* 160, 2), laquelle fait partie du corpus canonique orthodoxe : voir Y. Courtonne, *Saint Basile. Lettres*, II, Paris 1961, p. 88 : « la coutume de chez nous, nous pouvons la mettre en avant, parce qu'elle a force de loi pour cette raison que les règles nous ont été transmises par les saints » (τὸ παρ' ἡμῖν ἔθος, ὃ ἔχομεν προβάλλειν, νόμου δύναμιν ἔχον διὰ τὸ ὑφ'ἁγίων ἀνδρῶν

L'institution du jeûne dans l'Église orthodoxe : parcours historique

Léon VI le Sage (886-912) sur la prévalence de la coutume (συνήθεια) en absence de lois écrites[70], il recommanda à son correspondant de ne pas se laisser influencer par des querelleurs (φιλόνικοι) ou des tatillons (ἀκριβοδίκαιοι) qui, pour avoir trop scruté les textes, s'élevaient contre la longueur et la dureté des jeûnes[71]. En effet, au lieu de soulever de vaines discussions, les hommes instruits dans les choses divines devaient montrer l'exemple et se conformer à la coutume, pour ne pas perturber les plus simples et susciter le scandale dans l'Église[72]. Certes, cette coutume ne figurait pas dans les livres anciens, elle n'était pas gravée sur des plaques de pierre ; mais une longue tradition l'avait laissée intacte dans les cœurs des fidèles[73]. Très ancienne, elle était aussi universelle pour les orthodoxes. La remettre en cause ne pouvait pas manquer d'entraîner des schismes.

> Nous devons nous conformer [à ces jeûnes], car l'Église les conserve communément à présent (φυλάττει εἰς τὸ κοινὸν τώρα) [...]. Il est clair en effet que ce n'est pas la seule juridiction de Constantinople qui les respecte avec une grande acribie, mais aussi celles d'Alexandrie, d'Antioche, de Jérusalem. Et de même pour la Moscovie, Ochrid, celle des Ibères, ainsi que la Nouvelle Justinienne [Chypre], et toute contrée où vit un chrétien. Ainsi, quiconque élève des prétentions vaniteuses contre ce qui est en vigueur dans toute l'œcumène, il faut le soumettre à l'anathème, car il se coupe du corps entier de l'Église en provoquant le scandale, non d'un seul frère, mais des nombreux [frères] pour lesquels est mort le Christ[74].

Tous les chrétiens ont donc l'obligation de se conformer absolument (ἀπαραιτήτως) aux usages des trois jeûnes en sus de celui du Grand Carême, et ce dans leur extension habituelle, même si Balsamon a soutenu que leur durée était d'une semaine[75]. D'ailleurs, selon Syrigos, qui aurait la prétention de gagner le salut en jeûnant

---

τοὺς θεσμοὺς ἡμῖν παραδοθῆναι). La thématique des ἄγραφα est par ailleurs longuement développée par Basile dans le traité *Du Saint-Esprit*, 27 : Sources chrétiennes 17bis, Paris 2002, p. 478-491.

70. K. Dyobouniòtès, « Μελετίου Συρίγου », n° 276, p. 10. Syrigos se réfère aux *Basiliques* II, 1, 41-42, qui intègrent une citation d'Ulpien (m. 223). Voir G. E. Heimbach, *Basilicorum libri LX*, Leipzig 1833, I, p. 39.
71. K. Dyobouniòtès, « Μελετίου Συρίγου », n° 275, p. 2, 4.
72. *Ibid.*, n° 276, p. 9.
73. *Ibid.*, n° 276, p. 10.
74. *Ibid.*, n° 275, p. 4.
75. *Ibid.*, n° 276, p. 10.

uniquement une fois l'an, pour le Grand Carême[76] ? Les trois autres jeûnes s'avèrent nécessaires, aussi bien spirituellement que pour le maintien du bon ordre ecclésiastique.

Quelques années après la rédaction de la *Lettre sur les jeûnes*, cette ligne énoncée par le *didascale* trouva un puissant relais dans des écrits officiels à caractère dogmatique. Le document normatif le plus représentatif en est la *Confession orthodoxe* du métropolite de Kiev Pierre Moghila (1633-1646), un catéchisme dont la version grecque amendée – œuvre du même Mélétios Syrigos – fut ratifiée en 1642 par le Synode de Jassy, en présence du prince Basile le Loup, dont nous avons vu précédemment qu'il avait été le récipiendaire de la *Lettre*[77]. On ne saurait développer ici toute l'importance que la *Confession orthodoxe*, véritable manifeste de l'*establishment* post-byzantin, a pu prendre à son époque. Arrêtons-nous toutefois sur la partie consacrée à l'Église (Q. 83-96), dans laquelle se trouvent aussi les deux paragraphes relatifs aux jeûnes (Q. 87, § 2 et 7).

Au fil d'une longue explication du *credo* de Nicée-Constantinople, et arrivé à l'article relatif à « l'Église une, sainte, catholique et apostolique » (Q. 83), l'auteur de la *Confession orthodoxe* commence par préciser que l'Église, « épouse du Christ » (Q. 83), « fille de l'Église de Jérusalem » (Q. 84), édifiée sur cet « unique fondement qu'est Jésus-Christ » (Q. 85), est aussi « la colonne de la vérité » (στήλη ἀληθείας) « à laquelle tout chrétien doit se soumettre » (ὑποτάσσεται), fût-il patriarche ou simple fidèle (Q. 86). En tant que telle, elle énonce neuf commandements (ἐντολαί), qui portent sur les sujets suivants : 1. la prière et l'assistance aux offices (Q. 87) ; 2. les jeûnes annuels et généraux (Q. 88) ; 3. l'autorité spirituelle (Q. 89) ; 4. la pratique de la confession (Q. 90) ; 5. l'interdiction de la fréquentation des hérétiques (Q. 91) ; 6. l'acceptation de la condition de chacun et du statut de la hiérarchie ecclésiastique (Q. 92) ; 7. les jeûnes particuliers (Q. 93) ; 8. la préservation et la protection des biens ecclésiastiques (Q. 94) ; 9. la célébration des mariages (Q. 95)[78].

---

76. *Ibid.*, n° 274, p. 3.
77. [P. MOGHILA], Ὀρθόδοξος ὁμολογία τῆς καθολικῆς καὶ ἀποστολικῆς Ἐκκλησίας τῆς Ἀνατολικῆς, s.l.n.d. [Amsterdam 1666]. Sur les conditions particulièrement complexes dans lesquelles cette édition a vu le jour, voir en dernier lieu V. KONTOUMA, « Christianisme orthodoxe. Recherches sur Dosithée II de Jérusalem », *Annuaire de l'École pratique des hautes études, Section des sciences religieuses* 124 (2017), 207-218, notamment p. 211-215.
78. [P. MOGHILA], Ὀρθόδοξος ὁμολογία, p. 100-114.

L'institution du jeûne dans l'Église orthodoxe : parcours historique

Ainsi, dans ce texte normatif à prétention universelle, les jeûnes sont d'abord divisés en jeûnes généraux, que tout chrétien a l'obligation de suivre, et en jeûnes particuliers, décrétés au cas par cas dans les diocèses par les évêques, les archevêques ou les métropolites. Pour les premiers, une liste exacte est donnée : Nativité, à partir du 15 novembre ; Grand Carême ; Saints Apôtres, qui commence une semaine après la Pentecôte ; Dormition, dont le début est fixé au 1er août ; tous les mercredis et vendredis de l'année ; aucun samedi de l'année, sauf le Samedi saint ; aucun dimanche de l'année ; le 14 septembre, pour l'Exaltation de la Croix ; le 29 août, pour la Décollation de saint Jean Baptiste ; enfin, le jeûne n'est pas autorisé à certaines périodes, soit du jour de la Nativité à celui de l'Épiphanie ; la semaine du Renouvellement, qui suit Pâques ; la semaine qui suit la Pentecôte ; la semaine des Laitages qui précède le Grand Carême[79]. Quant aux seconds, soit les jeûnes particuliers, la *Confession orthodoxe* spécifie qu'ils sont décidés dans les diocèses en vue de la délivrance de certains maux collectifs, tels que la peste, la famine, la guerre, la sécheresse, les inondations, ou individuels, en cas de maladies ou de peines particulières[80].

Rééditée en 1699, la *Confession orthodoxe* de Pierre Moghila fut accompagnée dans cette nouvelle édition d'un *Exposé introductif sur les trois plus grandes vertus*, dû au moine érudit Bessarion Makrès (m. 1699)[81]. Dans celui-ci, les « neuf commandements de l'Église » furent à nouveau présentés selon des formulations catéchétiques. En ce qui concerne le « second commandement[82] », à savoir « respecter les quatre jeûnes annuels institués par [l'Église] », les éléments repris de la *Confession* de Moghila furent complétés d'un commentaire édifiant. Puisant son inspiration dans l'œuvre homilétique de Basile de

---

79. *Ibid.*, p. 106-108.
80. *Ibid.*, p. 111-112.
81. Ὀρθόδοξος ὁμολογία τῆς πίστεως τῆς καθολικῆς καὶ ἀποστολικῆς Ἐκκλησίας τῆς Ἀνατολικῆς, καὶ Εἰσαγωγικὴ ἔκθεσις περὶ τῶν τριῶν μεγίστων ἀρετῶν, πίστεως, ἐλπίδος καὶ ἀγάπης [*Confession orthodoxe de la foi de l'Église catholique et apostolique orientale, et Exposé introductif sur les trois vertus suprêmes, la foi, l'espérance et la charité*], Snagov 1699. Sur le rôle de chacun de ces deux écrits, la préface du patriarche de Jérusalem Dosithée II (1669-1707) est explicite : « la première, on la lira en tant que confession orthodoxe de la sainte Église catholique et apostolique du Christ, car elle est la jauge et la règle de la foi orthodoxe ; la seconde, comme l'explication et le commentaire d'un maître orthodoxe particulier ». Cf. *ibid.*, p. [XI].
82. Ὀρθόδοξος ὁμολογία τῆς πίστεως, p. 109-111.

Césarée et d'Astérius d'Amasée (IVe-Ve siècle), Makrès s'y attarda sur la question des anges qui recensent les jeûneurs dans l'Église, puis montent la garde devant le domicile de ceux-ci[83], des démons qui guettent celui qui s'adonne à la consommation de viandes rouges et d'alcools en temps de jeûne, des effets néfastes du comportement des intempérants sur les proches, car « celui qui enfreindra les institutions de la piété (θεσμοὺς εὐσεβείας), celui-là piétinera aussi les lois des hommes sages (νόμους σοφῶν)[84] ». On le voit, il s'agissait là de thèmes destinés à un auditoire populaire, impressionnable, peu enclin à discuter des règles qui lui étaient dictées *ex cathedra*.

Dans la période post-byzantine, l'institutionnalisation des jeûnes fut corrélée à un autre phénomène également caractéristique d'une forme de contrôle : la limitation de l'accès à l'Eucharistie. Ainsi, dès 1561, il apparaît que la communion eucharistique est non seulement devenue rare, mais aussi dépendante des grands jeûnes de l'année :

> Ceux qui vivent droitement et pratiquent le jeûne du mercredi et du vendredi, communieront aux fêtes de Pâques, de la Nativité du Seigneur, des Saints Apôtres et de la Mère de Dieu, s'ils ont suivi ces mêmes jeûnes et si, bien entendu, ils en sont dignes, n'étant pas soumis à un empêchement canonique[85].

Un siècle plus tard, chez Moghila, cette restriction s'est quelque peu assouplie, puisque la communion est de nouveau reliée à la confession, même si cette dernière ne semble pratiquée pour la plupart des fidèles que quatre fois dans l'année, soit à l'issue des périodes de jeûne :

> Nous devons confesser nos péchés quatre fois dans l'année devant un prêtre ayant été ordonné légalement et de façon orthodoxe. Ceux qui progressent dans la piété peuvent se confesser tous les mois. Mais les plus simples doivent confesser leurs péchés au moins une fois par an. Et ceci doit avoir lieu durant la Sainte Quarantaine.

---

83. Voir BASILE DE CÉSARÉE, *De jejunio* II, 2 : *Patrologia græca* 31, 185D-188A.
84. Ὀρθόδοξος ὁμολογία τῆς πίστεως, p. 111, où est cité Astérius d'Amasée, *Homélie XIV*, éd. C. DATEMA, *Asterius of Amasea. Homilies I-XIV. Text, introduction and notes*, Leyde 1970, p. 212-214 (cité p. 214).
85. Texte inédit de Manuel Malaxos (m. 1581), cité par N. SKRETTAS, Ἡ θεία Εὐχαριστία καὶ τὰ προνόμια τῆς Κυριακῆς κατὰ τὴ διδασκαλία τῶν Κολλυβάδων [*La divine Eucharistie et les privilèges du Dimanche selon l'enseignement des Kollybades*], Thessalonique 2006, p. 311, n. 658.

De telles restrictions ne seront réellement remises en cause que dans la seconde moitié du XVIIIᵉ siècle. C'est à ce moment-là en effet que la dimension spirituelle des jeûnes reprend le dessus, portée par la rénovation patristique conduite au sein du mouvement philocalique[86].

4. Rénovations modernes et approches contemporaines de l'institution du jeûne

La grande querelle autour de la communion fréquente, qui se déroula en Europe orientale dans la seconde moitié du XVIIIᵉ siècle[87], et qui conduisit à promouvoir entre autres le principe de tradition (παράδοσις) contre celui de coutume (συνήθεια), eut aussi ses effets sur la réglementation des jeûnes. L'auteur qui illustre le mieux cette évolution est Nicodème l'Hagiorite (1749-1809), moine érudit de la Sainte Montagne et ascète, canonisé en 1950 par le Patriarcat de Constantinople après une période d'hésitations.

Attaché à la rénovation de l'orthodoxie à travers ses sources patristiques, Nicodème fut un fervent défenseur de la pratique de la communion fréquente, dont il pensait qu'elle pouvait rétablir la participation engagée des laïcs dans la vie de l'Église. Pour Nicodème, la distinction entre laïcs et clergé n'avait pas lieu d'être lorsqu'il s'agissait du progrès moral du chrétien : la prière du cœur, la présence quotidienne aux offices, la communion hebdomadaire en étaient les principaux instruments. Un dilemme découlait cependant de la stricte corrélation entre les jeûnes et l'accès à l'Eucharistie : soit les laïcs étaient contraints à des jeûnes permanents, soit la communion hebdomadaire devenait impossible. Nicodème travailla alors à la revalorisation des jours fastes, dans une théologie soulignant l'importance prise par ces périodes de l'année qui commémorent la victoire du Christ sur la mort, ainsi que les aspects les plus lumineux de l'Économie du Salut. Puis, il rappela avec force détails les décisions conciliaires particulières et les traditions anciennes. Publié en 1800, son *Gouvernail du navire intelligible*, première compilation canonique de l'orthodoxie moderne, fut

---

86. Voir ci-dessus, n. 53.
87. Voir N. Skrettas, Ἡ θεία Εὐχαριστία, *passim* ; V. Kontouma, « De la Communion fréquente. Le dossier grec (1772-1887) », dans A. Lossky et M. Sodi, *Rites de communion. Conférences Saint-Serge, LVᵉ Semaine d'études liturgiques (Paris, 23-26 juin 2008)* = « Monumenta studia instrumenta liturgica », 59, Cité du Vatican 2010, p. 185-209.

agrémenté de notes abondantes apportant nombre de précisions sur la pratique des jeûnes[88]. Dans leur ensemble, ces compléments ne modifièrent en rien la structure des jeûnes annuels et généraux ; cependant, en rappelant l'importance du 66ᵉ Canon des Apôtres (interdiction du jeûne du samedi)[89], en valorisant la confession et les jeûnes eucharistiques très courts, ils contribuèrent à une forme de personnalisation ou d'individualisation des pratiques.

C'est d'ailleurs dans un autre ouvrage, qui fait figure de pénitentiel, que Nicodème apporta une contribution majeure sur ces questions. En effet, en introduisant dans son *Manuel de confession* les Canons de Jean le Jeûneur, un texte d'époque byzantine déjà bien diffusé, mais qui ne bénéficiait d'aucune validation officielle[90], il systématisa le jeûne comme peine canonique (ἐπιτίμιον), et en fit l'un des principaux outils auquel un père spirituel pouvait recourir pour corriger les fidèles qui se confessaient à lui. Certes, il n'y avait là rien de bien nouveau, si ce n'est la systématisation et l'officialisation de cette autre fonction des jeûnes. De plus, à travers l'œuvre de Nicodème, les Canons de Jean le Jeûneur entrèrent pleinement dans le droit canonique orthodoxe contemporain. Mais ils ne le rendirent pas nécessairement plus souple : pour le moine hagiorite, le recours à ces Canons visait d'abord à corriger la permissivité et « les nombreuses concessions excessives » (τὰς πολλὰς ὑπερβολικὰς συγκαταβάσεις) des pénitentiels d'inspiration catholique qui connaissaient alors un certain succès[91].

Dans ce mouvement de rétablissement de la tradition face à la coutume, important fut aussi l'*Homiliaire des dimanches* de Nicéphore Théotokès, archevêque d'Astrakhan et Stavropol (1779-1792, m. 1800). Paru en 1796, cet ensemble de sermons conçus pour être lus chaque

---

88. AGAPIOS et NICODÈME, *Πηδάλιον τῆς νοητῆς νηός* [*Gouvernail du navire intelligible*], Leipzig 1800.
89. Voir ci-dessus, n. 11 et 33.
90. Sur ces Canons dont l'auteur reste mal identifié, mais dont le texte circule dès les IXᵉ-Xᵉ siècles sous diverses versions et sous le nom du patriarche de Constantinople Jean IV le Jeûneur (m. 595), voir E. HERMAN, « Il più antico penitenziale greco », *Orientalia christiana periodica* 19 (1953), p. 71-121.
91. NICODÈME L'HAGIORITE, *Ἐξομολογητάριον ἤτοι Βιβλίον ψυχωφελέστατον* [*Manuel de confession ou Livre très utile à l'âme*], Venise 1794 ; 4ᵉ éd. Venise 1835, p. 103 (note). Également, Ch. M. ENISLEIDÈS, *Ὁ θεσμὸς τῆς νηστείας*, p. 175-184. Sur ces pénitentiels, voir V. TSAKIRIS, *Die gedruckten griechischen Beichtbücher zur Zeit der Türkenherrschaft*, Berlin 2009.

dimanche de l'année, constitua un modèle largement suivi dans les paroisses. C'est très naturellement à la veille du Grand Carême qu'y est délivré l'enseignement sur le jeûne, d'abord dans une *Explication de l'Évangile de Matthieu 6, 14-21*, puis dans une *Homélie pour le Dimanche des Laitages*[92].

D'emblée, le prédicateur rompt avec les références à un Dieu législateur redoutable, pour lui substituer celle du Seigneur philanthrope, qui instruit les hommes sur le mode du pacte (συμφωνία)[93]. Et s'il reprend à ses prédécesseurs la notion du jeûne comme vertu[94], nulle part il n'en fait état comme d'un commandement de l'Église. Certes, le jeûne est un commandement, mais c'est celui qu'Adam reçut au Paradis. Pratiqué conjointement au pardon et à la charité, il se présente à Dieu « paré d'ornements dorés » et contribue à la divinisation de l'homme[95]. Puis, Théotokès se lance dans une longue diatribe contre les détracteurs du jeûne, montrant à quel point la question était discutée parmi ses contemporains. Pour lui, le jeûne est bien un commandement enseigné depuis l'Ancienne Alliance, non en paroles, mais en actes ; à ceux qui soutiennent qu'il serait nuisible au corps car contraire aux principes d'une saine alimentation, il rétorque qu'il est « une diète très bénéfique » (δίαιτα πολλὰ ὠφέλιμος), non seulement utile au progrès moral, mais aussi pour mettre fin à « la guerre de la chair » et « affaiblir sa rage[96] ». On le voit, dans cette œuvre homilétique à grande diffusion, le jeûne prend – ou plutôt retrouve – sa coloration de pratique individuelle.

Il faut cependant attendre le XXe siècle pour que l'Église orthodoxe entame une première réflexion sur l'adaptation du jeûne à la vie de l'homme moderne. En 1923, le Patriarche de Constantinople Mélèce IV Métaxakès (1921-1923) propose, sans aucun succès, la suppression de tous les jeûnes autres que le Grand Carême et les jeûnes hebdomadaires du mercredi et du vendredi[97]. En 1961, la première Conférence panorthodoxe de Rhodes évoque la nécessité d'aborder le

---

92. N. THÉOTOKÈS, Κυριακοδρόμιον [*Homiliaire des Dimanches*], Moscou 1796, II, p. 521-525 et 525-533.
93. *Ibid.*, p. 521.
94. *Ibid.*, p. 525.
95. *Ibid.*, p. 521.
96. *Ibid.*, p. 526-531.
97. P. SKALTSÈS, « Ἡ νηστεία κατὰ τὶς Προσυνοδικὲς Συζητήσεις » [Le jeûne dans les débats préparatoires (i.e. au Grand Concile de 2016)], Θεολογία 5 (2015), p. 213-220, ici p. 213.

sujet de « l'adaptation des constitutions ecclésiastiques sur les jeûnes aux exigences de la modernité[98] », peut-être en réponse à un courant de rénovation de la théologie orthodoxe, exprimé en particulier par des penseurs russes de la diaspora[99]. Aucune proposition officielle n'est toutefois faite jusqu'en 1971, date à laquelle la Commission préparatoire inter-orthodoxe soumet à la discussion une liste d'aménagements, comprenant notamment les points suivants :

> § 1-3. Distinction des pratiques monastiques et laïques, avec des allègements substantiels pour les laïcs ; § 4-6. Autorisation de consommer huile et poissons pendant les jeûnes hebdomadaires du mercredi et du vendredi, ainsi qu'à certaines semaines du Grand Carême, exception faite des mercredis et vendredis de ces mêmes semaines ; § 7. Réduction du jeûne de la Nativité à 20 jours au lieu de 40, avec autorisation de consommer huile et poissons, sauf dans les cinq derniers jours de celui-ci, ou, alternativement, maintien de la durée des 40 jours, avec autorisation de consommer huile et poissons, sauf dans les trois premiers et trois derniers jours de celui-ci ; § 8. Réduction du jeûne des Saints Apôtres à 8 jours ; § 9. Maintien de la durée du jeûne de la Dormition, avec autorisation de consommer huile et poissons, sauf les mercredis et vendredis ; § 10. Consommation d'huile et poissons aux fêtes des Saints-Apôtres ou de la Dormition, si celles-ci tombent un mercredi ou un vendredi[100].

Cette série de propositions se heurta toutefois à des critiques très dures, portant à la fois sur la distinction qui y était faite entre moines et laïcs et sur la nécessité d'une « adaptation » (ἀναπροσαρμογή) à la modernité.

Infructueuse durant de longues années, la réflexion de la Commission préparatoire inter-orthodoxe aboutit en 1986 à une réécriture des propositions, sous un nouveau titre qui manifestait le tournant conservateur pris par les débats : « L'importance de l'institution du jeûne et sa préservation à l'époque contemporaine ». La perspective présentée y était radicalement différente de celle de 1971. Il s'agissait ainsi de souligner l'importance du jeûne comme commandement divin, mais aussi et surtout comme institution « immuable » (ἀμετάβλητος), ce qui constituait une réelle nouveauté, dans la mesure où seuls des dogmes sont

---

98. *Ibid.*, p. 213.
99. Voir ainsi la position d'Alexandre Schmemann, dont un important article sur le jeûne est cité ci-dessus, n. 1.
100. P. SKALTSÈS, « Ἡ νηστεία κατὰ τὶς Προσυνοδικὲς Συζητήσεις », p. 213-216.

ainsi qualifiés. Étaient aussi mis en avant le caractère christocentrique du jeûne, sa dimension spirituelle et ses liens immédiats avec l'Eucharistie, comme voie d'accès à celle-ci. Puis étaient énumérés les jeûnes de l'année, qu'il s'agissait bien entendu de maintenir. Enfin, de possibles allégements étaient confiés au discernement (διάκρισις) des autorités ecclésiastiques locales, susceptibles d'autoriser des adaptations suivant « l'économie et l'indulgence » (οἰκονομία καὶ ἐπιείκεια), dans des proportions qu'elles étaient libres de fixer « par philanthropie ». Des cas particuliers étaient aussi précisés[101]. Il s'agissait, on le comprend, d'un abandon complet de toute velléité réformatrice. Un complément intéressant à ce texte fut donné à la veille du Saint et Grand Concile de Crète qui se réunit en 2016. Rédigé en 2014, il précisait exactement les conditions de l'accès à l'Eucharistie, subordonné au respect de tous les jeûnes de l'année et à l'abstinence complète d'aliments dans les heures qui précèdent la communion, à partir de minuit[102].

Malgré des propositions intéressantes portées par certains participants aux Concile qui, espérant échapper à une forme de légalisme ou d'orthopraxie, mirent en avant les réalités contradictoires de l'orthodoxie confrontée à la postmodernité (faim dans le monde, caractère coûteux et recherché de certains aliments autorisés durant les jeûnes, alors même que d'autres, interdits, restent seuls accessibles aux plus démunis, problématiques liées au culte de la maigreur, aux options idéologiques du végétarisme)[103], le Saint et Grand Concile produisit en 2016 un texte aussi classique que théorique, un texte intemporel qui réaffirma les propositions de 1986[104]. L'acribie y fut soulignée et l'économie autorisée, dans le respect de la tradition. Tout comme à la dernière étape de sa formation – soit au tournant des XVIIIe et XIXe siècles –, le système orthodoxe du jeûne possède donc, aujourd'hui encore, cette structure générale complexe que l'on nous permettra de présenter schématiquement ci-après[105], en guise de conclusion.

---

101. *Ibid.*, p. 217-219.
102. *Ibid.*, p. 218-219.
103. Voir à ce sujet P. Kalaitzidis, « The Holy and Great Council of the Orthodox Church Between Synodal Inertia and Great Expectations: Achievements and Pending Issues », dans H. Teule et J. Verheyden (éd.), *Eastern and Oriental Christianity in the Diaspora*, Louvain 2020, p. 77-153, notamment p. 135-138.
104. Le texte complet en traduction française est accessible en ligne : https://www.holycouncil.org/-/fasting.
105. Nous résumons ici les classifications de Ch. M. Enisleidès, Ὁ θεσμὸς τῆς νηστείας.

Vassa Kontouma

Dispositions relatives à la pratique générale et annuelle des jeûnes

Quatre jeûnes majeurs, à durée fixe ou variable, à savoir :

(1) le Grand Carême, qui inclut la Semaine sainte, pour un total de sept semaines de jeûne (plus une semaine sans viande, dite « des Laitages »), et dont les dates extrêmes sont fixées en fonction de celle de Pâques, elle-même mobile ;
(2) le jeûne de la Nativité, qui commence le 15 novembre et s'achève le 25 décembre et dure donc quarante jours, sans variation ;
(3) le jeûne des Saints Apôtres, qui commence le lundi suivant le Dimanche de Tous les Saints (fête mobile) et s'achève le 29 juin, et qui est donc à durée variable ;
(4) le jeûne de la Dormition, qui commence le 1er août et s'achève le 15 août, et qui dure donc quinze jours, sans variation.

Quatre jeûnes mineurs, à savoir :

(1) le jeûne hebdomadaire des mercredis et des vendredis ;
(2) le jeûne de l'Exaltation de la Sainte-Croix, à la date du 14 septembre ;
(3) le jeûne de la veille de l'Épiphanie, à la date du 5 janvier ;
(4) le jeûne de la Décollation de Saint Jean-Baptiste, à la date du 29 août (contrairement aux trois jeûnes mineurs précédents, attestés depuis des temps anciens, celui-ci n'est mentionné dans les textes qu'à partir du XVIIe siècle [106]).

Jours non jeûnés

(1) tous les samedis, sauf le Samedi Saint ;
(2) tous les dimanches ;
(3) les Douze jours (Δωδεκαήμερον) qui suivent la fête de la Nativité ;
(4) la semaine précédant le Carnaval (Ἀπόκρεως) ;
(5) la Semaine de la Rénovation (Διακαινήσιμος) qui suit le Dimanche de Pâques.

---

106. Voir ci-dessus à propos de la *Confession* de Pierre Moghila, et n. 79.

L'institution du jeûne dans l'Église orthodoxe : parcours historique

Dispositions relatives aux jeûnes individuels

(1) jeûnes préparatoires à la réception des sacrements ; ils sont à durée variable, et sont pratiqués avant le baptême et le saint chrême pour les adultes, avant et après la confession, le mariage, l'ordination ; l'abstinence totale de nourriture est impérative avant la communion, le jour même à partir de minuit, ou plus tôt si souhaité ;
(2) jeûne du lundi, pour les moines en fonction de certains *Typika*, ou pour les laïcs qui le souhaitent, par émulation ;
(3) jeûnes découlant de peines canoniques, suivant les Canons de Jean le Jeûneur ; ils sont laissés à la discrétion des confesseurs ;
(4) jeûnes liés à des *ex-voto*, s'ils ne sont pas en contradiction avec ce qui précède.

Gradations du jeûne et fréquence des repas

Les combinaisons entre jeûnes généraux et individuels, entre périodes de jeûnes et jours fastes, ou entre périodes fastes et jours de jeûne étant innombrables, pour ne pas dire infinies, une déclinaison de la sévérité de la pratique est obtenue à travers les options suivantes :

Catégories d'aliments consommés
(du jeûne le plus strict à la rupture du jeûne) :

(1) *Xérophagie* (ξηροφαγία), soit consommation de céréales, fruits et légumes (frais ou secs).
(2) Consommation de vin, soit (1) avec autorisation de boire du vin ;
(3) Consommation d'huile, soit (1-2) avec ajout de matières grasses végétales ;
(4) Consommation de fruits de mer, soit (1-3), avec ajout de tous types de crustacés, mollusques ou coquillages, sauf poissons ;
(5) Consommation de poissons, soit (1-4), avec ajout de poissons ;
(6) Consommation d'œufs et laitages, soit (1-5), avec ajout d'œufs et laitages ;
(7) Consommation de viandes, en plus de tous les autres aliments : réservée aux jours fastes et aux laïcs.

Fréquence des repas dans la journée :
(1) Abstinence alimentaire (ἀσιτία) ; elle concerne le jeûne eucharistique pour les laïcs, ou certaines pratiques monastiques ;
(2) *Monophagie* (μονοφαγία), ou jeûne simple ; un repas assis dans la journée ;
(3) *Biphagie* (διφαγία) ; deux repas par jour ; pour les moines, cette pratique est réservée aux jours de consommation de poissons ;
(4) *Polyphagie* (πολυσιτία) ; autant de repas par jour que souhaité, exclusivement dans les périodes fastes.

COUTUMES ET NÉCESSITÉ DANS LA DOCTRINE CANONIQUE DU JEÛNE AU MOYEN ÂGE

Laurent Mayali
Berkeley, EPHE, LEM (UMR 8584)

L'IMPORTANCE DU JEÛNE dans la pratique religieuse du clergé et des fidèles a fait l'objet de nombreuses déclarations et controverses tout au long du Moyen Âge. Les multiples exceptions et les interprétations souvent très libres de la nature des aliments interdits ou permis ont produit une taxinomie singulière qui évoque parfois plus un catalogue de curiosités que l'expression d'une sincère diligence pénitentielle. Mais au-delà de ces aspects anecdotiques, le jeûne et ses diverses pratiques occupent une place fondamentale tant dans l'expression individuelle de la foi que dans la représentation publique de la religion dans la doctrine canonique médiévale. Cette doctrine se construit dans un premier temps à partir du milieu du XIIe siècle sur l'exégèse de canons conciliaires, de lettres pontificales et divers textes patristiques recueillis par Gratien dans sa *Concordia discordantium canonun*, notamment à la distinction 76[1] et dans les 3e et 5e distinctions du traité *de consecratione*[2]. Un autre groupe de textes réunis sous la distinction 41 traitait plus particulièrement de l'importance de la tempérance et de l'abstinence dans l'expression d'une éthique de conduite destinée à régir la vie des membres du clergé[3]. Cette doctrine se confirme, au siècle suivant, dans les commentaires sur les trois décrétales réunies sous le titre *de obseruatione ieiuniorum* au *Liber Extra* promulgué par Grégoire IX en 1234. L'apport des décrétales

---

1. GRATIEN, *Decretum*, D. 76, c. 1-12.
2. GRATIEN, *Decretum, De consecratione*, D. 3, c. 7-16, et D. 5, c. 6-32.
3. GRATIEN, *Decretum*, D. 41, c. 1-5.

contribue à ancrer plus fermement la pratique du jeûne dans un nouveau modèle du pouvoir pontifical qui mêle mission pastorale et fonction de gouvernement. C'est ainsi qu'au début du XIIIe siècle, qui voit croître l'autorité du droit pontifical sur les diverses sources juridiques de l'Église, ces trois décrétales actualisent le corpus des textes d'origines diverses réunis par Gratien.

Dans l'une de ces décrétales, datée du 19 février 1206, Innocent III répondait aux questions de l'archevêque de Braga sur la pratique du jeûne et le culte des saints. Le prélat portugais souhaitait savoir s'il était nécessaire de jeûner pour les fêtes de tous les apôtres. Dans sa réponse, le pape rappelait l'importance du jeûne lors de ces vigiles notamment pour les saints dont la fête tombait lors des célébrations pascales tout en soulignant l'existence légitime de diverses pratiques locales qui pouvaient varier d'un diocèse ou d'une ville à l'autre. Prenant pour exemple la fête de saint Barthélemy, déjà évoquée par Augustin, pour être diversement célébrée à Milan et à Rome, il concluait sa réponse en engageant l'archevêque à observer la coutume locale en cas de doute sur la date à célébrer, dans ce cas celle du jour où le saint avait subi le martyre ou celle du jour de sa mort, et sur la pratique à suivre pour cette célébration[4]. Cette décrétale venait s'ajouter à une autre décrétale adressée deux ans auparavant, le 5 novembre 1204, par ce même Innocent III aux chanoines de Saint-Pierre-de-Maguelonne sur la question de savoir s'il convenait de reporter le jeûne au samedi précédant les vigiles de Noël, de l'Assomption et de tous les apôtres notamment lorsque ces dernières tombaient un dimanche. Les chanoines hésitaient aussi sur la conduite à tenir pour célébrer la fête de saint Matthieu qui n'était pas, à l'origine, compté au nombre des apôtres[5]. Après avoir souligné l'importance de ces célébrations, le pape répondit « brièvement » par l'affirmative. Ces deux opinions pontificales produites à peu d'années d'intervalle au tout début du XIIIe siècle, composent avec une décrétale postérieure d'Honorius III (1216)[6], l'essentiel du titre consacré au « Respect du

---

4. X.3.46.2 [A. POTTHAST, *Regesta Pontificum Romanorum*, Berlin 1874, 2692] : « De festiuitate uero beati Bartholomei Apostoli, de cuius celebratione dubietas oritur apud quosdam, tibi petenti consilium, respondemus quod in hoc consuetudinem tuæ regionis obserues ».
5. X.3.46.1 [A. POTTHAST, *Regesta Pontificum Romanorum*, 2319].
6. X.3.46.3 [*Ibid.*, 5349].

jeûne[7] ». Insérées dans cette compilation officielle qui était destinée à fixer le droit authentique de l'Église[8], elles seront l'objet de plusieurs commentaires jusqu'à la fin du Moyen Âge.

La lecture de la décrétale d'Honorius III explique aisément pourquoi Raymond de Peñafort, le compilateur du *Liber Extra*, avait jugé bon de l'ajouter aux deux décrétales d'Innocent III qu'il avait probablement empruntées au titre similaire dans la *Compilatio Tertia* rédigée par Pierre de Bénévent en 1209 et approuvée officiellement par Innocent III[9]. Dans sa réponse à l'évêque de Prague qui lui demandait s'il était permis de manger de la viande quand le jour de Noël tombait un vendredi, Honorius répondait par l'affirmative, conformément, ajoutait-il, à la coutume générale de l'Église. Ainsi ce rappel de la coutume par Honorius redoublait l'injonction déjà formulée par Innocent tout en soulignant l'essence communautaire de la norme à respecter.

La brièveté du titre qui est consacré au jeûne dans cette compilation pontificale ainsi que son absence notoire dans la mise à jour du *Liber Extra* promulguée à la fin du siècle par Boniface VIII (*Liber Sextus*) suggèrent les limites de l'intérêt des juristes pontificaux pour une pratique qui relève plus du domaine de la théologie et de la foi que de la loi[10]. Observons, cependant, que, dans ces trois cas, le recours à l'autorité du souverain pontife se solde par le rappel de règles coutumières qui sont présentées comme un élément fondamental de la structure institutionnelle de l'Église médiévale. En d'autres termes, en liant les diverses pratiques du jeûne au respect des coutumes ecclésiastiques, Innocent III et Honorius III joignent en une seule trame normative l'expression de la foi et le respect de la loi tout en associant les résolutions individuelles d'ordre privé aux prescriptions de l'ordre public ecclésiastique. Telle sera du moins la leçon qu'en retiendront les interprètes de ces trois décrétales tout en amplifiant les arguments ébauchés par les premiers

---

7. *Liber Extra*, X.3.46, *De obseruatione ieiuniorum*.
8. Grégoire IX, Bulle *Rex Pacificus* [promulgation du *Liber Extra*] : « Volentes igitur ut hac tantum compilatione uniuersi utantur in iudiciis et in scholis, districtius prohibemus, ne quis præsumat aliam facere absque auctoritate sedis apostolicæ speciali ».
9. E. Friedberg, *Quinque Compilationes Antiquæ*, Leipzig 1882 (réimpr. Graz 1956), *Compilatio III*[a] 3.35.1-2. Sur la genèse de cette compilation de décrétales, voir K. Pennington, « The Making of a Decretal Collection: TheGenesis of *Compilatio tertia* », dans *Proceedings of the Fifth International Congress of Medieval Canon Law, Salamanca 1976*, Cité du Vatican 1980, p. 67-92.
10. X.3.36.3 : « Secundum consuetudinem ecclesiæ generalis ».

exégètes du *Décret* de Gratien. Dans l'élaboration de la doctrine qui s'imposera tout au long du Moyen Âge, les canonistes se soucient moins des fondements théologiques du jeûne que des modalités qui fixent son rôle dans l'ordonnancement normatif de l'Église et le gouvernement de la société chrétienne. Cette conception juridique s'inscrit par ailleurs dans le mouvement institutionnel qui renforce le rôle de la papauté et des institutions curiales au sein de l'administration de l'Église. Elle privilégie pour ce faire la conception du jeûne comme la manifestation publique d'un engagement personnel en conformité avec les normes et les pratiques de la communauté. Une telle interprétation reposait, en définitive, sur la distinction préalable entre le salut personnel du jeûneur et la pratique collective du jeûne qui était résolument placée sous l'autorité de l'Église et le contrôle du souverain pontife.

L'un des premiers commentateurs, Geoffroy de Trani, place cette distinction en exergue de son commentaire au *de obseruatione ieiuniorum*, dans sa *Summa super titulis Decretalium* qu'il rédige peu avant sa mort en 1245[11]. Auditeur du tribunal pontifical, puis professeur de droit, avant d'être créé cardinal peu de temps avant sa mort, Geoffroy poursuit une carrière ecclésiastique qui exemplifie le parcours professionnel d'un clerc juriste, formé à l'étude du droit romain et du droit canonique à Bologne sous le magistère d'illustres professeurs. Il distingue au préalable trois formes de jeûne ; chacune prend en compte le respect de diverses conditions et la satisfaction d'exigences plus ou moins obligatoires. Reprenant à son compte un texte d'Augustin collationné par Gratien dans son traité sur les sacrements[12], Geoffroy fait observer que le jeûne par excellence (*perfectum*) se pratique à la requête des autorités ecclésiastiques. Il s'impose donc à l'ensemble de la communauté des fidèles. Il combine l'abstinence alimentaire avec le devoir de s'abstenir de toutes sortes « d'injustices et autres voluptés illicites[13] ». Il ne souffre guère d'exceptions autres que celles qui sont concédées en raison de

---

11. G. DE TRANI, *Summa super titulis decretalium*, Lyon 1519 (réimpr. Aalen 1968), f° 166v°. Voir notamment M. BERTRAM, *Kanonisten und ihre Texte (1234 bis Mitte 14 Jh.)*, Leyde 2013, « Der Dekretalen Apparat des Goffredus Tranensis », p. 157-162, et « Nochmals zum Dekretalenapparat des Goffredus Tranensis », p. 163-186.
12. GRATIEN, *Decretum, De consecratione*, D. 5, c. 25.
13. G. DE TRANI, *Summa super titulis decretalium*, f° 166v° : « Ieiunium magnum et generale est ad quod omnes tenentur abstinere ab iniquitatibus et illicitis uoluptatibus seculi quod est perfectum ieiunium ».

circonstances particulières sanctionnées par les règles écrites ou coutumières, comme le souligne quelques années plus tard Sinibaldo Fieschi, le futur Innocent IV, dans son commentaire sur ces mêmes décrétales[14]. Encore faut-il que ces exceptions soient approuvées et concédées par l'évêque. Or, dans ce cas, les pouvoirs du prélat sont limités ; leur portée est conditionnée par l'existence d'une juste cause qui comprend un nombre réduit de contingences liées à la santé du jeûneur (débilité et infirmité), à son emploi, son indigence (disette et pauvreté) ou sa condition (pèlerin)[15]. En l'absence d'une cause juste, c'est-à-dire, dans l'esprit des canonistes, une cause confirmée par la coutume dans la liste précitée, le pape a seul le pouvoir d'accorder une exception et d'approuver la rupture du jeûne. L'encadrement institutionnel du jeûne pratiqué suivant les règles coutumières vient donc s'ajouter à la fonction pastorale des prélats. C'est cette forme du jeûne imposé à des dates précises à l'occasion des fêtes dont les célébrations locales ou générales rythment l'année religieuse en fonction de périodes formellement délimitées qui retiendra l'attention des canonistes.

Les deux autres définitions du jeûne distinguent des pratiques volontaires et personnelles qui sont la conséquence directe du désir du jeûneur de s'abstenir de consommer certains aliments ou de limiter le nombre de ses repas quotidiens. Elles s'appliquent aussi bien à la qualité des aliments exclus qu'à leur quantité. Ces pratiques ne sont pas forcément liées à la célébration d'une fête religieuse ou au calendrier des périodes de jeûne fixées dans l'année religieuse. Elles peuvent résulter d'un besoin personnel de pénitence ou du désir de faire amende honorable pour des fautes commises. Ici, l'intérêt individuel du jeûneur, qu'il soit seul responsable de sa décision ou qu'il suive les conseils d'un prélat, semble l'emporter sur l'utilité collective. En cas de rupture du jeûne, il est possible de lui substituer d'autres manifestations de piété par des œuvres charitables, voire des dons directement faits à l'église de la paroisse. Mais la liberté du jeûneur dans le choix de ses aliments et le nombre de ses repas quotidiens est limitée par l'obligation morale de s'abstenir de toute action condamnable[16].

---

14. INNOCENT IV, *Super quinque libros decretalium commentaria*, Francfort-sur-le-Main 1570 [réimpr. Francfort-sur-le-Main 1968], f° 457v°.
15. P. DE ANCHARANO, *In quinque decretalium libros commentaria*, Bologne 1580-1581, f° 481b.
16. GRATIEN, *Decretum, De consecratione*, D. 5, c. 23 : « Absque puritate mentis ieiunia et orationes non prosunt ».

Le jeûne n'est donc pas simplement un acte physique qui affecte le fidèle dans sa chair, souligne Geoffroy, il est aussi soumis aux mêmes exigences spirituelles que le jeûne *magnum et generale*. Il implique, comme l'avait déjà souligné Gratien dans son introduction au texte précité d'Augustin[17], un engagement personnel à s'abstenir de toute débauche et de toute injustice, de même « qu'il ne sert à rien de prier et de faire œuvre pieuse si on ne s'interdit pas d'user de sarcasmes ou de proférer de mauvaises paroles[18] ».

La taxinomie inventoriée par Geoffroy à l'appui de son interprétation des décrétales est développée sur la base des textes patristiques classés par Gratien. Elle s'impose dans la doctrine canonique jusqu'à la fin du Moyen Âge. Moins d'une décennie plus tard, Henri de Suze, futur cardinal d'Ostie, inaugure cette tendance en reprenant mot pour mot, dans son enseignement parisien, le commentaire de Geoffroy et son renvoi au texte d'Augustin[19]. Il y ajoute, citant Avicenne dans un souci de précision qui révèle aussi l'étendue de sa culture médicale, une référence étymologique au nom de l'intestin et à ses propriétés physiques qui expliqueraient l'usage du terme *ieiunium* pour définir cette pratique religieuse. Un souci de précision, que d'autres après lui préféreront « laisser aux médecins[20] », conduit Hostiensis à distinguer le jeûne de la xérophagie, qui consiste, nous rappelle-t-il, à s'alimenter uniquement de produits secs ou préparés sans l'adjonction de graisses végétales ou animales. Chez ce dernier, cependant, il importe de distinguer expressément le jeûne volontaire qui pouvait être pratiqué librement à tout moment de l'année avec tout aliment de son choix du jeûne « obligatoire pour tous » selon les commandements de l'Église et « approuvé par le droit écrit ou la coutume[21] ». Ainsi la référence juridique applicable à tous les fidèles se substituait-elle à l'obligation morale et individuelle. Elle exprimait pleinement, selon

---

17. *Ibid.*, c. 25 : « Non a cibis sed ab iniquitatibus abstinere est magnum et generale ieiunium ».
18. Geoffroy de Trani reprend une opinion du pape Pie I insérée dans le *Décret*. Voir GRATIEN, *Decretum, De consecratione*, D. 5, c. 23 : « Nichil enim prodest homini ieiunare, et orare et alia bona religionis agere, nisi mens ab iniquitate et ab obtrectationibus lingua cohibeatur ».
19. H. DE SUZE [HOSTIENSIS], *Summa Aurea*, Lyon 1556, f° 188r°.
20. J. D'ANDREA, *Commentaria super libros decretalium*.
21. H. DE SUZE, *In decretalium librum commentaria*, Venise 1581 (réimpr. Turin 1965), f° 173r° : « Secundum ordinem ecclesie, siue scripto, siue consuetudine approbatus ».

notre canoniste, l'essence normative et collective de cette pratique religieuse. L'injonction de suivre la coutume locale formulée par Innocent III dans sa réponse à l'archevêque de Braga se voyait ainsi interprétée dans le cadre normatif d'un système de droit où les coutumes et les statuts écrits assumaient une fonction indispensable. En confirmant l'autorité des coutumes locales pour fixer les modalités du jeûne lors de certaines Vigiles, Innocent III, dont les connaissances juridiques étaient sans doute plus minces qu'on ne l'a pendant longtemps présumé[22], n'avait fait que suivre la doctrine canonique élaborée par les exégètes du Décret, puis confirmée dans la glose ordinaire par Jean Teutonnicus et Barthélémy de Brescia[23]. Mais la précision introduite par Henri de Suze n'était pas anodine dans la mesure où elle ajoutait une nouvelle dimension normative définitivement ancrée dans le respect de l'ordonnancement juridique. Elle témoignait, d'une part, de l'influence croissante d'une éducation juridique chez de nombreux prélats et dignitaires de l'église médiévale qui, à l'image de Geoffroy, d'Henri ou encore de Sinibaldo, avaient enseigné le droit canonique avant d'être créés cardinal ou élus pape. Elle confortait, d'autre part, l'adoption d'un modèle institutionnel, ébauché lors du concile de Latran IV convoqué par Innocent III en 1215, qui mêlait mission pastorale et fonction de gouvernement dans l'affirmation de la prééminence du pouvoir pontifical[24].

---

22. K. PENNINGTON, « The Legal education of pope Innocent III », *Bulletin of Medieval Canon Law* 4 (1974), p. 70-77, et K. PENNINGTON, « Innocent III and the Ius commune », dans R. HELMHOLZ, P. MIKAT, W. MÜLLER et M. STOLLEIS (éd.), *Grundlagen des Rechts. Festschrift für Peter Landau zum 65 Geburstag*, Paderborn 2000, p. 349-366.
23. Voir par exemple *Glossa ordinaria in Decretum Gratiani*, D. 1, c. 5, *En l'absence de loi* : « Mais à quelle coutume doit-on avoir recours ? À la coutume du lieu ou à la coutume de Rome ou à celle du lieu où le contrat a été fait ou à celle des provinces voisines ? On pourrait penser que l'on aura recours à la coutume de Rome D. 11 c. 11 ; Instit. 4.11.7. Mais au contraire, on peut penser que l'on aura recours à la coutume du lieu D. 12 c. 11 ; Cod. 8.10 et les lois citées précédemment mènent à cette conclusion ».
24. M. HIRTE, *Papst Innozenz III., das IV. Lateranum und die Strafverfahren gegen Kleriker: eine registergestützte Untersuchung zur Entwicklung der Verfahrensarten zwischen 1198 und 1216*, Tübingen 2005 ; G. JEROUSCHEK, « *Ne crimina remaneant impunita*: Auf das Verbrechen nicht ungestraft bleiben: Uberlegungen zur Begründung öffentlicher Strafverfolgung », *Zeitschrift der Savigny-Stiftung für Rechtsgeschichte. Kanonistische Abteilung* 89/1 (2003), p. 323-337.

En imposant cette vision juridique de la force obligatoire du jeûne sur la communauté des fidèles, les canonistes légitimaient son observance par le respect de la coutume orale ou écrite ; ils facilitaient ainsi la transformation d'une pratique individuelle volontaire en une norme collective obligatoire dont l'autorité était sanctionnée par le pouvoir pontifical. Dans sa glose ordinaire sur le Liber Extra (1241-1246), Bernard de Parme observait que, dans ce cas, on ne pouvait se soustraire à la coutume qu'en raison d'une cause extraordinaire, car ceux qui ignoraient les lois et agissaient contrairement à leurs préceptes devaient être punis. Au terme de cette argumentation, les causes précédemment énumérées de rupture du jeûne devaient être dorénavant interprétées comme des exceptions à la règle coutumière. Pour développer sa démonstration, Bernard se prévalait d'une opinion d'Augustin reprise par Gratien dans une distinction consacrée à la force de la loi et de la coutume qui n'avait aucun rapport avec le jeûne[25]. La glose ordinaire sur le texte augustinien cité par Bernard soulignait au demeurant le fait que ceux qui ignoraient les coutumes ecclésiastiques étaient punis à l'égal de ceux qui transgressaient la loi. S'opposer à la loi ou à la coutume n'était permis, ajoutait la glose, que par autorisation pontificale[26]. Ainsi la doctrine canonique s'appuie-t-elle sur les canons fondamentaux qui structurent l'ordre juridique pour sceller l'encadrement normatif du jeûne dans un principe de légalité[27]. Avec ce raisonnement les décrétalistes amplifient les arguments avancés par les canonistes de la génération précédente qui avaient déjà intégré les règles coutumières du jeûne dans l'ordre juridique en prenant pour exemple de l'importance des coutumes locales la déclaration d'Augustin sur les différences entre Milan et Rome[28].

---

25. GRATIEN, *Decretum*, D. 11, c. 7 : « Et sicut preuaricatores legum diuinarum, ita contemptores consuetudinum ecclesiasticarum cohercendi sunt ».
26. *Glossa ordinaria in Decretum Gratiani*, D. 11, c. 7, *consuetudinum* : « No. quod æque punitur transgressor legi ut in Causa 1, q. 7, si quis omnem (c. 2) et supra eodem ecclesiasticarum (D. 11, c. 5), unde sicut canonice non licet obuiare legi sine licentia Papæ ».
27. H. DE SUZE, *In Decretalium librum commentaria*, f° 174a, X.3.46.3, *consuetudo ecclesiæ generalis* : « Quæ omnino seruanda est ut hic et usus contrarius est abusus, consuetudo etiam pro lege seruanda est ». Voir aussi B. DE PARME, *Glose ordinaire* sur le *Liber Extra*, Rome 1582, f° 1397, X.3.46.3, *consuetudinem* : « Quæ pro lege seruari debet et sic consuetudo ecclesiæ generalis seruanda est tanquam lex ».
28. RUFIN, *Die* Summa decretorum *des Magister Rufinus*, éd. H. SINGER, Paderborn 1902 (réimpr. Aalen 1963), p. 26, et *Summa « Elegantius in iure divino »*, éd. S. G. KUTTNER et G. FRANSEN, 4 vol., Cité du Vatican 1969-1990, vol. 1, c. 67, p. 22.

La doctrine canonique du jeûne au Moyen Âge

Par ses renvois à la théorie générale de l'autorité respective de la loi et de la coutume, la doctrine canonique ne distinguait pas les obligations associées au respect du jeûne de celles qui étaient prescrites par le droit pontifical. Cet amalgame normatif s'impose comme une évidence chez les canonistes qui, à la suite d'Innocent IV dans son commentaire sur les décrétales, probable produit d'un enseignement antérieur à Bologne et terminé sous son pontificat, constataient que les diverses pratiques du jeûne étaient fixées par la coutume ecclésiastique. Innocent IV s'appuyait sur l'autorité de « tout statut écrit ou coutumier » pour fixer les modalités de leur exercice. L'important était de souligner que la pratique du jeûne répondait à une double exigence. Il ne s'agissait pas uniquement d'observer le vœu d'abstinence mais aussi de respecter la coutume de l'Église[29]. C'est pourquoi, écrivait-il, dans une libre interprétation d'une lettre de Jérôme sur les périodes du jeûne[30], ce n'était pas un péché de rompre le jeûne dès lors que l'on suivait les constitutions et les pratiques en vigueur dans chaque province. En revanche, si enfreindre les règles n'était pas en soi une raison pour subir une damnation éternelle, le faire volontairement et par mépris constituait un péché mortel, alors que le faire par négligence, colère ou concupiscence n'était qu'un péché véniel[31]. L'économie pénitentielle rejoignait ainsi la proscription pénale dans une seule structure normative.

À raisonner dans une stricte adhérence au principe de légalité, les canonistes en viennent aisément à confondre la valeur spirituelle du jeûne avec sa fonction sociale. Cette doctrine sanctionne la double nature individuelle et collective du jeûne, à la fois acte volontaire, mais aussi norme obligatoire. Il occupe ainsi une position unique entre la discipline pénitentielle, qui gouverne les actions individuelles, et l'agencement pénal de la société mis en place par le IVe concile du Latran en 1215. L'application du principe de légalité contribue aussi à brouiller encore plus la distinction entre la valeur spirituelle du jeûne et sa fonction temporelle. Elle aboutit à associer le rapport entre le pur et l'impur au rapport entre le licite et l'illicite. Cet amalgame n'a

---

29. INNOCENT IV, *Super quinque libros decretalium commentaria*, f⁰ 458r⁰ : « Sicut uidemus constitutum esse in consuetudine ecclesiæ ieiunantis ».
30. GRATIEN, *Decretum*, D. 76, c. 11.
31. N. DE TUDESCHI (PANORMITANUS), *Lectura super quinque libros decretalium*, Lyon 1527, f⁰ 306v⁰ : « Transgressio canonis obligat ad mortale quando fit ex contemptu seu inobedientia […], sed si qui transgreditur ex concupiscentia, ira uel negligencia tunc solum obligat ad ueniale ».

Laurent Mayali

rien de surprenant[32] sous la plume de canonistes qui, à la suite d'Hostiensis[33], affirmaient la supériorité du droit canonique sur le droit séculier et sur la théologie dans une fusion normative et spirituelle qui mêlait harmonieusement le salut de l'âme et la sauvegarde de l'ordre public[34]. De ce point de vue, l'emploi du terme *constitutio*, emprunté au vocabulaire juridique romain pour établir le droit pontifical à l'égal de la législation impériale, n'était pas anodin. Il venait renforcer, sous la plume d'Innocent IV, l'essence normative des préceptes ecclésiastiques qui régissaient le jeûne[35]. Cette interprétation s'imposera dans la doctrine. Elle contribuera à modeler définitivement la conception institutionnelle du jeûne comme la représentation de l'union du corps du jeûneur avec le corps social représenté par l'Église[36]. Au siècle suivant, Jean d'Andrea en retient l'essentiel dans son propre commentaire quand il reprend mot pour mot l'opinion d'Innocent IV[37]. Nous retrouvons une argumentation similaire, souvent reproduite *in extenso*, sous la plume de Nicolas de Tudeschi ou de Pierre d'Ancharano aux XIVe et XVe siècles[38]. À ce propos, Nicolas estime important de préciser

---

32. Notamment dès la fin du XIIe siècle ; voir, par exemple, *Summa « Elegantius in iure diuino »*, vol. 1, p. 1 : « Elegantius in iure divino continet enim tripartitum genus documenti : morale, iudiciale, sacramentale ».
33. H. DE SUZE, *In Decretalium librum commentaria*, f° 8 : « Est igitur hæc nostra scientia non pure theologica siue ciuilis, sed utrique participans nomen proprium fortita canonica uocatur [...]. Sed canonica vudetur precellere. Nam si hoc bene intelligatur et sciatur per eam tam spiritualia quam temporalia regi possunt ».
34. Voir par exemple J. D'ANDREA, *In quinque decretalium libros commentaria*, f° 8 : « Theologia consistens nutrit animam et regit religiosos in contemplatione nitentes. Ciuili uero reguntur aduocati fideles et iudices seculares, ducentes uitam actiuam. Seculares uero clerici scientia indigebant qua spiritualia et temporalia regerentur et sic ex prædictis duabus diuina et ciuili, canonica ex composita fuit ». Voir aussi H. KALB, « Juristischer und theologischer Diskurs und die Entstehung der Kanonistik als rechts Wissenschaft », *Österreichisches Archiv für Recht und Religion* 47 (2000), p. 1-33.
35. GRATIEN, *Decretum*, D. 2, c. 4 : « Constitutio uel edictum est, quod rex uel imperator constituit uel edidit ».
36. Fr. MIGLIORINO, « Grammatica dei desideri e docilità dei corpi. Itinerari medievali sulla censura ecclesiastica », dans M. Ascheri *et al.*, « *Ins Wasser geworfen und Ozeane durchquert* ». *Festschrift für Knut Wolfgang Nörr*, Cologne 2003, p. 567-580.
37. J. D'ANDREA, *In quinque decretalium libros commentaria*, f° 231A : « Respondeo non peccat tamen [...] quia in ieiunando non solum abstinentia attenditur sed et consuetudo ecclesiæ ».
38. P. DE ANCHARANO, *In quinque decretalium libros commentaria*, f° 481a.

formellement que le recours à la coutume locale n'est légitime qu'en l'absence d'un droit spécifique, d'origine pontificale ou conciliaire, confirmant ainsi la force de la règle de droit sur la pratique spirituelle communautaire[39].

Cette conception de la règle de droit et de l'autorité des coutumes dont l'application au niveau local est l'une des responsabilités du pouvoir épiscopal[40] informe la vision que nos auteurs ont de la rupture du jeûne et des conditions dans lesquelles le jeûneur pourrait se prévaloir de circonstances exceptionnelles. En reconnaissant un lien de cause à effet entre la primauté de la règle et les diverses pratiques du jeûne, les canonistes transposaient une situation de fait dans une question de droit. Privilégier le respect de la règle dans l'évaluation de la portée de l'acte d'abstinence ne pouvait aussi manquer d'altérer le mode de présentation des options désormais limitées qui s'imposaient au jeûneur. Ce qui n'était initialement qu'une description de choix possibles et acceptables en fonction de diverses circonstances locales faisait dès lors l'objet d'un classement dans lequel les actes licites et leurs exceptions étaient dûment répertoriés. L'énumération des conditions dans lesquelles la rupture du jeûne n'était pas condamnable ouvrait le champ à de multiples distinctions entre diverses catégories de personnes. Au terme de ce processus, les questions sur la capacité physique du jeûneur, déduite de son âge, de son sexe, et de sa condition sociale, étaient résolues par la considération de leur capacité juridique. Le pouvoir physique et subjectif de s'abstenir de certains aliments était transposé dans un droit objectif de jeûner. Au terme de ce transfert, le jeûne se projetait comme un modèle normatif concrétisant l'interaction juridique entre le corps du jeûneur et le corps social.

L'adhésion au postulat posé par Hostiensis et Innocent IV vers le milieu du XIIIe siècle entraînait trois conséquences. La première concernait la perception du jeûne comme expression d'une référence identitaire par laquelle le jeûneur affirmait son adhérence aux pratiques et aux règles de la communauté telles qu'elles étaient sanctionnées par les autorités ecclésiastiques. Rompre le jeûne ne signifiait pas

---

39. N. DE TUDESCHI, *Lectura super quinque libros decretalium*, f° 306v° : « Non esse peccatum nec frangere ieiunium dummodo hoc fiat temperare secundum consuetudinem loci, nam ex quo non habemus in hoc ius specificum recurrendum est ad consuetudinem loci ».
40. P. DE ANCHARANO, *In quinque decretalium libros commentaria*, f° 481b : « Nota quod ad episcopum spectat facere obseruari consuetudinem patriæ in ieiuniis ».

uniquement hypothéquer son salut spirituel, c'était aussi et sans doute surtout compromettre son statut social en se mettant au ban de la communauté définie par son droit. Dans ce cas, le rappel de la coutume locale illustre le rôle de la norme juridique comme ciment de l'unité du corps social en un espace défini par l'application de la norme coutumière. La différence entre les pratiques suivies à Milan et à Rome pour la fête de la Saint-Barthélemy, qui avait été donnée en exemple par Augustin, était dès lors interprétée à l'aune du droit comme une différence de juridiction[41]. Il en résultait une classification juridique de l'espace comme territoire, c'est-à-dire, selon l'ancienne définition du droit romain bien connue des canonistes, un lieu où s'applique le pouvoir du magistrat[42]. Cette définition avait pour effet de dissocier la personne du territoire dans la pratique du jeûne. La personnalisation originelle du jeûne comme acte individuel inscrit dans le propre corps du jeûneur s'effaçait devant la territorialité des règles qui en gouvernaient l'exercice et le respect. À chaque territoire où s'exerçait la juridiction de la coutume locale correspondait une pratique de jeûne. Dès lors, c'est bien la présence sur un territoire défini par la coutume qui gouverne les choix du jeûneur. S'agissant de la pratique des matrones romaines évoquée dans la décrétale d'Innocent III, sa reclassification pontificale en coutume locale confirmait la fonction du jeûne comme norme communautaire. C'est pourquoi, comme l'avait déjà observé Jean le Teutonique dans son exégèse d'une lettre d'Augustin sur la diversité des pratiques du jeûne les samedis[43], les pèlerins et les voyageurs devaient se soumettre à la coutume locale et en respecter ses

---

41. ACCURSE, *Glossa ordinaria in Digestum Vetus*, Dig. 2.1.1. *potest* : « Est enim iurisdictio potestas de publico introducta cum necessitate iuris dicendi et aequitatis statuendæ ». Sur ce concept, voir P. COSTA, *Jurisdictio. Semantica del potere nella publicistica medievale, 1100-1433*, 2ᵉ éd., Milan 2002.
42. Dig. 50.16.239.8 : « Territorium est uniuersitas agrorum intra fines cuiusque ciuitatis : quod ab eo dictum quidam aiunt quod magistratus eius loci intra eos fines terrendi, id est summouendi, ius habet ».
43. *Glossa ordinaria in Decretum Gratiani*, D. 12, c. 11, sur la lettre d'Augustin a Januarius (« Cum Romam uenio, sabbato ieiuno, cum Mediolani sum, non ieiuno »), glose sur *liberas* : « Hic dicit Augustinus quod liberum est sabbato ieiunare quantum ad extraneos, non quantum ad illos ubi talis consuetudo seruata est ». Voir aussi la glose sur *ueneris* : « Argumentum quod uiatores tenentur sequi consuetudinem loci ad quem ueniunt ». Sur ce texte, voir par exemple D. A SANCTO GEMINIANO, *Super decretorum uolumine commentaria*, Venise 1578, fᵒ 23vᵒb : « Consuetudo fidei non repugnans est seruanda nisi a superior reprobetur expresse ».

La doctrine canonique du jeûne au Moyen Âge

diverses dispositions[44]. De même n'était-il pas obligatoire d'appliquer dans d'autres régions la coutume qui était observée à Rome[45]. En d'autres termes, les canonistes privilégiaient le jeûne propre à chaque région ou diocèse sur celui propre à chaque individu.

Seconde conséquence, la référence déterminante à la coutume locale s'appliquait aussi à l'appréciation de la substance des aliments et des régimes alimentaires ainsi qu'au nombre des repas et à leur fréquence quotidienne. Cette comptabilité varie de la simple typologie à la nomenclature dûment approuvée dans laquelle la liste des catégories d'aliments « licites et illicites » s'étend de la considération de ce qui ressort du possible à ce qui est de l'ordre du permis. Cette distinction gouverne les critères adoptés en cas de doute sur la nature ou sur le choix des aliments. Une fois encore, c'est à la coutume qu'il faut se référer pour comprendre et pour interpréter les critères et les rituels qui définissent le jeûne licite. Les canonistes fondaient leur argument sur une opinion de Paul, jurisconsulte romain du premier tiers du IIIe siècle, insérée dans le Digeste de Justinien, qui consacrait la coutume comme « la meilleure interprète de la loi[46] ». Chez les juristes médiévaux, civilistes et canonistes, la définition de la fonction de la coutume comme interprète de la loi constituait l'un des principes fondateurs de l'ordre juridique médiéval[47]. Le renvoi à son autorité pour résoudre les questions sur les différentes catégories d'aliments réaffirmait, si cela était encore nécessaire, la fonction structurante du jeûne au sein du système normatif qui gouvernait la société chrétienne.

Il n'était donc pas surprenant que la perception juridictionnelle de l'espace social s'imposât aussi comme mode de représentation de diverses pratiques locales suivies par les jeûneurs. Elle conduit à

---

44. G. DE BAYSIO, *Super Decreto*, Lyon 1549, D. 12, c. 11, f° 15v°b : « Intellige sic illi extranei qui ad tempus uiuunt inter illos qui talem habent consuetudinem debent illam obseruare si non obseruando generent scandalum ».
45. G. DE BAYSIO, *Super Decreto*, f° 307r°b.
46. N. DE TUDESCHI, *Lectura super quinque libros decretalium*, f° 306v°a ; Digeste 1.3.37 : « *Paulus libro primo quæstionum* : Si de interpretatione legis quæratur, in primis inspiciendum est, quo iure ciuitas retro in eiusmodi casibus usa fuisset : optima enim est legum interpres consuetudo ».
47. J. GAUDEMET, « La coutume en droit canonique », *Revue de Droit Canonique* 38 (1988), p. 224-251, et L. MAYALI, « La coutume dans la doctrine romaniste au Moyen Âge », dans J. GILISSEN (éd.), *La coutume-Custom*, II, *Europe occidentale médiévale et moderne*, Bruxelles 1990 (« Recueils de la Société Jean Bodin pour l'histoire comparative des institutions », 52), p. 12-31.

considérer la provenance régionale des aliments associés à chaque communauté et à son mode de vie. C'est ainsi que les juristes intègrent à leur démonstration la classification géographique des régimes alimentaires des communautés montagnardes, fluviales ou maritimes et les viandes, poissons, laitages qui y sont produits sans omettre les récoltes qui y sont cultivées[48]. Ce classement répond à un double souci, d'une part, d'harmonisation[49] des régimes en vigueur par l'élaboration d'équivalences entre les aliments disponibles selon les régions et, d'autre part, d'évaluation concomitante de divers degrés d'abstinence imposés par le milieu naturel environnant. Par exemple, on fait remarquer que l'abstinence d'aliments carnés n'a pas la même valeur pénitentielle dans une région où ils constituent la base de l'alimentation que dans une région où ils sont pratiquement inconnus ou difficiles à se procurer[50]. La référence à la disponibilité des ressources naturelles et à ses conséquences sur l'alimentation n'est certes pas une approche spécifique aux juristes. Chez ces derniers, cependant, elle ordonne les distinctions parfois contradictoires qui sont issues des particularismes locaux dans une solution normative correspondante selon une casuistique juridique dont Pierre Legendre a mis en lumière les ressorts[51].

L'insertion des divers régimes alimentaires dans la structure du jeûne comme forme d'ordonnancement social permet d'éviter la mise en cause du principe tout en reconnaissant ses exceptions. C'est pourquoi il serait erroné d'interpréter la reconnaissance de la diversité des pratiques alimentaires comme une forme de tolérance ou de flexibilité dans l'application des principes fondamentaux du jeûne. Il ne s'agit pas, chez nos canonistes, de multiplier les exceptions mais de s'assurer, en revanche, qu'elles ne dévient pas de la règle[52]. C'est ainsi

---

48. B. DE UBALDIS, *Consiliorum siue Responsorum*, Venise 1580 (réimpr. Turin 1970), vol. 4, cons. 293 : « Tribus modis consideratur iurisdictio seu territorium. Primo modo circumscriptiue seu terminaliter, secondo modo subiectiue seu materialiter, tertio modo concessiue siue realiter ».
49. S. KUTTNER, « Harmony from dissonance. An interpretation of Medieval Canon Law », Latrobe (Penn.) 1960 (« Wimmer Lectures »), 64 p., repris dans S. KUTTNER, *The History of Ideas and Doctrines of Canon Law in the Middle Ages*, Londres 1980, c. I, p. 1-16.
50. J. D'ANDREA, *In quinque decretalium libros commentaria*, f° 231a ; P. DE ANCHARANO, *In quinque decretalium libros commentaria*, f° 480a.
51. P. LEGENDRE, *Les enfants du texte. Étude sur la fonction parentale des États*, Paris 1992, p. 259-266.
52. Le rapport entre la règle et l'exception fut longuement débattu dans la seconde

qu'il faut aussi comprendre l'affirmation de l'autorité de la coutume comme meilleure interprète de la loi. Les variations locales ne mettent nullement en cause la fonction du jeûne. De même que l'admission de divers aliments *a priori* exclus ne sert pas d'excuse pour se soustraire aux obligations imposées par le jeûne mais fait office de substitution pour en respecter la forme. Une fois encore, dans l'esprit des canonistes, le jeûne ne se distingue pas, par sa fonction normative, de la loi qui, comme l'observait déjà Isidore de Séville dans un texte inséré par Gratien dans son Décret, devait être conforme à la nature et à la coutume locale et prendre en compte aussi bien le temps que le lieu pour être indispensable, incontestable et expédiente[53]. L'importance du lieu et du temps comme éléments déterminants de l'autorité de la règle était par ailleurs soulignée dans la glose ordinaire, où Jean le Teutonique avait noté qu'« à chaque lieu correspond une loi[54] ». Qu'à chaque lieu correspondît une pratique du jeûne n'était donc pas un argument inconcevable, ni déraisonnable. Ajoutons à la définition isidorienne de la loi que, selon ses exégètes médiévaux, dans ce cas le terme « nature » devait être compris comme « raison naturelle[55] ». Après tout, la coutume raisonnable n'était autre, selon Innocent IV, que la coutume conforme au droit canonique.

Enfin, la comparaison entre les repas pris à différentes heures de la journée donnait aux canonistes l'occasion d'évaluer, puis de proposer un modèle d'alimentation qui permettrait d'accorder les exigences spirituelles aux besoins physiques du jeûneur. Pour ce faire, ils n'hésitaient pas à faire appel à d'autres savoirs en se substituant au médecin, dont ils s'appropriaient l'expertise au bénéfice de leur démonstration[56], de

---

moitié du XIIe siècle. Pour certains auteurs, tels Placentin, l'exception fait partie de la règle, pour d'autres, tel Azon, elle se situe en dehors de la règle. La question sera résolue au début du XIIIe siècle par Accurse, qui suit la thèse de Placentin dans la glose ordinaire sur le *Digestum nouum* (D.50.17.1) : voir P. STEIN, *Regulæ Iuris: From juristic rules to legal maxims*, Édimbourg 1966, p. 135, et E. CORTESE, *La norma giuridica : spunti teorici nel diritto commune classico*, 2 vol., Milan 1962-1964, vol. 1, p. 325.

53. GRATIEN, *Decretum*, D. 4, c. 2.
54. *Glossa ordinaria in Decretum*, D. 4, c. 2 : « *Loco* : quia in aliquibus locis aliqua statuuntur quæ alibi non reciperentur. Item in iure constituendo consideranda est uicinitas locorum uel remotio ; *temporique* : omnia enim debent conuenire suis temporibus ».
55. *Glossa ordinaria in Decretum*, D. 4, c. 2 : « *Natura* : Id est ratio naturalis ».
56. J. D'ANDREA [citant Arnaud de Villeneuve, Hippocrate et Galien], *In quinque decretalium libros commentaria*, f° 232r°b.

même qu'ils s'étaient substitués au théologien pour évaluer l'existence et la gravité du péché dans la rupture injustifiée du jeûne. Pour illustrer ce rapport entre la discipline corporelle et l'engagement spirituel, Jean d'Andrea prend pour exemple la règle de l'ordre des Chartreux[57], qui, dit-il, leur impose une stricte observance du jeûne et le refus d'aliments carnés même quand leur apport nutritionnel permettrait de remédier ou tout au moins de soulager les maux des frères affaiblis par la maladie ou à l'approche de la mort. Cet exemple lui permet d'évaluer la justification du jeûne dans le contexte tragique d'un choix entre la vie et la mort et de montrer le contraste entre ses bienfaits et ses éventuels dangers. Jean d'Andrea pose ainsi la question : s'il est démontré que choisir de ne pas s'alimenter peut avoir de graves conséquences sur la santé du jeûneur, faut-il donc jeûner à en mourir ? Après avoir stigmatisé les divergences d'opinions sur l'obligation morale de rompre le jeûne pour sauvegarder la vie du jeûneur et avoir critiqué des arguments qui n'apportent, selon lui, aucune solution satisfaisante, il se prononce fermement en faveur du respect de la règle. D'autant plus observe-t-il, que rien ne prouve que le manque d'aliments carnés contribue à abréger la durée de vie. Il faudrait ajouter, note Pierre de Ancharano un siècle plus tard, dans son commentaire sur la même décrétale, que la présence d'un nombre important de moines très âgés dans cet ordre religieux est bien la preuve que le régime alimentaire imposé par sa règle ne nuit ni à leur santé, ni à leur espérance d'une longue vie[58]. Les conclusions déduites des observations des autorités médicales ne suffisent cependant pas à clore le débat. Il est toutefois admis que la prise de médicaments pour des raisons médicales ne constitue pas une rupture du jeûne à condition toutefois, avait mis en garde Innocent IV, que ce soit uniquement pour préserver la santé[59].

Chez Jean d'Andrea et ses successeurs, il est entendu que dénoncer la règle des disciples de saint Bruno pour son manque de charité

---

57. J. D'ANDREA, *In quinque decretalium libros commentaria*, f° 232r°b : « Scias quod contra eos qui dicunt statutum Cartusiensis esse periculosum ex defectu charitatis quia languentibus in extrema necessitate carnes non concedunt pulchra, ualde et efficaciter scripsit magister Arnaldus de Villanoua summus medicus et theologus ».
58. P. DE ANCHARANO, *In quinque decretalium libros commentaria*, f° 481b.
59. INNOCENT IV, *Super quinque libros decretalium*, f° 458a : « Medicinam autem pro remouenda infirmitate uel fugienda accipere licet sine peccato in die ieiunii sed pro conseruanda sanitate tantum, ubi non est signum infirmitatis non credo ».

(*caritas*) n'est autre qu'un mensonge comparable à l'hérésie, car la règle est fondée sur l'amour de Dieu et non sur la haine de son prochain. L'aspiration spirituelle qui définit la règle prévaut sur les autres considérations alimentaires, mais, une fois encore, le renvoi à une règle, coutume, statut ou, comme dans ce dernier cas, à une règle monastique justifie le respect d'engagements discutables pour la santé physique des jeûneurs. Le bien-fondé de la règle n'est en lui-même pas contestable. Cette opinion est rendue possible par la conception procédurale que les canonistes ont de la pratique du jeûne. En d'autres termes, l'interprétation normative du jeûne transforme un rite religieux en une procédure juridique. C'est alors que le rapport asymétrique entre forme et substance produit l'effet escompté dans la mesure où les multiples variations admises dans le choix des aliments admissibles ou dans la substitution des jours dans le calendrier des fêtes religieuses n'ont qu'une valeur secondaire dans la détermination des circonstances qui aboutiraient à la rupture du jeûne. Le respect de la procédure offre un double avantage. D'une part, il permet de valider les choix qui sont faits comme le recours à des jours ou à des aliments interchangeables au sein d'un unique processus. D'autre part, il garantit l'obtention du résultat souhaité sans avoir à se prononcer sur son adéquation. Il faut souligner que cette dimension procédurale ne s'applique pas uniquement à l'interprétation des règles du jeûne, mais résulte d'un mouvement doctrinal qui se développe dès la seconde moitié du XIIe siècle avec la mise en place de la juridiction ecclésiastique. Il participe du passage progressif d'une justice divine à une justice humaine qui ne peut se prévaloir de l'omniscience et de l'omnipotence divine dans sa recherche de la vérité[60], mais qui trouve dans l'ordre du procès la réponse à ses doutes et la solution à ses faiblesses.

La dernière conséquence concerne le statut des jeûneurs. Le mouvement de qualification juridique d'actes définis par les canons ou par la coutume se soldait par une classification correspondante des personnes[61]. À partir du moment où s'abstenir de certains aliments pro-

---

60. K. W. NÖRR, *Iudicium est actus trium personarum. Beiträge zur Geschichte des Zivilprozeßrechts in Europa*, Goldbach 1993 ; L. FOWLER-MAGERL, *Ordo iudiciorum uel ordo iudiciarius. Repertorien zur Frühzeit der gelehrten Rechte*, Francfort-sur-le-Main 1984 (« Ius commune : Sonderhefte », 19).

61. H. DE SUZE, *In Decretalium librum commentaria*, f° 173b, J. D'ANDREA, *In quinque decretalium libros commentaria*, f° 231 ; N. DE TUDESCHI, *Lectura super quinque libros decretalium*, f° 306b.

cédait de l'exercice d'un droit ou du respect d'une règle, les questions liées à la capacité de choisir et le problème concomitant de la responsabilité se posaient en des termes différents. La détermination de la capacité juridique des jeûneurs se substituait à la considération initiale de leur aptitude physique. La définition initiale des catégories de personnes en état de jeûner était très extensive. Elle comprenait tous ceux qui étaient sains d'esprit, qui étaient capables de comprendre la portée de leurs délits et qui jouissaient d'une force physique suffisante pour supporter les privations imposées par le jeûne[62]. Toutes ces personnes devaient aussi, faisait-on remarquer, être considérées comme des pécheurs potentiels, et on justifiait ainsi une conception préventive du jeûne. Cette conviction trouvait sa raison d'être dans la présomption du mal indissociable de la conduite humaine, elle-même « encline à tout âge après l'adolescence à faire le mal[63] ».

Le respect des critères généraux retenus par la doctrine avait pour conséquence d'exonérer les individus souffrant d'infirmités mentales ou physiques et de sénilité, critères dont nous avons précédemment vu qu'ils étaient comptés au nombre des justes causes d'exception qui devaient être approuvées par l'évêque sans avoir recours à une intervention pontificale. En revanche, le doute subsistait pour deux catégories de personnes, les femmes mariées et les enfants mineurs, qui étaient traditionnellement affligées d'une capacité juridique limitée. Pour la femme mariée, la pratique personnelle du jeûne ne soulevait aucun problème au regard des préceptes de l'Église. Il était unanimement admis qu'elle devait obtenir au préalable l'autorisation de son mari. Mais les conditions plus strictes du jeûne obligatoire faisaient peser le risque de désavouer publiquement le pouvoir de l'époux, si ce dernier s'obstinait à refuser son consentement. Bien qu'il soit évident aux yeux de nos canonistes « qu'obéir à la parole de dieu et de son vicaire », c'est-à-dire le pape, l'emportait sur le devoir d'obéissance dû au mari, il était difficile de justifier que la femme pût avec l'appui de l'Église passer outre à cette interdiction maritale. Outre la menace que le désaccord faisait

---

62. H. DE SUZE, *In Decretalium librum commentaria*, f° 173b : « Ieiunium necessarium est omnibus sanæ mentis, doli capacibus et potentibus ieiunare cum tales peccare possint et peccata deflere teneantur ».
63. GRATIEN, *Decretum*, C. 12, q. 1, c. 1 : « Omnis ætas ab adolescentia in malum prona est ». Voir L. MAYALI, « The Presumption of Evil in Medieval Jurisprudence », dans Tr. HARRIS (éd.), *Studies on Canon law and Common Law in honor of Richard Helmholz*, Berkeley 2014, p. 15-29.

peser sur l'harmonie de la cellule familiale, il était indispensable de préserver l'ordre social pour éviter le scandale que pourraient causer le refus de l'épouse et la récusation publique du pouvoir marital. Dans cette hypothèse, le risque de scandale[64] était plus fort que tout autre danger. Le souci de l'éviter était impératif. Il prévalait sur la protection du salut spirituel de l'épouse pénitente. Il justifiait donc l'intervention des autorités ecclésiastiques pour la dispenser de l'obligation du jeûne et préserver ainsi le principe socialement reconnu de la primauté du pouvoir patriarcal. Si l'accord unanime se faisait sur cette solution, il n'en était pas de même à propos de la question soulevée par l'âge légal des jeûneurs. Il semble qu'en définitive au moins trois écoles s'opposèrent sur ce point sans que s'imposât une interprétation déterminante. La première opinion défendue par Hostiensis et adoptée par Jean d'Andrea refusait de considérer un âge fixe pour pratiquer le jeûne qui fût différent de celui qui était communément accepté pour distinguer le pécheur de l'enfant irresponsable. Il suffisait que la personne fût pubère et « en état de pouvoir pécher ». D'autres choisissent de retenir l'âge de la pleine puberté fixé à dix-huit ans, alors que d'autres se réfèrent à la *lex mosaica* pour proposer de retenir l'âge de vingt ans. À vrai dire, ces divergences d'opinions sur l'âge légal du jeûneur participent du souci d'uniformiser la nature hybride du jeûne qui combine les caractères physiques de la personne avec les valeurs spirituelles de la pénitence et les critères juridiques de l'obéissance à la règle[65]. C'est la combinaison de ces facteurs qui justifie, en définitive, le respect du jeûne comme une « loi qui doit être bonne et possible » et ne doit pas infliger, sous la menace du péché, aux enfants et aux adolescents des obligations impossibles à respecter sans courir le risque de s'exposer à un danger plus grand. La comparaison du jeûne à la loi canonique, dont la double fonction spirituelle et temporelle constituait le fondement de son autorité, permettait aux canonistes de résoudre ce conflit[66].

---

64. Sur l'horreur du scandale, voir C. LEVELEUX-TEXEIRA, « Les canonistes médiévaux et l'horreur du scandale », *Cahiers de recherches médiévales et humanistes* 25 (2013), p. 193-211.
65. Pour un résumé de ces diverses positions, voir N. DE TUDESCHI, *Lectura super quinque libros decretalium*, f° 306°b-v°a.
66. G. DE BAYSIO, *Super Decreto*, f° 6, D. 4, c. 1 : « Vt uidetur ex hoc quod lex cohibeat omnia, mala quia non sufficienter coerceretur humana audacia nisi omnia mala cohiberentur per legem, preterea intentio legislatoris est homines facere bonos et uirtuosos, sed non potest esse bonus nisi ab omnibus uitiis abstineat, ergo ad legem humanam pertinet omnia uitia conpescere ».

Laurent Mayali

Le légalisme avéré des canonistes présentait donc de multiples avantages pour réconcilier les tensions créées par la mise en œuvre d'une forme de discipline sociale et le désir d'assurer le salut individuel des fidèles. Il posait cependant problème quand l'exception n'était plus comprise dans la règle. Dans ce cas, la rupture du jeûne n'avait pas seulement pour effet d'hypothéquer le salut du jeûneur. Elle menaçait aussi la cohésion de l'édifice normatif en créant une situation extraordinaire et imprévue. La solution adoptée par la doctrine avait pour avantage de reconnaître les limites de la loi ou de la coutume sans pour autant sortir de la légalité qu'elles imposaient. Les canonistes fondaient leurs arguments sur l'ancien adage selon lequel *necessitas non habet legem*. Frank Roumy a retracé récemment avec un très grand soin l'histoire de cette maxime dans la tradition normative de l'Église, depuis sa première expression chez Bède le Vénérable jusqu'à la fin du Moyen Âge[67]. Son adoption généralisée par les canonistes obéit cependant à une perspective différente de celle qui avait séduit ses premiers utilisateurs dans la littérature exégétique. Ses conséquences sur l'évaluation de la responsabilité individuelle sont bien connues depuis les travaux de Stefan Kuttner sur la doctrine canonique de la faute[68]. Mais en appliquant cette maxime aux conditions qui gouvernent la pratique du jeûne et aux exceptions susceptibles d'en modifier le sens ou le résultat, les canonistes médiévaux ont essentiellement pour but de maintenir la cohérence du système juridique plutôt que d'excuser le comportement des individus en rupture de jeûne. Nous n'aborderons pas ici l'étude du rôle complexe de la nécessité dans le système juridique. Nous nous bornons à souligner que, chez nos canonistes, ce terme recouvre différentes acceptions. Il s'emploie soit pour décrire une situation de fait qu'il suffit de constater, soit pour signifier un devoir à remplir, soit encore pour souligner une obligation à respecter, soit, enfin, pour classer une règle qui n'est pas sanctionnée par la loi ou la coutume. C'est cette dernière définition qui est le plus souvent retenue dans les commentaires sur

---

67. Fr. ROUMY, « L'origine et la diffusion de l'adage canonique *Necessitas non habet legem* (VIIIe-XIIIe s.) », dans W. P. MÜLLER et M. E. SOMMAR (éd.), *Medieval church and the origins of the Western legal tradition: a tribute to Kenneth Pennington*, Washington 2006, p. 301-319.
68. S. KUTTNER, *Kanonistische Schuldlehre von Gratian bis auf Dekretalen Gregors IX: systematisch auf Grund der Handschriften Quellen dargestellt*, Cité du Vatican 1935.

le jeûne. Elle est employée pour normaliser les conditions extraordinaires qui risquent de modifier, voire de suspendre son observance. C'est dans ce contexte normatif de l'exception justifiée à la règle que l'adage *necessitas non habet legem* est soumis à une interprétation qui transforme la perception de la nécessité comme état d'exception en un état de droit[69]. Ce que résumait parfaitement la maxime imaginée par Bède le Vénérable selon laquelle *« quod non licitum lege, necessitas facit licitum »*, une maxime que Raymond de Peñafort avait jugé important d'ajouter au dernier titre du *Liber Extra* consacré aux règles de droit (X.5.41.4). Dans l'esprit des canonistes, la nécessité n'ignore pas la loi, elle s'y substitue en son absence et devient source de droit dans la mesure où elle rend licite des actes qui à l'origine ne sont pas régis par la loi[70]. Elle confirme la licéité de pratiques du jeûne. La référence à la *necessitas infirmitatis urgentis* dans la décrétale d'Innocent III destinée à l'archevêque de Braga est comprise par les canonistes comme la consécration pontificale du pouvoir normatif de la nécessité qui réintroduit l'exception au sein de la règle[71]. C'est pourquoi les contingences extraordinaires qui imposent l'altération du jeûne ou sa rupture ne sont pas une mise en cause de la procédure ni de l'ordre juridique. Cette interprétation conforte l'homogénéité de l'espace normatif dans lequel se conçoit le jeûne. Elle transforme un rapport social *de facto* en une interaction normative *de iure* par l'expression d'une légalité de principe qu'illustrent la discipline sociale du jeûne et sa mise en œuvre coutumière[72].

---

69. *Liber Extra* 5.41.4 : « Propter necessitatem illicitum efficitur licitum ».
70. B. DE PARME, *Glose ordinaire* sur le *Liber Extra*, X.3.46.3 : « *Puniendos* : Et sic necessitas excusat quia legem non habet ».
71. H. DE SUZE, *In Decretalium librum commentaria*, f° 174a : « *Necessitas* : Hoc est scissum notabile propter quod frequenter hæc inducitur decretalis quia necessitas non habet legem ».
72. Sur l'expression d'une légalité de principe dans la scolastique juridique, P. LEGENDRE, *Les enfants du texte*, p. 99.

LE JEÛNE DES ASCÈTES DANS LA TRADITION MÉDIÉVALE OCCIDENTALE

Patrick Henriet
EPHE, Université PSL

QUI DIT JEÛNE CHRÉTIEN pense généralement pénitence. Cette relation, pour importante qu'elle soit, n'est cependant pas obligatoire et il est possible qu'il faille y voir en partie le résultat d'une évolution qui, à partir du haut Moyen Âge, a « pénitentialisé » le jeûne et en a fait l'une des peines le plus répandues, voire la peine par excellence dans le cadre d'une tarification des peines : on jeûnait « au pain et à l'eau » pendant tant de jours, de mois ou d'années. Cependant pour les ascètes, pour ceux qui choisissaient d'aller au-delà des préceptes d'Église imposés à tous les chrétiens, le jeûne avait bien d'autres fonctions et pouvait revêtir des sens très variés. Dans sa *Somme théologique*, Thomas d'Aquin lui assigne un triple but :

> On jeûne premièrement, pour réprimer les convoitises de la chair. (…) ce qui veut dire que la luxure perd son ardeur par l'abstinence de nourriture et de boisson. Deuxièmement on jeûne pour que l'esprit s'élève plus librement à la contemplation de ce qu'il y a de plus haut. (…) Troisièmement, on jeûne en vue de satisfaire pour le péché[1].

Ainsi donc, la répression de la luxure et des désirs de la chair (Thomas s'appuie ici sur saint Paul[2]), la recherche spirituelle et la satisfaction pénitentielle. Un peu plus loin, on retrouve ce triptyque dans un autre ordre :

> On dit que le jeûne est utile pour effacer les fautes, pour les empêcher, et pour élever l'esprit vers les choses spirituelles[3].

---

1. THOMAS D'AQUIN, *II^a-II^æ*, q. 147, art. 1 : « Primo quidem ad concupiscentias carnis comprimendas (…) Secundo, assumitur ad hoc quod mens liberius eleuetur ad sublimia contemplanda. Tertio, ad satisfaciendum pro peccatis ».
2. 2 Cor, 6, 5-6 (*in ieiuniis, in castitate*).
3. THOMAS D'AQUIN, *II^a-II^æ*, q. 147, art. 3 : « Dictum est autem quod ieiunium utile est et ad deletionem et cohibitionem culpæ, et ad eleuationem mentis in spiritualia ».

Patrick Henriet

La définition même du jeûne peut varier notablement selon les auteurs et les contextes. Au XIe siècle, Pierre Damien, chantre de l'érémitisme réformateur, écrit dans un texte où il détaille les coutumes de son monastère ermitage de Fonte Avellana :

> Nous disons que jeûnent ceux qui n'absorbent que du pain avec du sel et de l'eau ; mais si on ajoute quelque chose à cela, on ne peut plus parler de jeûne parfait[4].

De son côté, Adalbert de Vogüé, moine bénédictin et grand spécialiste de la tradition monastique ancienne, qui tenta, dans les dernières décennies du XXe siècle, de vivre en solitaire et de réintroduire la pratique de l'abstinence alimentaire dans l'Église, s'appuyait sur la règle de saint Benoît pour caractériser le jeûne comme une pratique consistant « à ne prendre, tout au long de l'année, qu'un seul repas par jour, placé à la fin de la journée[5] ». Le même auteur, sans se contredire véritablement, affirmait pourtant quelques pages plus haut que « jeûner ne consiste pas à manger moins, mais à ne point manger du tout[6] ». On pourrait multiplier les définitions et les justifications : sans doute faut-il définir le jeûne *a minima* en s'inspirant de saint Basile, qui interdit tout simplement de manger à satiété (recommandation que reprendra Benoît pour la boisson)[7]. Comme l'écrivait encore Adalbert de Vogüé en connaissance de cause, « les conduites et les motivations de ceux qui jeûnent sont variées à l'infini[8] ». Il en est bien ainsi pour le millénaire ici pris en considération, depuis les ascètes que l'on appelle « Pères du désert » jusqu'aux mystiques, le plus souvent femmes, de la fin du Moyen Âge. Par jeûne, nous entendrons de façon quelque peu large l'adoption d'un régime alimentaire minimal

---

4. Pierre Damien, lettre 18, *Die Briefe des Petrus Damiani*, éd. K. Reindel, vol. 1, *Die Briefe der deutschen Kaiserzeit*, Munich 1983, p. 171 [repris dans la lettre 50 à l'ermite Étienne, vol. 2, p. 89] : « Ieiunare autem illos dicimus, qui panem cum sale et aqua percipiunt, ubi autem præter hæc aliud quid additur, perfectum ieiunium non uocatur ».
5. A. de Vogüé, *Aimer le jeûne. L'expérience monastique*, Paris 1988, p. 28.
6. *Ibid.*, p. 15.
7. *Basilii regula a Rufino latine versa*, éd. Kl. Zelzer, *Corpus Scriptorum Ecclesasticorum Latinorum*, vol. 86, Vienne 1986, 9, 7, p. 47, et *Règle de saint Benoît*, éd. A. de Vogüé et J. Neufville (« Sources chrétiennes », 182), Paris 1972, II, 40, 6, p. 581. Voir A. de Vogüé, *Histoire littéraire du mouvement monastique dans l'Antiquité. Première partie : le monachisme latin, III. Jérôme, Augustin et Rufin au tournant du siècle (391-405)*, Paris 1996, p. 271.
8. A. de Vogüé, *Aimer le jeûne*, p. 27.

dans un but spirituel. Nous n'avons d'autre objectif ici que de mettre un peu d'ordre et de donner un peu de sens, dans une perspective historique, à un corpus gigantesque et multiforme.

1. Le jeûne à l'époque patristique

La littérature des Pères du désert, qu'il s'agisse de *uitæ* comme celle d'Antoine par Athanase d'Alexandrie, des différents portraits brossés par Jérôme (Paul, Hilarion, Malchus), des œuvres hagiographiques collectives (ainsi de l'*Historia monachorum in Ægypto*) ou des recueils d'apophtegmes (*Verba seniorum* et autres titres apparentés), qu'elle soit directement rédigée en latin ou qu'elle ait été traduite du grec, a connu dès la fin de l'Antiquité, puis tout au long du Moyen Âge, un succès et une diffusion qui ne se sont jamais démentis. Pendant plus d'un millénaire, elle a fourni des modèles à tous ceux qui menaient une vie religieuse, qu'ils aient fait ou non le choix de gagner un « désert ». Or cette littérature prolifique, commune aux christianismes d'Orient et d'Occident, est largement construite autour de la description des pratiques ascétiques des saints. Parmi celles-ci le jeûne occupe, avec les veilles et sans doute devant elles, une place essentielle.

Un premier examen révèle des pratiques qui, conformément à ce que l'on pouvait attendre d'un genre qui aime à exalter les prouesses des premiers héros de la foi après l'époque des martyrs, sont extrêmes, marquées par les rivalités, la surenchère et les exploits difficilement imitables. Les records ascétiques étaient racontés, colportés, scrutés même par les observateurs, ce qui poussait souvent les anachorètes à une sorte de surenchère non dénuée d'un véritable esprit de compétition : « Ils livrent un grand combat et ils luttent en rivalisant de vertus », écrit l'auteur de l'*Histoire des moines d'Égypte*[9]. De fait, les Vies des Pères regorgent de récits que l'on trouvera, selon l'humeur ou la sensibilité, savoureux ou navrants. Ce sont ces récits qui faisaient dire à André-Jean Festugière :

---

9. T. RUFINUS, *Historia monachorum siue de uita sanctorum patrum*, éd. É. SCHULZ-FLÜGEL, Berlin 1990 (« Patristische Texte und Studien », 34), Prol., 11, p. 246 : « Ad æmulationem uero uirtutum certamen ingens exercent et agonas ».

On a envie de sourire. Il faut se souvenir qu'il s'agit là d'âmes très simples, pour qui la sainteté se calcule en plus ou moins d'onces de pain consommées chaque jour, et qui vont tranquillement au ciel dans cette naïve persuasion[10].

La pratique athlétique du jeûne au désert possède trois caractéristiques principales : la sauvagerie, au sens où elle marque visiblement et symboliquement la rupture totale avec le monde civilisé, la longueur des jeûnes, repoussée jusqu'aux limites, voire au-delà du supportable, enfin le refus de la prévision et donc de la provision.

La sauvagerie comme valeur éthique et comme refus du monde s'exprime par le refus des aliments cuits à l'exception du pain (« omophagie »), par le refus des légumineuses au profit des légumes verts et des racines, enfin par le refus de l'assaisonnement (certains ascètes mélangent de la cendre au sel). La viande et le vin sont évidemment proscrits. Ainsi Antoine se contente-t-il de pain, de sel et d'eau[11]. Certains vont beaucoup plus loin : un certain Théodose vit dans une caverne près de Jérusalem et ne mange que des plantes sauvages. À un disciple qui a trouvé une marmite, il dit : « Si vraiment tu veux manger des choses cuites, tu ne peux rester avec moi[12] ». Le maître de Pachôme, Palamôn, se met à pleurer lorsqu'il voit son disciple mélanger de l'huile au sel : « Le Christ est crucifié et moi je mange de l'huile[13] ! » La gourmandise doit être vaincue par tous les moyens : ainsi, dans le recueil d'apophtegmes qui a circulé en Occident sous le nom de *Liber Geronticon*, l'abbé Zénon, tenté par les concombres qui poussent dans un jardin, se tient en plein soleil pendant cinq jours pour voir s'il peut supporter son futur châtiment. Brûlé, il renonce à son larcin et à son concombre[14].

---

10. A.-J. FESTUGIÈRE, *Les moines d'Orient*, I : *Culture ou sainteté. Introduction au monachisme oriental*, Paris 1961, p. 74.
11. *Vita Antonii*, 7, éd. P. H. É. BERTRAND, dans *Vitæ Antonii. Versiones latinæ*, Turnhout 2018 (« Corpus Christianorum, Series Latina », 170), p. 12.
12. A.-J. FESTUGIÈRE, *Les moines d'Orient*, III/3 : *Les moines de Palestine. Vie des saints Jean l'Hésychaste, Kyriakos, Théodose, Théognios, Abraamios de Cyrille de Scythopolis. Vie de saint Théodosios de Théodore de Pétra*, Paris 1963, 237, 10, p. 58.
13. A.-J. FESTUGIÈRE, *Les moines d'Orient*, IV/2 : *La première Vie grecque de saint Pachôme*, Paris 1965, 7, p. 162-163.
14. Le *Liber Geronticon* est la traduction latine par Paschase de Dume (VIe siècle) d'une collection d'apophtegmes. Voir J. G. FREIRE, *A versão latina por Pascásio de Dume dos Apophtegmata Patrum*, 2 vol., Coimbra 1971, ici vol. 1, 3, 3, p. 170.

Le jeûne des ascètes dans la tradition médiévale occidentale

La longueur des jeûnes est évidemment la pratique qui, parce qu'elle est la plus facilement quantifiable, se prête aux pires excès. Syméon le Stylite, lors du premier carême qu'il passe en reclus, entend rester quarante jours sans manger, comme jadis Moïse puis Élie. Lorsqu'on refuse de sceller sa porte, il demande à ce que dix pains et une cruche d'eau soient déposés dans son logis. Quarante jours plus tard, on le retrouve inanimé, la cruche est pleine et les pains sont intacts[15]. Ces jeûnes extrêmes peuvent aussi être pratiqués dans des « communautés ascétiques ». Éthérie rapporte ainsi le cas des *ebdomarii* qui, durant le carême, s'abstiennent de manger du dimanche soir jusqu'au samedi après-midi[16]. De la même façon, Euthyme et son disciple Sabas ne mangent rien pendant cinq jours sur sept ; Jean de Lycopolis ne mange qu'après le coucher du soleil[17].

Reste le refus de consacrer son énergie à se procurer de la nourriture ou à se constituer des réserves, un topos qui se retrouve régulièrement au Moyen Âge, non seulement dans les textes de sensibilité érémitique mais dans la description de la vie en commun : Dieu pourvoira. C'est tout le sens, dans la *Vie de Paul de Thèbes* par Jérôme, de ce passage célèbre qui montre un corbeau apporter un pain à Antoine et Paul en train de converser[18]. L'*Historia monachorum* rapporte le cas d'un ascète refusant de se livrer à quelque activité que ce soit dans le but de s'alimenter mais qui, lorsqu'il rentrait dans sa grotte, trouvait toujours un pain blanc sur sa table[19]. Apollô et les quelques frères qui sont avec lui se font miraculeusement apporter dans leur caverne des mets succulents par un groupe d'hommes venus d'on ne sait où et bientôt repartis[20] – un thème fréquent dans l'hagiographie médié-

---

15. THÉODORET DE CYR, *Histoire des moines de Syrie*, 26, éd. P. CANIVET et A. LEROY-BOLINGHEN, II, Paris 1979 (« Sources chrétiennes », 257), p. 170-175.
16. ÉTHÉRIE, *Journal de voyage*, éd. H. PÉTRÉ, Paris 1948 (« Sources chrétiennes », 21), p. 212-214.
17. Pour Euthyme, voir A.-J. FESTUGIÈRE, *Les moines d'Orient*, III/1 : *Les moines de Palestine. Cyrille de Scythopolis, Vie de saint Euthyme*, Paris 1961, § 21, p. 88, et pour Sabas, A.-J. FESTUGIÈRE, *Les moines d'Orient*, III/2 : *Les moines de Palestine. Cyrille de Scythopolis, Vie de saint Sabas*, Paris 1961, § 10, p. 21-22 et § 24, p. 35. Pour Jean de Lycopolis, voir T. RUFINUS, *Historia monachorum*, 2, 10, p. 254.
18. JÉRÔME, *Trois vies de moines (Paul, Malchus, Hilarion)*, éd. E. M. MORALES, Paris 2007 (« Sources chrétiennes », 508), *Vie de Paul de Thèbes*, 10, 2-3, p. 166.
19. T. RUFINUS, *Historia monachorum*, 6, 3, p. 268.
20. *Ibid.*, 10, 3-10, 6, p. 299.

vale et sujet à maintes variations. Le sens est évident : « Sois sûr maintenant que Dieu peut nous dresser une table dans le désert », dit un jeune frère à Jean l'Hésychaste, reprenant le psaume 77[21].

Tous ces textes proposent des modèles qui sont souvent plus admirables qu'imitables et leurs auteurs sont souvent les mêmes qui vantent une certaine modération dans le jeûne, celui-ci ne servant de rien s'il n'est accompagné de solides dispositions intérieures : « Bonnes sont les pratiques, mais si la conscience est jointe aux pratiques, alors on est sauvé », explique l'abbé Pambo[22]. Jérôme conseille aussi plus d'une fois la mesure. À la jeune Furia, il conseille de rester sur sa faim, mais aussi de manger un peu chaque jour, afin de garder des forces pour prier et pour lire[23]. Mêmes conseils à Paule, la fille de Laeta[24]. On pourrait multiplier les témoignages. L'un des plus forts est assurément celui de Cassien, qui consacre un long passage à cette question dans les *Institutions cénobitiques*[25]. Le moine doit jeûner avec la contrition d'esprit afin que son « sacrifice » soit accepté de Dieu : c'est à ce prix qu'il pourra se bâtir une demeure de sainteté au plus profond de lui-même[26]. Mais un jeûne qui se ferait sans qu'aient été éliminés au préalable des vices tels que la colère, la jalousie, la vaine gloire ou la concupiscence, se révélera totalement inutile. Au jeûne extérieur, celui du corps, doit correspondre un « jeûne intérieur », c'est-à-dire une abstention des « mauvaises nourritures » qui ont été évoquées[27]. L'objectif de la *continentia corporalis* est tout spirituel, c'est la « pureté de cœur[28] ». Cassien précise bien que le fait de se nourrir corporellement est naturel

---

21. Ps 77, 19 : « Numquid poterit Deus parare mensam in deserto ? »
22. J. G. Freire, *A versão latina por Pascásio de Dume dos Apophtegmata Patrum*, 1, 3, p. 167 : « Bona quidem opera, sed si sit conscientia cum operibus, tunc enim quis saluus efficitur ».
23. Jérôme, *Lettres*, III, éd. J. Labourt, Paris 1953, 9-11, p. 31-35.
24. Jérôme, *Lettres*, V, Paris 1955, 10, p. 154-155.
25. Jean Cassien, *Institutions cénobitiques*, 20-26, éd. J.-Cl. Guy, Paris 2011 (« Sources chrétiennes », 109), p. 224-235.
26. Jean Cassien, *Institutions cénobitiques*, 21, 4, p. 226 : « Labor enim carnalis spiritus contritioni coniunctus acceptissimum Deo sacrificium dignumque sanctitatis habitaculum puris mundisque recessibus exhibebit ».
27. *Ibid.*, 21, 5, p. 228 : « Oportet ergo exteriori homine ieiunante interiorem quoque similiter cibis noxiis temperare ».
28. *Ibid.*, 22, p. 228 : « Nouerimus itaque nos idcirco laborem continentiæ corporalis inpendere, ut ad puritatem cordis hoc possimus ieiunio peruenire ».

Le jeûne des ascètes dans la tradition médiévale occidentale

et en soi innocent[29]. Il faut donc garder la mesure en respectant les temps fixés pour le jeûne, manger sans excès et se contenter d'aliments « communs et médiocres ». Le reste est vanité, vaine gloire, ostentation. Les « brillants luminaires » proposés en modèles par le Christ n'ont jamais renoncé au pain et ceux qui se sont contentés de manger des légumes et des fruits ne sont pas parmi les mieux éprouvés[30].

Le jeûne n'est donc pas saint en lui-même : il est un instrument qui peut être utilisé à bon ou à mauvais escient. Instrument nécessaire et premier, cependant, car pour tous les Pères de l'Église il est un moyen obligatoire pour contrôler le corps et pour éliminer, ou en tout cas pour diminuer les pulsions sexuelles. Cette croyance est ancienne et se trouve bien documentée dans le monde païen. Ainsi Térence écrivait-il déjà : *Sine Cerere e Libero friget Venus* (« Sans Ceres et Bacchus, Vénus se refroidit »), un vers qui avait sans doute valeur de proverbe à son époque et qui l'eut encore par la suite[31]. On le trouve chez de nombreux auteurs au cours des siècles, ainsi, chez les chrétiens, chez saint Jérôme, Isidore de Séville, Guibert de Nogent, Hugues de Saint-Victor, Isaac de l'Étoile, Pierre le Chantre, Philippe de Harveng ou encore Césaire de Heisterbach[32]. Un Philon d'Alexandrie avait aussi souligné le rapport entre gourmandise et activité sexuelle, précisant que la Nature avait placé les organes génitaux sous le ventre pour leur éviter la faim[33]. Tous les pères de l'Église, à commencer par Clément d'Alexandrie et Tertullien, sont persuadés que le jeûne est le meilleur moyen de lutter contre les désordres de la chair[34]. Grégoire le Grand rappelle lui aussi la proximité entre l'estomac et les

---

29. *Ibid.*, 22, p. 228 : « In his enim simplex et innoxia creaturæ Dei perceptio est, nihil per semetipsam habens peccati ».
30. *Ibid.*, 23, 2, p. 230-232.
31. Térence, *Cœmediæ*, éd. A. Fleckeisen, Leipzig 1898, *Eunuchus*, v. 732, p. 139 : « Verbum, Hercle, hoc uerum erit : *Sine Cerere et Libero friget Venus* ! »
32. On ne donne ici qu'un échantillon des nombreuses occurrences : Jérôme, *Ep.* 54, § 9, Isidore, *Etym.*, I, 37, Guibert de Nogent, *Dei gesta per Francos*, VII, 28, Hugues de Saint-Victor, *De grammatica*, cap. XX, Isaac de l'Étoile, *Sermones*, 6, § 8, et 50, § 11, Pierre le Chantre, *Verbum adbreuiatum* (textus prior), 122, Philippe De Harveng, *Vita Odæ*, PL 203, 1370A, Césaire de Heisterbach, *Dialogus miraculorum*, IV, 112.
33. Philon d'Alexandrie, *De l'agriculture*, dans *Works*, vol. 3, trad. anglaise Fr. H. Colson et G. H. Whitaker, Cambridge (Mass.) 1930 (« Loeb Classical Library », 247), p. 127.
34. A. Rousselle, « Abstinence et continence dans les monastères de Gaule méridionale à la fin de l'Antiquité et au début du Moyen Âge : étude d'un régime

organes sexuels[35]. Cette longue tradition antique et patristique est toujours demeurée vive et l'on peut ainsi lire, dans le petit ouvrage autobiographique d'Adalbert de Vogüé auquel il a déjà été fait allusion, la confession suivante :

> L'action bénéfique du jeûne se fait sentir avant tout dans le domaine sexuel. Sans peine, j'ai pu vérifier la liaison établie par les Anciens entre les deux premiers « vices principaux » – gourmandise et luxure – et par suite entre les deux ascèses correspondantes : jeûne et chasteté[36].

Dans tous ces textes anciens, on est frappé par le fait que le jeûne est finalement assez peu justifié par un discours pénitentiel. Certes, la privation de nourriture possède d'un point de vue théologique une dimension réparatrice : elle tend à compenser le péché originel, qui était un péché de gourmandise. Ainsi Maxime de Turin écrit-il dans un sermon parfois attribué à saint Augustin :

> L'explication du jeûne, c'est que lorsque le premier Adam était au paradis, il perdit la gloire de l'immortalité par une gourmandise intempérante ; cette même immortalité, le Christ, second Adam, l'a restaurée par l'abstinence. Alors qu'il était tombé dans un péché mortel en mangeant à l'arbre défendu, contre le commandement de Dieu, maintenant il mérite la justice de la vie en jeûnant conformément au commandement de Dieu[37].

Le jeûne est donc bien aussi réparation, compensation, satisfaction. Mais on se situe ici sur le plan d'une histoire générale du salut, qui engage l'humanité dans son ensemble. D'un point de vue individuel, le jeûne est alors bien plus souvent présenté comme le moyen de contrôler son corps et de progresser dans la voie spirituelle, vers

---

alimentaire et de sa fonction », *Hommage à André Dupont. Études médiévales languedociennes*, Montpellier 1974, p. 239-254.
35. GRÉGOIRE LE GRAND, *Moralia in Job*, XXXI, éd. M. ADRIAEN (« Corpus Christianorum, Series Latina », 143B), Turnhout 1985, § 45, l. 58.
36. A. DE VOGÜÉ, *Aimer le jeûne*, p. 18.
37. MAXIME DE TURIN, *Collectio sermonum antiqua*, éd. A. MUTZENBECHER, Turnhout 1962 (« Corpus Christianorum, Series Latina », 23), *sermo* 50a, l, 19, p. 351 : « Arbitror itaque causam hanc esse ieiunii, ut quia primus Adam in paradyso constitutus per intemperantiam gulæ gloriam inmortalitatis amiserat, eandem inmortalitatem secundus Adam Christus per abstinentiam repararet ; et quia contra mandatum Dei gustans de interdicta arbore peccatum mortis inciderat, nunc secundum mandatum ieiunans domini uitæ iustitiam mereretur ».

la « pureté du cœur » chère à Cassien, que comme l'instrument d'une pénitence effaçant les péchés. Il est caractéristique à cet égard que dans une œuvre aussi influente que la *Vita Antonii*, l'abstinence alimentaire soit à peu près exclusivement présentée comme un moyen de lutter contre les démons et non comme un exercice pénitentiel[38]. La privation de nourriture, comme l'explique encore un ancien dans le *Liber Geronticon*, sert à vaincre les passions et à éviter les tentations[39]. Elle permet de spiritualiser la vie et de mener une vie déjà céleste, ainsi que l'écrit Isidore de Séville :

> Le jeûne est une chose sainte, une action céleste, la porte du Royaume, l'annonce du futur, car celui qui le pratique de sainte façon s'unit à Dieu, il est exilé de ce monde et il devient spirituel[40].

2. Jeûnes médiévaux : identités monastiques et hagiographie

Le jeûne et plus généralement le rapport à la nourriture jouèrent au Moyen Âge un rôle essentiel dans la construction des identités monastiques[41]. La consommation ou le refus de la viande isole les moines du reste de la société, elle résume même allégoriquement l'opposition vie spirituelle (abstention) / vie matérielle (consommation). Manger de la viande, c'est vivre *carnaliter*, un adverbe qui s'oppose directement à *spiritualiter*. Ainsi qu'on vient de le voir, le fait de bien manger, tout particulièrement si l'alimentation est carnée, était associé à l'activité sexuelle. Par ailleurs la chasse, pourvoyeuse de viande, était avec la guerre l'un des principaux piliers de l'identité aristocratique laïque[42]. Viande, sexe, chasse, il y avait là tout ce que l'ascétisme monastique

---

38. Voir *Vita Antonii*, c. 4, 5, 14, 23 et 30.
39. J. G. Freire, *A versão latina por Pascásio de Dume dos Apophtegmata Patrum*, 1, 11, p. 182-183.
40. Isidore de Séville, *De ecclesiasticis officiis*, éd. Ch. M. Lawson, Turnhout 1989 (« Corpus Christianorum, Series Latina », 113), I, 43, p. 16 : « Ieiunium enim res sancta, opus cæleste, ianua regni, forma futuri ; quod qui sancte agit deo iungitur, alienatur mundo, spiritualis efficitur ».
41. Sur le jeûne monastique au Moyen Âge central, voir C. Caby, « Abstinence, jeûnes et pitances dans le monachisme médiéval », dans *Pratiques et discours alimentaires en Méditerranée de l'Antiquité à la Renaissance, Cahiers de la Villa Kérylos* 19 (2008), p. 271-292.
42. Voir les études réunies dans A. Paravicini et B. Van den Abeele (éd.), *La chasse au Moyen Âge. Société, traités, symboles*, Florence 2000, en particulier A. Guerreau, « Les structures de base de la chasse médiévale », p. 203-219.

rejetait au premier chef. Cependant, alors même que les moines entendaient guider la société, ils ne prétendaient pas lui imposer toutes leurs pratiques alimentaires. Ils endossèrent donc toujours plus, alors même qu'ils étaient les jeûneurs par excellence, un rôle nourricier qui, au cours des premiers siècles du christianisme, était classiquement dévolu à l'évêque. Cela vaut pour les grands monastères qui, à l'image de Cluny, organisèrent au Moyen Âge central le dispositif de la prière pour les morts en combinant l'oraison à des distributions de nourriture qui prolongeaient en quelque sorte les suffrages pour les défunts[43], mais cela vaut aussi pour les ermites les plus démunis qui, alors même qu'ils n'avaient presque rien à manger, pouvaient donner le peu qui leur restait à tel ou tel voyageur de passage. Lorsqu'Étienne d'Obazine se convertit à une vie plus dure que celle qu'il menait en tant que prêtre, il organise un grand repas et donne ses biens aux pauvres[44]. De même par la suite, le monastère qu'il crée dans le Limousin nourrit des foules d'affamés.

De façon générale, le jeûne est à la fois omniprésent et relativement discret dans l'hagiographie latine du moyen âge central. Omniprésent, car il n'est guère de *Vita* qui, parmi les vertus du saint dont elle chante les louanges, ne mentionne ses veilles, ses jeûnes et ses prières. Dans son portrait de saint Martin de Tours, Sulpice Sévère signalait déjà « la persévérance [mais aussi la juste mesure] dans l'abstinence et dans les jeûnes[45] ». Il précisait aussi que Martin avait fait pénitence

---

43. Voir la description du système dans J. WOLLASCH, « Les obituaires, témoins de la vie clunisienne », *Cahiers de civilisation médiévale* 22 (1979), p. 139-171, D. IOGNA-PRAT, « Les morts dans la comptabilité céleste des clunisiens aux XIe et XIIe siècles », dans D. IOGNA-PRAT et J.-Ch. PICARD (éd.), *Religion et culture autour de l'an Mil. Royaume capétien et Lotharingie. Actes du colloque Hugues Capet, 987-1987. La France de l'an Mil*, Paris 1990, p. 55-69 (repris dans D. IOGNA-PRAT, *Études clunisiennes*, Paris 2002, p. 125-150), E. MAGNANI, « Le pauvre, le Christ et le moine : la correspondance de rôles et les cérémonies du *mandatum* à travers les coutumiers clunisiens du XIe siècle », dans V. TABBAGH (éd.), *Les clercs, les fidèles et les saints en Bourgogne médiévale*, Dijon 2005, p. 11-26, repris dans *Liturgie* 176 (2017), p. 29-54.
44. *Vie de saint Étienne d'Obazine*, éd. M. AUBRUN, Clermont-Ferrand 1970, I, 3, p. 48. Le rôle de la nourriture dans la *Vie* d'Étienne d'Obazine est étudié par D. BOQUET et P. NAGY, « La *Vita* d'Étienne d'Obazine († 1159), une aventure alimentaire », dans É. LALOU, Br. LEPEUPLE et J.-L. ROCH (éd.), *Des châteaux et des sources. Archéologie et histoire dans la Normandie médiévale*, Mont-Saint-Aignan 2008, p. 529-554.
45. *Vie de saint Martin de Tours*, éd. J. FONTAINE, 3 vol., Paris 1967-1969 (« Sources

par le jeûne avant la destruction d'un temple païen[46]. Mais c'était à peu près tout et c'était finalement assez peu[47]. Dans le livre II de ses *Dialogues*, tout entier consacré à saint Benoît, Grégoire le Grand mentionne rarement le jeûne, et pratiquement pas à propos de son héros[48]. L'une des raisons de cette relative discrétion réside certainement dans le fait qu'à la différence des autres piliers de l'ascèse, le jeûne était inscrit dans le calendrier liturgique général et devait à certains moments de l'année, en particulier lors du Carême, être pratiqué par tous les chrétiens. Au XIIe siècle, dans ses sermons sur la Carême, saint Bernard exprime très clairement ce sentiment que le jeûne unit tous les fidèles en un même corps :

> Très chers, nous entrons aujourd'hui dans le temps sacré du Carême, le temps de la milice chrétienne. Cette observance ne nous est pas spécifique ; elle appartient en effet à tous, à tous ceux qui se retrouvent avec nous dans la même unité de foi. Et pourquoi donc le jeûne du Christ ne serait-il pas commun à tous les chrétiens[49] ?

Ou encore :

> Si quelque chose est ajouté à la mesure habituelle de l'abstinence, est-ce qu'il n'est pas totalement indigne que ce que l'Église universelle supporte en notre compagnie nous semble pénible ? Pour l'instant, jusqu'à none, nous avons jeûné tout seuls ; désormais, tous

---

chrétiennes », 133-135), I, 26, 2, p. 312 : « Illam scilicet perseuerantiam et temperamentum in abstinentia et in ieiuniis ».

46. *Ibid.*, I, 14, 3, p. 284 : « Ibi per triduum per cilicio tectus et cinere, ieiunans semper atque orans, precabatur ad Dominum ».
47. Jacques Fontaine commente ainsi (*Vie de saint Martin de Tours*, I, p. 152) : « Les prodiges d'ascèse, dans l'ordre des jeûnes et des veilles, n'apparaissent en fait que dans les circonstances exceptionnelles où Martin implore à la manière des prophètes une grâce spéciale de Dieu, par des macérations particulièrement poussées [...]. Nous sommes loin des exploits de fakirs rapportés par les Vies des Pères du désert ».
48. GRÉGOIRE LE GRAND, *Dialogues*, éd. A. DE VOGÜÉ, 3 vol., Paris 1978-1980 (« Sources chrétiennes », 251, 260 et 265), II, 2, 7, p. 135 (fin du jeune pour le repas de Pâques), 13, 1-2, p. 176-178 (jeûne d'un laïque), et 16, 1, p. 186 (ordre donné à un prêtre possédé par le démon de s'abstenir désormais de viande).
49. BERNARD DE CLAIRVAUX, *Opera omnia*, IV, *Sermones*, 1, éd. J. LECLERCQ et H. ROCHAIS, Rome 1966, *Sermones in Quadragesima, Sermo primus*, p. 353 : « Hodie, dilectissimi, sacrum Quadragesimæ tempus ingredimur, tempus militiæ christianæ. Non nobis est singularis hæc obseruatio : una omnium est, quicumque in eamdem fidei conueniunt unitatem. Quidni commune sit Christi ieiunium omnibus christianis ? »

jeûneront avec nous jusqu'aux vêpres, les rois et les princes, le clergé et le peuple, les nobles et les roturiers, les pauvres et les riches : tous en même temps[50].

Pour trouver des descriptions précises du régime alimentaire des ascètes, il faut généralement lire les *uitæ* d'ermites. On y voit les anachorètes se nourrir d'herbes, de miel, de fruits et de tous les produits de la forêt (le désert de l'Occident), contrairement aux moines plus traditionnels qui possèdent de vastes terres, des hommes pour les exploiter, enfin des cuisines pour transformer leur production. La différence entre moines et ermites peut sembler nette. Voici par exemple à la fin du XIe siècle, dans l'une de ces forêts peuplées d'ascètes qui se trouvaient aux confins du Maine et de l'Anjou, un solitaire désireux de rassasier ses compagnons pour fêter l'arrivée de Bernard de Tiron, auquel est consacrée la *Vita*. Dépourvu de réserves, il prend des paniers, s'enfonce dans les bois, cueille des fruits dans les buissons et dans les arbres, entasse les châtaignes ; dans le creux d'un tronc, il découvre une ruche gorgée de miel, véritable corne d'abondance. Il dispose ensuite toutes ces offrandes sur une table et propose à ses frères de participer à ce qui apparaît presque comme un « riche festin » (*opulentum convivium*) : seul manque le pain, « la meilleure part des repas[51] ». Le pain, soit le seul aliment parmi tous ceux qui ont été cités qui requiert une préparation complexe et qui échappe au monde sauvage de la forêt, c'est-à-dire du désert. Les anachorètes mangent cru, sauvage, et même lorsqu'ils se réunissent joyeusement pour fêter l'arrivée d'une recrue de choix, il semble qu'ils ne rompent pas vraiment le jeûne, car ils restent fidèles à leurs principes alimentaires. Cette adaptation érémitique à la forêt comme nouveau paradigme du désert, cette insistance constante sur la nourriture non transformée, légumes, herbes et fruits, trouve une traduction normative dans les nouveaux ordres. Ainsi, dans les coutumes de Chartreuse, le chapitre dédié au

---

50. *Ibid.*, *Sermo tertius* (*De deuotione ac feruore ieiunii*), p. 364-365 : « Si quid enim additur ad solitum abstinentiæ modum, numquid non ualde indignum est, ut nobis onerosum sit quod Ecclesia portat uniuersa nobiscum ? Hactenus usque ad nonam ieiunauimus soli ; nunc usque ad uesperam ieiunabunt nobiscum pariter uniuersi, reges et principes, clerus et populus, nobiles et ignobiles, simul in unum diues et pauper ».
51. *Vie de Bernard de Tiron*, § 22 [PL 172, 1382B-C]. Il existe une traduction de cette importante *vita* : B. BECK, *Saint Bernard de Tiron. L'ermite, le moine et le monde*, Cormelles-le-Royal 1998.

jeûne et à la nourriture répertorie les aliments auxquels ont droit les moines aux différentes périodes de l'année et de la semaine : les *legumina*, les *herbas crudas*, les *olera* et les *fructus*, qui sont caractéristiques de la vie solitaire, s'y opposent au poisson, aux œufs et au fromage, regroupés sous le terme de « pitances[52] ».

Malgré les éléments de continuité, innombrables, malgré aussi la volonté souvent affichée de se rattacher au modèle des Pères du désert, l'ascétisme médiéval est caractérisé par une sorte de « pénitentialisation » du jeûne, qui, sans perdre ses autres vertus, devient vraiment l'un des moyens par excellence pour effacer les péchés et trouver « satisfaction ». Cette tendance a évidemment été favorisée par le développement d'un système de pénitence réitérable et tarifée, c'est-à-dire quantifiée, qui s'oppose à la pratique antique[53]. Dans les pénitentiels du haut Moyen Âge, le jeûne est la peine la plus courante. Il se retrouve précocement dans certaines règles monastiques pour punir les moines coupables de manquements à la norme commune. Ainsi, dans la règle de Paul et Étienne, le jeune moine qui n'a pas appris ses psaumes doit-il jeûner jusqu'au lendemain[54] ; dans celle de Ferréol d'Uzès, le moine fuyard doit jeûner un nombre de jours double de ceux qu'il a passés au monastère ; celui qui, à table, prend la part d'un autre, sera privé de nourriture[55]. Dans la *Regula communis*, le moine excommunié doit rentrer dans une cellule sombre et se nourrir au pain et à l'eau[56]. Mais c'est dans la règle et le pénitentiel de Colomban que les punitions sont systématiquement traduites en jours de jeûne au pain et à l'eau[57]. Certes, il s'agit ici de pénitences

---

52. GUIGUES Ier, *Coutumes de Chartreuse* (« Sources chrétiennes », 313), Paris 1984, 33, p. 234.
53. C. VOGEL, *Le pécheur et la pénitence au Moyen Âge*, Paris 1969.
54. PL 66, § 16, 954 B. Cette règle aurait été écrite « dans le voisinage de Benoît » : voir *Règles monastiques d'Occident. IVe-VIe siècle. D'Augustin à Ferréol*, éd. V. DESPREZ et A. DE VOGÜÉ (« Vie Monastique », 9), Bellefontaine 1980, p. 345. Voir, dans ce volume, le très utile « Index verbal et thématique » (« Jeûne », p. 384).
55. PL 66, § 20, 966C, et § 39, 975B. L'auteur est sans doute Ferréol d'Uzès († 581).
56. *Regula communis*, dans *Santos Padres Españoles* II, *Reglas monásticas de la España visigoda. Los tres libros de las "Sentencias"*, éd. et trad. J. CAMPOS RUIZ et I. ROCA MELIÁ, Madrid 1971 (« Biblioteca de autores españoles », 321), § 14, p. 196.
57. Voir l'édition de G. S. M. WALKER, *Sancti Columbani Opera*, Dublin 1957 (« Scriptores Latini Hiberniæ », 2), mais aussi la traduction française accompagnée de commentaires d'A. DE VOGÜÉ, *Aux sources du monachisme colombanien*, II, *Règles et pénitentiels monastiques*, Bellefontaine 1989 (« Vie monastique », 20).

imposées comme châtiments, et encore ne les trouve-t-on pas dans la règle de saint Benoît, le texte qui s'est imposé à tous les moines à partir du IXe siècle[58] ; mais tout au long du Moyen Âge, le propre des ascètes est de s'estimer constamment pécheurs, et donc de s'approprier volontairement les pénitences issues des textes normatifs, non sans les aggraver bien souvent dans le cadre d'exercices spirituels librement pratiqués.

Un bel exemple de cette évolution vers un jeûne avant tout pénitentiel peut être relevé, à l'échelle de la communauté et non de l'individu, dans une lettre de Pierre Damien qui joue le rôle d'un petit coutumier à l'usage des frères ermites de Fonte Avellana[59]. Alors que la règle de saint Benoît n'accorde qu'une faible place au jeûne, Pierre Damien le met au début de son petit traité tout en lui accordant beaucoup plus de place qu'aux autres pratiques. Raisonnant en suivant l'ordre du calendrier, il donne régulièrement le nombre de repas par jour selon les périodes de l'année. Encore faut-il, pour qu'on puisse parler de jeûne au sens plein du terme, que les repas ne comportent que du pain, du sel et de l'eau. À la fin de ce développement, Pierre enchaîne avec d'autres pratiques ascétiques qu'il appelle « exercices spirituels[60] » ; il signale la flagellation, qui est quantifiée en même temps qu'elle est étroitement associée à la psalmodie, et les génuflexions : autant de pratiques très populaires à Fonte Avellana. Enfin, il donne une précision fondamentale : si un « pénitent » est engagé « par peur d'une mort incertaine » dans des pratiques comme celles qui viennent d'être décrites (comprenons : s'il pense qu'il va mourir bientôt), il peut alors faire en peu de temps l'équivalent d'une très longue pénitence, mais à une condition : en cas de survie, il devra continuer à jeûner sans discontinuer[61]. Ce passage confirme ce que révèle la structure générale

---

58. Aucune mention de jeûne/châtiment dans la Règle. Les moines coupables de manquements aux normes communes sont certes mis à l'écart du repas commun, mais c'est pour manger tout seuls. S'ils ne viennent pas à résipiscence, ils peuvent être frappés : voir *Règle de saint Benoît*, éd. A. DE VOGÜÉ et J. NEUFVILLE, Paris 1972 (« Sources chrétiennes », 182), II, 24-25, p. 544-546.
59. PIERRE DAMIEN, lettre 18, *Die Briefe des Petrus Damiani*, I, p. 168-179.
60. *Ibid.*, p. 173 : « In cæteris autem spiritualis exercitii studiis ».
61. *Ibid.* : « Hoc tantum mihi dicere liceat, quia tanta est diligentia in flexionibus genuum, in disciplinis scoparum, et in cæteris huiusmodi, ut cum quilibet *pænitens incertæ mortis metu iniunctam pænitentiam per hæc remedia implere precipitur, breui tempore longa pænitentia consumetur, salua tamen consuetudine, ut si postmodum uita hominis in longum ducitur, ieiunium non relinquatur* ».

du traité : le jeûne est le début de toute pénitence ; il est praticable par tous et au quotidien. Les autres pratiques, plus exigeantes pour le corps, sont plus spectaculaires et se greffent en quelque sorte sur lui. Mais lorsqu'elles s'effacent, le jeûne subsiste.

Cette perception du jeûne comme fondement de toute pénitence se retrouve, souvent de façon implicite, dans pratiquement toutes les *uitæ* d'ascètes, mais elle connaît des développements plus importants dans les textes consacrés aux ermites. Voici à tire d'exemple la *Vita* consacrée à la fin du XIIe siècle à Étienne de Muret, fondateur des Grandmontains. À partir de 1076, le saint habite une hutte faite de branches et se livre aux jeûnes, aux veilles et aux prières continuelles. Pour l'essentiel, sa nourriture est constituée de pain et d'eau, ce qui renvoie de toute évidence à celle des pénitents contraints ; plus rarement, un peu de bouillie de seigle, une céréale qui a moins de goût que les autres, précise l'hagiographe. Jamais de viande, jamais de graisse. Pour expliquer comment un homme a pu vivre plusieurs décennies sous un tel régime, l'auteur mentionne le prophète Abdias, qui vivait de pain et d'eau dans une grotte. Et pour comprendre comment il se procurait sa nourriture (qui lui était en réalité apportée par les populations du voisinage), il renvoie à Daniel, nourri dans la fosse aux lions par la main d'Ababuc, et à Hélie, qui le fut par un corbeau et par une veuve. Suit une description de diverses pratiques dont la valeur pénitentielle est assez évidente pour que l'hagiographe ne prenne pas toujours la peine de la préciser : port d'une cuirasse de fer, usage d'un lit qui torture Étienne pendant ses rares moments de sommeil, innombrables génuflexions qui recouvrent de corne ses mains et ses genoux[62]. Le jeûne n'est sans doute pas la plus spectaculaire de toutes ces pratiques, mais il est cité avant toutes les autres ; comme dans les recommandations de Pierre Damien aux ermites de Fonte Avellana, il est celle qui ouvre la voie à toutes les autres.

À partir du XIe siècle, cette orientation résolument pénitentielle est plus ou moins explicitement liée à un idéal d'*imitatio Christi* plus affirmé que par le passé[63] : en souffrant, l'ascète imite le Christ en même temps qu'il efface ses péchés. Au début de sa lettre 18, Pierre

---

62. *Vie d'Étienne de Muret*, éd. J. BECQUET, Turnhout 1968 (*Scriptores Ordinis Grandimontensis*, « Corpus Christianorum Continuatio Mædievalis », 8), c. 12, l. 37, et c. 19, l. 5.
63. G. CONSTABLE, *Three Studies in Medieval Religious and Social Thought*, Cambridge 1995, « The Ideal of Imitation of Christ », p. 143-248.

Damien explique ainsi comment les ermites, avec l'aide de Dieu, « portent derrière le Christ [...] les fragiles vases de leur corps[64] ». Très caractéristique de cet idéal, Gondulf de Rochester († 1109), un moine du Bec proche de Lanfranc qui devint évêque de Rochester et dont l'hagiographe écrit :

> Avec quelle application venue du cœur, avec quelle ferveur d'amour divin il se remémorait la passion du Seigneur ! Il la gardait continûment à l'esprit. Il l'imitait, en s'affligeant et en dominant sa chair par de multiples jeûnes, et de temps à autres par la dure macération des verges[65].

L'ascétisme corporel le plus intransigeant n'a jamais fait perdre de vue totalement le sens du jeûne comme exercice spirituel. Les chrétiens les plus exigeants s'abstiennent encore de nourriture pour dominer leur corps et le mettre au service de l'esprit. Cette orientation se retrouve encore dans les milieux érémitiques les plus exigeants et elle est ainsi magnifiquement développée dans la *Lettre aux frères du Mont-Dieu* de Guillaume de Saint-Thierry. Selon ce dernier, la mortification est bonne, mais elle doit être pratiquée *cum ratione et discretione* car, dénuée de modération, elle peut entraver les exercices spirituels[66]. Il convient donc de prendre soin de la chair tout en la subordonnant à l'esprit, de la mater sans la briser. Pour ce qui est de la nourriture et du jeûne, il ne faut en aucun cas « manger tout entier[67] », belle expression qui rappelle la nécessité de ne pas abandonner l'activité spirituelle en se nourrissant, que ce soit par la lecture ou par la méditation. Le corps ne doit pas être martyrisé à l'excès, mais il ne doit pas non plus devenir sa propre fin, comme le rappelle encore Guillaume quand il aborde la question du sommeil : il convient en effet de

---

64. PIERRE DAMIEN, lettre 18, p. 168 : « Si fragilia corporum uestrorum uascula ad portandam post se crucem fortiter roborat ».
65. PL 159, 823A-B : « Cum quanta etiam cordis diligentia et feruore diuini amoris recolebat memoriam Dominicæ passionis ? Hanc assidue retinebat in mente. Hanc imitabatur, affligens et domans carnem suam ieiuniis multis et interdum acri uerberum maceratione ».
66. G. DE SAINT-THIERRY, *Lettre aux frères du Mont-Dieu (Lettre d'or)*, éd. J. DÉCHANET, Paris 1985 (« Sources chrétiennes », 223), § 126, p. 242 : « Quæ [corporis exercitia] spiritualia non impediunt sed adiuuant, si cum ratione et discretione fiant ».
67. *Ibid.*, § 131, p. 246 : « Et cum manducas, nequaquam totus manduces ».

ne pas non plus « dormir tout entier[68] ». Cette dialectique chair/esprit n'a de sens que dans l'optique d'une complémentarité hiérarchisée, non d'un combat qui viserait la mort de l'un des deux adversaires[69].

Ce cadre de pensée, il importe de le préciser, oppose radicalement les ascètes qui restent au sein de l'Église à leurs semblables hérétiques. On en donnera pour exemple et on en voudra pour preuve un saisissant récit du XIe siècle consacré à l'ermite arménien Grégoire de Nicopolis, qui s'était installé peu avant l'an Mille à proximité du *castrum* de Pithiviers (Loiret). Accusé un jour d'hérésie par un laïc qui revenait du marché avec un morceau de viande, Grégoire se mit à mordre frénétiquement dans celui-ci pour prouver son orthodoxie[70]. On voit bien ici que si la viande était interdite aux ascètes, elle ne l'était que pour les propriétés qu'on lui prêtait et non pour une raison théologique ou métaphysique supérieure qui aurait rendu sa consommation impropre en toutes circonstances. Dans un commentaire du *Sermon sur la montagne* qui fut souvent lu au Moyen Âge, saint Augustin avait d'ailleurs expliqué que les chrétiens pouvaient manger de toutes les nourritures animales[71]. C'étaient la mesure et le refus du plaisir corporel qui comptaient réellement. Inversement, on sait qu'au Moyen Âge central les parfaits cathares ne dédaignaient pas toujours la bonne nourriture du moment qu'elle n'était pas carnée, ainsi des pâtés de poisson et du bon vin[72] : il eût été absolument impossible à des moines chrétiens d'assumer ouvertement ces orientations gastronomiques.

---

68. *Ibid.*, § 135, p. 248 : « Caue in quantum potes, serue Dei, ne totus aliquando dormias ».
69. Sur cette question, voir la vaste synthèse de J. BASCHET, *Corps et âmes. Une histoire de la personne au Moyen Âge*, Paris 2016.
70. Ch. DE LA SAUSSAYE, *Annales Ecclesiæ Aurelianensis*, Paris 1615, p. 764-765. Le texte de la *Vie de Grégoire* donné dans cette édition est généralement considéré comme une amplification tardive, mais j'espère montrer bientôt qu'il s'agit du texte original.
71. AUGUSTIN D'HIPPONE, *De sermone Domini in monte*, éd. A. MUTZENBECHER, Turnhout 1967 (« Corpus Christianorum Series Latina », 35), II, § 59, l. 1360-1364, p. 154-155 : « De genere autem ciborum, quia possunt bono animo et simplici corde sine uitio concupiscentiæ quicumque humani cibi indifferenter sumi, prohibet idem apostolus iudicari eos qui carnibus uescebantur et uinum bibebant ab eis qui se ab huiusmodi alimentis temperabant ».
72. Références dans J. DUVERNOY, « La nourriture en Languedoc à l'époque cathare », dans *Carcassonne et sa région. Actes des XLIe et XXIVe congrès d'études régionales*, Montpellier 1970, p. 235-241.

3. Privations alimentaires et mystique féminine

En matière de jeûne et de nourriture, la grande nouveauté de la fin du Moyen Âge est le fait des milieux mystiques féminins. À partir de la fin du XIIe siècle apparaissent en nombre croissant des femmes qui entretiennent avec la pratique du jeûne un rapport à peu près inédit[73]. L'abstention de nourriture est poussée jusqu'à des limites extrêmes et même miraculeuses, puisque, dans de nombreux cas ces religieuses, ces recluses, ces béguines, ces moniales, cessent de s'alimenter durant des périodes qui défient l'imagination et qui peuvent se chiffrer en années[74]. Elles professent en même temps une dévotion toute particulière au Christ et à l'eucharistie, qu'elles ingurgitent fréquemment et qui leur donne les forces nécessaires pour survivre et parfois même pour mener une vie active. Ce schéma perdure ensuite durant toute l'époque moderne et même jusqu'aux XIXe et XXe siècles, avec des mystiques telles que Domenica Lazzari († 1848), Rosa Maria Andriani († 1848), Louise Lateau († 1883), Maria Fürtner († 1884), Teresa Neumann († 1962), Marthe Robin († 1981) et bien d'autres. L'inédie féminine va souvent de pair avec la stigmatisation, un phénomène qui apparaît juste un peu plus tard, d'abord chez François d'Assise puis, presque exclusivement, dans des milieux féminins[75]. Nous nous contenterons ici de quelques rappels et de quelques considérations sur les caractéristiques de ce nouveau rapport au jeûne et à la nourriture.

L'idée qu'il était possible pour certains ascètes de ne rien manger à l'exception de l'eucharistie était ancienne et l'on peut en relever quelques rares cas au cours de l'Antiquité et du haut Moyen Âge. L'*Historia monachorum* rapporte déjà les exploits de l'anachorète Apellès, qui vécut trois ans sous une roche et qui se sustentait grâce à la seule eucharistie, que lui apportait tous les dimanches un prêtre

---

73. Voir le livre classique de C. Walker BYNUM, *Holy Feast and Holy Fast. The Religious Significance of Food to Medieval Women*, Berkeley – Los Angeles – Londres 1987 [*Jeûnes et festins sacrés : les femmes et la nourriture dans la spiritualité médiévale*, trad. française, Paris 1994]. Je renvoie à l'édition américaine. Voir aussi le riche livre de J.-P. ALBERT, *Le sang et le ciel. Les saintes mystiques dans le monde chrétien*, Paris 1997 (perspective anthropologique).
74. P. BROWE, *Die eucharistischen Wunder des Mittelalters*, Breslau 1938, p. 49-55 (« Speisewunder »).
75. Sur le phénomène de la stigmatisation médiévale, voir la synthèse de C. MUESSIG, *The Stigmata in Medieval and Early Modern Europe*, Oxford 2020.

du voisinage[76]. Le premier cas féminin connu est carolingien et se situe à Commercy (diocèse de Toul), en 825. Après la communion pascale, une jeune fille de 12 ans cesse progressivement de manger et survit ainsi pendant trois ans, avant de reprendre une alimentation normale[77]. En 1064, Pierre Damien rapporte une histoire qui établit très nettement un rapport miraculeux entre l'eucharistie et l'absence de nourriture : à la suite d'un accident, un ouvrier est enterré sous des rochers. Ses compagnons tentent de le dégager mais doivent repartir bredouilles. L'année suivante un petit groupe revient pour essayer de localiser son corps et le retrouve bien vivant. Le miraculé a survécu, car, chaque jour, un oiseau qui ressemblait à une colombe lui apportait un petit morceau de pain blanc comme neige. Cette nourriture lui paraissait à la fois délicieuse et céleste. Une seule fois l'oiseau ne fut pas au rendez-vous, et le malheureux ouvrier souffrit d'une faim intolérable : sa femme faisait quotidiennement dire une messe pour lui, mais ce jour-là elle n'avait pu se rendre à l'église[78].

Le récit relatif à la recluse de Commercy semble bien renvoyer à un cas réel, même si l'on aimerait disposer d'informations plus détaillées. Celui de l'*Historia monachorum* et l'*exemplum* de Pierre Damien, montrent quant à eux qu'il existait un imaginaire selon lequel il était possible de vivre en s'alimentant de l'eucharistie. Mais à compter de la fin du XIIe siècle, les témoignages d'expériences réelles et attestées par de nombreux témoins se succèdent. Certaines saintes femmes deviennent alors l'objet de véritables pèlerinages. On sait ainsi qu'à la fin du XIIe siècle, des clercs et étudiants parisiens rendaient visite à Alpais de Cudot en Bourgogne et à une autre recluse installée à Vernon, en Normandie[79]. Parmi ces saintes femmes caractérisées par une merveilleuse inédie, on peut aussi mentionner la célèbre Marie d'Oignies, une recluse de Leicester qui, durant les sept dernières années de sa

---

76. T. RUFINUS, *Historia monachorum*, XV, 2.2-2.3, p. 335.
77. *Annales regni Francorum*, éd. Fr. KURZE, Hanovre 1826 (MGH, Scriptores, I), p. 214, repris aux XIe-XIIe siècles par Sigebert de Gembloux et par Hugues de Flavigny.
78. PIERRE DAMIEN, lettre 106, *Die Briefe des Petrus Damiani*, éd. K. REINDEL, vol. 3, Munich 1989, p. 179-180.
79. *The* Historia occidentalis *of Jacques de Vitry. A critical edition*, éd. J. Fr. HINNEBUSCH, Fribourg 1972 [« Spicilegium Friburgense », 17], p. 88. Pour le dossier d'Alpais de Cudot, voir É. STEIN, *Leben und Visionen der Alpais von Cudot (1150-1211). Neuedition des lateinischens Textes mit begleitenden Untersuchungen zu Autor, Werk, Quellen und Nachwirking*, Tübingen 1995.

vie, n'ingurgitait plus que le corps du Christ sous les deux espèces, une femme du diocèse Norwich qui vécut de la même façon durant vingt ans, Catherine de Sienne, Lydwine de Schiedam, Elisabeth von Reute († 1420), ou encore, plus tard, Catherine de Gênes, Domenica del Paradiso († 1553) et Rose de Lima[80]. Ces jeûnes extraordinaires étaient le privilège presque exclusif des femmes : on peut néanmoins citer, du côté masculin, un visionnaire de l'abbaye d'Evesham, près d'Oxford, au XIIe siècle, puis, à la fin du Moyen Âge, Nicolas de Flüe († 1487) en Suisse[81]. Tous ces dossiers présentent un certain nombre de caractéristiques communes :

– L'eucharistie joue, comme nous l'avons vu, le rôle de substitut des nourritures terrestres. Après l'avoir ingérée, nombre de mystiques se taisent et entrent dans de longues périodes de contemplation. Mais elle n'a cette vertu que dans la mesure où la consécration l'a transformée en vrai corps du Christ. Jacques de Vitry rapporte ainsi que l'on tenta un jour de faire avaler un morceau d'hostie non consacrée à Marie d'Oignies : à peine la recluse l'eut-elle touché de ses dents qu'elle se mit à vomir, à cracher, à sangloter[82].

– Les textes consacrés aux vierges pratiquant l'inédie développent des images de piété affective et nourricière qui peuvent aller, assez fréquemment, jusqu'à une sorte de confusion des sexes : des hommes donnent le sein, les ascètes, femmes mais aussi hommes, rêvent qu'ils sont enceint(e)s[83]. Le corps du Christ fait l'objet d'une dévotion affective qui, si elle est toute spirituelle, emprunte au vocabulaire et à l'imagerie de l'amour charnel.

---

80. On trouvera les références à ces différents dossiers dans P. BROWE, *Die eucharistischen Wunder*, qui donne p. 212-214 un précieux index (« Fromme un Heilige denen eucharistische Wunder nachgesagt werden ») ; voir aussi C. WALKER BYNUM, *Holy Feast and Holy Fast*, et H. THURSTON, *Les phénomènes physiques du mysticisme*, Paris 1961, p. 408-460 (recueil d'articles publiés en anglais entre 1919 et 1938). Dans une perspective évidemment critique, on tirera aussi profit de la consultation de ce monument de l'historiographie romantique catholique qu'est le livre de J.-J. VON GÖRRES, *La mystique divine, naturelle et diabolique*, vol. 1, *La mystique divine*, Paris 1854 (1re édition allemande en 1836), p. 178-193.
81. Voir *The Revelation to the Monk of Evesham. 1196*, éd. Ed. ARBER, Londres 1869, p. 19 et p. 27 (version conservée en moyen anglais). Sur Nicolas de Flüe, voir P. BROWE, *Die eucharistischen Wunder*, p. 59, n. 6. Quelques autres cas dans C. WALKER BYNUM, *Holy Feast and Holy Fast*, p. 92-93.
82. J. DE VITRY, *Vita Mariae Oigniacensis*, Acta Sanctorum, Juin, IV, Anvers 1707, col. 664 E.
83. Homme allaitant dans une vision : voir la *Vita* d'Alpais de Cudot et E. STEIN, *Leben*

Le jeûne des ascètes dans la tradition médiévale occidentale

– Le fait de ne plus recourir que très exceptionnellement à une alimentation ordinaire n'est généralement pas présenté comme le fruit d'un effort sur soi mais plutôt comme une maladie. Cette interprétation est explicitement formulée et parfois glosée dans des dossiers tels que ceux d'Alpais de Cudot ou de Catherine de Sienne[84]. La psychologie des XIXe et XXe siècles a souvent interprété ce refus ou cette difficulté à s'alimenter normalement comme une forme d'*anorexia nervosa*[85]. Ce qui importe ici est de bien marquer la profonde différence entre le jeûne classique, fruit d'un choix personnel ou d'une obligation collective, et ce jeûne à la fois contraint et miraculeux.

– Le jeûne des saintes mystiques de la fin du Moyen Âge, puis de l'époque moderne et contemporaine, dénote une évolution du rapport

---

und Visionen der Alpais von Cudot, IV, 6, p. 201 et app. 2, p. 222. Christina Ebner rêve qu'elle est enceinte de Jésus : voir G. W. K. LOCHNER, *Leben und Geschichte der Christina Ebnerin, Klosterfrau zu Engelthal*, Nuremberg 1872, p. 16 (traduction du passage en vieil allemand par R. HALE, « Imitatio Mariæ. Motherhood Motifs in Devotional Memoirs », *Mystics Quarterly* 16 [1990], p. 15). Dorothée de Montau et Ide de Louvain ont le ventre qui enfle lorsqu'elles approchent de l'eucharistie : voir *Vita Dorotheæ Montoviensis Magistri Johannis Marienwerder*, éd. H. WESTPFAHL, Cologne – Graz 1964 (« Forschungen und Quellen zur Kirchen- und Kulturgeschichte Ostdeutschlands », 1), VI, 21, p. 318-320, et *Die Akten des Kanonisationsprozesses Dorotheas von Montau von 1394 bis 1521*, éd. R. STACHNIK, A. TRILLER et H. WESTPHAL, Cologne 1978 (« Forschungen und Quellen zur Kirchen- und Kulturgeschichte Ostdeutschlands », 15), p. 214 et 277. Ide de Louvain sent le Christ en elle aux paroles du prêtre *et uerbum caro factum est* : *Acta Sanctorum*, Avril, II, Paris – Rome 1866, § 23, p. 164-165. Prêtre dont le ventre enfle lorsqu'il approche de l'autel : voir C. DE HEISTERBACH, *Dialogus miraculorum*, éd. J. STRANGE, Cologne – Bonn – Bruxelles 1851, vol. II, IX, 32, p. 189. Voir aussi C. WALKER BYNUM, *Holy Feast and Holy Fast*, p. 136, 203-204 et 257.

84. E. STEIN, *Leben und Visionen der Alpais von Cudot*, I, 2, p. 122-123 ; CATHERINE DE SIENNE, lettre 19, dans *Epistolario*, vol. 1, éd. E. DUPRÉ THESEIDER, Rome 1940, p. 80-82 ; RAYMOND DE CAPOUE, *Vie de Catherine de Sienne*, II, 5, § 174, *Acta Sanctorum*, Avril, III, Paris – Rome 1866, p. 906. Le fait que le jeûne soit contraint ne signifie pas qu'il ne peut avoir pour origine une volonté de pénitence qui affaiblit définitivement le corps.

85. Voir R. M. BELL, *Anorexie sainte. Jeûne et mysticisme du Moyen Âge nos jours*, trad. française, Paris 1994 (1re édition américaine, Chicago 1985), J. J. BRUMBERG, *Fasting Girls. The History of Anorexia Nervosa*, Cambridge 1988, W. VANDEREYCKEN et R. VAN DETH, *From Fasting Saints to Anorexic Girls. The History of Self-Starvation*, Londres 1994, F. ESPI FORCEN et C. ESPI FORCEN, « The Practice of Holy Fasting in the Late Middle Ages. A Psychiatric Approach », *The Journal of Nervous and Mental Disease* 203 (2015), p. 650-653. Mise au point dans C. WALKER BYNUM, *Holy Feast and Holy Fast*, p. 194-207.

des ascètes à leur corps. Avant elles, les moines entendaient gagner la vie éternelle en effaçant leurs péchés par des pénitences corporelles qui réservaient une part obligatoire à l'élimination de tout type de *gula*. Si les moines vivaient déjà comme des anges, un thème présent dans la littérature spirituelle depuis la fin de l'Antiquité, c'était en grande partie par la prière et par leur participation à une liturgie complexe et bien ordonnée[86]. Mais ces saintes femmes semblent désormais complètement détachées de leur corps de chair : non seulement elles ne mangent plus, mais elles ne défèquent plus, il leur arrive de léviter, elles ont enfin d'incessantes visions de l'au-delà[87]. Ce que le P. Thurston appelait les « phénomènes physiques du mysticisme » se multiplient et couvrent nos recluses de grâces qui les transforment en objets d'admiration mais aussi en curiosités[88].

Cette évolution du rapport à la nourriture dans les milieux mystiques féminins est propre à l'Occident latin. Lui donner une explication satisfaisante n'est pas facile. Depuis plus de trente ans, l'historiographie a privilégié les propositions formulées par Caroline Walker Bynum dans un maître livre. La perspective était féministe, sans œillères idéologiques cependant[89]. Selon l'historienne américaine, le nouveau rapport des saintes femmes à la nourriture ne devait pas être analysé dans des termes psychopathologiques empruntés au XIXe siècle, mais plutôt comme le signe que celles-ci avaient acquis, dans un contexte dévotionnel particulier caractérisé par le développement d'une piété christique affective, une certaine capacité à s'émanciper de leur entourage masculin et clérical. Pour cette raison sans

---

86. Voir, dans des optiques différentes, G. M. COLOMBAS, *Paraíso y vida angélica : sentido escatológico de la vocación cristiana*, Montserrat 1958, et D. IOGNA-PRAT, *Agni immaculati. Recherche sur les sources hagiographiques relatives à saint Maieul de Cluny (954-994)*, Paris 1988.
87. « Nil per os uel per alia nature instrumenta de corpore eius umquam exibat », écrit Jacques de Vitry à propos de la recluse de Vernon (voir note 79) ; voir aussi, entre autres, le cas de cette femme du diocèse d'York rapporté par Roger Bacon, *Opus minus*, dans *Fr. Rogeri Bacon opera quædam hactenus inedita*, éd. J. Sh. BREWER, vol. 1, Londres 1859, p. 373-374 : « Nullam superfluitatem emittens de corpora, sicut probauit episcopus per fidelem examinationem ». Pour Bacon, il ne s'agit pas d'un miracle mais d'un phénomène naturel.
88. Voir *supra*, n. 80.
89. J.-P. ALBERT, Compte rendu [C. WALKER BYNUM, *Jeûnes et festins sacrés. Les femmes et la nourriture dans la spiritualité médiévale*], *Clio. Femmes, Genre, Histoire* 2 (1995), https://journals.openedition.org/clio/502 [consulté le 09 mars 2023].

Le jeûne des ascètes dans la tradition médiévale occidentale

doute, Caroline Walker Bynum et beaucoup de ses lectrices ou de ses lecteurs ont peut-être sous-estimé la composante cléricale et ecclésiale de ce discours sur la nourriture et sur le jeûne. Or les textes qui nous permettent de le connaître ont été écrits dans une écrasante majorité par des clercs et ils sont généralement le véhicule d'exposés bien construits sur les bienfaits de l'Église sacramentelle et sur le rôle incontournable de ses dignitaires. Jacques de Vitry ne précise-t-il pas que la recluse de Vernon communiait tous les dimanches « en l'honneur de la dignité du sacerdoce et de l'institution ecclésiale[90] » ?

Conclusion

Le parcours très cavalier qui précède montre que Thomas d'Aquin faisait preuve d'une grande pénétration quand il assignait trois fonctions au jeûne chrétien : répression des convoitises de la chair, élévation spirituelle et pénitence. Ces trois catégories peuvent être étudiées depuis qu'existe un jeûne chrétien, mais cette constatation n'entraîne en aucun cas l'impossibilité de se livrer à un travail critique d'historicisation. Les époques, les milieux, les sensibilités religieuses et intellectuelles ont favorisé telle ou telle orientation sans que les autres, qui contribuaient à conformer un patrimoine chrétien, disparussent jamais. Les auteurs antiques peuvent décrire les exploits athlétiques d'ascètes qui jeûnent au-delà des limites de toute raison humaine (« comme des fakirs », écrivait Jacques Fontaine[91]), mais ils n'en privilégient pas moins l'abstinence comme un moyen d'atteindre à la parfaite maîtrise de soi en même temps qu'à une intériorité sans laquelle l'ascèse n'a pas de sens. Les moines et les ermites réformateurs médiévaux mettent l'accent sur le jeûne comme purification et comme pénitence, conformément à un idéal d'imitation du Christ et de participation à ses souffrances. Cette « pénitentialisation » du jeûne est un phénomène que l'on retrouve sans doute alors pour toutes les pratiques ascétiques. L'idée que le jeûne apaise les pulsions sexuelles semble quant à elle plus intemporelle. Porte-parole et interprète de la tradition chrétienne, Thomas d'Aquin n'avait pas pour but d'observer ou de décrire les comportements de son temps, spécialement dans ce qu'ils

---

90. *The* Historia occidentalis *of Jacques de Vitry*, p. 88 : « Propter sacerdotii dignitatem et Ecclesie institutionem et propter hominum suspicionem ».
91. Voir *supra*, n. 47.

avaient d'inédit. Il ne dit donc rien d'un autre type de jeûne, minoritaire mais particulièrement spectaculaire, qui s'était répandu depuis la fin du XIIe siècle : celui des saintes femmes qui cessaient plus ou moins complètement de s'alimenter, à l'exception de l'eucharistie, dans un élan d'attirance irrépressible pour le corps du Christ.

TRAJECTOIRES ET ENJEUX DU JEÛNE EUCHARISTIQUE CHRÉTIEN
de l'Antiquité tardive à l'exaltation gallicane de l'« Église des Pères » à l'âge classique

Philippe Bernard

EPHE, Université PSL, LEM (UMR 8584)

ACHEVÉ VERS 1650, mais publié seulement en 1657, après la mort de son auteur, Cyrano de Bergerac, *L'Autre monde ou les États et Empires de la lune* contient un récit fameux d'une eucharistie inversée qui prend place à l'intérieur du rituel entourant la mort du philosophe[1] :

> Ce n'est pas pourtant encore notre façon d'inhumer la plus belle. Quand un de nos philosophes est venu en un âge où il sent ramollir son esprit, et la glace des ans engourdir les mouvements de son âme, il assemble ses amis par un banquet somptueux ; puis ayant exposé les motifs qui l'ont fait résoudre à prendre congé de la nature, le peu d'espérance qu'il a de pouvoir ajouter quelque chose à ses belles actions, on lui fait ou grâce, c'est-à-dire on lui ordonne la mort, ou un sévère commandement de vivre. Quand donc, à la pluralité des voix, on lui a mis son souffle entre ses mains, il avertit ses plus chers et du jour et du lieu. Ceux-ci se purgent et s'abstiennent de manger pendant vingt-quatre heures ; puis arrivés qu'ils sont au logis du sage, après avoir sacrifié au soleil, ils entrent dans la chambre où le généreux les attend appuyé sur un lit de parade. Chacun vole à son rang aux embrassements, et quand ce vient à celui qu'il aime le mieux, après l'avoir baisé tendrement, il l'appuie sur son estomac, et joignant sa bouche à sa bouche, de la main droite

---

1. C. DE BERGERAC, *Œuvres complètes*, éd. M. ALCOVER, t. I, Paris 2000 (« Sources classiques », 15), *L'Autre monde ou les États et Empires de la lune*, p. 139-140. Voir Fr. LESTRINGANT, *Une sainte horreur, ou le voyage en Eucharistie, XVIe-XVIIIe siècle*, Paris 1996, « L'Eucharistie lunaire de Cyrano », p. 294-303.

qu'il a libre, il se baigne un poignard dans le cœur. L'amant ne détache point ses lèvres de celles de son amant qu'il ne le sente expirer ; alors il retire le fer de son sein, et fermant de sa bouche la plaie, il avale son sang et suce toujours jusqu'à ce qu'il n'en puisse boire davantage. Aussitôt un autre lui succède et l'on porte celui-ci au lit. Le second rassasié, on le mène coucher pour faire place au troisième. Enfin, toute la troupe repue, on introduit à chacun, au bout de quatre ou cinq heures, une fille de seize ou dix-sept ans et, pendant trois ou quatre jours qu'ils sont à goûter les délices de l'amour, ils ne sont nourris que de la chair du mort qu'on leur fait manger toute crue, afin que, si de ces embrassements il peut naître quelque chose, ils soient comme assurés que c'est leur ami qui revit.

Il est remarquable qu'en vertu d'un automatisme dû à l'usage, ou par souci de réalisme, Cyrano n'ait pas manqué de préciser – dérision supplémentaire – que les participants à cette cérémonie blasphématoire s'y préparaient par un jeûne préalable, exactement comme pour une communion eucharistique, preuve de l'importance de ce point de discipline aujourd'hui tombé en quasi-désuétude et par conséquent souvent négligé par les historiens et les liturgistes.

Si l'article « Jeûne » du *Dictionnaire de théologie catholique*, paru en 1924, déclarait franchement se contenter d'expliquer la discipline (rigoriste) fixée – ou plutôt rappelée – par le nouveau Code de Droit Canonique de 1917 (« on se propose donc uniquement d'exposer la discipline actuelle du jeûne dans l'Église latine, en conformité avec le nouveau Code et selon la doctrine commune des moralistes »)[2], le bénédictin Fernand Cabrol, auteur de l'article « Jeûnes – Le jeûne pour l'Eucharistie », dans le tome VII du *Dictionnaire d'Archéologie Chrétienne et de Liturgie*, paru en 1927, enveloppe en revanche d'arguments présentés comme « historiques » ce qui n'est en réalité qu'une justification de la discipline (rigoriste) du jeûne eucharistique exprimée par le Code de 1917, et qui est abusivement présentée ici comme remontant à la plus haute antiquité, d'où l'usage répété de la formule « de bonne heure[3] ».

---

2. A. THOUVENIN, art. « Jeûne », *Dictionnaire de théologie catholique*, t. VIII/1, Paris 1924, col. 1411-1417. Voir S. H. DE FRANCESCHI (éd.), *Théologie et érudition de la crise moderniste à Vatican II. Autour du* Dictionnaire de théologie catholique, Limoges 2014.
3. F. CABROL, art. « Jeûnes – Le jeûne pour l'Eucharistie », *Dictionnaire d'Archéologie Chrétienne et de Liturgie*, t. VII/2, Paris 1927, col. 2481-2501 [col. 2485-2488].

Cet usage théologique de l'histoire témoigne exemplairement d'une tendance propre à ce type de travaux, qui sont naturellement portés à réécrire l'histoire en fonction de l'état de la discipline ecclésiastique en vigueur au moment où ils furent rédigés – ici, en fin de période tridentine, donc dans une optique téléologique rigoriste. Cette forme théologique de présentisme (on juge le passé en référence au présent) avait été relevée par la pique du très primitiviste érudit bénédictin Claude de Vert (1645-1708) contre son confrère Jean Mabillon, lors du débat qui agita le monde gallican autour de la récitation du canon de la messe à voix haute ou basse : « C'est assez, ce me semble, le caractère et le goût de ce sage et précautionné Religieux, de remonter toujours le plus haut qu'il peut les pratiques les plus modernes ; et cela par esprit de ménagement pour les mœurs présentes[4] ». Ce n'est en fin de compte rien d'autre qu'une forme d'« histoire whig », pour reprendre la formule d'Herbert Butterfield, c'est-à-dire – dans le cas du jeûne eucharistique – un usage théologique de l'histoire qui prétend faire de la discipline immédiatement postérieure à la publication du Code de 1917 l'apogée de la discipline ecclésiastique de tous les temps et voir dans le cours de l'histoire le déploiement du « progrès » qui devait comme inéluctablement y conduire, en dépit de phases de « relâchement », auxquelles succèdent « heureusement » des phases de « réforme ».

À cette forme d'apologétique conformiste (donc rigoriste, dans le contexte des années 1920) s'est plus ou moins discrètement opposée une apologétique subversive (donc « laxiste »), qu'on pourrait qualifier de « pichoniste », par allusion aux sarcasmes des jansénistes contre le malheureux jésuite lorrain Jean Pichon, auteur en 1745 d'un ouvrage intitulé *L'esprit de Jésus-Christ et de l'Église sur la fréquente communion*, et dont l'auteur, qui entendait combattre la mémoire du Grand Arnauld (1612-1694)[5] et réhabiliter la discipline qualifiée par ce dernier de « relâchée », fut vigoureusement condamné par une bonne

---

4. Cl. DE VERT, *Explication simple, littérale et historique des cérémonies de l'Église*, 3ᵉ éd., t. I, Paris 1720, p. 368-369. Voir Br. NEVEU, *Érudition et religion aux XVIIᵉ et XVIIIᵉ siècles*, Paris 1994, p. 198-199 ; J.-L. QUANTIN, *Le catholicisme et les Pères de l'Église. Un retour aux sources (1669-1713)*, Paris 1999 (« Collection des Études Augustiniennes. Série Moyen-Âge et Temps modernes », 33), p. 266, n. 116.
5. A. ARNAULD, *De la fréquente communion où Les sentimens des pères, des papes et des Conciles, touchant l'usage des sacremens de pénitence et d'Eucharistie, sont fidèlement exposez*, Paris 1643.

Philippe Bernard

partie de l'épiscopat du royaume de France[6]. Cette riposte subversive est en effet représentée par trois jésuites, Peter Browe (1876-1949)[7], Josef Andreas Jungmann (1889-1975)[8] et Jean-Marie Frochisse (1900-1976)[9]. Le plus intéressant des trois est le dernier, car son article de synthèse (1932) – qui présente l'essentiel du dossier patristique et canonique connu à sa date – couvre l'intégralité de la période des origines, alors que les deux autres ne s'intéressent qu'au Moyen-Âge, qui est moins crucial pour notre affaire. Auteur d'une thèse sur *La Belgique et la Chine, relations diplomatiques et économiques (1839-1909)*, qui ne le prédestinait certes pas à s'occuper de discipline eucharistique ancienne[10], Frochisse veut montrer que le jeûne eucharistique n'est ni d'origine apostolique, ni d'une particulière ancienneté (il écarte en effet le témoignage de Tertullien), mais qu'il date seulement de la fin du IVe siècle ou du début du siècle suivant, la coutume « primitive » étant semble-t-il plutôt de communier après un repas communautaire, donc sans jeûne eucharistique. Tout se passe donc comme si Frochisse écrivait pour fournir par avance à un futur magistère romain mieux informé (et moins rigoriste) que celui de 1932 des « preuves historiques » permettant d'alléger le jeûne eucharistique, débouté de ses prétentions à avoir vu le jour « de bonne heure ». Nous ne quittons donc pas le terrain de l'érudition confessionnelle de combat ; les positions changent, non les méthodes, et c'est toujours de l'apologétique.

Depuis lors, le débat n'a pas beaucoup progressé, et ce pour au moins trois raisons. D'une part, le dossier documentaire concernant le

---

6. Sur cette affaire, voir O. ANDURAND, *La Grande affaire. Les évêques de France face à l'Unigenitus*, Rennes 2017 (« Histoire religieuse de la France », 46), p. 151-174.
7. P. BROWE, « Die Nüchternheit vor der Messe und Kommunion im Mittelalter », *Ephemerides liturgicæ* 5 (1930), p. 279-287, repris dans P. BROWE, *Die Eucharistie im Mittelalter*, Münster 2003 (« Vergessene Theologen », 1), p. 33-38.
8. J. A. JUNGMANN, *Missarum Sollemnia. Explication génétique de la messe romaine*, trad. fr., t. III, Paris 1954 (« Théologie », 21), p. 297-298, résume brièvement (et canonise) les exposés de Browe (1930) et de Frochisse (1932) ; J. A. JUNGMANN, « Die Heiligung des Sonntags im Frühchristentum und im Mittelalter », dans H. PEICHL (éd.), *Der Tag des Herrn. Die Heiligung des Sonntags im Wandel der Zeit*, Vienne 1958 (« Studien der Wiener Katholischen Akademie », 3), p. 59-75.
9. J.-M. FROCHISSE, « À propos des origines du jeûne eucharistique », *Revue d'histoire ecclésiastique* 28 (1932), p. 594-609.
10. J.-M. FROCHISSE, *La Belgique et la Chine, relations diplomatiques et économiques (1839-1909)*, Bruxelles 1937.

jeûne eucharistique s'est peu enrichi, car c'est là une affaire qui relève de la coutume, non de la loi, et qui par conséquent ne s'écrit pas, sauf quand elle cesse d'aller de soi et que le législateur doit intervenir[11]. D'autre part, il faut tenir compte de la « discipline de l'arcane », c'est-à-dire de la pratique du secret et de la réticence chez les écrivains chrétiens des premiers siècles (c'est particulièrement net chez Augustin d'Hippone), qui se gardent souvent de décrire par écrit les pratiques liées à leur culte, de peur que leur texte ne tombe en de mauvaises mains et ne soit utilisé pour attaquer le christianisme[12]. Enfin et surtout, on doit déplorer ce que Jean-Louis Quantin a excellemment nommé le déclin de l'acribie chez les historiens et surtout les théologiens de l'époque contemporaine (« La querelle théologique donnait une acribie qui a disparu avec elle »), dans le cas présent depuis que la question du jeûne eucharistique a cessé de faire débat dans les milieux catholiques en raison de la quasi-abolition officielle de ce dispositif rigoriste[13]. Cessant d'être un enjeu et une occasion de conflits, la question du jeûne eucharistique semble ainsi être passée sous le seuil de perception des savants, comme en témoigne le quasi-silence des travaux des dernières décennies, même les plus remarquables et les plus approfondis[14].

---

11. Voir H. BRAKMANN, « Zur Geschichte der eucharistischen Nüchternheit in Ägypten », *Le Muséon* 84 (1971), p. 197-211.
12. Voir M.-Y. PERRIN, « *Arcana mysteria* ou ce que cache la religion. De certaines pratiques de l'arcane dans le christianisme antique », dans M. RIEDL et T. SCHABERT (éd.), *Religionen – Die religiöse Erfahrung. Religions – The Religious Experience*, Würzburg 2008 (« Eranos. Neue Folge », 14), p. 119-141 ; M.-Y. PERRIN, « *Norunt fideles*. Silence et eucharistie dans l'*orbis christianus* antique », dans N. BÉRIOU, B. CASEAU et D. RIGAUX (éd.), *Pratiques de l'Eucharistie dans les Églises d'Orient et d'Occident (Antiquité et Moyen Âge)*, Paris 2009 (« Collection des Études Augustiniennes. Série Moyen Âge et Temps Modernes », 45), t. II, p. 737-763.
13. J.-L. QUANTIN, « Histoires de la grâce. *Semi-pélagiens* et *prédestinatiens* dans l'érudition ecclésiastique du XVIIe siècle », dans Th. WALLNIG (éd.), *Europäische Geschichtskulturen um 1700 zwischen Gelehrsamkeit, Politik und Konfession*, Berlin 2012, p. 327-359 [p. 357].
14. Je n'ai rien trouvé – ou peu de choses – dans les travaux récents de R. P. KENNEDY, art. « Fasting », dans A. D. FITZGERALD (éd.), *Augustine through the ages*, Grand Rapids (Mich.) 1999, p. 354-355 ; B. CASEAU, « *Sancta sanctis*. Normes et gestes de la communion entre Antiquité et haut Moyen-Âge », dans N. BÉRIOU, B. CASEAU et D. RIGAUX (éd.), *Pratiques de l'eucharistie dans les Églises d'Orient et d'Occident*, t. I, p. 371-420 ; B. CASEAU, « Les Chrétiens et la pratique du jeûne durant l'Antiquité et les débuts du Moyen-Âge », *Communio* 39

Philippe Bernard

Il n'entre pas dans mes intentions de reprendre ici tout le dossier du jeûne eucharistique, depuis son point de surgissement documentaire (les « origines » demeurent hors de portée : nous ne saisissons pas des causes, mais des raisons) jusqu'aux dernières étapes de son édulcoration dans le courant des années 1970 et au nouveau Code de droit canonique de 1983. Cet exercice assez vain a en effet déjà été tenté maintes fois, tantôt sous la forme d'un fastidieux et hétéroclite tour d'horizon géographique embrassant tout le bassin méditerranéen, tantôt sous une forme plus ou moins chronologique, mais toujours dans le cadre de la théologie posititive. Or ce genre d'articulation ou de mise en série plus ou moins arbitraire ne peut conduire qu'aux mêmes résultats, c'est-à-dire à une sorte de concordisme menant inéluctablement à la discipline « actuelle », c'est-à-dire contemporaine de l'observateur, et créer par surcroît l'illusion qu'elle serait « primitive » : une sorte de nécessitarisme historique d'esprit « whig », rien de plus.

Il m'a donc paru plus fécond de signaler certes les documents – peu nombreux, et tous orientaux – qui sont venus enrichir le dossier depuis les dernières décennies, mais surtout d'historiciser le débat et, pour cela, d'entreprendre une problématisation en tentant de distinguer les causes des raisons, les dévotions privées du culte public, et la pratique silencieuse des discours des stratégies argumentatives qui la sous-tendent. Après avoir fait le tour de la documentation et surtout des très vifs débats internes au catholicisme moderne, j'ai en effet été convaincu qu'en régime chrétien, les systèmes du jeûne – le dispositif du jeûne eucharistique en fait évidemment partie au premier chef – sont au centre d'un jeu identitaire dont le cœur est la question de la définition et de l'exercice de l'autorité dans l'Église ou, si l'on préfère, dans ce que Jean-Pierre Mahé a nommé le christianisme normatif[15].

On doit tout d'abord écarter du dossier du jeûne eucharistique – comme l'avait justement fait Frochisse – tout ce qui relève des

---

(2014), p. 47-58 ; I. Ch. LEVY, G. MACY et Kr. VAN AUSDALL (éd.), *A companion to the Eucharist in the Middle Ages*, Leyde – Boston 2012 ; D. HELLHOLM et D. SÄNGER (éd.), *The Eucharist. Its origins and contexts. Sacred Meal, Communal Meal, Table Fellowship in Late Antiquity, Early Judaism, and Early Christianity*, Tübingen 2017 (« Wissenschaftliche Untersuchungen zum Neuen Testament », 376). Je n'ai pu consulter Ed. N. PETERS, « The communion fast: a reconsideration », *Antiphon* 11 (2007), p. 234-244.

15. J.-P. MAHÉ, *Exposé du mythe valentinien et textes liturgiques (NH XI, 2)*, Louvain 2016 (« Bibliothèque Copte de Nag Hammadi – Textes », 36), p. 38.

pratiques de dévotion individuelle et privée, non du culte communautaire et public. C'est en particulier le cas d'un passage fameux de l'*Ad uxorem*, rédigé dans les premières années du IIIe siècle, dans lequel Tertullien polémique contre les secondes noces et les mariages mixtes en prévenant son épouse qu'un mari non-chrétien risquerait de la soupçonner de magie s'il la voyait (ce qui est déjà en soi une profanation du mystère chrétien) prendre une bouchée de pain eucharistique avant toute nourriture [16]. Cet usage prophylactique de l'eucharistie est assez comparable à l'usage qu'en avait fait Satyrus, le frère d'Ambroise de Milan, qui déclare que son frère – qui n'était pas encore baptisé – aurait été sauvé de la noyade, lors d'un naufrage, au moyen d'un fragment du *fidelium sacramentum* – une périphrase, arcane oblige – qu'il avait placé dans un foulard noué autour de son cou avant de sauter à l'eau [17].

Installée à Jérusalem en 419, l'aristocratique ascète Mélanie ne prenait jamais de nourriture, déclare le prêtre Gérontius, son chapelain et biographe, sans avoir préalablement communié, ce qui implique donc la communion quotidienne, dont Gérontius déclare du reste que c'est la coutume à Rome, dont Mélanie est originaire et dont elle continue à suivre la discipline. C'était là une mesure de *tutela animæ* [18]. Il s'agit clairement d'une pratique dévotionnelle ascé-

---

16. TERTULLIEN, *Ad uxorem*, II, 5, 3 : « Non sciet maritus quid secreto ante omnem cibum gustes ? Et si sciverit panem, non illum credet esse, qui dicitur ? » (éd. et trad. Ch. MUNIER, *Tertullien, À son épouse*, Paris 1980 [« Sources chrétiennes », 273], p. 138-139). Autre éd. Cl. MORESCHINI (éd.), *Scrittori cristiani dell'Africa romana*, t. IV/2, Tertulliano, Opere montaniste, Rome 2012, p. 167-235. Voir J. SCHÜMMER, *Die altchristliche Fastenpraxis, mit besonderer Berücksichtigung der Schriften Tertullians*, Münster 1933 (« Liturgiewissenschaftliche Quellen und Forschungen », 27), et Fr. DE PAUW, « La justification des traditions non écrites chez Tertullien », *Ephemerides theologicæ lovanienses* 19 (1942), p. 6-46.
17. AMBROISE DE MILAN, *De excessu fratris*, I, 43, éd. O. FALLER, repris dans G. BANTERLE, *Sant'Ambrogio, Discorsi e lettere / I. Le orazioni funebri*, Milan – Rome 1985, p. 52-53.
18. GÉRONTIUS, *Vita sanctæ Melaniæ*, § LXII, 7 : « Nunquam hæc cibum corporalem accepit nisi prius corpus Domini communicasset ; quod maxime propter tutelam animæ percipiebat, quamquam et consuetudo Romanis sit per singulos dies communicare » (*Gérontius, La vie latine de sainte Mélanie*, éd. P. LAURENCE, Jérusalem 2002 [« Studium biblicum franciscanum – Collectio minor », 41], p. 284). Ce détail est en revanche absent de la vie grecque, c. LXII, 7, éd. D. GORCE, *Vie de sainte Mélanie*, Paris 1962 (« Sources chrétiennes », 90). Voir P. LAURENCE, *Gérontius, La vie latine*, p. 284, n. 9. Mélanie est morte le 31 décembre 439, et

tique et privée, non du jeûne eucharistique. On note du reste que, dans ce rituel prophylactique, le pain eucharistié peut être indifféremment remplacé par une bouchée de pain ordinaire trempée dans de l'huile bénite. Ainsi, le clerc africain anonyme qui, à la demande d'Évodius, évêque d'Uzalis, a compilé, autour de 425, un recueil de Miracles de saint Étienne, nous apprend que, « chaque jour sans exception, elle *(sc.,* la noble et pieuse Megetia, habitante de Carthage, bénéficiaire d'une guérison miraculeuse) commençait par absorber une bouchée de pain trempée dans de l'huile bénite et ne prenait qu'ensuite ses autres aliments[19] ».

Ce type d'usage dévotionnel ou prophylactique est également bien attesté par la *Tradition apostolique* attribuée à Hippolyte. Fort complexe, le dossier de cet ouvrage, dont l'original grec est perdu, est formé principalement – en ce qui nous concerne ici – de trois éléments anciens : la traduction latine (réalisée dans le dernier quart du IVe siècle ?) conservée dans le manuscrit de Vérone et éditée par Bernard Botte *(CPG* 1737)[20], les *Canons d'Hippolyte* arabes *(CPG* 1742) sans doute rédigés dans la première moitié du IVe siècle et édités par René-Georges Coquin[21], et la nouvelle traduction éthiopienne éditée et traduite il y a quelques années par Alessandro Bausi, et qui remonte à un original grec[22]. Il y a cependant dans ce document liturgico-canonique une ambiguïté entre, d'une part, la question de la validité

Gérontius autour de 485. Patrick Laurence date (p. 141) la rédaction de la *vita* latine des années 452-453.

19. *De miraculis sancti Stephani libri duo* II, 2, 9 : « Buccellam sane omni die in oleo sanctificato tinctam prius accipiebat, et sic ceteros cibos sumebat » (*Les miracles de saint Étienne. Recherches sur le recueil pseudo-augustinien, BHL 7860-7861*, éd. J. MEYERS, Turnhout 2006 [« Hagiologia », 5], p. 330).
20. B. BOTTE, *La Tradition apostolique de saint Hippolyte. Essai de reconstitution*, 3e éd., Münster 1989 (« Liturgiewissenschaftliche Quellen und Forschungen », 39), § 26, p. 66, et § 36, p. 82.
21. *Canons d'Hippolyte* arabes *(CPG* 1742), c. 19, *Les canons d'Hippolyte. Édition critique de la version arabe*, éd. R.-G. COQUIN, Paris 1966 (« Patrologia Orientalis », 31/2), p. 385. L'arabe est seul conservé ; il est traduit du copte sahidique, lui-même traduit du grec. Le canon 19 concerne la liturgie du baptême et la première communion des néophytes ; le canon 28, p. 399, concerne en revanche l'usage prophylactique.
22. A. BAUSI, « La nuova versione etiopica della *Traditio apostolica*. Edizione e traduzione preliminare », dans *Christianity in Egypt: literary production and intellectual trends. Studies in honor of Tito Orlandi*, Rome 2011 (« Studia Ephemeridis Augustinianum », 125), p. 19-69 (§ 32, p. 56 [éd.] et 57 [trad.]).

juridique du jeûne pascal (à quelle heure est-il légal de rompre le jeûne pour qu'il soit compté comme valide ?) et, d'autre part, la mesure de prophylaxie que nous avons déjà rencontrée plus haut : extrapolant à partir de *Marc* 16, 18, où Jésus ressuscité énumère les signes qui accompagneront les disciples qu'il envoie évangéliser le monde entier – en son nom, ils chasseront les démons, parleront des langues nouvelles, prendront des serpents à la main, s'ils boivent un poison mortel, il ne leur fera pas de mal, et ils guériront les malades par l'imposition de la main –, l'auteur de la *Tradition apostolique* déclare en effet que l'eucharistie est destinée à servir d'antidote souverain contre les effets de l'éventuelle absorption d'un poison mortel.

Cette question de validité juridique était visiblement jugée importante. On peut en effet rapprocher du document attribué à Hippolyte un ostracon du début du VIIe siècle qui appartient au dossier des archives d'apa Abraham. Fondateur et premier abbé du monastère d'apa Phoibammôn, bâti sur les ruines du temple de la reine Hatchepsout, à Deir al-Bahari, près de Thèbes, à la fin du VIe siècle, Abraham est ensuite devenu évêque monophysite d'Hermonthis dans les années 600/620 ; il est notamment célèbre à cause de son testament daté de 634[23]. Dans

---

23. Il s'agit de l'ostracon *O.Lips.copt.* 14 (http://www.trismegistos.org/text/83409) *(olim O.Crum Ad.* 10), dans W. E. CRUM (éd.), *Coptic ostraca from the collections of the Egypt Exploration Fund, the Cairo Museum and others*, Londres 1902, p. 18 ; il a été réédité par Tonio Sebastian Richter dans S. HODAK, T. S. RICHTER et Fr. STEINMANN (éd.), *Coptica. Koptische Ostraka und Papyri, koptische und griechische Grabstelen aus Ägypten und Nubien, spätantike Bauplastik, Textilien und Keramik*, Berlin 2013, p. 43-44. Voir L. S. B. MACCOULL, *Documenting Christianity in Egypt, sixth to fourteenth centuries*, Aldershot 2011 (« Variorum Collected Studies Series », 981), texte XVI, « A dwelling place of Christ, a healing place of knowledge: the non-chalcedonian Eucharist in late antique Egypt and its setting », p. 1-16 [p. 8] ; G. SCHMELZ, *Kirchliche Amtsträger im spätantiken Ägypten nach den Aussagen der griechischen und koptischen Papyri und Ostraka*, Munich – Leipzig 2002 (« Archiv für Papyrusforschung », 13), p. 129 et 139. Sur apa Abraham, voir en dernier lieu R. DEKKER, « Bishop Abraham of Hermonthis: new observations on his historical context, chronology and social networks », *Journal of coptic studies* 18 (2016), p. 19-43 ; R. DEKKER, « Coptic ostraca relating to bishop Abraham of Hermonthis at Columbia University », *Bulletin of the American Society of Papyrologists* 57 (2020), p. 75-115. Je n'ai pu consulter l'ouvrage d'E. GAREL, *Héritage et transmission dans le monachisme égyptien. Les testaments des supérieurs du topos de Saint-Phoibammôn à Thèbes*, Le Caire 2020 (« Bibliothèque d'études coptes », 27). Cet ostracon n'est apparemment pas répertorié dans les 5 vol. de M. R. M. HASITZKA, *Koptisches Sammelbuch*, Munich – Berlin 1993-2020.

cet ostracon, qui est vraisemblablement une lettre adressée à apa Abraham, le prêtre Isaac témoigne et déclare au prêtre Victor, qui fut le secrétaire puis le successeur d'Abraham à la tête du monastère d'apa Phoibammôn dans les années 610-630, qu'au soir du samedi (saint), il (Isaac) s'était rendu auprès du prêtre Papnouté pour célébrer la messe (de la vigile pascale), mais qu'il avait eu la désagréable surprise de le trouver en train de (déjà) rompre le jeûne ; voyant son air scandalisé, Papnouté lui avait dit de décider lui-même de célébrer ou de ne pas célébrer, et n'avait en somme manifesté aucun remords[24]. Il n'est donc pas véritablement question ici de jeûne eucharistique, mais de validité légale du jeûne prépascal en contexte ascétique.

Une fois ces textes – les uns fameux, les autres presque ignorés – sortis de notre corpus, il me semble nécessaire de distinguer les causes de l'institution du jeûne eucharistique, d'une part, des raisons invoquées pour le justifier ou pour en inventer l'origine ou en imaginer l'étiologie, d'autre part. Seule cette distinction me semble en effet permettre d'aller à l'essentiel, c'est-à-dire à l'articulation d'une typologie des discours et des stratégies argumentatives destinées à justifier le dispositif du jeûne eucharistique, qui est lui-même à mon sens la traduction d'une certaine conception de l'autorité à l'intérieur du christianisme – bref, d'une ecclésiologie.

Cela dit, on ne doit bien sûr jamais oublier de distinguer le plan de la pratique, qui est réglée par la coutume, laquelle relève de l'oralité et ne laisse donc guère de trace (la coutume, c'est ce qui va de soi et ne nécessite donc pas qu'on en fasse mention), d'une part, et le plan des stratégies justificatives bâties en contexte polémique et au moyen de représentations hérésiologiques, où toutes les rhétoriques sont possibles (et donc réversibles) au gré des buts poursuivis et des adversaires visés, d'autre part. En d'autres termes, l'existence de stratégies

---

24. Voir A. T. MIHALYKO, *The Christian Liturgical Papyri: An Introduction*, Tübingen 2019 (« Studien und Texte zu Antike und Christentum », 114), p. 149 et n. 276. Sur le topos d'apa Phoibammôn, voir W. GODLEWSKI, *Le monastère St Phoibammon*, Varsovie 1986, p. 51 et 66-67 ; E. WIPSZYCKA, *Moines et communautés monastiques en Égypte, IVe-VIIIe siècles*, Varsovie 2009 (The Journal of Juristic Papyrology, Supplement 11), p. 92-96 ; M. GIORDA, *Il regno di Dio in terra. Le fondazioni monastiche egiziane tra V e VII secolo*, Rome 2011 (« Temi e Testi », 94), p. 95-126 ; E. GAREL, « The ostraca of Victor the priest found in the hermitage MMA 1152 », dans T. DERDA *et al.* (éd.), *Proceedings of the 27th International Congress of Papyrology, Warsaw July 29th-August 3rd 2013*, Varsovie 2016 (Journal of Juristic Papyrology, Supplements 28), t. II, p. 1041-1054.

discursives clairement identifiables (et *de facto* identifiées depuis longtemps par les spécialistes de l'hérésiologie) et susceptibles d'une reprise critique ou d'une déconstruction n'empêche nullement l'historien d'admettre l'existence silencieuse de la pratique du jeûne eucharistique : tout n'est pas que discours.

En ce qui concerne donc tout d'abord les causes probables de l'institution d'un jeûne eucharistique, qui sont ensevelies dans les textes sous une sédimentation d'étiologies et de stratégies hérésiologiques réversibles, elles-mêmes parfois resémantisées au fil des siècles, on peut raisonnablement invoquer, pour commencer, des préoccupations très générales de pureté rituelle ou d'efficacité rituelle[25]. Respectée par toutes les religions de l'Antiquité, la pureté rituelle pouvait difficilement ne pas l'être par les chrétiens ; pour le dire autrement, si les chrétiens ne l'avaient pas respectée (dans une mesure plus ou moins grande), ils auraient bien été les seuls, surtout à partir du moment où le christianisme commence à se présenter (par la bouche de ses apologistes) non seulement comme une *religio,* avec un culte (« en esprit et en vérité ») et des sacrifices (spirituels), mais comme la *uera religio*[26] et la religion du *uerus Israel*[27], c'est-à-dire semble-t-il à partir de la seconde moitié du IIe siècle. On doit seulement relever qu'il ne semble pas s'agir d'une influence des « lois sacrées » des cités grecques, puis des « religions de Rome », puisque les règlements en question prescrivent non des jeûnes, mais plutôt l'abstention temporaire de relations sexuelles (conjugales et extra-conjugales) et d'aliments prohibés (la notion d'aliments impurs est une catégorie inconnue en Grèce[28]), comme les pois, le poisson, ou la viande de porc, de chèvre ou de mouton – la liste varie d'un sanctuaire à l'autre,

---

25. Sur la notion de pureté rituelle, voir J.-M. CARBON et S. PEELS-MATTHEY (éd.), *Purity and purification in the ancient greek world: texts, rituals, and norms,* Liège 2018 (Kernos, Supplément 32).
26. Voir M. SACHOT, « Comment le christianisme est-il devenu *religio* ? », *Revue des sciences religieuses* 59 (1985), p. 95-118.
27. Voir A. I. BAUMGARTEN, « Marcel Simon's *Verus Israel* as a contribution to jewish history », *The Harvard Theological Review* 92 (1999), p. 465-478 ; F. PARENTE, « Verus Israel di Marcel Simon a cinquant'anni dalla pubblicazione », dans G. FILORAMO et Cl. GIANOTTO (éd.), V*erus Israel. Nuove prospettive sul giudeo-cristianesimo,* Brescia 2001, p. 19-46.
28. Voir R. PARKER, *Miasma: pollution and purification in early Greek religion,* Oxford 1983, p. 357-365.

et d'une cité à l'autre[29]. Il y avait en revanche des jeûnes aux mystères d'Eleusis pour les candidats à l'initiation, mais il est certain que le jeûne eucharistique chrétien n'en procède pas[30]. Mais tout cela demeure très général.

Un second motif, spécifique au christianisme, cette fois, et qui va nous placer au cœur des enjeux du jeûne eucharistique, réside à mon sens dans la recherche de l'affirmation d'une identité ecclésiale par un jeu de distinctions et d'exclusions, dans le contexte de polémiques entre groupes chrétiens rivaux. Les systèmes du jeûne sont en effet très clairement au centre d'un jeu identitaire. J'en ai personnellement pris conscience en relisant, pour les besoins de la mise au point de ce texte, et alors que je cherchais à me délivrer du plat inventaire des sources dans lequel j'étais en train de m'enfermer, et à problématiser en termes historiques le phénomène du jeûne eucharistique, le grand ouvrage qu'Alain Le Boulluec a consacré à la notion d'hérésie dans la littérature grecque aux IIe et IIIe siècles[31]. La lecture du dossier, depuis le point de surgissement documentaire du jeûne eucharistique, à l'époque d'Augustin d'Hippone, jusqu'à sa quasi-abolition dans le courant de la seconde moitié du XXe siècle, m'a en effet convaincu qu'il était pertinent (et indispensable) de voir dans cet élément du dispositif du jeûne l'un des moyens employés par les autorités du christianisme normatif (ou de la « Grande Église », comme on voudra) pour s'auto-définir en excluant un certain nombre de groupes désormais qualifiés d'hérétiques, et en particulier ceux que les hérésiologues qualifient (à plus ou moins juste titre) de gnostiques.

---

29. Sur les lois sacrées, outre les répertoires classiques de Fr. Sokolowski, *Lois sacrées des cités grecques*, 2 vol., Paris 1962-1969 (« Ecole française d'Athènes – Travaux et mémoires », 11 et 18) (voir E. Harris et J.-M. Carbon, « The documents in Sokolowski's *Lois sacrées des cités grecques. Supplément (LSS)* », *Kernos* 28 [2015], p. 1-50) et de E. Lupu, *Greek sacred law: a collection of new documents*, Leyde – Boston 2009² (« Religions in the Graeco-Roman World », 152), j'ai consulté la base de données « CGRN – Collection of Greek Ritual Norms », développée sous l'égide du Collège de France et de l'Université de Liège sous la direction de Vinciane Pirenne-Delforge, Jan-Mathieu Carbon et Saskia Peels, à l'adresse http://cgrn.ulg.ac.be (consulté le 28 octobre 2020).
30. R. Parker, *Miasma*, p. 283.
31. A. Le Boulluec, *La notion d'hérésie dans la littérature grecque aux IIe et IIIe siècles*, 2 vol., Paris 1985 (« Collection des Études Augustiniennes – Série Antiquité », 110-111).

Se fondant sur Michel Foucault et son idée d'une constitution de la rationalité à partir d'une exclusion[32] – idée qu'on retrouve plus récemment par exemple chez Wouter Hanegraaff et son idée de constitution de la scientificité occidentale par exclusion d'un « rejected knowledge[33] » –, Alain Le Boulluec montre en effet que c'est par exclusion que l'orthodoxie s'est graduellement définie, en régime chrétien, et que cette cascade d'exclusions successives (qui ont d'abord frappé les « gnostiques », puis toutes sortes de catégories d'« hérétiques ») s'est réalisée au moyen de représentations hérésiologiques, qui « confirment le droit conféré aux autorités reconnues d'étendre la discipline pénitentielle, voire les mesures d'excommunication, à d'autres domaines que ceux de la pureté rituelle et morale et de résoudre ainsi, sous couvert de défendre l'intégrité et l'authenticité de la doctrine, des dissentiments qui mettent en cause la légitimité même des pouvoirs ecclésiastiques[34] ». L'enjeu est donc double.

C'est en effet à la fois une affaire d'affirmation de l'autorité, et d'une autorité unique, à une époque – les IIe et IIIe siècles – qui voit justement la constitution du mono-épiscopat et la disparition de la présidence collégiale dans le christianisme[35], et aussi une question identitaire essentielle. Pour faire bref, je dirais par transposition que les dispositifs du jeûne, et en particulier celui du jeûne eucharistique, ont surtout eu pour fonction (et pour finalité) de permettre à l'autorité ecclésiale, d'une part, de s'affirmer en s'exerçant arbitrairement sur ce point de discipline en soi indifférent, et, d'autre part et plus encore, de se dégager en opérant par ce moyen une distinction avec les groupes qui étaient exclus sur la base d'un critère identitaire objectif ; je note à ce propos que le jeûne eucharistique relève de l'orthopraxie, ce qui illustre le fait, lui aussi souligné par Alain Le Boulluec, que l'hérésie ne se confond pas avec l'hétérodoxie (avec du « doctrinal »), en dépit des affirmations des hérésiologues[36].

---

32. A. LE BOULLUEC, *La notion d'hérésie*, p. 7.
33. W. J. HANEGRAAFF, *Esotericism and the academy: rejected knowledge in western culture*, Cambridge 2012.
34. A. LE BOULLUEC, *La notion d'hérésie*, p. 18-19.
35. Sur cette question, et particulièrement dans l'Église de Rome, où la mutation se produit dans le courant du second siècle, voir M.-Y. PERRIN, « Rome et l'extrême occident jusqu'au milieu du IIIe siècle », dans L. PIETRI (éd.), *Le nouveau Peuple (des origines à 250)*, Paris 2000 (« Histoire du christianisme », t. I) [p. 635-643].
36. A. LE BOULLUEC, *La notion d'hérésie*, p. 12.

Philippe Bernard

Plus deux groupes chrétiens sont proches, plus la polémique qui les oppose est vive et se focalise sur des détails qui deviennent alors vitaux pour leur permettre d'exprimer leur identité et de justifier leur existence et leur différence. Ce schème fonctionne, car ce qui est vrai du christianisme normatif et des gnostiques (que nous connaissons mal) l'est aussi des ordres religieux (que nous connaissons mieux), en vertu de l'homologie, établie par le sociologue Jean Séguy[37] sur la base de la typologie église-sectes-mystique mise au point par le théologien Ernst Troeltsch[38], entre le type secte et un ordre religieux. Je pense par exemple au cas des minimes et des chartreux au XVIIe siècle, deux ordres également sévères et dont la différence pouvait échapper au profane, et qui ont donc dû chercher à se distinguer au moyen de stratégies identitaires fondées notamment sur l'alimentation[39].

En somme, les dispositifs du jeûne sont une modalité essentielle de la constitution graduelle de l'identité du christianisme normatif et de l'autorité qui s'y exerce et qui en définit l'épure par approximations successives, donc par exclusions successives de groupes désormais qualifiés d'hérétiques. Ces stratégies de distinction sont encore plus essentielles dans le cadre de compétitions religieuses exacerbées entre groupes chrétiens imbriqués les uns dans les autres, comme le montre le phénomène de la multi-appartenance, bien attesté par exemple au IVe siècle par l'hérésiologue Épiphane de Salamine[40], et que rien de bien essentiel ne distingue extérieurement, d'où la virulence du « narcissisme des petites différences » (notion que j'emprunte à la

---

37. J. Séguy, « Pour une sociologie de l'ordre religieux », repris dans J. Séguy, *Conflit et utopie, ou réformer l'Église. Parcours wébérien en douze essais*, Paris 1999, p. 161-183.
38. E. Troeltsch, *Les doctrines sociales des Églises et groupes chrétiens (1912)*, trad. B. Reymond et L. Kaennel, *La philosophie sociale du christianisme. Conférences de 1911 et 1922*, Paris 2018. Voir A. Disselkamp, « La typologie église-sectes-mystique selon Ernst Troeltsch », *L'Année sociologique* 56 (2006), p. 457-474.
39. Voir S. De Franceschi, « Les Minimes et la discipline du jeûne et de l'abstinence à l'âge classique : identité monastique morale régulière et ascétisme alimentaire au XVIIe siècle », *Cristianesimo nella storia* 39 (2018), p. 371-399.
40. La jeunesse alexandrine d'Épiphane date des années 330, qui sont le cadre chronologique des affiliations multiples (Grande Église et secte des Borborites) qu'il dénonce. Voir M. Tardieu, « Épiphane contre les Gnostiques », *Tel quel* 88 (1981), p. 64-91.

psychanalyse) que l'on observe à la lecture des hérésiologues[41]. Nous serons amenés à voir que la discipline du jeûne eucharistique a joué un rôle dans ces stratégies de la distinction.

Je note pour finir qu'il y aura également lieu de se souvenir le moment venu du fait, affirmé pour la première fois en 1934 par Walter Bauer, et globalement avalisé par Alain Le Boulluec, qu'il faut se garder de l'illusion de l'antériorité et d'une « priorité irréductible » de l'orthodoxie ; cela vaut aussi, par transposition, pour l'illusion de l'antériorité de l'orthopraxie, dont le jeûne eucharistique est l'une des modalités[42].

Je doute par conséquent qu'on doive attribuer une place significative, parmi les causes de l'instauration d'un jeûne eucharistique, à des mobiles de nature utilitariste ou pratique, par exemple pour éviter qu'un communiant, par excès de mangeaille ou de boisson, risque de vomir le sacrement. De type platement matérialiste (si platement, d'ailleurs, qu'il en devient aussi fantaisiste que les explications allégoriques tardo-médiévales qu'il prétendait combattre), ce type d'explication, exemplairement illustré à la fin du XVIIe siècle par Claude de Vert, me semble en effet non seulement anecdotique et futile par rapport aux mobiles essentiels que j'ai dégagés par transposition, mais aussi anachronique avant le début du Moyen Âge, où on le voit apparaître – mais un peu tard – dans les pénitentiels carolingiens.

Ces principes essentiels étant me semble-t-il acquis – ils vont me servir de fil conducteur tout au long de cette étude –, il est maintenant possible de nous frayer un chemin au travers d'un massif documentaire inégal et touffu, en commençant par le cas exemplaire des « gnostiques » valentiniens dénoncés par Irénée de Lyon[43] :

---

41. Voir J. VIGNEAULT, « Pour introduire la notion freudienne de narcissisme des petites différences dans l'individuel et le collectif », *Topique* 121 (2012), p. 37-50. Voir aussi M. TARDIEU, « Prurit d'écrire et haine sociale chez les gnostiques », dans M. OLENDER (éd.), *Pour Léon Poliakov. Le racisme, mythes et sciences*, Bruxelles 1981, p. 167-176.
42. W. BAUER, *Rechtgläubigkeit und Ketzerei im ältesten Christentum*, Tübingen 1934 (« Beiträge zur historischen Theologie », 10), nouv. éd. G. STRECKER, 1964, trad. fr. de la seconde édition par Ph. VUAGNAT, *Orthodoxie et hérésie aux débuts du christianisme*, Paris 2009. Voir A. LE BOULLUEC, *La notion d'hérésie*, t. I, p. 14-19.
43. IRÉNÉE DE LYON, *Contre les hérésies*, IV, 18, 4-5, éd. A. ROUSSEAU et L. DOUTRELEAU, Paris 1965 (« Sources chrétiennes » 100/2), p. 606-612, l. 96-103 ; trad. reprise dans A. ROUSSEAU, *Irénée de Lyon, Contre les hérésies. Dénonciation et réfutation de la prétendue gnose au nom menteur*, Paris 1984 [1991³],

18.4. Donc, parce que l'Église offre avec simplicité, c'est à juste titre que son présent est réputé sacrifice pur auprès de Dieu. Comme le dit saint Paul aux Philippiens : « Je suis comblé maintenant que j'ai reçu d'Épaphrodite votre envoi, odeur de suavité, sacrifice agréable et qui plaît à Dieu ». Car il nous faut présenter une offrande à Dieu et témoigner en tout notre reconnaissance au Créateur, en lui offrant, dans une pensée pure et une foi sans hypocrisie, dans une espérance ferme, dans une charité ardente, les prémices de ses propres créatures. Et cette oblation, l'Église seule l'offre, pure, au Créateur, en lui offrant avec action de grâces ce qui provient de sa création. Les Juifs ne l'offrent plus : leurs mains sont pleines de sang, car ils n'ont pas reçu le Verbe par qui l'on offre à Dieu. Toutes les assemblées des hérétiques ne l'offrent pas davantage. Les uns disent, en effet, qu'il y a un Père autre que le Créateur : mais alors, en lui offrant des dons tirés de notre monde créé, ils prouvent qu'il est cupide et désireux du bien d'autrui. D'autres disent que notre monde est issu d'une déchéance, d'une ignorance et d'une passion : mais alors, en offrant les fruits de cette ignorance, de cette passion et de cette déchéance, ils pèchent contre leur Père, car ils l'outragent bien plus qu'ils ne lui rendent grâces.
Au surplus, comment auront-ils la certitude que le pain eucharistié est le corps de leur Seigneur, et la coupe, son sang, s'ils ne disent pas qu'il est le Fils de l'Auteur du monde, c'est-à-dire son Verbe, par qui le bois fructifie, les sources coulent, la terre donne d'abord une herbe, puis un épi, puis du blé plein l'épi ? 18.5. Comment encore peuvent-ils dire que la chair s'en va à la corruption et n'a point part à la vie, alors qu'elle est nourrie du corps du Seigneur et de son sang ? Qu'ils changent donc leur façon de penser, ou qu'ils s'abstiennent d'offrir ce que nous venons de dire ! Pour nous, notre façon de penser s'accorde avec l'eucharistie, et l'eucharistie en retour confirme notre façon de penser. Car nous lui offrons ce qui est sien, proclamant d'une façon harmonieuse la communion et l'union de la chair et de l'Esprit : car de même que le pain qui vient de la terre, après avoir reçu l'invocation de Dieu, n'est plus du pain ordinaire, mais eucharistie, constituée de deux choses, l'une terrestre et l'autre céleste, de même nos corps, qui participent à l'eucharistie, ne sont plus corruptibles, puisqu'ils ont l'espérance de la résurrection.

---

p. 464-465 ; voir aussi Irénée de Lyon, *Contre les hérésies*, V, 2, 2-3, trad. A. Rousseau, p. 573-575. Voir A. Le Boulluec, *La notion d'hérésie*, t. I, p. 155-156, ainsi qu'A. d'Alès, « La doctrine eucharistique de saint Irénée », *Recherches de science religieuse* 13 (1923), p. 24-46, et D. van den Eynde, « Eucharistia ex duabus rebus constans : S. Irénée, Adv. Haer. IV, 18, 5 », *Antonianum* 15 (1940), p. 13-28.

La vigoureuse polémique menée ici par Irénée suggère à mon sens que l'une des premières causes qui ont pu entraîner l'institution d'un jeûne eucharistique, dans le christianisme normatif des premiers siècles, est le désir de combattre le dualisme valentinien et d'affirmer au contraire une interprétation réaliste et matérielle du pain et de la coupe de vin mêlé d'eau de l'eucharistie, c'est-à-dire ce qu'on a nommé plus tard la présence réelle. Pour cela, il suffisait d'exclure la pratique inverse (c'est-à-dire la réception du pain eucharistié sans jeûne préalable), et ensuite d'y voir le signe d'un rejet du réalisme eucharistique, donc une erreur doctrinale – d'instituer une orthopraxie pour pouvoir ensuite accuser l'adversaire d'hétérodoxie[44]. Dans le même ordre d'idées, on se souvient que Josef Kroll, au début de la décennie 1920, a voulu attribuer la victoire de la psalmodie sur l'hymnodie « primitive », dans le culte rendu à Dieu dans le christianisme normatif, à une riposte des autorités de la Grande Église à la « crise gnostique », elle-même liée à l'« hellénisation du christianisme » : là encore, l'institution d'une orthopraxie liturgique (chanter les psaumes plutôt que des hymnes dépourvues d'autorité) permettait d'accuser l'adversaire d'hétérodoxie doctrinale[45].

---

44. Nombreux sont les travaux récents dans lesquels il est question des eucharisties valentiniennes ; aucun n'évoque cependant la question du jeûne eucharistique : J.-P. MAHÉ, *Exposé du mythe valentinien et textes liturgiques*, p. 42 ; E. THOMASSEN, « Going to church with the Valentinians », dans A. D. DECONICK, Gr. SHAW et J. D. TURNER (éd.), *Practicing gnosis: Ritual, magic, theurgy, and liturgy in Nag Hammadi, manichaean and other ancient literature: essays in honor of Birger A. Pearson*, Leyde – Boston 2013, p. 183-197 ; E. THOMASSEN, *The spiritual seed. The Church of the « Valentinians »*, Leyde – Boston 2006 (« Nag Hammadi and Manichaean studies », 60) ; H. SCHMID, *Die Eucharistie ist Jesus: Anfänge einer Theorie des Sakraments im koptischen Philippusevangelium (NHC II 3)*, Boston – Leyde 2007 (« Vigiliæ christianæ Supplements » 88) ; G. ROUWHORST, « La célébration de l'eucharistie selon les Actes de Thomas », dans Ch. CASPERS et M. SCHNEIDERS (éd.), *Omnes circumadstantes. Contributions towards a history of the role of the people in the liturgy*, Kampen 1990, p. 51-77 ; H. ROLDANUS, « Die Eucharistie in den Johannes-Akten », dans J. N. BREMMER (éd.), *The apocryphal Acts of John*, Kampen 1995 (« Studies on the apocryphal acts of the apostles », 1), p. 72-96.
45. J. KROLL, « Die christliche Hymnodik bis zu Klemens von Alexandreia », dans *Verzeichnis der Vorlesungen an der Akademie zu Braunsberg im Sommer 1921*, vol. 1, et dans *Verzeichnis der Vorlesungen an der Akademie zu Braunsberg im Winter 1921/22*, vol. 2, rééd. en un vol., sous le même titre, Darmstadt 1968 (« Libelli », 240). Voir M.-Y. PERRIN, « De Harnack à Érasme : aller et retour. En vue d'une relecture critique de Walter Glawe, *Die Hellenisierung des*

Philippe Bernard

Je constate en effet que, dans ce contexte où la compétition religieuse entre « gnostiques » et Grande Église avait atteint un point d'incandescence tel que tous les coups étaient permis, un autre hérésiologue, l'évêque Épiphane de Salamine, actif dans la seconde moitié du IVe siècle, reproche justement à un groupe de gnostiques, qu'il qualifie plaisamment de « Borborites », de ne pas pratiquer de jeûne eucharistique (« ils maudissent celui qui jeûne ») avant de se livrer à leurs fameuses eucharisties spermatiques[46] :

> 4, 3 Lors donc qu'ils se sont reconnus les uns les autres, ils passent aussitôt à table. Ils servent abondance de mets, plats de viande arrosés de vin, même s'ils sont pauvres. Puis, après avoir festoyé, et, si je puis dire, s'être rempli la panse jusqu'à ras bord, ils s'adonnent à la furie sexuelle. 4 Alors, le mari, se retirant de sa femme, déclare à celle-ci : « Lève-toi, fais l'amour avec le frère ! » Les misérables s'accouplent alors entre eux. Bien qu'à vrai dire je rougisse de dire les choses éhontées qu'ils pratiquent (puisque, selon le saint apôtre, ce qui se passe chez eux « est même honteux à dire »), je ne rougirai cependant pas de dire ce qu'ils ne rougissent pas de faire, cela afin de provoquer à coup sûr un frisson d'horreur chez ceux qui entendront parler des ignominies qu'ils osent faire. 5 Après donc s'être accouplés pour le plaisir de forniquer, non contents de cela, ils élèvent leur propre outrage vers le ciel : la bonne femme et le mari recueillent dans leurs mains le flux qui s'écoule du membre viril et se tiennent debout, les yeux au ciel, avec leur saleté dans les mains. 6 C'est ainsi que soi-disant prient les dénommés Stratiotiques et Gnostiques. En présentant au Père du Tout ce qu'ils ont dans les mains, ils disent : « Nous t'offrons ce don, le corps du Christ ». 7 Puis ils le mangent, communiant de la sorte à leur propre turpitude, et disent : « Voici le corps du Christ, voici la pâque à cause de laquelle nos corps pâtissent et sont contraints de confesser la passion du Christ ». 8 Ils font de même avec ce qui sort de la femme, lorsqu'elle a ses règles. Ils rassemblent le sang menstruel qui provient de sa souillure et le prennent pareillement en commun, et disent en le mangeant : « Voici le sang du Christ ».

Christentums in der Geschichte der Theologie von Luther bis auf die Gegenwart (Berlin 1912) », dans A. PERROT (éd.), *Les Chrétiens et l'hellénisme. Identités religieuses et culture grecque dans l'Antiquité tardive*, Paris 2012, p. 219-240.
46. ÉPIPHANE DE SALAMINE, *Panarion*, 4, 3-7 et 5, 7-8 : trad. et comm. dans M. TARDIEU, « Épiphane contre les Gnostiques », *Tel quel* 88 (1981), p. 64-91 [p. 68-69]. Cf. F. DOLBEAU, « Un témoignage inconnu contre des Manichéens d'Afrique », *Zeitschrift für Papyrologie und Epigraphik* 150 (2004), p. 225-232.

Trajectoires et enjeux du jeûne eucharistique chrétien

Si l'on fait la part de l'outrance et de la calomnie, il reste qu'Épiphane reproche aux « gnostiques » de ne pas respecter le jeûne eucharistique, et c'est tout ce qui importe pour nous. Il me semble donc clair que cette discipline nouvelle – car la méthode historico-critique ne permet pas de la faire remonter aux Apôtres – avait (aussi ?) pour fonction de disqualifier et de stigmatiser les groupes qui, aux confins de la Grande Église, étaient restés fidèles à un usage plus ancien et ne l'avaient pas (ou pas encore) adoptée ; tel était sans doute le cas des chrétiens marcionites, d'après Adolf Harnack en tout cas[47].

Que les dispositifs du jeûne servent dans l'Antiquité à débusquer les dissidents et à les forcer à se trahir – c'est l'un des avantages de l'orthopraxie, elle permet de juger au for externe –, devient encore plus clair avec le cas des chrétiens manichéens, dont l'évêque de Rome, Léon, déclare dans un sermon prêché au cours du carême 444, qu'ils assistent aux eucharisties des orthodoxes, mais qu'ils se dénoncent et par leur pratique du jeûne dominical (ils communient donc à jeun, contrairement aux chrétiens qualifiés de gnostiques), et par leur ascétisme qui leur interdit de communier au calice[48]. Chassés d'Afrique par les Vandales, les Manichéens arrivent à Rome dans les années 440, où ils sont rapidement persécutés[49]. Tout se passe donc comme si l'interdiction

---

47. A. HARNACK, *Marcion. L'évangile du Dieu étranger. Contribution à l'histoire de la fondation de l'Église catholique*, trad. fr. B. LAURET, Paris 2003, p. 168-170 et 180, soutenait en effet la thèse de la similitude des rituels marcionites et des rituels de la Grande Église – avant l'instauration du jeûne eucharistique. Depuis, voir A. STEWART-SYKES, « Bread and fish, water and wine. The marcionite menu and the maintenance of purity », dans G. MAY, K. GRESCHAT et M. MEISER (éd.), *Marcion und seine kirchengeschichtliche Wirkung*, Berlin 2002 (« Texte und Untersuchungen », 150), p. 207-220 ; S. MOLL, *The Arch-Heretic Marcion*, Tübingen 2010 (« Wissenschaftliche Untersuchungen zum Neuen Testament », 250), p. 121-125.
48. Sur les manichéens et le jeûne, et sur les eucharisties manichéennes, voir H.-Ch. PUECH, *Sur le manichéisme et autres essais*, Paris 1979, notamment p. 275-287 ; Fr. DECRET, *Aspects du manichéisme dans l'Afrique romaine*, Paris 1970, p. 46-47, 295 et 305 ; J. D. BEDUHN, *The manichaean body in discipline and ritual*, Baltimore – Londres 2002, p. 126-162. Je n'ai pu consulter A. VAN DEN KERCHOVE, « Purifier la lumière. La pratique du jeûne chez les Manichéens », dans S. DE FRANCESCHI, D.-O. HUREL et Br. TAMBRUN (éd.), *Affamés volontaires. Les monothéismes et le jeûne*, Limoges 2020, p. 90-117.
49. LÉON LE GRAND, *Tractatus* 42, 5 : éd. A. CHAVASSE, *Sancti Leonis Magni Romani pontificis tractatus septem et nonaginta*, Turnhout 1973 (« Corpus Christianorum – Series Latina », 138A), p. 247-248 ; voir H. G. SCHIPPER et J. VAN OORT, *St. Leo the Great, Sermons and letters against the Manichaeans*, Brepols 2000 (« Corpus fontium manichaeorum – Series latina », 1), p. 12, p. 40 et 92-94. Je n'ai rien trouvé

de jeûner le dimanche – même sous prétexte de jeûne eucharistique – avait été instaurée pour mieux permettre la détection des dissidents au moyen d'un critère aisément utilisable par tous, y compris et surtout par les non-théologiens ; en engageant ses auditeurs à être vigilants sur ce point, Léon leur inculque ainsi un ethos hérésiologique dont le criterium est l'orthopraxie[50].

Par la suite, et tout au long de l'Antiquité tardive, le débat va tourner autour du caractère normatif à attribuer ou non au récit de la dernière Cène et à l'autorité des traditions non écrites. Il est en effet clair, à la lecture des récits des Évangiles synoptiques, que, lors de l'institution du repas commémoratif par Jésus, ses disciples n'étaient pas à jeun quand ils ont communié de sa main. Le débat émerge en particulier en Afrique, à l'occasion de la controverse contre les Aquariens et leurs eucharisties ascétiques (sans vin, uniquement avec du pain et de l'eau), dans la fameuse lettre 63 de Cyprien de Carthage[51]. Pour les besoins de sa cause – interdire les eucharisties sans vin et redéfinir l'orthodoxie eucharistique au moyen de l'exclusion des « aquariens » –, Cyprien est obligé de déclarer normatif le récit de la Cène ; pour les besoins de la sienne – combattre les pélagiens en affirmant l'autorité divine des traditions apostoliques –, Augustin déclarera exactement l'inverse un siècle et demi plus tard en affirmant l'universalité de la coutume du jeûne eucharistique, et donc la non-normativité du récit de la Cène dans sa tout aussi fameuse lettre 54 à Januarius, sur laquelle je reviendrai bientôt.

Déjà le Tertullien montaniste (donc rigoriste) du *De ieiunio contra psychicos*, dans lequel il polémique contre ses anciens coreligionnaires

---

à ce sujet dans les formulaires d'abjuration : voir M.-Y. PERRIN, dans *Annuaire de l'EPHE – Section des Sciences Religieuses* 119 (2012), p. 173-176 ; R. VILLEGAS MARÍN, « Abjuring manichaeism in ostrogothic Italy and Provence: the *Commonitorium quomodo sit agendum cum Manichœis* and the *Prosperi anathematismi* », dans M. VINZENT (éd.), *Studia patristica* 97/23, Louvain 2017, p. 159-168. Je remercie vivement R. Villegas Marín (Université de Barcelone) d'avoir eu l'obligeance de me faire parvenir une copie de son important article.

50. Voir M.-Y. PERRIN, *Civitas confusionis. De la participation des fidèles aux controverses doctrinales dans l'Antiquité chrétienne*, Paris 2017.

51. Rien sur le jeûne eucharistique dans V. SAXER, *Vie liturgique et quotidienne à Carthage vers le milieu du IIIe siècle : le témoignage de saint Cyprien et de ses contemporains d'Afrique*, Cité du Vatican 1969 (« Studi di antichità cristiana », 29), p. 259-262 ; A. MCGOWAN, *Ascetic Eucharists. Food and drink in early christian ritual meals*, Oxford 1999.

Trajectoires et enjeux du jeûne eucharistique chrétien

– il est d'ailleurs bien plus percutant, car mieux renseigné, que Celse –, était obligé d'affirmer le caractère contraignant des traditions non écrites, et en particulier des innovations liturgiques et disciplinaires des montanistes, dont il était devenu le coreligionnaire, notamment en ce qui concerne les jeûnes que les disciples de Montan prolongent et multiplient[52].

On voit donc très bien qu'on a affaire à des stratégies hérésiologiques qui visent à préciser les contours du christianisme normatif par approximations successives : l'argumentation est en effet réversible comme un gant, *ad nutum*, de sorte que la normativité des récits évangéliques de la Cène peut être tantôt affirmée, tantôt rejetée, au gré des besoins de la démonstration et en fonction des positions tenues par les adversaires visés par la polémique. Examinant la lettre 63 de Cyprien dans les pages qu'il consacre au jeûne eucharistique, l'érudit et influent *divine* anglican Joseph Bingham (1668-1723) a ainsi pu montrer, contre le malheureux Jean Mabillon[53], que le jeûne eucharistique n'était pas synonyme de croyance en la transsubstantiation[54]. S'attaquant à la discipline de l'Église tridentine et à une lecture normative du récit de la Cène, Bingham se fait un malin plaisir de faire observer

---

52. Je n'ai pu consulter O. Lefèvre, « Le *De ieiuniis* de Tertullien : une voie de salut ? », dans S. De Franceschi, D.-O. Hurel et Br. Tambrun (éd.), *Affamés volontaires. Les monothéismes et le jeûne*, p. 64-88.
53. J. Mabillon, *De liturgia gallicana libri tres*, Paris 1697, l. I, c. VI, p. 61 ; rééd. J.-P. Migne, *Patrologia latina*, t. LXII, Paris 1849, col. 146.
54. J. Bingham, *Origines ecclesiasticæ, or Antiquities of the christian Church* (1708-1722), XV, VII, 8 : trad. latine de J. H. Grischow, Halle 1728, t. VI, p. 509-516 [p. 515]. Cette référence correspond à la p. 407 de l'éd. anglaise, *Origines ecclesiasticæ, or the antiquities of the christian church*, éd. R. Bingham, t. V, Londres 1834. Cette traduction latine témoigne de la réception de Bingham chez les piétistes de Halle, dans le très réputé établissement d'enseignement fondé en 1695 à Glaucha par August Hermann Francke (1663-1727) : voir U. Sträter, « Halle : un centre du piétisme », dans A. Lagny (éd.), *Les piétismes à l'âge classique : crise, conversion, institutions*, Villeneuve d'Ascq 2001, p. 111-127 [p. 114, 119-120 et 124]. Cet orphelinat (Waisenhaus) avait été doté en 1710 par Francke et le baron Carl Hildebrand von Canstein d'un important « établissement biblique » (*Bibelanstalt*) – l'un des plus anciens au monde avec la SPCK anglicane, fondée en 1698 – destiné à diffuser la Bible en masse et à bon marché. Le traducteur de Bingham, le théologien Johann Heinrich Grischow (1678-1754), élève de Francke, en fut l'*Inspektor* pendant plus de quarante ans (1710-1754). Voir M. Brecht, « August Hermann Francke und der Hallische Pietismus », dans M. Brecht (éd.), *Geschichte des Pietismus*, t. I, *Der Pietismus vom siebzehnten bis zum frühen achtzehnten Jahrhundert*, Göttingen 1993, p. 440-539 [p. 488].

Philippe Bernard

que, si Cyprien est choqué du fait que les « aquariens » communient sans vin, avec de l'eau seule, il ne l'est apparemment pas du fait qu'ils communient *post cœnam*, donc sans jeûne eucharistique[55]. Bingham dit vrai : édulcoré en simple marque de respect, le jeûne eucharistique n'est ni une preuve de la croyance en la transsubstantiation – l'important théologien et évêque anglican Jeremy Taylor (1613-1667), qui n'y croit pas, n'en juge pas moins nécessaire le jeûne eucharistique[56] –, ni même une marque de la croyance en la présence réelle – le ministre calviniste Pierre du Moulin (1568-1658), qui n'y croit pas, n'en déclare pas moins qu'il est louable de communier à jeun à la Cène[57].

L'étape suivante de notre parcours est Augustin, qui déclare dans sa fameuse lettre 54 à Januarius[58] que le jeûne eucharistique serait une coutume universelle : « Numquid tamen propterea calumniandum est uniuersæ Ecclesiæ, quod a ieiunis semper accipitur ? Ex hoc enim placuit Spiritui sancto, ut in honorem tanti sacramenti in os Christiani prius dominicum corpus intraret quam ceteri cibi ; nam ideo per uniuersum mundum mos iste seruatur[59] ». En d'autres termes,

---

55. CYPRIEN DE CARTHAGE, lettre 63, § 15-16, éd. L. BAYARD, *Saint Cyprien, Correspondance*, t. II, Paris 1925, p. 210.
56. J. TAYLOR, *The worthy communicant: or, A discourse of the nature, effects, and blessings, consequent to the worthy receiving of the Lords Supper: and of all the duties required in order to a worthy preparation*, Londres 1660, rééd. 1850, p. 221-222.
57. P. DU MOULIN, *Anatomie de la messe*, Genève 1653, t. II, p. 35.
58. Sur Januarius, voir C. MAYER (éd.), *Augustinus-Lexikon*, s.v. « Ianuarius », t. III, Bâle 2004-2010, c. 466-468 : destinataire des deux lettres 54 et 55 vers 400, il est alors laïc ; voir aussi l'art. « Epistulæ », *Augustinus-Lexikon*, t. II, Bâle 1996-2002, col. 893-1057 [col. 956-957].
59. AUGUSTIN D'HIPPONE, lettre 54, § VI, 8 : éd. A. GOLDBACHER, *Sancti Aureli Augustini Hipponensis episcopi epistulæ*, Vienne 1895 (« Corpus Scriptorum Ecclesiasticorum Latinorum », 34), p. 166-167. L'ouvrage de W. ROETZER, *Des heiligen Augustinus Schriften als liturgie-geschichtliche Quelle*, Munich 1930, p. 174-175 et 252-259, est essentiellement une paraphrase et un centon de longues citations traduites, qu'il commente peu, et surtout sous l'angle de la tolérance (et ses limites) à avoir envers les coutumes locales. M. KLÖCKENER, « Augustins Kriterien zu Einheit und Vielfalt in der Liturgie nach seinen Briefen 54 und 55 », *Liturgisches Jahrbuch* 41 (1991), p. 24-39, se contente d'insister, dans une perspective post-Vatican II, sur la légitime diversité des usages dans l'Église catholique : c'est une resémantisation du texte d'Augustin ; de même pour B. RAMSEY, art. « Ieiunium », *Augustinus-Lexikon*, t. III, Bâle 2004-2010, col. 474-481 [col. 477]. Peu de choses dans J. PATOUT BURNS Jr. et R. M. JENSEN, *Christianity in Roman Africa: the development of the practices and beliefs*, Grand Rapids

Augustin disqualifie le récit de la dernière Cène (qui montre que les disciples de Jésus n'étaient pas à jeun) et déclare l'universalité de la coutume du jeûne eucharistique. C'est le premier texte qui pose aussi clairement et aussi brutalement une affirmation aussi étonnante. Comme sa réception par les auteurs médiévaux, puis sa resémantisation par les rigoristes de l'âge classique, a donné lieu à de vastes débats, il faut s'y attarder. C'est en effet une pièce essentielle de notre puzzle.

Or l'affirmation péremptoire et pleine d'assurance de l'évêque d'Hippone paraît justement démentie par la rareté des attestations du jeûne eucharistique chez les autres écrivains latins chrétiens de son temps : on n'en trouve en effet qu'une seule attestation à peu près certaine chez Ambroise de Milan, le maître d'Augustin[60], et une seule aussi dans l'énorme massif documentaire que constitue l'œuvre de Jean Chrysostome[61]. Il y a en effet longtemps qu'a été démontrée la fausseté de la fameuse lettre 125 de Jean Chrysostome, censément

---

2014, p. 268-269 et 273-274. Je n'ai pu consulter I. BOCHET « Omnia munda mundis (Ti 1, 15). Pratique et finalités du jeûne selon Augustin », dans S. DE FRANCESCHI, D.-O. HUREL et Br. TAMBRUN (éd.), *Affamés volontaires. Les monothéismes et le jeûne*, p. 118-133.

60. AMBROISE DE MILAN, *In Psalmum 118*, 8, 48 : éd. CSEL 62, p. 180. Voir J. SCHMITZ, *Gottesdienst im altchristlichen Mailand*, Bonn 1975, p. 242-244. Il n'y a rien sur le jeûne eucharistique dans le *De sacramentis*. Sur son authenticité, voir H. SAVON, « Doit-on attribuer à Ambroise le *De sacramentis* ? », *Studia ambrosiana* 6 (2012), p. 23-45.

61. JEAN CHRYSOSTOME, *In epist. I ad Cor.* Hom. 27, 5, éd. *Patrologia Græca*, t. LXI, col. 231, trad. J.-Fr. BAREILLE, *Œuvres complètes de S. Jean Chrysostome*, t. IX, Paris 1872, p. 36, col. de droite. Autre trad. : J. LEGÉE, R. WINLING et A.-G. HAMMAN, *Jean Chrysostome commente saint Paul*, Paris 1988 (« Les Pères dans la foi », 35-36), p. 269-286 [p. 283-284]. Fr. VAN DE PAVERD, *Zur Geschichte der Messliturgie in Antiocheia und Konstantinopel gegen Ende des vierten Jahrhunderts: Analyse der Quellen bei Johannes Chrysostomos*, Rome 1970 (« Orientalia christiana analecta », 187), p. 74 et 80-81, part du principe que le jeûne eucharistique était une « pratique générale » ; il est donc obligé de reconnaître que cette « pratique générale » n'était en réalité écrite nulle part : c'était donc apparemment une coutume non écrite (p. 81). Je n'ai rien trouvé sur le jeûne eucharistique dans l'ouvrage de R. F. TAFT, *A history of the Liturgy of St. John Chrysostom*, VI, *The communion, thanksgiving, and concluding rites*, Rome 2008 (« Orientalia Christiana Analecta », 281), ni dans celui de M. ZITNIK, *ΝΗΨΙΣ. Christliche Nüchternheit nach Johannes Chrysostomus*, Rome 2011 (« Orientalia Christiana Analecta », 290).

Philippe Bernard

écrite au début de son exil à son ami Kyriakos, évêque de Synnada[62], et dans laquelle « Jean » se défend de ses détracteurs, qui l'ont accusé d'avoir donné la communion à des personnes qui n'étaient pas à jeun et d'avoir couché avec une femme[63]. Il s'agit en réalité d'un centon apocryphe, mais ancien, puisqu'il est semble-t-il connu de Georges d'Alexandrie (vers 680 ?), biographe de Jean[64]. La supercherie avait été démasquée dès 1612 par le grand homme d'État et helléniste Sir Henry Savile (1549-1622), l'éditeur anglais de l'œuvre de Jean Chrysostome, mais dom Bernard de Montfaucon (1655-1741), dont l'édition des œuvres de Jean paraît de 1718 à 1738, a eu la faiblesse de la réhabiliter, ce qui a entraîné la conviction de Lenain de Tillemont (1637-1698) et même celle de Bingham, d'ordinaire mieux inspiré. Il a donc fallu que le bollandiste Jean Stilting reprenne la démonstration de Savile et disqualifie de nouveau cette lettre en 1753[65]. Depuis lors, les travaux les plus approfondis – la thèse de Paolo Ubaldi (1872-1934)[66] et plus récemment celle de Panagiotis Nicolopoulos (1973)[67] n'ont pu que confirmer la sentence.

---

62. Sur cet évêque Kyriakos, personnage réel attesté en 404-406, voir S. Destephen, *Prosopographie du diocèse d'Asie (325-641)*, Paris 2008 (« Prosopographie chrétienne du Bas-Empire », 3), s.v. « Kyriakos, 2 », p. 592-594.
63. M. Geerard, *Clavis Patrum Græcorum*, t. II, Brepols 1974, p. 515, n° 4405.1.b, trad. fr. J.-Fr. Bareille, *Œuvres complètes de S. Jean Chrysostome*, t. VI, Paris 1866, p. 433-438.
64. Ch. Baur, *Saint Jean Chrysostome et ses œuvres dans l'histoire littéraire*, Louvain – Paris 1907, p. 45-46. Mais ce Georges ne semble guère fiable ; ses erreurs avaient déjà été méticuleusement énumérées par le pasteur David Blondel dans son chef-d'œuvre de théologie positive, *De la primauté en l'Eglise*, Genève 1641, p. 1232-1244. Voir J.-L. Quantin, *Le catholicisme classique et les Pères de l'Église*, p. 305 et n. 79.
65. *Acta Sanctorum Septembris*, t. IV, Anvers 1753, p. 611-613.
66. P. Ubaldi, « Di una lettera di S. Giovanni Crisostomo », *Bessarione* 5 (1900), p. 245-264. Sur l'importance de Paolo Ubaldi, voir L. F. Pizzolato, « Da Paolo Ubaldi a Giuseppe Lazzati : la letteratura cristiana antica nell'Università cattolica del S. Cuore », *Aevum* 71 (1997), p. 153-180, et plus récemment A. Capone, « Gli studi patristici in Italia (1900-1914) », *Zeitschrift für Antikes Christentum* 15 (2011), p. 180-196. Sur l'importance de la revue *Bessarione* à cette époque (c'était une création de Léon XIII destinée à promouvoir sa politique d'unionisme avec les Grecs), voir O. Poncet, « Les revues orientalistes à Rome sous Léon XIII. L'exemple du *Bessarione* (1896-1903) », dans Ph. Levillain et J.-M. Ticchi (éd.), *Le pontificat de Léon XIII : renaissances du Saint-Siège ?*, Rome 2006 (« Collection de l'École Française de Rome », 368), p. 379-388.
67. P. Nicolopoulos, thèse (en grec) 1973, résumée dans « Les lettres inauthentiques

Il y a donc anguille sous roche. Déjà l'oratorien Richard Simon (1638-1712) accusait Augustin d'être parfaitement capable d'innover sans le dire, notamment dans le feu de la polémique, pour riposter à des doctrines elles aussi nouvelles[68]. Il y a en effet fort à parier que nous avons encore affaire à un discours hérésiologique, mais lequel ? Et qui est visé ? C'est à ma connaissance le théologien Jean Grancolas (1660-1732) qui a, le premier – et contrairement à ses collègues du XXe siècle, victimes de la perte d'acribie dont j'ai parlé plus haut – parfaitement vu qu'Augustin n'affirmait pas gratuitement l'universalité du jeûne eucharistique et qu'il ne s'intéressait même pas à lui en tant que tel, mais qu'il l'évoquait en passant à l'appui d'une démonstration de l'apostolicité et de l'autorité divine des traditions non écrites dans l'Église[69].

Dans sa polémique contre les pélagiens, Augustin a en effet absolument besoin de pouvoir affirmer le très haut degré d'autorité des traditions non écrites, car il s'appuie sur l'une d'elles pour combattre le refus pélagien du baptême « en vue de la rémission des péchés[70] » et étayer une thèse capitale à ses yeux, celle de l'existence du péché originel, déjà démontrée selon lui par la tradition non écrite consistant à baptiser les jeunes enfants, qu'Augustin présente elle aussi comme une coutume générale. Dans les *De baptismo libri VII*, Augustin va en effet jusqu'à écrire – et ses paroles sont très fortes : les théologiens du XXe siècle, le dominicain Yves Congar en tête, ont eu tort de s'en effrayer et de chercher à les édulcorer[71] – : « Certes, une règle que toute l'Église observe, que les conciles n'ont pas établie et qu'on a toujours maintenue, passe en toute justice pour n'être autre chose qu'une tradition apostolique[72] ». Dans sa lettre 54 (qui est en réalité la pre-

---

de saint Jean Chrysostome », dans ΣΥΜΠΟΣΙΟΝ. *Studies on St. John Chrysostom*, Thessalonique 1973, p. 125-128.
68. Voir J.-L. QUANTIN, *Le catholicisme classique et les Pères de l'Église*, p. 105.
69. J. GRANCOLAS, *L'ancien sacramentaire de l'Église, ou la manière dont on administrait les sacrements chez les Grecs et chez les Latins*, Seconde partie, Paris 1704, p. 338-341.
70. Sur Pélage, le pélagianisme et la question du péché originel, voir W. LÖHR, *Pélage et le pélagianisme*, Paris 2015 (Les Conférences de l'EPHE, 8), p. 191.
71. Y.-M.-J. CONGAR, *La tradition et les traditions*, t. I, Paris 1960, p. 67 et notes.
72. AUGUSTIN D'HIPPONE, *De baptismo libri VII*, XXIV, 31 : « Et si quisquam quaerat in hac re auctoritatem diuinam, quamquam, quod uniuersa tenet ecclesia nec conciliis institutum, sed semper retentum est, non nisi auctoritate apostolica traditum rectissime creditur » : trad. G. FINAERT, *Œuvres de saint Augustin*, Paris 1964 (« Bibliothèque augustinienne », 29), p. 312-313, avec la note complémentaire de G. BAVAUD, « La nature de la Tradition », p. 613-614.

mière partie d'un traité, dont la seconde est constituée par la lettre 55), Augustin distingue trois sortes d'usages : ceux qui sont scripturaires, ceux qui ne le sont pas mais qui sont observés partout (comme le jeûne eucharistique), et qui jouissent donc d'une autorité équivalente, et enfin ceux qui ne le sont pas et qui en outre varient partout (comme la fréquence de la communion), et qui sont donc indifférents et soumis à la règle du conformisme : à Rome, fais comme les Romains[73].

Jean-Louis Quantin a fait une lecture très incisive – et à mon sens très juste, c'est-à-dire dans son contexte – de l'affirmation d'Augustin sur l'autorité divine des traditions apostoliques[74]. Au début des années 1960, dans un contexte tout différent (la décomposition du rigorisme), le dominicain Yves Congar a signalé que la question des traditions apostoliques, c'est-à-dire non écrites, avait été soulevée au concile de Trente, mais que les Pères conciliaires n'avaient pas jugé utile d'en donner une liste[75] – ce qu'ont plus tard regretté les rigoristes gallicans du XVIIe siècle[76]. Mais alors que le P. Congar interprète cette réticence de façon restrictive – les Pères conciliaires auraient eu peur que les progrès de l'érudition historique viennent un jour ruiner leur canon et auraient sagement renoncé à en dresser un –, il s'avère en réalité que les Pères entendaient, tout au contraire, refuser de clore la liste des traditions apostoliques (comme le jeûne eucharistique) et de fermer la porte à d'autres traditions apostoliques qui, ayant été oubliées à Trente, viendraient à être discernées par les théologiens des temps à venir[77].

Cependant, plusieurs savants, canonistes et théologiens présents à Trente se sont chargés, à titre privé, de dresser une telle liste. Il s'agit

---

73. J.-L. QUANTIN, *Le catholicisme classique et les Pères de l'Église*, p. 39.
74. J.-L. QUANTIN, *The Church of England and christian Antiquity*, Oxford 2009, n. 19, p. 92 : la règle fixée par Augustin dans la lettre 54 est que « what is held by the whole Church and is not written in Scripture and has not been instituted by a general council must come from the Apostles ».
75. Y.-M.-J. CONGAR, *La tradition et les traditions*, t. I, p. 70-71. De même Ed. ORTIGUES, « Écritures et traditions au concile de Trente », dans Ed. ORTIGUES, *Religions du livre et religions de la coutume*, Paris 1981 (« Les hommes et leurs signes », 10), p. 161-191 [p. 183]. Trente a également refusé de donner une liste – c'est-à-dire un canon – des Pères de l'Église : J.-L. QUANTIN, *Le catholicisme classique et les Pères de l'Église*, p. 46.
76. J.-L. QUANTIN, *Le catholicisme classique et les Pères de l'Église*, p. 102 et p. 156.
77. *Ibid.*, p. 99 (absolument fondamental).

tout d'abord de Jean Driedo (Jan Dridoens, controversiste, professeur de théologie et chanoine à Louvain, vers 1480-1535, ami du pape Adrien VI et apprécié d'Érasme), dans le *De ecclesiasticis scripturis et dogmatibus* paru à Louvain en 1533, qui cite le jeûne eucharistique parmi les traditions apostoliques et débat longuement du jeûne eucharistique et de la lettre à Januarius au f° 297v°[78]. On peut citer encore Ludovico Nogarola (1490/91-1558/59), qui énumère trente-quatre traditions apostoliques dans ses *Apostolicæ institutiones* : le jeûne eucharistique figure au n° 20[79].

Désormais, avec Augustin et la réception de son œuvre, le jeûne eucharistique, promu à un très haut degré d'autorité, va être au centre des dispositifs du jeûne ; il y restera jusqu'en 1973. Je note pour finir qu'Augustin ne s'est pas contenté de donner, le premier, une place centrale au jeûne eucharistique ; il en a en outre donné une étiologie mièvre et édulcorée (il ne pouvait en effet pas avouer qu'il s'agissait d'une arme contre les pélagiens) en affirmant qu'il était plus convenable que les aliments célestes aient la préséance sur les aliments terrestres. L'explication est évidemment très faible, mais tout le Moyen Âge l'a répétée en chœur.

Il y a peu de choses à ajouter à ce dossier, surtout pour l'Occident. Dans la péninsule ibérique, le dossier du jeûne eucharistique est uniquement constituée de deux canons conciliaires du VIe siècle qui se complètent mutuellement, et qui sont dirigés contre les priscillianistes[80]. Ces canons interdisent aux prêtres de boire ou manger avant de célébrer la messe et accusent les priscillianistes de faire le contraire, même (mais sur quoi porte le mot « etiam » ?) pour les messes des morts. Quoi qu'il en soit, nous sommes donc une fois de plus en plein dispositif identitaire, donc en terrain connu.

En Orient, maintenant, je peux juste mentionner les *Résolutions canoniques* de l'évêque monophysite Jean de Tella, élu évêque en 519, qui passa dans la clandestinité de 521 jusqu'à son arrestation et sa mort en 538, et qui est le fondateur de l'Église jacobite. Ce texte (tardif

---

78. Driedo est « un des principaux théologiens du premier XVIe siècle » : J.-L. QUANTIN, *Le catholicisme classique et les Pères de l'Église*, p. 39.
79. L. NOGAROLA, *Apostolicæ institutiones*, Venise 1549, p. 12-13.
80. Concile de Braga I (561), can. 16, et Braga II (572), can. 10 : éd. J. VIVES, *Concilios visigoticos e hispano-romanos*, Barcelone – Madrid 1963, p. 69 et 84-85. Voir J. ORLANDIS, *Die Synoden auf der iberischen Halbinsel bis zum Einbruch des Islam*, Paderborn – Munich, p. 92.

par rapport à Augustin) était en effet resté inaperçu. Jean y prescrit fermement le respect du jeûne eucharistique à quatre reprises, ce qui paraît normal à cette date ; je note cependant qu'il s'agit d'un hapax dans la documentation liturgico-canonique jacobite[81].

Dans l'Égypte tardo-antique[82], on doit signaler tout d'abord l'entretien qui eut lieu autour de 450 lors de la rencontre entre apa Chenouté, supérieur du Monastère Blanc depuis 385, et le *comes et dux Thebaidis* Chossoroas[83]. Ce dernier était venu avec tout son cortège pour interroger Chenouté sur divers points de discipline[84] :

---

81. J. DE TELLA, *Résolutions canoniques*, trad. Fr. NAU, *Les canons et les résolutions canoniques de Rabboula, Jean de Tella, Cyriaque d'Amid, Jacques d'Edesse, Georges des Arabes*, Paris 1906 (« Ancienne littérature canonique syriaque », 2), n° 9, p. 10, n° 17-18, p. 12, et n° 21, p. 13 ; trad. anglaise A. VÖÖBUS, *The Synodicon in the West Syrian tradition*, t. I, Louvain 1975 (« Corpus Scriptorum Christianorum Orientalium », 368), p. 197-205. Voir V. MENZE, « Priests, laity and the sacrament of the eucharist in sixth century Syria », *Hugoye: Journal of syriac studies* 7 (2007), p. 129-146 [p. 140].
82. L'essentiel du dossier a été réuni par H. BRAKMANN, « Zur Geschichte der eucharistischen Nüchternheit in Ägypten », *Le Muséon* 84 (1971), p. 197-211, avec des mises à jour dans « Zwischen Pharos und Wüste. Die Erforschung alexandrinisch-Ägyptischer Liturgie durch und nach Anton Baumstark », dans R. F. TAFT et G. WINKLER (éd.), *Comparative liturgy fifty years after Anton Baumstark (1872-1948)*, Rome 2001 (« Orientalia Christiana Analecta », 265), p. 323-376, ainsi que dans « New discoveries and studies in the liturgy of the Copts (2004-2012) », dans P. BUZI, A. CAMPLANI et F. CONTARDI (éd.), *Coptic Society, Literature and Religion From Late Antiquity to Modern Times*, t. I, Louvain 2016 (« Orientalia Lovaniensia Analecta », 247), p. 457-481.
83. Sur ce personnage, voir J. R. MARTINDALE, *Prosopography of the Later Roman Empire*, t. II, Cambridge 1980, p. 293. Sur les comtes d'Égypte, voir C. ZUCKERMAN, « Comtes et ducs en Égypte autour de l'an 400 et la date de la *Notitia dignitatum orientis* », *Antiquité tardive* 6 (1998), p. 137-147.
84. Sur les dignitaires qui venaient consulter Chenouté, voir J. HAHN, « Hoher Besuch im Weissen Kloster: Flavianus, præses Thebaidis, bei Shenoute von Atripe », *Zeitschrift für Papyrologie und Epigraphik* 87 (1991), p. 248-252 ; H. BEHLMER, « Visitors to Shenoute's monastery », dans D. FRANKFURTER (éd.), *Pilgrimage and holy space in late antique Egypt*, Leyde – Boston – Cologne 1998 (« Religions in the Græco-Roman World », 134), p. 341-371 ; S. EMMEL, « Shenoute the Archimandrite: Theextraordinary scope (and difficulties) of his writings », *Journal of the Canadian Society for Coptic Studies* 10 (2018), p. 9-36 ; N. GONIS, « Prosopographica III », *Archiv für Papyrusforschung* 65 (2019), p. 348-356 [n° 11, p. 349-351 (Heraclammon)]. Allusion rapide dans H. LUNDHAUG, « Shenoute's eucharistic theology in context », dans D. HELLHOLM et D. SÄNGER (éd.), *The Eucharist*, t. II, p. 1233-1251, qui évoque p. 1239 « Kossoroas the governor ».

> Paroles de Chenouté devant des magistrats qui étaient venus à lui avec leur escorte respective. D'abord une quantité de paroles et de choses que j'ai dites à propos des Ariens en présence du comte Chosroas lui-même, de ses frères, de ses fils, de ses gentilshommes et de sa suite après qu'ils sont venus à nous, et ensuite d'autres paroles qui sont utiles aux soldats, en plus des points que nous avons examinés à propos des hérétiques. Je vous rapporterai une parole qu'il a prononcée lui-même. Il a dit : « Il y a une chose en Égypte qui n'est pas bonne, à savoir que l'on mange avant de venir à l'offrande. Je lui ai répondu : Bien parlé. Nous pensons de même, nous aussi, et nous-mêmes nous n'avons pas l'habitude de manger et de participer (ensuite) au mystère, mais, étant donné que nombreux sont les pauvres qui n'ont pas de loisir de tout le jour qu'ils travaillent aux champs, c'est là leur pratique dans les villes, dans les villages et dans beaucoup d'endroits, lorsqu'ils apportent l'offrande le soir chaque samedi. En outre, je lui ai dit : Sans doute il n'est pas convenable de participer au mystère quand le cœur est plein de pain et d'eau, (mais) puisque le Seigneur lui même dit : Ce qui va dans le ventre ne souille pas l'homme, combien plus pervers est-il d'y participer quand le cœur est plein de fornication, d'adultère, de violence, de vol, de cupidité, d'avarice[85] ».

Adoptant (pour des raisons diplomatiques ?) le point de vue de son interlocuteur, Chenouté déclare observer lui aussi ce que nous appelons le jeûne eucharistique et désavoue ceux qui assistent aux mystères (et communient) sans avoir préalablement jeûné, mais pour aussitôt les excuser et tenir un discours curieusement lénifiant qui consiste à invoquer le surmenage des pauvres travailleurs, puis à détourner la conversation et à spiritualiser le jeûne et à formuler une critique voilée du ritualisme et des « pratiques extérieures » : la pureté du cœur est plus importante et l'emporte sur tout le reste.

Maintenant, qui sont les « Égyptiens » visés par le comte Chossoroas ? Sans doute pas les manichéens, fervents du jeûne – et dont

---

85. Il s'agit du discours « How many words and things I said » (XH 216). Il a été édité et traduit par P. DU BOURGUET, « Entretien de Chenouté sur des problèmes de discipline ecclésiastique et de cosmologie », *Bulletin de l'Institut français d'archéologie orientale* 57 (1957), p. 99-142 [p. 102-103 et 118]. Voir S. EMMEL, *Shenoute's literary corpus*, t. II, Louvain 2004 (« Corpus Scriptorum Christianorum Orientalium », 600), p. 622-623. Sur la liturgie pratiquée au Monastère Blanc, voir U. ZANETTI, « Questions liturgiques dans les *Canons de Shenouté* », *Orientalia Christiana Periodica* 82 (2016), p. 67-99.

l'exemple était même de nature à jeter la suspicion sur les jeûnes et les jeûneurs –, mais plutôt les Mélitiens[86] ; à moins qu'il ne s'agisse de moines origénistes[87] ?

Autour de 443-448, l'historien ecclésiastique Sozomène évoque l'usage de célébrer les mystères le samedi soir, après un repas (ce qui exclut tout jeûne eucharistique), et il le présente comme « égyptien », mais dans le cadre, très particulier, d'une longue démonstration apologétique en faveur de la diversité des usages, l'unité de foi restant naturellement sauve[88]. C'est encore plus vrai pour son prédécesseur Socrate de Constantinople qui, vers 439-440, en bon novatianiste – c'est-à-dire membre d'un groupe schismatique et minoritaire, quoique nicéen –, fait évidemment l'éloge de la diversité, c'est-à-dire de ce que nous nommerions, en termes anachroniquement modernes, de la « tolérance[89] ». Sa stratégie argumentative oppose la pratique alexandrine à la pratique de ceux qui résident dans la Thébaïde. Nous retrouvons donc ici l'usage du jeûne eucharistique comme marqueur identitaire et comme moyen de différenciation entre groupes concurrents et très proches.

Si le texte de Chenouté est bien connu, d'autres documents égyptiens le sont moins. Tout d'abord, le serment copte d'un ordinand au VIIe siècle[90]. D'après Martin Krause, son premier éditeur, il s'agirait

---

86. Rien sur le jeûne eucharistique dans H. HAUBEN, *Studies on the Melitian schism*, Farnham 2012 (« Variorum Collected Studies Series », 1001).
87. Voir A. GRILLMEIER, « La *peste d'Origène*. Soucis du patriarche d'Alexandrie dus à l'apparition d'origénistes en Haute Égypte (444-451) », dans *ΑΛΕΞΑΝΔΡΙΝΑ. Mélanges offerts à Claude Mondésert, S.J.*, Paris 1987, p. 221-237.
88. SOZOMÈNE, *Histoire ecclésiastique*, VII, 19, 8, éd. G. SABBAH et al., Paris 2008 (« Sources chrétiennes », 516), p. 172. Sozomène a utilisé l'*Histoire ecclésiastique* de Socrate, publiée quelques années plus tôt.
89. SOCRATE DE CONSTANTINOPLE, *Histoire ecclésiastique*, V, XXII, 43-44, éd. P. PÉRICHON et P. MARAVAL, Paris 2006 (« Sources chrétiennes », 505), p. 228.
90. P. Pierpont Morgan Inv. 662 B (12), éd. et trad. dans M. KRAUSE, « Ein Vorschlagsschreiben für einen Priester », dans R. SCHULZ et M. GÖRG (éd.), *Lingua restituta orientalis. Festgabe für Julius Assfalg*, Wiesbaden 1990 (Ägypten und Altes Testament, 20), p. 195-202. Je tiens à exprimer mes remerciements à mon ami M. Rémy Burget, conservateur à la Bibliothèque de Droit de l'Université d'Aix-Marseille, qui m'a permis de mettre la main sur cet ouvrage. Signalé par H. BRAKMANN, « Zwischen Pharos und Wüste », p. 355, n. 162, puis par U. ZANETTI, *Saint Jean, higoumène de Scété, Vie arabe et épitomé éthiopien*, Bruxelles 2015 (« Subsidia hagiographica », 94), p. 45, n. 118, ce serment a été réédité et commenté par G. SCHMELZ, *Kirchliche Amtsträger im spätantiken Ägypten*, p. 59-66.

d'un formulaire laissé en blanc, comme l'indiquerait l'absence de noms propres. Le premier paragraphe de ce document prie un évêque de bien vouloir procéder à l'ordination d'un prêtre destiné à exercer son ministère au bénéfice du demandeur. Dans le paragraphe suivant, l'ordinand s'engage à ne pas se remarier en cas de veuvage, à ne pas fréquenter de prostituées ni de moines qualifiés de gyrovagues, à respecter la stabilité et à ne jamais quitter l'autel qui lui sera assigné et à y célébrer (la messe), à ne jamais célébrer deux fois (la messe) le même jour et sur le même autel, à ne jamais manger avant de célébrer (la messe) et à ne jamais donner sciemment la communion à quelqu'un qui aurait mangé[91].

Plus récemment, la publication par Ugo Zanetti de la traduction arabe de la Vie copte de Jean de Scété, a ajouté un important (mais tardif) témoin au dossier[92]. Prêtre et higoumène monophysite à Scété, Jean a vécu au VIIe siècle. Sa biographie est en réalité un sermon pour sa fête, qui tombe le 26 décembre ; rédigée en copte par l'un de ses successeurs entre 677 et 686, on n'en a conservé qu'une traduction arabe. Dans ce document, Jean réprouve vigoureusement ceux qui ne respectent pas le jeûne eucharistique, et il polémique contre les Mélitiens, visés sous le terme injurieux de « sarabaïtes » ou « sarakôte » (moines errants, gyrovagues)[93]. Nous nous retrouvons donc dans un contexte classique de vives rivalités et de controverses entre groupes très proches, imbriqués les uns dans les autres et presque indiscernables, d'où la virulence du « narcissisme des petites différences ».

La suite des événements dépend entièrement de la réception de la lettre 54 d'Augustin[94]. Ses deux principaux vecteurs sont, avant tout,

---

91. Voir E. WIPSZYCKA, *Moines et communautés monastiques en Égypte (IVe-VIIIe s.)*, Varsovie 2009 (The Journal of Juristic Papyrology, Supplement 11), p. 398.
92. U. ZANETTI, *Saint Jean, higoumène de Scété* ; le jeûne eucharistique est évoqué au chapitre VII (§ 58-67), édition p. 13*-15* et commentaire p. 44-48.
93. Sur cette terminologie dépréciative ou injurieuse, et les réalités qu'elle peut cacher, voir B. CASEAU, « L'image du mauvais moine. Les remnuoths et les sarabaïtes de Jérôme et de Cassien », *Recueil des travaux de l'Institut d'études byzantines* 46 (2009), p. 11-25 ; L. VANDERHEYDEN, « Les lettres coptes des archives de Dioscore d'Aphrodité », dans P. SCHUBERT (éd.), *Actes du 26e congrès international de papyrologie, Genève, 16-21 août 2010*, Genève 2012 (« Recherches et rencontres », 30), p. 793-799 [p. 795-796] (la plus ancienne mention d'un moine qualifié de *sarakôte* dans un texte documentaire remonte à la première moitié du VIe siècle).
94. Sur la réception d'Augustin, voir D. LAMBERT, « Patterns of Augustine's reception, 430-c.700 », dans K. POLLMANN (éd.), *The Oxford guide to the historical reception of Augustine*, 3 vol., Oxford 2013, t. I, p. 15-23 ; W. OTTEN, « The reception of

le florilège qu'Eugippe, l'abbé de *Lucullanum,* près de Naples, a compilé sans doute peu après 511 pour servir de substitut à l'œuvre d'Augustin, immense et que nul ne possédait en intégralité[95] ; le second est le *De ecclesiasticis officiis* d'Isidore (m. 636), qui est une vaste compilation sans originalité, mais qui a elle aussi puissamment contribué à diffuser les affirmations d'Augustin[96]. Si le *Liber ecclesiasticorum dogmatum* du prêtre Gennade de Marseille, à la fin du Ve siècle, cite et diffuse lui aussi un extrait de la lettre 54, c'est seulement à propos de la fréquence de la communion, point de discipline qu'Augustin déclare indifférent et qui n'allait devenir central qu'à partir du tournant pastoral opéré par le concile de Trente et de la riposte des rigoristes gallicans[97]. J'y reviendrai donc plus loin.

C'est donc par l'intermédiaire d'Eugippe et d'Isidore que l'époque carolingienne, puis tout le Moyen Âge, ont pensé le jeûne eucharistique. Or il est remarquable que cette réception soit marquée par une totale décontextualisation. Le texte augustinien est en effet centonisé et réduit à une maigre *sententia* coupée de son contexte d'élaboration et de son arrière-plan hérésiologique. Le Moyen Âge a donc pris au pied de la lettre un texte qui ne se comprenait que dans le cadre du conflit qui opposait Augustin et Pélage autour du péché originel et de la discipline baptismale.

Cette centonisation (qui est aussi une manipulation permettant une resémantisation) s'observe également quand on considère la réception des conciles africains tardo-antiques dans la Gaule de la seconde moitié du VIe siècle[98]. Ils évoquent en effet la discipline du jeûne

---

Augustine in the early Middle Ages (c. 700-c. 1200) », p. 23-39. Sur la réception des *epistulæ* d'Augustin, t. I, p. 423-428 ; sur Eugippe, t. II, p. 954-959.

95. Eugippe, *Excerpta ex operibus Augustini*, CXVII, éd. P. Knoell, *Eugippii opera*, Vienne 1885, p. 424 (CSEL 9).
96. Isidore de Séville, *De ecclesiasticis officiis*, I, 18, éd. Ch. M. Lawson, *Sancti Isidori episcopi Hispalensis De ecclesiasticis officiis*, Turnhout 1989 (« Corpus Christianorum – Series Latina », 113), p. 20.
97. Gennade de Marseille, *Liber siue diffinitio ecclesiasticorum dogmatum*, XXII *(Clavis Patrum Latinorum 958)*, éd. C. Hamilton Turner, « The *Liber ecclesiasticorum dogmatum* attributed to Gennadius », *Journal of theological studies* 7 (1906), p. 78-99 [p. 94].
98. Voir M.-Y. Perrin, « Non solo Agostino. I *Padri africani* nella vicenda dottrinale e nella elaborazione canonistica della *Chiesa latina* », dans C. Alzati et L. Vaccaro (éd.), *Africa/Ifriqiya. Il Maghreb nella storia religiosa di Cristianesimo e Islam*, Cité du Vatican 2016, p. 95-123 ; M.-Y. Perrin, « La *Concordia canonum*

eucharistique, mais seulement pour le clergé. Alors que le canon 4 du concile d'Hippone du 8 octobre 393 enjoignait aux clercs et aux fidèles de ne célébrer la messe qu'à jeun (« ieiuni cum populis ieiunis »)[99], ce qui va plutôt dans le sens des déclarations d'Augustin à Januarius, le canon 6 du concile de Mâcon (585)[100] a en revanche préféré reprendre le canon 28 du concile de Carthage de 397, qui ne concerne plus que les clercs majeurs qui participent à une célébration, c'est-à-dire le prêtre, le diacre et le sous-diacre[101] ; il en va de même pour le canon 19 du synode diocésain qui s'est réuni à Auxerre sous l'épiscopat d'Aunacharius, entre 561 et 605[102]. La Gaule n'a donc retenu de la législation africaine sur le jeûne eucharistique que ce qui concernait exclusivement le clergé. Les fidèles sont passés sous silence, comme s'ils ne communiaient plus que rarement. On sait que le concile réuni à Agde en 506 prescrit aux fidèles *(sæculares)* de communier rituellement trois fois l'an (un nombre sacré, donc symbolique), c'est-à-dire aux fêtes de Noël, de Pâques et de la Pentecôte, sous peine d'excommunication[103].

La réception de cette législation s'observe rapidement chez Grégoire de Tours dans un ouvrage qu'il a rédigé pour l'essentiel dans les années 584/590, donc près d'un siècle après l'époque où est censée se dérouler l'anecdote qu'il rapporte. À Riom, en Auvergne, le prêtre Epachius ou Eparchius – vraisemblablement l'un des fils de Rurice, le noble évêque de Limoges – s'enivre au cours de la Vigile de Noël[104] et a l'audace et l'impiété de célébrer la messe de Noël le lendemain matin (on n'est pas à Rome : il n'y a donc pas trois messes de Noël) sans être

---

de Cresconius : un réexamen », dans R. Lizzi Testa et G. Marconi (éd.), *The Collectio Avellana and its revivals*, Newcastle upon Tyne 2019, p. 487-505.
99. Concile d'Hippone (393), can. 4, éd. Ch. Munier, *Concilia Africæ*, Turnhout 1974 (« CCSL », 149), p. 21. Voir Fr. Leslie Cross, « History and fiction in the african canons », *Journal of theological studies* 12 (1961), p. 227-247 [p. 232].
100. Concile de Mâcon (585), can. 6, éd. Ch. De Clercq, *Concilia Galliæ A. 511 – A. 695*, Turnhout 1963 (« CCSL », 148A), p. 241-242.
101. Concile de Carthage (397), can. 28 : éd. Ch. Munier, *Concilia Africæ*, p. 41.
102. Synode diocésain d'Auxerre (561/605), can. 19, éd. Ch. De Clercq, *Concilia Galliæ*, p. 267.
103. Concile d'Agde (506), can. 18, éd. Ch. Munier, *Concilia Galliæ A. 314 – A. 506*, Turnhout 1963 (« CCSL », 148), p. 202.
104. Sur *nocturnare > Nüchtern* all. (jeûner), voir l'art. « Nüchtern », dans H. Bächtold-Stäubli (éd.), *Handwörterbuch des germanischen Aberglaubens*, t. VI, Berlin – Leipzig 1934-1935, col. 1157.

à jeun : sitôt la communion achevée, une crise d'épilepsie vient châtier sa conduite sacrilège[105]. Reste que tout cela ne semble désormais plus concerner que le seul clergé.

L'époque carolingienne se caractérise par la réception généralisée, décontextualisée et acritique du précepte du jeûne eucharistique énoncé par la lettre 54 d'Augustin. Le passage concerné (« a ieiunis semper accipitur ») est en effet cité par la plupart des grands commentaires liturgiques du IXe siècle, qu'il s'agisse de l'*Expositio missæ* écrite vers 833/834 par Florus de Lyon[106] – excellent connaisseur de l'œuvre d'Augustin[107] –, ou du *Liber officialis* de son rival malheureux Amalaire[108], ou encore du *De corpore et sanguine Domini* écrit vers 831/833 par Paschase Radbert, l'abbé de Corbie[109]. Il est en revanche ignoré par le *Libellus de exordiis et incrementis* écrit en 840/842 par Walafrid Strabon, et par le *De corpore et sanguine Domini* écrit en 843 par Ratramne de Corbie. Ces ouvrages ne s'adressant qu'au clergé, c'est donc essentiellement lui qui était concerné par le jeûne eucharistique, d'autant qu'il est interdit au célébrant de ne pas communier à la messe qu'il célèbre[110]. L'enjeu est en effet la querelle du réalisme eucharistique autour de l'œuvre de Paschase Radbert,

---

105. Grégoire de Tours, *In gloria martyrum* 86, éd. L. Pietri, *Grégoire de Tours, La gloire des martyrs*, Paris 2020 (« Les classiques de l'histoire au Moyen-Âge », 57), p. 252. Je note que l'expression « madefactus vino » employée par Grégoire pour qualifier l'état d'ébriété d'Epachius, est rare, et peut-être même un hapax ; de même pour les « lasciva pocula », les abondantes rasades de vin bues par le coupable.
106. Florus de Lyon, *Expositio missæ*, VIII, 2-3, éd. P. Duc, *Étude sur l'*Expositio missæ *de Florus de Lyon suivie d'une édition critique du texte*, Belley 1937, p. 96-97.
107. Voir P. Chambert-Protat, Fr. Dolveck et C. Gerzaguet (éd.), *Les douze compilations pauliniennes de Florus de Lyon : un carrefour des traditions patristiques au IXe siècle*, Rome 2017 (« Collection de l'École Française de Rome », 524).
108. Amalaire, *Liber officialis*, I, 20, 3, éd. J.-M. Hanssens, *Amalarii episcopi opera liturgica omnia*, t. II, Cité du Vatican 1950 (« Studi e Testi », 139), p. 122, et III, 34, 4, éd. J.-M. Hanssens, t. II, p. 366. Voir les *indices* du t. III (« Studi e Testi », 140), p. 347.
109. Paschase Radbert, *De corpore et sanguine Domini*, § 20, éd. B. Paulus, Turnhout 1969 (« Corpus Christianorum – Continuatio Medievalis », 16).
110. Voir W. Hartmann, *Die Synoden der Karolingerzeit im Frankenreich und in Italien*, Paderborn 1989, qui signale p. 427 le can. 14 du concile de Rome de 743, éd. A. Werminghoff, *Monumenta Germaniæ Historica, Concilia*, t. II/1, Hanovre – Leipzig 1906, p. 18 : il est interdit au célébrant de quitter la messe *data oratione* (après le canon, ou sans doute plutôt après le *Pater*) et de se faire

accusé d'ultra-réalisme par ses adversaires, qui lui reprochent aussi d'affirmer, ou tout au moins de croire, que « le sacrifice de la messe tend à passer pour une reproduction [et non plus une simple re-présentation] littérale et effective du sacrifice de la croix », le Christ étant mis à chaque messe en état d'immolation, d'où une perte de la notion authentique de *celebratio* et de *sacramentum*[111]. Cela étant, puisque les partisans comme les adversaires de Paschase sont tous d'accord pour citer la lettre 54 d'Augustin sur le jeûne eucharistique, ce n'est donc pas ce dispositif qui est ici en jeu.

La chose semblant donc acquise pour le clergé, il est normal que les conciles et les capitulaires épiscopaux de l'époque carolingienne ne parlent guère de jeûne eucharistique[112]. Ils se contentent de fixer une fréquence idéale pour la communion des fidèles, tantôt en reprenant le concile d'Agde (une communion impérée trois fois l'an, sur la base d'une numérologie sacrée), comme le fait le concile de Tours de 813[113], tantôt en reprenant la lettre 54 d'Augustin (directement ou par l'intermédiaire de Gennade de Marseille), qui énonce que la fréquence de la communion est indifférente (« nec uitupero nec laudo »), et en s'en remettant donc à la *prudentia* des fidèles. Dans le premier cas, une règle objective reposant sur du droit positif ; dans le second, la règle du discernement individuel reposant sur l'examen subjectif de la conscience de chacun.

---

remplacer par quelqu'un d'autre (qui communiera à sa place, car il ne s'en estime pas digne).
111. Voir la thèse de Luc Richard, prêtre du diocèse de Langres, « Recherches sur la doctrine de l'Eucharistie en Gaule du Ve au VIIe siècle. Étude d'après les textes liturgiques francs interprétés à la lumière des autres sources de la même époque et de la même région », Faculté de théologie catholique, Lyon 1948, 2 vol. (1 : Texte ; 2 : Notes), [t. 1, p. 205-206 et 230-231].
112. Aussi n'est-il pas étonnant que les synthèses disponibles n'en parlent pas non plus dans les chapitres qu'elles consacrent à la discipline eucharistique : Ch. DE CLERCQ, *La législation religieuse franque*, t. I, *De Clovis à Charlemagne (507-814)*, Louvain 1936, p. 307-308, et t. II, *De Louis le Pieux à la fin du IXe siècle (814-900)*, Louvain 1958, p. 189-190 (pour la période 814-851) et p. 397 (pour la période 852-900) ; W. HARTMANN, *Die Synoden der Karolingerzeit*, p. 435.
113. Concile de Tours (813), can. 50, éd. A. WERMINGHOFF, *Monumenta Germaniæ Historica, Concilia*, t. II/1, Hanovre – Leipzig 1906, p. 293 : « Vt, si non frequentius, uel ter laici homines in anno communicent, nisi forte quis maioribus quibuslibet criminibus impediatur ».

Philippe Bernard

On voit en revanche apparaître un élément nouveau, aussi bien dans les pénitentiels[114] que dans les actes conciliaires carolingiens : la continence conjugale comme préparation à la communion pour les *sæculares*[115]. Mais cette question sort de l'épure de notre sujet, qui exclut l'ascèse sexuelle.

Le plein Moyen Âge continue à vivre sur cette discipline, comme le montre la réception du précepte du jeûne, sous la forme d'une brève citation décontextualisée de la lettre 54 d'Augustin, par le Décret de Gratien, vers 1140, qui constitue la base du droit canonique médiéval[116].

De leur côté, les prédicateurs médiévaux semblent muets, comme si le jeûne eucharistique n'était pas un enjeu pour des auditeurs qui ne communient que rarement. L'évêque de Paris Maurice de Sully (m. 1196) est surtout attentif à la communion pascale et à sa bonne préparation[117] ; il recommande la communion à Pâques, Noël et Pentecôte, selon le précepte du concile d'Agde (506) repris par Gratien, puis Thomas d'Aquin[118]. Pour la préparation à la communion, il recommande l'abstention des relations conjugales, le renoncement aux disputes et au négoce, le pardon des offenses et l'aumône aux pauvres, et ne dit rien du jeûne eucharistique[119]. Nicole Bériou note du reste qu'avec la règle de la communion pascale instaurée par Latran IV, le

---

114. Voir R. Meens, *Penance in medieval Europe, 600-1200*, Cambridge 2014 ; W. Kursawa, *Healing not punishment. Historical and Pastoral Networking of the Penitentials between the Sixth and Eighth Centuries*, Turnhout 2017 (« Studia Traditionis Theologiæ », 25).
115. Voir G. Devailly, « La pastorale en Gaule au IXe siècle », *Revue d'Histoire de l'Église de France* 59 (1973), p. 23-54 [p. 43-45].
116. E. Friedberg (éd.), *Corpus Iuris canonici. Pars prior. Decretum Magistri Gratiani*, Leipzig 1879, col. 1333-1334, *De consecratione*, II, c. 54 : « Sacramentum corporis Christi non nisi ieiuni debemus accipere. Item Augustinus in libro responsionum ad Ianuarium ». J'ai utilisé T. Reuter et G. Silagi, *Wortkonkordanz zum Decretum Gratiani*, s.v. Ieiunare, Ieiunium, Ieiunus, t. III, Munich 1990 (« Monumenta Germaniæ Historica. Hilfsmittel », 10, 3), p. 2164-2168.
117. J. Longère, *La prédication médiévale*, Paris 1983, p. 214 et n. 17.
118. J. Longère, *Œuvres oratoires de maîtres parisiens au XIIe siècle : étude historique et doctrinale*, Paris 1975 (« Collection des Études Augustiniennes – Série Moyen Âge et Temps modernes », 4), t. I, p. 185.
119. J. Longère, *Œuvres oratoires de maîtres parisiens*, t. I, p. 246-247. Rien sur le jeûne eucharistique dans N. Bériou et Fr. Morenzoni (éd.), *Prédication et liturgie au Moyen Âge*, Turnhout 2008 (« Bibliothèque d'histoire culturelle du Moyen Âge », 5).

jeûne préparatoire à la communion pascale est le carême[120]. Ainsi, je n'ai pas trouvé d'*exemplum* sur le jeûne eucharistique dans le répertoire de Tubach[121], ni dans les trois mille *exempla* réunis par le dominicain Étienne de Bourbon, mort en 1261[122].

Si riche en innovations et en dévotions eucharistiques nouvelles – on pense par exemple aux expositions du Saint-Sacrement et à la Fête-Dieu –, la fin du Moyen-Âge ne change rien au jeûne eucharistique, précisément parce que l'adoration se substitue à la communion : la *manducatio per uisum* (la communion spirituelle) tient lieu de *manducatio per gustum*[123]. On note seulement dans les textes l'émergence d'un débat – dont on ignore la virulence – autour de la question de savoir si l'on doit être à jeun non seulement pour communier, ce qui va de soi, mais aussi pour assister simplement à la messe (sans communier) ; Gerson (1363-1429) répond que ce n'est pas une obligation, mais seulement un conseil[124]. Or Gerson est fort influent, et pour longtemps ; il est encore le grand modèle des bons curés au début

---

120. N. Bériou, *L'avènement des maîtres de la parole : la prédication à Paris au XIIIe siècle*, Paris 1998 (« Collection des Études Augustiniennes – Série Moyen Âge et Temps modernes », 31), t. I, p. 408-409. Rien sur le jeûne eucharistique dans G. Melville et J. Helmrath (éd.), *The fourth Lateran council. Institutional reform and spiritual renewal*, Affalterbach 2015.
121. Fr. C. Tubach, *Index exemplorum. A handbook of medieval religious tales*, Helsinki 1969 [1981²] (« FF Communications », 204), s.v. « Fasting » et « Mass ». Je n'ai rien trouvé non plus dans J. Berlioz et M.-A. Polo de Beaulieu (éd.), *Les « Exempla » médiévaux. Introduction à la recherche, suivie des tables critiques de l'Index exemplorum de Frederic C. Tubach*, Carcassonne 1992, ni dans la base de données du *Thesaurus Exemplorum Medii Aevi* (ThEMA) éd. J. Berlioz, M.-A. Polo de Beaulieu et P. Collomb (http://gahom.ehess.fr/index).
122. J. Berlioz et J.-L. Eichenlaub (éd.), *Stephani de Borbone Tractatus de diuersis materiis predicabilibus*, 3 vol., Turnhout 2002-2015 (« Corpus Christianorum – Continuatio Medievalis », 124). Rien non plus dans J.-T. Welter, *La Tabula exemplorum secundum ordinem alphabeti. Recueil d'exempla compilé en France à la fin du XIIIe siècle*, Paris – Toulouse 1926, s.v. « Ieiunium » et « Precepta », ni dans la *tabula exemplorum* de J.-T. Welter, *L'exemplum dans la littérature religieuse et didactique du Moyen-Âge*, Paris – Toulouse 1927.
123. Voir M. Rubin, *Corpus Christi. The Eucharist in late medieval culture*, Cambridge 1991, p. 147 et suivantes ; A. Timmermann, « A view of the Eucharist on the eve of the protestant Reformation », dans L. Palmer Wandel (éd.), *A companion to the Eucharist in the Reformation*, Leyde – Boston 2014, p. 365-398.
124. J. Gerson, Sermon *Pœnitemini. Contre la gourmandise*, éd. P. Glorieux, *Jean Gerson, Œuvres complètes*, t. VII/2, Paris 1968, n° 368, p. 801-810 [p. 805 pour le prêtre et p. 808 pour les fidèles].

de l'époque tridentine ; je pense aussi à l'influence qu'il a pu exercer sur le fameux théologien Edmond Richer, qui réédite les œuvres de Gerson en 1606[125].

Le concile de Trente change complètement la donne – en théorie en tout cas – en encourageant la communion fréquente, c'est-à-dire hebdomadaire ; de leur côté, les protestants abolissent la confession et promeuvent la doctrine de la justification par la foi, levant ainsi tout obstacle à la communion fréquente. Il semble donc que tout le monde – partisans comme adversaires de l'Église romaine – ait alors voulu sortir de la religion médiévale, de Latran IV et de la communion impérée une fois l'an. La réalisation de ce désir s'est toutefois révélée difficile.

Du côté catholique, les encouragements de Trente se sont heurtés à la fois au rigorisme de l'épiscopat gallican et à la difficulté pratique d'aligner les fidèles sur le clergé et de prétendre les soumettre chaque semaine à un jeûne eucharistique strict (pas de nourriture, ni même d'eau à partir de minuit). Il y avait là une contradiction, dans laquelle le système catholique du jeûne eucharistique est resté bloqué jusqu'à sa dislocation par les autorités romaines. L'un comme l'autre de ces obstacles n'ont en effet été vaincus ou surmontés que dans la seconde moitié du XXe siècle, comme nous le verrons bientôt : il fallut pour cela que Rome abatte le rigorisme gallican et abolisse pratiquement le jeûne eucharistique.

L'épiscopat gallican de l'âge classique s'en est donc tenu à la ligne rigoriste fixée en 1643 par Antoine Arnauld dans son fameux traité sur la fréquente communion[126], de sorte qu'on en est à peu près revenu – dévots exclus, mais ils sont une minorité – à la discipline médiévale des « quatre nataux » : communion à Noël, Pâques, Pentecôte et Toussaint ; pour s'en assurer, il suffit de consulter les statuts diocésains français des XVIIe et XVIIIe siècles[127]. Du côté réformé, c'est la discipline

---

125. E. RICHER, *De la puissance ecclésiastique et politique*, trad. Ph. DENIS, Paris 2014, p. 10.
126. A. ARNAULD, *De la fréquente communion, où les sentiments des pères, des papes et des Conciles touchant l'usage des sacrements de pénitence et d'eucharistie sont fidèlement exposés*, Paris 1643.
127. Sur les « quatre nataux », voir B. DELMAIRE, *Le diocèse d'Arras de 1093 au milieu du XIVe siècle : recherches sur la vie religieuse dans le Nord de la France au Moyen-Âge*, 2 vol., Arras 1994 (« Mémoires de la Commission départementale d'Histoire et d'Archéologie du Pas-de-Calais », 31), p. 370-372.

bernoise qui a fini par s'imposer à Genève, c'est-à-dire la Cène trimestrielle, donc quatre fois l'an (Noël, Pâques, Pentecôte et 14 octobre), alors que Calvin aurait préféré une Cène par mois [128]. Il n'était décidément pas facile de sortir du Moyen Âge.

On connaît bien les ultimes étapes du démantèlement papal de ce qui était de plus en plus perçu à Rome comme un élément résiduel du dispositif identitaire rigoriste et gallican de l'âge classique. Désireux de combattre « le venin du jansénisme » tout en rendant enfin possible l'application des vœux du concile de Trente, Pie X encourage la communion fréquente, y compris quotidienne, par le décret doctrinal de la Sacrée Congrégation du Concile *Sacra tridentina synodus* du 20 décembre 1905 – mais le jeûne eucharistique part toujours de la veille à minuit, de sorte que cette incitation est difficilement applicable [129]. La tension entre le désir romain d'éradiquer définitivement le rigorisme et la crainte de franchir le rubicon en paraissant laxiste est palpable dans le Code de droit canonique de 1917 (can. 858, § 1), qui prescrit toujours le « jeûne naturel » depuis minuit pour pouvoir communier.

Même si l'orientation générale (et la cible visée) sont désormais clairement identifiées, il faut attendre les décisions de Pie XII, c'est-à-dire la constitution apostolique *Christus Dominus* sur le jeûne eucharistique du 6 janvier 1953 [130], puis le motu proprio *Sacram communionem* du 19 mars 1957 [131], qui réduit le jeûne eucharistique à trois heures pour les solides et à une heure pour les liquides, pour rendre concrètement réalisables les encouragements de Pie X à communier fréquemment. Cette orientation est ensuite confirmée et accentuée par deux interventions successives et décisives de Paul VI : la décision du 21 novembre 1964 réduit le jeûne eucharistique à une heure (avant la communion, pour liquides et solides, pour le célébrant comme pour

---

128. Voir Ch. GROSSE, *Les rituels de la Cène : le culte eucharistique réformé à Genève (XVIe-XVIIe siècles)*, Genève 2008 (« Travaux d'humanisme et Renaissance », 443), p. 286-294.
129. Voir THOMAS D'AQUIN, *IIIa*, q. 80, art. 8, dans *Sancti Thomæ Aquinatis doctoris angelici opera omnia iussu impensaque Leonis XIII P. M. edita*, t. XII, Rome 1906, p. 239, qui déclare que c'était ainsi chez les Romains : la journée va de minuit à minuit – *Ecclesia uiuit lege Romana*. Voir P. LEGENDRE, *La pénétration du droit romain dans le droit canonique classique, de Gratien à Innocent IV (1140-1254)*, Paris 1964, p. 19.
130. *Acta Apostolicæ Sedis* 45 (1953), p. 15-24.
131. *Acta Apostolicæ Sedis* 49 (1957), p. 177-178.

les fidèles), tandis que l'instruction apostolique *Immensæ caritatis* du 29 janvier 1973 le réduit même à quinze minutes pour les malades et leurs accompagnants[132]. Cette discipline antirigoriste est finalement couronnée par le canon 919 du nouveau Code de droit canonique promulgué le 25 janvier 1983 par Jean-Paul II, qui consacre la défaite historique (provisoire ?) du « jansénisme ».

La non-réception de l'instruction apostolique *Immensæ caritatis* du 29 janvier 1973 en milieu rigoriste est bien symbolisée par le long article que le journaliste catholique traditionaliste Jean Madiran (1920-2013) lui a consacré dès sa parution : jugeant désormais dérisoire, c'est-à-dire offensante pour la dignité du sacrement, la réduction du jeûne eucharistique à un quart d'heure, il intitule *La dérision* les pages vengeresses et sarcastiques qu'il consacre à ce qu'il faut bien appeler la fin de l'agonie du jeûne eucharistique[133].

Le tournant pastoral tridentin, qui consistait à modifier l'équilibre entre « la pastorale au service des hommes et le culte à la gloire de Dieu » pour « donner à la pastorale la même importance qu'au culte[134] », condamnait en effet à terme le rigorisme gallican, qualifié de « janséniste » par ses adversaires, et qui était désormais un combat d'arrière-garde[135]. Devenu à l'âge classique un élément déterminant du dispositif identitaire rigoriste, et en particulier dans le contexte politique gallican de l'âge classique, le jeûne eucharistique ne pouvait donc manquer de devenir au siècle suivant la cible des adversaires romains du « jansénisme ». Il était en effet en quelque sorte dans l'ordre même des choses que ce que Claude Langlois a nommé « le triomphe de la parole pontificale[136] » entraînât, par ricochet, la revanche historique du « pichonisme » et l'abolition graduelle de dispositifs identitaires

---

132. *Acta Apostolicae Sedis* 65 (1973), p. 264-271.
133. J. MADIRAN, *L'hérésie du XXe siècle*, 2 vol., Paris 1968-1974, t. II, *Réclamation au Saint Père*, p. 73-87.
134. Ch. HERMANN, *L'Église d'Espagne sous le patronage royal (1476-1834). Essai d'ecclésiologie politique*, Madrid 1988 (« Bibliothèque de la Casa de Velazquez », 3), p. 317-318.
135. R. BRIGGS, « The gallican context for Pascal's writings on Grace », *Seventeenth-century French Studies* 35 (2013), p. 125-135.
136. Qui est aussi le siècle du triomphe du catholicisme intransigeant (1850-1950). Voir Cl. LANGLOIS, *Le continent théologique. Explorations historiques*, Rennes 2016, « L'infaillibilité, une idée neuve au XIXe siècle », p. 51-62, et « Histoires recomposées : la sexualité conjugale entre la Révolution et Vatican II », p. 227-240 [p. 237-239].

honnis depuis longtemps à Rome, mais qu'il était désormais pour la première fois possible aux autorités romaines, sorties renforcées aux yeux de leurs ouailles par les épreuves qu'elles avaient subies au XIXe siècle, de présenter comme caducs et d'abroger sans paraître vouloir choquer le *sensus fidelium*.

Au terme de ce parcours, il est en somme possible de discerner quatre phases successives dans l'histoire du jeûne eucharistique. La première est celle de son instauration, dans le courant de l'Antiquité, sur fond de constitution de la Grande Église et d'affirmation du mono-épiscopat, par l'exclusion de groupes dissidents qualifiés d'hérétiques ; dans ce contexte, l'orthopraxie du jeûne eucharistique sert de marqueur identitaire dans le cadre de stratégies de la distinction. C'est la situation dont témoigne exemplairement Augustin d'Hippone, dont la lettre 54 invoque la discipline du jeûne dans sa polémique contre les pélagiens. La seconde est le Moyen Âge, qui se caractérise par une réception décontextualisée et amnésique de la discipline antique, et qui par conséquent perd de vue le contexte polémique et hérésiologique dans lequel le jeûne eucharistique avait vu le jour. La religion médiévale n'y voit plus qu'une simple marque extérieure de respect envers le sacrement, d'autant que le problème devient de plus en plus théorique, puisque seuls les clercs supérieurs et les communautés religieuses communient régulièrement ; pour les fidèles, la norme est désormais la communion impérée, entre une fois (Latran IV) et quatre fois (les « quatre nataux ») l'an seulement. Le jeûne eucharistique n'est donc plus un enjeu, si bien que les conciles et les statuts synodaux n'en parlent guère, pas plus d'ailleurs que les prédicateurs. L'époque moderne – l'âge classique – connaît en revanche une forte recharge d'intensité dans ce domaine, à cause du tournant pastoral pris par le concile de Trente, qui s'est déclaré explicitement favorable à la communion fréquente. Pour les besoins de sa polémique contre la « morale relâchée » et les « molinistes », le rigorisme gallican (qui est bien plus large que le seul jansénisme) entreprend donc de resémantiser les polémiques des écrivains (Tertullien, Cyprien et surtout Augustin) et des conciles africains de l'Antiquité[137] et redonne toute son importance au jeûne eucharistique, dans lequel il voit un élément

---

137. Voir Fr. GABRIEL, « L'usage gallican (1552-1771) de l'Afrique chrétienne tardo-antique : les modalités de l'unité ecclésiale », *Revue de l'histoire des religions* 226 (2009), p. 349-374.

essentiel d'un dispositif pénitentiel sévère destiné – avec la pénitence publique et le délai d'absolution – à limiter strictement la portée de la communion fréquente. Enfin, tirant doublement parti de la Révolution, qui liquide la monarchie française et les Parlements, c'est-à-dire les deux piliers du gallicanisme, et qui lui donne en outre l'auréole du martyre, l'ultramontanisme prend sa revanche historique entre 1850 et 1950 (dates rondes), ce qui permet à Rome d'abroger progressivement un dispositif perçu comme un marqueur identitaire résiduel du « jansénisme », c'est-à-dire du vieux rigorisme gallican.

En somme, la courbe de l'évolution d'ensemble du jeûne eucharistique me paraît concorder avec l'évolution générale des systèmes du jeûne. Le parallélisme me semble en effet clair avec la trajectoire des « morales du carême », récemment étudiées par Sylvio De Franceschi, et qui reposent sur l'abstinence et le maigre : après un maximum d'incandescence à partir de 1650 (c'est le basculement rigoriste), on constate ensuite chez les fidèles une perte d'intérêt graduel, un scepticisme, et finalement une désuétude *de facto* au début du XXe siècle, qui est ensuite sanctionnée officiellement par les autorités romaines autour de 1950[138]. La quasi-abolition du jeûne eucharistique est aussi – et plus généralement – l'un des aspects du parachèvement de la décomposition générale du sacré tridentin, désormais perçu à Rome même comme « janséniste », et de la recomposition contemporaine du sacré dans le monde catholique, qui s'articule aujourd'hui semble-t-il plutôt autour de la notion de défense de la vie[139].

---

138. Voir S. DE FRANCESCHI, *Morales du carême : essai sur les doctrines du jeûne et de l'abstinence dans le catholicisme latin (XVIIe-XIXe siècle)*, Paris 2018 (« Théologie historique », 126).
139. Cl. LANGLOIS, *Le continent théologique*, « Démographie céleste et révolution théologique : autour du traité de la Rédemption de Jean-Nicolas Bergier », p. 103-117 [p. 116-117].

UN JEÛNE PAR EXCELLENCE : L'ÂGE D'OR DU CARÊME DANS L'OCCIDENT LATIN DU MOYEN ÂGE

Bruno Laurioux

Université de Tours, CESR (UMR 7323)

DURANT LE MOYEN ÂGE OCCIDENTAL, le Carême a sans doute constitué l'élément central du jeûne chrétien[1]. Certes, il y avait bien d'autres occasions où le fidèle devait se conformer aux contraintes de privation alimentaire rassemblées par les canonistes du temps sous le terme *ieuunium* : étaient aussi concernés certains jours de la semaine (dont à coup sûr le vendredi et souvent le samedi, quelquefois le mercredi) ou du calendrier liturgique (comme les veilles de grandes fêtes telles Noël, la Toussaint, l'Ascension et les fêtes des Apôtres), ou encore des périodes déterminées dans l'année – les Quatre-Temps correspondant à chaque saison. Mais aucun de ces moments n'avait sur la population des chrétiens latins l'impact que le Carême devait à sa durée (plus de quarante jours consécutifs) comme à son intensité (privation totale de viande et de lard ou saindoux, ainsi que d'œufs et de produits laitiers). On pourrait se demander si les siècles médiévaux n'ont pas été, en quelque sorte, l'Âge d'or du Carême – même si la pratique durera bien après le XVe siècle et, sous une forme atténuée, jusqu'à aujourd'hui.

Il n'existe pourtant aucune histoire récente du Carême médiéval qui ait quelque ampleur. La dernière description d'ensemble en langue française est un fascicule d'une soixantaine de pages paru il y a plus d'un siècle – et qui, d'ailleurs, ne se limite pas au Moyen Âge[2]. Les spécialistes d'histoire religieuse, qu'ils fussent canonistes ou

---

1. Sauf mention contraire, les traductions françaises depuis le latin sont miennes.
2. V. ERMONI, *Le Carême*, Paris 1907. À compléter par E. VACANDARD, « Carême (jeûne du) », dans A. VACANT et E. MANGENOT (éd.), *Dictionnaire de théologie catholique*, t. II, Paris 1910, col. 1724-1750.

liturgistes, se sont échinés à préciser les détails dans l'application de règles dont le tableau général nous échappe encore largement. Comme il arrive assez souvent en histoire, on a négligé un phénomène essentiel, quotidien et massif, sans doute parce qu'on estimait inconsciemment qu'il n'était pas besoin de l'expliciter ni de l'expliquer.

Ce relatif désintérêt n'est lié en rien à quelque défaut de sources. À l'évidence, les documents utilisables pour une histoire du Carême chrétien sont légion, tant dans les bibliothèques que dans les fonds d'archives. Il s'en trouve dans toutes les typologies documentaires familières aux médiévistes. Ainsi, les textes normatifs qui énumèrent les règles du Carême, principalement au niveau du diocèse – et l'on pense bien entendu aux statuts synodaux –, peuvent être utilement combinés à des actes de la pratique, tels que les comptabilités. Entre ces deux pôles, les œuvres littéraires ou les recueils prescriptifs permettent de se figurer les usages du Carême tout en révélant le regard que portaient sur eux le médecin ou le cuisinier, le courtisan ou le simple quidam.

Laissant délibérément de côté la question, passablement embrouillée, des origines du Carême, je me limiterai ici à une brève enquête synchronique sur les derniers siècles du Moyen Âge (XIIe-XVe siècle) – les plus riches en documents de toute nature et donc les plus à même de nous faire comprendre ce qu'était le Carême « vécu ». Et encore faudra-t-il ici se contenter d'un parcours documentaire qui devrait au moins permettre de repérer les grandes questions – à défaut d'y répondre. Soit : 1) En quoi le Carême n'est-il pas un jeûne comme les autres ? 2) Quelle est la logique du Carême ? 3) Le Carême des fidèles imite-t-il celui des moines ? 4) Le Carême a-t-il donné naissance à une cuisine particulière ? 5) Dans quelle mesure le Carême est-il une souffrance ? 6) Le Carême s'est-il affaibli à la fin du Moyen Âge ?

1. Un jeûne différent

Pour comprendre la spécificité du Carême, ouvrons le panorama fort complet du jeûne qu'offre le canoniste et théologien Arnold Gheyloven (1375-1442) dans son *Gnotosolitos Paruus*[3]. Ce Hollandais, appartenant à la mouvance de la *Deuotio moderna*, consacre très exactement vingt chapitres à ce qu'il définit au sens large comme « l'abstinence corporelle

---

3. A. GHEYLOVEN, *Gnotosolitos paruus,* éd. A. G. WEILER, Turnhout 2008, *prima pars*, *rubrica* 6, *capitulum* 7, p. 371-381 (« De ieiunio aliqua »).

de la nourriture matérielle » (car il y a aussi une nourriture spirituelle dont on ne saurait se priver) et, au sens juridique, comme « l'abstinence d'aliments selon un ordre de l'Église attesté par le droit écrit ou la coutume ». Vient d'abord la dizaine d'articles énumérant toutes les catégories de fidèles qui peuvent prétendre à ne pas jeûner. Autrement dit, la principale et première question qui se pose à propos du jeûne en ce début du XVe siècle est : comment y échapper ?

Et les raisons que l'on peut invoquer ne manquent pas. En premier lieu, un âge inférieur à la puberté, qui est fixée arbitrairement à 12 ou 13 ans, lorsque l'on peut se confesser et recevoir l'eucharistie – certains auteurs estimant même qu'on ne saurait imposer la contrainte du jeûne avant l'âge de 20 ans, celui auquel les fils d'Israël pouvaient servir dans l'armée. Or la société médiévale est jeune, effet conjoint d'une natalité pléthorique et d'une mortalité qui ne l'est pas moins.

On y compte aussi de nombreux malades, seconde catégorie à pouvoir échapper à l'obligation du jeûne, auxquels on peut assimiler les vieux. Or les conditions économiques et environnementales de la fin du Moyen Âge créent des disettes à répétition, multiplient les intoxications, par exemple à l'ergot de seigle, aggravent l'impact des maladies de carences, comme le scorbut, ou infectieuses, tel le typhus. Elles entretiennent, à n'en pas douter, une morbidité élevée dans les villes comme dans les campagnes, aux armées et sur les navires. Elles viennent s'ajouter aux multiples accidents ou déformations dus à un travail manuel harassant et répétitif[4], celui de l'ouvrier ou du paysan – qui constituent le gros de la population.

Précisément, Arnold Gheyloven intègre à sa liste de possibles exempts la catégorie « des travailleurs, par exemple dans les vignes ou les champs, ou bien encore dans les [travaux du] métal ou les autres [travaux] manuels ». Certains canonistes, qu'il reprend, ont poussé assez loin la réflexion en la matière, tel Raymond de Peñafort († 1275) lorsqu'il a distingué la situation de celui qui cultive ses propres vignes – et ne saurait être considéré, au pire, que comme un pauvre – et la dépendance de ceux, serfs et paysans, qui, contraints de travailler pour un maître, ne peuvent pécher mortellement s'ils brisent le jeûne.

---

4. Dont témoignent notamment les récits de miracles : voir, entre autres exemples, H. BRESC et J. ROVINSKI, « Les miracles du bienheureux Gerland de Caltagirone (1327) », *Razo. Cahiers du Centre d'études médiévales de Nice* 4 (1984), p. 27.

Bruno Laurioux

Arnold Gheyloven est plus tranché encore pour les femmes enceintes et les nourrices : en raison du risque que, en jeûnant, elles font courir à elles-mêmes, au fœtus dans l'utérus et à l'enfant au sein, « non seulement elles peuvent mais elles doivent rompre le jeûne », précise-t-il. Si aux enfants, aux malades, aux travailleurs de force et aux femmes enceintes, on ajoute d'autres catégories qu'il mentionne – les voyageurs (dont les pèlerins), les messagers et les pauvres mendiants –, c'est une notable proportion de la population qui pouvait ainsi, en théorie, couper au jeûne.

Cette grande souplesse que permettaient théologiens et canonistes était-elle connue des fidèles de la fin du Moyen Âge, souvent décrits comme étouffés dans une pastorale de la peur[5] ? On peut le croire à la lecture des sermons et en particulier des *exempla*, ces anecdotes censées faire entrer plus facilement les prescriptions ecclésiastiques dans la tête du peuple chrétien, en s'adressant à sa sensibilité plus qu'à sa raison[6]. L'un des recueils qui les consignaient, le *Ci nous dit* (1313/1330), fait ainsi le parallèle entre le tavernier qui, fixant le prix d'un tonneau de vin, ne peut plus désormais l'augmenter et le Christ qui s'est engagé à ouvrir le Paradis à tous. Dans le cadre d'une Église catholique qui privilégie les œuvres, tous peuvent en effet y accéder sous la condition qu'ils évitent les interdits et accomplissent les commandements. À l'exception, cependant, de « sept sortes de gens » que l'auteur énumère dans un dessein manifestement pédagogique :

> Les premiers sont les enfants de moins de vingt et un ans ; ils font exception parce que tout ce qu'ils mangent et boivent leur est indispensable pour les faire vivre et grandir. Nous autres au contraire qui avons dépassé cet âge, notre nourriture ne sert qu'à entretenir notre vie, car notre croissance est terminée : c'est pourquoi nous devons observer les commandements. Les seconds sont ceux qui ont plus de soixante ans. Ils ne sont pas tenus de jeûner s'ils ne le désirent pas, parce que ce qu'ils mangent et boivent leur est nécessaire pour leur assurer vie et chaleur, étant donné qu'ils sont déjà trop froids. Les pauvres travailleurs qui ont femme et enfants sans avoir ni terre ni maison ni ressources pour assurer leur subsistance, c'est la troisième sorte de gens qui sont dispensés, mais pas d'autres travailleurs que ceux-là. Les pauvres qui mendient leur pain forment la quatrième exception. Les

---

5. J. DELUMEAU, *La Peur en Occident, XIVe-XVIIIe siècles : Une cité assiégée*, Paris 1978.
6. J.-Cl. SCHMITT, *Prêcher d'exemples. Récits de prédicateurs du Moyen Âge*, Paris 1985.

femmes enceintes sont le cinquième groupe, pour éviter que les enfants à naître n'en souffrent. Les malades en général, quand la maladie ôte l'appétit et le sommeil : femmes en couches, prisonniers, disons tous les malades. La septième sorte, ce sont les fous, ceux qui ne savent ce qu'ils font[7].

La liste est un peu différente de celle d'Arnold Gheyloven, comme le sont les justifications. Mais la mémorisation en est aisée, dans une société chrétienne où l'on apprend volontiers par septénaires, que ce soit pour les sacrements ou pour les péchés capitaux.

Le Carême est l'une des modalités du jeûne, l'un de ses temps : Arnold Gheyloven ne lui consacre du reste aucun paragraphe particulier, le mentionnant, au milieu de bien d'autres, lorsqu'il est question des jours où l'on doit jeûner ou des aliments dont on doit alors se priver. Cependant, le peu qu'il en dit nous fait clairement saisir combien ce moment-là est particulier. D'abord parce que les fidèles doivent « respecter la totalité du Carême avec le plus grand soin ». Évidemment, il s'agit ici de pointer ceux qui peinent à maintenir l'effort durant 46 jours d'affilée. Mais il y a sans doute aussi, en arrière-plan, l'idée que le Carême est ce que l'on pourrait appeler le jeûne maximal, une sorte de sommet du jeûne. De fait, on ne doit pas seulement, comme pour les autres jours d'abstinence, y renoncer à la viande – ce qui est déjà un gros sacrifice dans ces siècles carnassiers de la fin du Moyen Âge[8] –, mais il faut en outre s'y priver d'œufs et de laitages. Privation limitée pour les aristocrates, dont les cuisiniers pouvaient remplacer le lait par le lait d'amandes, plus sérieuse pour des paysans producteurs de fromage ou pour les Bretons et les Flamands, grands amateurs de beurre[9].

Il était toujours possible, du moins à partir du XVe siècle, d'obtenir à grands frais de la Pénitencerie apostolique des dispenses spéciales – on y reviendra. Mais le *Gnotosolitos* révèle d'autres manières de ne pas respecter l'obligation du Carême. En la tournant, tout simplement.

---

7. *Ci nous dit. Recueil d'exemples moraux*, éd. G. BLANGEZ, Paris 1979-1988, c. 276, § 13-30.
8. Br. LAURIOUX, *Manger au Moyen Âge. Pratiques et discours alimentaires en Europe aux XIVe et XVe siècles*, 2e éd., Paris 2013, p. 73-74.
9. Br. LAURIOUX, « Les voyageurs et la gastronomie en Europe à la fin du Moyen Âge », dans O. REDON, L. TEISSEYRE-SALLMANN et S. STEINBERG (éd.), *Le Désir et le Goût. Une autre histoire (XIIIe-XVIIIe siècles) : actes du colloque international à la mémoire de Jean-Louis Flandrin, Saint-Denis, septembre 2003*, Saint-Denis 2005, p. 99-117.

Bruno Laurioux

Par exemple en consommant de grosses bêtes marines (*belua marina*), autrement dit des cétacés, qui fournissent leur graisse (le *craspois* en ancien français)[10]. Or, « selon certains », on doit s'en abstenir, « bien que la coutume soit de les tolérer ». Diversité des opinions et interprétations, coutumes : on sent toute la distance qui sépare les normes générales des usages et pratiques.

C'est le cas aussi pour la queue de castor, à laquelle Arnold Gheyloven consacre un paragraphe entier. Ici le partage entre le licite et l'illicite, ce qu'il est permis de consommer et ce dont on doit s'abstenir, passe à l'intérieur même d'un animal amphibie, qui, selon la définition que l'auteur emprunte à un dictionnaire fort répandu à l'époque, le *Catholicon*, « vit sur la terre et dans l'eau, nage comme un poisson et se déplace sur la terre comme les autres animaux ». Résultat, « sa queue a en tous points la nature du poisson et sa saveur » : comme chez les poissons, « elle possède en effet des écailles et des arêtes ». Si le reste du corps du castor, qui a la nature d'un quadrupède, est « carné » et ne peut être par conséquent consommé durant les périodes de jeûne, la queue peut l'être. Et Gheyloven de citer *in extenso* une lettre versifiée sur la queue de castor que le théologien viennois Henri de Langestein (m. 1397) a écrite et envoyée à l'évêque de Trente. Or, comme je l'ai montré ailleurs, la consommation du castor est caractéristique des régions germaniques sur une longue durée allant de la Protohistoire au XVIe siècle[11].

Aux yeux des fidèles, le jeûne chrétien qui s'incarnait dans le Carême pouvait ainsi apparaître comme un maquis de règles différenciées, spécifiques et parfois locales. Elles étaient imposées sans être nécessairement comprises. Tentons cependant d'en démêler la logique.

2. La logique du Carême

C'est la *Somme de Théologie* de Thomas d'Aquin qui paraît ici le meilleur guide – même si son influence sur la pensée de son temps ne doit pas être surestimée[12]. Dans cette œuvre maîtresse, la seconde

---

10. L. MOULINIER, « Les baleines d'Albert le Grand », *Médiévales* 22-23 (1992), p. 122.
11. Br. LAURIOUX, « Manger l'impur : Animaux et interdits alimentaires durant le haut Moyen Âge », dans A. COURET et F. OGÉ (éd.), *Histoire et Animal. Actes du Colloque international de Toulouse (14-16 mai 1987)*, Toulouse 1989, t. I, p. 73-88.
12. T. SUAREZ-NANI, « Du goût et de la gourmandise selon Thomas d'Aquin », *Micrologus. Natura, scienze e società medievali* 10 (2002), p. 313-334, C. LAMBERT,

partie, rédigée en 1271-1272 à Paris alors en pleine controverse « averroïste », comprend une longue section consacrée aux vertus cardinales, et bien entendu aux vices qui leur sont exactement contraires. Mises bout à bout, les quelque dix questions qui balisent le champ de la tempérance – de l'abstinence à l'ivrognerie en passant par la gourmandise (ou plutôt la *gula*) et la sobriété – dessinent une véritable anthropologie chrétienne de l'alimentation[13]. C'est dans ce cadre qu'est aussi posée, entre les questions de l'abstinence et de la gourmandise, celle du jeûne, elle-même décomposée en plusieurs interrogations tenant à la nature du jeûne comme à ses modalités[14]. La dernière de ces interrogations porte sur les aliments dont il faut alors s'abstenir[15] ; à travers eux, on peut apercevoir les tenants et les aboutissants du Carême.

Pour bien les saisir, il faut garder à l'esprit la structure standardisée de la question scolastique. Après un énoncé sous forme interrogative, sont présentées les objections à une réponse affirmative en même temps que les citations d'autorité qui les fondent. Viennent alors les arguments contraires, autrement dit ceux qui appuient la réponse affirmative. La suite de la question s'essaie à résoudre la contradiction en lui appliquant un raisonnement logique mais aussi en produisant de nouvelles autorités. C'était là le travail du maître à l'issue des questions disputées qui impliquaient les étudiants comme opposants ou défenseurs de la thèse initiale. On peut donc présumer que la pensée profonde de Thomas d'Aquin s'exprimait dans l'ultime partie de la question.

Mais le grand intérêt de la dernière question sur le jeûne réside aussi dans les notions et les références que charrie le débat. Quatre points majeurs en ressortent.

Le premier est la centralité de la notion de pénitence, qui fonde et justifie le Carême – comme du reste l'ensemble du jeûne. Dans le cadre de la préparation de Pâques, il convient de « réprimer les convoitises de la chair » portant « sur les choses délectables du toucher qui se trouvent

---

« La nourriture comme signe de distinction religieuse et sociale de Thomas d'Aquin à Érasme », *Heresis* 26-27 (1996), p. 99-113, M. Dupuis, « Les plaisirs de la chair. Abstinence et analogies (autour de saint Thomas d'Aquin) », dans *L'Animal dans l'alimentation humaine : les critères de choix, actes du colloque international de Liège, 26-29 novembre 1986*, Paris 1988 (Numéro spécial de *Anthropozoologica* 2), 1988, p. 133-137.

13. Thomas d'Aquin, *Somme théologique*, trad. française, t. III, Paris 1985, p. 805-853.
14. *Ibid.*, p. 833-842.
15. *Ibid.*, p. 841-842.

dans l'alimentation et dans les rapports sexuels[16] ». En vertu d'une assimilation classique dans la théologie médiévale, la *gula* est supposée entretenir la luxure et le désir alimentaire est tout entier ramené au plus méprisable des sens, le toucher. C'est pourquoi l'Église prohibe durant les temps de pénitence « les chairs des animaux qui vivent et respirent sur la terre ». En effet, l'alimentation carnée, parce qu'elle est la plus proche du corps humain, procure à celui-ci un plus grand plaisir et le nourrit davantage, produisant un excès de semence qui, à son tour, augmente le désir sexuel. En privant le fidèle de viande, on le prive du meilleur mais on lui évite aussi une nourriture dangereuse pour son salut, ce que n'est pas par exemple le poisson, considéré par les médecins comme moins échauffant que la viande et présenté par Thomas d'Aquin comme moins agréable qu'elle – ce qui en dit long sur le système de valeurs alimentaires du Moyen Âge.

Deuxième point d'importance : dans le réseau de pénitences institué par l'Église médiévale, le Carême est toujours au sommet. Ainsi doit-on s'y passer également des œufs et des laitages, « comme provenant d'animaux à viande », quadrupèdes ou oiseaux[17]. Tandis que ceux-ci peuvent être éventuellement consommés les autres jours de jeûne – même si les coutumes sont diverses en la matière.

Car, et c'est le troisième point, le Carême présente un caractère universel que ne revêtent pas nécessairement les autres jours de jeûne. Consignés dans les statuts synodaux, les calendriers divergent assez sensiblement selon les diocèses, que ce soit pour les jours maigres de la semaine ou pour les vigiles des fêtes religieuses. Comme les décrétales ne cessent de le répéter, c'est la coutume du lieu qui fait alors foi, lorsqu'il s'agit d'appliquer des règles somme toute assez floues. Le seul point commun à toute la Chrétienté latine en matière de jeûne, c'est bel et bien le Carême. À commencer par sa durée qui se fixe peu à peu. Dans les derniers siècles du Moyen Âge, les fidèles doivent l'entamer dès le mercredi des Cendres et le poursuivre durant quarante-six jours jusqu'à Pâques. Le droit canonique excepte les dimanches de cette exceptionnelle période de jeûne en continu mais, en réalité, ceux-ci ne

---

16. Le texte latin est ici « ad ueneres » (S. H. DE FRANCESCHI, *Morales du carême : essai sur les doctrines du jeûne et de l'abstinence dans le catholicisme latin, XVIIe-XIXe siècle*, Paris 2018, p. 20, n. 36).
17. *II^a-II^{ae}*, q. 147 a. 8, co. : « Huiusmodi autem sunt carnes animalium in terra quiescentium et respirantium, et quæ ex eis procedunt, sicut lacticinia ex gressibilibus, et oua ex auibus ».

diffèrent guère des jours qui les précèdent et les suivent : à Carpentras, les boucheries n'y sont point ouvertes et, de tout le mois de mars, les habitants de la ville n'achètent ni ne consomment le moindre morceau de viande[18].

Même les moines et moniales doivent s'astreindre à un effort supplémentaire durant le Carême. Ils et elles doivent alors troquer les généreuses portions, réfections et générales, de poissons et d'œufs instituées par de pieux donateurs pour de pauvres soupes et bouillies de légumes, cuites à l'eau et avalées le soir à la hâte. Interminable, inévitable, insupportable : tel apparaît le Carême au premier abord. Pourtant, les dispenses accordées par l'Église, les coutumes du lieu et les stratégies – individuelles comme collectives – de contournement trahissent de multiples accommodements avec le jeûne. Y compris chez ceux dont on attendrait le plus de rigueur.

3. Carême monastique, Carême gourmand ?

Les moines médiévaux étaient théoriquement sujets à un maigre perpétuel dans la mesure où la règle du VIe siècle qu'ils suivaient pour la plupart – celle de saint Benoît de Nursie – leur interdisait absolument la consommation de viande, sauf lorsqu'ils étaient malades. Mais le chapitre de la règle où était formulée l'interdiction globale s'appliquait à la viande sans plus de précision, tandis que celui qui mentionnait la dispense pour les malades évoquait seulement la chair tirée des quadrupèdes[19]. Ne pouvait-on en conclure que la viande des volatiles était normalement autorisée ? Il y avait là une ambiguïté manifeste, absente d'autres règles anciennes et qui suscita débats et controverses.

Enracinées dans de longues traditions, les positions des théologiens à ce sujet s'exprimèrent notamment dans les années entourant le deuxième concile d'Aix-la-Chapelle (817), véritable apogée de la « querelle des *volatilia*[20] ». Pour les défenseurs de la consommation

---

18. L. STOUFF, *Ravitaillement et alimentation en Provence aux XIVe et XVe siècles*, Paris – La Haye 1970, p. 192-193.
19. *Règle de saint Benoît*, 36, 9, *De infirmis fratribus* et 39, 11, *De mensura ciborum*.
20. *Corpus Consuetudinum monasticarum*, dir. K. HALLINGER, *Initia Consuetudinis Benedictinæ. Consuetudines sæculi octavi et noni*, t. I, Siegburg 1963 [désormais abrégé *CSM* 1] ; J. SEMMLER, « *Volatilia*. Zu den benediktischen Consuetudines des 9. Jahrhunderts », *Studien und Mitteilungen zur Geschichte des Benediktinerordens und seiner Zweige* 69 (1958), p. 163-176.

des oiseaux, ceux-ci avaient été créés par Dieu le même jour que les poissons, c'est-à-dire le cinquième de la Création, et ils pouvaient donc, *a priori*, être consommés durant les mêmes périodes d'abstinence, y compris le Carême[21]. Mais les contempteurs de cette coutume – qui s'était imposée durant le haut Moyen Âge – faisaient remarquer que, parce qu'elle était plus délicate que la viande des quadrupèdes, la chair des volatiles méritait encore davantage d'être interdite. Le sacrifice que les rigoristes demandaient aux moines carolingiens était d'autant plus fort que, dans l'échelle des valeurs habituellement qualifiée de « grande chaîne de l'être », les volatiles occupaient la place la plus élevée[22]. C'est sans doute pourquoi certaines communautés bénédictines – à commencer par celle du père fondateur, le Mont-Cassin – en avaient accepté la consommation lors de périodes limitées, quatre jours après Noël et quatre après Pâques, c'est-à-dire après les rigoureuses périodes de jeûne de l'Avent et du Carême[23]. Cette modération eut raison de la position maximaliste de Benoît d'Aniane et le concile d'Aix l'avalisa finalement, en 817. Le débat semblait clos.

Il continua pourtant[24]. Au point qu'en 1126-1127, Honorius Augustodunensis crut bon de consacrer tout un traité à *La nourriture que l'on tire des volatiles* (*De esu volatilium*), qui revenait en détail sur l'ambiguïté déjà notée dans la règle de saint Benoît[25] : les volatiles étaient à éviter car la consommation d'un produit aussi délectable conduisait inévitablement à la luxure. Mais, progressivement, à mesure que les prescriptions de Benoît d'Aniane s'ancraient, le débat s'était déplacé vers des questions à peine – ou même pas du tout – soulevées au départ. Par exemple sur le gibier d'eau, que l'on cherchait à assimiler, malgré tout, aux poissons. Aux XIIe et XIIIe siècles, naturalistes, moralistes et théologiens s'interrogèrent gravement sur la nature d'une oie maritime, la barnache, que l'on croyait née, par génération spontanée, de bois flottant ou de coquillages et que prisaient

---

21. Gn 1, 21.
22. A. J. GRIECO, *Food, Social Politics and the Order of Nature in Renaissance Italy*, Florence 2019, p. 250.
23. *Theodomari abbatis Casinensis epistola ad Theodoricum gloriosum*, 17, et *Theodomari abbatis Casinensis epistola ad Karolum regem*, 4 (*CSM* 1, p. 133 et 162-166).
24. A. BOUREAU, « *Prout moris est iure*. Les moines et la question de la coutume (XIIe-XIIIe siècles) », *Revue historique* 303/2 (2001), p. 363-402.
25. M.-O. GARRIGUES, « De esu *uolatilium* », *Studia monastica* 28 (1986), p. 75-130.

certaines populations côtières. Giraud de Barri observait ainsi qu'en Irlande, durant les périodes de jeûne, les religieux en consommaient, quoique « sans plaisir » précise-t-il : il y avait de quoi interpeller les autorités religieuses – même si l'on n'a retrouvé aucune trace d'un décret du concile de Latran IV qui, aux dires de Thomas de Cantimpré, aurait interdit la barnache en Carême[26].

Autre poche de résistance : la consommation de graisse animale ; dès le XIe siècle, les coutumes d'Ulrich autorisaient les Clunisiens à confectionner les fèves avec du lard pour autant qu'on l'ajoutât *après* cuisson[27]. Au XIVe siècle, le goût de la viande était encore si fort parmi les bénédictins que, aux dires de certains, si l'on hachait complètement la viande, elle perdait sa nature carnée : dans son commentaire au terme *omnino* figurant dans la règle de saint Benoît, le Languedocien Pierre Bohier, qui rapporte cette croyance, désigne un tel hachis sous le nom de « mortarolium[28] », l'un des plats les plus prisés au réfectoire également languedocien de Maguelone.

Les Statuts élaborés en 1331 par l'évêque Jean de Vissec pour ce même chapitre cathédral de Maguelone témoignent, avec bien d'autres documents, coutumiers et registres des responsables de l'approvisionnement et de la cuisine, de l'extraordinaire diversification qu'avait connue la nourriture monastique au long du Moyen Âge[29] : aux simples potages et purées de légumes et de légumineuses mentionnés dans la règle s'étaient ajoutées dès l'époque carolingienne, notamment les jours de fêtes, des générales (rations individuelles) et pitances (rations pour deux moines) constituées de poissons, de

---

26. Voir M. VAN DER LUGT, « Animal légendaire et discours savant médiéval : la barnacle dans tous ses états », *Micrologus. Natura, scienze e società medievali* 8 (2000), p. 351-394, à laquelle je renvoie pour les références des textes cités dans ce paragraphe.
27. G. DE VALOUS, *Le Monachisme clunisien des origines au XVe siècle*, 2e éd., Paris 1970, t. I, p. 263. Cette coutume est reprochée à l'abbé de Cluny saint Hugues par Pierre Damien (voir p. 250-251).
28. PL 66, 633-639 : « Et est contra illos qui carnes capulatas in refectorio comedunt, quas uocant mortarolium, asserentes forsan post huiusmodi triturationem carnium speciem minime remanere, quia, ut dicitur primo Physicorum, in diuisione carnis contingit deuenire ad carnem minimam ; quæ si ultra diuidatur, non remanebit species carnis ».
29. C. CABY, « Abstinence, jeûnes et pitances dans le monachisme médiéval », dans J. LECLANT, A. VAUCHEZ et M. SARTRE (éd.), *Pratiques et discours alimentaires en Méditerranée de l'Antiquité à la Renaissance : 18e Colloque de la Villa Kérylos à Beaulieu-sur-Mer les 4, 5 & 6 octobre 2007*, Paris 2008, p. 271-292.

fromage et d'œufs. D'abord limités au repas de mi-journée (le *prandium*), ces alléchants suppléments ont fini par gagner le repas du soir (*cena*) au XIVe siècle. Mieux, afin de réveiller l'appétit des moines de Cluny, une réforme décide en 1428 de jouer sur les variétés tout en respectant la saisonnalité des produits. Les statuts de Maguelonne révèlent que le « cuisinier » de la communauté confectionnait des préparations très variées, qui se retrouvent assez largement dans un livre de cuisine produit à proximité quelques décennies plus tôt[30]. C'est le cas, pour les plats maigres, de l'escabèche de poisson, du pâté d'anguilles, des beignets et des sauces, au poivre ou à la roquette[31].

Cette diversification de la cuisine monastique paraît s'inscrire, aux yeux des moralistes de l'époque, dans un long « relâchement » de la discipline instaurée par les règles d'origine, mais que l'on peut voir aussi comme un processus d'ajustement à l'évolution globale des goûts. La distorsion est de plus en plus marquée entre les normes et les pratiques monastiques, ces dernières étant influencées par les valeurs laïques. A peut-être joué également le recrutement des futurs moines, non plus dès 7 ans comme oblats, mais à 14 ans comme adolescents, voire à l'âge adulte : autrement dit lorsque leur éducation et leur goût sont déjà faits.

Fait significatif, la viande est désormais bien installée dans la nourriture monastique, en parfaite cohérence avec les siècles carnassiers que sont les XIVe et XVe siècles. Barbara Harvey a pu calculer que, dans les années 1495 à 1525, la viande pouvait représenter environ 17 % de la ration alimentaire servie aux moines de Westminster En dehors de l'Avent et du Carême. Si, durant l'Avent, les œufs et les produits laitiers leur étaient encore permis (au total 10 % de la ration), ce n'était plus le cas, on le sait durant le Carême. Pour plus de six semaines, ils devaient se contenter pour l'essentiel de pain (près de la moitié de la ration selon Harvey), de bière et de vin (un tiers), de légumes et de poissons (18 %)[32].

---

30. J.-L. LEMAÎTRE (éd.), *Les Statuts de Jean de Vissec pour le chapitre de Maguelone (1331)*, Paris 2009, p. 81-96, pour l'office du *coquinarius*, qui y occupe non moins de 80 chapitres ; *Modus uiaticorum preparandorum et salsarum*, traité originaire de la partie orientale du Languedoc et édité par C. LAMBERT, « Trois réceptaires culinaires médiévaux : Les *Enseingnemenz*, les *Doctrine* et le *Modus*. Édition critique et glossaire détaillé », thèse de doctorat inédite, Université de Montréal 1989, à partir du ms. BnF, lat. 8435, datable des années 1380-1390.
31. J.-L. LEMAÎTRE, *Les Statuts de Jean de Vissec*, p. 67-70.
32. B. HARVEY, « Monastic Diet, XIIIth-XVIth Centuries: Problems and Perspectives », *Alimentazione e nutrizione, secc. XIII-XVIII*, Prato 1997, p. 641.

L'âge d'or du Carême dans l'Occident latin du Moyen Âge

La nourriture des moines durant le Carême était-elle pour autant dépourvue de saveur et de variété ? Bien au contraire, les auteurs satiriques et les réformateurs cénobitiques ont en ligne de mire l'excessive qualité des menus qui y sont servis, autant que leur abondance. Ils insistent sur le danger moral que représente la recherche de mets raffinés, quand bien même elle porterait sur des aliments parfaitement licites[33].

C'est l'angle d'attaque qu'adopte saint Bernard dans l'*Apologia* adressée à Guillaume de Saint-Thierry en 1124-1125. Cette violente charge contre le raffinement de la table clunisienne stigmatise entre autres l'usage d'épices rares, la variété des préparations et des couleurs, y compris pour des plats de maigre (œufs), voire de Carême (poissons) :

> Les plats sont apportés, et, pour les seules viandes dont on s'abstient, on sert deux fois plus de grands poissons. Et lorsque vous êtes rassasiés des premiers, si vous touchez aux seconds, vous paraissez n'avoir pas mangé les précédents. Tout est préparé par les cuisiniers avec tant de soin et d'art que, après que quatre ou cinq plats ont été dévorés, les premiers n'empêchent pas les suivants de passer, et la satiété ne diminue pas l'appétit. Le palais, séduit par de nouveaux assaisonnements, oublie peu à peu les mets déjà connus de lui et, au contact de condiments étrangers, comme s'il était à jeun, il renouvelle ses désirs. Le ventre continue à se remplir sans qu'on s'en aperçoive, mais la variété ôte tout dégoût. En effet, parce que nous nous lassons des simples aliments tels que la nature les a créés, alors on mélange les uns avec les autres de multiples manières et, méprisant les saveurs naturelles que Dieu a données aux choses, la *gula* est provoquée par de fausses saveurs ; les bornes de la nécessité sont franchies mais pas celles du plaisir[34].

Ce passage doit être replacé dans une série de textes polémiques concernant la vie monastique et qui opposent clunisiens et cisterciens. La place qu'ils accordent à l'alimentation est souvent importante. Et ceci dès le premier acte de la polémique, une lettre de Bernard de Clairvaux à son neveu Robert de Châtillon, qui était passé de l'ordre cistercien à celui de Cluny – autrement dit à l'adversaire. Celui-ci arguait notamment de sa délicatesse ; Bernard lui rétorqua entre autres que « la fleur de farine, le vin sucré et les nourritures bien grasses servent

---

33. I. ROSÉ, « Le moine glouton et son corps dans les discours cénobitiques réformateurs (début du IXe-début du XIIIe siècle) », dans K. KARILA-COHEN et F. QUELLIER (éd.), *Le corps du gourmand, d'Héraclès à Alexandre le Bienheureux*, Rennes 2012, p. 206-213.
34. PL 182, 893-918.

le corps et non l'esprit », se plaignant que « le poivre, le gingembre, le cumin, la sauge et les mille espèces d'assaisonnements de cette sorte plaisent certes au palais, mais [...] embrasent le désir[35] ».

Le ton offensif de la missive de saint Bernard ne passa pas inaperçu, au point que le prestigieux abbé de Cluny, Pierre le Vénérable, se sentit obligé de lui adresser à son tour une lettre l'appelant à davantage de modération et suscitant en retour l'*Apologie*[36]. Cette nouvelle attaque de Bernard semble avoir rapidement porté ses fruits puisque, après 1132, Pierre le Vénérable donna à Cluny de nouveaux statuts qui revenaient sur certains des « errements » qu'avait dénoncés l'abbé de Clairvaux : l'interdiction de la graisse au profit de la seule huile y était rétablie lors des jours « de jeûne » ; de même, le pieux abbé interdit à nouveau et de manière absolue la viande aux moines valides[37] – avec un succès très relatif.

La victoire idéologique des cisterciens semble sans appel. Les débats fictifs entre moines des deux ordres qui prolongent la polémique dans la deuxième moitié du XIIe siècle et au-delà leur donnent toujours (et facilement) l'avantage, que ce soit le *Dialogue des deux moines*[38] ou le *De Mauro et Zoilo*[39]. Les clunisiens se seraient-ils contentés de reconnaître leurs erreurs – même si, visiblement, celles-ci avaient tendance à se perpétuer ?

En réalité, il existe une riposte clunisienne, élaborée sans doute par un prélat de haut vol et juste au lendemain de l'*Apologie à Guillaume*. Largement ignoré des historiens, cet *Antibernardus*[40], malgré son

---

35. BERNARD DE CLAIRVAUX, *Opera*, éd. J. LECLERCQ et H. ROCHAIS, t. VII, *Epistolæ*, I. *Corpus Epistolarum 1-180*, Rome 1974, lettre 1, p. 1-11. Voir pour la datation A. H. BREDERO, *Cluny et Cîteaux au douzième siècle. L'histoire d'une controverse monastique*, Amsterdam 1985, p. VII-VIII. Traduction très librement adaptée de celle de l'abbé CHARPENTIER, *Œuvres complètes de saint Bernard*, t. I, Paris 1865.
36. *The Letters of Peter the Venerable*, éd. G. CONSTABLE, Cambridge 1967, t. I, lettre 28, p. 52-101, et notes t. II, p. 115-120, en particulier p. 54 et 65-67 pour les aspects alimentaires.
37. PL, 189, 1028C-1030B.
38. *Dialogus duorum monachorum*, éd. R. B. C. HUYGENS, *Le Moine Idung et ses deux ouvrages : Argumentum super quatuor questionibus et Dialogus duorum monachorum*, Spolète 1980.
39. Th. WRIGHT (éd.), *The Latin Poems commonly attributed to Walter Mapes*, Londres 1841, p. 243-250.
40. A. WILMART, « Une riposte de l'ancien monachisme au manifeste de saint Bernard », *Revue Bénédictine* 46 (1934), p. 298-344.

caractère inachevé, répond point par point aux accusations portées par l'austère abbé de Clairvaux contre la nourriture des clunisiens. Ainsi, rapportant la phrase selon laquelle « les plats sont apportés, et, pour les seules viandes dont on s'abstient, on sert deux fois plus de grands poissons », l'auteur de l'*Antibernardus* s'étonne que son adversaire ait une vision si négative de l'art culinaire : « Tu parais attribuer à l'intempérance des moines les nombreux plats qui sont apportés et confectionnés avec l'art diligent des cuisiniers, comme si le sage ne pouvait déguster un peu de nourritures diverses et composées avec soin sans [être soumis] au vice de voracité » ; et de prendre l'exemple des banquets mentionnés dans le Nouveau Testament – le repas à Lévi, les noces de Cana – où ont été servis plusieurs plats, sans qu'on puisse y suspecter quelque *gula* que ce soit. Même la consommation de viande, pourtant si manifestement contraire aux prescriptions de la Règle, trouve grâce aux yeux de notre polémiste clunisien. Il n'hésite pas à affirmer qu'il « vaut mieux manger de manière discrète quelques petits morceaux de viande que de consommer avidement et goulûment un excellent plat de grosses légumineuses ».

Manger goulûment des légumineuses n'est certes pas ce que recommande entre 1361 et 1388 le moine de Saint-Jacques de Liège prénommé Léonard[41]. Dans un régime de santé adressé à l'un de ses frères, il explique qu'au contraire, il faut veiller à bien écosser les pois, éviter le potage de poireaux qui donne des renvois, « fuir autant que possible les harengs salés, durs, brûlés, trop bouillis ou trop rôtis ». Les conseils que donne le calendrier formant l'essentiel de ce régime dessinent en creux les pratiques alimentaires du Carême monastique, tout en traçant un véritable parcours du combattant pour le patient de Léonard. Le problème ici ne réside pas tant dans la nécessité de retarder la prise alimentaire principale ou dans l'allègement du repas du soir – prévus par la règle mais bien assouplis par la coutume[42] – que dans la difficulté de digérer une nourriture encore très copieuse et malgré tout plus uniforme qu'en temps ordinaire. C'est pourquoi Léonard enjoint à son frère en Dieu d'éviter à tout prix les poissons frits, « nageant » dit-il, dans

---

41. G. Xhayet, « Une diététique monastique liégeoise du xive siècle : le *Régime de santé* du frère Léonard de Saint-Jacques », *Bibliothèque de l'École des chartes* 165/2 (2007), p. 373-414.
42. Le régime de santé de Léonard amplifie encore l'assouplissement déjà perceptible dans le coutumier de Saint-Jacques de Liège établi au xiiie siècle : voir G. Xhayet, « Une diététique monastique liégeoise du xive siècle », p. 382-393.

l'huile, les brouets de goujons et de carpes cuits en civet et les beignets de pommes. Le danger c'est l'huile, en ces contrées où elle est de mauvaise qualité et où l'on privilégie le beurre, fût-il rance.

Car l'ordinaire du Carême monastique, c'est le poisson, aussi souvent salé que frais, anguille ou seiche à Maguelonne, hareng ou morue à Liège. Le vendredi, la rigueur du régime quadragésimal s'accroît encore : Jean de Vissec compte seulement 15 figues, 5 poireaux, 1 pot de miel et 1 bon hareng pour 2 moines ; pour le Vendredi saint, frère Léonard ne mentionne que pain et bouillie d'avoine – autrement dit, les moines sont au pain et à l'eau. Mais le Carême est aussi scandé de sortes de pauses où une abondance toute relative est au rendez-vous. Outre le dimanche de mi-Carême, l'exemple du Jeudi Saint est éloquent à en croire frère Léonard :

> Que tu fuies soigneusement les aulx accompagnant le cabillaud et les brouets d'anguilles et les poissons frits dans l'huile. Les aulx afin que ta bouche et ta gorge n'exhalent pas une odeur fétide ; les brouets d'anguille, afin qu'en éructant fréquemment, tu n'en fasses pas remonter le goût dans ta bouche ; les poissons salés frits, à cause de leur caractère abominable.

Le Samedi saint, veille de Pâques, est encore plus périlleux, toujours si l'on en croit frère Léonard :

> Que tu ne manges pas de carpes ou d'autres poissons préparés en civet, car ils sont fréquemment vieux ou restant de la *Cena Domini* (Jeudi Saint). Ne mange même pas de poissons frits dans l'huile, parce qu'ils sont très gras pour toi et, baignant dans beaucoup d'huile, abominables et visqueux.

En outre, le moine devra se passer tout à fait de boire lors de la collation. Le Carême monastique se présente donc, dans le système global de privations alimentaires que théologiens et canonistes dénomment jeûne, comme le groupe précisément gradué des privations les plus extrêmes. Prioritairement destinées à mater le désir, celles-ci peuvent avoir pour effet secondaire de gâter l'estomac.

4. La cuisine du Carême

On aimerait savoir comment se présentaient concrètement les plats recommandés ou déconseillés par frère Léonard et, plus généralement, ce qu'étaient les mets servis durant le Carême autant aux laïcs qu'aux clercs et aux moines[43]. Il faut alors se tourner vers les livres de cuisine, qui ont fait l'objet depuis plusieurs décennies d'une grande attention de la part des historiens et historiennes de l'alimentation. Ces recueils de recettes, qui nous sont parvenus en assez grand nombre[44], révèlent l'existence d'une double cuisine : l'une pour les jours gras, l'autre pour les jours maigres. Assez fréquemment, ils sont structurés en fonction de cette dichotomie fondamentale, à commencer par le *Viandier*, l'un des plus répandus d'entre eux, qui distingue assez systématiquement recettes de chair et recettes de poisson. Ces dernières peuvent être proposées aussi bien durant les jours maigres de la semaine ou de l'année que pendant le Carême[45]. Mais – et cela ne doit pas surprendre – un cuisinier de la maison pontificale comme Jean de Bockenheim sépare clairement un « Registre de cuisine pour le temps de Carême », qui comprend pour l'essentiel des préparations de légumineuses et de céréales sans laitages ni œufs et tout à fait conformes aux idéaux monastiques, d'un « Registre de poissons » où il arrive qu'on emploie beurre ou lait[46].

La modalité la plus simple par laquelle la cuisine maigre ou de Carême imite la cuisine grasse est en effet la duplication, dont témoigne l'existence de recettes doubles. La tradition des recettes doubles est ancienne dans la littérature culinaire du Moyen Âge. Dès le premier manuscrit du *Viandier* (au début du XIVe siècle), la comminée – plat assaisonné au cumin – de poisson répond à celle de poulaille et le brouet d'Allemagne d'œufs au brouet d'Allemagne « de char ». Si, de la version carnée à la version « poisson », l'assaisonnement ne change généralement pas, en revanche il y a bien sûr substitution

---

43. Cette partie reprend très largement Br. LAURIOUX, « Le maigre : cuisine de substitution ? », dans S. BOUFFIER et M.-H. SAUNER-NEBIOGLU (éd.), *Substitution de nourritures, nourritures de substitution en Méditerranée : actes du colloque tenu à Aix-en-Provence les 14 et 15 mars 2003*, Aix-en-Provence 2006, p. 100-104. On y trouvera l'essentiel des références documentaires précises sur lesquelles je m'appuie ici.
44. Le programme ANR-FWF CoReMA (Cookery Recipes of the Middle Ages) en décompte plus de 160 pour l'Europe latine du XIIe-XVe siècle : https://corema.hypotheses.org.
45. La catégorie « viandes de Carême » apparaît tardivement dans les manuscrits du *Viandier* : voir Br. LAURIOUX, *Le Règne de Taillevent. Livres et pratiques culinaires à la fin du Moyen Âge*, Paris 1997, p. 95-96.
46. Br. LAURIOUX, *Une histoire culinaire du Moyen Âge*, Paris 2005, p. 66-67 et p. 83-86.

Bruno Laurioux

d'un nouveau produit de base à celui d'origine (toutes sortes de poissons remplacent les viandes diverses prévues initialement). Il en est de même du liquide de délayage des bouillons et des sauces (au bouillon de bœuf y est substituée la « purée » de pois, classique des temps de Carême) ; enfin, au niveau des graisses de cuisson, le lard fait place à l'huile pour la friture des poissons.

De la simple réplication, il faut distinguer le procédé par lequel le cuisinier propose non pas seulement une alternative maigre à un plat gras mais une reconstitution utilisant des ingrédients de Carême et censée donner l'illusion d'un plat qu'il n'est pas possible de manger en Carême. Il s'agit là des mets qu'au Moyen Âge on qualifie de « contrefaits ». Dans son *Libro de arte coquinaria* (ca. 1465), Maestro Martino, qui fut notamment au service du pape Paul II, décrit ainsi une série de trois laitages « contrefaits » pour temps de Carême, dont une « jonchée d'amandes en Carême », que voici :

> Tu auras des amandes nettes et blanches. Broie-les bien avec un peu d'eau de rose pour qu'elles ne fassent pas de l'huile. Puis ajoute deux onces de sucre et deux d'eau de rose le quart d'un *boccale*[47] de bon bouillon de poisson, qui doit être uniquement fait de brochet ou de tanche, car avec tout autre poisson, de mer comme d'eau douce, il n'est pas si bon. Et garde-toi bien de trop saler ledit bouillon, mais fais qu'il ait une bonne substance et que le poisson soit très frais. Et toutes ces choses dessus dites, mélange-les très bien ensemble et mets-les dans l'étamine, en passant et en serrant tant cette composition que dans l'étamine il ne reste rien de la substance des amandes. Laisse reposer cette jonchée pendant une nuit dans un plat ou un autre récipient, et le matin tu la trouveras caillée et prise à la manière d'une jonchée de vrai lait. Et si cela te plaît, tu peux la lier avec des branchages ou des herbes comme sont présentées les autres jonchées ; ou alors laisse-la dans les plats, en mettant dessus de toute manière du sucre et de l'anis confit.

Dans cette recette comme dans celles de ricotta et de beurre contrefaits, l'élément principal est un « lait » fait d'amandes, d'eau de rose et de bouillon de poisson, mis ici à reposer toute une nuit afin de le faire prendre. La volonté imitative va jusqu'à conférer au plat la forme du modèle (un pain pour le « beurre », une forme à fromage pour la « ricotta »), sa couleur (le jaune du safran dans le cas du beurre) et son

---

[47]. E. CARNEVALE SCHIANCA, *La Cucina medievale. Lessico, storia, preparazioni*, Florence 2011, p. 77, *s.v. Bocchale*.

mode de présentation : envelopper une préparation dans le jonc, c'est la rendre tout à fait semblable à la « gioncata » qui tire précisément son nom de ce conditionnement.

La création de telles illusions culinaires est également attestée dans la cuisine française. Le plus ancien manuscrit du *Viandier*, sans doute antérieur à Taillevent lui-même, propose une recette de « flans, tartez en karesme qui ont saveur de fromage ». À l'aide d'œufs et de laitances de brochets et de carpes, ainsi que de lait d'amandes, il s'agit de reproduire le goût d'un aliment qui, avec les autres laitages, ne pouvait effectivement se servir durant le Carême, une recette qu'il convient de distinguer des recettes conçues pour les autres jours de jeûne et désormais envahies par les produits laitiers.

La cuisine maigre ne se contente pas, en effet, d'imiter la cuisine grasse : elle possède sa propre logique qui est de s'adapter à une abstinence elle-même très diversifiée. Il existe donc, en réalité, plusieurs cuisines maigres. C'est ce que montre clairement la comparaison entre deux recettes de tartes données par un recueil anglais du premier XVe siècle : l'une pour les Quatre-Temps (*Tart on Ember Day*), l'autre pour le Carême (*Tart for Lenton*). Les éléments distinctifs de la cuisine des Quatre-Temps sont les laitages (fromage, beurre) et les œufs, produits strictement prohibés en Carême, où l'on ne dispose plus que de poissons et de fruits secs – ces derniers caractérisant, il est vrai, aussi bien le goût anglais que la nourriture quadragésimale. La cuisine de Carême serait-elle particulièrement douce, voire douceâtre ? Il le semble, puisqu'à un autre endroit de ce recueil anglais une variante « for Lenten » des « jowtes of fysshe » prescrit de remplacer le bouillon de poisson par un lait d'amandes doux et néanmoins agrémenté au sucre. Sur la longue durée, les sucreries ont été souvent associées au Carême : était-ce un moyen d'en atténuer les rigueurs ?

5. Les souffrances du Carême

Rien n'illustre mieux le stress alimentaire engendré par le Carême que la ballade d'Eustache Deschamps intitulée précisément « Contre le Carême » (vers 1380) :

Sus ! alarme ! ce dist le Mardi Gras / Au Charnage : nous serons assaillis ! / Caresme vient ; que ferons nous, helas ? / Ce mercredi sera sur le pays, / Dont je voy ja moult de gens esbahis / Et qui delaissent beufs, vaiches et moutons, / Veaulx et aigneaulx, connins, perdriz, chapons, / Cerfs et chevreaulx, pors, bieurre, œufs et frommaige, / Oes, malars, faisans, grues et paons. / Maudit soit il, et benoit soit Charnage.

Caresme met les povres gens au bas, / Jeuner les fait et estre mal servis, / Et les contraint par griefs labours de bras : / Aux et oingnons, huile de chenevis, / Noix moysies, pommes et pain faitis, / Leur met devant, herbes, choulz et porgons, / Tourteaulx en pot d'orge et de secourgons, / Matin lever pour aler en l'ouvraige. / Merveille n'est se tel tirant doubtons. / Maudit soit il, et benoit soit Charnaige.

Artillerie a dedenz ses cabas, / Harens puanz, poissons de mer pourris, / Puree et poys et feves en un tas, / Pommes cuites, orge mondé et ris. / Dieux ! qu'il a fait de mal aux moines gris, / Et aux Chartreux, maintes religions ! / Toudis leur fait june et afflictions, / Et a pluseurs tenir povre mesnaige, / Le ventre emfler souvent par ses poissons. / Maudit soit il, et benoit soit Charnaige.

Aux bien peuz fait avoir ventre plas, / Il vuide ceuls que j'avoie raemplis, / Souppe a huile leur donne et l'avenas, / Corde leur çaint, trop leur est ennemis. / .vi. sepmaines sera ses sieges mis. / Ainsis le fait : en Mars est sa saisons / Une foiz l'an ; contre lui nous tenons / Vigreusement : May le mettra en caige, / Pasques aussi, nous trois le destruirons. / Maudiz soit il, et benoit soit Charnaige.

Dieux ! qu'il sera le grant sabmedi mas, / Povres, tristes, honteus et desconfis, / Huez com leux, car le dimenche es plas / Yert Charnaige avec ses bons amis ; / Harens seront, figues, raisins honnis. / Porrée au lart, pastez, la ne faillons, / Connins, cabriz, oes, tartres et flaons. / Caresme prins tendrons en no servaige ; / Eschac et mat a ce jour lui dirons : / Maudis soit il, et benois soit Charnaige.

Princes, ce temps paciamment souffrons ; / Prenons en gré pois, harens, courtillaige ; / Caresme est brief, nous le desconfirons. / Maudis soit il, et benoit soit Charnaige[48].

L'œuvre d'Eustache Deschamps, forte de plus de 80 000 vers, est littéralement envahie par la thématique alimentaire[49]. Le poète y exprime ses goûts et surtout ses dégoûts : tributaire des déplacements des cours auxquelles il appartient (celle de Louis d'Orléans ou du roi),

---

48. E. DESCHAMPS, Œuvres, éd. Marquis DE QUEUX DE SAINT-HILAIRE, Paris 1878, t. III, p. 75-77.
49. Voir K. BECKER, Le Lyrisme d'Eustache Deschamps : entre poésie et pragmatisme, Paris 2012.

il se plaint d'être mal servi, regrette ce qu'il mangeait à Paris, raille la nourriture de Bruxelles. L'un de ses motifs favoris de complainte est précisément le Carême, auquel il consacre trois ballades[50].

Celle que l'on vient de lire, datable de 1380 environ, résume parfaitement ce que nous avons déjà vu sur le Carême : cette période de six semaines, centrée sur le mois de mars, inaugurée le mercredi lendemain du Mardi gras et achevée le Samedi saint, se caractérise par un bouleversement complet des habitudes alimentaires. À savoir l'abandon forcé de la viande, des matières grasses animales, des œufs et des laitages, qui sont remplacés par des céréales ou par de simples légumes – mal considérés dans la société médiévale – et aussi par des poissons. Bien qu'il fasse référence au régime des moines gris (probablement les franciscains[51]) et à celui des Chartreux (qui ne mangeaient absolument jamais de viande[52]), Deschamps privilégie le point de vue des pauvres, des gens « d'en-bas ». Et, selon lui, ce point de vue est très négatif : ils sont « mal servis ». Pour eux, la chère de Carême serait non seulement moins riche qu'en temps ordinaire, tant en quantité (elle vide les ventres qui s'étaient remplis au Mardi gras) qu'en diversité, mais en outre elle présente une qualité nettement inférieure : les noix sont moisies, le pain « faitis », c'est-à-dire bis – et non blanc comme le pain de référence de l'époque ; quant au poisson, il est avarié, avec des harengs « puants » et des poissons de mer « pourris » ; dans une autre ballade, Deschamps se plaint des « mauvais harens, caqués (salés) et sors, jaunes, noirs et puens » ainsi que des vieux « merlanz hors saison ». Doit-on prendre au pied de la lettre cette dénonciation, sachant par exemple le soin avec lequel les organisations de métier et les autorités municipales cherchaient à assurer l'arrivée d'une marée saine à Paris[53] ? On peut y deviner aussi un

---

50. Dans l'édition du Marquis DE QUEUX DE SAINT-HILAIRE, Œuvres, ballade 1198, « Du caresme .M.CCC. et deux qui fut tresgrevable a mainte gent ». Pièce attribuable à Deschamp n° 20, « Helas ! Karesme me fait grant vilanie ».
51. V. ROUCHON MOUILLERON, « Quelle couleur pour les frères ? Regards sur l'habit des Mineurs aux XIIIe-XIVe siècles », Bulletin du centre d'études médiévales d'Auxerre 18/1 (2014), http://journals.openedition.org/cem/13378.
52. Ce choix fut défendu par l'illustre médecin Arnaud de Villeneuve dans le De esu carnium contra detractores ordinis Cartusiensis : voir Arnaldi de Villanova Opera Medica Omnia, 11, De esu carnium, éd. D. M. BAZELL, Barcelone 1999.
53. C. BOURLET, « L'approvisionnement de Paris en poisson de mer aux XIVe et XVe siècles, d'après les sources normatives », Franco-British Studies. Journal of the British Institute in Paris 20 (1995), p. 5-22.

certain mépris pour une nourriture de pauvre, voire un certain dégoût lorsqu'il évoque les aulx et oignons, autrement dit ces « aigruns » aux effluves et saveurs entêtantes et grossières qui doivent lui retourner le cœur – tout comme l'huile de chènevis, seule alternative possible au lard et au beurre, dans une région où l'huile de l'olive est importée à grands frais des régions méditerranéennes. Autrement dit, et si l'on en croit Eustache Deschamps, durant le Carême on mange à la fois mal, pauvre et peu. On comprend pourquoi l'auteur, à travers Mardi gras, affirme que durant « ce temps patiemment nous souffrons ».

La dichotomie très forte entre, d'un côté, Carême et, de l'autre, Charnage (autrement dit le temps où l'on mange de la viande) et le vocabulaire militaire qu'emploie Mardi gras renvoient évidemment à un motif littéraire qui a eu une certaine importance à la fin du Moyen Âge et au début de l'époque moderne[54]. Dans le contexte carnavalesque du Mardi gras, le combat (ou la bataille) de Carême et Charnage pouvait mettre en scène, notamment lors de représentations théâtrales, la tension alimentaire qui accompagnait l'entrée dans la période de pénitence[55].

Dans la plus ancienne attestation de ce motif – un poème du XIIIe siècle –, les armées de l'un et l'autre protagonistes étaient formées des produits alimentaires que l'on consommait durant les deux périodes qu'ils symbolisaient[56]. Soit pour Charnage, un groupe massif de produits carnés, gibiers (cerf, chevreuil, sanglier, lièvre et lapin) comme viandes de boucherie (porc, bœuf, agneau, mouton), charcuterie (saucisse, andouille, tripes, boudin, bacon, charbonnée, échine, jambon, pieds rôtis) et volailles (oison, paon, chapon, géline, poucin, poulet, oiselet, colombe, pigeon, tourterelle, alouette, fauvette, rossignol, cygne, héron, grue, perdrix, caille, butor), ainsi que des graisses animales (lard, saindoux) et des produits lactés (lait, beurre, crème, fromage), les œufs et même les gâteaux qui utilisent ces ingrédients (tarte, flan, gâteau, pâté, gaufrette, galette), les préparations qui les intègrent (blanc-manger, civet) et les sauces qui les accompagnent (sauce verte, poivre noir, moutarde). À cette troupe riche et diverse

---

54. M. Grinberg et S. Kinser, « Les combats de Carnaval et de Carême : Trajets d'une métaphore », *Annales. Histoire, Sciences sociales* 38/1 (1983), p. 65-98.
55. L. Tabard, « La construction allégorique de Caresme et la représentation de la faim dans les débats de Caresme et Charnage (XIIIe-XVe siècles) », *Questes* 12 (2007), http://journals.openedition.org/questes/2729.
56. Gr. Lozinski (éd.), *La Bataille de Caresme et de Charnage*, Paris 1933.

s'oppose la maigre armée qui entoure Carême : ce sont pour l'essentiel des poissons, coquillages et autres animaux marins (baleine, saumon, esturgeon, hareng, mulet, lamproie, anguille, haddock, merlan, rouget, « gornaut », « pourpois », maquereau, chien de mer, congre, sardine, plie, sole, raie, dorade, barbue, brème, brochet, tanche, bar, moule, huître, seiche) qu'escortent tout au plus quelques aromates et légumes de faible réputation (ail, fève, pois, fenouil, échalote) ; en guise de matière grasse, l'huile et le « graspois » (graisse de baleine), en guise de « laitage », le lait d'amandes et enfin quelques fruits (pomme, noix, figue, datte) et le miel.

Cette dualité très marquée transparaît dans la série de deux estampes que, en 1563, le graveur anversois Pieter Van der Heyden réalisa à partir des dessins préparatoires de l'un des plus grands peintres du temps, Pieter Bruegel l'Ancien, auteur par ailleurs d'un célèbre tableau sur le Combat entre Carnaval et Carême[57]. L'une représente un intérieur paysan richement garni de victuailles et d'instruments de cuisine. Au milieu des marmites, des jambons, saucisses, poulets et autres hures de porc, un groupe de personnes pour le moins dodues, hommes, femmes, enfants et nourrissons – sans compter les chiens – est occupé à bâfrer et à boire. Au fond l'un de ces personnages chasse violemment un individu d'aspect fort différent puisqu'il est très maigre, vêtu de haillons et porte une cornemuse. La légende qui figure sous l'image livre la clef de cette scène : « Hors d'ici, maigre-dos à hideuse mine : Tu n'as que faire ici, car c'est Grasse-Cuisine ». La seconde gravure représente logiquement la cuisine maigre. Ici tout dénote une extrême pauvreté : en habits rapiécés, des personnes très maigres se disputent les quelques nourritures que l'une d'entre elles a fait cuire dans un unique pot. On distingue un oignon, des fruits et surtout des coquillages ; un homme est occupé à battre un stockfish pour l'attendrir ; la mère n'a plus assez de lait pour nourrir son enfant ni la chienne ses petits. Le même musicien que dans l'autre gravure cherche en vain à retenir un personnage aussi gros que dans la « Grasse cuisine ».

---

57. Wien, Kunsthistorisches Museum (1559). Voir C. G. STRIDBECK, « "Combat between Carnival and Lent" by Pieter Bruegel the Elder: An Allegorical Picture of the Sixteenth Century », *Journal of the Warburg and Courtauld Institutes* 19/1-2 (1956), p. 96-109, Cl. GAIGNEBET, « Le combat de Carnaval et de Carême », *Annales. Économies Sociétés Civilisations* 27/2 (1972), p. 313-345.

Bruno Laurioux

Vigoureusement contestée au XVIe siècle par les protestants, la contrainte du Carême, et plus généralement du maigre, n'avait-elle pas commencé à s'alléger dès la fin du Moyen Âge ?

6. Un Carême déjà affaibli ?

Conservés depuis le XIIe siècle, les comptes d'approvisionnement se multiplient à la fin du Moyen Âge, où ils deviennent de plus en plus détaillés, ce qui nous permet de déterminer assez précisément les rations, ou tout au moins les profils alimentaires propres à un groupe ou un individu[58]. Et ce pour un repas, un jour, une semaine ou un mois, ou encore une période liturgique telle que le Carême.

Ouvrons les registres de menues dépenses du pape Paul II qui, de 1464 à 1466, présentent un relevé quotidien de tout ce qui était servi à la table du pontife et dans sa cuisine « secrète ». Ils intègrent également les distributions à sa *familia*, ainsi que les cadeaux et gratifications alimentaires dont bénéficient ses omniprésents neveux[59].

Le Carême s'applique ici avec toute sa rigueur, n'autorisant guère que le poisson durant les 46 jours habituels – y compris là aussi les dimanches. Durant le mois de mars, mois du Carême par excellence, l'utilisation des œufs dans les cuisines disparaît totalement – alors qu'elle s'élevait, en temps habituel, à des milliers d'œufs. La seule nuance, mais dont le droit canonique rend parfaitement compte, porte sur la durée du Carême, qui pouvait commencer un peu plus tôt que le Mercredi des Cendres pour les personnes d'état ecclésiastique : même lors du Mardi gras, et tandis que les curialistes consomment une invraisemblable quantité de *provadura* – un fromage typiquement romain –, le pape se contente de pommes et de noix, et mange même du poisson en compagnie de ses *cubicularii religiosi*[60].

---

58. Br. LAURIOUX et P. MOIREZ, « Pour une approche qualitative des comptes alimentaires : cour de France et cour de Rome à la fin du Moyen Âge », *Food & History* 4/1 (2006), p. 45-66.
59. Br. LAURIOUX, *Gastronomie, humanisme et société à Rome au milieu du XVe siècle : autour du De honesta uoluptate de Platina*, Florence 2006, p. 27-30. Voir, pour une période antérieure, Ch. KAST, « Cibi e conclave. Alimentazione quotidiana alla corta papale di Giovanni XXIII (1410-1419) » dans M. CHIABÒ (éd.), *A tavola nella Roma dei papi nel Rinascimento*, Rome 2019, p. 57-73.
60. Br. LAURIOUX, *Gastronomie, humanisme et société*, p. 245 et 363-365.

L'âge d'or du Carême dans l'Occident latin du Moyen Âge

Au sommet de la Chrétienté, dans un milieu qui reste cosmopolite, le Carême apparaît donc bien comme le point de résistance du jeûne. Car, par ailleurs, les entorses à l'abstinence semblent s'y multiplier. Quasiment seul l'abbé de San Lorenzo d'Aversa, qui n'est autre que le maître d'hôtel du pape, se voit distribuer poisson et choux durant l'Avent, au motif « qu'il ne mange pas de viande ». Même les Quatre-Temps, les samedis – et parfois les vendredis – ne semblent plus présenter, pour tous les membres de la cour pontificale, un caractère obligatoire. S'y priver de viande était désormais une affaire de conviction et non plus un devoir.

La conséquence était logiquement le développement de ce que les sociologues identifient dans nos habitudes contemporaines comme des « alimentations particulières[61] ». C'est ce que confirment les riches comptabilités anglaises[62]. Aux prescriptions fragmentaires et confuses du droit canonique, ces « Household Accounts » opposent, au moins au départ, un calendrier simplifié. Le rôle des dépenses de l'hôtel de Katherine de Norwich en 1336-1337 ne reconnaît ainsi, quant au « profil religieux » de la consommation, que trois types de jours. D'abord, les jours gras, où se consomment de la viande ainsi que des laitages et œufs : c'est le cas – en dehors du temps de Carême bien sûr – de tous les dimanches, lundis, mardis et jeudis, auxquels s'ajoutent exceptionnellement d'autres jours de la semaine lorsqu'ils coïncident avec une grande fête. Le deuxième type est à l'exact inverse du précédent : tous les jours du Carême ainsi que les vendredis (100 %), samedis (9 fois sur 10) et – dans une moindre mesure (la moitié) – mercredis de chaque semaine, il n'est consommé que du poisson. Reste un type intermédiaire, celui où la consommation de poisson s'accompagne de produits animaux dérivés – qui se limitent en l'occurrence à un seul, les œufs (peut-être moins nocifs religieusement car issus de volatiles dont la nature carnée a fait l'objet du débat théologique que l'on a vu) ; il s'applique dans la moitié des mercredis et un samedi sur dix.

Toujours en Angleterre, deux autres comptes plus tardifs enregistrent des évolutions d'autant plus intéressantes qu'ils émanent

---

61. Cl. FISCHLER (éd.), *Les alimentations particulières. Mangerons-nous encore ensemble demain ?*, Paris 2013.
62. Celles qui sont utilisées ici ont été éditées par Ch. M. WOOLGAR, *Household Accounts from Medieval England*, Oxford 1992. Voir aussi Br. LAURIOUX, « Le maigre : cuisine de substitution ? », p. 95-100.

d'hôtels ecclésiastiques : celui de Richard Mitford évêque de Salisbury au début du XVe siècle et le registre de John Hales, évêque de Coventry dans les années 1460. On ne peut soupçonner ces prélats d'ignorer les règles du droit canonique. L'effritement considérable des jours uniquement consacrés au poisson que l'on peut observer dans leurs comptes n'en est que plus spectaculaire : En dehors du Carême, ils ne représentent plus qu'une part réduite des jours potentiellement maigres ; on n'y compte plus, par exemple, aucun mercredi et une minorité de vendredis et de samedis. L'essentiel des jours maigres de la semaine associe désormais au poisson une large gamme de produits animaux : œufs mais aussi beurre, fromage, lait, et enfin crème – reflet peut-être du goût pour les produits laitiers qui est bien attesté dans les régions atlantiques. La dernière évolution concerne les mercredis qui se transforment en ce que l'on pourrait qualifier de « jours mixtes » : la viande et le poisson y coexistent, notamment à la veille des grandes fêtes – canoniquement jeûnées comme on le sait. Comme si, au fond, on avait laissé aux fidèles le choix de se priver de viande ou non.

Au-delà de la viande, le Carême affecte l'usage des laitages et, singulièrement, celui de la graisse de cuisson qu'est le beurre. C'est ce que rappelle avec clarté un canon des statuts synodaux établis à Angers en 1366 pour l'ensemble de la province ecclésiastique de Tours :

> De l'observation des jeûnes[63]. Que l'on s'abstienne complètement durant tous les jours de jeûne et surtout durant le Carême non seulement de la viande, mais même de tous [les aliments] qui tirent leur origine séminale de la viande ; et certains dans notre province, personnes ecclésiastiques comme séculiers dans certains endroits, usent de lait et de beurre indistinctement, bien qu'ils puissent trouver en abondance des poissons, de l'huile et d'autres choses nécessaires. Pour cela, et avec l'approbation du concile, nous interdisons que toute personne ecclésiastique ou séculière ne consomme du beurre ou du lait en Carême, ou bien l'utilise de quelque manière que ce soit dans le pain ou les légumineuses dans les cas non permis par le droit, à moins que cette personne ait un privilège pour cela[64].

---

63. « Qu'on ne consomme ni beurre ni lait durant le Carême », titre mentionné dans un autre manuscrit.
64. Texte latin édité par J. AVRIL, *Les Conciles de la province de Tours (XIIIe-XVe siècle)*, Paris 1987, n° 22, p. 386.

L'âge d'or du Carême dans l'Occident latin du Moyen Âge

Les textes fondamentaux du droit canonique relatifs au jeûne renvoient volontiers aux évêques les détails d'application[65]. Il en résulte une grande diversité dans la réglementation dont témoigne la riche série des statuts synodaux français. Ceux-ci avaient à s'occuper de pratiques courantes qui semblaient aller contre les principaux généraux – par exemple la consommation de beurre en Carême alors qu'il existait un lien organique entre les animaux à viande et les produits laitiers[66].

Or la vaste province ecclésiastique de Tours incluait certes le diocèse d'Angers, où il était aisé de trouver de l'huile de noix pour assaisonner et cuire ses mets de Carême, mais aussi toute la Bretagne, où la seule graisse à disposition était – outre le lard – le beurre. La réputation des Bretons comme mangeurs de beurre en Carême était déjà bien établie à la fin du Moyen Âge. Au milieu du XVe siècle, le héraut d'armes du roi Charles VII, Gilles le Bouvier, remarque que les Bretons « font moult de bures […] et en menguent en quaresme par faulte d'uile[67] ». Vers 1475, le médecin piémontais Pantaleone da Confienza s'étonnera encore de leur forte consommation de beurre : « Ils en mangent avec presque tout, même avec du poisson, ce qui ne convient pas, comme je le leur ai fait souvent observer ». L'association avec le poisson pourrait confirmer que l'on a affaire à des plats de Carême ou à tout le moins de jours maigres. Et Pantaleone d'ajouter : « Ils aiment tellement le beurre qu'on leur applique ce dicton : *Comme la pie la poire, le Breton mange le beurre* (*Sicut pira pirum, sic comedit Brito butirum*)[68] ».

Usage local donc, qui aurait pu théoriquement rencontrer un arbitrage favorable du synode diocésain ou du concile provincial. Pourtant celui d'Angers se montre intraitable, interdisant jusqu'à la petite quantité de beurre qui viendrait enrichir les pains spéciaux[69] ou relever un peu la bouillie de fèves dont devaient se contenter les moines. Cette

---

65. Par exemple les *Décrétales* de Grégoire, IX, 3, 46, c. 2 (*Corpus juris canonici. Pars secunda, Decretalium collectiones*, éd. E. FRIEDBERG, Leipzig 1881, col. 650-651). Thomas d'Aquin abonde aussi dans ce sens « en ce qui concerne l'abstinence des œufs et des laitages » (*Somme théologique*, p. 842), en s'appuyant sur saint Jérôme : « Que chaque province abonde dans son sens ».
66. Voir le *Décret* de Gratien, D 4, c. 6, § 3 (*Corpus juris canonici. Pars prior, Decretum magistri Gratiani*, éd. E. FRIEDBERG, Leipzig 1879, col. 6-7).
67. F. PONCET, *Les Beurres d'Isigny. Aux origines d'une Normandie laitière, XVIIe-XIXe siècle*, Tours 2019, p. 31.
68. I. NASO (éd.), *Formaggi del Medioevo. La « Summa Lacticiniorum » di Pantaleone da Confienza*, Turin 1990, p. 123.
69. Fr. DESPORTES, *Le pain au Moyen Âge*, Paris 1987.

intransigeance est encore plus marquée dans la version française des statuts : manger beurre et lait en Carême y est qualifié de péché mortel, qui ne saurait être absous que par l'évêque. À moins qu'on en mange « par privilege especial ou de coustume ancienne[70] ». Ce privilège et la coutume qu'il avait sanctionnée existaient bel et bien. Dès le XIIIe siècle, une pièce satirique avait moqué les Bretons pour avoir obtenu du pape le privilège de manger « lait et fromage, et en carême et en charnage[71] ». Un inventaire de 1395 note l'existence dans le Trésor des chartes du duc de Bretagne d'une ancienne coutume à ce sujet, que mentionne, significativement, un manuel à l'intention des prêtres du diocèse de Saint-Malo au début du XVIe siècle[72].

La Bretagne n'était pas la seule province de l'Ouest à revendiquer son exception beurrière à la fin du XVe siècle. En 1484, une bulle délivrée par le pape Innocent VIII récapitule les raisons de la dispense collective en faveur des évêchés de Rouen et d'Évreux. Y figurent la difficulté de se procurer de l'huile d'olive, le caractère malsain des huiles de substitution à base de noix et de chènevis, enfin l'existence d'enclaves qui bénéficient déjà du privilège et où les fidèles rouennais vont temporairement résider en période d'abstinence[73].

On retrouve une partie de ces arguments, mais enrichie de bien d'autres, dans une tout autre région d'Europe, les provinces germaniques de l'Empire. En vertu du for interne, le pape avait à traiter des dispenses que les fidèles pouvaient réclamer en matière de jeûne ; pour cela, ces derniers devaient rédiger une supplique où l'on attendait qu'ils précisent les raisons de leur demande. Grâce à l'impeccable érudition allemande, les médiévistes peuvent plonger dans l'océan des suppliques enregistrées par la Pénitencerie apostolique, à partir de 1431 (début du pontificat d'Eugène IV) jusqu'en 1484 (fin du pontificat de Sixte IV)[74]. Sur les milliers de demandes émanant des diocèses allemands, à peine

---

70. J. AVRIL, *Les Conciles de la province de Tours*, n° 11, p. 401.
71. J.-Ch. CASSARD, « Les premiers immigrés : heurs et malheurs de quelques Bretons dans le Paris de Saint Louis », *Médiévales* 6 (1984), p. 86.
72. F. PONCET, *Les Beurres d'Isigny*, p. 31. La question de la dispense pontificale accordée en 1491 à Anne de Bretagne mériterait d'être reprise (voir la version non contrôlée de P.-J.-B. LE GRAND D'AUSSY, *Histoire de la vie privée des Français depuis l'origine de la nation jusqu'à nos jours (1782)*, 1re partie, s.l., 1999, p. 284-285).
73. F. PONCET, *Les Beurres d'Isigny*, p. 30.
74. *Repertorium Pœnitentiariæ Germanicum* [désormais *RPG*], éd. L. SCHMUGGE et al., Tübingen – Berlin – Boston 1996-2018, 11 vol.

300 relèvent de la question du jeûne. Mais, en quelque 53 ans, leur nombre a crû significativement (de une du temps d'Eugène IV à 196 sous Sixte IV), et elles finissent par représenter 14 % des dispenses *De diuersis formis* sous le pontificat de Sixte IV.

Certaines de ces suppliques sont individuelles, émanant d'importants personnages. Voici par exemple Henri le Jeune, duc de Silésie et de Głogów. Il ne peut se sustenter correctement, écrit-il, « qu'en mangeant de la viande, des œufs et des laitages ». C'est pourquoi il demande la permission de pouvoir utiliser durant les jours de jeûne tous les aliments lactés que lui conseillent ses médecins ; il réclame même que, durant cette période, son cuisinier et son crédencier (spécialiste des mets froids) puissent préparer ces aliments lactés sous forme de plats et sur la crédence. Il s'agit donc de concilier la santé avec le plaisir, une notion théoriquement exclue du Carême. Et pourtant la dispense est accordée au duc, après consultation de son confesseur[75].

Les arguments ne peuvent être tout à fait les mêmes lorsque la supplique est collective et émane de tous les habitants d'une ville ou d'un diocèse. En 1455 ceux de Würzburg expliquent que

> pendant les jours de jeûne et de Carême, ils subissent de grands préjudices du fait de la pénurie d'huile d'olive, qui ne se fabrique pas dans ces régions, et [que], du fait de l'usage de lard (sic) de raves et d'huile de noix, certains d'entre eux sont souvent affligés de diverses maladies. [Ils demandent] que leur soit permis, dans tout mets où il est de coutume de mettre de l'huile, de pouvoir mettre du beurre à la place et de s'en nourrir légalement ces mêmes jours[76].

---

75. *RPG*, vol. 5, n° 1099 [supplique de 1466], p. 115 : « Henricus iunior dux Slezie et Glogowie Maioris non potens corp. suum commode sustentare absque esu carnium, ouorum et lacticiniorum : petit licentiam, ut diebus ieiunalibus possit uti omnibus lactiniis cibis de consilio medicorum, necnon ut cocus et credenciarius eius pro temp. existentes huiusmodi ferculo gestare et credenciam facere possint. Fiat de speciali cum consilio suo confessoris ».

76. *RPG*, vol. 3, n° 138, p. 27 : « Herbip. Civit. Et dioc. ; exponunt habitatores et incole, quod ipsi in diebus ieiunalibus et quadragesimalibus propter olei oliuarum penuriam, quod in illis par, tibus non conficitur, maxima sustineant detrimenta ac propter esum raparum laridi vel nucum olei aliqui ex eis uariis infirmitatibus sepenumero affligantur : de lic., ut in omni cibo, in quo oleum poni solet, loco eius butirum ponere et eodem d. diebus licite uesci possint (fiat de speciali et expresso, et committatur ordinarius, qui non uniuersitatibus aut communitatibus, sed singularibus personis maxime debilibus pauperibus utriusque sexus et aliis, qui se commode sine butiri usu sustentari non possunt, [concedat] prout sibi uidebitur D.) ».

Contraintes environnementales, santé et pauvreté sont les arguments le plus souvent invoqués pour réclamer au pape une dispense de Carême. Une supplique de 1484 leur ajoute une considération qui présente un grand intérêt pour l'histoire de l'alimentation : celle du dégoût. Le baron Wirich de Thure y représente les habitants de ses seigneuries de Falkenstein et Oberstein, au diocèse de Mayence : non seulement, explique-t-il, ses sujets pauvres souffrent du manque de mets de Carême mais aux riches, qui pourraient s'offrir de l'huile d'olive, celle-ci « leur cause la nausée parce qu'ils ne l'utilisent pas (habituellement) et cela en vient jusqu'à un tel dégoût qu'il leur fait horreur d'en user ». La demande elle-même montre bien que c'est toute une culture des laitages qui est en jeu puisqu'à la permission pour tous de manger en Carême et dans les autres jours de jeûne du beurre au lieu d'huile, s'ajoute, pour les faibles, pauvres et malades, le droit de pouvoir utiliser les autres laitages – à l'exception toutefois du fromage [77].

Le Carême est resté à la fin du Moyen Âge le point de référence du système des jeûnes médiévaux, face à d'autres modalités d'abstinence alimentaire, qui n'étaient plus totalement comprises – si même elles l'avaient jamais été. Mais il semble bien que, dès la deuxième moitié du XVe siècle, la pression se soit accrue sur les autorités ecclésiastiques pour obtenir des allègements décisifs dans son application [78]. Et ce, avant même que la concurrence de la Réforme protestante ne contraigne, au début du XVIe siècle, l'Église catholique à accélérer le mouvement [79]. Il serait d'ailleurs intéressant de poursuivre l'enquête dans les registres de la Pénitencerie apostolique du XVIe siècle.

---

77. *RPG*, vol. 5, n° 3433, p. 453 : « Wirich de Thure baronus nob. Dom. Temporalis castrorum de Falkenstein et Oberstein Magunt. [Mayence] dioc. ; exponitur pro parte eius et omnium incolarum eorumdem castrorum, quod ipsi regionem frigidam inhabitant, ubi oleum oliuarum non crescit nec commode haberi potest et exponens pro maiori parte sunt laboratores, multi eorum pauperes ciborum quadragesimalium penuriam habentes, qui oleum predictum emere requeunt, et licet aliqui ex eis sunt habundantes et diuites, qui oleum emere possent, tamen propter non usum illis nauseam generat et in fastidium uenit adeo, quod illo uti abhorrent : quapropter pro ipsorum parte supplicatur de disp., quod diebus quadragesimalibus et aliis diebus ieiunalibus omnes butiro loco olei, debiles uero pauperes et infirmi etiam aliis lacticiniis dempto caseo uti possint. Fiat de speciali ».
78. F. PONCET, *Les Beurres d'Isigny*, p. 31 : « La multiplication des dispenses pour consommer du beurre en maigre préexiste aux courants réformateurs. À certains égards, elle en préfigure l'apparition ».
79. J.-L. FLANDRIN, *Chronique de Platine. Pour une gastronomie historique*, Paris 1992, p. 249.

L'âge d'or du Carême dans l'Occident latin du Moyen Âge

Le lent délitement qui a dès lors commencé à affecter le Carême pourrait être interprété comme un indice de déchristianisation[80]. Sylvio De Franceschi a montré qu'il fut tout sauf linéaire, le raidissement post-tridentin ne laissant place à un détachement décisif qu'à partir du XIXe siècle[81]. Le scandale que suscita chez Voltaire le cas d'un gentilhomme franc-comtois condamné à mort en 1629 pour avoir mangé du cheval un jour maigre est révélateur d'une incompréhension radicale à l'égard de règles jugées désormais comme dépassées[82]. Dans la pénitence toujours exigée du chrétien en Carême par le droit canonique, les normes alimentaires ne jouent plus aujourd'hui qu'un rôle secondaire et l'abstinence de viande, mise sur le même plan que celle d'une « autre nourriture », s'y limite au Mercredi des Cendres et au Vendredi saint. Plus que le Carême, c'est le vendredi, où le Code de droit canonique recommande toujours la privation de viande[83], qui semble avoir perpétué la tradition, grâce peut-être aux menus des cantines, dignes héritiers de ceux des collèges jésuites et des monastères médiévaux. Quant au jeûne actuel, devenu à la mode sous le nom de « détox », il ne paraît pas devoir grand-chose au Carême du Moyen Âge[84].

---

80. R. ABAD, « Un indice de déchristianisation ? L'évolution de la consommation de viande à Paris en carême sous l'Ancien Régime », *Revue historique* 301/2 (1999), p. 237-275, A. MONTENACH, « Une économie du secret. Le commerce clandestin de viande en carême (Lyon, fin du XVIIe siècle) », *Rives nord-méditerranéennes* 17 (2004), http://journals.openedition.org/rives/538.
81. S. H. DE FRANCESCHI, *Morales du carême*.
82. *Ibid.*, p. 59-62, et P. DELSALLE, « L'alimentation pendant le Carême en Franche-Comté aux XVe, XVIe et XVIIe siècles », *Mémoires de la Société d'Émulation du Doubs* 46 (2004), p. 107-138.
83. *Code de droit canonique : Codex Iuris Canonicis Auctoritatae Ioannis Pauli PP. II Promulgatus, Datum Romæ, die xxv Ianuarii, anno MCMLXXXIII*, l. IV, 3e partie, tit. II, c. 2, canon 1251 : http://www.vatican.va/archive/FRA0037/__P4L.HTM.
84. P. COHEN, L. BELLENCHOMBRE et Fr. FÉLIU, « Jeûner en France », *Revue des sciences sociales* 61 (2019), http://journals.openedition.org/revss/3701.

DIFFÉRENCE DES METS, DISCIPLINE DU CORPS : LES PROTESTANTISMES ET LE JEÛNE

Olivier Christin
EPHE, Université PSL

DANS UNE GRANDE PARTIE de l'Europe, dès le tout début des années 1520, c'est-à-dire avant même l'institutionnalisation des Églises protestantes, la progression des idées nouvelles suscite entre partisans et détracteurs de Rome des conflits très particuliers au sujet de la viande, des œufs et du gras, mais aussi des excès d'alcool notamment lors du carnaval et du carême, ou, plus exactement, à l'occasion du passage de l'un à l'autre, du temps d'abondance et de fête au temps de pénitence. Ce sont l'organisation même de l'année liturgique et la distinction des temps clos et des temps ordinaires qui donnent leur rythme à ces confrontations à la fois théoriques et pratiques entre tenants de l'ancienne religion, d'une part, évangéliques, luthériens et zwingliens, de l'autre, dans la prédication, le livre imprimé et l'image, mais aussi dans des transgressions très concrètes, parfois savamment exploitées. Le début du carême, l'ouverture d'un temps où la consommation de produits d'origine animale en général est en théorie interdite, malgré de généreuses dispenses, est en effet régulièrement occasion d'incidents répétés, de provocations savamment calculées, voire de véritables « affaires », au sens que Luc Boltanski donne à ce terme, destinées, par le scandale, à dénoncer l'arbitraire des pratiques romaines du jeune. Dans le Saint-Empire comme en Suisse ou en France, la progression des idées nouvelles se mesure donc à la multiplication des infractions à la législation du carême.

Olivier Christin

1. Guerres des saucisses

À Braunschweig, en Allemagne du Nord, les refus de jeûne et de fermeture des étals de bouchers ou d'équarrisseurs font leur apparition dès 1521. On peut s'appuyer ici sur le témoignage d'un bénédictin de la ville, Goldschalk Kruse, qui, au terme d'un séjour à Wittemberg, s'est converti au luthéranisme, ou sur les lettres d'un ami du réformateur radical Thomas Münzer, Hans Belt. L'un et l'autre signalent le geste du brasseur et négociant Hans Hornburg qui, dans la période dite des Quatre temps de la Pentecôte, entre le 22 et 25 mai 1521, aurait mangé de la viande et donc brisé le jeûne, théoriquement obligatoire qui devait marquer cette période de fête. Les catholiques l'accusent de péché contre l'Esprit saint et contre l'Église et portent plainte devant le tribunal de l'évêque. Finalement, Hornburg est exilé, mais le conflit n'est pas clos pour autant. En février 1522, le duc est obligé de menacer la ville de lourdes sanctions car le Conseil de Ville (*Rat*) n'a rien entrepris contre les dépeceurs de viande qui ont refusé cette année-là de suspendre la vente de viande pendant le carême. En fait, les tensions ne s'apaisent pas, attisées par un sermon du prédicateur Kurt Grotewahl qui ironise en 1525 sur « la différence des mets » inventée selon lui de toutes pièces par les papistes. En avril, Hans Müller, un bourgeois de la ville, est condamné au bannissement pour avoir « mangé de la viande » le vendredi 24 février. Sans résultat, puisque, dès 1528, Müller revient en ville à la faveur du changement des rapports de force. Son coup d'éclat paraît bien avoir contribué à faire de lui l'un des représentants majeurs des idées nouvelles puisqu'il devient membre du conseil de ville et même Bürgermeister de 1542 à 1545[1].

L'expression de Grotewahl, *Underscheyd der Speyse* (« différence des mets »), qui se trouvait déjà dans Luther, s'impose rapidement comme l'un des marqueurs du combat confessionnel, l'une des formulations en vogue dans les prédications de controverse, les feuilles volantes et les pamphlets, comme dans un exemple célèbre attesté à Nuremberg. à la fin des années 1520 ou peut-être au tout début des années 1530, Erhard Schoen y réalise une feuille volante qui veut expliquer à tous la « différence entre un moine et un chrétien », en revenant notamment sur la question de cette « différence des mets »

---

1. S. BRÄUER, « Der Beginn der Reformation in Braunschweig: Historiographische Tradition und Quellenbefund », *Braunschweiger Jahrbuch* 75 (1994), p. 85-116.

qu'évoquait Grotewahl. Les deux adversaires de cette *disputatio* imaginaire sont face à face : au moine qui « ne mange qu'en certaines périodes », ne « jeûne qu'à certains moments » et se tient à l'écart « de certains mets », s'oppose le vrai chrétien qui « mange lorsque le besoin s'en fait sentir », « mortifie tous les jours sa chair » et « mange toutes les nourritures que Dieu a bénies ».

À Leizpig aussi, les incidents sont assez importants pour qu'en 1533, Johannes Koss publie un *Sermon chrétien sur le Jeûne,* qui déplore d'emblée que, malgré le témoignage irréfutable de la Bible et la longue tradition de l'Église au sujet du jeûne, des « gens enragés » et hostiles au pape en « abandonnent et renversent » la pratique[2]. Mais c'est à Zurich, peut-être, que le processus de la Réformation semble le plus inséparable d'une affaire de scandale alimentaire. Le mercredi des Cendres de 1522, plusieurs personnalités de premier plan, parmi lesquelles Leo Jud et Ulrich Zwingli, se réunissent chez l'imprimeur Christophe Froschauer. Si l'on en croit un témoin convoqué lors de l'enquête du Conseil de ville, l'imprimeur aurait alors proposé deux saucisses sèches à ses invités ; ils en auraient pris chacun un morceau, à l'exception de Zwingli. L'affaire est rapportée aux autorités et fait grand bruit. Sommés de s'expliquer sur cette transgression, plusieurs participants de ce repas, et notamment Froschauer et Zwingli, se justifient par la critique du jeûne et de ses fondements : le premier devant le Conseil et le second dans un écrit presque contemporain soulignent la nécessité de conformer les usages alimentaires non à des prescriptions générales et arbitraires, mais à une juste évaluation des besoins du corps de chacun, et du même coup à un bon équilibre des satisfactions et des mortifications. Froschauer explique ainsi qu'il a « tant de travail à faire que cela épuise [son] corps » et qu'il n'a d'ailleurs pas toujours le temps d'acheter du poisson. Mais à ces arguments qui peuvent sembler triviaux et en tout cas difficiles à ériger en règle collective, il ajoute immédiatement qu'il « faut diriger nos vies et nos actions selon la règle de l'Évangile » et rien d'autre. La foi, contenue dans l'Écriture, prime donc sur les œuvres et les obligations extérieures, qui ne sont qu'inventions humaines. Zwingli s'empare lui aussi de la question du jeûne pour affirmer la primauté de la foi et

---

2. J. Koss, *Ein Christlich Sermon vom Fasten des Gotseligen Predigers M. Johan Kosz... Welch er gethan hat auff den ersten Sontag in der fasten zu Leyptzk: Klagred über den thod vnd das begrebnus obangezeigts pffarrpredigers zu Leyptzigk*, Leipzig 1533.

brocarder les clercs qui imposent à tous une frugalité inutile ou nuisible, qu'ils n'adoptent d'ailleurs pas eux-mêmes ou qu'ils dévoient : si « le travailleur modère son désir en binant et en travaillant dans les champs » et peut donc pouvoir se nourrir à sa guise pour accomplir ses tâches, « les [...] oisifs se gavent de nourritures luxueuses qui les enflamment ». Chez le réformateur suisse, le jeûne change donc de statut : il n'est plus une obligation sociale inopérante et injuste, une convention arbitraire sans fondement scripturaire, mais un choix volontaire et personnel, strictement corrélé aux occupations intellectuelles et manuelles, on y reviendra plus tard. Pour lui, c'est le principe de la liberté du chrétien qui doit prévaloir en la matière : « Si l'esprit de votre foi vous dit de le faire, jeûnez, mais autorisez votre voisin à utiliser sa liberté chrétienne[3] ».

L'enseignement du Réformateur rencontre sur ce terrain un écho rapide, car selon le chroniqueur catholique et membre du *Rat* Gerold Edlibach, à peine deux ans plus tard, « chacun commença durant le Carême de cette année 1524 à manger de la viande, du poulet, de la volaille, des œufs et ce qu'il désirait » : « Quiconque ne mangeait pas cela était tourné en dérision ; certains ne jeûnèrent même plus du tout, ni aux Quatre Temps, ni aux fêtes solennelles de la Vierge ou aux autres fêtes, parce que bien des gens n'avaient plus peur d'être excommuniés. De nombreux prédicateurs et pasteurs expliquèrent que le jeûne n'était qu'un moyen d'amener au confessionnal, inventé pour l'amour de l'argent[4] ».

La multiplication des incidents sur la consommation de viande et sur l'ouverture des boucheries en période d'interdit, souvent repérables en France aussi comme l'a montré Jérémie Foa[5], n'est évidemment pas séparable des sermons, des traités dogmatiques, des pamphlets, des manuels à destination des chrétiens, des artisans, des chefs de famille

---

3. H. ZWINGLI, *Sämtliche Werke*, éd. E. EGLI et G. FINSLER, vol. 1, Berlin 1905, p. 106 ; citation de ce texte dans P. JOHNSTON et B. SCRIBNER, *The Reformation in Germany and Switzerland*, Cambridge 1993, p. 51. Sur cette affaire, G. R POTTER, *Zwingli*, Cambridge 1976, p. 74-75. Autres exemples à Berne où en 1524, les magistrats « défendirent en même temps de manger de la viande en Carême » selon A. RUCHAT, *Histoire de la Réformation en Suisse, 1516-1527*, Paris 1996, p. 124.
4. Cité dans H.-D. ALTENDORF et P. JEZLER (éd.), *Bilderstreit: Kulturwandel in Zwinglis Reformation*, Zurich 1984, p. 49.
5. Voir également O. CHRISTIN, *La paix de religion. L'autonomisation de la raison politique au XVIe siècle*, Paris 1997.

et des maîtresses de maison, et même des livres de cuisine, qui s'en emparent et se proposent de fournir des arguments à leurs protagonistes. Le recensement complet en serait très long : on peut donc se contenter, ici, d'en indiquer quelques exemples, en relevant l'hétérogénéité des genres littéraires et pourtant la répétitivité des arguments, comme si l'essentiel avait été dit par Luther, Zwingli et leurs partisans dès le début des années 1520. Dans un traité de 1557 adressé au Margrave de Bade, le pasteur Jacob Ratz oppose le véritable jeûne aux pratiques superstitieuses et hypocrites des catholiques, dénonçant à la suite de nombreux autres controversistes la distinction artificielle des nourritures : « À quoi sert de se priver de viande alors que l'on se remplit le ventre de poisson[6] ? » Quelques années plus tard, Josua Opitz consacre un long traité à la question du jeûne dans lequel il s'attache à démontrer que la façon dont il est conçu, justifié et pratiqué au sein de l'Église romaine est tout simplement superstitieuse et contraire aux commandements de Dieu. Témoignage éloquent du rapport étroit entre incidents au sujet de la rupture du jeûne et production de la littérature de controverse, qui mobilise souvent des affaires très concrètes, les premières éditions du *Livre des Martyrs* de Jean Crespin rapportent en détail le sort de Godefroy de Hammelle, martyrisé à Tournai en 1552, et surtout le très long interrogatoire qu'il doit subir de la part de l'Official de la ville et de deux autres inquisiteurs. La distinction des mets et des temps, l'opposition entre la viande et le poisson et entre les différents jours est explicitement évoquée – les juges « m'ont demandé de l'abstinence de la chair et d'œufs au Caresme » : « J'ay dict, quant à moy, que depuis que le Seigneur m'a appelé des ténèbres à sa vray lumière et à la cognoissance de vérité, je ne fai plus de différence des jours et que je croy que je peux boire et manger de tout ce que le Seigneur a crée, moyennant que j'en use avec modération[7] ».

L'emballement de la controverse s'étend cependant bien au-delà des traités et sermons des professionnels de la foi : il contamine des genres littéraires que l'on pourrait a priori croire en partie étrangers à ces querelles théologiques. C'est le cas de manuels d'édification morale, d'ouvrages d'économie domestique et de devoirs d'état, qui se font rapidement

---

6. J. RATZ, *Vom Fasten welches das recht Christlich unnd notwendig, auch das falsch und onchristlich fasten sey*, Strasbourg 1554, p. x.
7. J. CRESPIN, *Le livre des martyrs qui est un recueil de plusieurs martyrs qui ont enduré la mort depuis Jean Hus jusques à ceste présente année MDLIIII*, Genève 1554, p. 300-301.

Olivier Christin

l'écho de la controverse sur le jeûne, la modération alimentaire, l'abstinence et qui témoignent par là des effets de la confessionnalisation des mœurs. On pourrait citer ici le *Hausbuch Fur die Einfeltigen Hausveter* adressé au Duc de Mecklenbourg Johan Albrecht et publié en 1555, qui dénonce les « papistes sans Dieu » et consacre un long chapitre au jeûne et aux différentes formes qu'il peut prendre[8], le *Methodus oder Heubtartikel christlicher lere* de Johann Wigand (1567)[9], le *Harmonia evangelistarum* de Heinrich Bünting (1593)[10], ou encore le *Christlicher Zeitvertreiber oder Geistliches Rätzelbuch* de Michael Sachs qui distingue pour sa part onze sortes de jeûnes en rappelant pour chacune les lieux bibliques qui les illustrent le mieux[11]. Les mêmes critiques contre les pratiques catholiques du jeûne, superstitieuses et hypocrites, s'y expriment, comme le même souci de distinguer des formes et des occasions différentes d'abstinence et de mortification de la chair et des passions, et surtout la même insistance sur la liberté du chrétien sans laquelle le jeûne reste une posture, une convention sans effet sur la transformation intérieure du fidèle dans la lutte contre le péché.

Ces ouvrages destinés aux fidèles, au « saint foyer » évangélique comme lieu d'édification et de transformation des conduites, et largement diffusés, reprennent bien entendu certains des arguments de Luther. Ils soulignent notamment la liberté du chrétien, qui peut choisir de suivre la parole de Dieu et s'émanciper des « niaiseries minuscules » érigées en affaires de conscience insolubles, comme le revendique Luther dans les textes où il justifie ses excès alimentaires et son gout du vin pur. Dans une lettre célèbre à Hieronymus Weller datée de 1530 et citée par Lucien Febvre, par exemple, il affirme « qu'il y a des fois où il faut boire un coup de trop et faire des plaisanteries, et s'amuser, bref, commettre quelque péché en haine et mépris

---

8. E. SARCERIUS, *Hausbuch Fur die Einfeltigen Hausveter: von den vornemesten Artickeln der Christlichen Religion, darinnen der Evangelischen Christen und der Gottlosen Papisten lehren gegen einander gehalten werden*, Leipzig 1555.
9. J. WIGAND, *Methodus oder Heubtartikel christlicher lere wie sie in der Kirchen zu Magdeburg zugehalten (...) werden*, s.l. 1567.
10. H. BÜNTING, *Harmonia evangelistarum: Das ist, Ein sehr schöne und eindrechtige zusamen stimmung der heiligen vier Evangelisten, darin die wunderschöne, tröstliche, und liebliche Historia, des gantzen lebens unsers Herrn und Heilandes Jesu Christi in eine gantz richtige Ordnung gebracht*, Braunschweig 1593.
11. *Christlicher Zeitvertreiber oder Geistliches Rätzelbuch: Darinnen noch funfftzig vnterschiedliche Loci auß der Bibel gesetzet, vnd fein ordentlich mit vielen Fragen vnd klarer Antwort verfass*, s.l. 1601.

du diable, pour ne pas laisser lieu de nous faire un cas de conscience de niaiseries minuscules » : « Quelle autre raison crois-tu que j'ai de boire de plus en plus mon vin pur [...], de plus en plus souvent de faire de bons dîners ? C'est pour moquer le Diable et le vexer, lui qui autrefois, si souvent, me moquait et me vexait[12] ». Les *Propos de table*, dont la première édition date de la fin des années 1560, contiennent des affirmations similaires, comme ce conseil pour lutter contre les pensées mélancoliques : « Pour chasser promptement ces idées, pensez à quelque chose de gai, ou buvez un bon coup, jouez ou amusez-vous ». Luther, libéré de ces affres imaginaires, peut ainsi prôner une transformation du rapport au corps et aux aliments, une liberté personnelle qui ne se confond pas avec le relâchement hypocrite des moines, qui ne font que donner l'illusion de l'austérité. Pour prendre la mesure de cette rupture, il faut donc revenir aux textes de Luther, à ceux de Zwingli et de Calvin et rappeler ce qui fonde très vite leur critique du jeûne au point d'alimenter les conflits et les controverses que l'on vient d'évoquer et dont on pourrait facilement multiplier les exemples.

2. Le jeûne, les vœux, les œuvres

La position de Luther se forge dans ses premiers combats contre l'Église romaine et dans sa rupture avec son propre état clérical à partir de 1517. En soulignant la gratuité absolue de la grâce divine et donc la primauté de la foi, Luther s'engage dans une critique de plus en plus ferme des « œuvres » par lesquelles les croyants croient prendre part à leur propre salut. Non seulement l'homme ne peut rien par lui-même pour sortir de son état de pécheur, mais en s'inventant des obligations purement extérieures, sans rapport avec la vraie justice de Dieu et sans fondement dans la Bible, il s'égare, accomplit des efforts en vain, place dangereusement sa confiance dans ses mérites propres. Si Dieu sauve gratuitement les hommes sans qu'ils aient quelque part à son jugement irrévocable, il ne sert à rien de courir les pèlerinages, d'offrir des cierges, de multiplier les intercesseurs ; à rien non plus de se priver à échéance régulière de certains aliments.

---

12. Lettre du 6 novembre 1530, dans W. M. LEBERECHT DE WETTE (éd.), *Dr. Martin Luthers Briefe, Sendschreiben und Bedenken: volständig aus den verschiedenen Ausgaben seiner Werke und Briefe, aus andern Büchern und noch unbenutzten Handschriten gesammelt*, vol. 4, Berlin 1827, p. 186-189.

Olivier Christin

Sa critique de l'économie du salut développée par l'Église romaine se fait plus vive encore lorsqu'elle aborde la place des clercs qui en sont à la fois les bénéficiaires et les ordonnateurs. Les réguliers, en particulier, font l'objet d'attaques d'autant plus cinglantes qu'ils se pensent eux-mêmes comme les meilleurs des chrétiens. Les clercs et leurs pratiques dévotionnelles spécifiques constituent donc les cibles privilégiées des écrits luthériens dès 1518-1520, en particulier le *Sermon sur la double justice*, le traité *Des bonnes œuvres* et en 1521 encore le traité sur les vœux monastiques. Pour Luther, en effet, « il faut savoir qu'il n'y a point de bonnes œuvres hormis celles, uniquement, que Dieu a ordonnées[13] », c'est-à-dire en fait ce qui est énuméré dans les Tables de la Loi, le reste n'étant qu'invention humaine, opinion, usages relatifs et circonstanciels. Il attaque par conséquent les clercs qui ne prônent, selon lui, que des œuvres mortes, « décapitées[14] », sans lien avec la foi. Car au fond, ils « limitent les bonnes œuvres si étroitement qu'elles consistent uniquement dans les prières à l'Église, les jeûnes et les aumônes[15] ». Or cette dérive s'observe plus particulièrement chez les réguliers, qui en voulant peut-être sincèrement vivre selon l'Évangile, dans la pauvreté et la chasteté, se sont trompés de manière absolue : « À présent, cette classe d'hommes, qui devait être la plus libre de toutes, est la plus superstitieuse et vétilleuse, prisonnière de ses innombrables statuts, d'articles particuliers et d'observance dérisoires[16] ». Ces hommes qui devaient être ceux qui suivaient le plus librement le seul chemin de salut véritable sont ainsi devenus prisonniers des règles qu'ils ont eux-mêmes inventées et, du coup, à la fois superstitieux et orgueilleux. Ils ont cru et croient mener une vie meilleure, plus parfaite, et être, au fond, les seuls véritables chrétiens : c'est la preuve, pour le réformateur, de leur « aveuglement incommensurable », car l'Église n'est pas une somme de règles, de préceptes, de conseils qu'il suffirait de suivre machinalement et scrupuleusement, mais une promesse[17]. Elle n'est pas davantage la propriété de

---

13. M. LUTHER, « Des bonnes œuvres », dans *Œuvres,* éd. M. LIENHARD et M. ARNOLD, Paris 1999, p. 439.
14. *Ibid.*, p. 440.
15. *Ibid.*, p. 441.
16. M. LUTHER, « Jugement sur les vœux monastiques », dans *Œuvres,* éd. M. LIENHARD et M. ARNOLD, p. 893.
17. O. CHRISTIN, *Les Yeux pour le croire. Les Dix Commandements en images (XVe-XVIIIe siècle)*, Paris 2003.

quelques-uns, mais « le bien commun de tous les fidèles[18] ». Contrairement à ce que prétendent les moines, par conséquent, « il ne sert à rien à l'âme que le corps revête des habits consacrés [...] ni qu'il se tienne dans les églises et les lieux consacrés, ni qu'il manipule des objets consacrés, ni qu'il prie et jeûne corporellement[19] ». Plus tard, dans *Les Propos de table*, Luther dénoncera plus crûment encore les jeûnes catholiques comme « pure hypocrisie, fantômes par lesquels le diable se moque de nous ».

Chez Zwingli également, la critique des obligations imaginées et imposées par l'Église en matière d'abstinence et de distinction des aliments, non sans d'innombrables exemptions et passe-droits – dont les lettres de beurre sont parmi les mieux connues –, repose sur un petit nombre d'arguments qui touchent à la fois à la liberté du chrétien, au refus de la contrainte dans ce que le Réformateur considère comme un usage ou une habitude purement extérieure, à la contestation de la distinction entre laïcs et clercs et à la dénonciation des privilèges de ces derniers. La formulation la plus nette s'en trouve sans doute dans les 67 thèses destinées à la dispute publique qui se tient à Zurich en janvier 1523 et fera basculer le sort de la cité. La thèse 24 affirme « que chaque chrétien est libre des œuvres que Dieu n'a pas commandées, qu'il a en tout temps le droit de manger de tous les aliments » : « On apprend de là que les dispenses concernant le fromage et le beurre sont une fourberie romaine ». Inséparable de celle-ci, la thèse 25 en prolonge la portée en assurant que « le temps et les lieux sont soumis aux chrétiens, et non l'homme à ceux-là » : « On apprend de là que ceux qui réglementent le temps et les lieux dérobent aux chrétiens leur liberté[20] ».

---

18. M. LUTHER, « Jugement sur les vœux monastiques », p. 893.
19. M. LUTHER, « De la liberté du chrétien », dans *Œuvres,* éd. M. LIENHARD et M. ARNOLD, p. 841. Développements assez proches dans M. LUTHER, « Jugement sur les vœux monastiques », p. 1031 : « Ce genre de vie s'oppose à l'Évangile, en faisant des aliments, des vêtements, des boissons, des lieux, des personnes, des œuvres, des gestes une affaire de péché là où le Christ ne le fait pas, mais où il a décrété la liberté ».
20. H. ZWINGLI, « 67 thèses pour la dispute de Zurich le 29 janvier 1523. Déclarations conclusives », *Études théologiques et religieuses* 92/1 (2017), p. 35-51. Divergences avec Luther visibles dans une lettre à Blarer de 1528 : voir S. GROTEFELD, M. NEUGEBAUER, J.-D. STRUB et J. FISHER (éd.), *Quellentexte theologischer Ethik: von der Alten Kirche bis zur Gegenwart,* Stuttgart 2006, p. 154-156.

Olivier Christin

Peu à peu un argumentaire très étoffé se constitue, que l'on retrouve dans les traités de théologie, les sermons, les disputes publiques et les actes qui en sont donnés, les *Haustafel* évangéliques et les manuels d'économie domestique, mais avant tout dans les confessions de foi écrites qui en élaborent les éléments et les principes. La Confession d'Augsbourg (1530) comporte ainsi un article entier consacré à la « distinction des aliments », qui, de manière très significative, prend place entre ce qui touche à la confession et ce qui est dit des ordres monastiques. Il établit au fond quatre principes essentiels, dont les ouvrages de controverse et d'édification ne feront que décliner les conséquences : la distinction des aliments et la multiplication des jours de jeûne et des exercices de piété sont, au même titre que les ordres religieux et leurs règles, des inventions humaines ; elles obscurcissent la grâce de Jésus Christ, la véritable doctrine et les commandements de Dieu en laissant croire que leur observation peut mériter au fidèle la rémission de ses péchés ; elles ne sont rien d'autre que des obligations extérieures, qui ne contribuent en rien à une « mortification véritable et sérieuse » qui doit « s'exercer constamment, et non pas seulement en certains Jours déterminés[21] » ; le jeûne n'est pas en soi répréhensible, à la condition qu'il ne serve pas à l'acquisition de mérites mais bien à discipliner le corps, à le mettre hors d'état de contrarier chez chacun l'accomplissement des devoirs de sa vocation – on y reviendra – et à retirer toute occasion au péché.

Calvin reprend une partie de ces arguments, en rejetant comme superstitieuse et frivole l'obligation du jeûne dans les temps prescrits par l'Église catholique, tout en considérant que le jeûne « droit et saint » peut être un moyen légitime de discipliner le corps, de s'humilier devant Dieu et d'élever notre âme à lui : « Un erreur, qui ne laisse point d'estre dangereux, de requérir et commander estroitement le iusne, comme si c'estoit une des œuvres principales de l'homme Chrestien. Item de le priser tant qu'il semble advis aux gens qu'ils ayent fait une œuvre digne et excellente, quand ils auront iusné […]. C'a esté une fausse imitation et frivole, et pleine de superstition, que les anciens ont appelé iusne de Quaresme[22] ».

---

21. Traduction en ligne de la *Confession d'Augsbourg*, article 26, « De la distinction des aliments » : http://bibliotheque.ruedeleglise.net/, consulté le 28 avril 2020.
22. *Institution Chrestienne*, l. IV, c. XII, 19 et 20. Sur les pratiques admissibles, débarrassées des superstitions papistes et des illusions du salut par les œuvres, *Institution Chrestienne*, l. IV, c. XII, 15 et 16 : « Le iusne sainct et droit regarde à trois

Les protestantismes et le jeûne

Une abondante littérature de controverse luthérienne, zwinglienne puis bientôt calviniste peut dès lors broder sur cet argumentaire, préciser les lieux bibliques qui lui donnent autorité, exhumer des conciles peu connus qui confirment les positions des réformateurs et se lancer dans des distinctions subtiles qui permettent de justifier les pratiques de modération, voire de privation, nécessaire à la discipline des mœurs et au travail de la confessionnalisation tout en congédiant sans appel les usages superstitieux de l'Église romaine. Elle accumule et répète inlassablement les attaques contre les « papistes » et leurs obligations superstitieuses[23], collectionne les citations et les autorités qui reviennent d'un texte à l'autre, reproduit les mêmes distinctions entre le jeûne surnaturel ou miraculeux, le jeûne superstitieux, le jeûne utile comme instrument de modération des passions et de discipline du corps, et le jeûne de pénitence exceptionnel[24].

Mais elle contribue également à dessiner et à préciser des positions communes qui vont déterminer durablement le rapport des protestantismes à la question du jeûne et de la distinction des aliments par-delà les frontières entre Églises rivales issues de la Réforme. Le refus de toute pratique purement extérieure y figure en bonne place : le *Hausbuch Fur die Einfeltigen Hausveter* estime ainsi que si, dans l'une des différentes formes de jeûne que l'on vient de mentionner, les hommes se privent bien de nourriture et de boisson, ils le font de manière purement formelle, extérieure, sans amour et sans miséricorde (*Bamrherzigkeit*) ; Dieu n'approuve donc pas leur abstinence de façade, qui ne constitue nullement une bonne œuvre à ses yeux. La question de la conversion intérieure, de la détestation sincère du

---

fins : c'est à savoir pour dompter la chair, à ce qu'elle ne s'egaye par trop : ou pour nous disposer à prieres et oraisons, et autres méditations sainctes : ou pour estre tesmoignage de notre humilité devant Dieu, quand nous voulons confesser nostre peché devant luy ».

23. Bons exemples, parmi de nombreux autres, dans P. VIRET, *Instruction chrestienne et somme générale de la doctrine comprinse ès Sainctes Escritures*, Genève 1556, p. 227 qui ironise sur ceux qui veulent « mettre différence de jour à jour et de viande à viande », et dans Ph. DE MARNIX DE SAINTE-ALDEGONDE, *Tableau des différens de la religion,* vol. 1, Leyde 1600, p. 174, qui dénonce le catholique qui prétend « choisir religion à sa fantaisie, avec une singulière sorte d'habits, de viandes et autres cérémonies ».

24. Même distinction dans J. OPITZ, *Eine Fastenpredigt von christlichem und antichristischem Fasten: wider den bäpstischen abgöttischen Fastenteuffel... gehalten... in der Newen Pfarr zu Regenspurk*, Burger 1573, qui parle ici de « Notfasten ».

péché et de l'adhésion à une vie de pudeur, de modération, d'attention à soi et à autrui constitue le prolongement de ce rejet : elle fait l'objet de longs développements, chez Opitz, par exemple, qui témoignent de l'importance de cet enjeu dans la construction de la discipline des mœurs et dans la fabrique d'un *gemeiner Mann* luthérien exemplaire : « Il est très important que chaque chrétien soit sobre (*nüchtern*) dans la totalité de sa vie », qu'il se garde « du diable de la nourriture et de l'alcool », et qu'il continue à réprimer en esprit en lui le vieil Adam et sa nature pécheresse[25]. Cette fabrique de la discipline est donc, chez nombre d'auteurs, l'occasion de faire l'éloge d'une forme nouvelle de jeûne, libre, réfléchie, sérieuse : « Creuzfast », un jeûne de la croix, dit Jacob Ratz, que respectent les pauvres, les malades et ceux qui suivent vraiment l'Évangile du Christ[26].

Les pasteurs et les auteurs de manuels à l'usage des chrétiens poursuivent ainsi les fins particulières de discipline chrétienne, de réformation des mœurs au quotidien, de transformation des relations sociales ou familiales que l'on retrouve sous forme d'injonctions dans les ordonnances ecclésiastiques et les ordonnances de police du XVIe siècle. Certes, les ordonnances ecclésiastiques de l'Électeur Palatin Ottheinrich publiées en 1543 ne comportent que quelques lignes sur la « liberté chrétienne » qui doit prévaloir sur les « ordonnances ecclésiastiques humaines », notamment en matière de jeûne[27]. Mais rapidement, les prescriptions se font plus détaillées, comme dans les ordonnances du Duc de Braunschweig qui commencent par dénoncer les erreurs de la conception papiste du jeûne, avant de donner des exemples concrets de ce que le vrai chrétien peut décider librement de faire en la matière pour lui, pour ceux qui dépendent de lui, pour son foyer, sans commettre d'idolâtrie et sans aller contre la volonté de Dieu, par exemple lorsqu'il s'agit de se préparer à la Cène[28].

---

25. *Ibid.*, non paginé.
26. J. RATZ, *Vom Fasten*.
27. A. OSIANDER, *Kirchenordnung wie es mit Christlichen Lehre, heiligen sacramenten une allerley anderen Ceremonien in meines gnedigen Herrn Otto Hainrich Pfalzgraven bei Rhein (...) gehalten wirt*, vol. 1, Nuremberg 1553, p. 30.
28. *Kirchenordnung Vnnser von Gottes Genaden Julii Hertzogen zu Braunschweig vnd Lüneburg... Wie es mit Lehr vnd Ceremonien vnsers Fürstenthumbs Braunschweig, Wulffenbütlischen Theils, auch der selben Kirchen anhangenden Sachen vnd verrichtungen, hinfurt... gehalten werden sol*, Wulffenbüttel 1569, f° II v°.

3. Jeûnes protestants

Pour comprendre ce que les partisans des idées nouvelles entendent imposer en matière de modération alimentaire afin que les vrais chrétiens puissent à la fois réfréner leurs passions et leurs désirs, humilier leur corps et surtout se mettre en état de recevoir la pure Parole de Dieu et de prier, on peut, à nouveau, partir de quelques remarques personnelles éparses de Luther. à diverses reprises, celui-ci appelle en effet à une autre forme de jeûne, opposée à celle que tente d'imposer l'Église de Rome et qui serait dictée par le souci de se contrôler, de brider le luxe et les passions, et non par la quête éperdue de bonnes œuvres illusoires : « Je voudrais bien pouvoir arriver à ceci : faire ordonner par les autorités, comme une pratique purement extérieure, pour la bonne discipline et les bonnes mœurs, qu'on s'abstienne de viande deux fois par semaine, mais pas le vendredi et le samedi pour faire plaisir au pape[29] ». Le jeûne comme instrument au service du contrôle de soi et d'une discipline des mœurs protestante revient dans nombre d'ouvrages, dont la finalité est justement de contribuer à cette double ambition, sous la forme de conseils pratiques, d'injonctions morales, de recommandations spirituelles. Le *Hausbuch Fur die Einfeltigen Hausveter*, par exemple, distingue très bien l'humiliation de la chair des inventions papistes inutiles : « Ware demütigkeit des fleisches zum Dienst des Geistes fordert der Herr. Aber der Speisen unterscheidt machen ist mehr Manicheisch als Christlich[30] ».

Cette position n'est pas spécifiquement luthérienne ; elle s'observe également dans les territoires de l'ancien Corps Helvétique, dans les zones d'expansion de la Réforme zwinglio-calvinienne. Certes, quelques villes adoptent dans la seconde moitié du XVIe siècle, à l'occasion de grandes épidémies, des mesures visant à instituer des journées hebdomadaires ou mensuelles de pénitence et de prière collectives de grande ampleur : à Bâle en 1541, Zurich en 1571, Berne en 1577 notamment. Mais en dehors de ces journées, qui seront aussi organisées en faveur des protestants persécutés, de ces *Notfasten* (jeûnes exceptionnels) pour reprendre l'expression de Opizt, c'est la pratique personnelle de la pénitence et de l'abstinence qui fait l'objet de l'attention des Réformateurs. On prendra pour preuve les débats de la célèbre dispute de

---

29. En référence ici à la traduction imparfaite et partielle de M. LUTHER, *Propos de table,* trad. L. SAUZIN, Paris 1992, p. 258.
30. *Hausbuch Fur die Einfeltigen Hausveter,* p. CCCLXIX.

Lausanne en 1536, où Guillaume Farel et Pierre Viret contribuent à faire basculer le sort religieux de la ville. Dans son *Histoire de la Réformation en Suisse*, Abraham Ruchat en rapporte les conclusions, parfaitement explicites : « Le jeûne ne consiste pas à s'abstenir, certains jours, de certaines viandes, pour manger davantage, mais à s'abstenir totalement de manger et de boire, et à s'humilier devant Dieu ; non pas dans la pensée d'être agréable à Dieu [...], mais dans le dessein de se mettre en état de prier Dieu avec plus de ferveur, le corps n'étant pas chargé de viande[31] ».

Il faut souligner ici la relation très forte établie entre diététique et activité de l'esprit, modération alimentaire et disponibilité de l'âme pour la prière. Elle ne doit pas surprendre : elle se retrouve en effet tout au long de la discussion de cette dixième thèse et s'assortit de considérations physiologiques et sociales qui rappellent les propos de Froschauer et Zwingli cités plus haut. Le jeûne n'est pas séparable d'une hygiène de vie propre à chaque état et à chaque condition, à l'opposé de ce que les réguliers avaient tenté de faire en imposant leurs préoccupations spécifiques d'oisifs à l'ensemble des chrétiens. Du coup, « on défend les jeûnes et l'abstinence aux enfans, parce qu'ils croissent, on doit en user de même avec les adultes, pour l'entretien de leur santé ». Il ne sert donc à rien d'infliger « des changements soudains » de régime alimentaire aux travailleurs, aux paysans, aux vignerons : « c'est appreter vendange aux médecins[32] », affaiblir le corps et le rendre vulnérable sans aucun profit spirituel.

Ce sont ces relations entre ascétisme séculier et discipline des mœurs, travail et diététique, humiliation du corps et liberté chrétienne nécessaire à l'acceptation de l'Évangile, qu'il faut examiner si l'on veut saisir la réalité des pratiques protestantes du jeûne, au-delà des journées de pénitence exceptionnelle et au-delà des informations que livre la reconstitution des régimes alimentaires de l'époque moderne, qui révèlent bien un écart croissant entre l'Europe du Sud et l'Europe du Nord en matière de consommation de viande[33]. Or il existe un corpus

---

31. A. Ruchat, *Histoire de la réformation de la Suisse*, vol. 6, Genève 1728, p. 281. Sur cette dispute, voir É. Junod (éd.), *La Dispute de Lausanne (1536) : la théologie réformée après Zwingli et avant Calvin*, Lausanne 1988, et surtout F. Flückiger, *Dire le vrai. Une histoire de la dispute religieuse au début du XVIe siècle*, Neuchâtel 2018.
32. A. Ruchat, *Histoire de la réformation*, p. 287.
33. M. Montanari, *La Faim et l'Abondance. Histoire de l'alimentation en Europe*, trad. française, Paris 1995, p. 151-159 sur les deux Europe.

Les protestantismes et le jeûne

d'exemples, solidement documenté et homogène, qui permet de saisir ce que sont concrètement les usages alimentaires de certains acteurs de la Réforme aux propriétés sociologiques identiques : celui des vies de théologiens, de pasteurs, d'intellectuels protestants qui décrivent souvent avec précision leus aliments et les boissons qu'ils consomment ou excluent et les raisons de ces choix[34].

À la fin du XVIIe siècle, par exemple, l'avocat nîmois Antoine Tessier publie à Genève l'une de ces collections de vies d'hommes illustres[35] qui se sont répandues dans les milieux lettrés dès la fin du XVe siècle et dont les protestants surent faire un usage efficace dans l'écriture de leur histoire et dans la construction d'une identité collective par-delà les églises rivales comme l'a montré Marion Deschamp[36]. On y retrouve, sans grande surprise, le topos du lettré indifférent aux besoins du corps, si absorbé par le travail intellectuel et si désireux de ne pas l'interrompre qu'il en oublie de se nourrir, par exemple à propos du poète Jean Passerat qui « aimait extraordinairement l'étude et [...] passait souvent des journées entières dans son cabinet, sans prendre aucun repas ». Le naturaliste Guillaume Rondelet est lui aussi présenté comme insomniaque : « Il dormait peu et passait une bonne partie de la nuit à lire et étudier ». Son abstinence est soulignée : « Dans sa jeunesse il renonça à l'usage du vin (mais) il mangeoit une quantité prodigieuse de toutes sortes de fruits[37] ». Mais c'est à propos de quelques grands noms de la Réforme, notamment luthérienne, que cet éloge de l'ascétisme séculier volontaire du savant ressurgit le plus clairement. L'auteur fait ainsi de la sobriété sévère de Melanchthon, de Wolfgang Musculus ou encore de Jean Calvin un

---

34. Je m'inspire ici des travaux de S. Shapin, « The philosopher and the chicken. On the dietetics of disembodied knowledge », dans C. Lawrence et S. Shapin (éd.), *Science incarnate: historical embodiements of natural knowledge*, Chicago 1998, p. 21-50, et de G. Algazi, « Food for thought. Hieronymus Wolf grapples with the scolarly habitus », dans R. Dekker (éd.), *Egodocuments and History: Autobiographical Writing in Its Social Context Since the Middle Ages*, Rotterdam 2002, p. 21-47.
35. A. Teissier, *Les éloges des hommes savans, tirés de l'histoire de M. de Thou*, s.l. 1683 (pour le 1er volume) ; l'œuvre connaît des éditions successives à Utrecht et Leyde. J'utilise l'édition de Leyde 1715.
36. M. Deschamp, « Les temples de la mémoire. Recueils de portraits et de vies des hommes illustres du protestantisme (16e-17e siècles) », thèse de Doctorat, Université de Lyon 2, 2015.
37. A. Teissier, *Les éloges des hommes savans*, vol. 2, p. 273-274.

trait distinctif de leur personnalité et dans le cas de Musculus, une disposition qui se manifeste très tôt, dès son entrée au couvent : alors que les autres religieux s'enfonçaient dans l'oisiveté, « il employait son temps à l'étude » et avait « une sorte d'aversion pour la luxure et l'ivrognerie[38] ». Si Teissier ne présente pas l'inclination ascétique de Musculus comme le fruit de l'ethos monastique, mais au contraire comme le signe d'un rejet de la morale conventuelle relâchée, il n'en fait pas moins de sa fidélité à une forme stricte d'ascèse personnelle un trait de caractère qui survit à la rupture des vœux et une condition de réussite dans le nouveau statut social qu'il a embrassé, celui d'un savant dans le monde : Musculus se conforme au fond au véritable idéal monastique, qu'il soit au milieu des clercs oublieux de leurs devoirs ou au milieu des laïcs absorbés par les affaires profanes. à en croire Teissier, Calvin, sans avoir fait lui-même l'expérience de l'ascétisme contre le relâchement monastique, puis de la rupture des vœux, choisit lui aussi la plus grande modération alimentaire, mangeant « si peu, que pendant plusieurs années il ne prenait qu'un repas par jour à cause de la faiblesse de son estomac[39] ».

Les biographies protestantes d'hommes illustres de la Réforme soulignent ainsi la place déterminante des techniques de soi dans la vie des grands Réformateurs et le rôle social très particulier qu'elles remplissent en justifiant, au-delà de la personne même de celui qui les met en œuvre, la forme originale de *vita activa* qu'ils mènent dans le secret et le silence de leur cabinet et, surtout, le rôle du travail et de la vocation au travail de l'esprit comme régulateur des passions du corps. La filiation de ces textes avec les positions exprimées par les premiers Réformateurs au sujet du jeûne et des conditions dans lesquelles il est loisible aux chrétiens de s'en libérer est manifeste : dans la prédication qui suit la querelle des saucisses de 1522, Zwingli avait en effet jugé que le travail justifie la consommation des aliments interdits afin d'entretenir le corps. C'est par le travail que les passions des chrétiens engagés dans la *vita activa* sont bridées et contrôlées, alors que les moines oisifs doivent se résoudre à inventer des interdits artificiels, qu'ils ne respectent d'ailleurs pas : « Wenn der noturfftig arbeiter, der in diser zyt des glentzes am schwäresten die burde und hitz des tages tragen muoß, zuo uffenthalt des lybs und der arbeit

---

38. *Ibid.*, p. 112.
39. *Ibid.*, p. 136.

sölich spysen ässe[40] ». Un exemple frappant de la diffusion de cette position dans le monde savant se trouve chez Théodore de Bèze : Bèze convoque ici à propos de Jean Calvin tous les lieux communs de la tempérance académique, de l'honnête médiocrité qui tient à distance équitable les abus et l'abstinence excessive, dans le double souci de soutenir le dur travail de l'esprit et de permettre le maintien de relations sociales indispensables[41] : « Quant à sa vie ordinaire, chacun sera tesmoin qu'il a esté tellement tempéré que d'excez il n'y en eu jamais, de chicheté aussi peu, mais une médiocrité louable ». Toutefois, pour parachever cette image de la *persona* savante marquée par l'ascétisme séculier, Bèze ajoute que si « faute y a eu, c'est qu'en l'abstinence, il a eu peu d'esgard à sa santé, se contentant par plusieurs années d'un seul repas pour le plus en vingt-quatre heures et jamais ne prenant rien entre deux[42] ».

L'exemple le plus significatif et sans doute le mieux documenté est toutefois celui de Melanchthon lui-même, qui exerce une influence durable à la fois sur l'habitus intellectuel protestant et sur les manières d'en rendre compte. Il constitue un cas idéal-typique, que d'innombrables textes luthériens vont citer en exemple pour justifier la position sociale et intellectuelle inédite des grands penseurs protestants et les ériger en modèle de maîtrise de soi et d'accomplissement dans la vocation qui est la leur, celle du travail intellectuel justement[43]. Pour Antoine Teissier, Melanchthon présente tous les traits de l'ascétisme que nous avons jusqu'ici relevés, parce que c'est à son sujet qu'ils sont, pour la première fois, portés à pleine explicitation. D'abord, l'ardeur au travail : il « ne laissait pas d'être infatigable dans les travaux de

---

40. H. ZWINGLI, *Von Erkiesen und Freiheit der Speisen*, 16. April 1522, *Huldreich Zwinglis sämtliche Werke*, vol. 1, Berlin 1905.
41. Sur la proximité entre les positions de Zwingli et les pratiques alimentaires propres à l'univers savant, voir l'exemple de Thomas Platter étudié par A. HEIMEN, « I will wake the maidens. They shall prepare soup for you. Food as a code in the autobiography of Thomas Platter », dans Cl. ULBRICH, K. VON GREYERZ, L. HEILIGENSETZER (éd.), *Mapping the « I » : Research on Self-Narratives in Germany and Switzerland*, Leyde 2014, p. 97-117.
42. Th. DE BÈZE, *L'Histoire de la vie et mort de feu M. Jean Calvin : augmentée de diverses pièces considérables, et surtout de plusieurs témoignages authentiques de ses adversaires qui servent à sa justification* ; je cite dans l'édition de 1657, p. 143.
43. M. A. LUND, *Melancholy, Medicine and Religion in Early Modern England: Reading « The Anatomy of Melancholy »*, Cambridge 2010, p. 138-139 pour l'influence de Melanchthon sur Robert Burton.

Olivier Christin

l'étude et de la méditation ». Ensuite, la frugalité sans faille, à l'exception du vin sur lequel on reviendra : « Il était extrêmement sobre et avait beaucoup d'aversion pour le luxe et la bonne chère ». L'insomnie, enfin : « Melanchthon était fort travaillé de l'insomnie, car il passait souvent toute la nuit sans dormir[44] ». Il suffit de relire quelques-unes des biographies postérieures du réformateur, pour voir que ces jugements s'imposèrent durablement : pour Siegmund Friedrich Gehren, « les mets délicats n'étaient pas à son goût[45] » ; pour Karl Matthes, « il ne mangeait au mieux que deux fois par jour et était ennemi des plats raffinés ». Pourtant, la juste technique du corps qui lui permet d'affronter les lourdes tâches qui sont les siennes exige bien plus que la simple privation : c'est une technologie sophistiquée, enracinée dans une juste connaissance du corps, de son fonctionnement et de ses humeurs, car pour lutter contre l'insomnie, Melanchthon remédie « à ce mal en se servant d'alimens et de breuvages qui avaient la vertu d'exciter le sommeil, et surtout de gros vins[46] ».

L'essentiel n'est pas seulement dans la répétition de ces lieux communs – qui sont aussi un travail collectif d'ennoblissement de la condition lettrée et de construction d'un habitus spécifique –, mais dans l'extension de leurs objets : ils vont en effet s'étendre à d'autres techniques du corps et de maîtrise des passions que la modération alimentaire, autour du sommeil, par exemple, et de la sexualité. Comment ne pas souligner la fréquence des notations consacrées au (mauvais) sommeil des Réformateurs et des savants protestants dans la somme d'Antoine Teissier et ne pas y voir plus que des anecdotes isolées ? Reprenant étroitement des biographies plus anciennes[47], ce dernier note ainsi que « Melanchthon était fort travaillé de l'insomnie[48] ». De même, la mort d'Osiander s'explique selon lui par « ses veilles excessives, car ordinairement il étudiait depuis neuf heures du soir jusqu'à deux heures du matin[49] ». L'humaniste protestant Jean Mercier et

---

44. A. TEISSIER, *Les éloges des hommes savans*, vol. 2, p. 37.
45. S. F. GEHRES, *Bretten's kleine Chronik, welche zugleich umständliche Nachrichten von Melanchthon und seiner Familie enthält*, Esslingen 1805, p. 257.
46. A. TEISSIER, *Les éloges des hommes savans*, vol. 2, p. 37.
47. M. ADAM, *Vitæ Germanorum philosophorum qui seculo superiori, ex quod excurrit, philosophicis ac humanioribus literis clari floruerunt. Collectæ a Melchiore Adamo*, Heidelberg 1615, p. 200 à propos de Melanchthon.
48. A. TEISSIER, *Les éloges des hommes savans*, vol. 2, p. 37.
49. A. TEISSIER, *Les éloges des hommes savans*, vol. 1, p. 109.

Melchior Adam s'épuisèrent eux aussi par les veilles répétées : elles auraient « extrêmement desséché [le] corps et diminué [les] forces » du premier et desséché « si fort le cerveau » du second « que depuis il fut tourmenté d'une insomnie qui lui dura le reste de ses jours[50] ». Dans sa jeunesse, en effet, « il témoigna tant de passion pour les lettres qu'il employait à l'étude non seulement tout le jour, mais aussi une bonne partie de la nuit, se levant d'ordinaire d'abord après minuit ». L'étude comme vocation[51], l'étude comme profession et comme devoir religieux, impose au corps des efforts considérables qui ne sont pas ceux des travailleurs mécaniques et de ceux qui vendent et utilisent leur force physique ou leur habileté : elle n'est pourtant pas moins exigeante, obligeant ceux qui s'y consacrent à une stricte discipline de vie qui organise le temps, régit les pratiques alimentaires, isole du fracas de la société environnante.

Il faudrait ici revenir plus longuement sur les débats intenses que suscite également la question du mariage des anciens moines et des anciennes nonnes parmi les premiers Réformateurs[52] et sur les hésitations qui s'emparent de nombre d'entre eux, justement passés par le couvent, avant de sauter le pas eux-mêmes. Car certains des plus célèbres avocats du mariage des clercs sont brusquement saisis par le doute lorsqu'il s'agit de se marier et de mettre par là en jeu à la fois leur réputation et leur disponibilité pour le travail intellectuel. Convoler en noces justes et légitimes ne nuira-t-il pas à leur capacité de travail ? Le mariage et les obligations de famille ne les détourneront-ils pas de l'étude ? Ne viendront-ils pas les dissiper et surtout dissiper un état des rapports entre les sexes qui mettait à la disposition de ces célibataires volontaires des femmes dévouées et discrètes qui ne réclamaient rien pour elles, qui surgissent au détour de certaines anecdotes lorsque Zwingli propose de réveiller les servantes pour qu'elles

---

50. A. TEISSIER, *Les éloges des hommes savans*, vol. 2, p. 347 et 360.
51. Sur les rapports entre travail (*Arbeit*) et vocation (*Beruf*) chez Luther et les enjeux éthiques et sociologiques de cette nouvelle définition, voir R. VAN DÜLMEN, *Erfindung des Menschen: Schöpfungsträume und Körperbilder 1500-2000*, Vienne 1998, p. 284 et suivantes.
52. R. GRIMM, *Luther et l'expérience sexuelle. Sexe, célibat et mariage chez le Réformateur*, Genève 1999 ; voir également O. Christin, « Des héritiers infidèles ? Clercs réformateurs au début du XVIe siècle », dans T. CAVALLIN, Ch. SUAUD et N. VIET-DEPAULE (éd.), *De la subversion en religion*, Karthala, Paris 2010, p. 31-51.

fassent une soupe à Thomas Platter[53] ou lorsque Blarer craint de ne plus pouvoir compter sur la compagnie et l'aide de sa sœur elle aussi non mariée ?

Une règle de vie en dehors des règles monastiques, une discipline du corps en matière de sexualité, de sommeil, de nourriture et de boisson afin de le mettre au service d'un travail bien particulier, qui ne peut être comparé au travail des « mécaniques », ni à l'oisiveté des moines, une gestion du temps rigoureuse qui fait alterner larges plages de travail solitaire, brèves périodes de repos et plus brefs moments encore de distraction : les réformateurs qui sortent des ordres choisissent d'en reproduire quelques-unes des obligations spécifiques dans la Cité. Leurs trajectoires, leurs hésitations et leurs innovations font par là exister ce qu'ils sont de manière si nouvelle : des savants en contexte civique, des hommes qui cherchent la vérité non à l'écart des autres hommes, mais parmi eux, des chrétiens qui vivent une vocation ardente et difficile qui exige d'eux des sacrifices véritables et plus précisément un rapport aux aliments et à la boisson qui est exactement celui que décrivait le *Hausbuch Fur die Einfeltigen Hausveter,* l'humiliation de la chair au profit de l'esprit.

---

53. L'épisode se déroule en 1526 ; il est relaté par Platter, cité dans A. HEIMEN, « I will wake the maidens », p. 108.

LE JEÛNE PROTESTANT EN FRANCE AU XVIIe SIÈCLE

Yves Krumenacker
Université de Lyon – Jean Moulin, LARHRA (UMR 5190)

Le 19e [AVRIL], LES GRANDS EFFORTS du clergé contre nos eglises, la corruption de nos mœurs, et le peu de zele qui règne parmi nous, faisant apprehender à ceux de nostre religion qui sont en cette ville, que Dieu ne voulust nous chastier de nostre impieté et irreligion en nous ostant la predication de sa parolle et nous punissant de la façon que le furent les eglises d'Asie dont parle saint Jean, leur firent choisir ce jour pour l'employer au ieusne et à des prieres extraordinaires. Nous fusmes à Charenton depuis les huit heures du matin iusques aux six de l'apres disnée. Nous y ouïsmes trois beaux presches et fort touchants, et Dieu veuille que nous en ayons bien fait nostre profit[1].

Ce témoignage d'un Hollandais visitant Paris en 1658 nous dit l'essentiel du jeûne protestant : un jour fixé en fonction des circonstances, entièrement consacré aux exercices de piété ; Philippe de Villiers passe sa journée à Charenton, où se trouve le temple des réformés de la capitale, et il y entend trois sermons, qu'il trouve « fort touchants ».

En effet, contrairement à ce qu'on pourrait imaginer à la suite des attaques des réformateurs contre le jeûne, encore virulentes au XVIIe siècle[2], les protestants n'ont pas abandonné cette pratique, mais ils l'ont transformée. Dans toute l'Europe réformée, on jeûne ;

---

1. Ph. de VILLERS, *Journal d'un voyage à Paris en 1657-1658*, éd. A. P. FAUGÈRE, Paris 1862, p. 459
2. Voir par exemple G. THOMSON, *La Derouste de la chasse du loup cervier. Ou, refutation du traicté du Ieusne, fait par maistre René le Corvaisier, soi disant Theologien de la faculté de Paris*, La Rochelle 1612.

mais on ne jeûne pas à la manière des catholiques. Ce sujet a pourtant fait l'objet de peu d'études. Si le jeûne est reconnu comme une pratique rituelle importante[3], il est cependant beaucoup moins connu que la liturgie, la cène, le baptême, le mariage, les funérailles. Il n'a guère fait l'objet que d'un chapitre, très descriptif, d'un livre fort utile mais déjà bien ancien[4], de deux articles relativement récents[5] et de quelques rapides développements dans d'autres articles ou ouvrages. Les sources, pourtant, ne manquent pas : *Discipline*, témoignages de mémorialistes, actes de synodes et de consistoires, sermons, textes de controverse. Encore faut-il être convaincu de l'importance du jeûne dans les rituels réformés pour se donner la peine de les étudier. Mais la lecture des sources, à elle seule, nous prouve qu'il a une importance capitale dans les communautés protestantes.

1. La pratique du jeûne

Les réformateurs allemands, suisses et français ont unanimement, même si c'est avec des nuances, condamné le jeûne tel qu'il est pratiqué dans les Églises romaines ; ils ne mettent néanmoins pas en cause toute forme de jeûne, dans la mesure où il est attesté dans l'Ancien Testament[6]. Si les pratiques alimentaires sont un véritable marqueur confessionnel au XVIe siècle et si la question du jeûne y est âprement discutée[7], les controverses à ce sujet sont beaucoup moins nombreuses au siècle suivant. Il en est question lors de conférences entre le pasteur Josion et le P. Camard, minime, en 1606, le pasteur Le Duchat et

---

3. Ch. GROSSE, Fr. CHEVALIER, R. A. MENTZER et B. ROUSSEL, « Anthropologie historique : les rituels réformés (XVIe-XVIIe siècles) », *Bulletin de la Société de l'Histoire du Protestantisme Français* 148 (2002), p. 997-998.
4. P. DE FELICE, *Les protestants d'autrefois. Les temples. Les services religieux. Les actes pastoraux*, Paris 1896, p. 154-171.
5. R. MENTZER, « Fasting, Piety and political anxiety among French reformed protestants », *Church History* 76 (2007), p. 330-362, et D. BOISSON, « Œuvres et pratique du jeûne dans les Églises réformées de France (1650-1750) : principes, contestations et évolutions », dans C. BORELLO (éd.), *Les œuvres protestantes en Europe*, Rennes 2013, p. 179-191.
6. R. MENTZER, « Fasting, Piety and political anxiety among French reformed protestants », p. 332-336, et le chapitre d'O. Christin dans le présent volume.
7. Cl. VANASSE, « Le jeûne dans les débats confessionnels au XVIe siècle », *Le boire et le manger au XVIe siècle. Actes du XIe colloque du Puy en Velay*, Saint-Étienne 2003, p. 237-252.

François Véron en 1619, le pasteur Vincent et le capucin Tranquille de Saint-Rémy en 1631[8], dans la controverse entre le pasteur Thomson et le théologien angevin René Le Corvaisier en 1612[9] et entre le pasteur apostat Samuel Cottiby et Jean Daillé de 1660 à 1662[10]. Mais c'est à peu près tout. Les pratiques différentes du jeûne sont bien intégrées au XVIIe siècle, elles font l'objet d'attaques régulières dans les sermons protestants, comme nous le verrons plus loin, mais elles ne donnent plus guère lieu à des débats contradictoires.

La *Discipline des Églises réformées de France* définit ce que doit être le jeûne. L'article 3 du chapitre X indique :

> En temps d'âpre persécution, ou de peste, ou de guerre, ou de famine, ou autre grande affliction. Item quand on voudra élire les Ministres de la Parole de Dieu, & quand il sera question d'entrer au Synode on pourra, si la necessité le requiert, à certain jour ou plusieurs, denoncer les prieres publiques & extraordinaires, avec le Ieusne, toutesfois sans scrupule & superstition, le tout avec grande cause & consideration[11].

Cet article, établi lors du synode national de 1559 à Paris, est complété ensuite aux synodes de Verteuil (1567) et de Vitré (1583) pour préciser que les différentes Églises doivent « se conformer les unes aux autres » autant que possible[12]. La *Discipline* suit d'assez près les instructions de Calvin dans l'*Institution de la Religion Chrétienne*[13]. Deux compléments sont apportés, l'un au synode de La Rochelle de 1607, permettant aux Églises particulières de célébrer le jeûne, mais en demandant leur avis aux Églises voisines et en en rendant compte aux colloques et synodes provinciaux, l'autre au synode de Charenton de 1644 exhortant les provinces à déclarer publiquement des jeûnes[14].

Le jeûne réformé n'a donc pas lieu à date fixe, mais est fixé par les institutions ecclésiales. Quand il émane d'une Église particulière, il est convoqué à l'initiative du consistoire, qui avertit les autres Églises du

---

8. É. KAPPLER, *Les Conférences théologiques entre catholiques et protestants en France au XVIIe siècle*, Paris 2011, p. 385-389, 565-569 et 719-721.
9. G. THOMSON, *La Derouste de la chasse du loup cervier*.
10. D. BOISSON, « Œuvres et pratique du jeûne », p. 185-188.
11. I. D'HUISSEAU, *La Discipline des Églises réformées de France*, 2 vol., Genève 1667, p. 300-301.
12. *Ibid.*, p. 301.
13. Livre IV, chapitre XII, § 14.
14. I. D'HUISSEAU, *La Discipline des Églises réformées de France*, p. 301.

colloque pour une éventuelle célébration commune[15]. Dans le cas d'un jeûne provincial, le secrétaire d'un des colloques en fait la proposition au synode qui nomme une commission avec un membre de chaque colloque pour se prononcer sur l'opportunité et la date du jeûne, puis on se met d'accord avec le commissaire du roi. Le synode émet ensuite un acte, lu dans toutes les Églises par le pasteur après la prédication, deux dimanches précédant la célébration[16]. Jusqu'en 1637, les synodes nationaux et les synodes provinciaux peuvent décider d'un jeûne général ; dans le cas des synodes nationaux, c'est la province chargée de l'organiser qui propose le jour du jeûne national[17]. Cette disposition disparaît avec le synode national tenu à Alençon de mai à juillet 1637 : le commissaire du roi interdit, au nom de Sa Majesté, « aux Synodes Provinciaux d'indiquer des Jeûnes Nationaux Publics » et les députés au synode obtempèrent, défendant aux colloques et synodes provinciaux « de donner aucuns Ordres Generaux, soit pour un jour de Jeune [...] si ce n'est en ce qui concernera leur propre District & Departement[18] ». À partir de cette date, seuls les synodes nationaux peuvent fixer une date pour toutes les Églises du royaume qui doivent respecter le jeûne le même jour, un ordre royal qui est rappelé au synode de Charenton de 1645 mais contesté au synode de Loudun de 1659-60[19] ; une Église qui différerait la célébration se verrait censurée : c'est ce qui arrive à Châteaudun où le jeûne a lieu le 6 novembre 1609 et non le 5 comme l'avait prévu le synode national[20]. Les synodes provinciaux ne fixent plus des jeûnes que pour leur province et ce n'est qu'exceptionnellement que des colloques ou même des Églises locales peuvent le faire. Le but est de faire du jeûne une cérémonie communautaire et non un geste individuel, même si cela reste exceptionnellement possible, par exemple en cas d'emprisonnement ou lors d'un départ en exil. On peut ainsi citer le cas de Jean Rou[21] qui jeûne à la Bastille (mais le jour décidé par le synode d'Île-de-France, le 3 avril 1676), ou d'Étienne Mazyk, qui célèbre par un jeûne le premier anniversaire de

---

15. P. De Felice, *Les protestants d'autrefois*, p. 161-162.
16. *Ibid.*, p. 159.
17. [J.] Aymon, *Tous les synodes nationaux des Églises réformées de France*, La Haye 1710, t. I, p. 246.
18. [J.] Aymon, *Tous les synodes nationaux des Églises réformées de France*, t. II, p. 536 et p. 541.
19. *Ibid.*, p. 632 et p. 725.
20. P. De Felice, *Les protestants d'autrefois*, p. 157.
21. J. Rou, *Mémoires inédits et opuscules*, Paris 1857, t. I, p. 81-85.

son arrivée en Caroline[22]. Exceptionnellement, des jeûnes particuliers peuvent être préconisés pour se préparer à un jeûne général : c'est ce qui se passe en Bourgogne en 1682[23].

Le jeûne ne dure en principe qu'une journée. Le cas de Nîmes, où des jeûnes de trois jours ont lieu dans les années 1560[24], est exceptionnel et ne semble pas se reproduire au XVIIe siècle. N'importe quel jour peut être choisi. En l'absence d'une liste complète de tous les jeûnes célébrés dans le royaume, il est difficile de dire si un jour est malgré tout privilégié. Il semble cependant que le jeudi soit davantage choisi, si l'on en juge par quelques cas glanés au cours de nos lectures : c'est le cas pour les synodes nationaux en 1609, 1614, 1626, 1632, 1645, 1660 ; c'est aussi un jeudi que choisissent les synodes de Bourgogne en 1627 et 1658, celui de Basse-Guyenne en 1623 et 1669, ceux d'Île-de-France en 1636 et en 1662, celui de Metz en 1645, toutes les Églises de France en 1637. Le dimanche est aussi assez prisé. Il est choisi par Charenton en 1638, la Bourgogne en 1667, 1671 et en 1682, par la province d'Anjou-Touraine-Maine en 1679 et 1683, par celle de Basse-Guyenne en 1684. On trouve aussi le mercredi (synode national de 1612, à Charenton en 1618, en Basse-Guyenne en 1671), le samedi (synode national de 1619, en Anjou-Touraine-Maine en 1658, consistoire d'Is-sur-Tille, 1681), le mardi (synode national de 1578), le vendredi (à Charenton en 1662). En revanche, nous n'avons pas trouvé trace de jeûne un lundi. Notons enfin quelques choix particuliers : le Vendredi saint en 1658 et en 1676 pour l'Île-de-France, le jour de la Toussaint en 1679 et 1682 en Normandie. Mais c'est rarement un jour de cène, bien que cela se soit produit le 18 avril 1599 à Charenton[25] ; sans doute est-ce parce que la signification du jeûne doit être purement spirituelle et qu'il ne s'agit pas, comme dans la piété catholique, de purifier le corps afin de recevoir le Christ.

Quelle que soit la date choisie, le jour du jeûne est assimilé à un dimanche : boutiques fermées, jeux interdits, travail manuel suspendu. Aucun aliment ne doit être pris jusqu'à la fin du dernier service : « Dès

---

22. B. VAN RUYMBEKE, *From New Babylon to Eden. The Huguenots and Their Migration to Colonial South Carolina*, Columbia 2006, p. 97.
23. A. N., TT 246, pièce 66, p. 405-406.
24. R. MENTZER, « Fasting, Piety and political anxiety among French reformed protestants », p. 340.
25. « Une page des Éphémérides de Casaubon », *Bulletin de la Société de l'Histoire du Protestantisme Français* 4 (1856), p. 515-516.

le matin jusques au soir, grands et petits, riches et pauvres, jeunes et vieux, s'abstiennent de tout aliment corporel[26] ». En cela, le jeûne protestant est bien différent du jeûne catholique, car on ne mange pas du tout jusqu'au soir ; mais il n'y a pas de distinction entre les aliments et on évite ainsi les innombrables débats développés par la casuistique[27]. On va au-delà des indications de Calvin pour qui le jeûne ne consiste pas à se passer de nourriture, mais à manger et boire sobrement : « Que nous n'ayons pas des mets friands et délicats pour provoquer le palais à manger, mais que nous soyons contents de mets simples, communs et vulgaires. La mesure est que nous mangions moins et plus légèrement que de coutume, seulement pour la nécessité, et non point par plaisir et volupté[28] ». En France, ces mets simples ne peuvent être pris que le soir, après le culte. Cette leçon est inlassablement rappelée. Mestrezat explicite bien le rapport entre privation de nourriture et humilité : « Pourquoy soustraire au corps ses alimens ordinaires, sinon afin que par la liaison & communion que le corps a avec l'esprit, l'affliction & mortification du corps abbatte et mortifie l'esprit devant Dieu[29] ? » Se repentir, c'est reconnaître ses péchés, les regretter et avoir la résolution d'y renoncer. La repentance ne doit pas seulement se marquer extérieurement, par le jeûne, elle doit aussi et surtout être intérieure. La pratique du jeûne en tant qu'abstinence de nourriture est également rappelée par Charles Drelincourt dans un sermon de 1636, puisqu'il est fait allusion aux ventres vides des fidèles. C'est qu'en effet le sermon doit servir de nourriture. Si les corps sont vides, les esprits doivent être sustentés par la Parole divine : « l'homme ne vit pas de pain seulement, mais de toute parole qui sort de la bouche de Dieu[30] ».

Une fois la date choisie, elle est annoncée par le pasteur en chaire pendant deux dimanches de suite. En Basse-Guyenne, on demande aux pasteurs de préparer les fidèles quelques semaines avant en traitant de textes portant sur la misère de l'homme et des effets d'une vraie

---

26. D. Pastor, *Manuel du vray chrestien, opposé au diurnal du sieur Jean Balcet, enseignant la manière de la droite invocation et du pur service de Dieu*, Genève 1652, p. 84-85.
27. S. H. De Franceschi, *Morales du Carême. Essai sur les doctrines du jeûne et de l'abstinence dans le catholicisme latin (XVIIe-XIXe siècle)*, Paris 2018.
28. *Institution de la Religion Chrétienne*, livre IV, chapitre XII, § 18.
29. J. Mestrezat, *Vingt sermons sur divers textes de l'Escriture Sainte*, Genève 1657, p. 617.
30. Ch. Drelincourt, *Sermon pour le iusne celebré à Charenton pour la prosperité des armes du Roy, le jeudy 21 aoust 1636*, Rouen 1636, p. 282.

repentance[31]. Le jour dit, la communauté se rassemble dans le temple, normalement pour la journée entière, bien que certains s'en aillent après le premier ou le deuxième sermon : de Villers, nous l'avons vu, y est de 8 à 18 heures. L'assistance est obligatoire, toute autre activité étant suspendue. On dit une prière avant de partir au temple et une autre en rentrant chez soi. Le déroulement de la journée est bien connu grâce à plusieurs documents, comme l'*Acte pour le Jusne qui a esté célébré à Charenton, le Vendredy 19 d'avril 1658, avec l'ordre qui a esté donné pour la lecture et le chant des Psaumes*[32], ou les *Prieres et exhortation au jeune et a la repentance* de Drelincourt de 1667[33], qui indique presque exactement le même déroulement que pour 1658. En attendant le pasteur, après l'invocation, les fidèles chantent le psaume 38 ; puis a lieu la lecture du livre de Jonas en entier, le chant du psaume 102, la lecture du livre de Joël, le chant du psaume 79, la lecture des deux premiers chapitres des Lamentations, le chant du psaume 74, la lecture des trois derniers chapitres des Lamentations, le chant du psaume 69. Si le pasteur n'est pas encore en chaire, on poursuit par la lecture du chapitre IX d'Esdras et du chapitre IX de Néhémie, par le chant du psaume 86, la lecture du chapitre IX de Daniel, et l'on chante le psaume 88 ; s'il reste encore du temps, on ajoute les chapitres VII et VIII de Jérémie, le chant du psaume 44, les chapitres XV et XXV de Jérémie, le psaume 12. L'*Acte pour le Jusne* continue avec les chapitres XXVII et XXVIII du Deutéronome, alors que le programme de 1667 passe directement à l'action du pasteur qui lit la confession des péchés, fait une première prière terminée par l'oraison dominicale, suivie du chant du psaume 51. Enfin a lieu le premier sermon, qui peut être très long, plus que les prédications ordinaires (ces sermons imprimés couvrent plusieurs dizaines de pages, jusqu'à une centaine pour un prêche de Le Faucheur[34]). Suit une prière pour les jours de jeûne, l'oraison dominicale et le symbole des Apôtres, le chant du psaume 130 et la bénédiction, après quoi certains fidèles

---

31. Synode de 1669, Bibliothèque du Protestantisme français, ms 560/1, f° 79v°.
32. À Charenton, 1658.
33. Ch. DRELINCOURT, *Prieres et exhortation au jeune et a la repentance. Avec des prieres pour demander à Dieu la sanctification du Jeûne, & la remission des pechez*, Amsterdam [1667].
34. M. LE FAUCHEUR, *Exhortation à repentance, faite en l'église de Montpellier, pour la sanctification du Ieusne, celebré par les Eglises de France, le dixiesme d'Octobre 1618*, Genève 1622.

rentrent chez eux. Ceux qui restent entendent la lecture des chapitres I et V d'Esaïe, chantent le psaume 80, puis écoutent les chapitres 58 d'Esaïe et 33 d'Ezéchiel avant de chanter le psaume 50 ; s'il reste du temps, on ajoute les chapitres II et III de l'Apocalypse, le psaume 142, puis les chapitres VI et VII de l'Évangile selon saint Matthieu. Le second pasteur arrive alors, fait les mêmes prières que le premier, fait chanter le psaume 6, puis donne son sermon, suivi d'une nouvelle prière, du psaume 32 et de la bénédiction. Après que d'autres fidèles sont rentrés chez eux, on lit les chapitres 40 et 64 d'Esaïe, on chante le psaume 42 et on lit le chapitre XII des Hébreux. Le troisième pasteur fait ensuite comme ses collègues et le tout se termine par le psaume 85 et la bénédiction. Au total, il y a eu dix-neuf psaumes, trente-deux chapitres de l'Écriture (surtout des prophètes et des Lamentations) et trois sermons, ce qui explique que cela occupe toute la journée d'un protestant fervent. Quant au formulaire de prière utilisé, il est particulier au jour de jeûne : « La confession des pechés y est encore plus expresse, les sentimens de repentance aucunement plus vifs & plus profonds, les vœux encore ie ne sçay comment plus fervens, & les marques de l'humiliation de l'esprit, telles qu'elles doivent estre en un dueil public, & en une affliction extraordinaire[35] ».

Ce déroulement semble être la pratique habituelle, au moins dans les Églises importantes. En effet, dans certaines Églises, les pasteurs se contentent de lire et faire des prières, d'où des remontrances des synodes du Haut-Languedoc et de Haute-Guyenne en 1658[36]. Sans aller jusque-là, il peut n'y avoir que deux sermons, comme à Dieulefit en 1609 ou à Caumont en 1678, mais inversement il peut aussi y en avoir jusqu'à cinq : c'est le cas à Viane, en Haut-Languedoc, en novembre 1670. Dans certaines communautés dépourvues de pasteurs, les jeûnes sont célébrés sans sermon, avec seulement une confession des péchés, le chant des psaumes et des lectures de l'Écriture, le tout durant malgré tout plusieurs heures. C'est le cas en Bas-Languedoc à la fin du XVIe siècle ou après la révocation de l'édit de Nantes[37].

---

35. M. AMYRAUT, *Apologie pour ceux de la Religion. Sur les sujets d'aversion que plusieurs pensent avoir contre leurs Personnes & leur Creance*, Saumur 1647, p. 306.
36. A. PUJOL, *Recueil des reglemens, faits par les synodes provinciaux du Haut Languedoc et Haute Guyenne*, Castres 1679, p. 55-56.
37. R. MENTZER, « Fasting, Piety and political anxiety among French reformed protestants », p. 344-349.

2. Les motifs de jeûne

Les occasions de jeûne et leur but ont été définis précisément par Calvin[38] : quand il y a des différends dans l'Église, quand on élit un ministre ou qu'on doit résoudre une affaire importante, en cas de guerre ou de famine, signes annonciateurs de la colère de Dieu ; il s'agit de témoigner de l'humilité des croyants, de se repentir, de se disposer à prier Dieu et de s'exhorter mutuellement à vivre en chrétiens.

L'examen des motifs invoqués dans les synodes pour prescrire un jeûne montre qu'ils reprennent souvent une partie des indications de Calvin : la guerre (particulièrement la guerre de Trente ans, et celle de Dix ans en Lorraine, évoquée par Ferry en 1645[39]), la peste (Nîmes 1578 et 1579), la famine (Berry 1662), l'apostasie de ministres, le manque de zèle, la corruption morale, l'impiété, la présence de trop de libertins et d'athées[40]. En revanche, jeûner à l'occasion d'un synode est rare : c'est le cas lors du synode de Poitou tenu à Lusignan en septembre 1666, mais le fait est exceptionnel, lié à des attaques nombreuses contre les temples[41]. Plus courant est le jeûne à l'occasion de l'élection d'un pasteur : c'est régulièrement le cas à Sedan ; mais le synode national d'Alès de 1620 répond négativement à la province d'Anjou qui aurait voulu célébrer systématiquement un jeûne lors des ordinations[42]. Ce sont donc plutôt les événements jugés annonciateurs de l'ire divine, des preuves évidentes de la colère de Dieu comme le proclame le synode provincial de Jarnac de septembre 1681[43], qui sont privilégiés. C'est d'ailleurs ce que préconise la *Discipline des Églises réformées de France*, déjà citée, qui insiste davantage sur les persécutions, la peste, la guerre ou la famine que sur les autres occasions[44]. Quant au pasteur George Thomson, il défend le jeûne qui sert « en partie pour tesmoigner leur [celle des juifs] humiliation & repentance,

---

38. *Institution de la Religion Chrétienne*, livre IV, chapitre XII, § 14-15.
39. P. Ferry, *Quatre sermons, prononcés en divers lieux, et sur differens suiets*, Paris 1646, p. 177-178.
40. Dénoncée par Du Moulin pour annoncer le jeûne de Charenton, si l'on en croit P. de L'Estoile, *Mémoires-journaux*, t. X, Paris 1896, p. 56.
41. P. De Felice, *Les protestants d'autrefois*, p. 158-159.
42. R. Mentzer, « Fasting, Piety and political anxiety among French reformed protestants », p. 350-352, et [J.] Aymon, *Tous les synodes nationaux*, t. II, p. 147.
43. R. Mentzer, « Fasting, Piety and political anxiety among French reformed protestants », p. 351.
44. I. D'Huisseau, *La Discipline*, p. 300-301.

en partie pour estre plus attentifs & ardens en leur priere » ; ce jeûne est fondé sur l'Écriture, il est loué et recommandé aux hommes, dans la mesure où il est spirituel et pas seulement corporel. Mais il doit être exceptionnel, « sur un fait extraordinaire de guerre, de famine, & de consomption des fruicts de la terre par les sauterelles, hanetons, hurbecs et vermisseaux[45] ». C'est d'ailleurs ce qu'on constate à la lecture des sermons : Mestrezat prêche en 1632 à la suite de la peste et de la famine[46], Daillé en 1636 à cause des « calamitez presentes » (la défaite de Corbie[47]). Drelincourt, en 1645, dresse un tableau proprement apocalyptique de la situation : les chrétiens de l'une et de l'autre religion se combattent, permettant aux infidèles et aux « mahométans » de préparer de « prodigieuses armées » pour les engloutir[48]. En 1662, c'est un tumulte produit dans le temple de Charenton qui est à l'origine du jeûne du 25 août[49].

En France, en raison de la situation particulière des huguenots au XVIIe siècle, minorité simplement tolérée, placée sous la protection de l'édit de Nantes, le jeûne prend souvent une dimension politique. C'était, à vrai dire, déjà le cas au siècle précédent, pendant les guerres de religion à cause des craintes suscitées par les événements[50]. Désormais, c'est plutôt l'occasion pour les protestants de manifester leur loyauté envers la couronne. C'est le cas en novembre 1610, où le jeûne est provoqué par l'assassinat d'Henri IV. À Dieulefit, dans le Dauphiné, par exemple, les fidèles se rassemblent dans le temps du matin jusqu'à 16 heures, entendent trois sermons d'environ deux heures chacun, prient, chantent des psaumes ; alors que les deux premiers sermons commentent Joël 2, 2-18 et appellent à la repentance, le troisième porte sur le psaume 72 qui demande à Dieu de bénir le roi[51].

---

45. G. THOMSON, *La Derouste de la chasse du loup cervier*, p. 12, 99-100, 108 et 126. Un hurebec est une chenille de la vigne.
46. J. MESTREZAT, « Sermon douziesme, de la Benediction promise à la Repentance », *Vingt sermons*, p. 576-621.
47. J. DAILLÉ, *Melange de sermons, prononcés par Jean Daillé à Charenton pres de Paris*, Amsterdam 1658, p. 221-250.
48. Ch. DRELINCOURT, *Recueil de sermons sur divers passages de l'Écriture Sainte*, Genève 1658, p. 581-686.
49. J. DAILLÉ, *Explication du chapitre troisième de l'Évangile selon Saint Jean*, Genève 1665, p. 753-796.
50. R. MENTZER, « Fasting, Piety and political anxiety among French reformed protestants », p. 352.
51. *Ibid.*, p. 343.

Le jeûne protestant en France au XVIIe siècle

En 1623, un jeûne en Basse-Guyenne célèbre la paix de Montpellier mettant fin à la première guerre de Rohan ; c'est l'occasion pour les réformés de déclarer leur attachement au roi, à un moment où leur loyauté pouvait sembler douteuse[52]. En 1636, à Charenton, Charles Drelincourt prêche sur le psaume 60 afin d'implorer Dieu qu'il aide le roi à s'opposer aux ennemis de la monarchie, aux armées espagnoles, juste après la défaite de Corbie ; Mestrezat demande de combattre « envers Dieu pour le Roy, pour la patrie, pour nous » et de prier pour l'État[53] ; et, l'année suivante, Le Faucheur doit presque s'excuser de prêcher le jeûne alors que les armées françaises remportent de nombreuses victoires[54]. En 1645, c'est encore la guerre de Trente ans qui sert de motif au sermon de Le Faucheur à Charenton, le 4 mai ; elle serait due à l'impiété, au blasphème, à l'avarice. La privation de nourriture et de boisson doit servir à se rappeler qu'il faut s'abstenir du vice[55]. La même guerre (ou plutôt ce qu'on appelle localement la guerre de Dix ans) est rappelée par Ferry à Metz et le pasteur demande de prier pour l'État, le roi, la régente, la paix[56]. Mestrezat, pour sa part, préfère célébrer les victoires françaises et se féliciter de la bienveillance de la reine-régente à l'égard des protestants[57] et David Eustache, à Montpellier, dédie son sermon « à la prospérité des armes du Roy[58] ». En avril 1652, la province d'Orléanais-Berry organise un jeûne, à l'initiative de l'Église de Blois, à cause des maux qui menacent la province à l'occasion de la Fronde[59]. Certaines dates choisies pour le jeûne embarrassent les communautés protestantes, car elles semblent heurter leurs sentiments monarchiques. Ainsi, en 1659, il peut paraître choquant de jeûner alors que le royaume célèbre la paix des Pyrénées et le mariage du roi, et plusieurs pasteurs se

---

52. *Ibid.*, p. 353.
53. Ch. DRELINCOURT, *Sermon pour le iusne*, et J. MESTREZAT, *Sermon faict au Iour du Jusne celebré à Charenton le 21. Aoust 1636*, Charenton 1636, p. 71.
54. M. LE FAUCHEUR, *Sermon faict pour le Ieusne celebré le 19. Novembre 1637 sur les Lamentations de Ieremie chapitre V. verset 21*, Paris 1638.
55. M. LE FAUCHEUR, *Sermon prononcé le jour du jeusne celebré à Charenton le jeudy 4 may 1645 sur le 66 chap. d'Esaïe v. 2*, Paris 1645.
56. P. FERRY, *Quatre sermons*, p. 180.
57. J. MESTREZAT, *Vingt sermons sur divers textes de l'Escriture Sainte, prononces en divers temps à Charenton les-Paris*, Genève 1657, p. 520-575.
58. D. EUSTACHE, *Sermon premier, fait a Montpelier, le 4. May 1645* (https://dvarim.fr/Eustache/Eustache_S_7_Jeune.pdf, consulté le 12 février 2020).
59. P. DE FELICE, *Les protestants d'autrefois*, p. 164-165.

sentent obligés de se justifier. En 1679, le synode de Normandie diffère le jeûne prévu afin de ne pas s'opposer aux réjouissances après la paix de Nimègue[60].

Dans la seconde moitié du siècle, les jeûnes sont souvent liés aux persécutions subies par les Églises. Le propos peut être ténu, car le pasteur ne doit pas aborder de question politique, comme le rappelle le synode national de 1620[61]. Drelincourt s'exprime ainsi en 1660 : « Nous sommes la faiblesse & l'infirmité même ; cependant nous avons plus d'ennemis que de cheveux en tete. Tout le Monde est sur nos bras [...], nous avons à vivre au milieu d'un grand peuple, qui, faute de nous connoître, est pour la plûpart enflamé de colere contre nous & qui nous engloutirait en un moment, si Dieu n'avait donné des bornes à l'Ocean[62] ». En 1675, le pasteur Allix, à Charenton, prêche sur le déluge, la destruction de Sodome, l'anéantissement des Égyptiens lors du passage de la mer rouge, la destruction du temple de Jérusalem, pour rappeler que les calamités présentes ont été envoyées par Dieu à cause de l'impénitence et des infidélités de son peuple et qu'il est désormais sourd aux prières des pécheurs qui ne se convertissent pas réellement ; Allix rappelle aux fidèles tous les bienfaits dont ils jouissent, particulièrement la communauté de Paris, grande « par la naissance, par l'esprit, par les arts, par les connaissances, & par les richesses », qui a eu des ministres qui se sont épuisés pour elle, et il se plaint qu'elle délaisse Dieu, que le jour du Seigneur n'est pas respecté, que les parents n'élèvent pas leurs enfants dans la morale, que la lasciveté et l'adultère règnent, qu'on recherche de grands biens matériels ; aussi n'est-il pas étonnant que Dieu « nous abandonne à la haine de nos adversaires[63] ». Jean Claude prêche sur le même thème l'année suivante, parlant des malheurs qui accablent le troupeau, des menaces qui planent à cause des péchés, de « nostre ruine [qui] ne fut jamais ni si ardemment desirée ni si hautement demandée, ni attenduë avec plus d'espérance » ; mais il rappelle que Dieu pardonne aux pécheurs, que ceux-ci doivent se détourner du mal et que les ennemis seront apaisés.

---

60. D. BOISSON, « Œuvres et pratique du jeûne », p. 186-187.
61. [J.] AYMON, *Tous les synodes nationaux*, t. II, p. 152.
62. Ch. DRELINCOURT, *Sermon de Charles Drelincourt sur le Prophete Ozée chapitre XI. Versets 7. 8. & 9*, Charenton 1660, p. 308.
63. P. ALLIX, *Les malheurs de l'impenitence, ou sermon sur les paroles du I chap, du livre des Proverbes aux vers. 24, 25, 26, 27, 28 : Prononcé à Charenton le 28 decembre 1675, jour de jeûne*, Charenton 1676, p. 23 et 32.

Le jeûne protestant en France au XVIIe siècle

Il insiste sur le fait que le roi « doit estre nostre unique refuge », que sa bienveillance est absolument nécessaire, il faut donc prier Dieu qu'il le protège, notamment pendant les périls de la guerre – Claude prêche pendant la guerre de Hollande[64]. En 1681 le consistoire d'Is-sur-Tille, en Bourgogne, proclame un jeûne à cause des persécutions qui s'abattent sur l'Église[65].

À partir des années 1660, les allusions aux « ennemis » de la religion sont particulièrement nombreuses[66]. Dans un sermon publié en 1662, Drelincourt rappelle les guerres de Rohan et la destruction du temple de Charenton[67]. Les pasteurs attribuent cette haine à la corruption et au dérèglement des mœurs et, s'ils affirment que Dieu pardonne les péchés par pure grâce, il est toujours demandé de se repentir et de persévérer dans une vie vraiment chrétienne. Cela n'empêche pas, au contraire, les protestations de loyauté envers la monarchie : le jeûne décidé par la province de Basse-Guyenne doit demander la bénédiction de Dieu sur le roi et prier Louis XIV d'être favorable aux requêtes présentées par les protestants[68]. Un nouveau thème apparaît dans les années 1680, lié au regain des persécutions : le jeûne doit permettre à la communauté de rester unie en éteignant les divisions entre ses membres[69]. Mais, sans que ce soit la plupart du temps explicite, cette recherche d'unité apparaît dans la valorisation des jeûnes provinciaux, voire nationaux, au détriment des jeûnes privés ; ceux-ci peuvent être bons, s'ils affaiblissent les vices qui sont en nous, explique Thomson[70] ; mais chez tous nos auteurs l'accent est mis sur

---

64. J. CLAUDE, *Les fruits de la repentance, ou sermon sur ces paroles de Salomon [...] Proverbe 16 v. 6 & 7. Prononcé à Charenton le 3. Avril 1676 jour de Ieusne*, Genève 1678, p. 32 et 52.
65. A. D. Côte d'Or, 1J 2573/1, p. 82.
66. L. DAIREAUX, « *Les bonnes œuvres* dans la prédication réformée française (1630-1680) », dans C. BORELLO (éd.), *Les œuvres protestantes en Europe*, p. 61-74, plus particulièrement p. 68-71 ; l'auteur se fonde sur un corpus de 111 sermons, pas tous cependant (mais la majorité) pour des jours de jeûne.
67. Ch. DRELINCOURT, *Le Buisson d'Horeb ou sermon sur les Lamentations du Prophete Ieremie, chap. 3, v. 22, 23 & 24*, Charenton 1662, p. 44-45.
68. Synode de 1669, Bibliothèque du Protestantisme français, ms 560/1, p. 80.
69. D. BOISSON (éd.), *Actes des synodes provinciaux. Anjou-Touraine-Maine*, Genève 2012, p. 493-494 (synode de Sorges, 1683).
70. G. THOMSON, *La Derouste de la chasse du loup cervier*, p. 149.

la célébration collective. Le jeûne est un rituel, une liturgie visant à reconstituer le corps mystique du Christ[71].

Par-delà les motifs conjoncturels de jeûne, la même signification spirituelle revient constamment : s'abstenir de manger et de boire, c'est le signe qu'on est indigne de vivre, car on a offensé Dieu ; mais il faut s'abstenir de vices plus que de viandes[72]. Le même argument revient tout au long du XVIIe siècle : le jeûne ne délivre aucun mérite devant Dieu, mais il exprime l'humiliation de chrétiens qui sont toujours pécheurs et indignes de vivre[73]. De ce fait, il invite à une éthique, à un style de vie qui plaît à Dieu. Les quelques témoignages sur les jours de jeûne disent tous l'émotion ressentie par les participants : Philippe de Villers, cité en introduction, insiste beaucoup sur ce point ; Pierre de l'Estoile, en 1608, le souligne également[74], Jean de Bouffard-Madiane souligne, pour le jeûne célébré à Nîmes le 6 juin 1657, qu'il s'est déroulé « avec dévotion et piété[75] » alors qu'Isaac Casaubon exprime vivement sa repentance après le jeûne d'avril 1599[76] et se dit « tout ému et comme transporté » après celui de novembre 1609[77]. Quant à Pierre de Vernejoul, procureur au Parlement de Guyenne, il espère, à propos du jeûne de février 1678 à Caumont, que c'est « un jusne au péché[78] » : l'intention de provoquer la repentance des fidèles semble bien intériorisée par eux, ou au moins par ceux dont on a le témoignage.

---

71. R. MENTZER, « Fasting, Piety and political anxiety among French reformed protestants », p. 340. L'auteur s'inspire ici des travaux de l'anthropologue Mary Douglas.
72. M. LE FAUCHEUR, *Exhortation*, p. 83 et p. 85.
73. Par exemple chez J. DAILLÉ, *Sermon de Jean Daillé sur l'Apocalypse, chap. II, vers. 5, prononcé à Charenton le vendredy 19 d'avril 1658, jour de jeusne*, Paris 1658, p. 4-7, Ch. DRELINCOURT, *Exhortation au jusne et à la repentance avec des prières pour demander à Dieu la sanctification du jusne, et la remission des péchez*, Genève 1663, p. 6-7.
74. Pierre de L'Estoile, assistant au jeûne de novembre 1609 à Charenton, est impressionné par le sentiment de piété qui s'en dégage : *Mémoires-Journaux de Pierre de L'Estoile*, t. X, Paris 1896, p. 74.
75. « Le livre de raison de Jean de Bouffard-Madiane », *Bulletin de la Société de l'Histoire du Protestantisme Français* 56 (1907), p. 48.
76. « Une page des Éphémérides de Casaubon », p. 515-516.
77. « Le temple de Charenton 1606-1685 », *Bulletin de la Société de l'Histoire du Protestantisme Français* 3 (1855), p. 471.
78. D. BENOÎT, « Pierre de Vernejoul, procureur au Parlement de Guyenne et son *Journal* inédit (1673-1691) », *Bulletin de la Société de l'Histoire du Protestantisme Français* 53 (1904), p. 410.

3. Les sermons pour le jeûne

Le prêche est au cœur de la pratique réformée[79]. Mais, de tous les sermons, ceux pour le jour de jeûne sont sans doute ceux qui cherchent le plus à toucher les âmes[80]. C'est ce qu'explique Pierre Du Bosc :

> Les ieusnes se celebrants expres pour toucher extraordinairement les consciences, on doit ce me semble faire entrer dans les predications de ces iournées solennelles tous les suiets qui sont capables de faire impression sur les cœurs, & particulierement ceux sur lesquels on sçait que les auditeurs ont besoin d'avertissement ou de censure ou de remontrance[81].

Ces sermons sont aussi exceptionnels au sens où ils sont souvent publiés à la fois séparément et dans des recueils, ce qui fait qu'on en retrouve encore beaucoup aujourd'hui[82].

En réalité, comme on l'a déjà vu, on n'a pas un, mais généralement trois sermons dans la journée. Les thèmes ne sont pas choisis au hasard. Pour prendre l'exemple, bien connu, du 19 avril 1658 à Charenton, Jean Daillé commence en prêchant sur Apocalypse 2, 5, Raymond Gaches continue sur Jérémie 3, 22, deux sermons incitant par conséquent à faire pénitence pour ses péchés, à changer sa vie pour se convertir à la vertu, puis Charles Drelincourt, en prêchant sur le fils prodige, rappelle que Dieu est la source de la compassion et de la consolation[83]. Cette manière de consoler le peuple lors du troisième sermon, après lui avoir malgré tout rappelé, à l'aide d'exemples de l'Ancien Testament, tous les châtiments subis par ceux qui ont désobéi à Dieu, semble habituelle ; elle s'accompagne d'une exhortation à la conversion[84]. Une variante est proposée à Montpellier en 1618, où Le Faucheur délivre trois sermons sur

---

79. P. BAYLEY, *French Pulpit Oratory, 1598-1650: A Study of Themes and Styles, with a Descriptive Catalogue of Printed Texts*, Cambridge 1980, et Fr. CHEVALIER, *Prêcher sous l'édit de Nantes. La prédication réformée au XVII*e *siècle en France*, Genève 1994.
80. Ch. THOUIN-DIEUAIDE, « La vanité et la rhétorique de la prédication au XVIIe siècle », thèse de doctorat, Université de Limoges, 2019, p. 378.
81. P. DU BOSC, *Les larmes de saint Pierre ou sermon sur les paroles de l'Évangile selon S. Luc, ch. 22 v. 26*, Genève 1660, épître dédicatoire, A IIII.
82. Ch. THOUIN-DIEUAIDE, *La vanité et la rhétorique*, p. 381.
83. *Acte pour le Jusne qui a esté célébré à Charenton, le Vendredy 19 d'avril 1658*, Charenton 1658.
84. Voir, parmi bien d'autres exemples, M. LE FAUCHEUR, *Sermon faict pour le Ieusne*, ou Ch. DRELINCOURT, *Recueil de sermons*, t. I, p. 335-398.

Joël 2, 11-13 pendant les trois jours précédant le jeûne, puis consacre sa prédication du jour de jeûne à la repentance[85]. Son enseignement, ce jour-là, est plutôt réconfortant, dans la mesure où, malgré des reproches très sévères sur l'ingratitude des chrétiens et la description, sur une centaine de pages, des menaces que Dieu fait peser sur les pécheurs, il indique comment se repentir et éviter la colère de Dieu : par la piété, en se détournant du monde, par la charité, en aimant notre prochain, nos ennemis même, en secourant les pauvres, par la justice, par la sainteté de la vie. Le Faucheur prône un renforcement des frontières confessionnelles, car, en plus de demander à ses ouailles de se comporter en vrais chrétiens, il s'emporte contre les mariages mixtes et contre ceux qui ne se séparent pas des pécheurs. Il montre tous les avantages dont jouissent les réformés, particulièrement à Montpellier, mais explique que cela pourrait disparaître s'ils continuent à irriter Dieu. Il termine ainsi en agitant les pires menaces s'il n'y a pas une vraie repentance afin que les fidèles prennent vraiment conscience de leurs péchés et de la dépravation de leur vie, qu'ils le reconnaissent devant Dieu et qu'ils s'efforcent de vivre désormais en chrétiens.

Le thème des sermons est assez singulier. En effet, comme pour les lectures, l'Ancien Testament est très nettement privilégié, alors que, si l'on considère non pas seulement les prédications pour le jeûne, mais l'ensemble des sermons, seuls 13 % portent sur l'Ancien Testament, contre 69 % sur les épîtres[86]. Sur le corpus, très réduit, des vingt-cinq sermons analysés pour cette étude, quinze partent d'une citation de l'Ancien Testament, et seulement cinq d'une épître (1 Corinthiens ou Hébreux, des épîtres assez souvent commentées de manière générale). Esaïe, avec cinq sermons, Jérémie avec deux (plus un sermon sur les Lamentations de Jérémie), sont les livres les plus commentés ; parmi les prophètes, on trouve aussi Osée et Joël. Pour le Nouveau Testament, il faut signaler l'importance de l'Apocalypse (deux sermons). Ainsi, les thèmes traités sont assez différents de ceux que les fidèles peuvent entendre les dimanches ordinaires. Il faut ajouter que même dans les sermons qui commentent un texte du Nouveau Testament, les citations tirées de l'Ancien sont très nombreuses.

Les sermons sont relativement stéréotypés. Ils débutent généralement par un tableau très sombre de la vanité de l'homme et de son

---

85. M. LE FAUCHEUR, *Exhortation à repentance*.
86. Fr. CHEVALIER, *Prêcher sous l'édit de Nantes*, p. 232.

caractère pécheur. « Nous ne sommes que poudre & cendre, qui habitons en des maisons d'argile, & qui somes consumez à la rencontre d'un vermisseau[87] », prêche Drelincourt en 1636, ajoutant en 1652 que, face à Dieu, « les plus relevez de tous les hommes, ne sont que comme des vers de terre, & des sauterelles[88] ». Le laxisme moral est dénoncé en 1669 à Quevilly, près de Rouen, par Lucas Jansse, qui s'en prend à la cupidité et à la méchanceté des fidèles, causes des calamités qui s'abattent sur eux[89]. L'intempérance, la lascivité, la luxure sont sans cesse dénoncées, ainsi que les habits immodestes ou le port de bijoux. Le fondement de cela est la renonciation à la chair, à ce qui est matériel et physique ; il s'agit de contrôler le corps et, pour cela, le jeûne est particulièrement bien adapté. Tous les pasteurs insistent sur les chaînes qui lient l'homme au monde, sur l'attachement matériel, sur l'asservissement aux désirs matériels et corporels. En 1645, Le Faucheur se plaint que les hommes s'affligent « des incommodités qu'ils en souffrent ou en leurs corps ou en leurs biens » : « C'est là toute la matiere de leur ennuy. Et pourquoy pensez-vous qu'ils ayent un si impatient desir d'en estre delivrez, si ce n'est pour pouvoir continuer en toute liberté à mal-faire comme devant[90] ? » C'est la raison pour laquelle Dieu les châtie durement.

Très logiquement, Dieu va en effet punir sévèrement les pécheurs. Les menaces peuvent être très détaillées et l'orateur joue quelquefois sur un effet d'accumulation afin d'accabler encore davantage les fidèles ; c'est ce que fait Mestrezat à Charenton en 1636[91] ou, comme nous l'avons déjà vu, Allix en 1675. Une fois énumérés les châtiments que Dieu répand sur son peuple et qui sont toujours rapprochés des châtiments rapportés par l'Ancien et le Nouveau Testament, le ministre conclut qu'il faut se repentir – ainsi Dieu nous bénira et vivifiera le pécheur repentant parce qu'il nous l'a promis, ce dernier point étant surtout développé dans le dernier des sermons de jeûne. Ces sermons donnent par conséquent un enseignement essentiellement moral très sévère. Ils admonestent violemment, ils effraient, dans la plus

---

87. Ch. DRELINCOURT, *Recueil de sermons*, t. I, p. 261.
88. Ch. DRELINCOURT, *Recueil de sermons sur divers passages de l'Écriture Sainte, Deuxième volume*, Genève 1660.
89. L. JANSSE, *Les larmes chrestiennes, ou sermons faits en des jours de jeusne*, Quevilly 1669.
90. M. LE FAUCHEUR, *Sermon prononcé*, p. 23.
91. J. MESTREZAT, *Sermon faict au Iour du Jusne*.

pure tradition de la « religion de la peur[92] ». Dieu, à en croire Drelincourt, « s'est armé de foudres & de flames, […] s'est revêtu de jalousie & de vengeance », il « ne manqueroit point de verges pour nous châtier », il « fera venir des millions d'ennemis pour nous perdre » ; il a à son service des « anges qui sont armez de glaives flamboyans […], qui ont toujours la faucille en la main pour moissonner & pour vendanger la terre[93] », il peut envoyer la peste, la famine, l'esprit de division[94]. Mais, conformément à cette pédagogie « terroriste », le sermon se termine par le rappel de la consolation et de la bénédiction promises par Dieu, ce qui est aussi le thème principal du dernier des sermons pour le jour de jeûne quand il y en a plusieurs. Il est question du renouvellement de l'Alliance, de l'élection, de la paternité de Dieu.

C'est ainsi toute l'histoire d'Israël qui est ici rappelée et rapprochée de la situation actuelle des protestants français, avec quelquefois des parallèles explicites, par exemple au moment de la guerre de Trente ans, quand Le Faucheur énumère tous les pays ravagés par les combats, de la Bohême au Palatinat, des provinces allemandes à la Suisse et à la France, de la Grande-Bretagne au Danemark, quand il évoque la menace turque pour parler ensuite de David, de Salomon, de Pharaon et d'Achab[95] ; comme Le Faucheur, les autres ministres du temps appliquent aux malheurs contemporains les avertissements des prophètes. Le présent du protestantisme français entre ainsi dans la tradition de l'histoire du peuple élu, mieux, il se confond avec elle et assure aux fidèles que le Dieu qui châtie est aussi celui qui sauve ses élus. C'est en définitive la doctrine calviniste du salut, thème principal de l'ensemble des sermons réformés[96], qui est présentée dans les prédications pour le jeûne, mais sous une forme particulièrement sévère ; car, plus que tout autre culte, il doit inciter à la conversion du pécheur.

Le jeûne protestant, en France, est réellement un acte collectif : c'est ensemble qu'on se réunit pour jeûner. C'est d'autre part un acte de repentance, qui se différencie le plus possible du jeûne catholique lié au carême ; c'est pourquoi il a très rarement lieu avant la cène ou au printemps, contrairement à ce qui se passe en Écosse par

---

92. J. DELUMEAU, *Le péché et la peur. La culpabilisation en Occident, XIIIᵉ-XVIIIᵉ siècles*, Paris 1983.
93. Ch. DRELINCOURT, *Recueil de sermons*, t. I, p. 257-258.
94. *Ibid.*, p. 257-258.
95. L. LE FAUCHEUR, *Sermon prononcé*.
96. Fr. CHEVALIER, *Prêcher sous l'édit de Nantes*.

exemple[97]. Les protestants se rassemblent pour former un peuple qui partage ses souffrances et l'espérance du pardon de Dieu. La privation de nourriture et de boisson, bien que réelle, est moins importante que sa signification spirituelle : il faut se nourrir de la Parole. Comme le dit Drelincourt, « il vaudroit mieux une Repentance sans Jeûne, qu'un Jeûne sans Repentance » : « Car de quoi vous servira-t-il d'être pour quelque tems vuides de viande & de bruvage, si cependant vous êtes enyvrez de l'amour de vous-mêmes, & vous regorgez de sales convoitises[98] ? » Jeûner sans se repentir, c'est jeûner de manière superstitieuse[99]. Et c'est précisément la prise de conscience que les malheurs vécus sont des châtiments divins qui doit pousser à mieux écouter la Parole et à la mettre en pratique[100]. Le jeûne doit amener à la pratique des œuvres : comme l'explique Jean Claude en 1675 en prêchant sur *Proverbes* 16, 7 (« Quand l'Éternel prend plaisir aux voies de l'homme, il apaise même envers lui ses ennemis »), Dieu pardonne les péchés de ceux qui sont miséricordieux et charitables[101]. Le jeûne peut ainsi être considéré comme un « sport spirituel[102] ». Mais c'est la rareté du jeûne, son caractère exceptionnel, qui le rendent particulièrement important pour l'identité huguenote et l'expression de sa foi. Il est sans doute significatif que dans d'autres endroits, à Genève, aux Provinces-Unies, en Angleterre, en Écosse, la célébration du jeûne devient de plus en plus répétitive, dès la fin du XVIIe siècle, et qu'on perd de vue sa signification, qu'on se plaint qu'il est mal observé[103].

---

97. Comparaisons internationales, notamment avec l'Écosse, dans R. MENTZER, « Fasting, Piety and political anxiety among French reformed protestants », p. 356-359.
98. Ch. DRELINCOURT, *Prieres et exhortation*, p. 297-298.
99. J. MESTREZAT, *Vingt Sermons*, p. 618.
100. F. BURLAMACHI, *Sermon fait au jour de jusne celebré par les eglises reformées du Daufiné, le 3. De Decembre 1662*, Genève 1663.
101. D. BOISSON, « Œuvres et pratique du jeûne », p. 181.
102. L'expression vient de H. BOST, *Des Messieurs de la R. P. R. Histoires et écritures de huguenots, XVIIe-XVIIIe siècles*, Paris 2001, « La dévotion, un sport spirituel ? Le paradoxe du salut dans la piété réformée au XVIIe siècle », p. 99.
103. R. MENTZER, « Fasting, Piety and political anxiety among French reformed protestants », p. 359.

RIGUEUR MORALE ET JEÛNE EUCHARISTIQUE DANS LE CATHOLICISME POSTTRIDENTIN

Les théologiens moralistes catholiques
et les contraintes alimentaires de la communion
(XVIIe-XVIIIe siècles)

Sylvio Hermann De Franceschi
EPHE, Université PSL, LEM (UMR 8584)

Depuis quelques années, les historiens se sont de nouveau intéressés à l'histoire de la casuistique et de la théologie morale catholiques[1]. À la faveur des développements récents de la *food history*, de nombreux travaux ont été également consacrés aux pratiques alimentaires envisagées d'un point de vue religieux et moral[2]. Si l'usage du jeûne ecclésiastique en catholicité est désormais assez bien connu, celui du jeûne naturel requis avant l'administration de l'eucharistie a été relativement négligé dans l'historiographie. La pratique du jeûne eucharistique est d'origine vénérable, puisque son obligation a été imposée dès l'époque tardo-antique. Déjà signalée par Tertullien, elle est fixée en 397 au concile de Carthage, dont le 29e canon, par la suite incorporé

---

1. Voir notamment R. A. Maryks, *Saint Cicero and the Jesuits. The Influence of the Liberal Arts on the Adoption of Moral Probabilism*, Aldershot 2008, N. Reinhardt, « How individual was conscience in the early-modern period? Observations on the development of Catholic moral theology », *Religion* 45/3 (2015), p. 409-428, S. Tutino, *Uncertainty in Post-Reformation Catholicism: A History of Probabilism*, Oxford 2018, R. Schüssler, *The Debate on Probable Opinions in the Scholastic Tradition*, Leyde 2019, et S. Di Giulio et A. Frigo (éd.), *Kasuistik und Theorie des Gewissens. Von Pascal bis Kant. Akten der Kant-Pascal-Tagung in Tübingen, 12.-14. April 2018*, Berlin – Boston 2020.
2. Voir D. Grumett et R. Muers (éd.), *Eating and Believing. Interdisciplinary Perspectives on Vegetarianism and Theology*, Londres – Oxford 2008, D. Grumett et R. Muers (éd.), *Theology on the Menu. Asceticism, Meat and Christian Diet*, Londres 2010, K. Albala et Tr. Eden (éd.), *Food and Faith in Christian Culture*, New York 2011, et S. De Franceschi, *Morales du Carême. Essai sur les doctrines du jeûne et de l'abstinence dans le catholicisme latin (XVIIe-XIXe siècle)*, Paris 2018.

au *Décret* de Gratien, affirme que « les sacrements de l'autel ne peuvent être célébrés que par des hommes à jeun, à l'exception du Jeudi saint[3] » – l'usage était en effet alors parfois en vigueur de communier après le repas du soir le jour anniversaire de la Cène. Dans le cas où des prêtres, qui ont mangé à la mi-journée, doivent célébrer une messe du soir pour le salut de l'âme de défunts décédés dans l'après-midi, ils doivent se contenter de simples prières[4]. En 572, le 10ᵉ canon du concile de Braga punit de déposition le prêtre qui communie sans être à jeun[5] – alors même que le Christ avait institué l'eucharistie au cours d'un repas. L'usage s'est ensuite progressivement établi de réclamer des fidèles comme des célébrants le respect d'un jeûne naturel avant l'administration du sacrement eucharistique, soit une privation totale de nourritures et de boissons – à la différence du jeûne ecclésiastique, observé notamment durant le Carême et qui tolère un unique repas complet quotidien, une collation vespérale et une libre consommation des liquides non nourrissants[6]. Le décret *Cum in nonnullis* ratifié le 15 juin 1415

---

3. G.-D. MANSI, *Sacrorum Conciliorum noua et amplissima collectio*, 31 vol., Florence – Venise 1758-1798, t. III, col. 885 : « Vt sacramenta altaris non nisi a ieiunis hominibus celebrentur, excepto uno die anniuersario quo Cœna Domini celebratur ».
4. *Ibid.* : « Nam si aliquorum pomeridiano tempore defunctorum, siue episcoporum seu clericorum, siue ceterorum, commendatio facienda est, solis orationibus fiat si illi qui faciunt iam pransi inueniantur ».
5. G.-D. MANSI, *Sacrorum Conciliorum noua et amplissima collectio*, t. IX, col. 841 : « Placuit ut quia per stultitiam præsumpti nuper erroris aut certe ex ueteris Priscillianæ adhuc hæresis fœtore, corruptos cognouimus quosdam presbyteros in huius præsumptionis audacia detineri ut in missa mortuorum etiam post acceptum merum, oblationem ausi sunt consecrare, ideoque hoc præfixe euidentis sententiæ admonitione seruetur ut si quis presbyter post hoc edictum nostrum amplius in hac uesania fuerit deprehensus, id est, ut non ieiunus, sed quocumque iam cibo percepto, obligationem consecrauerit, continuo ab officio suo priuatus, a proprio deponatur episcopo ».
6. Sur la pratique du jeûne ecclésiastique, on se permet de renvoyer à S. DE FRANCESCHI, *Morales du Carême*. Sur l'évolution des pratiques quadragésimales à l'époque contemporaine, consulter J.-Fr. GALINIER-PALLEROLA, « Le déclin du jeûne dans le catholicisme des XIXᵉ-XXIᵉ siècles », dans P. AIRIAU (éd.), *Nourritures terrestres : alimentation et religion. Actes de la journée d'études de l'Association française d'histoire religieuse contemporaine (Lyon, 28 septembre 2013)*, Lyon 2016, p. 15-35. Voir aussi S. DE FRANCESCHI, « Le jeûne et l'abstinence dans le catholicisme contemporain. Contributions françaises du premier XXᵉ siècle au débat sur les mortifications du Carême », *Revue d'histoire de l'Église de France* 105 (2019), p. 85-111.

Rigueur morale et jeûne eucharistique

au concile de Constance impose aux fidèles l'obligation d'être à jeun avant de communier ; la décision conciliaire est confirmée par le Saint-Siège et va devenir un usage général dans l'Église[7]. La norme définie par le *Codex iuris canonici* de 1917 reprend essentiellement le dispositif disciplinaire posttridentin lui-même hérité de la fin du Moyen Âge. Un prêtre ne peut célébrer la messe, et donc communier, que s'il est à jeun, et d'un jeûne naturel (canon 808)[8]. En principe, les fidèles ne peuvent communier qu'une fois par jour (canon 857)[9], et ils doivent avoir respecté un jeûne naturel à partir de la minuit qui précède la communion, sauf en cas de péril de mort imminente ou de nécessité d'empêcher une profanation du sacrement (canon 858, § 1)[10]. Le Code de 1917 renvoie ici aussitôt au *Missel Romain*, qui précise que celui qui a rompu son jeûne naturel après la minuit en consommant de l'eau seule ou de la nourriture ou de la boisson, même à titre de remède, en si petites quantités que ce soit, ne peut ni donner, ni recevoir la communion[11]. Rédigé au lendemain du concile de Trente, le *Missel Romain* accorde toutefois la

---

7. Décret *Cum in nonnullis*, Constance, 15 juin 1415, dans H. DENZINGER et A. SCHÖNMETZER (éd.), *Enchiridion symbolorum, definitionum et declarationum de rebus fidei et morum*, 36ᵉ éd., Fribourg-en-Brisgau – Rome 1976, n. 1198, p. 321 : « Hoc præsens Concilium [...] declarat, decernit et diffinit quod [...] huiusmodi sacramentum [Eucharistiæ] non debet confici post cœnam, neque a fidelibus recipi non ieiunis, nisi in casu infirmitatis aut alterius necessitatis a iure uel Ecclesia concesso uel admisso ».
8. *Codex iuris canonici Pii X Pontificis Maximi iussu digestus, Benedicti Papæ XV auctoritate promulgatus, præfatione, fontium annotatione et indice analytico-alphabetico ab Eminentissimo Petro cardinali Gasparri auctus*, Rome 1918, l. III, *De rebus*, pars I, *De sacramentis*, tit. III, *De sanctissima Eucharistia*, c. I, *De sacrosancto Missæ sacrificio*, art. I, *De sacerdote Missæ sacrificium celebrante*, can. 808, p. 232 : « Sacerdoti celebrare ne liceat, nisi ieiunio naturali a media nocte seruato ».
9. *Ibid.*, c. II, *De sanctissimo Eucharistiæ sacramento*, art. II, *De subiecto sacræ communionis*, can. 857, p. 246 : « Nemini liceat sanctissimam Eucharistiam recipere, qui eam eadem die iam receperit, nisi in casibus de quibus in can. 858, § 1 ».
10. *Ibid.*, can. 858, § 1, p. 246 : « Qui a media nocte ieiunium naturale non seruauerit, nequit ad sanctissimam Eucharistiam admitti, nisi mortis urgeat periculum, aut necessitas impediendi irreuerentiam in sacramentum ».
11. *Missale Romanum ex decreto Sacrosancti Concilii Tridentini restitutum, Pii V Pontificis Maximi iussu editum et Clementis VIII auctoritate recognitum*, Rome 1604, tit. *De defectibus in celebratione Missarum occurrentibus*, c. IX, *De defectibus dispositionis corporis*, n. 1 : « Si quis non est ieiunus post mediam noctem, etiam post sumptionem solius aquæ, uel alterius potus, aut cibi, per modum etiam medicinæ, et in quantumcumque parua quantitate, non potest communicare, nec celebrare ».

possibilité de communier ou d'administrer le sacrement eucharistique lorsque l'on n'a pas fini de digérer des aliments absorbés avant minuit ou lorsque l'on n'a pas dormi entre son repas et la messe[12]. Afin de couper court à d'éventuels scrupules, le *Missel Romain* indique également que d'avaler des restes de nourriture coincés entre les dents ou d'absorber involontairement une goutte d'eau lorsqu'on se lave le visage n'interdit pas de communier ensuite dans la mesure où les aliments ingérés le sont alors par manière de salive et non par manière de nourriture[13]. Lorsqu'un prêtre doit célébrer plusieurs messes dans la même journée – le cas se produit souvent le jour de Noël –, il doit à chaque fois se rincer les doigts dans un vase propre ; il ne peut prendre l'ablution qu'à la dernière messe, faute de quoi il enfreint le jeûne naturel qu'il doit respecter même lorsqu'il est autorisé à biner[14] – soit à célébrer deux messes. L'importance du jeûne eucharistique est également rappelée par le *Rituel Romain*, élaboré sous le pontificat de Paul V. Il y est recommandé aux curés d'exhorter leurs paroissiens à respecter avant la communion une discipline assez sévère : ils doivent être à jeun depuis la minuit et s'être confessés pour recevoir le sacrement[15]. Le cas des mourants auxquels on peut donner le viatique alors qu'ils se sont alimentés le même jour est encadré : le sacrement ne peut leur être administré si l'on craint de leur part, en raison d'une toux vive ou d'accès de délires furieux, une indécente et sacrilège régurgitation de l'eucharistie. Quant aux malades dont la vie n'est pas en péril, il convient qu'ils respectent la discipline du jeûne naturel, comme les autres fidèles, auxquels il n'est pas permis

---

12. *Ibid.*, n. 2 : « Si autem ante mediam noctem cibum aut potum sumpserit, etiam si postmodum non dormierit, nec sit digestus, non peccat ; sed ob perturbationem mentis, ex qua deuotio tollitur, consulitur aliquando abstinendum ».
13. *Ibid.*, n. 3 : « Si reliquiæ cibi remanentes in ore transglutiantur, non impediunt Communionem, cum non transglutiantur per modum cibi, sed per modum saliuæ. Idem dicendum, si lauando os, deglutiatur stilla aquæ præter intentionem ».
14. *Ibid.*, n. 4 : « Si plures Missas in una die celebret, ut in Natiuitate Domini, in unaquaque Missa abluat digitos in aliquo uase mundo, et in ultima tantum percipiat purificationem ».
15. *Rituale Romanum Pauli V Pontificis Maximi iussu editum et a Benedicto XIV auctum et castigatum cui nouissima accedit benedictionum et instructionum appendix*, Tours 1906, tit. IV, c. I, *De sanctissimo Eucharistiæ Sacramento*, n. 3, p. 55 : « Ideo populum sæpius [parochus] admonebit, qua præparatione, et quanta animi religione ac pietate, et humili etiam corporis habitu ad tam diuinum Sacramentum debeat accedere, ut præmissa sacramentali confessione, omnes saltem a media nocte ieiuni, et utroque genu flexo Sacramentum humiliter adorent ac reuerenter suscipiant, uiri quantum fieri potest a mulieribus separati ».

d'avaler même des médicaments avant la communion[16]. Le Code de 1917 a repris assez fidèlement le cadre de la discipline eucharistique posttridentine en l'adoucissant ponctuellement. Ainsi les malades alités depuis un mois et dont la guérison hypothétique ne peut qu'être lointaine sont-ils autorisés à communier une ou deux fois par semaine même s'ils ont pris des médicaments ou absorbé des liquides auparavant[17]. Le Code de 1917 rappelle que les fidèles sont tenus de communier lorsqu'ils sont à l'article de la mort (canon 864, § 1)[18] ; s'ils ont déjà reçu une première fois la communion le même jour, ils doivent être convaincus de la nécessité de communier une deuxième fois (canon 864, § 2)[19] ; tant qu'ils demeurent en danger de mort, le saint viatique peut leur être administré plusieurs fois, mais à des jours différents (canon 864, § 3)[20]. Dans les catholicismes posttridentins, l'administration du sacrement eucharistique a ainsi été longtemps soumise à l'observance d'une discipline alimentaire particulièrement exigeante.

1. La casuistique probabiliste face au jeûne eucharistique

La portée des contraintes ascétiques à respecter avant de recevoir ou de donner la communion a évidemment suscité l'intérêt des moralistes de l'époque moderne. Leur réflexion est inévitablement repartie des jalons posés par saint Thomas. Si la doctrine de l'Aquinate doit être tenue pour mesurée lorsqu'il s'agit du jeûne ecclésiastique et plus

---

16. *Ibid.*, c. IV, *De communione infirmorum*, n. 4, p. 61 : « Potest quidem Viaticum breui morituris dari non ieiunis ; id tamen diligenter curandum est ne iis tribuatur a quibus ob phrenesim, siue ob assiduam tussim, aliumue similem morbum, aliqua indecentia cum iniuria tanti Sacramenti timeri potest. Cæteris autem infirmis, qui ob deuotionem in ægritudine communicant, danda est Eucharistia ante omnem cibum et potum, non aliter ac cæteris fidelibus, quibus nec etiam per modum medicinæ ante aliquid sumere licet ».
17. *Codex iuris canonici*, can. 858, § 2, p. 246 : « Infirmi tamen qui iam a mense decumbunt sine certa spe ut cito conualescant, de prudenti confessarii consilio sanctissimam Eucharistiam sumere possunt semel aut bis in hebdomada, etsi aliquam medicinam uel aliquid per modum potus antea sumpserint ».
18. *Ibid.*, can. 864, § 1, p. 247 : « In periculo mortis, quauis ex causa procedat, fideles sacræ communionis recipiendæ præcepto tenentur ».
19. *Ibid.*, § 2, p. 248 : « Etiamsi eadem die sacra communione fuerint refecti, ualde tamen suadendum ut in uitæ discrimen adducti denuo communicent ».
20. *Ibid.*, § 3, p. 248 : « Perdurante mortis periculo, sanctum Viaticum, secundum prudens confessarii consilium, pluries, distinctis diebus, administrari et licet et decet ».

généralement de l'ascèse alimentaire[21], force est de constater qu'en matière de jeûne eucharistique, le Docteur Angélique développe des analyses dont l'orientation est plutôt sévère. Concernant la discipline alimentaire dont l'observance est requise par la communion, le commentaire du *Livre des Sentences* tient très clairement que l'eucharistie ne peut être reçue que si l'on est à jeun, sauf péril imminent de mort – il s'agit alors d'éviter le décès sans viatique du fidèle. La condition du jeûne naturel est requise pour trois raisons. D'abord, pour absorber dignement le corps du Christ, la bouche du chrétien doit être pure : aucun aliment ne doit l'avoir préalablement souillée. Ensuite, la piété requiert que le fidèle, au moment de communier, n'ait pas l'esprit alourdi par la digestion de nourritures. Enfin, il faut écarter les risques d'éructations ou de renvois qui peuvent conduire au rejet de l'espèce consacrée. Que le concile de Carthage ait évoqué l'usage de ne communier que le soir – donc sans être à jeun – le Jeudi saint ne peut être retenu comme un argument à l'encontre de l'obligation du jeûne naturel préalablement à la réception de l'eucharistie : saint Thomas précise en effet que la coutume mentionnée par les pères carthaginois a été universellement abrogée dans l'Église ; il peut arriver que, le Jeudi saint, des fidèles assistent à une messe du soir sans être à jeun, mais alors ils ne communient pas[22]. Pour l'Aquinate, le principe est clairement établi selon lequel de recevoir ou d'administrer la communion implique que l'on se soit préalablement complètement privé de nourriture et de boisson. L'interdit pèse dès lors naturellement sur les électuaires – médicaments qui se présentent sous forme de pâte molle – et sur le vin, pourtant autorisés lorsqu'il ne s'agit que d'observer un jeûne ecclésiastique. Le cas de l'eau est sujet à discussion. Il y a des auteurs, souligne l'Aquinate, qui estiment qu'elle ne nourrit pas et que sa libre consommation est donc licite en période de jeûne naturel comme en période de jeûne ecclésiastique ; d'autres, plus probablement et plus sûrement selon saint Thomas, relèvent que,

---

21. Pour une première présentation de la doctrine thomasienne sur le jeûne, voir I. COSTA, « Jeûne moral, jeûne mystique : nourriture et abstinence dans la littérature théologique et homilétique à la fin du XIIIe siècle », dans S. DE FRANCESCHI, D.-O. HUREL et Br. TAMBRUN (éd.), *Affamés volontaires. Les monothéismes et le jeûne : austérités religieuses et privations alimentaires dans une perspective comparative*, Limoges 2020, p. 157-170.
22. THOMAS D'AQUIN, *Scriptum super Sententiis*, l. 4, d. 8, q. 1, a. 4, qc. 1, ad 3 : « Ad tertium dicendum, quod forte Ecclesia aliquo tempore sustinuit in die cœnæ sumi corpus Christi post alios cibos in repræsentationem Dominicæ Cœnæ ; sed nunc abrogatum est decretum illud per communem consuetudinem ».

mélangée à d'autres substances, l'eau finit par être nourrissante et que, dans la mesure où elle se mêle aux aliments dans l'estomac, son absorption interdit dès lors la communion[23]. Si exigeant qu'il soit, l'Aquinate n'entend pourtant pas favoriser la multiplication de scrupules inutiles. Il précise ainsi que l'observance du jeûne naturel requiert la privation de l'acte d'absorption orale, *actus comestionis*, qui concerne les solides comme les liquides, soit l'ingestion d'aliments depuis l'extérieur par la bouche – méticuleuse, la définition permet de conclure que la déglutition de substances produites intérieurement par le corps, comme la salive, ou des restes de nourritures qui ont été consommés avant la minuit et qui, coincés entre les dents, sont finalement avalés le lendemain avant la communion ne constitue pas une infraction à la discipline du jeûne eucharistique[24]. Il en va de même d'éventuels renvois d'aliments avalés avant la minuit. Quant à la question de savoir s'il faut, une fois reçue la communion, s'abstenir d'avaler quoi que ce soit tant que l'espèce consacrée se trouve encore dans l'estomac, saint Thomas estime que le temps pris par l'action de grâce après administration de l'eucharistie et durant lequel on ne mange évidemment pas est suffisant – il s'agit en définitive d'un bref intervalle de temps, et il est donc licite de conclure qu'il n'y a pas véritablement lieu d'observer un jeûne après avoir reçu la communion[25]. En matière de discipline alimentaire eucharistique, le Docteur

---

23. *Ibid.*, qc. 2, ad 2 : « De aqua, diuersa est opinio. Quidam enim dicunt, quod quia nullo modo nutrit, non soluit neque ieiunium naturæ neque ieiunium Ecclesiæ. Sed quamuis aqua in se non nutriat, tamen commixta nutrit. In stomacho autem oportet quod aliis humoribus admisceatur ; et ideo in nutrimentum cedere potest ; et propter hoc alii probabilius et securius dicunt quod etiam post aquæ potum corpus Christi non sumendum est ».
24. *Ibid.*, qc. 2, ad 3 : « Ieiunium naturæ dicitur per priuationem actus comestionis, secundum quod comestio etiam potionem includit. Comestio autem principalis dicitur a sumptione exterioris cibi, quamuis terminetur ad traiectionem cibi in uentrem, et ulterius ad nutritionem ; et ideo quæ interius geruntur sine exterioris cibi sumptione, non uidentur soluere ieiunium naturæ, nec impedire Eucharistiæ perceptionem, sicut deglutitio saliuæ ; et similiter uidetur de his quæ intra dentes remanent, et etiam de eructationibus ».
25. *Ibid.*, qc. 3, co : « Secundum consuetudinem Ecclesiæ propter reuerentiam tanti sacramenti, post eius sumptionem homo debet in gratiarum actione persistere ; unde etiam in Missa oratio gratiarum actionis post communionem dicitur, et sacerdotes post celebrationem suas speciales orationes habent ad gratiarum actionem ; et ideo oportet esse aliquod interuallum inter sumptionem Eucharistiæ et aliorum ciborum. Sed quia non requiritur magnum interuallum, et quod parum deest, nihil deesse uidetur […], ideo possemus sub hoc sensu concedere quod statim potest aliquis cibos alios sumere post Eucharistiæ sumptionem ».

Sylvio Hermann De Franceschi

Angélique défend une pratique qui, pour être exacte, n'en doit pas pour autant verser dans une sévérité trop rigoureuse. L'essentiel de la doctrine exposée dans le *Scriptum super Sententiis* est reconduit dans la *Summa theologiæ*. Saint Thomas y maintient que même l'usage de l'eau et des médicaments, en si petites quantités que ce soit, est interdit après la minuit du jour où l'on va communier. Le Docteur Angélique a même encore plus durement précisé sa position concernant l'eau, puisqu'il tient désormais que la question de savoir si une substance est nourrissante importe peu du moment qu'elle est ingérée par manière de nourriture ou de boisson[26]. La déglutition de restes coincés entre les dents ne constitue pas une infraction au jeûne eucharistique, dans la mesure où ils sont avalés par manière de salive – leur cas est dès lors comparable à celui des substances produites intérieurement par le corps. Il en va de même des gouttes de vin ou d'eau qui peuvent être avalées – mais en petites quantités et mêlées à de la salive – lorsqu'on se rince la bouche après le repas. Dans sa *Summa theologiæ*, saint Thomas aborde aussi la question de la durée du jeûne naturel à respecter avant la communion. Il note que le début du jour est diversement défini : il en est qui le font débuter à midi, d'autres à la tombée du jour, d'autres à minuit, d'autres au lever du soleil. Dans l'Église romaine, précise l'Aquinate, le jour commence à minuit, et si un fidèle absorbe quoi que ce soit par manière de nourriture ou de boisson après minuit, il lui est interdit de communier dans la journée – saint Thomas concède toutefois qu'il importe peu à l'observance du précepte que le fidèle ait dormi entre son repas et la communion ou qu'il n'ait pas complètement fini de digérer, même si une insomnie ou une indigestion, par les troubles de l'esprit qu'elles suscitent, peuvent le rendre inapte à recevoir pieusement l'eucharistie[27]. Même s'ils manifestent le souci de ne pas encombrer la conscience des

---

26. THOMAS D'AQUIN, *III*ᵃ, q. 80, a. 8, ad 4 : « Neque post assumptionem aquæ uel alterius cibi aut potus uel etiam medicinæ, in quantumcumque parua quantitate, licet accipere hoc sacramentum [Eucharistiæ]. Nec refert utrum aliquid huiusmodi nutriat uel non nutriat, aut per se aut cum aliis, dummodo sumatur per modum cibi uel potus ».

27. *Ibid.*, ad 5 : « Licet principium diei secundum diuersos diuersimode sumatur, nam quidam a meridie, quidam ab occasu, quidam a media nocte, quidam ab ortu solis diem incipiunt, Ecclesia tamen, secundum Romanos, diem a media nocte incipit. Et ideo si post mediam noctem aliquis sumpserit aliquid per modum cibi uel potus, non potest eadem die hoc sumere sacramentum ; potest uero si ante mediam noctem. Nec refert utrum post cibum uel potum dormierit aut etiam digestus sit quantum ad rationem præcepti. Refert autem quantum ad perturbationem mentis quam

fidèles de scrupules superflus, les enseignements thomasiens restent exigeants et maintiennent que l'usage de l'eau ou de médicaments est contraire au jeûne eucharistique.

Parce que l'observance du jeûne naturel est une discipline ascétique difficile à supporter, son application a inévitablement suscité des interprétations plus ou moins minutieuses et dont l'enjeu est devenu crucial aux âges tridentin et posttridentin alors que la question eucharistique est l'un des lieux essentiels de l'opposition entre catholiques et protestants – de là l'inflation, à partir de la fin du XVIe siècle, des publications consacrées à l'eucharistie et aux pratiques qui doivent entourer son administration[28]. Les nombreux traités de l'eucharistie qui sont publiés et qui s'inscrivent dans le champ, soit de la théologie dogmatique, soit de la théologie morale, soit – à l'intersection des deux domaines – de la théologie sacramentaire, comprennent toujours une ample section consacrée à la pratique du jeûne naturel. La question du jeûne eucharistique retient aussi inévitablement l'attention des auteurs de manuels de théologie morale, de plus en plus nombreux alors que le premier XVIIe siècle est un âge d'or de la casuistique probabiliste ; elle est enfin systématiquement traitée par les innombrables commentateurs de la 3e partie de la *Summa theologiæ* de saint Thomas. Ainsi le théologien jésuite espagnol Francisco Suárez (1548-1617), un probabiliste revendiqué, consacre-t-il une ample analyse à la pratique du jeûne naturel requis par l'administration de l'eucharistie dans le traité *De sacramentis* (1593-1603) de ses *Commentarii et disputationes in tertiam partem*[29]. Son propos minutieux permet de dresser un état des débats qui touchent à l'observance du jeûne eucharistique et qui opposent d'une part catholiques et protestants, d'autre part les moralistes adeptes d'une morale rigoureuse et ceux qui plaident pour des adoucissements.

Pour couper court aux arguments calvinistes et luthériens à l'encontre de la pratique du jeûne naturel et qui s'inscrivent plus largement dans une solide hostilité des tenants du protestantisme à l'égard

---

patiuntur homines propter insomnietatem uel indigestionem, ex quibus si mens multum perturbetur, homo redditur ineptus ad sumptionem huius sacramenti ».

28. Sur la querelle eucharistique à l'âge classique, voir l'étude ancienne mais toujours précieuse de R. SNŒKS, *L'argument de tradition dans la controverse eucharistique entre catholiques et réformés français au XVIIe siècle*, Louvain 1951.
29. Sur Suárez, voir désormais V. M. SALAS et R. L. FASTIGGI (éd.), *A Companion to Francisco Suárez*, Leyde – Boston 2015.

d'un ascétisme alimentaire qu'ils considèrent comme superstitieux[30], Suárez commence par rappeler quelques principes essentiels. Certes, le jésuite reconnaît que l'obligation d'observer un jeûne naturel avant la communion n'est pas de droit divin, dans la mesure où le sacrement eucharistique a été institué par le Christ après un repas au cours duquel les Apôtres et lui ont notamment mangé de l'agneau. Constat sur lequel les hérétiques appuient trois conclusions : d'abord, que l'Église n'est pas en droit de prescrire comme nécessaire une pratique que le Christ n'a manifestement pas voulu imposer ; ensuite, qu'il convient dès lors de n'avoir aucune estime pour l'usage du jeûne eucharistique ; enfin, qu'il est en définitive préférable de manger un peu avant de communier, dans la mesure où d'agir ainsi est davantage en conformité avec les actes du Christ au moment de l'institution de l'eucharistie, dans la mesure, également, où l'on sait qu'aux temps apostoliques, les chrétiens avaient coutume de s'alimenter avant la communion et où il est avéré que l'homme est plus apte aux opérations de l'esprit une fois qu'il a absorbé un peu de nourriture[31]. Aux arguments des protestants, Suárez réplique d'abord en maintenant que l'usage d'être à jeun avant de communier s'est établi dès l'époque des Apôtres. Ensuite, le jésuite affirme que l'Église peut sans aucun doute imposer des lois aux fidèles sans que le Christ les ait auparavant prescrites. Dans le cas du jeûne eucharistique, trois motifs ont guidé l'autorité ecclésiale. Elle a d'abord voulu que les fidèles fissent une claire distinction entre leurs aliments communs et le corps du Christ ; elle a ensuite prétendu conférer ainsi au sacrement une signification spirituelle particulièrement haute en laissant entendre aux chrétiens que

---

30. Voir K. ALBALA, « The Ideology of Fasting in the Reformation Era », dans *Food and Faith in Christian Culture*, p. 41-58, et S. DE FRANCESCHI, « La morale catholique posttridentine et la controverse interconfessionnelle. Jeûne et abstinence dans la confrontation entre protestants et jésuites : privations alimentaires et confessionnalisation », dans Y. KRUMENACKER et Ph. MARTIN (éd.), *Jésuites et protestantisme, XVIe-XXIe siècle. Actes du colloque de Lyon, 24-25 mai 2018*, Lyon 2019, p. 69-93.
31. Fr. SUÁREZ, *Opera omnia*, éd. Ch. BERTON, t. XXI, Paris 1861, *Commentarii et disputationes in tertiam partem D. Thomæ*, disp. LXVIII, *De corporali dispositione ex præcepto necessaria ad suscipiendum hoc sacramentum [Eucharistiæ]*, sect. III, *Vtrum ex præcepto necessarium sit ad hoc sacramentum non accedere, nisi ieiunum*, § 2, p. 510 : « Tertium, melius et commodius esse ante communionem aliquid cibi et potus temperate sumere. Primo, quia est magis consentaneum facto Christi. Secundo, quia tempore Apostolorum ita fiebat […]. Tertio, quia sumpto moderato cibo, est homo habilior ad opera mentis ».

l'espèce consacrée devait être leur nourriture première ; elle a, enfin, prévenu par là le risque d'une régurgitation incontrôlée de l'eucharistie. Dans la hiérarchie des sacrements, l'eucharistique est indéniablement le plus élevé, et il ne faut donc pas s'étonner de voir que son administration est soigneusement encadrée par un rituel ascétique particulièrement exigeant.

Afin d'éclaircir d'éventuelles ambiguïtés, il est aussitôt précisé qu'il est attendu des fidèles qu'ils respectent un jeûne naturel, et non ecclésiastique, avant de communier – la thèse contraire est erronée selon Suárez. Conformément aux enseignements thomasiens, le jésuite tient que n'importe quelle nourriture ou boisson, même absorbée en petites quantités, même reçue en guise de médicament, constitue une infraction au jeûne eucharistique du moment qu'elle est avalée par manière de nourriture ou de boisson, *per modum cibi uel potus*[32]. Le jésuite relève aussi qu'il est interdit au prêtre qui doit célébrer deux messes de procéder à l'ablution du calice lors de la première : la quantité de substance alors en cause est minime et elle n'est pas destinée à nourrir, mais il a été quand même jugé que son absorption rompait le jeûne naturel[33] ; en revanche, la communion proprement dite, même si les espèces consacrées sont effectivement assimilées par le corps, ne constitue pas une rupture du jeûne eucharistique, et le fait d'avoir communié une première fois dans la journée n'empêche pas la seconde communion dans la mesure où les espèces consacrées ne sont pas tenues pour des aliments[34]. Alors que Suárez est plutôt réputé pour son indulgence morale et son attachement au système probabiliste, force est de constater qu'en matière de jeûne eucharistique, il défend des positions rigoureuses, notamment lorsqu'il pose que l'infraction du jeûne naturel avant la communion ne comporte pas de légèreté de matière – l'absorption de nourriture ou de boisson *per modum cibi uel potus* même en très faibles quantités constitue toujours un péché

---

32. Fr. SUÁREZ, *Commentarii et disputationes in tertiam partem D. Thomæ*, disp. LXVIII, sect. IV, *Quale ieiunium seruandum sit ante communionem*, § 3, p. 512 : « Quicumque cibus uel potus, etiam si sit in minima quantitate, et sub quacumque intentione medicinæ, uel salutis, si tamen per modum cibi uel potus sumatur, impedit ex præcepto communionem huius sacramenti ».

33. *Ibid.* : « Sacerdos secundam Missam dicturus prohibetur in priori sumere calicis ablutionem, ne naturale ieiunium soluat, cum tamen illa sit minima quantitas et non sumatur propter nutritionem ».

34. *Ibid.* : « Sumptio autem ipsius sacramenti, quamuis ex speciebus possit homo nutriri, non computatur inter ea quæ soluant ieiunium naturæ ».

mortel, et de tenir le contraire, insiste Suárez, n'est pas probable en pratique[35]. Pour le jésuite, il est clair que, si légèreté de matière il peut y avoir, elle ne concerne pas l'acte proprement dit sur lequel porte le précepte ecclésiastique : il n'est pas en effet interdit de prendre de la nourriture ou de la boisson, mais de communier après en avoir pris ; le précepte est enfreint en sa partie essentielle même si le jeûne naturel n'a été que faiblement rompu[36]. La clause selon laquelle la contrainte du jeûne eucharistique implique seulement de ne rien consommer *per modum cibi uel potus* est ensuite glosée, et l'on comprend que le jésuite l'a ajoutée pour écarter des cas de conscience inutiles. Il s'agit surtout de ne pas interdire la communion à des fidèles qui ont avalé involontairement en respirant ou avec leur salive quelque chose qui nourrit ou peut être assimilé par le corps : on ne peut alors considérer qu'ils ont bu ou mangé. Suárez prend la peine de définir précisément l'acte par lequel seul il y a formellement et matériellement rupture du jeûne eucharistique : il est interdit de communier lorsqu'on a absorbé par la bouche quelque nourriture ou boisson qui descend ensuite dans l'estomac[37]. Précision qui permet à Suárez de justifier le fait que même l'absorption de médicament est interdite avant de recevoir l'eucharistie – que l'on avale quelque nourriture ou boisson pour se guérir relève d'une intention qui est extrinsèque à l'acte même sur lequel le précepte tombe intrinsèquement. Le médicament est réellement mangé s'il est solide ou bu s'il est liquide : son ingestion est donc clairement une infraction au jeûne eucharistique. En revanche, la clause permet de soulager la conscience des fidèles qui déglutissent du sang ou quelque autre humeur produite par leur nez ou leur larynx

---

35. Fr. Suárez, *Commentarii et disputationes in tertiam partem D. Thomæ*, disp. LXVIII, sect. IV, § 4, p. 512 : « Sed quæres, quando minima quantitas cibi sumpta est, an tunc sit peccatum mortale postea communicare. Quibusdam enim uisum est esse tantum ueniale, quia illa est leuis materia ; cur enim non potest ex hoc capite peccatum ueniale fieri in hac materia sicut in aliis ? Respondetur esse mortale, et contrarium non esse probabile practice, si quantitas illa minima per modum cibi et potus sumpta sit ».
36. *Ibid.* : « Hic non est leuitas materiæ in proprio actu in quem cadit prohibitio ; non enim hic prohibetur cibus uel potus, sed prohibetur communio post cibum uel potum ; hoc autem præceptum simpliciter uiolatur in suo actu principali, etiam si ieiunium in parua materia solutum sit ».
37. Fr. Suárez, *Commentarii et disputationes in tertiam partem D. Thomæ*, disp. LXVIII, sect. IV, § 5, p. 513 : « Dicitur ergo aliquid sumi per modum cibi uel potus, quando aliquid huiusmodi ore accipitur quod per se et propria actione uitali in stomachum traiicitur comedendo aut bibendo ».

Rigueur morale et jeûne eucharistique

et qui est ensuite descendue dans leur gorge : il ne s'agit pas ici d'une substance qui est absorbée par la bouche de l'extérieur, et il n'y a dès lors pas d'interdiction de communier. De même les fidèles qui, en se rinçant la bouche, avalent par mégarde une goutte d'eau ou de vin ne contreviennent-ils pas à la discipline eucharistique : l'absorption du liquide se fait alors par manière de salive, et non *per modum cibi uel potus*[38]. Le principe est étendu au cas des cuisiniers qui goûtent une sauce ou un condiment pour en connaître le goût et le recrachent aussitôt : il reste évidemment de la substance goûtée dans la bouche, mais elle est si intimement mêlée à de la salive que sa déglutition ne constitue pas un empêchement à recevoir ensuite la communion[39]. À l'instar de saint Thomas, Suárez ne fait pas non plus difficulté de reconnaître que d'avaler des restes de nourriture de la veille coincés entre les dents ne doit pas interdire de communier : l'absorption ne se fait pas alors *per modum cibi uel potus*, mais par manière de salive ; de surcroît, rien n'est avalé qui vienne de l'extérieur, et en l'occurrence, les aliments ont été consommés lors d'un repas qui a été pris le jour d'avant[40]. Il s'agit là de concessions minimes et qui, du reste, étaient déjà largement admises par les théologiens moralistes depuis saint Thomas. Plus délicat à résoudre, le cas du sucre candi placé dans la bouche avant minuit et qui continue à fondre jusqu'au début du jour suivant est assez rapidement réglé par Suárez : certes, il n'est pas absorbé de l'extérieur le jour où l'on va communier, et il est avalé par manière de salive, mais, poursuit Suárez, il ne s'agit pas là, véritablement, de restes de nourriture, de la nature desquels il est de rester par hasard dans la bouche puis de descendre dans l'estomac sans que la volonté du fidèle soit en cause. Pour qu'il n'y ait pas infraction au jeûne eucharistique, il faut que l'entier processus d'ingestion

---

38. *Ibid.*, § 6, p. 513 : « Tertio infertur, si quis, eluendo os, casu deglutiat guttam aquæ aut uini saliuæ admistam, hoc non impedire communionem, quia non traiicitur per modum cibi, sed per modum saliuæ ».
39. *Ibid.* : « Idem iudicium est de his qui degustant ius uel aliquod simile condimentum solum ut saporem percipiant et statim expuant ; nam licet contingat aliquid manere saliuæ permistum et cum ea deglutiri, non soluitur ieiunium, quia illa non est comestio ».
40. *Ibid.* : « Denique idem dicendum est de reliquiis cibi casu manentibus in ore ex præcedenti nocte. Nam licet postea traiiciantur, non soluitur ieiunium, quia neque censetur sumi per modum cibi et potus, sed per modum saliuæ ; nec censetur uenire ab extrinseco, sed ab intrinseco, ac denique censentur pertinere ad comestionem quæ præcedente die præcessit ».

ait commencé et fini avant la minuit. Plutôt exigeant, Suárez va même jusqu'à tenir, en se prévalant de l'autorité de Pierre La Palud († 1342), que le jeûne naturel est en définitive rompu par l'absorption de restes coincés entre les dents lorsque le fidèle va volontairement les déloger avec sa langue en prévoyant de les avaler – il s'agit alors d'une nouvelle manducation qui a lieu le jour où l'on doit communier, et Suárez se range à l'opinion plus sûre en affirmant qu'il convient de recracher les restes ainsi délogés plutôt que de les déglutir. Le probabilisme suarézien cède logiquement au tutiorisme dès lors qu'il s'agit de discipline sacramentelle.

Sans rien accorder au relâchement, le jésuite cherche manifestement à désencombrer la doctrine du jeûne eucharistique et à supprimer les éventuels scrupules qui peuvent inutilement inquiéter les consciences les plus exactes. Ainsi du cas du fidèle qui n'a rien avalé après la minuit mais qui, en raison du manque de sommeil ou d'un repas trop abondant, n'a pas fini de digérer au moment de communier. S'il y a des auteurs pour soutenir qu'il s'agit là d'une cause d'infraction à l'observance du jeûne eucharistique, Suárez estime pour sa part qu'il n'y a pas là de quoi interdire la communion – la fin du précepte n'est pas elle-même commandée par le précepte, mais seulement sa matière ; il n'y a donc pas contravention à la prescription ecclésiastique[41]. On voit ici que, même si elle est ferme sur l'essentiel de la discipline alimentaire eucharistique, la doctrine suarézienne veut éviter l'excès de rigueur.

Il est naturellement des cas où le précepte du jeûne naturel ne peut être observé avant la communion. Ainsi, lorsqu'un fidèle se trouve à l'article de la mort, ne peut-on exiger de lui qu'il soit à jeun pour communier – le commandement divin, qui impose que le viatique lui soit conféré, l'emporte alors sur le précepte ecclésiastique du jeûne eucharistique, et il n'est pas nécessaire, pour administrer le sacrement, d'attendre une

---

41. Fr. SUÁREZ, *Commentarii et disputationes in tertiam partem D. Thomæ*, disp. LXVIII, sect. IV, § 9, p. 514 : « Sed quid si, quamuis post mediam noctem nihil sumptum sit, tamen, uel ob carentiam somni, uel propter nimium cibum, ita sit homo indigestus ac si eadem die uel parum antea comedisset ? Quidam enim dixerunt, hanc dispositionem non minus impedire communionem quam si cibus sumptus esset eadem die [...]. Respondetur tamen, hoc non esse per se malum, quia reuera nullo est iure prohibitum ; finis enim præcepti non cadit sub præceptum, sed materia ; quod autem hic præcipitur solum est ut eo die nihil cibi uel potus ante communionem sumptum sit, et hoc seruatur in eo casu ».

ou deux heures après minuit afin de s'assurer de l'observance du jeûne naturel[42]. Au cas du mourant est assimilé celui du condamné à mort, lorsqu'il n'est pas possible de différer le supplice. Si Suárez accepte donc qu'à l'article de la mort ou sur le point d'être exécutés, les fidèles puissent recevoir la communion sans être forcément à jeun, il se montre en revanche intraitable sur l'état du prêtre chargé de leur administrer le sacrement et qui doit impérativement, lui, avoir observé un jeûne naturel. Il peut quand même arriver que les ministres de l'Église communient sans être à jeun. Trois groupes de cas sont évoqués. Le premier concerne l'achèvement du sacrifice de la messe. Ainsi du cas du prêtre qui a versé par inadvertance de l'eau au lieu du vin dans le calice et qui ne s'en rend soudainement compte qu'après avoir pris l'hostie : il est alors obligé de reprendre l'ensemble du processus sacramentel et donc de communier alors qu'il n'est plus à jeun[43]. Il en va de même du prêtre qui, après avoir consacré la première espèce, se rappelle d'un coup qu'il n'a pas observé l'obligation du jeûne naturel – il lui faut alors poursuivre jusqu'à la fin la célébration du mystère. Dans le cas où il s'en souvient avant la première consécration, Suárez estime avec saint Thomas qu'il est tenu de s'interrompre. Est ensuite soulevé le cas litigieux du prêtre qui a commencé la célébration et qui, atteint d'un malaise, est obligé de s'arrêter et d'être remplacé par un autre prêtre ; s'il n'en est pas trouvé qui soit à jeun, alors il convient de faire achever la célébration par un prêtre qui n'a pas observé de jeûne naturel. L'impératif de l'achèvement de l'action sacramentelle doit l'emporter sur la contrainte disciplinaire. Le deuxième type de cas distingué par Suárez est celui où le prêtre, après avoir de fait rompu son jeûne naturel en procédant à l'ablution du calice, doit avaler des restes de l'hostie ; il s'agit indéniablement d'une communion, mais l'Église a de fait prescrit au célébrant de ne pas

---

42. *Ibid.*, sect. V, *Quibus in casibus liceat post cibum et potum, hoc sacramentum accipere propter sumentis necessitatem*, § 2, p. 515 : « Dicendum est in mortis articulo, et in solo illo, licere homini non ieiuno hoc sacramentum [Eucharistiæ] accipere propter necessitatem, quando scilicet oportet uiaticum accipere […]. In qua re illud etiam morale est, et obseruandum, quamuis fortasse possit infirmus una uel altera hora post mediam noctem ieiunus accipere hoc sacramentum, amplius uero expectare non possit, non esse propterea necessarium ea intempestiua hora sacramentum dare uel accipere ».
43. *Ibid.*, sect. VI, *Quibus in casibus liceat sacerdoti non ieiuno communicare propter reuerentiam sacramenti et perfectionem sacrificii*, § 1, p. 518 : « Sacerdos [qui] loco uini acquam calici infundit […] tunc enim debet iterum conficere et sumere, uel utramque speciem, uel saltem sanguinem, ut perficiat sacrificium ».

laisser de restes d'hostie à la fin de la messe. Sur quoi Suárez remarque que plusieurs questions peuvent se poser. D'une part, celle de la quantité des restes qu'il est alors à la fois licite et nécessaire que le prêtre finisse de prendre – en l'occurrence, le jésuite estime que peu importe la quantité : la seule chose qui compte est de savoir s'il s'agit bien des restes de l'espèce consacrée et offerte par le prêtre au cours de la messe. D'autre part se pose la question du temps dans lequel les restes peuvent être finis – il s'agit de savoir si le prêtre doit les prendre lorsqu'il est encore à l'autel ou s'il peut encore le faire après avoir donné la communion aux fidèles, même pendant une heure ; les auteurs sont partagés, mais Suárez estime pour sa part qu'il est prudent de considérer que le célébrant ne doit pas attendre. Enfin, le jésuite signale un troisième cas où le prêtre n'est pas tenu d'être à jeun pour avaler l'hostie : lorsque l'espèce consacrée court en effet le risque d'être brûlée dans un incendie ou d'être profanée par un hérétique ou un infidèle, il convient de l'avaler même si l'on n'a pas observé auparavant le jeûne naturel requis par la discipline eucharistique[44]. À quelques exceptions près, qui tiennent aux contraintes du cadre rituel imposé par l'Église ou à des circonstances particulières, la doctrine suarézienne du jeûne eucharistique suit essentiellement les enseignements thomasiens et manifeste une évidente fermeté sur une matière où, pourtant, il pouvait sembler facile et même opportun de consentir à des adoucissements.

Les prescriptions alimentaires définies par l'autorité ecclésiastique pour encadrer l'administration de l'eucharistie ont immanquablement suscité un traitement casuistique[45]. Le jeûne naturel a retenu l'attention des casuistes lorsqu'ils sont amenés à évoquer les préceptes de l'Église. Réputé pour son indulgence, et notamment en matière de jeûne et d'abstinence ecclésiastiques, le jésuite portugais Estevào Fagundes (1577-1645) fait paraître en 1626 un *Tractatus in quinque Ecclesiæ præcepta* où il s'appuie notamment sur la doctrine de Suárez pour produire ses conclusions sur le jeûne eucharistique. Ainsi le

---

44. *Ibid.*, § 7, p. 520 : « Tertius principalis casus est, si occurrat extrinseca necessitas consumendi sacramentum propter uitandam grauem aliquam irreuerentiam eius, ut, u. gr., quia igne comburendum est, aut quia deueniet in manus hæreticorum, uel infidelium, a quibus iniuriose tractabitur, aut propter aliam similem causam ».
45. Voir S. Boarini, « La rupture du jeûne eucharistique comme expérience de la limite. Une étude casuistique », dans M. Ben Barka, Ch. Leduc et O. Rota (éd.), *Tempérance, abstinence et religion de la Bible à nos jours*, *Revue du Nord* 37 (2019), p. 157-173.

P. Fagundes suit-il les analyses suaréziennes lorsqu'il conclut qu'un moucheron avalé involontairement au moment de respirer ne doit pas interdire de communier. De même accorde-t-il, à l'instar de son confrère, que d'avaler le sang qui peut couler des gencives et des dents ou les humeurs qui viennent du nez ou de la gorge ne constitue pas une infraction au jeûne eucharistique. Des analyses de Suárez, dont il rappelle très précisément le contenu, le P. Fagundes déduit que si un fidèle avale un peu d'eau par le nez, il ne doit pas être écarté de la communion[46]. Si indulgent qu'il se révèle en matière de discipline quadragésimale, le P. Fagundes est parfaitement capable de faire preuve de sévérité sur le jeûne naturel. Ainsi soutient-il clairement que le fidèle qui continue à boire et à manger alors qu'il doute que la minuit ait sonné doit s'abstenir de communier en vertu de l'adage, pourtant cher aux casuistes relâchés, selon quoi *in dubio melior est conditio possidentis* – en l'occurrence, le doute favorise le précepte eucharistique[47]. Alors que la discipline du Carême s'est depuis longtemps relâchée en catholicité et que les casuistes modernes, et notamment les jésuites, sont plutôt indulgents, il semble qu'ils veuillent préserver l'observance, elle aussi largement identitaire, du jeûne eucharistique.

2. La querelle autour de l'usage du tabac à l'âge classique

La consommation croissante d'un nouveau produit va mettre la sévérité des moralistes à l'épreuve à la mi-XVIIe siècle. Plus généralement, la manière dont une religion adapte ses contraintes alimentaires

---

46. E. FAGUNDES, *Tractatus in quinque Ecclesiæ præcepta*, 2e éd., Lyon 1632 [1626[1]], præceptum III, l. III, c. V, *De ieiunio necessario ad sumendam Eucharistiam et in quibus casibus possit hoc sacramentum sumi post cibum et potum*, § 14, p. 628 : « Ex doctrina Soarii, si quis aliquantulam aquam per nares attrahat quæ in stomachum transmittatur, non manet impeditus ad sumptionem huius sacramenti [Eucharistiæ], quia non fuit per modum cibi transmissa aut per modum potus ».
47. E. FAGUNDES, *Tractatus in quinque Ecclesiæ præcepta*, præceptum III, l. III, c. V, § 18, p. 628 : « Rogabis tandem, an dubitans, an audierit mediam noctem, et edens uel bibens cum eo dubio, possit sequenti die ad Eucharistiam accedere. Respondeo negatiue. Ratio est quia nulla datur possessio ex parte ipsius dubitantis ; ut autem in dubio melior sit conditio possidentis, opus est ut detur aliqua possessio ex parte dubitantis ; cum autem hic nulla detur, cessat profecto ratio quæ eam susceptionem Eucharistiæ cohonestare possit ; imo est possessio ex parte ipsius præcepti non communicandi nisi seruato ieiunio naturali, et in dubiis ubi nulla possessio fauet possidenti, id quod tutius est amplecti debet ».

à l'introduction d'un aliment auparavant inconnu révèle éminemment son rapport au monde[48], et la casuistique alors produite signale une crise de l'orthopraxie que les casuistes ont précisément pour mission de résoudre. Ainsi, dans le monde islamique, l'introduction du café à partir du Yemen a-t-elle donné naissance à une réflexion casuistique dont le dynamisme a été entretenu par l'émergence de la figure du médecin juriste, spécialiste, donc, du médico-légal[49]. De même l'attention des théologiens moralistes catholiques de l'époque moderne a-t-elle été aussi inévitablement sollicitée par les conséquences des Grandes découvertes[50]. Les fidèles ont pu ainsi se demander si l'absorption de chocolat, une boisson dont les vertus nutritives étaient évidentes, constituait une infraction à la discipline du jeûne ecclésiastique ou, au contraire, correspondait à une application licite de l'adage selon lequel *liquidum non frangit ieiunium*[51]. Le cas du tabac, qu'il fût réduit en poudre pour être prisé, haché et découpé en fines lamelles pour être fumé ou encore simplement laissé sous forme de feuilles pour être mâché, ne concernait pas les contraintes quadragésimales, puisqu'il n'était pas à proprement parler nourrissant ; il a en revanche paru que sa consommation était susceptible de contrevenir à l'observance du jeûne naturel prescrite avant la communion eucharistique. Attesté en Espagne et au Portugal dès la première moitié

---

48. Voir R. EARLE, « *If you eat their food...* : Diets and bodies in early colonial Spanish America », *The American Historical Review* 115/3 (2010), p. 688-713.
49. Voir I. DAYEH, « Islamic casuistry and Galenic medicine: Hashish, coffee, and the emergence of the jurist-physician », dans C. GINZBURG et L. BIASIORI (éd.), *A Historical Approach to Casuistry. Norms and Exceptions in a Comparative Perspective*, Londres – New York 2019, p. 132-150.
50. Voir M. AZOULAI, *Les péchés du Nouveau Monde. Les manuels pour la confession des Indiens, XVIe-XVIIe siècle*, Paris 1993.
51. Sur la querelle du chocolat à l'époque moderne, voir B. M. FORREST et A. L. NAJJAJ, « Is Sipping Sin Breaking Fast? The Catholic Chocolate Controversy and the Changing World of Early Modern Spain », dans *Chocolate: Case Studies in History and Culture, Food and Foodways. Explorations in the History and Culture of Human Nourishment* 15/1-2 (2007), p. 31-52, M. NORTON, *Sacred Gifts, Profane Pleasures. A History of Tobacco and Chocolate in the Atlantic World*, Ithaca – New York 2008, Cl. BALZARETTI, *Il Papa, Nietzsche e la cioccolata. Saggio di morale gastronomica*, Bologne 2009, Cl. BALZARETTI, *La cioccolata cattolica. Storia di una disputa tra teologia e medicina*, Bologne 2014, et M.-Y. PERRIN, « La querelle du chocolat (fin XVIe-début XVIIIe s.). Innovation alimentaire et système du jeûne ecclésial. Considérations introductives », dans *Affamés volontaires*, p. 367-379.

du XVIe siècle, l'usage du tabac s'est ensuite répandu en France, où il a été introduit en 1560 par Jean Nicot (1530-1604), ambassadeur de France à Lisbonne, et en péninsule italienne, où il a été rapporté par le cardinal Prospero Santacroce (1514-1589) au retour de sa nonciature de Lisbonne en 1565 – d'où le nom d'*erba Santacroce* sous lequel le nouveau produit est d'abord désigné[52]. Il semble que l'historien et juriste espagnol Antonio de León Pinelo (1590-1660) ait été le premier à poser la question de la compatibilité de la consommation du tabac avec le respect du précepte du jeûne eucharistique – comme il a d'ailleurs été le premier à poser celle de la licéité de l'absorption du chocolat les jours de jeûne ecclésiastique – dans sa célèbre *Question moral si el Chocolate quebranta el ayuno eclesiastico* publiée à Madrid en 1636. Antonio de León Pinelo adopte une position franchement sévère, puisque, selon lui, l'usage du tabac, sous quelque forme que ce soit, constitue une infraction manifeste à l'obligation du jeûne naturel avant la communion[53]. Plus de deux siècles plus tard, dans son *Compendium theologiæ moralis* (1850) – un ouvrage très diffusé et qui marque l'acclimatation définitive de la morale liguorienne en catholicité –, le jésuite français Jean-Pierre Gury (1801-1866) exprime la position désormais dominante parmi ses collègues moralistes lorsqu'il affirme que le tabac prisé ne rompt pas le jeûne eucharistique dans la mesure où il est absorbé par inspiration et non par ingestion[54]. Le P. Gury soutient également que l'usage du tabac fumé reste permis avant la communion : il ne s'agit ni d'une nourriture, ni d'une boisson, et il en va de même, ajoute-t-il, des fameuses cigarettes de

---

52. Pour une première présentation de la diffusion de la consommation du tabac en Europe, voir D. Nourrisson, *Histoire sociale du tabac*, Paris 2000, et C. Ferland, « Mémoires tabagiques. L'usage du tabac, du XVe siècle à nos jours », *Drogues, santé et société* 6/1 (2007), p. 17-48. Sur le cas italien, consulter S. Levati, *Storia del tabacco nell'Italia moderna. Secoli XVII-XIX*, Rome 2017.
53. A. de León Pinelo, *Question moral si el Chocolate quebranta el ayuno eclesiastico*, Madrid 1636, part. II, § IV, f° 37v° : « De los tres modos en que el Tabaco se usa, que son en hoja, en humo, y en polvo, lo primero che se asienta por llano es que ninguno quebranta el ayuno eclesiastico. Y lo secondo, que todos tres quebrantan el ayuno natural, por lo qual ninguno se deve usar antes de la sagrada Comunion ».
54. J.-P. Gury, *Compendium theologiæ moralis*, 2 vol., Paris – Lyon 1850, t. II, *Tractatus de eucharistia*, n° 237, p. 153-154 : « An soluat ieiunium puluis tabaci sumpti per nares ? R. Neg. etiamsi aliquid in stomachum transmittatur. Ratio est, quia, licet talis materia sit nutritiua, tamen non sumitur per modum comestionis, sed attractationis. Sic communiter ».

Raspail au camphre[55] – un traitement des maladies respiratoires mis au point en 1838 par le chimiste, naturaliste et homme politique français François-Vincent Raspail (1794-1878) et qui permettait une inhalation sans combustion[56]. Plus délicat à admettre, parce qu'il donne lieu à déglutition, l'usage du tabac à chiquer est pourtant toléré : selon le P. Gury, il ne rompt pas le jeûne naturel, sauf si le fidèle déglutit volontairement ; en revanche, le jésuite relève que les moralistes sont unanimes à en condamner pour indécence et irrévérence religieuse la consommation avant la communion ; lorsqu'on chique sans motif particulier alors qu'on va bientôt recevoir le sacrement eucharistique, on commet au moins un péché véniel[57]. De l'intransigeante fermeté avec laquelle Antonio de León Pinelo a récusé la licéité chrétienne de l'usage du tabac – à fumer, à priser et à chiquer – avant la communion à la visible indulgence avec laquelle le P. Gury le considère finalement à la mi-XIXe siècle, une remarquable évolution a eu lieu au cours de laquelle les théologiens moralistes catholiques ont défini une doctrine qui s'est adaptée à la généralisation d'une nouvelle pratique sociale parmi les fidèles.

La méfiance des autorités ecclésiales à l'égard de la consommation du tabac s'est tôt exprimée. Deux documents sont souvent invoqués. En 1583, le 3e concile de Lima a interdit *sub mortali* aux prêtres qui s'apprêtent à célébrer la messe de fumer ou de priser du tabac[58].

---

55. J.-P. GURY, *Compendium*, t. II, n. 237, p. 154 : « An soluat ieiunium fumus tabaci aut similis ? R. Neg. cum sententia communiori et probabiliori, quia fumus tabaci neque est cibus nec potus, neque sumitur per comestionem aut potationem ; secus dicere deberemus frangere ieiunium etiam eos qui in culina ciborum fumum excipiunt. Et hoc currit, etiamsi fumus uoluntarie immittatur in stomachum. Ita S. Lig. Idem uidetur dicendum de succo seu odore camphoræ, qui per modum fumi tabachi exhauritur (Gallice : *cigarette de Raspail*) ».
56. Sur les cigarettes de Raspail, voir C. RAYNAL, « De la fumée contre l'asthme, histoire d'un paradoxe pharmaceutique », *Revue d'histoire de la pharmacie* 353 (2007), p. 7-24.
57. J.-P. GURY, *Compendium*, n. 238, p. 154 : « An soluat ieiunium, qui sumit folium tabaci, uel aroma, ut dentibus conterat et phlegmata expuat ? R. Neg. probabiliter, et hoc etiamsi deglutiatur præter intentionem aliquid modicum succi saliuæ inseparabiliter mixti ; quia, si casu id deglutiatur, non per modum cibi, sed per modum saliuæ traiicitur. Omnes autem conueniunt, huiusmodi masticationem esse indecentem ante communionem ; unde non uidetur excusanda a culpa ueniali, nisi aliqua causa subsit ».
58. *Concilium Limense celebratum anno 1583 sub Gregorio XIII S. P. auctoritate Sixti Quinti P. M. approbatum*, Madrid 1614, actio 3, c. XXIII, *Ne tabachum*

Rigueur morale et jeûne eucharistique

Deux ans plus tard, en 1585, le 3ᵉ concile de Mexico interdit, non seulement aux prêtres qui vont administrer l'eucharistie, mais aussi aux fidèles qui vont communier, l'usage du tabac ou de plantes médicinales semblables, et il précise qu'ils sont prohibés de quelque manière qu'ils soient consommés[59]. Aucun des deux documents conciliaires ne fait référence au jeûne naturel qui doit être observé avant la communion. Il semble que les prescriptions n'aient été prises que dans un souci de décence religieuse. Préoccupation de dignité liturgique que l'on retrouve dans le Bref *Cum Ecclesiæ diuino* souscrit le 30 janvier 1642 par le pape Urbain VIII et qui est lui aussi régulièrement invoqué lorsqu'il s'agit de se confronter à la question de la licéité chrétienne du tabac. Le Bref *Cum Ecclesiæ diuino* commence par rappeler que le pontife romain a la charge de veiller à préserver les églises des actes profanes et indécents[60]. L'intervention du pape a été expressément sollicitée par le doyen et le chapitre de la cathédrale de Séville, qui ont constaté la diffusion parmi les fidèles de l'un et l'autre sexes et même parmi de peu scrupuleux clercs, réguliers et séculiers, de l'habitude de consommer du tabac, qu'il s'agit de le priser ou de le chiquer, et d'en prendre même au moment de célébrer la messe sans craindre de souiller de crachats les saints ornements ou d'infecter les églises par une odeur pestilentielle au grand scandale des personnes d'exacte piété, choquées d'une irrévérence religieuse grandissante[61].

---

presbyteri sumant ante Missam, f° 62v° : « Prohibetur sub reatu mortis æternæ presbyteris celebraturis ne tabachi fumum ore aut sayri seu tabachi puluerem naribus, etiam prætextu medicinæ ante Missæ sacrificium sumant ».

59. *Sanctum Prouinciale Concilium Mexici celebratum anno Domini Millesimo Quingentesimo octuagesimo quinto*, Mexico 1622, l. III, tit. XV, § XIII, f° 71r° : « Ob reuerentiam quæ Eucharistiæ percipiendæ exhibenda est, præcipitur ne ullus sacerdos ante Missæ celebrationem aut quæuis alia persona ante communionem quidquam tabacci picietiue aut similium medicamenti causa per modum fumalis euaporationis aut alio quouis modo percipiat ».

60. Bref *Cum Ecclesiæ diuino*, Rome, 30 janvier 1642, *Bullarum, diplomatum et priuilegiorum Sanctorum Romanorum Pontificum Taurinensis editio*, t. XV, Turin 1868, p. 157 : « Merito nos [...] aduigilare conuenit ut ab eisdem ecclesiis quicumque actus profani et indecentes procul arceantur ».

61. *Ibid.* : « Pro parte dilectorum filiorum decani et capituli ecclesiæ metropolitanæ Hispalensis nobis nuper expositum fuit, prauus in illis partibus sumendi ore uel naribus tabaccum uulgo nuncupatum usus adeo inualuerit ut utriusque sexus personæ, ac etiam sacerdotes et clerici, tam seculares quam regulares, clericalis honestatis immemores, illud passim in ciuitatis et diœcesis Hispalensis ecclesiis ac, quod referre pudet, etiam sacrosanctum Missæ sacrificium celebrando

Pour remédier à la situation honteuse décrite par les autorités ecclésiales sévillanes, Urbain VIII a dès lors décidé d'interdire à l'ensemble des fidèles, sous peine d'excommunication et sans aucune exception de statut ou de condition, la consommation du tabac en feuilles, en lamelles ou en poudre, qu'on le prise, le chique ou le fume, dans les églises de Séville et de son diocèse – interdiction étendue à l'entrée et aux alentours immédiats des édifices[62]. Comme dans les prescriptions des conciles de Lima et de Mexico, la question du respect du jeûne eucharistique n'est pas posée : seul le souci de faire respecter la décence requise par un lieu de culte a inspiré la décision romaine.

Au moment où le pouvoir ecclésiastique est conduit à se préoccuper du problème spécifique que constitue un usage du tabac de plus en plus répandu en catholicité, il semble qu'il doive adopter une attitude réservée, voire hostile, face à une nouvelle pratique qui lui paraît peu conforme à la piété chrétienne. Souscrit par Innocent X le 8 janvier 1650, le Bref *Cum sicut*, qui est manifestement inspiré des préconisations du Bref *Cum Ecclesiæ diuino*, reprend les mesures énoncées par le pape Urbain VIII en 1642 et les applique à la basilique Saint-Pierre[63]. Les deux documents produits par le Saint-Siège en matière de tabagisme à la mi-XVIIe siècle sont exactement contemporains d'un vif débat qui agite les théologiens moralistes à la suite des positions très fermes défendues par Antonio de León Pinelo dans sa *Question moral* de 1636. Il s'agit dès lors de reconstituer le processus par lequel une doctrine morale s'est progressivement fixée et de faire l'inventaire des différentes opinions qui se sont exprimées sur la question du tabac dans les décennies centrales du XVIIe siècle, qui est l'époque où l'essentiel du débat s'est joué. Dans la mesure où jeûne et usage du tabac touchent de

---

sumere, linteaque sacra fœdis, quæ tabaccum huiusmodi proiicit, excrementis conspurcare, ecclesiasque prædictas tetro odore inficere, magno cum proborum scandalo rerumque sacrarum irreuerentia, non reformident ».

62. *Ibid.* : « Hinc est quod nos, ut abusus tam scandalosus ab ecclesiis huiusmodi prorsus eliminetur [...], omnibus et singulis utriusque sexus personis, tam secularibus quam ecclesiasticis [...], ne de cetero in quibuscumque ciuitatis et diœcesis prædictarum ecclesiis earumque atriis et ambitu tabaccum, siue solidum, uel in frusta concisum, aut in puluerem redactum, ore uel naribus aut fumo per tubulos et alias quomodolibet sumere audeant uel præsumant, sub excommunicationis latæ sententiæ eo ipso absque aliqua declaratione per contrafacientes incurrendæ pœna, auctoritate apostolica, tenore præsentium interdicimus et prohibemus ».

63. Bref *Cum sicut*, Rome, 8 janvier 1650, cité dans D. URSAYA, *Institutiones criminales usui etiam forensi accommodatæ*, 3e éd., Venise 1724, p. 150.

près au champ de la connaissance médicale, il convient d'évaluer l'apport des médecins à la dispute sur la licéité chrétienne de la consommation de tabac avant la communion eucharistique. Enfin, il est nécessaire de déterminer si le basculement sévère que l'on observe partout, mais selon des rythmes divers, en catholicité à partir de la mi-XVIIe siècle et qui conduit au discrédit du probabilisme en morale a eu des répercussions sur la définition de l'orthopraxie du jeûne naturel et sur la question de l'usage du tabac avant l'administration de l'eucharistie.

Tabac et jeûne naturel selon les casuistes probabilistes

Lorsqu'il s'agit pour la première fois de savoir si la consommation du tabac constitue une infraction à l'observance catholique du jeûne naturel, le règne du probabilisme est à son apogée parmi les moralistes catholiques. La question de la licéité chrétienne de l'usage du tabac est alors un sujet particulièrement propice à la confrontation entre les tenants de la sévérité orthopratique et les partisans d'une plus généreuse souplesse.

De prime abord, la consommation de tabac avant la communion n'a pas manqué de susciter la réprobation. Aux analyses très hostiles délivrées en 1636 par Antonio de León Pinelo fait écho la conclusion exposée l'année suivante par le minime gênois Paolo Francesco de Negro dans une brève addition à la publication posthume de l'*Ordo celebrandi Missas* (1637) de son confrère espagnol Pedro Ruiz Alcoholado (1543-1601) – le P. de Negro doit constater que l'usage du tabac s'est généralement répandu parmi les prêtres et les fidèles ; il relève que les auteurs espagnols se montrent en général plutôt indulgents et l'autorisent avant la célébration de la messe ; de son côté, il y voit pourtant un acte d'irrévérence religieuse, dans la mesure où, note-t-il, il n'est pas rare que du tabac mêlé à une goutte de salive descende dans l'estomac[64] – et qu'il rompe ainsi l'observance du jeûne naturel. Deux ans plus tard, en 1639, le théatin sicilien Antonino Diana (1586-1663),

---

64. P. Ruiz Alcoholado, *Ordo celebrandi Missas solemnes et priuatas ac alia officia ad eas spectantia iuxta ritum Missalis et Cæremonialis Romani, cum additionibus, notis et appendicibus P. F. Pauli Francisco de Nigro*, Gênes 1637, pars I, præsuppositum IV, *De præparatione sacerdotis ad celebrandum Missam*, p. 60 : « An autem usus tabacchi ante Missam sit licitus ? Vtuntur omnes communiter, et dicunt non esse illicitum, et præcipue Hispani. Ego tamen laudarem contrarium, quia sæpissime descendit in gutture, et uidetur potius irreuerentia, et uideo timoratos scrupulizare ».

un casuiste renommé pour ses engagements probabilistes et la débonnaireté de ses conclusions, envisage le cas, dont il dit expressément qu'il est fréquent et quotidien, dans la 5e partie de ses célèbres *Resolutiones morales* publiées de 1628 à 1656. Diana observe d'emblée que le P. de Negro et Pinelo, qu'il cite longuement, condamnent conjointement l'usage du tabac avant la communion. Quant aux recommandations formulées par les conciles de Lima et de Mexico, il admet qu'elles confèrent une grande autorité à la position des adversaires du tabac. Il n'en demeure pas moins que Diana se range finalement à l'opinion contraire, qui tient que le tabagisme n'est pas une infraction à la discipline du jeûne naturel. Pour défendre sa conclusion, le théatin se prévaut de la caution du jésuite espagnol Juan de Lugo y Quiroga (1583-1660), lui aussi acquis à la cause du probabilisme – dans le traité sur l'eucharistie de ses *Disputationes scholasticæ et morales de sacramentis* (1636), le P. de Lugo a ainsi soutenu que deux conditions étaient requises pour qu'il y ait rupture formelle du jeûne naturel indispensable à l'administration de l'eucharistie : d'abord, qu'il soit absorbé quelque nourriture ou boisson ; ensuite, que l'absorption se fasse par manducation ou par déglutition. Des conclusions du P. de Lugo, Diana retient dès lors que le tabac consommé en feuilles ou en poudre à partir des narines ne rompt pas le jeûne naturel, puisqu'il n'y a pas absorption orale. Au surplus, est-il noté, Suárez a tenu une position semblable à celle du P. de Lugo, puisqu'il affirme au tome III de ses *Commentarii ac disputationes in tertiam partem D. Thomæ* que le jeûne eucharistique ne concerne que les aliments ingérés par la bouche : la déglutition de la salive ou l'absorption par inhalation ne contreviennent donc pas au précepte[65]. De même, dans son *Tractatus in quinque Ecclesiæ præcepta*, le P. Fagundes soutient-il, en se prévalant de l'autorité de Suárez, que le fait d'ingérer involontairement par le nez un moucheron ou un peu d'eau n'empêche pas de communier ensuite, puisque l'absorption ne s'est pas effectuée par manière de nourriture ou de boisson. Le critère de l'ingestion orale paraît ici déterminant pour résoudre le cas. Aux auteurs jésuites précédemment

---

65. Fr. SUÁREZ, *Commentarii et disputationes in tertiam partem D. Thomæ*, disp. LXVIII, sect. IV, § 5, p. 513 : « Quæres rursus quid sit sumi aliquid per modum cibi et potus et cur illa particula addita sit. Respondetur, additam esse ad excludendum, si quid sumitur per modum saliuæ aut si per modum respirationis attrahatur aliquid quod possit nutrire uel alterare ; hoc enim non uiolat ieiunium naturæ, quia illud non est comedere uel bibere ».

cités, Diana ajoute le nom de son ami et confrère napolitain Alfonso Leone, qui a publié en 1635 un traité *De officio capellani* où il affirme qu'il est permis de célébrer la messe après avoir consommé du tabac, qu'on l'ait mâché – à condition, toutefois, de ne pas en avaler – ou prisé[66]. Solidairement partisans du probabilisme en morale, jésuites et théatins considèrent que la consommation de tabac ne vient pas rompre l'observance du jeûne eucharistique quand l'absorption se fait par le nez, qu'on respire de la poudre ou qu'on applique des feuilles, comme on le fait parfois pour traiter les polypes nasaux.

Le cas du tabac fumé est plus délicat à traiter, dans la mesure où l'absorption se fait indiscutablement par la bouche. Pour sa part, Antonio de León Pinelo a conclu qu'il rompait alors le jeûne naturel. Conclusion que Diana refuse d'admettre. Même en supposant, dit-il, que la fumée du tabac ait des vertus nutritives, elle ne passe en aucun cas dans l'estomac, puisqu'elle est recrachée par le nez. Or, d'après Vincenzo Filliucci (1566-1622), un jésuite italien dont les monumentales *Quæstiones morales* (1622) font preuve d'un probabilisme effréné, il est nécessaire, pour qu'il y ait formellement rupture du jeûne naturel, que quelque chose soit absorbé de l'extérieur par la bouche et descende dans l'estomac – ainsi les médicaments sont-ils une infraction au précepte, mais non pas la déglutition d'humeurs ou de sang qui se sont retrouvés dans la bouche[67]. Davantage, Diana remarque que même en admettant que la fumée du tabac descende dans l'estomac, elle n'y parvient nécessairement que par manière de

---

66. A. LEONE, *De officio capellani, siue qualiter sacerdos ratione beneficii seu capellaniæ legati aut salarii obligari possit ad Missas pro alio celebrandas*, Naples 1635, q. VIII, sect. XVII, casus II, n. 134, p. 971 : « [Non frangere ieiunium] docti plerique dixerunt de his qui ante Missæ celebrationem tabachum, ut uocant, in folio uel in puluere recipiunt, nam primo casu de folio tantum potest contingere traiectio humoris alicuius ex capite manantis in stomachum, et secundo casu de puluere fit attractio per nares ».

67. V. FILLIUCCI, *Quæstiones morales de Christianis officiis et casibus conscientiæ ad formam cursus qui prælegi solet in Collegio Romano*, 2 vol., Anvers 1623 [1622¹], t. I, tr. IV, *De Eucharistia quatenus sacramentum est*, c. VIII, *De dispositione requisita, tum in animo tum in corpore*, § 236, p. 95 : « Sumere aliquid per modum cibi uel potus est accipere aliquid ore, quod propria actione uitali per os traiiciatur in stomachum, ad differentiam eius quod sumitur per modum saliuæ. Quare primo, qui sumit aliquid per modum medicinæ, sumit etiam per modum cibi uel potus, ideo frangit ieiunium naturale. Secundo, qui deglutit sanguinem aut alium humorem a capite in os descendentem, aut ex ore manantem, non frangit ieiunium, quia non per modum cibi, nec ab extrinseco ».

respiration, et non de nourriture ou de boisson ; il n'est donc pas possible de prétendre qu'elle rompe le jeûne naturel[68]. Diana renvoie aussitôt aux analyses développées par Suárez, par Fagundes ou encore par le mineur observant italien Francesco Pitigiani d'Arezzo (1553-1616) en 1618 dans le traité *de sacramentis* de sa *Summa theologiæ speculatiuæ et moralis* (1613-1622), où le franciscain soutient très expressément la thèse indulgente défendue par le théatin[69]. Diana ajoute qu'à prétendre, au contraire, que le jeûne naturel est enfreint par l'inhalation de la fumée du tabac, on est forcément conduit à soutenir que le cuisinier qui respire l'odeur de ses plats pendant le Carême pèche à l'encontre de la discipline du jeûne ecclésiastique – et le théatin est convaincu qu'il n'existe aucun confesseur sensé capable de taxer de péché mortel et donc d'exclure du sacrement eucharistique un pénitent qui s'accuse d'être resté délibérément en cuisine le matin d'un jour de vigile pour y humer les effluves des viandes. D'avoir inhalé la fumée du tabac n'est donc pas un motif d'écarter un prêtre ou un fidèle de la communion.

Assurément plus difficile à résoudre, la question de la licéité de l'usage du tabac à chiquer avant l'administration de l'eucharistie donne lieu de la part de Diana à des analyses qui ne sont pas moins indulgentes que les précédentes. Avec Alfonso Leone et le jésuite douaisien Jean Le Prévost (1570-1634) – auteur de massifs *Commentaria in tertiam partem S. Thomæ de Incarnatione Verbi Domini, sacramentis et censuris* (1629), où il retient que l'absorption orale de tabac

---

68. A. DIANA, *Resolutionum moralium pars quinta in qua selectiores casus conscientiæ breuiter, dilucide et utplurimum benigne sub uariis tractatibus explicantur*, Lyon 1639, tr. XIII, resol. I, *An sumptio tabachi in folio, puluere et fumo impediat communionem ?*, p. 342 : « Secundo respondeo quod etiamsi aliud ex fumo tabachi in stomachum descenderet, adhuc non frangeret ieiunium naturale, quia recipitur in stomachum per modum respirationis, non autem per actionem, quæ sit comestio uel potatio, ergo non frangit ieiunium ».

69. Fr. PITIGIANI, *Summa theologiæ speculatiuæ et moralis atque commentaria scholastica in quartum librum Sententiarum Doct. Subt. Ioannis Duns Scoti theologorum facile principis*, t. I, *De sacramentis*, Venise 1618, dist. VIII, q. III, art. II, p. 331 : « Tertio obseruandum est quod aliquid potest descendere in stomachum dupliciter, uno modo per modum cibi et potus, alio modo per modum saliuæ ; priori modo quicquid per modum cibi et potus sumitur naturæ ieiunium frangit, posteriori modo nequaquam. Vnde si per modum respirationis attrahatur aliquid quod posset nutrire uel alterare, non uiolaret ieiunium naturæ, quia illud non est comedere uel bibere ».

à chiquer est un obstacle à la communion[70] –, Diana considère que la déglutition de tabac mâché dans la bouche et qui, dès lors, passe dans l'estomac interdit de recevoir ensuite le sacrement eucharistique. Si, en revanche, rien n'est avalé, il est permis de chiquer et de communier ensuite : le cas du tabac est alors semblable à celui des plantes aromatiques que l'on mâche entre ses dents avant la communion afin de lutter contre la mauvaise haleine, et le jésuite néerlandais Gilles De Coninck (1571-1633) en admet l'usage dans ses *Commentaria ac disputationes in uniuersam doctrinam D. Thomæ de sacramentis et censuris* (1616), en exceptant le cas du sucre, qui, parce qu'il se dissout, passe dans l'estomac et constitue donc une infraction au jeûne naturel[71]. La même doctrine se trouve, d'ailleurs, dans le *Tractatus de sacramentis* (1620) du canoniste et moraliste milanais Martino Bonacina (1585-1631)[72], oblat de saint Ambroise, dans le traité *De augustissimo et omnibus linguis ineffabili eucharistiæ sacramento ac de sacrosancto et tremendo Missæ sacrificio* (1635) du cistercien sicilien Bartolomeo di San Fausto († 1636), ou encore au tome IV (1627) de la *Theologia scholastica* (1626-1627) du jésuite autrichien Adam Tanner (1572-1632), qui précise opportunément que le fidèle qui, en temps d'épidémie, a préventivement passé une pommade aromatique autour de sa bouche et en a involontairement avalé une quantité modique étroitement mêlée à de la salive ne doit pas être écarté du sacrement eucharistique[73]. De son côté, dans son *Thesaurus nouus utriusque theologiæ theoreticæ et practicæ* (1609), le P. Jodok Lorich (1540-1612), un chartreux allemand qui enseignait la théologie à l'Université

---

70. J. LE PRÉVOST, *Commentaria in tertiam partem S. Thomæ de Incarnatione Verbi Domini, sacramentis et censuris*, Douai 1629, q. LXXX, art. VIII, dub. I, § 39, p. 481 : « Impeditur etiam communio per sumptionem tabaci quando per os sumitur et in stomachum transmittitur, quia sumitur per modum cibi ».
71. G. DE CONINCK, *Commentaria ac disputationes in uniuersam doctrinam D. Thomæ de sacramentis et censuris*, 2 t. en 1 vol., Anvers 1624 [1616¹], q. LXXX, art. VIII, § 48, p. 273 : « Licet item aromata ori imponere ante communionem ad uitandum noxium aerem, eaque etiam dentibus conterere, modo nihil deglutias. Secus est de saccaro et similibus quæ liquescunt ».
72. M. BONACINA, *Tractatus de sacramentis*, Milan 1620, disp. IV, *De sacramento Eucharistiæ*, q. VI, *De subiecto, seu susceptore Eucharistiæ, et dispositionibus in eo requisitis*, punct. II, n. 9, p. 250.
73. A. TANNER, *Theologia scholastica*, t. IV, *De Incarnatione et œconomia Verbi, deque sacramentis ab eodem institutis*, Ingolstadt 1627, disp. V, *De SS. Eucharistiæ sacramento et sacrificio Missæ*, q. VIII, dub. IV, *De præparatione et dispositione suscipientium Eucharistiam ex parte corporis*, § 79, col. 1217.

de Fribourg-en-Brisgau, avait déjà relevé que d'avaler par mégarde une petite pastille mâchée pour réconforter sa tête ne devait pas exclure de la communion[74]. Fort des positions qu'il a trouvées chez de nombreux auteurs, Diana conclut que l'usage du tabac à chiquer n'est en rien illicite avant de communier, et il précise d'ailleurs opportunément, afin de pas être taxé de partialité, que lui-même n'en consomme pas[75]. Inspirées par une herméneutique probabiliste, les analyses du théatin ont efficacement favorisé la cause des tenants de la licéité chrétienne de l'usage du tabac avant la communion.

L'unanimité ne s'est pourtant pas faite d'emblée, et la position indulgente a pu susciter des critiques. Il est d'ailleurs significatif qu'elles soient venues d'un auteur qui s'est spécialisé dans le domaine de la casuistique appliquée aux réguliers. Au tome III (1642) de sa *Summa quæstionum regularium* (1637-1647), le carme chaussé espagnol Juan Bautista de Lezana (1586-1659), qui s'est fait une spécialité des *dubia regularia* et dont la réputation est de les résoudre selon une orientation générale plutôt bénigne, s'en prend nommément à Diana. Le P. de Lezana relève que la question de la licéité chrétienne de la consommation du tabac avant la communion ne s'est posée que très récemment, puisqu'il s'agit d'une pratique nouvelle. Il observe aussitôt que, dans la 5ᵉ partie de ses *Resolutiones morales*, Diana n'a pas fait difficulté d'admettre qu'il était permis de prendre du tabac avant de communier. La conclusion du théatin ne convient toutefois pas au P. de Lezana, qui soutient que le tabac est un aliment dont les vertus nutritives sont attestées[76] ; de surcroît, on en consomme en général sous un prétexte médical, et donc volontairement ; quand on le prise, il s'agit en réalité d'une authentique manducation, explique le carme, qui renvoie au cas

---

74. J. LORICH, *Thesaurus nouus utriusque theologiæ theoreticæ et practicæ*, 2 vol., Fribourg-en-Brisgau 1609, t. II, p. 1405 : « Nec impedit si quis granum aliquod paruum in os sumeret ad masticandum pro confortatione capitis, sine intentione comedendi, si casu in stomachum descenderet ».
75. A. DIANA, *Resolutionum moralium pars quinta*, p. 343 : « Hæc dicta sufficiant in defensionem sumptionis tabachi, quem tamen ego non sumo ».
76. J. B. DE LEZANA, *Summa quæstionum regularium, seu de casibus conscientiæ ad personas religiosas utriusque sexus ualde spectantibus, iuxta noua decreta, constitutiones et declarationes Summorum Pontificum et Sacrarum Congregationum ipsorumque regularium priuilegia, ex tota ferme theologia morali, quatenus ad ipsos regulares spectat*, t. III, Rome 1642, *Eucharistia quoad regulares*, § 16, p. 488 : « Tabachus uere est nutrimentum, ut constat ex multis experientiis plurium, qui ex ipso solo sustentati sunt ».

d'un malade incapable de se nourrir par la bouche et auquel on administre par le nez une solution nourrissante. Pour le P. de Lezana, il est dès lors clair que l'usage du tabac, sous quelque forme que ce soit, constitue une infraction à la discipline du jeûne eucharistique[77], et il mentionne à l'appui de sa thèse les conclusions d'Antonio de León Pinelo et les prescriptions des conciles de Lima et de Mexico. Il n'en demeure pas moins que, dans les années 1640, la plupart des moralistes se réduisent à l'indulgence de Diana. Ainsi du curé de Couvin – en Belgique – et casuiste réputé Jacques Marchant (1587-1648), qui, dans ses *Resolutiones pastorales* (1643), note d'emblée qu'il lui est quotidiennement demandé si l'usage du tabac, qu'il soit fumé, prisé ou mâché, est contraire à l'observance du jeûne naturel. Pour le P. Marchant, s'il est clair que l'habitude de consommer du tabac est peu conforme à la décence religieuse et que les clercs doivent absolument s'en défaire, il semble en revanche difficile de la condamner comme péché mortel. À en croire le P. Marchant, il n'y a infraction à la discipline du jeûne eucharistique que lorsque le tabac est consommé oralement et qu'il passe dans l'estomac. Le curé de Couvin ne proscrit donc pas l'usage de tabac fumé avant la communion[78]. Pour sa part, le jésuite espagnol Antonio de Escobar y Mendoza (1589-1669), renommé pour sa débonnaireté morale, autorise la consommation de tabac fumé ou prisé avant l'administration du sacrement eucharistique ; quant au tabac mâché, il estime que son usage enfreint l'obligation du jeûne naturel lorsque des morceaux passent dans l'estomac, mais il en va autrement s'il ne s'agit que de salive qui en contient un peu de substance réduite à l'état de liquide[79]. Même indulgence chez le clerc régulier mineur italien Raffaelle Aversa (1589-1657), dont le

---

77. *Ibid.* : « Quare, credo, quod, siue sumatur in puluere, siue in fumo, siue in folio, siue per os, siue per nares, nisi sit in tam parua quantitate, ut moraliter certum sit nihil ipsius substantiæ ad stomachum peruenisse, impedire communionem ».

78. P. Marchant, *Resolutiones pastorales de præceptis, de uitiis capitalibus et de sacramentis*, 2ᵉ éd., Cologne 1647 [1643¹], tr. IV, appendix ad c. II, p. 432 : « Non frangit ieiunium tabachi sumptio, nisi quando per os sumitur et in stomachum transmittitur ; nempe tunc per modum cibi sumitur. Et licet fumus tabachi per os sumatur, non tamen per modum cibi sumitur aut potus ».

79. A. de Escobar, *Liber theologiæ moralis, uiginti et quatuor Societatis Iesu doctoribus reseratus*, 2ᵉ éd., Lyon 1646 [1644¹], tr. VII, examen VI, c. V, § 62, p. 804 : « Folium in os admissum, si ad stomachum traiiciatur integrum (nempe aliqua folii particula) prohibet a communione ; secus si per modum saliuæ aliqua folii resolutio deglutiatur ».

traité *De Eucharistiæ sacramento* (1642) autorise pleinement l'usage du tabac avant la communion en se prévalant expressément de l'autorité de Diana[80], ou encore chez le canoniste espagnol Juan Machado de Chaves (1594-1653), dont le *Perfecto confesor* (1641) renvoie lui aussi à Diana au moment de permettre la consommation de tabac à priser ou à fumer avant l'administration de l'eucharistie[81]. Dans la 8ᵉ partie de ses *Resolutiones morales*, Diana doit constater en 1647 que ses analyses ont fait école et que la thèse indulgente l'a très largement emporté. Le théatin rappelle toutefois que la décence religieuse conseille de ne pas consommer de tabac, et en particulier de ne pas chiquer, avant la communion[82]. Pieuse restriction qui ne doit pas dissimuler le fait que l'usage du tabac est en définitive assez largement accordé.

Les témoignages sont désormais innombrables qui indiquent que les moralistes ont préféré céder devant la diffusion de la nouvelle pratique de consommer du tabac plutôt que d'affronter une infraction généralisée de la discipline du jeûne naturel. Dans sa fameuse *Praxis ieiunii ecclesiastici et naturalis* (1644), le théatin italien Zaccaria Pasqualigo (1600-1664), un confrère de Diana et lui aussi réputé pour son bénignisme, autorise le tabac à priser ou à fumer avant la communion, et même à chiquer pourvu qu'il n'en soit pas avalé des morceaux volontairement[83]. En 1645, le clerc régulier mineur espagnol Tomás Hurtado (1589-1659) fait paraître à Madrid une consultation intitulée *Chocolate*

---

80. R. AVERSA, *De eucharistiæ sacramento et sacrificio, de pœnitentiæ sacramento et uirtute et de extrema unctione tractatus theologici ac morales speculatiuam simul et practicam doctrinam accurate ac dilucide complectentes*, Bologne 1642, *De eucharistiæ sacramento et sacrificio*, q. VIII, sect. VIII, p. 192 : « Item nec frangitur hoc ieiunium per aliquid naribus attractum, etiamsi inde in stomachum dilabatur ; et ita non impediri communionem ac celebrationem per sumptionem tabacchi in puluere aut folio aut fumo defendit Diana ».
81. J. MACHADO DE CHAVES, *Perfecto confesor y cura de almas*, 2 vol., Barcelone 1641, t. I, l. 2, part. 4, tr. 8, documento IV, § 4, p. 507 : « Es tambien necessario que la cosa que se toma, sea de su naturaleza comestible ; de onde infieren que ni el tabaco en humo, ni en polvo quebranta el ayuno natural ».
82. A. DIANA, *Resolutionum moralium pars octaua*, Lyon 1647, tr. VII, res. III, p. 539 : « Hæc tamen dicta esse uolo in rigore loquendo, nam ob reuerentiam debitam sacramento, consulo ut a sumptione tabachi abstineatur, maxime in folio per os, propter periculum illud traiiciendi in stomachum ».
83. Z. PASQUALIGO, *Praxis ieiunii ecclesiastici et naturalis*, Rome 1644, decis. 438, *An sumptio tabachi in folio uel puluere soluat ieiunium*, p. 431, et decis. 439, *An sumptio tabachi in fumo soluat ieiunium naturale*, p. 431-432.

y tabaco, ayuno eclesiastico y natural, si este le quebrante el chocolate, y el tabaco al natural, para la Sagrada Comunion – une traduction latine en est publiée en 1651 au tome II de ses *Tractatus uarii resolutionum moralium*. Contre Antonio de León Pinelo et avec Diana, le P. Hurtado conclut que le tabac à priser n'enfreint pas le jeûne naturel, mais contre Pasqualigo et Diana, il estime que le tabac à mâcher ne peut être autorisé avant la communion que si l'on porte la plus grande attention à ne pas même déglutir de la salive mélangée à son jus[84]. En dépit d'une discrète réticence, le P. Hurtado est loin de faire sienne la sévérité du P. de Lezana. À la mi-XVIIe siècle, les moralistes catholiques ont généralement rallié le parti de l'indulgence en matière de tabagisme.

Les médecins et le débat sur la licéité chrétienne du tabac

Entamée sur le terrain de la morale, la discussion autour de la consommation de tabac avant la communion a inévitablement mis en jeu des connaissances physiologiques et médicales. Interpellés par les théologiens, les médecins ont versé leur propre contribution à un débat qui touchait de près à leur domaine de compétences. Ont été ainsi mis à la disposition des moralistes des textes hybrides qui relèvent à la fois de la théologie et de la médecine, mais qui n'en correspondent pas moins au clivage entre morale indulgente et sévérité orthopratique.

Les autorités médicales ont manifestement suivi avec intérêt l'affrontement doctrinal entre théologiens. Considéré comme l'un des fondateurs de la moderne médecine légale, Paolo Zacchia (1584-1659), archiatre d'Innocent X et protomédecin des États pontificaux, a bénéficié d'une audience européenne grâce à la publication de ses célèbres *Quæstiones medico-legales*, dont le premier livre est publié à Rome en 1621 et le 9e à Amsterdam en 1651. La première édition complète paraît à Lyon en 1654. L'ouvrage est complété après la mort de Zacchia par son neveu Lanfranco, qui introduit, à partir de l'édition lyonnaise de 1661, des titres inédits dans le 9e livre et ajoute un 10e livre comprenant des consultations et des décisions rendues par le tribunal de la Rote[85]. Fina-

---

84. T. HURTADO, *Tractatus uarii resolutionum moralium*, 2 vol., Lyon 1651, t. II, tr. XI, c. IV, p. 198 : « Tabacus in folio ore sumptus et dentibus tritus ieiunium naturale frangit si magna cura non adhibeatur ad non deglutiendam saliuam illius succo mixtam ».

85. Sur Zacchia et ses *Quæstiones medico-legales*, voir A. PASTORE et G. ROSSI (éd.), *Paolo Zacchia. Alle origini della medicina legale, 1584-1659*, Milan 2008, en

lement publié en 1661, un titre entier est consacré au tabac[86]. Zacchia commence par noter que, lorsqu'ils traitent du jeûne, les canonistes modernes sont désormais amenés à évoquer les questions du chocolat et du tabac, que leurs prédécesseurs n'ont pas eu à résoudre. Il note aussitôt que les deux relèvent de la compétence aussi bien du médecin que du canoniste. Il livre ensuite quelques éléments de botanique relatifs au tabac, essentiellement puisés dans la *Tabacologia* (1622) du médecin allemand Johann Neander (1596-1630), et il fait alors clairement observer qu'il ne s'agit pas d'une plante alimentaire, mais seulement médicamenteuse[87] – en effet, poursuit Zacchia, le tabac n'est pas assimilé par l'organisme ; sa consommation, sous quelque forme et de quelque manière que ce soit, ne peut donc être considérée comme une infraction à l'observance du jeûne naturel. Revenant sur les arguments avancés par le P. de Lezana pour soutenir la thèse contraire, Zacchia en dénonce fermement l'absurdité et convient expressément avec les conclusions de Diana. Certes, relève Zacchia, le médecin et botaniste espagnol Nicolás Monardes (1493-1588) a pu noter, dans sa fameuse *Historia medicinal de las cosas que se traen de nuestras Indias Occidentales* (1565-1574), ensuite traduite en latin, que les amérindiens utilisaient le tabac pour se sustenter et se désaltérer[88] ; certes, le médecin néerlandais Gilles Everaerts a évoqué, dans son *De herba panacea breuis commentariolus* (1587), le cas d'habitants de la Floride qui vivent à de certains temps de l'année en ne se nourrissant que de tabac fumé[89] ; pour autant, Zacchia se range explicitement à la thèse défendue par Diana selon laquelle le tabac ne rompt pas le jeûne, qu'on le fume, le chique ou le prise, dans

---

particulier M. G. DI RENZO VILLATA, « Paolo Zacchia, la medicina come sapere globale e la *sfida* al diritto », p. 9-49. Consulter aussi J. DUFFIN, « Questioning Medicine in Seventeeth-Century Rome: The *Consultations* of Paolo Zacchia », *Canadian Bulletin of Medical History* 28/1 (2011), p. 149-170.

86. P. ZACCHIA, *Quæstiones medico-legales*, éd. L. ZACCHIA, 2 vol., Lyon 1661, t. II, l. IX, tit. VII, *De tabacco*, p. 80-84.
87. *Ibid.*, p. 81 : « Illud, quod maxime ad rem nostram facit, adnotandum, tabaccum alimentalem herbam non esse, sed tantum medicamentosam, ac quocunque modo assumatur, pro medicamento sumi ».
88. N. MONARDES, *De sumplicibus medicamentis ex Occidentali India delatis, quorum in medicina usus est*, Anvers 1574, p. 26 : « Vsus est etiam Tabaci apud Indos famis sitisque sedandæ gratia ».
89. G. EVERAERTS, *Der herba panacea, quam alii Tabacum, alii Petum aut Nicotianam uocant, breuis commentariolus*, Anvers 1587, p. 17-18 : « Æque inauditum est et mirandum, Floridæ incolas statis anni temporibus solo istius herbæ fumo pasci, quem per cornua huic usui comparata in os recipiunt ».

la mesure où il n'a rien d'une nourriture. Davantage, Zacchia récuse même la validité de la restriction faite – à l'instar du P. Hurtado, qui n'est pas mentionné – par quelques canonistes qui exigent, pour que l'usage de tabac mâché ne constitue pas une infraction à la discipline du jeûne eucharistique, qu'il n'en descende aucune particule dans l'estomac[90]. Pour mettre en cause le bien-fondé des positions défendues par le P. de Lezana, Zacchia s'en tient à une argumentation rigoureusement médicale. Il insiste sur le fait que le carme commet une erreur manifeste en faisant du tabac à la fois un aliment et un médicament[91]. Quant à l'argument selon lequel l'expérience atteste que l'on peut calmer sa faim en consommant du tabac, Zacchia estime qu'il repose sur un constat erroné : en l'occurrence, la satiété est procurée par l'assimilation de pituite – un liquide glaireux –, dont la consommation de tabac, fumé ou mâché, provoque la sécrétion dans l'estomac[92]. L'indulgence morale soutenue par Diana est ici confortée par l'autorité médicale de Zacchia, qui discrédite irrémédiablement les arguments avancés contre le tabac par les tenants du parti de la sévérité.

En catholicité, la médecine est en définitive rapidement venue au secours des défenseurs de l'indulgence en matière de tabagie. À la suite de Zacchia, le médecin catholique anversois Michael Boudewyns (1601-1681) publie en 1666 son *Ventilabrum medico-theologicum*. L'ouvrage délivre un discours qui se place caractéristiquement à l'intersection de la médecine et de la théologie morale. À la question de savoir si de

---

90. P. ZACCHIA, *Quæstiones medico-legales*, p. 83 : « Imo inanis etiam est, quam aliqui canonistarum cautionem addunt, uel limitationem, hoc est, non frangere tabaccum ieiunium, nisi aliqua folii particula per os ad stomachum traiiciatur ; nam etiamsi ita contingeret, tamen nutrire ea particula nulla ratione posse, tum ob sui exiguam molem, quæ nullius considerationis esset, tum ob eius naturam, quod alimentalis non sit ».
91. *Ibid.* : « Si ergo tabaccus est uere nutrimentum, non erit uere medicamentum, et si est mere medicamentum, non erit uere nutrimentum. Neque dicat ipse P. Lezana, quod tabaccus sit cibus medicamentosus, quia iam satis superque probatum est, illum non esse ullo modo alimentalem ».
92. *Ibid.* : « Nutrimentum quo reficiuntur ii qui tabacco ad tollendam famem aut sitim utuntur non procedit ab ipso tabacco, sed a pituita, quam tabaccus cum masticatur, prolectat in stomachum, uel cum etiam eius fumus per os excipitur. Neque nouum est huiusmodi effectum a pituita emanare, nempe per eam corpus enutriri absque ope alterius externi alimenti, quia multiplici experientia firmatum est, quosdam homines integris annis absque cibo et potu uixisse, sola pituita in eorum corporibus enutritos, multaque animalia in hyeme non alio nutrimento uitam sustentare quam ipsa pituita ».

priser du tabac ou d'autres herbes telles que des fleurs de muguet, de la bétoine ou de la sauge, qui, une fois respirées par les narines, provoquent le reflux d'humeurs dans l'estomac, suffit à rompre le jeûne, Boudewyns répond par la négative : il n'y a alors rupture ni du jeûne ecclésiastique, ni du jeûne eucharistique, dans la mesure où il n'y a pas nutrition[93]. Le cas des humeurs suscitées par la consommation des herbes prisées et qui sont produites par les narines et le palais est ramené à celui de la goutte d'eau avalée par mégarde quand on se rince la bouche qui n'est pas différent de celui de la salive : il n'y a alors pas infraction de la discipline du jeûne[94]. Pour Boudewyns, deux principes doivent être constamment gardés à l'esprit pour déterminer s'il y a rupture des contraintes religieuses alimentaires. En premier lieu, l'absorption doit se faire par les organes de la manducation et de la déglutition, soit la bouche et le gosier[95]. Il faut ensuite considérer que l'on n'est pas forcément nourri par ce qui semble apaiser la faim ou la soif. De là que le médecin anversois ne fait pas difficulté d'accorder l'usage du tabac à priser préalablement à la communion eucharistique.

À dire vrai, il semble que l'essentiel ait désormais été dit et que l'autorité médicale de Zacchia jointe à la réputation doctrinale de Diana ait rendu la tâche très compliquée aux adversaires de la consommation de tabac avant la communion. Le problème est à nouveau posé au début du XVIIIe siècle lors de la confrontation à laquelle se livrent Philippe Hecquet (1661-1737), un médecin dont les sympathies jansénistes sont connues, et Nicolas Andry de Boisregard (1658-1742)[96]. En

---

93. M. BOUDEWYNS, *Ventilabrum medico-theologicum*, Anvers 1666, part. II, q. 17, *An chocolates, uini, lactis, cremoris hordei, tabaci sumptio soluat ieiunium*, p. 393 : « Quid ergo de tabaco, floribus Foliorum conuallium, betonica, saluia etc. in puluere dicemus, quæ per nares attracta, similiter catharros uiscidosque humores ad ipsum stomachum faciunt depluere ? Nullo modo cum nutriant, nullum etiam ieiunium, neque naturale soluunt, neque ecclesiasticum ».
94. *Ibid.*, p. 393 : « Præterquam quod ab iis dissoluti et liquefacti humores maxime per nares et palatum eliciantur, quamuis casu etiam tantillum ad stomachum deflueret, eque ac pauxillum illud aquæ quod inter lauandum os delabitur instar saliuæ habendum est ».
95. *Ibid.*, p. 393 : « Adde non uideri sufficere ad alterutrum ieiunium soluendum quod aliquid corporis nostri culinam ingrediatur per quamcumque uiam, sed per illam dumtaxat quæ manducationi et deglutioni, os nempe et fauces, est destinata ».
96. Voir L. W. B. BROCKLISS, « The Medico-Religious Universe of an Early Eighteenth-Century Parisian Doctor: the Case of Philippe Hecquet », dans R. FRENCH et A. WEAR (éd.), *The Medical Revolution of the Seventeenth-Century*, Cambridge 1989, p. 191-221, R. LARUE, « Les bienfaits controversés du régime maigre.

1709, Hecquet fait paraître un ouvrage intitulé *Traité des dispenses du Carême* où il s'en prend aux prétextes futiles fréquemment avancés par les fidèles pour justifier leur refus de se plier à la discipline quadragésimale du jeûne et de l'abstinence et qui suscite une vive polémique en raison, notamment, de la théorie de la digestion qui y est exposée. Une deuxième édition en est publiée en 1710 qui comprend désormais une dissertation consacrée à l'usage du tabac. D'évidence, Hecquet est un adversaire du tabagisme. La question de savoir si le tabac rompt le jeûne est pour lui extrêmement sérieuse : « Cette difficulté mérite d'autant plus d'attention que c'est moins un doute imaginé sur lequel on cherche à s'exercer ou une simple curiosité dont on s'occupe qu'un cas public ou un scrupule universel dont on demande la décision[97] ». Hecquet relève que les médecins ont été incapables de tomber d'accord. Les uns vantent en effet les mérites d'une plante dont les vertus roboratives sont avérées, tandis que d'autres mettent au contraire en avant l'indécence de sa consommation et les risques qu'elle fait courir pour la santé, puisque, d'après Guy-Crescent Fagon (1638-1718), premier médecin de Louis XIV de 1693 à la mort du roi, le tabac, quand il est consommé à trop fortes doses, peut abréger la vie – telle est la thèse que Fagon a fait soutenir le 26 mars 1699 à l'École de médecine de Paris à Claude Berger (1679-1712)[98]. Du côté des doctrines médicales, Hecquet ne peut finalement rien tirer en faveur de sa position, et il en est réduit à recourir de nouveau à une argumentation morale : « Le tabac n'est pas un remède ou un médicament quand il est habituel, on en convient ; ce n'est pas non plus un aliment, car beaucoup lui refusent ce titre ; reste qu'il ne soit qu'un amusement, un plaisir, un passe-temps. Or ce qui n'est qu'un amusement, ce qui enivre […], et ce qui ne se prend que

---

Le *Traité des dispenses du Carême* de Philippe Hecquet et sa réception (1709-1714) », *Dix-huitième siècle* 41 (2009), p. 409-430, et S. DE FRANCESCHI, *Morales du Carême*, p. 438-441.

97. [Ph. HECQUET], *Traité des dispenses du Carême, dans lequel on découvre la fausseté des prétextes qu'on apporte pour les obtenir en faisant voir par la mécanique du corps les rapports naturels des aliments maigres avec la nature de l'homme, et par l'histoire, par l'analyse et par l'observation leur convenance avec la santé*, 2 vol., Paris 1710 [1709¹], t. II, 3ᵉ partie, c. XVIII, *Si le tabac rompt le jeûne*, p. 479.

98. Voir N. ANDRY DE BOISREGARD, *De la génération des vers dans le corps de l'homme*, Paris 1700, « Question agitée le 26 de mars de l'année 1699 aux Écoles de médecine de Paris, sous la présidence de M. Fagon, conseiller du roi en tous ses Conseils d'État, premier médecin de Sa Majesté, savoir si le fréquent usage du tabac abrège la vie », p. 347-386.

pour le plaisir, ne rompt-il pas le jeûne[99] ? » Hecquet ne manque pas de citer le P. de Lezana pour appuyer son interprétation, mais il s'agit là du seul casuiste qu'il est en mesure de mentionner de son côté et, à lire de près son texte, on se rend compte en définitive qu'il est incapable de conclure physiologiquement sur le fait de savoir si le tabac rompt le jeûne naturel. Si Hecquet a défendu la cause de la sévérité quadragésimale, les partisans de l'indulgence ont trouvé leur champion en la personne de Nicolas Andry, qui fait paraître en 1710 *Le régime du Carême considéré par rapport à la nature du corps et des aliments* et en 1713 les deux volumes de son ample *Traité des aliments de Carême*. La question du tabac est inévitablement abordée. À l'argument avancé par Hecquet à la suite de Monardes et d'Everaerts, selon lequel les indiens peuvent se passer de nourriture grâce à la consommation du tabac, Andry rétorque qu'il est inexact : « [Les indiens] joignent au tabac le secours de diverses sortes de liqueurs et autres aliments qu'ils portent avec eux ou qu'ils trouvent sur les chemins. Ils boivent par exemple en plusieurs endroits une liqueur blanche comme du petit-lait, laquelle coule avec abondance du tronc de certains arbres qu'ils ouvrent[100] ». Autrement dit, parce qu'il ne nourrit pas véritablement, le tabac peut parfaitement être consommé sans enfreindre ni la discipline du jeûne eucharistique, ni les contraintes du Carême. Lorsque Hecquet, qui n'est pas parvenu à fonder médicalement sa cause, avance l'argument moral selon lequel la prise du tabac par divertissement rompt forcément le jeûne, Andry proteste contre une position qu'il considère exagérément rigoureuse : « On peut prendre du tabac et être sincère dans sa piété, exact à ses devoirs, charitable envers le prochain, humble dans ses sentiments, rigide à observer la loi du Carême sur la qualité et sur les heures des repas[101] ». Andry a parfaitement compris que son adversaire n'était pas parvenu à asseoir ses conclusions sur des arguments physiologiques. Dès lors, la discussion est revenue sur un terrain strictement moral, et Andry maintient que la consommation du tabac est un acte indifférent sans aucune conséquence hétéropratique.

Si les partisans de l'indulgence en matière de tabagisme peuvent se prévaloir de la caution d'importantes autorités médicales, il se trouve encore des médecins pour soutenir au début du XVIIIe siècle que

---

99. [Ph. HECQUET], *Traité des dispenses du Carême*, p. 507.
100. N. ANDRY DE BOISREGARD, *Le régime du Carême considéré par rapport à la nature du corps et des aliments*, Paris 1710, p. 526-527.
101. *Ibid.*, p. 531.

l'usage du tabac contrevient clairement à la discipline du jeûne eucharistique. Dans son *Theatrum medico-juridicum* (1725), où il s'inspire beaucoup de Zacchia, le médecin et juriste catholique allemand de Bohême Johann Franz Löw von Erlsfeld (1648-1725) n'en formule pas moins des positions contraires aux conclusions retenues par son confrère romain et rejoint la sévérité affichée par Hecquet. Du point de vue de la médecine galénique, note Löw, il est évident que la consommation de tabac est contraire à l'observance du jeûne eucharistique : le trouble des humeurs et l'agitation des sens et de l'esprit qu'elle suscite, au point qu'elle peut provoquer des vomissements, est contraire à la décence religieuse requise pour dignement recevoir l'eucharistie[102] ; de surcroît, la sécrétion de phlegme qu'elle engendre vient remplir l'estomac, dont la vacuité est unanimement exigée par les canonistes avant l'administration du sacrement eucharistique[103]. Même en adoptant les principes de la médecine moderne, poursuit Löw, il faut conclure que l'usage du tabac doit être formellement interdit avant de communier : chacun peut aisément comprendre que, sous quelque forme qu'il soit absorbé, le tabac va ensuite se mélanger avec la salive et passer dans l'estomac, qu'il va souiller et rendre inapte à recevoir décemment le corps du Christ[104]. Après les analyses de Zacchia, il était devenu impossible de soutenir que le tabac était nourrissant ; à l'instar de Hecquet,

---

102. J. Fr. Löw von Erlsfeld, *Theatrum medico-juridicum, continens uarias easque maxime notabiles, tam ad tribunalia ecclesiastico-ciuilia quam ad medicinam forensem, pertinentes materias*, Nuremberg 1725, c. XIV, § X, n. 17, p. 744 : « Dico primo, iuxta sententiam ueterum medicorum Galenicorum, tabacci usum in ieiunio eucharistico prohibendum esse, non quod ullo modo […] nutrire possit […], sed primo et primario ob Sacramenti reuerentia, quia multam agitationem in humoribus causare potest, et caput ipsum commouere, et sensus turbare et obtundere, maxime si eius fumus assumatur, potest et uentrem soluere, uel quod idem est, uomitum excitare, quod sæpe sæpius contingit ».
103. J. Fr. Löw von Erlsfeld, *Theatrum medico-juridicum*, p. 744 : « Facile euenit ut ex eius [tabacci] usu, pituita, seu phlegma, a capite proritata et allecta, ad stomachum descendat, ibique aut in nutrimentum (urgente natura) uertatur aut ad minimum illius uacuitatem impediat […], quam tamen reuera necessariam esse omnes tenent, ubi tanto cibo cælesti et sacratissimo refici præstolatur ».
104. *Ibid.*, c. XIV, § X, n. 18, p. 744 : « Quis ergo tam rudis Mineruæ erit homo, qui non euidenter capiat, masticando in ore, attrahendo per nares et palatum, uel fumando tabaccum, dictam saliuam, omni quasi momento, imbuat, alteret et coinquinet, tabacci particulis, quæ una cum saliua in stomachum descendentes, eundem æque conspurcant et summam indecentiam sacratissimo Eucharistiæ sacramento exhibent ».

Löw est donc contraint d'en rester à une argumentation morale, mais, mieux que son confrère français, il parvient à lui conférer une allure médicale susceptible d'en corroborer les conclusions sévères. En dépit des désaccords qui peuvent sporadiquement s'exprimer, il paraît que les positions indulgentes de Zacchia, en raison du prestige du médecin romain, mais aussi en raison de la clarté avec laquelle elles ont été formulées et de l'évidence avec laquelle chacun pouvait constater que le tabac n'était pas un aliment, ont irrémédiablement mis en difficulté les partisans de l'intransigeance en matière de tabagisme.

Catholicisme et tabagisme : le triomphe de l'indulgence

La suprématie doctrinale du probabilisme parmi les moralistes catholiques a largement favorisé les thèses indulgentes dans le débat sur la licéité chrétienne de la consommation du tabac en période de jeûne eucharistique. Le basculement de la morale catholique vers le règne général de la sévérité – une évolution dont les prodromes sont perceptibles dès la mi-XVIIe siècle et qui est acquise dans l'ensemble de la catholicité à la fin du XVIIIe siècle[105] –, alors même que les autorités ecclésiales tentent de rétablir parmi les fidèles une observance exacte de la discipline quadragésimale, pouvait laisser supposer que la tolérance de l'usage du tabac avant la communion allait être mise en cause. Pour les moralistes catholiques, il s'est alors agi de mesurer, face à une pratique désormais largement invétérée, le risque d'infraction encouru par une norme dont ils envisageaient l'intègre restauration.

À consulter les ouvrages qui abordent la question de la licéité de l'usage du tabac avant la communion, on constate qu'au tournant des XVIIe et XVIIIe siècles, alors même qu'en France et en péninsule italienne, le processus de réaction sévère est largement entamé, l'indulgence est le plus souvent de mise quand il s'agit d'évoquer la pratique du tabagisme. Caractéristiques, ainsi, les analyses que le canoniste et théologien minime italien Giovanni Battista Neri consacre au tabac dans son *Opusculum de iudice S. Inquisitionis* (1685) – un ouvrage alors dénoncé

---

105. Voir J.-L. QUANTIN, « Le rigorisme : sur le basculement de la théologie morale catholique au XVIIe siècle », *Revue d'histoire de l'Église de France* 89 (2003), p. 23-43, et S. DE FRANCESCHI, « Le basculement de la théologie morale catholique allemande. Laxisme, probabilisme et casuistique indulgente dans le Saint-Empire du XVIIIe siècle prékantien », dans *Kasuistik und Theorie des Gewissens*, p. 91-141.

pour n'être qu'un plagiat du traité rédigé en italien par Desiderio Scaglia (1567-1639)[106]. La paternité des pages sur le tabagisme revient pleinement à Neri, qui a délibérément choisi de les insérer dans l'*Opusculum*. Si le P. Neri, qui se fonde sur les décisions d'Urbain VIII et d'Innocent X, se montre plutôt réservé à l'égard de l'usage du tabac dans les églises – il n'autorise du bout des lèvres que le tabac à priser ou à mâcher, et il proscrit expressément le tabac à fumer au motif qu'il peut susciter le scandale ou l'hilarité de l'assistance et qu'il produit de mauvaises odeurs[107] –, il n'en produit pas moins une doctrine plutôt indulgente. Ainsi tient-il que la consommation modérée de tabac ne constitue jamais en soi un péché mortel. Lorsqu'il en vient à la question de la licéité du tabagisme avant la communion, le P. Neri relève d'emblée que les théologiens se sont partagés. Les uns, à l'instar du P. de Lezana, tiennent que le tabac rompt le jeûne eucharistique ; les autres, comme le P. Marchant ou Diana, soutiennent le contraire, mais mettent en garde contre l'indécence religieuse que constitue pour un prêtre le tabagisme avant la messe. Pour sa part, Neri se range franchement au parti de l'indulgence en affirmant que la consommation de tabac, de quelque manière que ce soit, ne constitue pas une infraction à la discipline du jeûne naturel[108]. Davantage, le minime considère que de consommer modérément du tabac une demi-heure ou une heure avant de célébrer la messe n'a rien de répréhensible pour un prêtre : au contraire, il ne porte que plus d'attention à ce qu'il doit dire ou faire après s'être éclairci l'esprit et avoir éternué à plusieurs reprises[109]. Pour le P. Neri, il ne faut pas

---

106. Voir J. A. TEDESCHI, « Literary Piracy in Seventeenth-Century Florence: Giovanni Battista Neri's *De iudice S. Inquisitionis Opusculum* », *Huntington Library Quarterly* 50/2 (1987), p. 107-118, repris dans J. A. TEDESCHI, *The Prosecution of Heresy. Collected Studies on the Inquisition in Early Modern Italy*, Binghamton – New York 1991, p. 259-272.
107. G. B. NERI, *De iudice S. Inquisitionis opusculum*, Florence 1685, c. XXVI, *In quo aliqua curiosa adnotantur*, p. 158-159 : « Vsus moderatus et ordinatus tabacchi in ecclesiis […] non est peccatum si tabaccum per nares sumatur uel per os illud masticando ; non autem si sumatur in fumo, illum hauriendo per tubulum […]. Ratio autem secundæ partis conclusionis est, quia usus tabacci in fumo hausti per tubulum est scandalosus in Ecclesiis ; posset enim causare risum in aliis, et murmur sequi posset ex illo prauo et tetro odore, quo Ecclesia inficiatur ».
108. G. B. NERI, *De iudice S. Inquisitionis opusculum*, p. 162 : « Ego autem dicerem quod absolute loquendo, usus tabacci quocumque modo sumatur tabaccus non frangit ieiunium naturale ».
109. *Ibid.*, p. 164 : « Vsus tabacchi moderatus et ordinatus per horam uel per dimidium horæ saltem ante Missam nullam secum affert indecentiam ; imo multum

non plus particulièrement craindre d'avaler involontairement un morceau du tabac que l'on mâche ; le cas n'est pas différent de celui de la goutte d'eau qu'on absorbe après s'être rincé le visage ou la bouche, et il n'y a pas là, de l'aveu unanime des moralistes, infraction à l'observance du jeûne naturel. De l'argument souvent avancé selon lequel les fidèles minutieux se font scrupule de consommer du tabac avant la messe, le P. Neri fait aussitôt litière en relevant qu'il est caractéristique des esprits scrupuleux d'avoir des craintes là où il n'y a pas lieu de craindre. Particulièrement indulgent, le minime permet aussi aux prêtres l'usage du tabac juste avant la célébration de la messe s'ils en font une consommation continuelle et si, donc, ils sont assurés de ne pas avoir de vomissements[110] – pour lui, la fréquente habitude rend l'acte moralement indifférent. Chez le P. Neri, les conclusions indulgentes soutenues par Diana quelques décennies auparavant sont poussées jusque dans leurs ultimes conséquences orthopratiques.

Certes, il se trouve encore quelques auteurs pour faire preuve ponctuellement de sévérité. Ainsi du dominicain français Noël Alexandre (1639-1724), un thomiste en son temps soupçonné de sympathies jansénistes et un adversaire notoire du probabilisme jésuite, qui, dans une lettre publiée en appendice de sa *Theologia dogmatica et moralis* (1694) et adressée à un archidiacre qui l'a consulté après avoir vu des prêtres consommer du tabac quotidiennement avant de célébrer la messe, répond qu'il s'agit là d'une pratique à la fois peu conforme à la dignité religieuse et contraire à l'observance du jeûne eucharistique[111]. Lorsqu'on prise ou mâche du tabac, note le P. Alexandre, on prend le risque de l'ingérer ; à

---

decens, nam multum confert ad munditiam corporis, ex eo quod post purgationem narium, magis distincte loquitur et legit sacerdos illa quæ legere debet, item post aliqua sternuta et capitis purgationem, maiorem habet attentionem celebrans ad illa quæ debet attendere ».

110. *Ibid.*, p. 167 : « Quæres an usus tabacchi immediate ante Missam sit peccatum mortale ? Si sacerdos utens tabacco est ita consuetus ad sumendum tabaccum ut semper continuo illud sumat et expertus est quod nequaquam illum excitat ad uomitum, uel ad eiicienda narium excrementa, neque multum solet expuere, nullum peccatum mortale committit, et ratio est quia talis usus nullam habet prauitatem moralem, neque ullam denotat irreuerentiam erga tantum sacramentum, ut patet ».

111. N. ALEXANDRE, *Theologia dogmatica et moralis secundum ordinem catechismi Concilii Tridentini*, 2 vol., Paris 1714 [1694¹], t. I, *Appendix prima : uariæ de theologicis dogmatibus ac disciplina epistolæ*, lettre XLVI, p. 865 : « Certus sum te iam apud te statuisse id sub pœna suspensionis prohibere, tum ob periculum uiolandi præcepti de sacra communione a ieiunis sumenda, tum propter grauem indecentiam ».

partir du moment où il parvient jusqu'à l'estomac, le jeûne eucharistique est rompu. Le dominicain renvoie aussi aux préconisations du 3ᵉ concile de Mexico et au Bref *Cum Ecclesiæ diuino* de 1642 pour illustrer l'indécence de la consommation du tabac dans les églises. On retrouve une sévérité comparable chez le canoniste et oratorien padouan Giovanni Maria Chiericato (1633-1717). Dans une consultation de 1689 qui a pris place dans ses *Decisiones theologico-legales de uenerabili Eucharistiæ sacramento* (1697), Chiericato dresse un minutieux rappel de la querelle qui a divisé les moralistes à propos de l'usage du tabac avant la communion. Il relève que les théologiens s'accordent à considérer qu'il est nécessaire de respecter un jeûne naturel avant de recevoir la communion, qu'ils admettent aussi la différence entre jeûnes naturel et ecclésiastique, mais qu'ils ne sont pas unanimes dès lors qu'il s'agit de définir les conditions dans lesquelles il y a violation du jeûne naturel. Les uns requièrent qu'il y ait ingestion de nourriture, de boisson ou de médicament, même en faible quantité, et que l'absorption se fasse par manducation ou déglutition. D'autres ajoutent une troisième condition : il faut que la chose absorbée ait des vertus nutritives. Ainsi le fait d'avaler du métal, du bois ou de la terre n'est-il pas une infraction à la discipline du jeûne eucharistique. D'autres, encore, tiennent que peu importe la nature du produit avalé : il est de l'essence du jeûne naturel que rien ne parvienne dans l'estomac. Dans le cas du tabac, Chiericato énonce trois raisons pour lesquelles il peut paraître nécessaire d'en prohiber l'usage avant la communion. D'abord, le tabac, ainsi que l'a noté le P. de Lezana – opportunément mentionné –, est nourrissant, et Chiericato renvoie ici au livre intitulé *Il tabacco* publié en 1669 par le bénédictin italien Benedetto Stella où il était expressément affirmé que le tabac avait des vertus nutritives et où son usage était donc clairement prohibé pour enfreindre indéniablement la discipline du jeûne eucharistique[112]. Ensuite, poursuit Chiericato, le tabac est avalé pour ses effets thérapeutiques ; or le fait d'absorber un médicament, même en faibles quantités, est, de l'aveu

---

112. B. STELLA, *Il Tabacco, opera nella quale si tratta dell'origine, historia, coltura, preparatione, qualità, natura, virtù et uso, in fumo, in polvere, in foglia, in lambitivo et in medicina della pianta volgarmente detta tabacco*, Rome 1669, c. XXXIII, *Se il tabacco masticato in foglia, o attratto in fumo guasti il digiuno naturale*, p. 333-348 [p. 342] : « Dico che [il tabacco] non si deve, e non si puol prendere né in fumo, né in foglia, né in lambitivo, prima della Sacra Communione, perché in qualunque di questi modi si prenda, rompe il digiuno naturale, et non si conserva più la bocca nuova per ricevere il Santissimo con la debita riverenza ».

même de saint Thomas[113], une infraction à l'observance du jeûne eucharistique[114]. Enfin, ajoute Chiericato, les conciles de Lima et de Mexico et le pape Urbain VIII ont fait clairement savoir que l'usage du tabac était formellement interdit dans les églises. Certes, reconnaît le juriste, le tabac n'a pas manqué de défenseurs, dont Diana, qui ont mis en cause ses vertus nutritives. Pour autant, Chiericato se range expressément dans le camp des auteurs sévères et soutient que la consommation de tabac à mâcher ou à fumer constitue une infraction à l'observance du jeûne eucharistique[115]. L'oratorien se montre en revanche plus indulgent lorsqu'il s'agit de traiter du cas du tabac à priser : il estime que, dans la mesure où rien ne parvient alors jusqu'à l'estomac, le jeûne naturel n'est pas rompu ; il reste que de priser du tabac est peu conforme à la dignité religieuse, et Chiericato recommande, en se prévalant de la caution de la *Hierurgia* (1686) du bénédictin italien Bernardo Bisso (1648-1716) ou encore des *Resolutiones morales* (1670) du jurisconsulte milanais Antonio Volpi, de s'en abstenir ou de n'en consommer que très modérément avant la communion[116] – et de conclure en soulignant le fait qu'en période de jeûne, les Turcs se privent de boissons et mettent même leur odorat à l'abri des odeurs. Avec Chiericato, la cause de la sévérité en matière de tabagisme a trouvé un défenseur obstiné alors même qu'elle était de fait perdue.

Même quand ils appartiennent à des ordres dont les engagements sont contraires au probabilisme jésuite, les auteurs du tournant des XVIIe et XVIIIe siècles ont généralement pris acte du fait qu'il était désormais impossible, ou du moins très difficile, de soutenir la thèse selon laquelle l'usage du tabac constituait une infraction à l'observance du

---

113. THOMAS D'AQUIN, *III*ᵃ, q. 80, art. VIII, ad 4 : « Neque post assumptionem aquæ uel alterius cibi aut potus uel etiam medicinæ, in quantumcumque parua quantitate, licet accipere hoc sacramentum [Eucharistiæ] ».
114. G. M. CHIERICATO, *Decisiones sacramentales theologicæ, canonicæ et legales*, 2 t. en 1 vol., Ancône – Venise 1757, t. II, *De uenerabili Eucharistiæ sacramento decisiones theologico-legales de uenerabili Eucharistiæ sacramento* [1697¹], p. 104 : « Post sumptionem medicamenti in quacumque parua quantitate, non licet Sacram Eucharistiam accipere ».
115. *Ibid.*, p. 104 : « In hac controuersia, mea est opinio, tabachum sumptum in ore, uel per masticationem foliorum, uel per fumationem, frangere ieiunium naturale ».
116. *Ibid.*, p. 105 : « A tabacho autem recepto per nares in puluere, non uidetur frangi ieiunium naturale, quia non transit ad uacuitatem stomachi occupandam ; sed quia secum annexam habet summam indecentiam, quæ maxime obest reuerentiæ debitæ sacramento uenerabili Eucharistiæ, ideo conuenit ab eodem abstinere, uel parciter uti, ante celebrationem uel communionem ».

jeûne naturel. Ils peuvent, au surplus, se vanter de l'appui des carmes de Salamanque, en définitive assez souples en dépit de leur orientation officiellement thomiste. Leur *Cursus theologiæ moralis* (1665-1753), rédigé par Francisco de Jesús Maria (1599-1677), Andrés de la Madre de Dios (1622-1674), Sébastián de San Joaquin (1672-1719), Ildefonso de los Ángeles (1664-1737), José de Jesús Maria (1677-1736) et Antonio del Santísimo Sacramento (1707-1761), se montre plutôt mesuré, sans qu'on puisse pourtant lui reprocher d'être laxiste. Le cas du tabac à priser ne souffre apparemment pas de difficulté. Dans le cas du tabac à fumer, les Salmanticenses relèvent que si l'on respire de la fumée involontairement, on n'enfreint pas plus l'observance du jeûne eucharistique que lorsqu'on avale par mégarde de la poussière, un moustique ou une mouche ; si en revanche on fume le tabac avec une pipe ou avec un tube, il y a infraction du jeûne naturel, car la fumée est absorbée par la bouche et descend jusque dans l'estomac[117]. Dans le cas du tabac à mâcher, les Salmanticenses remarquent qu'Antonio de León Pinelo en proscrit la consommation avant la communion, mais que d'autres, selon une probabilité plus grande, l'autorisent pourvu qu'on n'en avale pas – sans aller contre la thèse indulgente, les carmes de Salamanque interdisent pour leur part de chiquer dans les églises et leurs alentours avant comme après la messe afin de respecter les règles de la décence religieuse[118]. Dans les ordres où le probabilisme a acquis droit de cité, les positions indulgentes sont évidemment en faveur. Dans son imposante *Septem Ecclesiæ sacramentorum moralis discussio* (1706), le barnabite génois Sebastiano Giribaldi (1643-1720) suit largement les conclusions de Diana. Il accorde l'usage du tabac à mâcher pourvu qu'on n'en

---

117. *Collegii Salmanticensis FF. Discalceatorum B. Mariæ de Monte Carmeli primitiuæ obseruantiæ Cursus theologiæ moralis*, t. I, Barcelone 1699 [1665¹], tr. IV, c. VII, n. 71, p. 160 : « An uioletur ieiunium naturale ad communionem requisitum quando aliquis fumum uel puluerem tabaci naribus sumit ? [...] Verum in hac re distinguendum esse censemus ; si enim uel nihil fumi tabaci ad stomachum transmittitur, uel si aliquid traiicitur solum respiratione inuoluntaria et præter intentionem, non impedit sacram communionem, quia quod sic sumitur, non frangit ieiunium naturale, sicut illud non frangit cum quis respirando, puluerem aut fumum, culicem aut muscam casu et præter intentionem attrahit. [...]. Si uero quis intrumento ad id destinato uoluntaria traiectione fumum tabaci ad stomachum transmittit per fauces et a fortiori per os, frangit ieiunium eucharisticum, quia est uere comestio ».

118. *Ibid.*, n. 72, p. 161 : « Monendum tamen est ne ulla tabaci sumptio siue in ore, siue in naribus in Ecclesia uel eius ambitu fiat, siue ante, siue post Missam uel communionem, propter reuerentiam illorum locorum et tanto sacramento debitam, maxime per os propter periculum traiiciendi illud in stomachum ».

avale pas. La consommation de tabac à fumer ne peut selon lui constituer une infraction du jeûne eucharistique[119]. Que la position indulgente l'ait finalement emporté, le fait est clairement attesté lorsque, le 10 janvier 1725, Benoît XIII révoque la menace d'excommunication qui pesait, depuis la décision d'Innocent X, sur les fidèles consommant du tabac dans la basilique Saint-Pierre. Signifiée le 15 janvier 1725 par le cardinal Annibale Albani (1682-1751), camerlingue de la Sainte Église romaine et archiprêtre de la basilique, la révocation de l'interdiction de l'usage du tabac dans Saint-Pierre de Rome entend surtout éviter durant les messes les allées et venues continuelles des fidèles adeptes de tabagisme. Pour autant, Benoît XIII précise qu'il ne s'agit pas pour lui de favoriser l'installation d'une quelconque indécence religieuse et, s'il autorise la consommation de tabac dans la basilique Saint-Pierre, il demande aux fidèles de veiller à ne donner aucun sujet de scandale et, en particulier, de ne jamais faire circuler leur tabatière parmi l'assistance[120]. Restriction qui ne doit pas dissimuler le fait que le souverain pontife a cédé face à une pratique trop invétérée pour être contrariée.

À observer l'évolution du discours tenu par les moralistes catholiques au sujet de l'usage du tabac avant la communion, on constate que la position indulgente, selon laquelle le tabagisme ne constitue pas une infraction à la discipline du jeûne eucharistique, s'est en fait assez vite dégagée comme étant la plus vraisemblable. La sévérité affichée par Antonio de León Pinelo, qui lance le débat, et reprise par le P. de Lezana a pu faire quelques émules, à l'instar du P. Alexandre ou de Chiericato, mais elle n'est pas parvenue à enrayer la diffusion des conclusions retenues par Diana et appuyées par les arguments médicaux de Zacchia, constamment cités dès lors qu'il s'agit d'autoriser l'usage du tabac avant l'administration du sacrement eucharistique. Le coup

---

119. S. Giribaldi, *Septem Ecclesiæ sacramentorum moralis discussio*, 2 vol., Bologne 1706, t. I, tr. IV, c. X, dub. II, p. 132 : « Si autem [tabachum] sumatur in fumo non frangit ieiunium naturale, quia nec fumus est cibus, nec talis actio est comestiua, cum nec descendat ad stomachum, attrahitur enim ex tubulo fumus in os ut in capitis cauitates deferatur ».

120. *Decreta authentica Congregationis Sacrorum Rituum*, éd. W. Mühlbauer, t. III/2, Munich – Paris 1867, p. 349 : « Præcipimus, non modo ut in ipsa Basilica uel eius choro aut sacrario, tabaccum ita circumspecte sumant ut nemini eorum qui aderunt scandali et offensionis ingerant occasionem, uerum etiam quod illorum nullus, præsertim dum choro interest et diuinis operatur officiis, arculam seu thecam in qua Nicosianam puluerem seruat ad alios in orbem seu gyrum mittere palam et publice audeat ».

de grâce a été finalement porté aux positions rigoureuses par le pape Benoît XIV, dont le pontificat s'est par ailleurs signalé par une politique autoritaire de rétablissement des observances quadragésimales. Dans son traité *De synodo diœcesana* (1748), Benoît XIV a ainsi mis en garde contre les excès de sévérité dont les règlements diocésains pouvaient parfois se rendre coupables, et notamment en proscrivant trop rigoureusement l'usage du tabac à la suite des préconisations des conciles de Lima et de Mexico et des conclusions avancées par Antonio de León Pinelo ou plus tard par Chiericato. Selon le pape, qui s'appuie sur Pasqualigo, Diana et le P. de Lugo, il n'y a pas lieu d'interdire la consommation de tabac à priser ou à fumer avant la communion[121]. Benoît XIV ne dissimule pas le fait que la question de la licéité chrétienne de l'usage du tabac à mâcher est beaucoup plus délicate à résoudre et qu'elle a suscité des réponses contradictoires. Lorsque les papes Urbain VIII et Innnocent X ont décidé d'interdire le tabagisme dans les églises de Séville et dans Saint-Pierre de Rome, leur intransigeance a été provoquée par la nouveauté d'une pratique qui était alors taxée d'indécence religieuse et qui provoquait le scandale de nombreux fidèles. En accusant de rigorisme excessif les mesures prises par quelques évêques à l'encontre des nombreux fidèles qui consomment du tabac, Benoît XIV témoigne de la diffusion générale d'un tabagisme finalement devenu trop commun pour être désormais choquant[122] – le pape, au surplus, relève que Benoît XIII avant lui, en autorisant l'usage du tabac dans Saint-Pierre, a de fait indiqué que sa consommation n'avait plus rien d'indécent[123]. Publiée la même année que le traité *De synodo diœcesana* de Benoît XIV, la première édition de la *Theologia moralis* (1748) d'Alphonse de Liguori (1696-1787) indique que le moraliste napolitain n'a pas encore vraiment arrêté sa doctrine : sur le tabac à mâcher, il ne

---

121. BENOÎT XIV, *De synodo diœcesana*, Rome 1748, l. VII, c. LXIII, *Exemplis ostenditur quænam sit seueritas in synodalibus constitutionibus euitanda*, p. 426 : « Nec tabaci fumus, nec puluis naribus ingestus est uera comestio aut potatio, quibus dumtaxat naturale ieiunium soluitur ».
122. *Ibid.* : « Hodie tamen, cum a communi consuetudine sit [tabaci usus] adeo cohonestatus ut nulli prorsus scandalum præbeat aut admirationem causet […], nimium profecto seuerum se præberet episcopus, si […] aut omnibus ante sacræ Eucharistiæ perceptionem, aut solis sacerdotibus ante Missæ celebrationem, tabacum interdiceret, adiecta præsertim in transgressores censurarum pœna ».
123. *Ibid.* : « Sanctæ Memoriæ Benedictus XIII, exploratum habens a tabaci usu omnem nunc abesse inhonestatem atque indecentiam, illum sumere permisit intra Vaticanam Basilicam ».

tranche pas, mais il autorise l'usage du tabac à priser. Au fil des éditions de la *Theologia moralis*, la doctrine se précise. Dans la dernière édition de 1785, la consommation de tabac à priser et à fumer est permise avant la communion, et même celle de tabac à mâcher pourvu qu'on n'en avale pas de morceaux ; les particules mélangées à de la salive ne sont pas considérées comme de la nourriture. En matière de tabagisme, les conclusions d'Alphonse de Liguori, qui mentionnent les positions exprimées par Benoît XIV dans son *De synodo diœcesana*, reprennent l'indulgence de Diana. Alors même que la catholicité est désormais largement empreinte de morale sévère, des acquis de la période de domination du probabilisme semblent irréversibles quand ils répondent à une pratique trop générale pour être enrayée.

3. Persistance de la sévérité eucharistique : un jeûne identitaire

Le cas du tabagisme est pourtant exceptionnel, et généralement la discipline du jeûne eucharistique a été plutôt sévèrement maintenue par les moralistes. Le principe selon lequel le péché commis à l'encontre du précepte du jeûne eucharistique n'admet pas de légèreté de matière est régulièrement rappelé et défendu. Les rares auteurs qui se risquent à soutenir la thèse contraire se font immédiatement réfuter. Dans ses massives *Consultations canoniques sur les sacrements* (1725), le canoniste Jean-Pierre Gibert (1660-1736) se pose le cas des « jeunes gens qui vont quelquefois à la communion après avoir mangé quelque dragée, ou pomme, noisette, ou autre petite bagatelle[124] ». La réponse de Gibert se fonde sur le rappel de plusieurs principes. Elle relève d'abord que « le jeûne spirituel ou l'abstinence du péché est bien plus nécessaire à la bonne communion que le jeûne matériel ou abstinence des aliments, parce qu'il est de droit divin sans aucune exception et indispensable et que l'autre n'est que de droit ecclésiastique, qui a eu autrefois une exception pour le Jeudi saint[125] ». Référence est ici faite à l'usage qui s'était brièvement établi dans l'Église ancienne, et dont le concile de Carthage de 397 avait témoigné, de communier au soir sans être à jeun le Jeudi saint. Gibert souligne aussi le fait

---

124. J.-P. GIBERT, *Consultations canoniques sur les sacrements*, 4 vol., Paris 1725, t. IV, *L'eucharistie considérée comme communion et l'extrême-onction*, 14ᵉ consultation, *La légèreté de matière excuse-t-elle de péché mortel ceux qui communient après avoir mangé ?*, p. 131-132.
125. *Ibid.*, p. 133.

que l'obligation du jeûne eucharistique connaît encore deux exceptions, dans le cas d'une messe qui, commencée, ne peut être achevée, s'il y a malaise du célébrant, que par un prêtre qui a mangé auparavant et dans le cas du viatique administré à un malade à l'article de la mort. La comparaison avec le jeûne spirituel, à l'encontre duquel on ne pèche mortellement qu'en commettant un péché mortel, permet alors à Gibert de conclure que « ceux qui communient après avoir violé le jeûne matériel en prenant quelque petite chose ne pèchent pas mortellement, parce que ce violement du jeûne n'est qu'un péché véniel[126] ». Pour Gibert, qu'il puisse y avoir légèreté de matière dans le cas d'une infraction au jeûne eucharistique ne paraît pas devoir faire difficulté – le canoniste s'oppose ici franchement à la tradition unanime des moralistes, et même des auteurs probabilistes, pourtant souvent plus enclins à faire preuve d'indulgence. Au surplus, poursuit Gibert, le jeûne eucharistique n'est pas d'une autre nature que l'ecclésiastique dont l'observance est prescrite en Carême : il s'agit dans les deux cas de privations alimentaires. La différence entre les deux pratiques vient de la fin qui leur est affectée : le jeûne ecclésiastique a pour but d'éprouver le corps et d'apaiser la colère divine ; l'eucharistique est ordonné pour honorer l'espèce consacrée. De quoi Gibert déduit derechef que « comme ce jeûne ne diffère de l'autre que dans la fin, il faut que de même qu'on ne pèche pas mortellement en rompant l'autre jeûne, si ce n'est que ce qu'on prend ne soit bien considérable, on ne pèche que véniellement lorsqu'on ne viole le jeûne requis pour la communion que par quelque petite bagatelle[127] ». Le dernier argument invoqué par le canoniste en faveur de sa thèse est d'ordre documentaire et juridique. Il note que les deux textes les plus fréquemment invoqués pour souligner l'importance et la rigueur de l'observance du jeûne eucharistique sont le 2e canon du 7e concile de Tolède de 646 et une décision prise par le concile de Mexico de 1585. L'assemblée tolédane avait pour sa part permis qu'en cas d'accès soudain de maladie du célébrant, une messe pût être achevée par un autre prêtre qui, ayant déjà dit la messe dans la journée et donc pris l'ablution, ne fût pas à jeun – le concile de Tolède avait immédiatement pris la précaution de préciser la concession qu'il venait de faire en déclarant qu'il n'y avait pas lieu de conclure de sa décision qu'on fût généralement autorisé à

---

126. *Ibid.*, p. 134.
127. *Ibid.*, p. 135.

dire la messe sans être à jeun[128]. Quant au concile de Mexico, poursuit Gibert, il avait interdit aux prêtres et aux fidèles l'usage avant la communion du tabac ou de plantes médicinales et précisé qu'ils étaient prohibés de quelque manière qu'ils fussent consommés. Les décisions tolédane et mexicaine indiquaient assurément la rigueur avec laquelle il convenait d'observer le jeûne eucharistique ; pour autant, insiste Gibert, aucun des deux documents ne formulait la thèse selon quoi la plus petite infraction au jeûne naturel requis par l'administration de la communion dût constituer un péché mortel – autrement, ajoute le canoniste, « il faudrait que, selon ce concile [de Mexico], un laïc qui aurait fumé avant la communion eût commis un péché mortel[129] ». Quant au concile de Tolède, il est vrai, reconnaît Gibert, qu'il défend très expressément de manger ou de boire avant d'administrer l'eucharistie, mais « il n'y a rien dans cette défense qui marque qu'elle oblige sous peine de péché mortel à l'égard de ceux qui la transgresseront en prenant quelque petite chose[130] ». On a ici affaire à une visible – et rare – indulgence en matière de jeûne eucharistique. Qu'elle vienne d'un canoniste, qui s'attache d'office et comme par réflexe souvent plus à la lettre précise des prescriptions qu'à l'esprit dans lequel elles ont été formulées, ne doit pas étonner.

Il est en revanche certain que les théologiens moralistes ont, dans leur immense majorité, refusé d'accorder la légèreté de matière dès lors qu'il était question de l'observance du jeûne eucharistique et qu'ils ont persisté dans leur fermeté au long du XVIIIe siècle, sans doute confortés dans leurs sentiments par la tentative de rétablir dans leur intégrité les observances quadragésimales que le pape Benoît XIV a faite en produisant les encycliques *Non ambigimus*, du 30 mai 1741, *In suprema uniuersalis*, du 22 août 1741, et *Libentissime quidem*, du 10 juin 1745. Dans la partie morale de son énorme *Summa S. Thomæ hodiernis academiarum moribus accommodata* (1746-1751), le dominicain belge Charles-René Billuart (1685-1757), un auteur réputé pour son thomisme intransigeant, présente un état des lieux rigoureusement orthopratique de la discipline du jeûne eucharistique. Il rappelle

---

128. G.-D. MANSI, *Sacrorum Conciliorum noua et amplissima collectio*, t. X, col. 768 : « Ne tamen quod naturæ languoris causa consulitur in præsumptionis perniciem conuertatur, nullus post cibi potusue quamlibet minimum sumptum missas facere […] præsumat ».
129. J.-P. GIBERT, *Consultations canoniques sur les sacrements*, p. 140.
130. *Ibid.*, p. 137.

ainsi que, dans l'Église romaine, un jeûne naturel doit être observé à partir de la minuit qui marque le début du jour où l'on doit communier. Ainsi le fidèle qui n'est pas certain de n'avoir rien mangé ni bu après la minuit doit-il s'abstenir de la communion. Davantage, s'il doute de l'exactitude de l'heure de l'une ou l'autre des horloges qu'il a consultées chez lui, il doit se fixer sur celle qu'il a l'habitude de tenir comme plus exacte. L'obligation du jeûne eucharistique, précise Billuart, commence dès le premier coup de la douzième heure[131]. Le dominicain se hâte d'affirmer qu'un péché commis à l'encontre de la contrainte du jeûne naturel avant de communier n'admet pas la légèreté de matière : il est toujours mortel, et il n'est pas même permis d'avaler délibérément une miette de pain ou une goutte de vin par manière de nourriture ou de boisson[132]. Conformément à une doctrine fixée par Suárez, l'ingestion de substances prohibée par le précepte du jeûne eucharistique est orale et doit être nourrissante. Le fidèle qui avale par mégarde de la poussière, de la fumée, une mouche, une goutte de vin ou d'eau mêlée à la salive, de la pluie, de la sueur ou du sang qui coule de son nez ne rompt pas le jeûne naturel, puisque l'ingestion se fait alors par manière de respiration ou de salive, et non *per modum cibi aut potus*. Le fidèle qui avale du sang ou des humeurs produits intérieurement par le corps n'est pas davantage un infracteur à la discipline eucharistique – il en va autrement, bien sûr, de celui qui boit sa propre urine pour des raisons médicales ou qui tête le sein d'une femme pour en extraire le lait, puisqu'il ingère alors un liquide de l'extérieur et par manière de boisson[133]. Autre conséquence

---

131. Ch.-R. BILLUART, *Summa Sancti Thomæ hodiernis academiarum moribus accommodata*, 8 vol., Arras – Paris 1867-1868 [1746-1751¹], t. VI, dissertatio VI, *De usu seu sumptione, necnon de effectibus Eucharistiæ*, art. IV, *De dispositionibus requisitis ad percipiendam communionem sacramentalem*, p. 514 : « Qui dubitat an aliquid sumpserit post mediam noctem, debet, tutius sequendo, abstinere a communione. Si dubium oriatur ex diuersis horologiis diuerso tempore sonantibus, et unum habeatur communiter ut certa regula, alterum ut incerta, licet sequi primum, quia pro illo stat præsumptio ueritatis ; secus si neutrum alteri præualeat. Id etiam aduertendum quod probabilius loquendo, ad primum ictum campanæ hora duodecima sit elapsa ».
132. *Ibid.* : « Qui ergo micam panis aut guttulam uini aliusue liquoris deliberate per modum cibi aut potus sumpsisset, peccaret mortaliter communicando ».
133. Ch.-R. BILLUART, *Summa Sancti Thomæ hodiernis academiarum moribus accommodata*, p. 515 : « Qui casualiter deglutiret puluerem, fumum, muscam, guttulam aquæ, uini, iusculi immixtam saliuæ, siue os lauando, siue incedendo tempore pluuioso, siue gustando uinum aut iusculum et statim expuendo, item

soulignée par Billuart, ne sont pas considérées comme causes de rupture du jeûne eucharistique les substances indigestes. Ainsi d'avoir avalé des métaux n'empêche-t-il pas de communier – le dominicain estime toutefois qu'il convient d'écarter de la communion les fidèles qui ont ingéré du papier, de la terre ou du charbon[134]. En l'occurrence, le critère auquel le dominicain a recouru est simple : soit la substance est digestible, et son absorption contrevient au jeûne naturel ; soit elle ne l'est pas, et elle est autorisée. Le cas des restes coincés entre les dents est assez sévèrement réglé. Avec saint Thomas, Billuart estime que leur ingestion n'enfreint pas le jeûne eucharistique si elle est faite involontairement ; si, en revanche, les restes sont sortis de la bouche, puis à nouveau avalés, comme il arrive lorsqu'on se cure les dents avec une plume, ou s'ils sont délibérément délogés avec la langue sans être recrachés, alors il convient de ne pas communier[135]. Concernant l'usage du tabac avant la communion, Billuart admet sans difficulté que l'on puisse priser ou fumer, même s'il considère qu'il y a indécence à le faire. Le dominicain ne dissimule pas le fait que le cas du tabac à chiquer a été sujet à controverses. Il estime toutefois que le fait d'avoir ingéré des particules de tabac mêlées à de la salive n'est pas différent du cas de la déglutition d'une goutte d'eau ou de vin lorsqu'on se rince la bouche : il n'y a pas alors rupture du jeûne naturel. Les concessions sont minimes, et Billuart, en digne disciple de saint Thomas, maintient une discipline eucharistique plutôt sévère alors même qu'en matières quadragésimales, il est capable de faire preuve d'indulgence.

---

    guttulam sudoris ex facie, aut sanguinis ex naribus similiter immixtam saliuæ, non frangeret ieiunium naturale, quia hæc sumuntur per modum respirationis aut saliuæ, non per modum cibi aut potus. Idem dicendum de sanguine, aut alio humore defluente ex capite aut dentibus, quia non ab extrinseco sumitur ; secus de eo qui propriam urinam biberet, aut de fœmina quæ proprium lac suggeret, quia ab extrinseco per modum potus sumerentur ».
134. *Ibid.*, p. 515 : « Inferes aurum, argentum, stannum, plumbum, ferrum et similia intro sumpta probabilius non frangere ieiunium naturæ, quia cum sint inalterabilia per stomachum, sed indigesta eiiciantur, non censentur sumpta per modum cibi aut potus, nec ideo frangere ieiunium naturale, sed physicum tantum ; secus de charta, terra, carbonibus ; hæc enim sunt digestibilia ».
135. *Ibid.* : « Scio quosdam interpretari Sanctum Thomam de reliquiis quæ ex ore extraherentur et iterum sumerentur, ut quandoque contingit dum dentes calamo mundantur ; sed id non liquet. Vnde si aduertantur, expuantur ; sin, tutius erit abstinere a communione ».

D'une manière générale, et assez prévisiblement, les auteurs réputés pour leur sévérité morale ont attaché une grande importance à l'intègre respect du jeûne naturel avant la communion. Contemporaine du pontificat de Benoît XIV, la grande offensive rigoureuse et antiprobabiliste de la mi-XVIIIe siècle, animée en péninsule italienne principalement par le dominicain Daniele Concina (1687-1756), un ardent défenseur des pratiques alimentaires du Carême, s'est fait ressentir partout en catholicité. En France, où l'influence du jansénisme a longtemps perduré, les partisans de la rigueur morale ont fait entendre leur voix. Acquis à leur cause, le lazariste Pierre Collet (1693-1770) a publié pendant plusieurs décennies des manuels de théologie morale qui ont eu une très large audience et qui ont contribué à entretenir le prestige des positions sévères. En 1752, Collet fait paraître un anonyme *Examen et résolutions des principales difficultés qui se rencontrent dans la célébration des saints mystères* où il pose d'emblée que « le jeûne naturel est commandé de droit apostolique avant la communion et qu'on ne peut, hors les cas de nécessité, y manquer sans péché mortel[136] ». La loi du jeûne eucharistique, note Collet, exige du fidèle qui va communier qu'il n'ait rien absorbé par manière de nourriture ou de boisson ou qui puisse se digérer comme un aliment ordinaire. Principe que le lazariste applique avec une rigueur pleinement assumée : « Je ne crois pas avec [...] Diana qu'un homme qui avale volontairement quelques grains d'anis qui lui étaient restés dans la bouche garde le jeûne rigoureux que l'Église prescrit pour la communion. Ce n'est pas du tout là ce qu'on appelle *traiectio per modum saliuæ* ; c'est une manducation volontaire[137] ». Non que Collet soit absolument intransigeant. Il ne fait pas difficulté d'accorder l'usage du tabac à fumer avant la communion. De même ne considère-t-il pas que d'avoir respiré les effluves des plats dans une cuisine empêche de recevoir ou d'administrer l'eucharistie – en quoi il est plus tolérant que les carmes de Salamanque : « Nous ne pouvons cependant dissimuler que d'habiles théologiens excluent de la communion ceux qui, de plein gré ou par le moyen de quelque instrument, avaleraient la fumée des viandes ou du tabac[138] ». La rigueur de Collet se manifeste pleinement

---

136. [P. COLLET], *Examen et résolutions des principales difficultés qui se rencontrent dans la célébration des saints mystères*, Paris 1752, c. III, *Difficultés sur les dispositions extérieures*, § 1, *Du jeûne*, p. 68-112 [p. 70].
137. *Ibid.*, p. 74-75.
138. *Ibid.*, p. 75.

lorsqu'il en vient à traiter des drogues et médications qui se prennent par le nez. Ainsi de l'eau de la reine de Hongrie – un alcoolat à base de romarin très en vogue depuis l'époque de Louis XIV –, que l'on respirait ou que l'on appliquait sur les parois nasales. Les moralistes indulgents, note Collet, adoptent le principe selon quoi le jeûne eucharistique n'interdit que les substances prises par la bouche, mais leur doctrine a besoin d'être précisée. Ainsi le clerc régulier Paolo Maria Quarti affirme-t-il dans ses célèbres *Rubricæ Missalis Romani illustratæ* (1655), en reprenant la position du P. Juan de Lugo, que, s'il est licite de communier après avoir dégluti du sang qui a coulé dans la bouche, il est en revanche interdit de le faire quand on a sucé son doigt après s'être blessé ou quand on a avalé de son sang après s'être fait saigner[139]. Aussitôt, Collet de souligner l'inconséquence des raisonnements menés par les auteurs indulgents : « Quoi ! de l'aveu de Quarti, un homme qui suce et avale trois ou quatre gouttes du sang qui lui sort du doigt ne peut communier ; et celui qui en avale dix fois davantage le pourra, parce que ce sang ne vient pas du dehors ? À ce compte, un homme qui se mangerait la langue en tout ou en partie serait censé à jeun. J'ai peine à la concevoir[140] ». En dépit de sa rigueur, le lazariste admet qu'il est permis de communier après avoir usé d'eau de la reine de Hongrie : en l'occurrence, explique-t-il, l'absorption éventuelle se fait par manière de salive. Concession minime qui ne doit pas dissimuler le fait que Collet défend imperturbablement la thèse selon quoi le péché commis à l'encontre de l'obligation du jeûne eucharistique n'admet jamais la légèreté de matière. Le lazariste fustige implacablement la faiblesse des arguments avancés par Gibert en 1725 : « Je fus extrêmement surpris, pour ne pas dire scandalisé, en voyant un homme aussi célèbre que le fut M. Gibert, décider nettement et sans détour que ceux *qui vont à la communion après avoir mangé quelque dragée, ou pomme, noisette, ou autre petite bagatelle* ne pèchent pas mortellement. Cette idée [...] est absolument insoutenable[141] ». Contre

---

139. P. M. QUARTI, *Rubricæ Missalis Romani illustratæ*, Venise 1727 [1655¹], pars. III, *De defectibus in celebratione Missarum occurrentibus*, tit. IX, *De defectibus dispositionis corporis*, sect. I, *De ieiunio ad Communionem prærequisito*, p. 370 : « Colligitur sexto, si quis deglutiat sanguinem aut alium humorem ex capite defluentem in os, non uiolare ieiunium [...]. Secus esset [...], si quis ex uulnere quod habet in manu sanguinem sumat, uel extractum ex propria uena, quia ibi uere datur cibus ore sumptus ab extrinseco ».
140. [P. COLLET], *Examen et résolutions*, p. 78.
141. *Ibid.*, p. 84-85.

Rigueur morale et jeûne eucharistique

Gibert, dont la singularité doctrinale est mise en lumière et opposée à l'unanimité d'une longue tradition théologique, Collet s'en tient à une conception rigoureuse de l'observance du jeûne eucharistique dont il ressaisit parfaitement les contraintes.

Au surplus, les partisans de la rigueur ont pu se prévaloir de la précieuse caution de l'autorité romaine. Souscrite le 24 mars 1756 par Benoît XIV et adressée à Mgr Ludovico Valenti (1695-1763), alors assesseur du Saint-Office, la lettre apostolique *Quadam* répond à une demande de Jacques-François Stuart (1701-1766), le roi Jacques III d'Angleterre pour les jacobites, qui souhaitait obtenir la permission de communier même si, en raison de sa mauvaise santé, il était en général contraint de prendre un peu de nourriture après la minuit, et notamment au lever. Benoît XIV relève d'emblée qu'il est des théologiens indulgents qui affirment que l'on n'a besoin d'aucune dispense pour une telle infraction, accomplie par nécessité et n'entraînant la consommation que de peu d'aliments – auteurs qui, à l'instar de Zaccaria Pasqualigo, considèrent qu'il peut y avoir légèreté de matière dans les péchés commis à l'encontre de la discipline eucharistique[142]. Caractéristiquement indulgente, la thèse est dénoncée par Benoît XIV pour être fausse, et il renvoie aussitôt à Suárez, aux carmes de Salamanque – qui indiquent clairement, au traité *De Eucharistia* (1665), rédigé par le P. Francisco de Jesús Maria, de leur *Cursus theologiæ moralis* que l'observance du jeûne naturel requise pour pouvoir communier ne comporte pas d'infraction légère[143] – et aux analyses que lui-même a développées dans son traité *Della santa Messa*, d'abord publié en italien au volume II de ses *Annotazioni sopra le feste di Nostro Signore e della Beatissima Vergine* (1740-1749) avant d'être traduit en latin sous le titre de traité *De sacrosancto Missæ sacrificio*

---

142. Lettre apostolique *Quadam*, Rome, 24 mars 1756, *Sanctissimi Domini Nostri Benedicti Papæ XIV bullarium*, t. IV, vol. 11, Malines 1827, p. 364 : « Facilioris doctrinæ theologus responderet, nulla Regem indigere dispensatione, cum res sit de exiguo cibo, necessitate cogente, non ex animi leuitate sumpto, atque non minus in naturali ieiunio quam in Ecclesiastico materiæ, ut inquiunt, paruitas indulgeatur. Verum opinio isthæc, etsi a Pasqualigo propugnata, falsa ».
143. *Collegii Salmanticensis Fratrum Discalceatorum B. Mariæ de Monte Carmelo primitiuæ obseruantiæ Cursus theologiæ moralis*, t. I, Barcelone 1699 [1665¹], tr. IV, c. VII, n. 66, p. 159 : « Porro ieiunium hoc ex obligatione seruandum excludit cuiuslibet etiam minimi cibi potusue uitalem sumptionem […]. Vnde paruitas materiæ non excusat a peccato graui ».

(1745)[144]. Dans son grand livre de 1745, Benoît XIV avait en effet déjà relevé la singularité de la thèse indulgente, défendue par Pasqualigo[145] ; il s'était étonné de voir que Gibert n'avait pas hésité à la soutenir[146]. Le pape avait rappelé le contenu du 2e canon du 7e concile de Tolède de 646, et il l'avait opportunément commenté en relevant que les pères tolédans avaient menacé d'excommunication quiconque enfreignait la discipline du jeûne eucharistique même de manière minime. Dès lors le pape rejetait fermement la thèse de la possibilité de la légèreté de matière[147]. Une fois rappelé très fermement les principes qui fondent la doctrine de l'Église sur la pratique du jeûne eucharistique, Benoît XIV reconnaît toutefois que des dispenses ont pu être accordées pour des raisons médicales, et il mentionne aussitôt l'exemple illustre de la permission octroyée par Jules III à Charles Quint en 1554 de pouvoir communier même après avoir pris une légère réfection. Deux siècles plus tard, un privilège comparable est finalement concédé à Jacques-François Stuart. Décision indulgente qui ne doit pas occulter la rigueur doctrinale exprimée par Benoît XIV : à l'instar des conceptions qu'il a développées en matière de pratiques quadragésimales, le pape fait preuve de sévérité lorsqu'il traite de l'obligation du jeûne eucharistique.

Au sein des pratiques alimentaires qui sont en vigueur dans la catholicité, les observances du jeûne et de l'abstinence ecclésiastiques ont eu une notable tendance au relâchement. Parce qu'elle concernait le domaine sacramentaire, et en particulier la question cruciale de l'eucharistie, le plus prestigieux des sacrements, la contrainte du jeûne naturel a, elle, été obstinément entretenue avec la dernière exigence. Dans la 2e édition augmentée de son traité *De synodo diœcesana* (1755), Benoît XIV reconduit naturellement la position qu'il a

---

144. Sur le traité *Della santa messa* de Benoît XIV, voir P. BJÖRN KERBER, « Vicar of Christ and Alter Christus: Benedict XIV's *Della S. Messa* », dans R. MESSBARGER, Ch. M. S. JOHNS et Ph. GAVITT (éd.), *Benedict XIV and the Enlightenment: Art, Science, and Spirituality*, Toronto 2016, p. 297-312.
145. Z. PASQUALIGO, *Praxis ieiunii*, decis. 440, *An paruitas cibi aut potus sumpti ante Eucharistiam excuset a mortali ratione paruitatis*, p. 432-436.
146. BENOÎT XIV, *De sacrosancto Missæ sacrificio*, Padoue 1755 [1745¹], l. III, *In quo uarii proponuntur et resoluuntur practici casus circa sacrificium Missæ*, c. XII, *De ieiunio naturali ad licite celebrandum*, p. 290.
147. *Ibid.*, p. 291 : « Grauiter autem peccare eum qui uel minimum cibi uel potus sumpserit post mediam noctem et die sequenti communicet communi sensu omnes fideles existimant ».

Rigueur morale et jeûne eucharistique

formulée dans son *De sacrosancto Missæ sacrificio*[148], et il renvoie d'ailleurs aux *Rerum liturgicarum libri duo* (1671) du cardinal cistercien Giovanni Bona (1609-1669) pour appuyer son propos selon quoi le jeûne naturel est requis avant la communion depuis les temps apostoliques[149]. Les deux cas de Pasqualigo et de Gibert restent finalement des exceptions isolées, d'autant plus remarquables que leurs interprétations s'opposent à un discours rigoureux très largement répandu et communément admis. Parmi les auteurs sévères, il en est qui poussent même leur refus du relâchement jusqu'à affirmer hautement que jamais l'Église n'a accordé de dispense de la discipline du jeûne eucharistique – telle est la thèse soutenue par le casuiste sévère Jean Pontas (1638-1728) dans son *Dictionnaire des cas de conscience* (1715), un ouvrage qui, augmenté puis traduit en latin, va acquérir la célébrité et valoir à son auteur d'être tenu pour un *præclarus theologus* par Benoît XIV. Le succès de la somme de Pontas s'explique par l'alliance plutôt rare qu'elle réalise entre une présentation purement casuistique de la morale catholique et un engagement, sinon rigoriste, du moins ouvertement rigoureux, correspondant du reste aux sympathies jansénisantes de Pontas, qui l'ont amené à toujours obstinément refuser – à l'instar du cardinal de Noailles, son archevêque – la Bulle *Vnigenitus*. Dans son dictionnaire, Pontas affirme, au 8e cas de son article *Communion*, que « l'Église même n'a jamais dispensé de cette loi [du jeûne eucharistique], qu'elle a toujours regardée comme inviolable[150] ». Rigueur extrême mais qui est en conformité avec une orthopraxie dominante. Publiée pour la première fois en 1748, corrigée et augmentée jusqu'à son édition définitive en 1785, la *Theologia moralis* d'Alphonse de Liguori, dont l'objectif revendiqué était

---

148. BENOÎT XIV, *De synodo diœcesana libri tredecim*, 2 vol., Rome 1806 [1755²], t. I, l. VI, *De constitutionibus in diœcesana synodo edendis, earumque conscribendarum methodo*, c. VIII, *De constitutionibus synodalibus ad Missæ sacrificium spectantibus, quæ peculiaribus quibusdam diœcesibus, non uero aliis, congruere possunt*, § 10, p. 166.
149. G. BONA, *Rerum liturgicarum libri duo*, Paris 1676 [1671¹], l. I, *De his quæ ad Missam generatim spectant*, c. XXI, § 3, p. 238 : « Vetus igitur et Apostolica traditio est ne quis audeat ad diuina mysteria non ieiunus accedere. Contrarium abusum Concilia et Patres tanquam summum crimen ab Ecclesia sustulerunt, grauissima anathematis et depositionis interposita pœna ».
150. J. PONTAS, *Dictionnaire de cas de conscience, ou décisions des plus considérables difficultés touchant la morale et la discipline ecclésiastique*, 3 vol., Paris 1741 [1715¹], t. I, col. 775.

de desserrer l'étau d'une morale sévère considérée comme étouffante – et productrice de scrupules encombrants – sans pour autant sombrer dans le relâchement attribué à l'indulgence des probabilistes, campe sur des conclusions exigeantes désormais inébranlablement défendues en matière de jeûne eucharistique. Le principe de l'exclusion de la légèreté de matière, à la différence du jeûne ecclésiastique, est d'emblée formulé, et Alphonse de Liguori note qu'il fait l'unanimité des théologiens, à la notable exception de Pasqualigo et de Gibert, qui ne doivent pas être suivis[151]. Trois règles sont alors énoncées pour caractériser la rupture du jeûne eucharistique : la substance absorbée doit venir de l'extérieur du corps ; elle doit être prise par manière de nourriture ou de boisson ; elle doit être nourrissante ou désaltérante. La remarquable stabilité avec laquelle la doctrine rigoureuse formulée par Suárez à partir des positions définies par saint Thomas s'est maintenue alors même que le monde catholique était le théâtre d'une confrontation tendue entre les tenants de la morale sévère et les partisans d'une plus grande indulgence signale que l'observance du jeûne eucharistique constituait un verrou disciplinaire d'une importance absolument fondamentale au temps des christianismes confessionnalisés. Dans la catholicité posttridentine, l'assistance à la messe et le respect des dispositions requises pour communier sont indéniablement, mais aussi prévisiblement, des critères primordiaux d'identité confessionnelle et d'appartenance ecclésiale.

---

151. ALPHONSE DE LIGUORI, *Opera moralia*, éd. L. GAUDÉ, 4 vol., Rome 1905-1912, t. III, *Theologia moralis*, l. VI, *De sacramentis*, tr. III, *De Eucharistia*, c. II, *De causis et subiecto Eucharistiæ*, dub. II, *De subiecto, seu suscipiente Eucharistiam*, art. II, *Quæ requiratur dispositio corporis*, § 278, p. 249 : « Prænotandum quod in fractione huius ieiunii, etsi hoc præceptum est de iure ecclesiastico, non datur tamen paruitas materiæ, quia præceptum non iam est accedendi ad Eucharistiam ieiunus, sed non accedendi post cibum aut potum ; qui autem communicat post quamcumque minimam partem, iam communicat post cibum aut potum. Ita omnes Doctores, quidquid dicant Gibert et Pasqualigo, qui non sunt audiendi ».

SÉVÉRITÉ MORALE ET JEÛNE ECCLÉSIASTIQUE DANS LE CATHOLICISME POSTTRIDENTIN
L'héritage doctrinal et disciplinaire de saint Thomas en matière d'austérités alimentaires au XVIIIe siècle

Sylvio Hermann De Franceschi
EPHE, Université PSL, LEM (UMR 8584)

LES CATHOLICISMES POSTTRIDENTINS ont été le théâtre d'une controverse de longue haleine qui a mis aux prises les tenants d'un respect rigoureux de l'orthopraxie aux partisans d'une indulgence morale plus ou moins largement mesurée. À l'origine élaboré par des auteurs dominicains, le système probabiliste a rapidement été accaparé par les moralistes de la Compagnie de Jésus et il a été identifié par leurs adversaires à un condamnable laxisme en matière de mœurs. Pour leur part, les théologiens moralistes – et notamment les dominicains – qui se reconnaissaient publiquement dans l'école de saint Thomas ont défendu avec acharnement l'orthodoxe validité d'un système probabilioriste qui était dénoncé par les tenants du probabilisme pour être exagérément sévère[1].

---

1. Sur le probabilisme, outre l'étude ancienne mais toujours précieuse, malgré son évidente hostilité antiprobabiliste, de Th. DEMAN, art. « Probabilisme », *Dictionnaire de théologie catholique*, t. XIII/1, Paris 1936, col. 417619, voir plus récemment R. A. MARYKS, *Saint Cicero and the Jesuits. The Influence of the Liberal Arts on the Adoption of Moral Probabilism*, Aldershot 2008, et S. TUTINO, *Uncertainty in Post-Reformation Catholicism: A History of Probabilism*, Oxford 2018. Pour une approche philosophique du système probabiliste, consulter R. SCHÜSSLER, « On the Anatomy of Probabilism », dans J. KRAYE et R. SAARINEN (éd.), *Moral Philosophy on the Threshold of Modernity*, Dordrecht 2005, p. 91-113, R. SCHÜSSLER, *Moral im Zweifel*, vol. 1, *Die scholastische Theorie des Entscheidens unter moralischer Unsicherheit*, Paderborn 2003, et vol. 2, *Die Herausforderung des Probabilismus*, Paderborn 2006, et R. SCHÜSSLER, *The Debate on Probable Opinions in the Scholastic Tradition*, Paderborn 2019. Sur la polémique entre rigoristes et indulgents à l'âge classique, voir J.-P. GAY, *Morales*

Sylvio Hermann De Franceschi

La question de l'observance du jeûne ecclésiastique a été l'un des lieux remarquables où la confrontation entre auteurs rigoureux et débonnaires a été très rapidement sensible. Pascal lui accorde une place de choix dans les virulentes critiques qu'il porte à l'encontre des casuistes jésuites dans ses fameuses *Provinciales*[2]. Aux temps posttridentins, la discipline catholique du jeûne ecclésiastique – qui n'exige pas, à la différence du jeûne naturel requis pour la communion eucharistique, de privation complète de nourriture et de boisson – se fonde sur quelques obligations simples : s'astreindre à ne faire qu'un seul repas complet par vingt-quatre heures, auquel s'ajoute, depuis le XIIIe siècle, une légère collation vespérale ; respecter l'heure imposée par l'Église pour l'unique réfection méridienne, soit la mi-journée ; s'abstenir de viande

---

en conflit. *Théologie et polémique au Grand Siècle (1640-1700)*, Paris 2011. Pour une présentation de la vague de sévérité qui finit par s'imposer partout en catholicité entre la mi-XVIIe siècle et la fin du XVIIIe siècle, voir J.-L. QUANTIN, « Le rigorisme : sur le basculement de la théologie morale catholique au XVIIe siècle », *Revue d'histoire de l'Église de France* 89 (2003), p. 23-43, et S. DE FRANCESCHI, « Le basculement de la théologie morale catholique allemande. Laxisme, probabilisme et casuistique indulgente dans le Saint-Empire du XVIIIe siècle prékantien », dans S. DI GIULIO et A. FRIGO (éd.), *Kasuistik und Theorie des Gewissens. Von Pascal bis Kant. Akten der Kant-Pascal-Tagung in Tübingen, 12.-14. April 2018*, Berlin – Boston 2020, p. 91-141. Sur l'antiprobabilisme au XVIIIe siècle, voir M. VIDAL, *Historia de la teología moral de Trento al Vaticano II*, t. II, *El siglo de la Ilustración y la moral católica (s. XVIII)*, Madrid 2017. Sur le rigorisme italien du XVIIIe siècle, voir la somme de P. D. GUENZI, *Inter ipsos grauiores antiprobabilistas. L'opera di Paolo Rulfi (1731ca.-1811) nello specchio delle dispute teologico-morali del secolo XVIII*, Turin 2013. On se permet également de renvoyer à S. DE FRANCESCHI, « La théologie morale comme science au XVIIIe siècle. Contributions rigoristes au débat sur l'épistémologie théologique du temps des Lumières en Italie », *Revue théologique de Louvain* 49/2 (2018), p. 201-225, S. DE FRANCESCHI, « Rigorisme et discipline régulière. Daniele Concina (1687-1756) et la pauvreté », *Revue Mabillon. Revue internationale d'histoire et de littérature religieuses* 29 (2018), p. 213-237, S. DE FRANCESCHI, « Le goût du théâtre et la corruption des mœurs au temps des Lumières. Rigorisme moral et antithéâtralisme catholique de la fin du 17e siècle au milieu du 18e siècle », *Dix-huitième siècle* 50 (2018), p. 509-525, et S. DE FRANCESCHI, « L'antithéâtralisme des théologiens catholiques au temps des Lumières. Les avant-courriers et la signification de la polémique italienne sur les spectacles à la mi-XVIIIe siècle », *Archives de sciences sociales des religions* 185 (2019), p. 169-187.

2. Sur la campagne des *Provinciales*, voir O. JOUSLIN, *La campagne des* Provinciales *de Pascal. Étude d'un dialogue polémique*, 2 vol., Clermont-Ferrand 2007. Consulter également *La campagne des* Provinciales. *Actes du colloque de Paris, 19-21 septembre 2007*, Chroniques de Port-Royal 58 (2008).

et de laitages et se tenir scrupuleusement au maigre[3]. Les contraintes quadragésimales s'appliquent à chaque catholique, et plus sévèrement encore aux réguliers, dont les pratiques religieuses doivent être exemplairement rigoureuses[4] ; elles constituent une marque confessionnelle cruciale et suscitent d'ailleurs régulièrement les sarcasmes des protestants, qui accusent les fidèles de l'Église romaine de pratiques superstitieuses lorsqu'ils se plient à l'observance des jeûnes ecclésiastiques[5]. Au temps du disciplinement ecclésial posttridentin, les privations alimentaires ont ainsi une importance capitale dans le dispositif orthopratique qui structure les catholicismes.

---

3. Sur la discipline catholique du jeûne et de l'abstinence ecclésiastiques à l'époque moderne, voir S. DE FRANCESCHI, *Morales du Carême. Essai sur les doctrines du jeûne et de l'abstinence dans le catholicisme latin (XVIIe-XIXe siècle)*, Paris 2018.
4. Sur les observances quadragésimales en milieu régulier à l'époque moderne, outre la récente synthèse de F. HENRYOT, *À la table des moines. Ascèse et gourmandise de la Renaissance à la Révolution*, Paris 2015, voir S. DE FRANCESCHI, « Disciplines franciscaines du jeûne et de l'abstinence à l'âge classique. L'interprétation des prescriptions alimentaires de la règle de saint François aux XVIe et XVIIe siècles », *Études franciscaines* 11/1 (2018), p. 51-84, S. DE FRANCESCHI, « Morales franciscaines du jeûne et de l'abstinence au temps des Lumières. Ascétisme alimentaire et discipline régulière au XVIIIe siècle », *Archivum Franciscanum Historicum* 111/1-2 (2018), p. 193-217, S. DE FRANCESCHI, « Les minimes et la discipline du jeûne et de l'abstinence à l'âge classique. Identité monastique, morale régulière et ascétisme alimentaire au XVIIe siècle », *Cristianesimo nella storia* 39/2 (2018), p. 371-399, S. DE FRANCESCHI, « Discipline alimentaire et morale monastique à l'âge classique. Approches casuistiques de l'observance du jeûne et de l'abstinence en milieu régulier (XVIIe-XVIIIe siècles) », *Food and History* 16/1 (2018), p. 21-47, S. DE FRANCESCHI, « Alimentation et morale monastique dans le catholicisme de l'âge classique. Les enjeux ecclésiaux d'une casuistique du jeûne et de l'abstinence en milieu régulier (XVIIe-XVIIIe siècles) », dans S. DE FRANCESCHI, D.-O. HUREL et Br. TAMBRUN (éd.), *Affamés volontaires. Les monothéismes et le jeûne : austérités religieuses et privations alimentaires dans une perspective comparative*, Limoges 2020, p. 381-401, et S. DE FRANCESCHI, « Ascétisme alimentaire et morale monastique à l'âge classique. La casuistique moderne et la discipline du jeûne et de l'abstinence en milieu régulier (XVIIe-XVIIIe siècles) », dans E. MAZZETTO (éd.), *« Vous n'en mangerez point ». L'alimentation comme distinction religieuse*, Problèmes d'histoire des religions 27 (2020), p. 173-191.
5. Voir K. ALBALA, « The Ideology of Fasting in the Reformation Era », dans K. ALBALA et Tr. EDEN (éd.), *Food and Faith in Christian Culture*, New York 2011, p. 41-58, et S. DE FRANCESCHI, « La morale catholique posttridentine et la controverse interconfessionnelle. Jeûne et abstinence dans la confrontation entre protestants et jésuites : privations alimentaires et confessionnalisation », dans Y. KRUMENACKER et Ph. MARTIN (éd.), *Jésuites et protestantisme, XVIe-XXIe siècle. Actes du colloque de Lyon, 24-25 mai 2018*, Lyon 2019, p. 69-93.

Sylvio Hermann De Franceschi

1. Thomas d'Aquin, le saint patron du jeûne sévère

Alors que les excès d'une mise en œuvre débridée des possibilités offertes par le système du probabilisme ont conduit à une réaction des autorités ecclésiastiques en faveur de la sévérité et à la mise en place des conditions qui vont mener à un basculement général vers une morale rigoureuse en catholicité, on assiste, au tournant des XVIIe et XVIIIe siècles, à une floraison de traités de théologie morale qui se donnent pour mission de restaurer une observance régulière de l'orthopraxie religieuse en catholicité. Patron de l'école dominicaine, et donc caution d'orthodoxie du probabiliorisme et de la sévérité morale, saint Thomas est fréquemment invoqué et mobilisé par les auteurs qui défendent le retour à des observances rigoureuses, et notamment en matière d'austérités alimentaires[6]. Instrumentalisation paradoxale, dans la mesure où la conception du jeûne développée par l'Aquinate ne paraît pas avoir été particulièrement sévère. Très éclairante, ainsi, la réponse que saint Thomas apporte à la question de savoir si l'on pèche en jeûnant ou en veillant à l'excès à l'article 2 de la question 9 de son 5e *Quodlibet*. Saint Thomas fait d'abord remarquer que l'on ne peut trop aimer Dieu – or l'amour se prouve par les œuvres : donc un jeûne, si rude qu'il soit, du moment qu'il est fait pour rendre grâce à Dieu ou implorer sa miséricorde, ne peut constituer un péché[7]. À quoi l'Aquinate s'oppose l'aveu de saint Bernard selon lequel lui-même avait péché lorsqu'il avait exagérément affaibli son corps en se privant de nourriture et de sommeil – le propos était rapporté dans la *Vita prima S. Bernardi* de Guillaume de Saint-Thierry († 1148)[8]. Soigneusement argumentée, la réponse de saint Thomas se fonde sur la doctrine aristotélicienne selon laquelle moyens et fin ne doivent pas être considérés de la même manière. Ce

---

6. Pour une première présentation de la doctrine de saint Thomas sur le jeûne, voir I. Costa, « Jeûne moral, jeûne mystique : nourriture et abstinence dans la littérature théologique et homilétique à la fin du XIIIe siècle », dans *Affamés volontaires*, p. 157-170.
7. Thomas d'Aquin, *Quodlibet* V, q. 9, a. 2, arg. : « Deus enim non potest nimis ab homine diligi. Sed probatio dilectionis est exhibitio operis […]. Ergo uidetur quod non possit aliquis peccare nimis ieiunando uel uigilando propter Deum ».
8. G. de Saint-Thierry, *Vita prima S. Bernardi*, l. I, c. VIII, § 41 (PL 185, 251) : « Quid autem eum nitimur excusare, in quo ipse qui ueretur omnia opera sua non confunditur usque hodie se accusare, sacrilegii arguens semetipsum, quod seruitio Dei et fratrum abstulerit corpus suum, dum indiscreto feruore imbecille illud reddiderit ac pene inutile ? »

qui est voulu comme fin, relève l'Aquinate, l'est sans mesure, alors que les moyens, eux, sont recherchés en proportion de la fin pour laquelle ils sont employés – ainsi du médecin qui désire immensément la santé de son patient, mais qui règle précisément ses ordonnances et prescrit avec mesure des médicaments[9]. Dans la vie spirituelle, poursuit saint Thomas, l'amour de Dieu est la fin. Le jeûne, les veilles et les exercices corporels ne sont que des moyens pour dompter les concupiscences de la chair – il convient de s'y astreindre avec mesure pour éviter les désirs déréglés sans pour autant mettre en péril son intégrité physique[10]. La conclusion énoncée par le Docteur Angélique est dès lors très claire – pour lui, quiconque affaiblit sa santé par les jeûnes et les veilles au point de se rendre incapable d'accomplir les tâches qui lui incombent commet indéniablement un péché, au même titre que le mari pèche qui, par de trop grandes privations alimentaires, devient inapte au devoir conjugal[11]. L'article 2 de la question 9 du 5e *Quodlibet* indique de la façon la plus nette l'orientation délibérément mesurée de la conception thomasienne de la discipline alimentaire ecclésiastique.

Pour prendre la mesure de la sévérité ou de la relative libéralité de la discipline quadragésimale prônée par saint Thomas, il n'est que d'examiner les conclusions auxquelles il parvient lorsqu'il développe sa propre casuistique du jeûne et de l'abstinence ecclésiastiques. Dans son commentaire du *Livre des Sentences*, saint Thomas revient ainsi sur l'épineuse question de la compatibilité des contraintes du jeûne avec l'usage des boissons. Il note que, même s'ils nourrissent en quelque manière, les breuvages servent plus à permettre une bonne digestion qu'à alimenter le corps – leur consommation en dehors de l'unique repas quotidien

---

9. THOMAS D'AQUIN, *Quodlibet* V, q. 9, a. 2, co. : « Respondeo dicendum, quod, secundum Philosophum in I Polit., aliter est iudicandum de fine, aliter de his quæ sunt ad finem. Illud enim quod quæritur tamquam finis, absque mensura quærendum est ; in his autem quæ sunt ad finem, est adhibenda mensura secundum proportionem ad finem ; sicut medicus sanitatem, quæ est finis eius, facit quantumcumque potest maiorem, sed adhibet medicinam secundum quod conuenit ad sanitatem faciendam ».
10. *Ibid.* : « Et ideo huiusmodi sunt adhibenda cum quadam mensura rationis : ut scilicet concupiscentia deuitetur, et natura non extinguatur ».
11. *Ibid.* : « Si uero aliquis in tantum uirtutem naturæ debilitet per ieiunia et uigilias, et alia huiusmodi, quod non sufficiat debita opera exequi, puta prædicator prædicare, doctor docere, cantor cantare, et sic de aliis, absque dubio peccat, sicut etiam peccaret uir qui nimia abstinentia se impotentem redderet ad debitum uxori reddendum ».

d'un jour de jeûne ne s'apparente donc pas, à proprement parler, à une prise de nourriture, et elle ne contrevient pas au précepte ecclésiastique, sauf si le buveur ne boit que pour contourner délibérément les contraintes disciplinaires[12]. De même saint Thomas ne fait-il pas difficulté d'admettre la licéité de l'usage des électuaires – médicaments qui se présentent sous forme de pâte molle – en dehors du repas des jours de jeûne. Les fidèles sont nombreux à en consommer sans considérer pour autant qu'ils rompent leur discipline quadragésimale[13]. Il y a des auteurs, note saint Thomas, pour tenir que les électuaires constituent une infraction à la loi du jeûne quand ils sont consommés pour le plaisir, mais, poursuit le Docteur Angélique, dans la mesure où leur fonction première n'est pas de nourrir, leur usage ne peut être considéré comme une réfection en soi ; de consommer des électuaires ne contrevient donc pas à l'observance du jeûne ecclésiastique, même si une consommation immodérée de pâtes médicinales peut faire perdre le mérite d'une discipline quadragésimale par ailleurs docilement suivie[14]. Attaché à défendre un respect intègre des contraintes du jeûne et de l'abstinence, saint Thomas n'en est pas pour autant partisan d'une observance trop scrupuleuse – et il relève au passage que de respirer l'odeur des aliments ne contrevient évidemment pas à la discipline quadragésimale : les effluves de cuisine ne nourrissent pas, même s'ils peuvent réconforter[15]. La modération du discours thomasien en matière de discipline

---

12. THOMAS D'AQUIN, *Scriptum super Sententiis*, l. 4, d. 15, q. 3, a. 4, qc. 1, ad 1 : « Ad primum ergo dicendum quod quamuis aliquis potus aliquo modo nutriat, tamen de se non ordinatur ad nutriendum, sed magis ad dispositionem bonam eorum quæ nutriunt, ut scilicet per membra deducantur et in stomacho non comburantur ; unde sumptio potus manducatio non dicitur, et ideo ille qui potat extra horam unicæ comestionis, non dicitur bis manducare ; et propter hoc nec statutum Ecclesiæ frangit, nisi fraudem faciat, quia legem uiolat qui in fraudem legis aliquid facit ».
13. *Ibid.*, ad 1, arg. 3 : « Præterea, electuaria etiam cibi quidam sunt. Sed eorum assumptio ieiunium non soluit ; quod patet ex communi consuetudine multorum, qui etiam diebus ieiunii absque conscientia fractionis ieiunii electuaria in magna quantitate manducant. Ergo nec ciborum aliorum iterata assumptio ieiunium soluit ».
14. *Ibid.*, ad 3 : « Ideo dicendum, quod electuaria, etsi aliquo modo nutriant, non tamen hic est principalis usus eorum ; unde nec loco manducationis sumi consueuerunt ; et ideo talis sumptio ieiunium Ecclesiæ non soluit, quamuis homo possit totaliter uel in parte ex hoc meritum ieiunii perdere, uel etiam mortaliter peccare si sit immoderata libido ».
15. *Ibid.*, ad 4 : « Dicendum quod odor non nutrit […], sed aliquo modo confortat ; unde non soluit neque ieiunium naturæ neque ieiunium Ecclesiæ ».

religieuse alimentaire n'est pas moins nette dans la *Somme de théologie*, qui accorde à son tour assez libéralement l'usage des liquides et des électuaires, au même titre d'ailleurs que la consommation de médicaments en dehors de l'unique repas quotidien d'un jour de jeûne[16]. D'évidence, le Docteur Angélique a entendu couper court à la multiplication de doutes et de cas de conscience injustifiés au regard des règles de la pratique ecclésiastique.

Plutôt indulgente, sans être relâchée, la doctrine thomasienne n'a pas moins donné lieu à des interprétations sévères au tournant des XVIIe et XVIIIe siècles, quand les auteurs dominicains ou philojansénisants se couvrent de l'autorité de l'Aquinate pour justifier leurs positions rigoureuses. Illustre parmi les défenseurs de l'exactitude quadragésimale, le dominicain français Noël Alexandre (1639-1724) est l'auteur d'une *Theologia dogmatica et moralis* (1694) qui est rapidement devenue une référence parmi les théologiens moralistes d'obédience rigoureuse. Thomiste scrupuleux, le P. Alexandre revient constamment à la doctrine formulée par l'Aquinate. La question de la licéité des boissons en dehors du repas des jours de jeûne n'a pas manqué de retenir son attention. Le dominicain admet que de boire de l'eau n'est pas une rupture des contraintes quadragésimales, mais il n'en va pas de même, selon lui, du vin, du cidre, de la bière et, plus généralement, des liqueurs enivrantes. De là, le fait, conclut-il, qu'il est faux de considérer, en suivant un adage pourtant répandu et fréquemment appliqué, que le liquide ne rompt pas le jeûne, *liquidum non frangit ieiunium*[17]. Le P. Alexandre renvoie d'ailleurs à un passage fameux du commentaire que l'Aquinate a fait de la 1re Épître aux Corinthiens. Évoquant le sacrement de l'eucharistie et l'obligation de respecter un jeûne naturel pour le recevoir, saint Thomas relevait qu'assurément,

---

16. THOMAS D'AQUIN, *II^a-II^æ*, q. 147, a. 6, ad 3 : « Dicendum quod electuaria, etsi aliquo modo nutriant, non tamen principaliter assumuntur ad nutrimentum, sed ad digestionem ciborum. Vnde non soluunt ieiunium, sicut nec aliarum medicinarum assumptio, nisi forte aliquis in fraudem electuaria in magna quantitate assumat per modum cibi ».
17. N. ALEXANDRE, *Theologia dogmatica et moralis secundum ordinem catechismi concilii Tridentini*, 2 vol., Paris 1714 [1694¹], t. II, l. IV, *De Decalogo*, c. V, *De tertio praecepto Decalogi*, art. VII, *Regulæ moralis christianæ circa ieiunia ecclesiastica*, p. 734 : « Quamuis aquæ potus ieiunium non soluat, uinum tamen, siceram, cereuisiam uel alios liquores extra refectionis horam ieiunii diebus sumere non licet. Vnde falsum est tritum illud ac uulgare prouerbium : *Liquidum non frangit ieiunium* ».

l'eau n'était pas en soi nourrissante et que sa consommation ne constituait pas une infraction au jeûne ecclésiastique, mais que, mélangée à d'autres aliments, elle nourrissait et que là était la raison pour laquelle l'observance du jeûne naturel prescrivait de n'en pas consommer[18]. Si, donc, l'eau peut nourrir, à plus forte raison, note le P. Alexandre, le vin, le cidre ou encore la bière doivent-ils être tenus pour nourrissants. D'affirmer alors qu'il s'agit là de boissons dont l'usage est licite en dehors du repas des jours de jeûne, même le matin, même plusieurs fois dans la journée, même pour le seul plaisir d'en boire, et même pour apaiser sa faim et contourner ainsi la contrainte de la privation alimentaire est une condamnable erreur[19]. De manière caractéristiquement sévère, Noël Alexandre rappelle que la pratique du jeûne a été instituée pour macérer la chair et réprimer les désirs coupables de la concupiscence et que l'Église a sagement joint à la privation de la nourriture celle de la boisson – et de renvoyer à l'exemple du jeûne des Ninivites (Jon 3, 7), dont le roi avait fait publier « que les hommes et les bêtes, les bœufs et les brebis, ne goûtent de rien, ne paissent point, et ne boivent point d'eau ». De boire de l'eau en dehors du repas d'un jour de jeûne ecclésiastique est désormais permis, mais, à en croire le P. Alexandre, il s'agit d'une tolérance qui ne doit absolument pas être étendue à d'autres breuvages.

Lorsqu'il est question de savoir si l'usage des liquides contrevient à la discipline quadragésimale, la référence à saint Thomas d'Aquin revient constamment et donne lieu à de savantes discussions. La caution thomasienne devient un enjeu essentiel dans la confrontation entre les tenants de l'indulgence et les défenseurs de la sévérité en matière de jeûne. En 1709, Philippe Hecquet (1661-1737) – de sympathies jansénistes, il a fait ses études de médecine à Paris, mais il a aussi étudié la théologie au collège de Navarre – publie son célèbre *Traité*

---

18. THOMAS D'AQUIN, *Super I Cor. [reportatio vulgata]*, c. 11, l. 4 : « Quia uero aqua non soluit ieiunium, æstimauerunt quidam quod post potum aquæ posset aliquis sumere hoc sacramentum, præsertim quia, ut dicunt, aqua non nutrit, sicut nec aliquod aliud simplex elementum. Quamuis autem aqua secundum se non nutriat, et ob hoc non soluat ieiunium Ecclesiæ, secundum quod dicuntur aliqui ieiunantes, nutrit tamen aliis admixta, et ideo soluit ieiunium naturæ ».
19. N. ALEXANDRE, *Theologia dogmatica et moralis*, p. 734 : « Huiusmodi potum licitum asserere ieiunii diebus extra refectionis horam, etiam mane, etiam ob solam delectationem, etiam multoties in die, etiam famis sedandæ gratia et in fraudem ieiunii, damnandus error est ».

des dispenses du Carême[20]. Il apporte une justification médicale à la cause de la rigueur quadragésimale. Un chapitre est dédié à la question de savoir si le liquide rompt le jeûne. Hecquet commence par rappeler que « la soif […] ne fait pas moins partie du jeûne que la faim[21] ». Au temps de l'Église primitive, la discipline du Carême imposait donc la privation de boisson en dehors de l'unique repas complet quotidien, qui se prenait alors au soir. Au fil des siècles, toutefois, l'habitude s'est insensiblement prise de tolérer que l'on puisse boire à volonté les jours de jeûne. Hecquet relève qu'il s'agit d'une mitigation discutable qui ne peut se fonder sur l'attestation d'aucune pratique ancienne : « Il ne s'en trouve aucune mention dans l'histoire. Les scolastiques l'ont autorisée dans la suite ; encore les plus habiles d'entre eux, tel que fut saint Thomas, ont commencé à permettre de boire entre les repas dans un temps où l'on ne faisait encore en Carême qu'un seul repas vers le soir, ce qui rendait l'indulgence beaucoup plus supportable que de nos jours, où l'on mange à midi et où l'on collationne le soir[22] ». Certes, reconnaît Hecquet, le Docteur Angélique a accordé la permission de boire en dehors de l'unique réfection complète quotidienne des jours de jeûne ecclésiastique, mais il l'a fait à une époque où l'observance quadragésimale était encore en sa pleine vigueur – de se couvrir de son autorité pour autoriser le libre usage des boissons en un temps où les pratiques disciplinaires du Carême sont considérablement atténuées constitue un abus incontestable. Hecquet renvoie alors aux thèses consacrées au jeûne quadragésimal que le théologien lovaniste Barthélemy Pasmans (1641-1690) a fait soutenir au collège d'Arras le 4 mars 1688. Après avoir mis en cause la validité de l'axiome selon quoi *liquidum non frangit ieiunium*, Pasmans soutient de surcroît que l'autorité du Docteur Angélique ne peut être invoquée en sa faveur. Le lovaniste observe que les partisans du litigieux adage se prévalent de trois extraits des œuvres

---

20. Sur Hecquet, voir L. W. B. BROCKLISS, « The Medico-Religious Universe of an Early Eighteenth-Century Parisian Doctor: the Case of Philippe Hecquet », dans R. FRENCH et A. WEAR (éd.), *The Medical Revolution of the Seventeenth-Century*, Cambridge 1989, p. 191-221, et R. LARUE, « Les bienfaits controversés du régime maigre. Le *Traité des dispenses du Carême* de Philippe Hecquet et sa réception (1709-1714) », *Dix-huitième siècle* 41 (2009), p. 409-430.

21. [Ph. HECQUET], *Traité des dispenses du Carême dans lequel on découvre la fausseté des prétextes qu'on apporte pour les obtenir*, Paris 1709, 3ᵉ partie, c. XIV, *Si la boisson rompt le jeûne*, p. 530.

22. *Ibid.*, p. 532.

de saint Thomas. D'abord, le fameux passage du commentaire sur la 1re *Épître aux Corinthiens* ; ensuite, l'explication de l'article IV de la question III de la 15e distinction du 4e livre des *Sentences* ; enfin, l'article 6 de la question 147 de la *IIa-IIæ*, où l'Aquinate soutient que le jeûne ecclésiastique ne peut être rompu que par infraction aux interdits posés par l'Église ; or la discipline ecclésiale n'a jamais prohibé l'usage de la boisson, qui est consommée bien plus pour faciliter la digestion que pour s'alimenter, même si, précise saint Thomas, elle nourrit de quelque manière – et l'Aquinate d'affirmer qu'il est permis aux jeûneurs de boire à plusieurs reprises les jours de précepte[23]. Du premier passage, Pasmans retient qu'il est mal interprété. Le Docteur Angélique précise en effet, par l'incise *ut dicunt*, qu'il ne fait que rapporter une opinion défendue par d'autres que lui et à laquelle il s'oppose, puisqu'il note que l'eau nourrit quand elle est mêlée à d'autres aliments. Pour Pasmans, les auteurs qui recourent à la doctrine de saint Thomas afin de justifier l'axiome selon quoi *liquidum non frangit ieiunium* sont dans l'erreur[24]. Quant aux deux autres extraits, le lovaniste soutient résolument que l'Aquinate n'y a eu d'autre intention que de tolérer l'usage de l'eau à volonté les jours de jeûne. En aucun cas, affirme Pasmans, on n'est fondé à étendre à n'importe quel liquide la doctrine thomasienne[25]. Au surplus, poursuit le lovaniste, les positions

---

23. THOMAS D'AQUIN, *IIa-IIæ*, q. 147, a. 6, ad 2 : « Est autem aliud ieiunium Ecclesiæ, quod dicitur ieiunium ieiunantis. Et istud non solvitur nisi per ea quæ Ecclesia interdicere intendit instituendo ieiunium. Non autem intendit Ecclesia interdicere abstinentiam potus, qui magis sumitur ad alterationem corporis et digestionem ciborum assumptorum quam ad nutritionem, licet aliquo modo nutriat. Et ideo licet pluries ieiunantibus bibere ».
24. B. PASMANS, *Theses theologicæ de ieiunio, præsertim quadragesimali, quæ præside Eximiio Viro Domino ac Magistro nostro Bartholomæo Pasmans Moscæ-traiectino defendit Petrus Poot Louaniensis in Collegio Atrebatensi die 4 Martii anno 1688*, Louvain [1688], theses XI, p. [15] : « Pessime igitur de doctrina S. Thomæ merentur qui illum conantur facere authorem eiusmodi axiomatis, e quo tam multæ consectaneæ sunt laxitates ».
25. *Ibid.*, p. [15] : « E quibus legitime inferri potest quod non sit uerosimile (nec etiam uestigium aliquod ostendi posse credo) quod illico et simul tanta sit facta legis Ecclesiasticæ relaxatio ut nullum generatim liquidum frangeret ieiunium, hoc est ut liceret uinum, cereuisiam et quemlibet liquorem nutritiuam et inebriare ualentem sumere quotiescumque et quacumque in quantitate absque infractione legis Ecclesiasticæ de ieiunio, etiam quadragesimali. Propter hæc uir magnæ eruditionis inducitur ut existimet S. Thomam solum agere de potu aquæ ; quod si uerum est, manifestæ falsitatis arguitur toties dictum pseudo-axioma saltem in sua latitudine intellectum ».

de saint Thomas sur les austérités alimentaires sont claires : le jeûne est là pour réprimer la concupiscence charnelle, encourager l'esprit à s'élever vers la contemplation du divin et expier les péchés terrestres, et l'on voit dès lors mal comment concilier de telles analyses avec une hypothétique permission de consommer, à l'encontre des commandements de la tempérance chrétienne, du vin ou de la bière en n'importe quelles quantités[26]. La conclusion de Pasmans est très fermement indiquée : l'axiome selon lequel le liquide ne rompt pas le jeûne ne peut en aucun cas se prévaloir de l'autorité de l'Aquinate[27]. Le propos du lovaniste va aussitôt être repris par les moralistes qui défendent la cause de la sévérité en matières quadragésimales.

Des arguments physiologiques et médicaux viennent appuyer les analyses des auteurs qui estiment que l'adage selon quoi de consommer des boissons n'est pas une infraction à la discipline du jeûne est erroné et incompatible avec l'enseignement du Docteur Angélique. Pour Hecquet, ainsi, l'axiome a été forgé par la casuistique indulgente, qui s'est empressée de le mettre au service du relâchement. À supposer, du reste, poursuit le médecin, que la boisson ne nourrisse pas, force est de convenir qu'elle désaltère : or « ce n'est pas à la faim seulement que le jeûne est opposé, il doit aussi combattre la soif[28] ». Les sources anciennes, ajoute Hecquet, indiquent clairement qu'au temps de la primitive Église, les chrétiens s'abstenaient complètement de boire comme de manger en dehors de leur unique repas quotidien durant le Carême : « La distinction d'une boisson nourrissante d'avec celle qui ne nourrit pas est moderne, sans fondement, et

---

26. *Ibid.*, p. [16] : « Denique, si considerentur effectus item et fines ob quos S. Thomas prioribus dictæ quæstionis articulis docet institutum esse ieiunium, scilicet ad concupiscentias carnis reprimendas, ut mens liberius eleuetur ad sublimia contemplanda, ad satisfaciendum pro peccatis, ad carnem spiritui subiiciendam, etc., poteritne uel leuiter considerata hac S. Thomæ doctrina alicui in mentem uenire, ab eodem potuisse asseri quid ieiunio dicti effectus competere possent, si cum illo consisteret sumptio bonæ quantitatis uini, cereuisiæ, etc., etiam immoderate sumptorum, quia, inquiunt, excessu peccatur quidem contra temperantiam, sed non uiolatur ieiunium, quamuis deperdatur ipsius meritum ».

27. *Ibid.* : « Tametsi igitur ab Ecclesia indulgeatur ut extra refectionem possit sumi potus, quatenus necesse est ad digestionem et alios fines supradictos, dictum illud tamen generatim sumptum *liquidum non frangit ieiunium* authoritate S. Thomæ destituitur ; ratione item et antiquitate sic est spoliatum ut multi illud exsibilent, dicendo : *Liquidum non frangit quidem ieiunium, sed tollit meritum et ducit ad infernum* ».

28. [Ph. HECQUET], *Traité des dispenses du Carême*, p. 533.

contraire à la pratique de l'Église et à la tradition[29] ». La discipline quadragésimale implique de se priver d'aliments, mais aussi de s'abstenir même du plaisir de les consommer. Peu importe, donc, qu'un liquide soit plus ou moins nutritif : sa consommation est une rupture du jeûne dans la mesure où elle est une satisfaction sensuelle. Selon Hecquet, « pour renfermer le jeûne sous une idée juste et précise, il faut le comprendre sous celle d'une privation de tout ce qui nourrit et de tout ce qui désaltère[30] ». Au surplus, le médecin soutient que l'idée d'une boisson qui ne nourrisse pas est une invention des auteurs qui veulent flatter l'intempérance des fidèles peu soucieux de se plier aux contraintes du Carême : « Il n'est pas de boisson qui ne nourrisse : on engraisse même davantage, suivant la remarque d'Hippocrate, en buvant qu'en mangeant, et ceux qui ont besoin de réparer promptement leurs forces y réussissent moins par l'usage des aliments solides que par celui des boissons[31] ». Référence est ici faite à deux propos d'Hippocrate, l'un, tiré des *Aphorismes*, selon lequel il est plus facile d'être rassasié par la boisson que par la nourriture (II, 11), et l'autre, extrait de son traité *De l'aliment*, selon lequel une médication humide est plus prompte à permettre le recouvrement des forces (§ 50). Au surplus, Hecquet, selon l'orientation rigoureuse de ses analyses, n'est pas dupe. Il sait très bien que l'eau n'est pas le seul liquide dont on pose la licéité chrétienne en dehors du repas des jours de jeûne en excipant de l'adage litigieux dont il met formellement en cause la validité : « Il est inutile d'en appeler à l'usage de l'eau, comme si ce n'était que de l'eau qu'on demanderait entre les repas des jours de jeûne. On ne sait que trop jusqu'où l'on pousse la licence de boire en ces cas, et on essaiera de la réprimer. Mais quand on se contenterait d'eau, ce serait à tout le moins se désaltérer, et par conséquent rompre le jeûne, qui oblige à souffrir la soif[32] ». Le raisonnement physiologique est imparable. L'eau, explique Hecquet, est assimilée par le corps humain et elle passe dans sa substance – elle tient lieu soit de poison, soit de médicament, soit d'aliment : « Elle n'a point la malignité d'un poison, ni la force d'un médicament, elle tient donc de la nourriture. On sait en effet que des hommes ont vécu uniquement d'eau des jours entiers[33] ».

---

29. *Ibid.*, p. 533.
30. *Ibid.*, p. 533.
31. *Ibid.*, p. 534.
32. *Ibid.*, p. 535.
33. *Ibid.*, p. 536.

L'eau assouvit la soif, mais elle permet aussi d'apaiser la faim ou, au moins, d'en calmer les ardeurs : elle est dès lors une rupture des contraintes du jeûne. Quant au cas du vin, Hecquet constate que la pratique contemporaine, qui l'autorise les jours de jeûne en dehors du repas, est en contradiction ouverte avec l'observance des premiers chrétiens. De même de la tolérance de la consommation du cidre et de la bière, deux boissons enivrantes : « Cela aurait suffi autrefois pour en faire interdire l'usage en Carême, parce qu'il était défendu alors de se rien accorder en jeûnant de tout ce qui enivre. Il ne se trouve aussi nul vestige qu'on ait jamais permis dans les siècles passés l'usage de la bière hors les repas des jours de jeûne[34] ». De boire de la bière, insiste Hecquet, est une infraction manifeste à la discipline quadragésimale, dans la mesure où il s'agit d'une boisson dont les vertus nourrissantes sont parfaitement attestées : « Elle a tout ce qu'il faut pour la rendre capable de guérir de la faim et de la soif, en un mot de rompre le jeûne[35] ». Du chocolat, du thé et du café, Hecquet ne concède pas davantage l'usage en Carême. Rigoureux, le médecin n'accorde le droit que de boire de l'eau en dehors du repas des jours de jeûne et uniquement pour modérer une soif imprévisible ou faciliter une digestion pénible.

2. La libre consommation des liquides les jours de jeûne

Avec la question de la quantité de nourriture permise à la collation vespérale, le refus ou l'autorisation de consommer des boissons en dehors de l'unique repas complet quotidien d'un jour de jeûne est l'un des deux marqueurs qui permettent de mesurer la sévérité d'un auteur en matières quadragésimales. Notoirement acquis à la cause du jansénisme, mais aussi adepte d'un thomisme intègre, le carme Henri de Saint-Ignace (1630-1719) fait paraître en 1709, l'année même de la publication du *Traité des dispenses du Carême* de Hecquet, les deux volumes de son imposante *Ethica amoris*. Au chapitre III du livre XI du tome II, le P. Henri relève d'emblée que le P. Alexandre a établi nettement que de boire en dehors du repas constituait jadis une infraction à la discipline chrétienne du jeûne. De même l'usage du vin était-il interdit au temps de l'Église primitive. Pour autant, le P. Henri

---

34. *Ibid.*, p. 539.
35. *Ibid.*, p. 540.

concède que l'Église moderne a mitigé la discipline du Carême et autorisé la consommation du vin et plus généralement des boissons en dehors du repas quotidien quand il s'agit d'apaiser la soif – et le carme renvoie aussitôt aux trois fameux passages de saint Thomas[36]. Précaution est prise, toutefois, d'encadrer soigneusement l'interprétation qu'il convient de donner à la doctrine thomasienne. Le lecteur est renvoyé au commentaire que le théologien douaisien François Du Bois (1581-1649), connu sous le nom latin de Sylvius, a consacré en 1628 à la *II^a-II^æ*. Sylvius y relevait que, par réfection, il fallait entendre la consommation d'aliments destinés à entretenir la vigueur du corps – autrement dit, la contrainte de l'unique repas quotidien ne concernait ni les médicaments, ni la boisson. Certes, reconnaissait Sylvius, il pouvait arriver qu'un liquide fût quelque peu nourrissant, mais de lui-même il n'avait pas pour fonction d'alimenter le corps : son seul rôle était de faciliter la digestion. De là que l'Église n'avait pas jugé nécessaire d'interdire la consommation de boissons en dehors de la réfection méridienne des jours de jeûne et qu'elle avait même toléré que l'on prît alors une bouchée de pain à titre préventif pour éviter que le liquide consommé seul ne suscitât des maux de ventre[37]. Indulgence dont Sylvius estime toutefois qu'il ne faut surtout pas déduire que la boisson ne rompe jamais le jeûne. La consommation d'un liquide solidement nutritif, et qui dès lors n'est plus à proprement parler une simple boisson, est indéniablement une infraction à la discipline du

---

36. H. DE SAINT-IGNACE, *Ethica amoris, siue theologia sanctorum magni præsertim Augustini et Thomæ Aquinatis circa uniuersam amoris et morum doctrinam, aduersus nouitias opiniones strenue propugnata et in materiis principaliter hodie controuersis fundamentaliter discussa*, 2 vol., Liège 1709, t. II, *De externis regulis amoris et morum, legibus utique ac præceptis uirtutum theologicarum et cardinalium, necnon Decalogi et Ecclesiæ*, l. XI, *Amor Dei ministrum sese exhibens in ieiuniis*, c. III, *Etiam potu ieiunium olim uiolabatur. An etiam hodie ? Controuertitur. Saltem indistincte uerum non est effatum illud :* Liquidum non frangit ieiunium, p. CCXLII : « Verum hunc rigorem moderna Ecclesiæ consuetudo mitigauit. Et uini usum permittit, nec prohibet potum necessarium ad sitim sedandam extra horam refectionis, uti S. Thomas docet ».

37. SYLVIUS, *Commentarium in totam Secundam Secundæ S. Thomæ Aquinatis Doctoris Angelici et Communis*, 3 vol., Venise 1726 [1628[1]], t. III, q. CXLVII, art. VI, p. 637 : « Propterea Ecclesia non prohibet sæpius bibere in die ieiunii, etiam extra tempus refectionis ; imo nec unum alterumue bolum panis sumere quando bibendum est, modo solum eo animo sumatur ne potus noceat ; quia illud modicum magis tunc sumitur loco medicamenti quam cibi ».

jeûne ecclésiastique selon l'exprès enseignement de saint Thomas[38] – il s'agit en effet alors d'un manifeste contournement des contraintes quadragésimales. Ainsi Sylvius prohibe-t-il formellement l'usage de bières épaisses ou de vins sucrés ou aromatisés, même quand leur consommation est si modérée qu'elle ne franchit pas les limites de l'intempérance[39]. Lorsque saint Thomas, donc, a affirmé que la boisson ne rompait pas le jeûne, il ne l'a soutenu que des liquides dont l'usage était destiné à désaltérer et non pas à apaiser la faim. Les interprétations rigoureuses de Sylvius sont évidemment reprises par le P. Henri de Saint-Ignace, qui fustige l'inconséquente indulgence des casuistes relâchés de la Compagnie de Jésus. Ainsi des analyses développées par le jésuite sicilien, et probabiliste acharné, Tommaso Tamburini (1591-1675) dans son *Explicatio Decalogi* (1654) : l'usage du lait ou du jus de viande les jours de jeûne est évidemment proscrit, mais parfaitement autorisé, à n'importe quel moment de la journée et même pour le seul plaisir ou pour tromper sa faim, celui du vin, de la bière, des eaux parfumées ou distillées[40]. Ainsi, également, des conclusions avancées par le jésuite espagnol – bruyamment dénoncé par Pascal dans ses *Provinciales* – Antonio Escobar y Mendoza (1589-1669) dans son *Liber theologiæ moralis* (1644), pour qui il est assurément licite

---

38. *Ibid.* : « Neque uero hinc inferendum est ieiunium numquam solui per potum [...]. Verum si aliquis potu copiosiore, qui non est merus potus, sed multum nutritiuus, uteretur extra tempus refectionis causa nutriendi, uidetur quod ieiunium frangeret, idque iuxta mentem B. Thomæ ».
39. *Ibid.*, p. 637 : « Accedit quod si quis coctam sorbitiunculam alendi causa sumeret extra horam refectionis, nemo dubitaret eum soluere ieiunium ; idem uero esse uidetur, si simili tempore sumat magnæ quantitatis potum multum nutritiuum, ueluti cereuisiam crassam multumque substantiosam, aut uinum siue saccaro siue aliis aromaticis uarie conditum, aut quod alioquin copiose alat. Et hæc doctrina locum habere uidetur etiam tunc, quando in sumptione talis potus non ita exceditur ut peccetur per intemperantiam, si is tam abunde sumitur ut multum nutrimenti accipiatur ».
40. T. TAMBURINI, *Explicatio Decalogi in qua omnes fere conscientiæ casus ad decem præcepta pertinentes mira breuitate, claritate et quantum licet benignitate declarantur*, 2e éd., Lyon 1700 [1654[1]], l. IV, *De tertio Decalogi præcepto*, c. V, *De ieiunio*, § 2, *De unica comestione in die ieiunii*, n. 4, p. 187 : « Hinc non licet intra diem ieiunii ebibere lac uel ius ; sed licet bibere uinum, mustum, ceruisiam, aquas ex herbis uel eodem uino distillatas [...], etiam de mane, etiam ob solam delectationem, etiam multoties in die, etiam in fraudem ieiunii, quia illa in usu communi cibi sunt, hæc autem etiam cum prædictis circumstantiis uere sunt potus ».

en Carême de consommer du vin à volonté[41]. Doctrine qui suscite l'indignation du P. Henri de Saint-Ignace. Les enseignements de saint Thomas, qui insistent sur la dimension nécessairement ascétique de l'observance du jeûne, impliquent incontestablement de se priver en Carême de boissons qui, à l'instar du vin, de la bière ou de l'hypocras, ont des vertus nutritives et flattent les sens. Aussitôt, le P. Henri de conclure que l'adage selon quoi le liquide ne rompt pas le jeûne ne doit être compris que de manière restrictive : il concerne principalement l'eau, parfois le vin, mais uniquement quand il s'agit de faciliter la digestion ou de se désaltérer. Entendu dans un sens plus large, le litigieux axiome ne peut se couvrir de l'autorité de saint Thomas, ni, évidemment, de celle de l'Église, ainsi que l'a montré le P. Alexandre, auquel le P. Henri se réfère immédiatement[42]. Les auteurs acquis à la cause de la sévérité quadragésimale unissent leurs voix pour soutenir que le principe en vertu duquel la discipline du jeûne comporte un libre usage des boissons n'est pas conforme à la doctrine thomasienne.

De s'appuyer sur un auteur qui était devenu l'étendard de la rigueur morale depuis que les dominicains s'étaient mis à la tête du parti probabilioriste impliquait de sournois accommodements avec ses analyses. Les auteurs se sont régulièrement disputés pour savoir si, de fait, l'Aquinate soutenait la licéité de la consommation immodérée de boissons les jours de jeûne ecclésiastique. Ainsi les célèbres *Conférences ecclésiastiques du diocèse d'Angers sur les cas réservés*, qui se sont tenues en 1732 et en 1733 à la demande de l'évêque Jean de Vaugirauld (1680-1758), un farouche adversaire des jansénistes, et qui ont été par la suite rapportées par Jean-Pierre Cotelle de La Blandinière (1709-1795), un auteur plutôt favorable au probabilisme, se montrent-elles très fermes lorsqu'il s'agit de savoir si l'usage des liquides est librement autorisé les

---

41. A. ESCOBAR Y MENDOZA, *Liber theologiæ moralis uiginti quatuor Societatis Iesu doctoribus reseratus quem P. Antonius de Escobar et Mendoza in examen confessariorum digessit*, Lyon 1646 [1644¹], tr. I, examen XIII, *De legibus in particulari circa præceptum quartum Ecclesiæ de ieiunio*, c. III, *Praxis circa præfata ex Societatis Iesu schola*, § 104, p. 160 : « Dixisti potum non uiolare ieiunium ; an uinum assumi potest quoties quis uoluerit licet in magna quantitate ? Potest ; immoderatio autem potest temperantiam uiolare, sed non ieiunium ».
42. H. DE SAINT-IGNACE, *Ethica amoris*, p. CCXLII-CCXLIII : « Effatum proinde illud, *liquidum non frangit ieiunium*, ratione et authoritate tam Ecclesiæ quam S. Thomæ destituitur, nisi intelligatur ut supra dictum est, illudque aliter intellectum falsum esse, Antiquis ignotum, ab Ecclesiæ doctrina et mente alienum, non sine ratione asserit Natalis Alexander ».

jours de jeûne : « Quelques auteurs débitent à ce sujet une morale bien relâchée, et ils soutiennent sans restriction que le liquide ne rompt point le jeûne. Comme ils s'appuient sur l'autorité de saint Thomas, autorité sans doute très respectable, il est bon d'examiner ce que dit sur ce sujet ce saint docteur[43] ». L'essentiel de la doctrine thomasienne sur la question des boissons en temps de jeûne est formulé, rappelle le conférencier angevin, à la question 147 de la *II^a-II^æ* : saint Thomas y enseigne expressément que l'on peut boire entre les repas pour faciliter la digestion et se désaltérer et que l'on peut même absorber des électuaires dans un but thérapeutique. D'où l'analyse indignée des *Conférences ecclésiastiques* : « Pour montrer que ce serait abuser de ce passage que d'en conclure aujourd'hui généralement que tout liquide ne rompt point le jeûne, il ne faut que faire attention au temps auquel saint Thomas écrivait, et aux modifications qu'il met à cette opinion. Saint Thomas vivait dans un temps où la collation n'était point encore en usage et où on s'en tenait à un seul repas. Or il n'est pas surprenant que, dans cette circonstance, il ait permis de prendre quelque chose de liquide pour les raisons que nous avons dites[44] ». De prétendre, toutefois, que saint Thomas a expressément autorisé la libre consommation de boissons en dehors du repas des jours de jeûne revient à méconnaître la pensée du Docteur Angélique. Au surplus, précise le conférencier angevin, saint Thomas n'a permis, en fait de liquides, que l'eau, en vertu de deux principes alors communément admis et qui posent que l'eau n'est pas nourrissante et que l'Église, en imposant la contrainte du jeûne, n'a voulu interdire que les aliments qui servent à entretenir le corps. Logique, dès lors, la conclusion des *Conférences ecclésiastiques* : « Il est démontré que les liqueurs nourrissent, soutiennent et produisent même plus promptement à cet égard leur effet que les aliments solides. D'où il faut conclure que plus une liqueur nourrit, plus elle est défendue ; que le chocolat, par exemple, donne essentiellement atteinte à la loi du jeûne[45] ». À l'instar des PP. Alexandre et Henri de Saint-Ignace, les *Conférences*

---

43. *Conférences ecclésiastiques du diocèse d'Angers sur les cas réservés, tenues par l'ordre de Monseigneur l'Illustrissime et Révérendissime Jean de Vaugirauld, évêque d'Angers, pendant le cours des années 1732 et 1733*, nouv. éd., t. II, Paris 1778, 3e partie, *Des cas réservés auxquels il n'y a point de censure attachée*, 2e conférence, 3e question, *De l'abstinence de la viande et de quelques autres aliments aux jours marqués par l'Église*, art. IV, *Du précepte du jeûne*, p. 254.
44. *Ibid.*, p. 254-255.
45. *Ibid.*, p. 255-256.

ecclésiastiques du diocèse d'Angers estiment que l'on commet un contresens historique sur la doctrine de l'Aquinate lorsqu'on prétend qu'elle vient confirmer l'adage selon lequel les liquides ne constituent pas une infraction à la discipline du jeûne.

Influencée par le jansénisme et son attachement à une morale rigoureuse, la pastorale diocésaine d'obédience sévère s'est régulièrement efforcée en France de défendre la réputation de saint Thomas contre les soupçons d'indulgence que faisait peser sur lui la paternité fréquemment supposée de l'adage selon quoi *liquidum non frangit ieiunium*. De 1755 à 1759 sont publiées à Bruxelles les *Conférences ecclésiastiques de Paris* qui reprennent le contenu des séances parisiennes auxquelles le P. Jean-Laurent Le Semelier (1660-1725), prêtre de la doctrine chrétienne – ou doctrinaire – apprécié du cardinal de Noailles, un prélat connu pour ses engagements jansénisants, a assisté à partir de 1697. La série de volumes qui paraissent à titre posthume de 1755 à 1759 contient les notes que le P. Le Semelier a prises au cours des séances et auxquelles il a ajouté ses propres considérations. L'ensemble présente un excellent état d'une doctrine morale rigoriste parvenue à maturité dans les années 1720 et dont le cardinal de Noailles, un ardent défenseur de la discipline du Carême, souhaitait faire la promotion dans son archidiocèse. Lorsqu'il se demande si le jeûne est violé par la consommation de boissons hors du repas, le P. Le Semelier signale aussitôt que saint Thomas « paraît fort indulgent sur la boisson dans son *Commentaire sur le Maître des Sentences* et même dans sa *Somme théologique*[46] ». Le doctrinaire constate que l'Église permet désormais de boire en dehors du repas des jours de jeûne, mais à condition que l'on boive peu et uniquement pour calmer une soif trop ardente. Revenant sur le célèbre passage constamment cité de l'*Explicatio Decalogi* du P. Tamburini, le P. Le Semelier estime qu'il a été plus sûrement écrit par un libertin que par un théologien. De la maxime selon quoi le liquide ne rompt pas le jeûne, le doctrinaire affirme qu'elle « est si visiblement relâchée qu'il ne faut que l'exposer pour faire sentir qu'elle est absurde, fausse et ridicule » : « Aussi voyons-nous que dans le monde, les libertins eux-mêmes font des railleries des casuistes qui n'ont pas honte de l'avancer[47] ». D'après

---

46. J.-L. LE SEMELIER, *Conférences ecclésiastiques sur le Décalogue*, 4 vol., Bruxelles 1759, t. IV, l. v, 3ᵉ conférence, *Des jeûnes ordonnés par l'Église*, § 4, *Viole-t-on le jeûne en buvant hors du repas ?*, p. 135.

47. *Ibid.*, § 7, *Fausses maximes des nouveaux casuistes au sujet du jeûne*, p. 178.

le P. Le Semelier, on abuse de l'autorité de saint Thomas lorsqu'on affirme que le Docteur Angélique lui-même a soutenu la licéité d'une libre consommation des liquides les jours de jeûne. Le témoignage des Pères de l'Église est formel : « Toute l'antiquité a fait consister l'essence, la gloire et le mérite du jeûne à se passer de boire aussi bien que de manger. L'on trouvera mille preuves de ce que j'avance, et l'on n'en trouvera pas une seule en faveur de la maxime contraire[48] ». Le relâchement s'est apparemment introduit après le XIIe siècle. Le P. Le Semelier relève que saint Thomas lui-même n'a pas rejeté la thèse selon quoi il était permis de boire de l'eau en dehors du repas d'un jour de jeûne et qu'il a considéré lui aussi que l'eau ne nourrissait pas. Il n'en demeure pas moins que la conclusion a été abusivement étendue : « Le principe une fois établi que l'eau ne rompait pas le jeûne, on alla plus loin, et l'on ne craignit pas d'assurer en général que les choses liquides ne le rompaient pas, quoiqu'on ne pût dans cette thèse générale se prévaloir de ce que les Philosophes avaient avancé en parlant de l'eau et dire aussi que le vin et les autres liqueurs spiritueuses ne nourrissaient pas[49] ». Saint Thomas, poursuit le P. Le Semelier, n'a pas osé mettre en cause les théories physiologiques qui étaient en cours à son époque. Il s'est même trouvé alors des auteurs pour soutenir que, dans la mesure où elle n'était pas nourrissante, l'eau seule ne constituait pas une infraction au jeûne eucharistique. Manifestement embarrassé, le Docteur Angélique s'est contenté de noter que, mélangée avec un aliment, l'eau devenait nourrissante : « Voilà comment, sur une opinion qui tire sa source d'une mauvaise philosophie, que l'eau ne nourrit pas, l'on mit en pratique par rapport au jeûne une maxime jusqu'alors inouïe dans la discipline et dans la morale de l'Église[50] ». Pour Le Semelier, la thèse selon quoi les liquides ne sont pas nourrissants doit être abandonnée. L'expérience, ajoute le doctrinaire, montre qu'un homme peut survivre un temps considérable sans absorber autre chose que du chocolat ou des liqueurs. La référence thomasienne vient affaiblir la position des auteurs qui tiennent que le liquide ne rompt pas le jeûne : « Si l'on veut s'en rapporter à saint Thomas […], il faudra convenir que l'eau nourrit lorsqu'elle est mêlée avec quelque autre chose, comme elle l'est par exemple dans le chocolat[51] ». Le

---

48. J.-L. LE SEMELIER, *Conférences ecclésiastiques*, p. 183.
49. *Ibid.*, p. 184.
50. *Ibid.*, p. 185.
51. *Ibid.*, p. 186.

doctrinaire a réussi à opérer ici un renversement complet : alors que les tenants de la licéité des boissons les jours de jeûne croyaient pouvoir se prévaloir de l'autorité de saint Thomas, la référence à l'Aquinate vient au contraire plaider même en faveur d'une interdiction de l'eau et d'un retour à la discipline de l'Église primitive. L'argumentation devient physiologique : « Que dira-t-on et que deviendra l'axiome si l'on prouve que l'eau pure nourrit ? Or la preuve qu'en effet elle nourrit se tire de ce que des personnes lasses et épuisées de travail et de jeûne se trouvent, en buvant de l'eau, non seulement rafraîchies, mais fortifiées et mises en état de continuer sans peine le même travail et le jeûne[52] ». Que l'on pût parfaitement soutenir que la libre consommation de l'eau constituât en réalité une infraction à la discipline quadragésimale, saint Thomas en était conscient, puisque, note le P. Le Semelier, il a fini par déclarer que les contraintes alimentaires imposées par l'Église au temps du Carême ne pesaient pas sur les liquides dans la seule mesure où leur principale fonction n'était pas de nourrir mais de faciliter la digestion : or l'Église n'a eu d'autre intention que d'interdire ce qui est primordialement un aliment. Le doctrinaire accuse finalement l'Aquinate d'inconséquence doctrinale : « L'ignorance des temps et les principes d'une philosophie peu éclairée arrachèrent au Docteur Angélique cette foule de mauvais raisonnements, desquels il s'ensuit qu'un homme peut boire du vin et d'autres liqueurs exquises, même en grande quantité et jusqu'à s'enivrer sans pourtant violer la loi du jeûne [...], parce qu'en buvant sans manger, on ne pourrait dire de lui qu'il aurait mangé plus d'une fois en ce jour[53] ». Saint Thomas, ajoute perfidement le P. Le Semelier, n'est pas mieux inspiré dans sa *Somme de théologie* que dans son commentaire du *Livre des Sentences*, puisqu'il va même jusqu'à autoriser l'usage des électuaires, de quoi l'on peut aisément déduire qu'il permet de boire des « liqueurs mélangées, comme serait le ratafia, le chocolat et autres » : « Tels sont les raisonnements de saint Thomas sur la matière en question, dans lesquels on chercherait en vain la profondeur, l'exactitude et la solidité qui caractérisent ordinairement le Docteur Angélique[54] ». Contre saint Thomas même, il n'est finalement besoin que de revenir à la pure doctrine thomasienne, qui fait du jeûne un acte de la vertu de tempérance destiné à réprimer les désirs de la concupiscence : de

---

52. *Ibid.*, p. 186.
53. *Ibid.*, p. 187-188.
54. *Ibid.*, p. 188.

boire à volonté du vin et des liqueurs un jour de jeûne, ainsi que les casuistes modernes prétendent qu'il est permis de le faire en vertu de l'adage selon quoi l'usage des liquides n'enfreint pas la discipline quadragésimale, ne paraît pas conforme à un sain exercice des vertus chrétiennes.

L'évolution des pratiques et sans doute une transgression disciplinaire trop générale pour pouvoir être véritablement enrayée ont pu conduire des auteurs dont l'attachement à la doctrine de l'Aquinate est indiscutable à développer des analyses plutôt modérées. Dans son énorme *Summa S. Thomæ hodiernis academiarum moribus accommodata* (1746-1751), conçue comme un *cursus theologiæ iuxta mentem D. Thomæ* et qui est aussi un commentaire de la *Somme de théologie* de saint Thomas, le dominicain belge Charles-René Billuart (1685-1757), un auteur réputé pour son thomisme rigoureux et son probabiliorisme farouche, a exposé une doctrine du jeûne et de l'abstinence qui prétend restituer aux enseignements thomasiens leur portée originelle. Au moment de se demander si l'Aquinate a soutenu ou non que les boissons rompaient la discipline du jeûne, le P. Billuart commence par relever que le P. Alexandre, en maintenant que le jeûne ecclésiastique était rompu par la consommation libre de liquides en dehors de l'unique repas quotidien, a toutefois concédé l'usage de l'eau simple au motif qu'elle n'était pas nourrissante – en quoi il s'est finalement opposé à saint Thomas, qui, dans son commentaire du *Livre des Sentences*, considérait que l'eau nourrissait en quelque manière. D'autres, plus libéraux, accordent aussi l'usage du vin, de la bière, du cidre et d'autres liqueurs nourrissantes pourvu qu'ils ne soient consommés que pour apaiser la soif – absorbés en quantités plus importantes que nécessaire, ils constituent une infraction à la loi du jeûne[55]. Les casuistes les plus indulgents, quant à eux, autorisent la libre consommation de n'importe quelle boisson, accompagnée éventuellement de quelques bouchées de nourriture solide pour éviter les ballonnements,

---

55. Ch.-R. BILLUART, *Summa Sancti Thomæ hodiernis academiarum moribus accommodata*, 8 vol., Arras – Paris 1867-1868 [1746-1751¹], t. V, *Tractatus de temperantia et uirtutibus illi annexis*, dissertatio II, *De abstinentia, ieiunio et gula*, art. V, *De una uel multiplici refectione in die ieiunii*, § V, *Vtrum iuxta S. Thomam potus soluat ieiunium?*, p. 173 : « Alii paulo liberaliores concedunt quod licet uinum, cereuisia, sicera et similes liquores nutriant, liceat tamen eis uti extra horam refectionis ex necessitate seu ad extinguendam sitim, sed ultra sumptos frangere ieiunium ».

et ils permettent également l'usage du chocolat pour apaiser la faim[56]. Le P. Billuart, pour sa part, note d'emblée que quiconque boit sans nécessité en dehors du repas d'un jour de jeûne contrevient évidemment à la fin du précepte et, en commettant un péché d'intempérance, perd le mérite de son observance quadragésimale[57]. Le dominicain condamne donc sans hésiter le comportement des fidèles qui, durant le Carême, fréquentent les auberges pour y consommer du vin et de la bière[58]. Quant à savoir s'ils enfreignent directement la loi du jeûne, le P. Billuart se propose d'y répondre à travers une interprétation serrée de la doctrine thomasienne. À suivre les enseignements de l'Aquinate, dit-il, la boisson proprement dite n'est pas en soi une rupture du jeûne, même si elle est consommée sans modération, de même qu'une nourriture prise trop abondamment à l'unique repas quotidien ne constitue pas non plus en soi une infraction à discipline du Carême[59]. Le problème est alors de savoir ce qu'il faut entendre par boisson proprement dite. Pour le P. Billuart, il s'agit des liquides qui servent essentiellement à favoriser la digestion, même s'ils sont quelque peu nourrissants – dès lors, le dominicain ne fait pas difficulté d'admettre, en vertu de la doctrine de saint Thomas, le libre usage en Carême du vin, de la bière, du cidre et de l'eau ; en revanche, il prohibe la consommation de lait, de miel, de bouillon et de chocolat, qui servent bien plus à nourrir qu'à désaltérer[60]. Pour le thé et le café, le P. Billuart en autorise l'usage

---

56. *Ibid.* : « Et alia parte quidam plus æquo indulgentes, ita uolunt licitum esse omnem potum ut etiam sumptus in fraudem ieiunii, causa sedandæ famis et nutriendi, non soluat ieiunium, nec etiam si aliquid cibi sumatur toties quoties bibitur, ne potus noceat. Idem censent de *chocolat* sumpto ad nutritionem et extinctionem famis ».
57. *Ibid.* : « Esto potum non prohiberi lege ieiunii, ut modo dicam, certo tamen constat eum qui bibit sine necessitate extra horam refectionis agere contra finem præcepti, peccare contra temperantiam et ieiunii meritum perdere uel in toto uel in parte ».
58. *Ibid.* : « Quapropter omnino culpandi sunt qui non sine fidelium scandalo dies ieiunii agunt in popinis, seque uino aut cereuisia ingurgitant ».
59. *Ibid.* : « Iuxta S. Thomam, potus proprie sumptus secundum se non frangit ieiunium […]. Atqui qui cibum immoderate sumit in una comestione non frangit ieiunium, sed peccat duntaxat contra temperantiam ; ergo, iuxta S. Thomam, potus proprie dictus etiam immoderate sumptus, secundum se non frangit ieiunium ».
60. Ch.-R. BILLUART, *Summa Sancti Thomæ hodiernis academiarum moribus accommodata*, p. 174 : « Dixi *potus proprie dictus*, qui, nimirum, ut dicit S. Doctor, ex sua natura et principaliter ordinatur ad refrigerationem et digestionem licet aliquo modo nutriat, ut sunt uinum, cereuisia, sicera, aqua, et alii similes liquores ; unde lac, mel, iusculum *bouillon*, *chocolat* et similia non censentur potus, quia licet non dicantur manducari, neque proprie potari, sed sorberi, potius

les jours de jeûne en dehors du repas dans la mesure où il s'agit surtout d'infusion d'herbes, et évidemment à condition de ne pas y mêler abondance de lait et de sucre[61]. Si le P. Billuart accorde, en suivant saint Thomas, le libre usage des boissons proprement dites en dehors du repas des jours de jeûne, il relève toutefois deux cas dans lesquels de boire vient enfreindre la discipline quadragésimale : d'abord, il peut arriver qu'une coutume locale spécifie clairement que les fidèles ont interdiction de consommer des liquides en Carême sauf à la réfection méridienne ; ensuite, évidemment, quand le fidèle use d'une boisson délibérément pour contourner l'obligation du jeûne, il commet une infraction à l'observance quadragésimale. De quoi le P. Billuart, en dépit même de sa doctrine relativement indulgente, conclut que l'adage selon quoi le liquide ne rompt pas le jeûne est faux et qu'il va à l'encontre des enseignements thomasiens pour deux motifs : d'abord, parce que, même si une boisson est toujours liquide, l'inverse n'est pas forcément vrai, et qu'il est des liquides qui sont plus nourritures que boissons ; ensuite, parce que, de l'aveu même du Docteur Angélique, la consommation de liquide rompt le jeûne quand elle est délibérément faite *in fraudem ieiunii*[62]. Assurément plus généreux que le P. Alexandre, le P. Billuart propose donc la voie d'un thomisme quadragésimal dont les exigences ont été accommodées au relâchement général des pratiques du jeûne et de l'abstinence sans que pour autant il aille jusqu'à accorder que l'Aquinate puisse être invoqué comme caution légitime du litigieux adage selon quoi le liquide ne rompt

---

tamen secundum se ordinantur ad nutritionem quam ad refrigerationem et digestionem, et sic sunt magis cibus quam potus, et ideo frangunt ieiunium ».
61. *Ibid.* : « Quantum ad *thé* et *café*, quamuis aliquo modo nutriant, ratione iusculi herbarum aut fabarum et sacchari, cum tamen secundum se sumantur principaliter ad refrigerationem et digestionem, uidentur mihi habere rationem potus, nec soluere ieiunium, nisi forte multum lactis et sacchari immisceatur et sumantur in magna quantitate ».
62. Ch.-R. BILLUART, *Summa Sancti Thomæ hodiernis academiarum moribus accommodata*, p. 175 : « Ex his colliges hoc famosum et ubique decantatum adagium : *Liquidum non frangit ieiunium*, ex duplici capite esse falsum, nec a S. Thoma unquam traditum, quin ab eius mente prorsus alienum. 1) Quia, licet omnis potus sit liquidum, non tamen omne liquidum est potus, ut patet de lacte, iusculo et aliis, ut dixi supra ; solus autem potus proprie dictus iuxta S. Thomam non frangit ieiunium. 2) Quia iuxta eumdem S. Doctorem, potus etiam proprie dictus potest per accidens frangere ieiunium, si nempe sumatur in fraudem ieiunii per modum cibi ; et etiam, ut dixi, ratione consuetudinis ».

pas le jeûne – pour le dominicain, il importait manifestement que la doctrine thomasienne ne fût pas récupérée par les théologiens moralistes adeptes d'un probabilisme débridé.

Les tenants d'une morale sévère en matière de jeûne et d'abstinence ont eu fort à faire pour éviter que leurs adversaires indulgents ne se saisissent subrepticement d'une référence thomasienne si chère au parti de la fermeté disciplinaire. La grande offensive rigoureuse que l'on observe en péninsule italienne, mais aussi partout en catholicité, au mitan du XVIIIe siècle a permis de consolider une conclusion déjà largement acquise depuis la fin du XVIIe siècle et en vertu de laquelle les casuistes probabilistes étaient mal fondés à se prévaloir de l'autorité de l'Aquinate pour justifier leur débonnaireté. Il reste qu'en Italie, il a manifestement paru difficile de reprendre purement et simplement la sévérité du P. Alexandre tant elle était contraire aux usages invétérés. Lancée en 1739, lorsque le dominicain frioulan Daniele Concina (1687-1756), sans doute alors le représentant le plus illustre du parti sévère et un ardent adversaire du probabilisme caractéristique des théologiens jésuites, fait paraître sa célèbre *Quaresima appellante*[63] – il s'y demande notamment qui, après les conclusions auxquelles les casuistes indulgents sont parvenus, peut bien encore demeurer obligé aux préceptes du Carême et il s'emporte contre la thèse relâchée, mais très répandue, selon laquelle les fidèles dispensés de l'abstinence le sont aussi *ipso facto* du jeûne –, la polémique italienne sur le déclin des pratiques du Carême a contraint le magistère romain à se pencher sur la question des observances quadragésimales. Élu pape en 1740, Benoît XIV s'attache aussitôt à promouvoir une réforme de la discipline quadragésimale dans l'Église. Ainsi les encycliques *Non ambigimus*, du 30 mai 1741, *In suprema uniuersalis*, du 22 août 1741, et *Libentissime quidem*, du 10 juin 1745, interprétées par deux brefs intermédiaires, *Cognouimus*, du 12 mai 1742, et *Si fraternitas*, du 8 juillet 1744, rappellent-elles aux fidèles que, même lorsqu'ils sont dispensés du maigre, ils restent soumis à l'obligation de ne faire qu'un seul repas complet les jours de jeûne et

---

63. [D. CONCINA], *La Quaresima appellante dal foro contenzioso di alcuni recenti casisti al tribunale del buon senso e della buona fede del popolo cristiano sopra quel suo precetto del digiuno da accoppiarsi coll'uso delle carni permesse pel solo nocumento del vitto quaresimale. In questa disputa validi preservativi a' cristiani si porgono, acciochè sedotti non restino da due libricciuoli di fresco stampati su questa materia*, Venise 1739.

qu'ils ne peuvent jamais présenter à une même table aliments permis et interdits. Le dispositif de redisciplinement élaboré par Benoît XIV est complété par l'encyclique *Appetente sacro* que Clément XIII souscrit le 20 décembre 1759 et qui précise qu'il est faux de croire que les fidèles dispensés du maigre obtiennent par là même l'autorisation de consommer des boissons mélangées avec du lait les jours de jeûne – la dispense alors octroyée ne vaut que pour l'*unica comestio* et elle ne s'étend pas même à la collation vespérale ; en dehors du seul repas complet quotidien, les obligations quadragésimales sont les mêmes pour l'ensemble des fidèles, qu'ils soient ou non dispensés du maigre. Contexte favorable dans lequel les moralistes acquis à la cause de la sévérité quadragésimale vont reconduire et développer les analyses précédemment établies par les auteurs probabilioristes et maintenir que saint Thomas ne peut venir au secours des théologiens qui osent prétendre que le liquide ne rompt pas le jeûne. Ainsi du canoniste, et lui aussi frioulan, Gaspare Vattolo (1709-1790), professeur de théologie morale au séminaire d'Udine de 1732 à 1753, qui publie à Rome en 1760 une *Theologia dogmatico-moralis* d'orientation sévère, ainsi que le montre très clairement le fait qu'il a joint à son ouvrage trois opuscules du dominicain Gian Vincenzo Patuzzi (1700-1769), un disciple revendiqué de Concina et lui aussi un antiprobabiliste particulièrement virulent. Vattolo commence par mentionner les imprécations du bénédictin Augustin Calmet (1672-1757) à l'article *Jeûne* de son *Dictionnaire historique et critique de la Bible* (1722-1728) : « On ne saurait assez s'étonner de l'extrême relâchement qui est arrivé dans le jeûne parmi les chrétiens, surtout dans l'Église latine, et ce qui surprend plus que tout le reste, c'est que des casuistes et des prélats, qui devraient être mieux instruits de l'esprit de l'Église, et plus zélés à soutenir les intérêts de la vérité et les règles de l'ancienne discipline, écrivent et enseignent que boire même du vin, des liqueurs, du thé, du café et du chocolat ne rompt pas le jeûne, parce que, disent-ils, la liqueur ne fait qu'humecter et ne nourrit pas[64] ». Vattolo note ensuite que le P. Alexandre a des propos à peine plus modérés, lui qui concède le libre usage de l'eau en Carême, mais refuse évidemment celui du vin, du cidre, de la bière et des autres liqueurs. De la doctrine de l'Aquinate, Vattolo retient finalement qu'il est permis de consommer

---

64. A. CALMET, *Dictionnaire historique, critique, chronologique, géographique et littéral de la Bible*, t. III, Paris 1728, p. 364.

en dehors du repas des jours de jeûne des liquides qui sont destinés à remédier à une infirmité et non à nourrir – ainsi de la limonade[65], du thé ou du café. Semblable mitigation se retrouve chez le P. Patuzzi, dont la rigueur, directement inspirée de Concina, ne peut être pourtant révoquée en doute. Dans son *Ethica Christiana* publiée à titre posthume en 1770, le dominicain rejette évidemment une application sans discernement de l'axiome selon quoi le liquide ne rompt pas le jeûne[66]. Il insiste sur le fait qu'il y a trois sortes de boissons : les nourrissantes par nature, comme le lait, le vin, le bouillon ou encore la crème d'amandes ; celles qui ne nourrissent que par adjonction d'une autre substance, comme l'eau une fois qu'on l'a sucrée ou mélangée à du chocolat ; celles qui, par infusion, ne prennent d'un autre produit que la couleur et l'odeur, comme le thé, le café ou la tisane de sauge. Les premières enfreignent clairement le jeûne, même si saint Thomas, cédant à l'usage, a fini par accorder libéralement l'usage du vin – aussitôt, le P. Patuzzi, refusant de laisser le Docteur Angélique aux mains des auteurs indulgents, précise que l'Aquinate n'a jamais permis la consommation de vin à volonté les jours de jeûne pour contourner les contraintes quadragésimales et tromper sa faim[67]. Quant aux deuxièmes, le dominicain, se prévalant des enseignements thomasiens, n'en tolère la consommation qu'à titre médicinal ; leur cas est semblable à celui des électuaires dans la doctrine de l'Aquinate. À l'instar des autres moralistes thomistes, le P. Patuzzi refuse d'accorder l'usage du chocolat : ses vertus de médication sont loin, selon lui, d'être

---

65. G. Vattolo, *Theologia dogmatico-moralis*, 2 vol. Rome 1764 [1760¹], t. II, *De temperantia*, p. 141 : « In S. Doctoris doctrina habes ea omnia licite sumi posse die ieiunii quæ non ad delectationem neque ad nutritionem, sed ad solam actualem infirmitatem repellendam […] sumuntur. Hinc non aduersatur integritati ieiunii potio aquæ, sacchero, cedro quæ uulgo dicitur *limonata*, conditæ, ad sitim extinguendam sumpta ».

66. G. V. Patuzzi, *Ethica Christiana, siue theologia moralis ex purioribus Sacræ Scripturæ diuinæque traditionis fontibus deriuata et S. Thomæ Aquinatis doctrina continenter illustrata*, 6 t. en 3 vol., Bassano 1770, t. V, tr. ix, *De præceptis Ecclesiæ*, dissertatio ii, *De secundo Ecclesiæ præcepto, Ieiunia et abstinentiam certis diebus temporibusque indicta seruato*, p. 273 : « Num uero liquida frangant ieiunium, penes recentiores theologos probabilistas non solum minime sub iudice ponitur, sed adeo certum exploratumque habetur ut adagium conflauerint et tanquam in morali doctrina certum axioma statuerint *liquida non frangere* ».

67. *Ibid.* : « Absit tamen ut ex hac Doctoris Angelici doctrina quis inferat, ueram esse plurium Doctorum sententiam, licere nimirum bibere uinum quoties quis uoluerit ad famem etiam repellendam et nutriendum corpus ».

primordiales. Pour le troisième groupe de boissons, le dominicain, toujours conformément aux enseignements thomasiens, consent à en permettre la libre consommation les jours de jeûne, dans la mesure où elles ne sont pas véritablement substantielles et ne peuvent donc être tenues pour nourrissantes[68]. Du côté des théologiens probabilioristes, l'essentiel a été préservé du moment qu'a été prouvé le fait que les enseignements thomasiens ne venaient pas confirmer l'adage selon quoi *liquidum non frangit ieiunium*. Il est désormais possible de proposer, en vertu d'un thomisme intègre, une doctrine quadragésimale qui, sans être relâchée, a su se départir d'une sévérité excessive pour tolérer quelques usages désormais trop solidement installés pour pouvoir être efficacement contrariés.

---

68. G. V. Patuzzi, *Ethica Christiana*, p. 276 : « Quoad reliquas uero potiones Thei, Caffæi, Saluiatæ, uel aquæ succo mali citrini, uel medici, et saccaro conditæ, uulgo *limonea*, puto non ita certe ieiunio aduersari, nam parum uel nihil substantiæ in eis continetur, quæ post coctionem in fundo uasis relinquitur, sed solus superest color, odor et sapor, unde ueræ potiones dici possunt, uel ad calefaciendum stomachum, uel ad ructus uel inflationes reprimendas conducentes, quare multo magis quam electuaria, de quibus loquitur S. Thomas, sumi possunt et iuxta eius doctrinam permitti, cum, ut dixi, non rei solidæ substantiam nec liquentem contineant, sed solum colore, sapore, odore imbuantur ».

– II –

Jeûnes d'aujourd'hui

LE JEÛNE ET LA FAIM :
PERSPECTIVES PHILOSOPHIQUES

Andrea Borghini
(traduit de l'italien par Sylvio De Franceschi)
Université de Milan

MANGER EST UN ACTE primordial. Dans la mesure où il s'agit d'une activité liée au métabolisme, se nourrir est peut-être ce qui contrarie au plus haut point l'autonomie de l'être humain, parce que nous sommes obligés de manger. Il n'en demeure pas moins que la faim peut être éduquée, domptée, vaincue, ce qui témoigne aussi de son caractère culturel. Chez l'être humain, en effet, manger est peut-être l'acte qui plus qu'aucun autre conjoint corps et âme, physiologie et culture[1]. Ces quelques considérations suffisent pour indiquer d'emblée l'interdisciplinarité d'une étude sur la nourriture, mais aussi la complexité d'une analyse du plaisir et de la jouissance procurés par le fait de manger.

Une dimension essentielle de l'acte de manger consiste dans sa temporalité. Parmi ses aspects théorétiques, il s'agit peut-être de la dimension qui a été la moins approfondie par rapport aux autres. Manger est une activité quotidienne, rythmée temporellement selon un système complexe de ritualités qui peut suivre les saisons, les jours, les moments de la journée ou les occasions – ainsi des fêtes religieuses.

---

1. Voir E. LÉVINAS, *Existence and Existents*, La Haye 1978, D. LEDER, *The Absent Body*, Chicago 1990, et A. BORGHINI, « Hunger », dans P. B. THOMPSON et D. M. KAPLAN (éd.), *Encyclopedia of Food and Agricultural Ethics*, 2ᵉ éd., Dordrecht 2017, p. 1-9.

Andrea Borghini

Le jeûne est un élément constitutif de la rythmique temporelle dans laquelle s'inscrit l'acte de manger. Une particularité du jeûne chez les êtres humains est sa durée. L'homme peut passer plusieurs jours et même plusieurs semaines sans ingérer autre chose que des liquides. Le jeûne le plus long jamais attesté est celui d'Angus Barbieri (1939-1990), qui a observé un jeûne de 382 jours dans sa maison de Tayport en Écosse. La capacité de s'abstenir de manger pendant de longues périodes est ainsi une caractéristique de notre espèce qui la distingue des espèces proches qui l'ont précédée au cours de l'évolution. Cette capacité n'est pas seulement corrélée à un possible avantage évolutif, mais elle a été aussi mise à profit d'un point de vue culturel dans la mesure où elle ouvre un éventail très ample de temporalités possibles pour la diète et pour le jeûne.

De manière évidente, ne pas manger pendant de longues périodes est un choix difficile qui demande et démontre à la fois une grande force de volonté et une visible adhésion à des principes ou à des idéaux. C'est précisément pourquoi le jeûne prolongé est associé dans de nombreuses religions à une spiritualité particulièrement élevée et à la manifestation d'une adhésion à des idéaux spécifiques. D'innombrables personnages historiques, spirituels ou politiques, sont régulièrement évoqués pour leurs jeûnes, qui sont mentionnés à l'appui de leur caractère exceptionnel.

Dans les pages qui suivent, nous mettrons à profit quelques récents développements du débat sur la faim dans le champ de la *food philosophy* afin d'approfondir l'analyse du rapport entre le fait de manger, le jeûne et la religion[2]. On analysera d'abord le rapport entre faim et plaisir en présentant quatre attitudes qui caractérisent globalement l'histoire des pensées philosophique et religieuse sur ce point, et on examinera le principal argument invoqué en faveur des conduites opposées au plaisir gastronomique. Ensuite, on présentera les principales étapes nécessaires au développement d'une philosophie de la faim et qui concernent les problèmes sémantiques et conceptuels, les implications sur ce qui touche au rapport entre corps et esprit, l'interprétation des découvertes

---

2. Pour une première approche, voir D. SERPICO et A. BORGHINI, « From Obesity to Energy Metabolism: Ontological Perspectives on the Metrics of Human Bodies », *Topoi* (2020) (https://doi.org/10.1007/s11245-020-09722-1), et A. BORGHINI, « Hunger ».

scientifiques, et enfin les relations avec les autres champs disciplinaires. Enfin, on s'efforcera de tirer les principales conséquences du débat sur la faim pour la réflexion sur le jeûne.

1. La faim et le plaisir

Jeûner et manger sont éminemment liés et articulés au sentiment du plaisir. Il ne s'agit évidemment pas du seul plaisir des sens, mais aussi de formes de plaisirs de natures intellectuelle ou culturelle plus marquées – ainsi lorsque nous mangeons quelque chose en pensant à qui l'a cuisinée ou à comment elle a été produite, ou lorsque nous absorbons un médicament pour respecter une ordonnance médicale. De fait, les réflexions philosophiques sur le plaisir gastronomique constituent aussi une ligne de partage particulièrement opérante dans l'histoire de la pensée du rapport entre corps et esprit. J'ai montré qu'il est possible d'inscrire ce rapport dans une répartition entre quatre principales postures théoriques dont chacune a ensuite des ramifications différenciées[3]. Ces quatre postures sont les suivantes :

Première posture : la fuite

Devant le plaisir – corporel ou mental – de manger, la première attitude possible est celle de la fuite. La forme la plus typique de la fuite en matière de nourriture est la privation, soit le jeûne prolongé et typiquement prémédité. Il s'agit d'une modalité qui a été amplement exploitée au sein des pratiques de la vie monastique dans de nombreuses religions et cultures. Dans la tradition chrétienne, la privation de nourriture a été minutieusement étudiée par Caroline Walker Bynum à travers l'exemple de figures religieuses d'exception comme sainte Claire d'Assise[4] – il s'agit, d'évidence, d'une idéologie du corps qui était également prégnante parmi les hommes et les femmes ses contemporains.

---

3. A. BORGHINI, « Gustare la natura : riflessioni estetiche tra gastronomia e biologia », dans N. PERULLO (éd.), *Cibo, estetica e arte : convergenze tra filosofia, semiotica e storia*, Pise 2014, p. 33-46.
4. C. WALKER BYNUM, *Holy Feast and Holy Fast The Religious Significance of Food to Medieval Women*, Berkeley 1987, trad. française : *Jeûnes et festins sacrés. Les femmes et la nourriture dans la spiritualité médiévale*, Paris 1994.

Andrea Borghini

Il faut cependant garder à l'esprit que la fuite peut se réaliser selon différentes modalités. Dans une étude publiée en 1998, Steven Shapin a recensé une longue série d'exemples de philosophes, de gens de science et d'intellectuels qui refusaient de se préoccuper de leur alimentation selon des manières très différentes[5]. Ainsi de Newton, qui, dit-on, oubliait solennellement de manger. Dans ce dernier cas, se tenir à l'écart des plaisirs gastronomiques est une manière de vivre qui est indice de rigueur intellectuelle.

Deuxième posture : la lutte et la domination

La deuxième attitude consiste dans une lutte contre le plaisir gastronomique. Dans cette perspective, la diète doit être un moyen d'affirmer la suprématie de l'esprit sur le corps en substituant les plaisirs de l'intellect aux plaisirs de la bouche. Des pratiques alimentaires comme le végétarisme ou la « consommation critique » (*critical consumerism*) relèvent de cette attitude, mais également le choix de suivre un régime spécifique défini exclusivement selon des motifs médicaux.

Dans le cas de cette deuxième attitude, le plaisir de bouche n'est pas complètement éliminé comme dans le cas de la privation, mais il est seulement cantonné à la juste place que la raison lui assigne. La raison doit asseoir son empire sur l'espace des actions liées à la diète, puis une fois qu'elle l'a conquis, elle doit le redistribuer selon des critères qui garantissent le respect de règles éthiques, politiques, sociales, légales.

Troisième posture : la coopération

La troisième attitude consiste dans la recherche d'une coopération entre principes, finalités et plaisir gastronomique. Elle trouve sa valeur directrice dans l'agir éduqué et harmonieux. Les plaisirs gastronomiques doivent être cultivés dans un dialogue constant avec les exigences du sujet et du contexte diététique, ce qui, typiquement, n'est possible que si les principes sont conçus comme flexibles et adaptables au contexte alimentaire. On pense ici notamment au « flexitarisme », soit une pratique alimentaire fondée sur l'idée de manger ou

---

5. S. SHAPIN, « The Philosopher and the Chicken », dans C. LAWRENCE et S. SHAPIN (éd.), *Science Incarnate. Historical Embodiments of Natural Knowledge*, Chicago – Londres 1998, p. 21-50.

Le jeûne et la faim : perspectives philosophiques

de ne pas manger de viande en fonction des circonstances éthiques spécifiques dans lesquelles le sujet se trouve. La flexibilité de la pratique du jeûne s'intégrera, elle aussi, dans la stratégie de coopération : ainsi, dans le cas du jeûne pour motifs religieux, son observance pourra s'adapter aux circonstances sociales spécifiques dans lesquelles le sujet se retrouve à devoir le respecter.

Quatrième posture : l'abandon

La quatrième attitude consiste à s'abandonner librement aux plaisirs gastronomiques. Il s'agit de la forme la plus caractéristique du loisir et du vice gastronomiques qui se réduit au schéma stylisé d'une recherche du plaisir sans objectifs ni délimitations temporelles spécifiques. Le jeûne trouve difficilement sa place dans les pratiques tributaires de cette quatrième attitude, sauf comme occasion de faire une pause dans la consommation de nourriture, de se purifier temporairement pour ouvrir la voie à de nouveaux plaisirs à venir.

Les quatre postures décrites ne sont pas exclusives les unes des autres durant la vie d'une personne. Il est même très plausible de penser que la plupart des gens adoptent à un moment ou à un autre de leur vie d'adulte chacune de ces quatre postures.

Une fois distinguées ces quatre attitudes, il convient d'étudier quelques positions caractéristiques de l'éthique de l'alimentation qui reviennent sous diverses formes au long de l'histoire de la pensée religieuse et qui s'appuient typiquement tantôt sur la fuite, tantôt sur la lutte, pour critiquer des attitudes alimentaires comme l'abandon.

2. Hédonisme et purisme

Le rôle théorique des quatre différentes postures énumérées ne peut vraiment être défini qu'en les rapportant à une distinction orthogonale entre deux formes de plaisir gastronomique, c'est-à-dire entre hédonisme et purisme.

Par souci de brièveté, nous procéderons ici schématiquement en nous fondant principalement sur les définitions de ces deux positions. Par *hédonisme*, nous entendons le principe de conduite selon lequel la motivation pour l'action doit être le plaisir que procure l'action. Par *purisme*, au contraire, nous entendons le principe de conduite selon lequel la motivation pour l'action ne doit jamais être le plaisir que procure l'action.

Andrea Borghini

Considérées en général, ces deux positions ne sont pas encore suffisantes pour développer une analyse des arguments concernant la diète et le jeûne au sein d'une éthique de l'alimentation. Il nous faut en effet introduire les définitions des formes spécifiques de plaisir impliquées dans la diète et le jeûne :
– *Hédonisme gastronomique* : principe de conduite selon lequel la motivation pour la consommation de nourriture consiste dans les plaisirs procurés par le fait de manger.
– *Hédonisme gastronomique intellectuel* : principe de conduite selon lequel la motivation pour la consommation de nourriture consiste dans les plaisirs procurés par les idées qui inspirent la décision de manger.
– *Hédonisme gastronomique gustatif* : principe de conduite selon lequel la motivation pour la consommation de nourriture consiste dans les plaisirs procurés par le goût des aliments consommés.
– *Purisme gastronomique* : principe de conduite selon lequel la motivation pour la consommation de nourriture ne doit jamais consister dans les plaisirs procurés par le fait de manger, mais bien plutôt dans la nécessité d'entretenir les fonctions vitales de l'organisme.

À partir de ces définitions, il est possible d'esquisser des relations entre les quatre postures distinguées ci-dessus, d'une part, et l'hédonisme et le purisme, d'autre part. Les partisans de la posture de fuite relèvent sans contredit de la catégorie du purisme gastronomique. Les partisans de la posture de lutte ou de domination, au contraire, sont de parfaites illustrations de l'hédonisme gastronomique intellectuel et, dans quelques situations bien précises, de l'hédonisme gastronomique gustatif. Les partisans de la posture de coopération, pour leur part, relèvent des catégories des hédonismes gastronomiques gustatif ou intellectuel dans la précise mesure où ils doivent rechercher une coopération entre raison et plaisirs gastronomiques. Les partisans de la posture de l'abandon, quant à eux, ne se préoccupent pas nécessairement d'illustrer aucune forme d'hédonisme ou de purisme – ce n'est pas leur problème.

3. Les arguments dans le débat sur l'éthique alimentaire

Nous pouvons et devons dès lors nous demander pourquoi les deux premières postures ont prévalu dans l'histoire de la civilisation occidentale et de diverses autres traditions. Nous nous concentrerons ici sur la typologie d'un argument très répandu et central dans le débat sur l'éthique de l'alimentation. Il s'agit d'un argument qui, en tenant compte de ses inévitables modifications circonstancielles, est, me semble-t-il, au fondement du préjugé philosophique à l'encontre de la nourriture et du plaisir gastronomique.

En voici une reconstruction schématique, telle que j'ai déjà eu l'occasion de la présenter[6] :

Argument cardinal (contre le plaisir gastronomique) :

A) Les plaisirs gastronomiques sont des plaisirs corporels auxquels nous ne pouvons nous soustraire.

B) Il y a une tendance naturelle de l'être humain à perdre le contrôle de ses propres plaisirs corporels.

C) À partir de A et B, on tire que, dans la mesure où les plaisirs gastronomiques sont des plaisirs corporels et où ils sont inévitables, il y a une tendance naturelle de l'être humain à la gloutonnerie.

D) Si elle peut être occasionnellement riche d'enseignements, l'attention au plaisir corporel, une fois qu'elle s'est transformée en genre de vie, augmente la probabilité de la gloutonnerie au lieu de mener à la prédominance d'une diète définie par la raison.

E) La gloutonnerie influence négativement l'ensemble de l'agir moral et civil en induisant une incapacité à contrôler rationnellement ses actions.

F) *Conclusion* : celui qui s'adonne aux plaisirs gastronomiques recherche un agir immoral et incivil.

Pour quelques lecteurs, il pourrait s'agir d'un argument intuitif et d'une certaine manière familier, dans la mesure où il rassemble des idées philosophiques et des positions éthiques qui ont traversé les siècles et les traditions philosophiques et religieuses. Ici, je me contenterai de citer quelques passages célèbres extraits des œuvres de saint Augustin d'Hippone et de saint Thomas d'Aquin qui paraissent présupposer l'argument dont je viens de donner le schéma et qui sont fréquemment invoqués pour soutenir le bien-fondé de la posture de fuite ou de lutte :

> Ce que tu m'as appris, c'est d'en arriver à prendre les aliments ainsi que des remèdes. Mais, tandis que je passe du malaise du besoin au bien-être de la satiété, dans ce passage même un piège m'est tendu avec les filets de la convoitise. Car ce passage est lui-même volupté, et il n'y en a pas d'autre pour passer là où la nécessité force à passer.

---

6. A. BORGHINI, « Gustare la natura : riflessioni estetiche tra gastronomia e biologia ».

Bien que la santé soit la raison du boire et du manger, une périlleuse jouissance se joint à elle comme une suivante, et la plupart du temps tâche de la devancer, afin que se fasse pour elle ce que je déclare faire ou veux faire pour la santé. La mesure n'est pas la même pour l'une et pour l'autre, car ce qui est assez pour la santé est trop peu pour la jouissance. Et souvent une incertitude naît : est-ce toujours la nécessité de prendre soin du corps qui demande qu'on la soutienne, ou n'est-ce pas la volupté trompeuse de la convoitise qui sournoisement demande qu'on la serve ? Cette incertitude enchante la pauvre âme, qui se prépare ainsi la garantie d'une excuse, tout heureuse de ne pas voir clairement ce qui suffit à l'équilibre de l'état physique, pour voiler sous le prétexte de santé une affaire de volupté. À ces tentations chaque jour je m'efforce de résister ; je fais appel à ta main secourable, et je reporte vers toi mes agitations, parce que ma ligne de conduite à ce sujet n'est pas encore bien arrêtée[7].
Saint Augustin, *Confessions*, l. x, § 44.

Comme on vient de le dire, le vice de gourmandise ne consiste pas en la substance de la nourriture, mais en la convoitise non réglée par la raison. C'est pourquoi, lorsqu'on dépasse la quantité normale de nourriture, non à cause de la convoitise, mais parce que l'on croit que c'est nécessaire, cela ne relève pas de la gourmandise mais de quelque inexpérience. Ce qui relève de la gourmandise, c'est uniquement, par convoitise d'une nourriture délectable, de dépasser sciemment la mesure lorsqu'on mange[8].
Saint Thomas, *II^a-II^æ*, q. 148, art. 1.

---

7. PL 32, 797-798 : « Hoc me docuisti, ut quemadmodum medicamenta sic alimenta sumpturus accedam. Sed dum ad quietem satietatis ex indigentiæ molestia transeo, in ipso transitu mihi insidiatur laqueus concupiscentiæ. Ipse enim transitus uoluptas est, et non est alius, qua transeatur, quo transire cogit necessitas. Et cum salus sit causa edendi ac bibendi, adiungit se tamquam pedisequa periculosa iucunditas et plerumque præire conatur, ut eius causa fiat, quod salutis causa me facere uel dico uel uolo. Nec idem modus utriusque est : nam quod saluti satis est, delectationi parum est, et sæpe incertum fit, utrum adhuc necessaria corporis cura subsidium petat an uoluptaria cupiditatis fallacia ministerium suppetat. Ad hoc incertum hilarescit infelix anima et in eo præparat excusationis patrocinium gaudens non apparere, quid satis sit moderationi ualetudinis, ut obtentu salutis obumbret negotium uoluptatis. His temptationibus quotidie conor resistere et inuoco dexteram tuam et ad te refero æstus meos, quia consilium mihi de hac re nondum stat ».
8. Thomas d'Aquin, *II^a-II^æ*, q. 148, art. 1, ad 2 : « Ad secundum dicendum quod, sicut dictum est, uitium gulæ non consistit in substantia cibi, sed in concupiscentia non regulata ratione. Et ideo si aliquis excedat in quantitate cibi non propter cibi concupiscentiam, sed æstimans id sibi necessarium esse, non pertinet hoc ad gulam, sed

Le vice de gourmandise est péché mortel en tant qu'il détourne de la fin ultime ; il s'oppose ainsi indirectement au précepte de sanctifier le jour du Seigneur, qui nous prescrit le repos dans la fin ultime[9].
Saint Thomas, *II^a-II^æ*, q. 148, art. 2.

Comme nous l'avons dit, la gourmandise comporte une convoitise désordonnée de la nourriture. Mais dans l'action de manger on peut considérer deux choses : la nourriture même que l'on mange, et la manducation. Le désordre de la convoitise peut donc s'entendre de deux manières. D'une première manière, quant à la nourriture même que l'on prend. Ainsi, quant à la substance ou l'espèce de nourriture, il arrive que l'on recherche des aliments exquis, c'est-à-dire coûteux ; quant à la qualité, il arrive que l'on recherche des aliments préparés avec trop de recherche ; et quant à la quantité, il arrive que l'on dépasse la mesure en mangeant excessivement. D'une autre manière le désordre de la convoitise s'entend encore quant à l'absorption même de la nourriture. Ou bien parce qu'on devance le temps convenable pour manger, ce qui est manger prématurément ; ou bien parce qu'on n'observe pas la mesure requise en mangeant, ce qui est manger avidement. Saint Isidore réunit en une seule les deux premières circonstances et dit que le gourmand commet des excès dans la nourriture selon *la substance, la quantité, la manière et le temps*[10].
Saint Thomas, *II^a-II^æ*, q. 148, art. 4.

---

ad aliquam imperitiam. Sed hoc solum pertinet ad gulam, quod aliquis, propter concupiscentiam cibi delectabilis, scienter excedat mensuram in edendo ».

9. *Ibid.*, art. 2, ad 1 : « Ad primum ergo dicendum quod uitium gulæ habet quod sit peccatum mortale inquantum auertit a fine ultimo. Et secundum hoc, per quandam reductionem, opponitur præcepto de sanctificatione sabbati, in quo præcipitur quies in fine ultimo ».

10. *Ibid.*, art. 4, co. : « Respondeo dicendum quod, sicut dictum est, gula importat inordinatam concupiscentiam edendi. In esu autem duo considerantur, scilicet ipse cibus qui comeditur, et eius comestio. Potest ergo inordinatio concupiscentiæ attendi dupliciter. Uno quidem modo, quantum ad ipsum cibum qui sumitur. Et sic, quantum ad substantiam vel speciem cibi, quærit aliquis cibos lautos, idest pretiosos ; quantum ad qualitatem, quærit cibos nimis accurate praparatos, quod est studiose ; quantum autem ad quantitatem, excedit in nimis edendo. Alio uero modo attenditur inordinatio concupiscentiæ quantum ad ipsam sumptionem cibi, uel quia præuenit tempus debitum comedendi, quod est præpropere ; uel quia non seruat modum debitum in edendo, quod est ardenter. Isidorus uero comprehendit primum et secundum sub uno, dicens quod gulosus excedit in cibo secundum quid, quantum, quomodo et quando ».

Ce n'est pas ici le lieu de proposer les détails d'un contre-argument à l'argument cardinal contre le plaisir gastronomique et à la manière selon laquelle saint Augustin et saint Thomas le déclinent. Il vaut pourtant la peine de souligner le fait que les thèses D et E sont particulièrement controversées, parce que la coopération aux plaisirs corporels réduit, au lieu de l'augmenter, la probabilité de la gloutonnerie. En outre, une juste dose de gloutonnerie finit par faciliter l'agir moral et civil au lieu de le corrompre.

C'est un fait que l'argument cardinal a exercé et exerce encore aujourd'hui une profonde influence sur la pensée philosophique et religieuse relative à l'alimentation. Il peut également être facilement exploité pour soutenir les pratiques du jeûne. Le jeûne, en effet, peut être conçu comme une pratique grâce à laquelle l'âme, qui risque autrement de se faire corrompre par le plaisir corporel, peut trouver une juste distance pour fuir le plaisir corporel, c'est-à-dire pour éviter d'avoir à lutter contre lui.

4. Trois découvertes scientifiques

Jusqu'ici, nous avons exposé des idées classiques sur le fait de manger et de jeûner et qui s'inspirent d'une analyse conceptuelle de textes et d'interprétations de la pensée philosophique et religieuse issue de diverses traditions. Aujourd'hui, cependant, il est possible de livrer une analyse plus articulée de la signification de la faim et du jeûne grâce à quelques découvertes scientifiques qui ont dévoilé des aspects surprenants de la privation alimentaire.

Dans l'histoire de la pensée, la faim a représenté un instinct naturel, la partie de nous-mêmes qui nous apparente le plus typiquement aux autres animaux[11]. À partir au moins des études pionnières sur les habitants du ghetto de Varsovie[12] et sur les sujets de ce qui a été appelé le *great starvation experiment* mené à l'Université du Minnesota de

---

11. Voir A. J. CARLSON, *The Control of Hunger in Health and Disease*, Chicago 1916, et E. WILLIAMS, « Sciences of Appetite in the Enlightenment, 1750-1800 », *Studies in History and Philosophy of Biological and Biomedical Sciences* 43 (2012), p. 392-404. Voir également les présentations d'ensemble de S. A. RUSSELL, *Hunger: An Unnatural History*, New York 2005, et J. VERNON, *Hunger. A Modern History*, Cambridge (Mass.) 2007.
12. Voir L. TUSHNET, *The Uses of Adversity. Studies of Starvation in the Warsaw Ghetto*, South Brunswick (NJ) 1966.

novembre 1944 à décembre 1945 par le physiologiste américain Ancel Keys (1904-2004) et ses collègues[13] – qui ont publié en 1950 le bilan monumental de leurs observations dans les deux volumes de *The Biology of Human Starvation* –, les perspectives évolutives et neuroscientifiques laissent penser que la faim a une origine et joue un rôle dans l'agir humain très différents de ce qui avait été précédemment conjecturé. Il est désormais évident que la faim que les êtres humains éprouvent les différencie profondément des autres animaux.

Autrement dit, le modèle dualiste qui oppose corps et esprit, faim et appétit, physiologie et psychologie ne parvient pas à rendre compte de tout ce que nous avons découvert ces dernières décennies sur la manière dont l'esprit humain envisage l'alimentation. Trois découvertes scientifiques fondamentales ont bouleversé notre théorie de l'esprit en ce qui concerne son rapport à la nourriture. En voici la présentation simplifiée dans le cadre du présent article :

1) Les êtres humains n'ont pas un, mais deux cerveaux[14] : le premier est celui, bien connu, qui se trouve dans la boîte crânienne, tandis que le second se trouve dans l'estomac et régule notre comportement alimentaire. Même si le deuxième cerveau est plus petit que le premier, il a cependant des dimensions comparables à celles du cerveau d'un rongeur typique et ses fonctions n'ont strictement rien de négligeable. Il s'agirait d'une spécificité biologique des êtres humains qui marque une étape dans l'évolution. Le rapport entre le premier et le deuxième cerveau redéfinit notre manière de penser la relation entre aspects physiologiques et aspects psychologiques liés à l'alimentation. Les deux cerveaux jouent un rôle actif, que ce soit du point de vue physiologique ou du point de vue psychologique, que ce soit pour définir la faim ou pour influencer l'appétit. Dès lors une distinction ontologique aussi nette que celle qui a été faite dans la tradition occidentale ne semble pas pouvoir se justifier. Émerge alors un modèle moniste (et non pas dualiste) de la faim/appétit, de la physiologie/psychologie liées à la consommation de nourriture.

2) Le deuxième fait scientifique important est que les êtres humains peuvent se nourrir d'un nombre impressionnant d'aliments

---

13. Voir T. TUCKER, *The Great Starvation Experiment: Ancel Keys and the Men Who Starved for Science*, Minneapolis 2007.
14. Voir M. GERSHON, *The Second Brain. The Scientific Basis of Gut Instinct and a Groundbreaking New Understanding of Nervous Disorders of the Stomach and Intestine*, New York 1998.

Andrea Borghini

sans que cela ait des conséquences drastiques sur leurs probabilités de survie[15]. Des populations qui ont des régimes profondément différents (par exemple un régime complètement à base de plantes et de produits comestibles issus de la forêt, un autre régime majoritairement fondé sur le poisson et un troisième régime plutôt fondé sur la viande) peuvent avoir les mêmes espérances de vie. Ce fait laisse supposer que, même d'un point de vue médical, nous avons affaire à la contrainte du *choix* nutritionnel et non pas à la nécessité d'*une seule* loi spécifique du régime alimentaire humain. Donc la thèse selon laquelle la faim n'a rien à voir avec le choix, mais procède seulement de nécessités physiologiques est inexacte, de même qu'il est inexact de penser que la faim ne dépend pas d'une certaine plasticité culturelle dans le cadre de laquelle le système physiologique corporel s'adapte aux conditions spécifiques de l'environnement au cours de son développement.

3) Les êtres humains peuvent ne pas manger pendant des périodes extraordinairement longues (au contraire, ils ne peuvent pas survivre bien longtemps sans boire). Nous avons de nombreux exemples de personnes qui ont survécu à des jeûnes de plusieurs dizaines de jours et, dans quelques cas, même à des jeûnes qui ont largement dépassé les cent jours. De tels jeûnes étaient imposés par des conditions disparates : des convictions religieuses, politiques ou idéologiques profondes dans quelques cas, ou bien la contrainte d'une famine, l'emprisonnement ou des exigences médicales particulières. Cette capacité de s'adapter aux conditions offertes par l'environnement comestible est une particularité insigne de l'espèce humaine et qui a marqué son évolution.

5. Implications philosophiques

Ces découvertes scientifiques relativement récentes nous poussent à repenser profondément le rapport entre corps et esprit par rapport à l'alimentation. À la place de l'ontologie dualiste qui parcourt la philosophie occidentale, ces découvertes suggèrent implicitement une théorie moniste qui voit dans la faim un concept complexe et articulé. Je préconise pour ma part de conserver une unique notion centrale,

---

15. Voir Cl. FISCHLER, « Food, Self, and Identity », *Social Science Information* 27 (1988), p. 275-292, et M. POLLAN, *The Omnivore's Dilemma. A Natural History of Four Meals*, New York 2006.

la faim, et d'employer ce terme de manière générique à quelque étape que ce soit du processus de volition qui comprend l'intention d'ingérer de la nourriture[16].

L'une des difficultés rencontrées par ces nouvelles perspectives philosophiques concerne la manière selon laquelle nous pouvons et devons réadapter notre langage pour pouvoir traiter de la faim, de l'appétit et du jeûne dans une perspective renouvelée. Chaque langue dispose d'un ample éventail de notions pour renvoyer aux différents états du processus de volition qui correspond à l'intention d'ingérer de la nourriture et que nous utilisons pour signifier et encadrer notre comportement alimentaire. Ce champ lexical inclut des états mentaux et physiologiques très différents, respectivement étiquetés grâce à un mélange d'expressions qui ont souvent un usage informel – comme *faim, appétit, langueur, envie de, avoir l'estomac dans les talons*, et ainsi de suite. De telles expressions ne sont pas toujours facilement traduisibles d'une langue dans une autre, ainsi que Paul Rozin l'a montré dans l'étude qu'il a consacrée en 2010 au terme anglais de *craving*[17].

Le réseau conceptuel complexe qui relie entre eux les concepts de faim, d'appétit et de jeûne constitue un premier problème philosophique central pour quelque théorie que ce soit qui entende rendre compte du comportement alimentaire humain. Pour y mettre de l'ordre, la philosophie occidentale a historiquement fait une distinction qui suit la frontière entre corps et esprit : il y a ainsi des états liés à un aspect corporel et physiologique, tandis que d'autres relèvent de l'esprit et de la volonté humaine.

Ainsi, d'un côté, nous avons la faim et le besoin de se nourrir, qui sont fondamentalement de nature physiologique et indépendants de la volonté et de la psychologie humaine. Donc, une personne pourrait ne pas s'apercevoir qu'elle a faim, elle pourrait ne pas s'apercevoir

---

16. Voir A. BORGHINI, « Hunger », et D. SERPICO et A. BORGHINI, « From Obesity to Energy Metabolism: Ontological Perspectives on the Metrics of Human Bodies ».
17. P. ROZIN, « Does *craving* carve nature at the joints? Absence of a synonym for *craving* in many languages », *Addictive Behaviors* 35 (2010), p. 459-463. Sur cette question, voir aussi H. ZIAUDDEEN et P. FLETCHER, « Is Food Addiction a Valid and Useful Concept? », *Obesity Reviews* 14 (2013), p. 19-28. Pour une étude comparable sur la complexité de l'expression linguistique des états émotifs entre les mères et leurs enfants, voir M. TAUMOEPEAU et T. RUFFMAN, « Mother and Infant Talk About Mental States Relates to Desire Language and Emotion Understanding », *Child Development* 77 (2006), p. 465-481.

qu'elle est mal nourrie et, plus généralement, elle pourrait ne pas se rendre compte de ce que sont ses besoins physiologiques d'un point de vue nutritionnel. Pour les gérer et les expliquer, il convient donc de recourir à un scientifique ou à un médecin qui comprennent les lois régissant le fonctionnement du corps humain.

D'un autre côté, nous avons au contraire l'appétit, les préférences alimentaires liées au goût et aux envies éphémères qui relèvent complètement de la sphère de la psychologie humaine. De tels états relèvent de la sphère du choix. Cela ne signifie pas qu'un individu en ait l'entier contrôle, mais plus simplement que les choix et les préférences alimentaires peuvent être réorientés par le contexte – ainsi de la manière selon laquelle la nourriture est présentée sur un buffet ou dans un supermarché, ainsi des dimensions et du *design* des plats, ou ainsi encore du type et de la fréquence de la publicité, et ainsi de suite[18].

Dans ces contextes, la connaissance de l'esprit humain relève dès lors, non pas du domaine de la médecine, mais de celui d'autres disciplines, comme la psychologie du comportement, la sociologie de la consommation et l'économie. Même l'étude des troubles de l'alimentation – anorexie, boulimie, orthorexie, pour mentionner les plus connus – relèvera de la sphère des états mentaux liés à la volonté humaine[19].

Les nouvelles perspectives sur la faim ont d'importantes conséquences dans de nombreux champs de recherches qui vont bien au-delà de la philosophie. En voici notamment quatre :

1) *Les politiques de production de la nourriture* : l'idée selon laquelle la faim est essentiellement un problème médical qui ne renvoie pas à un choix humain a poussé à chercher des solutions qui reposaient sur la quantité de certains aliments produits de manière efficace. De tels exemples sont abondants, mais la décision politique peut-être la plus lourde de conséquences de ce point de vue a été celle d'Earl Butz (1909-2008), secrétaire à l'Agriculture dans l'administration du président Richard Nixon et dans celle de son successeur Gerald Ford et qui, au milieu des années 1970, a entrepris aux États-Unis une politique de soutien à l'agriculture industrielle. La stratégie

---

18. Voir Br. WANSINK, *Mindless Eating. Why We Eat More Than We Think*, New York 2006, et Ch. SPENCE, *Gastrophysics. The New Science of Eating*, Londres 2017.
19. Voir S. GIORDANO, *Understanding Eating Disorders. Conceptual and Ethical Issues in the Treatment of Anorexia and Bulimia Nervosa*, Oxford 2005.

de Butz a certes mené à une production beaucoup plus abondante de nourriture, mais elle a également détruit la qualité des aliments et elle est directement responsable des nombreux problèmes diététiques qui affligent les États-Unis aujourd'hui[20].

2) *Les programmes d'aide alimentaire :* pendant des décennies, les plans d'aide alimentaire se sont fondés sur les principes et les choix diététiques de ceux qui les mettaient en place, soit, le plus souvent, des chercheurs qui vivaient et travaillaient dans les pays riches. Agir pour que chaque être humain ait une nourriture suffisante n'est pas seulement une affaire physiologique ou médicale, liée banalement à la quantité de nourriture, comme nous pouvons parfois tendre à le croire en lisant des textes comme celui de Peter Singer[21]. Les famines ne sont pas seules à être déterminées par de complexes systèmes socio-politiques de distribution de la nourriture comme le suggère Amartya Sen[22]. Comprendre et respecter les cultures alimentaires est en réalité encore plus important quand le choix est contraint par les circonstances afin d'éviter de faire violence à la sphère des significations en sus des conditions économiques des individus impliqués[23]. Une théorie moniste de la faim permet d'expliquer de manière cohérente et directe les raisons pour lesquelles il est important de considérer à la fois les aspects médicaux et culturels dans les plans d'aide alimentaire.

3) *Le lien entre sous-nutrition et surnutrition :* pour comprendre comment, dans les deux dernières décennies, les pauvres, les marginaux et ceux qui ont moins de pouvoir socio-politique en sont venus à souffrir de surnutrition alors qu'ils souffraient auparavant de sous-nutrition, il est derechef important d'invoquer le lien entre les différentes nuances de la faim. La famine et le désir d'un plat hypercalorique consommé dans un *fast-food* sont deux aspects d'une même classe

---

20. Voir M. POLLAN, *The Omnivore's Dilemma*, J. BERG, *All You Can Eat. How Hungry is America?*, New York 2008, et le documentaire réalisé en 2012 par Lori Silverbush et Kristi Jacobson et intitulé *A Place at the Table*.
21. P. SINGER, « Famine, Affluence, and Morality », *Philosophy and Public Affairs* 1 (1972), p. 229-243.
22. A. SEN, *Poverty and Famines: An Essay on Entitlement and Deprivation*, Oxford 1983.
23. Voir Th. POGGE, « The Hunger Games », *Food Ethics* 1 (2016), p. 9-27. Sur la complexité du concept de besoin, consulter D. WIGGINS, « Needs, Need, Needing », *Journal of Medical Ethics* 13 (1987), p. 62-68.

d'états volitifs qu'une théorie de la faim doit faire tenir ensemble pour pouvoir les expliquer chacun séparément, mais aussi dans leurs rapports[24].

4) *Les troubles de l'alimentation :* comprendre la signification de la faim pour chaque patient et réfléchir dessus devrait être un des objectifs de l'intervention clinique. Au contraire, les programmes de soins des troubles de l'alimentation n'approfondissent pas les nuances conceptuelles et psychologiques avec lesquelles les patients envisagent la nourriture et l'alimentation ; ils se limitent à réintroduire des *normes* alimentaires qui ont une finalité essentiellement médicale. Une théorie moniste de la faim permettrait de développer des programmes qui démontreraient une plus grande sensibilité aux conceptualisations des patients[25].

6. Conclusions : nouvelles perspectives sur le jeûne

Quelles leçons pouvons-nous tirer des développements récents du débat philosophique sur la faim pour une analyse de la question du jeûne ? Il est possible d'en mettre en évidence au moins trois :

– D'abord, si le jeûne est placé en opposition avec la faim et si nous avons une vision moniste de la faim, alors nous aurons également une vision moniste du jeûne. En d'autres termes, il n'est pas facile de séparer les aspects physiologiques du jeûne de ses aspects psychologiques, ou de séparer ce qui se produit dans l'esprit de ce qui se produit dans le corps pendant un jeûne. Autrement dit encore, jeûner pendant un jour entier ne représente pas toujours la même action : si le jeûne est observé pour des raisons différentes, s'il est observé dans des contextes sociaux et environnementaux différents, on aura affaire à des conditions psycho-physiques profondément différentes. Par exemple, jeûner pendant deux jours pour des motifs diététiques devrait être conçu comme un type d'action bien différent d'un jeûne de deux jours pour des motifs politiques. Il n'est raisonnablement pas

---

24. Voir A. BORGHINI, « Hunger », et G. SCRINIS, « Reframing malnutrition in all its forms: A critique of the tripartite classification of malnutrition », *Global Food Security* 26 (2020), https://doi.org/10.1016/j.gfs.2020.100396.
25. Voir S. GIORDANO, *Understanding Eating Disorders*, A. BORGHINI, « Hunger », et M. DEAN, « In Defense of Mindless Eating », *Topoi* (2020), 10.1007/s11245-020-09721-2.

Le jeûne et la faim : perspectives philosophiques

possible de considérer que les deux actions relèvent d'un seul et même type, puisque non seulement elles dépendent de motifs différents et se produisent dans des contextes sociaux et environnementaux différents, mais encore elles seront typiquement corrélées à des processus physiologiques différents. En conclusion, demander à quelqu'un s'il a jamais jeûné pendant deux jours entraîne une réponse sous-déterminée et seulement fondée sur la longueur du jeûne, et non pas sur ses autres aspects.

– Ensuite, si des jeûnes d'une même durée ne peuvent être forcément conçus comme relevant d'un même type d'action, nous sommes alors confrontés à un problème de comparaison entre jeûnes. De quels éléments de comparaison disposons-nous ? Les motifs du jeûne ? Les circonstances environnementales ? Les circonstances sociales ? Il est peut-être plus logique de comparer entre eux les grèves de la faim ou les jeûnes pour raisons diététiques indépendamment de leur durée. Pour des raisons évidentes, il est compliqué de rassembler des données sur la physiologie des jeûnes, mais il s'agit assurément d'une voie de recherche à parcourir, même du point de vue d'une reconceptualisation de la signification du jeûne.

– Enfin, ce que nous avons dit sur la faim semble indiquer que le jeûne est également une activité caractéristique de la nature humaine, et non pas une forme de déviance par rapport au nécessaire accomplissement d'un instinct animal. Jeûner est un acte partagé par tous les êtres humains parce que le jeûne reflète la gamme complexe des attitudes alimentaires dont la possibilité est offerte aux êtres humains. Quand nous jeûnons, nous n'opposons pas un refus à notre nature instinctive, nous ne sommes pas en train de nier notre matérialité. Au contraire, nous exprimons le rapport complexe de l'homme à la nourriture, nous manifestons la possibilité que nous avons de ne pas manger pendant des périodes prolongées et de le faire en nous projetant dans cette action. La perspective qui émerge devrait donc nous pousser à créer des architectures du jeûne qui suivent des trajectoires temporelles, sociales et environnementales articulées et particulièrement riches d'un point de vue conceptuel.

JEÛNE ET COMBAT SPIRITUEL
AU SEIN DU PROTESTANTISME ÉVANGÉLIQUE

David Vincent
EPHE, Université PSL, GSRL (UMR 8582)

L E BUT DE CETTE CONTRIBUTION est de présenter la pratique du jeûne au sein du protestantisme évangélique. Après avoir proposé une définition du monde évangélique, nous présenterons les sources utilisées pour cette étude, puis nous essaierons de dégager les principales caractéristiques du jeûne pratiqué au sein de cette confession religieuse. Pour cela, nous examinerons successivement les buts du jeûne et les modalités de sa mise en pratique.

1. Le monde évangélique : un christianisme diversifié

Définition de l'évangélisme

Le protestantisme évangélique est actuellement la confession religieuse qui, toutes religions confondues, connaît le plus fort taux de croissance à l'échelle mondiale. Estimés à quatre cents millions au début des années 2000[1], les protestants évangéliques étaient un peu plus de cinq cents millions en 2010 et six cent soixante millions en 2020[2]. Cependant, il n'est pas évident de délimiter exactement les contours du protestantisme évangélique. Le terme d'évangélique est polysémique. Au début de la Réforme, il est simplement synonyme de protestant. Cette acception se maintient, en français, jusque dans

---

1. S. FATH (éd.), *Le protestantisme évangélique. Un christianisme de conversion. Entre ruptures et filiations*, Turnhout 2004, p. IX.
2. Sébastien Fath propose un rapport statistique annuel des évangéliques dans le monde. Pour 2010 : http://blogdesebastienfath.hautetfort.com/media/02/01/1283592780.pdf, et pour 2020 : http://blogdesebastienfath.hautetfort.com/media/00/00/2889529227.pdf (consulté le 30 juillet 2020).

la première moitié du XXe siècle. Elle a été conservée en allemand et plus généralement dans les Églises de tradition luthérienne[3]. Parallèlement, d'autres sens apparaissent. Ce terme est parfois synonyme d'« orthodoxe » ou « conservateur », et il s'oppose ainsi à celui de « libéral ». Enfin, depuis la seconde moitié du XXe siècle, il tend à désigner un courant particulier au sein du protestantisme.

Parmi les précurseurs du courant évangélique, on évoque souvent la Réforme radicale, qui souhaitait la séparation des Églises et de l'État, ainsi que le mouvement piétiste qui se développe au XVIIe siècle dans le monde luthérien[4]. Toutefois, ce courant évangélique est surtout l'héritier des Grands Réveils de l'époque moderne. On considère que les Pères fondateurs de ce mouvement sont John Wesley (1703-1791) et Jonathan Edwards (1703-1758)[5]. Ces deux évangélistes avaient des conceptions théologiques très différentes, notamment concernant la souveraineté de Dieu[6]. Toutefois, ils s'accordaient sur quatre points qui ont été retenus par les historiens et les sociologues pour définir l'évangélisme[7] : 1) la nécessité d'une conversion personnelle de l'individu : on ne naît pas chrétien, on le devient ; 2) le militantisme : chaque croyant a le devoir de partager ses convictions religieuses pour tenter de convaincre d'autres personnes d'y adhérer ; c) l'autorité de la Bible : les Écritures sont la norme suprême et la règle infaillible en matière de foi et de mœurs ; d) la centralité de la figure de Jésus : on ne peut être sauvé qu'en reconnaissant Jésus

---

3. Ainsi le nom officiel de la principale Église protestante allemande est-il *Evangelische Kirche in Deutschland*. Dans un contexte francophone, il faut cependant mieux traduire par « Église protestante en Allemagne » pour éviter les contresens. L'équivalent allemand d'évangélique est *Evangelikal*.
4. Les principaux théologiens de ce mouvement sont Philip Spener (1635-1705), qui publie en 1675 *Pia Desideria*, August Hermann Francke (1663-1727) et le comte von Zindendorf (1700-1760).
5. On leur associe souvent Charles Wesley (1707-1788), le frère de John, et George Whitefield (1714-1770).
6. Le premier croyait à l'existence d'un réel libre arbitre chez l'être humain. Le salut était proposé à tous et l'homme pouvait l'accepter ou le refuser. Le second défendait la doctrine calviniste stricte de la double prédestination. Dieu avait choisi à l'avance ceux qu'Il voulait sauver et ceux qu'Il voulait damner. Le libre arbitre n'existe donc pas réellement.
7. Ces critères ont été identifiés par l'historien David Bebbington. Voir S. FATH, *Du ghetto au réseau. Le protestantisme évangélique en France (1800-2005)*, Genève 2005, p. 23-46. Voir aussi Ph. GONZALEZ, *Que ton règne vienne. Des évangéliques tentés par le pouvoir absolu*, Genève 2014, p. 30.

Jeûne et combat spirituel au sein du protestantisme évangélique

comme Seigneur et Sauveur ; il y a souvent une forte insistance sur sa mort sur la croix (« crucicentrisme »). De plus, le courant évangélique tend à valoriser, au moins dans son discours, une relation directe du croyant à Dieu, ce qui conduit à minimiser les médiations institutionnelles. Cet aspect est important pour le sujet qui nous concerne. Enfin, il faut souligner le fait que le monde évangélique est caractérisé par un très grand nombre de dénominations. Toutefois, on peut distinguer deux courants principaux : un courant « piétiste-orthodoxe » et un « courant pentecôtiste-charismatique[8] ». Au cours de cette étude, nous nous efforcerons de souligner les points communs, mais aussi les nuances qui peuvent exister entre ces deux courants concernant la pratique du jeûne.

Les sources

Pour cette étude, nous nous appuierons sur trois types de sources complémentaires. Les ouvrages de théologie traitant à proprement parler du jeûne, les biographies présentant des exemples de jeûnes, et les sermons. Ces trois types de sources touchent des publics différents ; leur étude combinée permet donc de dresser un tableau assez large de la perception du jeûne dans le monde évangélique. Cependant, ce tableau ne pourra être qu'une description du discours théorique sur le jeûne et non une étude quantitative de son application par les fidèles[9]. Cette mise en pratique ne sera accessible qu'à partir des exemples mentionnés à titre d'anecdotes illustratives par les auteurs.

En dehors des ouvrages généraux de théologie évangélique, de nombreux livres, traitant spécifiquement de la pratique du jeûne, ont été publiés. Ce constat démontre déjà un fort intérêt pour le sujet. Si une étude exhaustive n'est pas possible, nous nous sommes appuyé sur les plus influents d'entre eux. Il s'agit principalement de l'ouvrage *Comment façonner l'histoire par la prière et le jeûne* de Derek Prince[10] et *Jeûner : nourrir notre faim de Dieu par le jeûne et la*

---

8. S. FATH, *Du ghetto au réseau*, p. 303-320.
9. Même si indirectement certaines données quantitatives pourront être évoquées.
10. Derek Prince (1915-2003) est un pasteur et évangéliste pentecôtiste. Il diffuse son enseignement à travers la radio et des livres traduits en plusieurs dizaines de langues. Celui-ci touche essentiellement le courant pentecôtiste-charismatique. Site officiel : https://www.derekprince.org.

prière de John Piper[11]. Ce dernier se présente comme une synthèse évangélique sur la question. Les deux auteurs relèvent chacun d'un des deux grands courants du monde évangélique. En complément, d'autres livres ont été aussi consultés.

La deuxième source importante est celle des (auto-)biographies et des journaux personnels, le plus souvent de prédicateurs, pasteurs ou missionnaires. Ces ouvrages proposent aux fidèles des exemples. Cet enseignement par l'anecdote est très populaire dans le monde évangélique. À une démonstration théologique jugée souvent trop intellectuelle, on préfère des récits tirés du vécu de telle ou telle personne célèbre. Ces ouvrages concernent certaines personnes déjà mentionnées, comme John Wesley, ou d'autres pasteurs influents dans le monde évangélique.

Enfin, la troisième source est constituée par les sermons. Les sermons occupent une place centrale dans le culte évangélique. D'un point de vue pratique, c'est sans aucun doute la partie la plus importante du culte. Cette importance se voit d'ailleurs dans le temps accordé au sermon au sein du culte, comparativement aux autres Églises. Une récente enquête sociologique menée au sein des Églises américaines a ainsi montré qu'un sermon durait en moyenne trente-neuf minutes dans les Églises évangéliques, contre vingt-cinq minutes dans les Églises protestantes non-évangéliques (*Mainline churches*) et quatorze minutes dans les Églises catholiques. Cette durée moyenne montait jusqu'à cinquante-quatre minutes dans les Églises protestantes noires (*Black churches*)[12]. Pour cette étude des sermons, nous nous appuierons sur des sources écrites, mais aussi des sources orales, notamment des sermons diffusés sur Youtube. Nous avons particulièrement étudié les sermons émanant d'une *megachurch* française[13] : Impact Centre

---

11. John Piper (né en 1946) est un pasteur baptiste (*particular baptists*) appartenant au mouvement dit « néo-calviniste ». Ses enseignements dépassent toutefois largement ce cadre confessionnel et sont très suivis dans le monde évangélique conservateur relevant du courant orthodoxe-piétiste. Son site officiel est : https://www.desiringgod.org.
12. Étude complète en ligne : https://www.pewforum.org/2019/12/16/the-digital-pulpit-a-nationwide-analysis-of-online-sermons/ (consulté le 31 juillet 2020).
13. On désigne par *megachurch* une Église réunissant plus de 2 000 personnes lors de ses services hebdomadaires. Sur le phénomène des *megachurches*, voir S. Fath, *Dieu XXL. La révolution des* megachurches, Paris 2008. L'Église « Impact Centre Chrétien » est spécifiquement évoquée dans le chapitre VI. Elle était cependant à

Jeûne et combat spirituel au sein du protestantisme évangélique

Chrétien[14]. À la fin du mois de juillet 2020, la chaîne Youtube de cette Église comptait plus de mille six cents vidéos et près de deux cent quarante mille abonnés, ce qui en fait l'une des plus importantes de la francophonie évangélique. Les pasteurs principaux de l'Église sont Yvan et Modestine Castanou. Les vidéos, qui retransmettent les sermons donnés lors des cultes, sont en moyenne visionnées cinq mille fois, mais les prédications les plus populaires peuvent monter jusqu'à cinq cent mille vues. Trois séries sont spécifiquement consacrées à la question du jeûne : « 21 jours de jeûne, prières et supplications », diffusée en juin 2019[15] ; « 21 jours de jeûne et prières – renverser les forteresses », diffusée en décembre 2019[16] ; et « 3 jours de jeûne et prière pour éradiquer les ténèbres du coronavirus », diffusée en mars 2020[17].

La définition du jeûne

Le terme de jeûne peut recouvrir différentes pratiques. Dans son acception habituelle, il désigne l'abstinence de nourriture durant un ou plusieurs jours. Parfois, il peut être réduit à l'éviction d'un repas par jour, d'autres fois, il désigne au contraire l'abstention complète de nourriture et de boisson, y compris l'eau. Dans « le patois de Canaan[18] », on parle alors de « jeûne d'Esther », la durée de celui-ci étant en général de trois jours[19]. Enfin, le terme de jeûne est parfois utilisé dans un sens plus large pour désigner une privation volontaire

---

l'époque de taille plus modeste (700 membres), mais s'est depuis considérablement développée.
14. Chaîne Youtube « Impact Centre Chrétien » : https://www.youtube.com/user/ICCTele (consulté le 30 juillet 2020). Site officiel de l'Église : https://impactcentrechretien.com.
15. Quinze vidéos d'une durée moyenne d'une heure et demie environ. Dix mille vues en moyenne par vidéo (consulté le 31 juillet 2020).
16. Dix-neuf vidéos d'une durée moyenne d'une heure et demie environ. Quarante-trois mille vues en moyenne par vidéo (consulté le 31 juillet 2020).
17. Six vidéos d'une heure en moyenne. Cinquante mille vues en moyenne par vidéo. Depuis cette étude, plusieurs autres séries concernant le jeûne ont été diffusées : « 5 jours de jeûne et prière (février 2020) » ; « 5 jours de jeûne et prière (juin 2020) » et « 3 jours de jeûne et prière (juillet 2020) » (consulté le 31 juillet 2020).
18. Par « patois de Canaan », on désigne un jargon couramment employé dans les Églises protestantes et en général peu compréhensible par les non-initiés.
19. Voir, par exemple, M. SCHIFFMANN, *Pourquoi jeûner ? Un guide pour les combattants dans la prière et ceux qui veulent le devenir*, Vence s.d., p. 22. Le nom et la durée de ce jeûne proviennent du livre d'Esther. L'héroïne, une jeune Judéenne devenue reine de Perse, a jeûné pendant trois jours et a demandé à son peuple de

de certaines pratiques ou produits (jeûne de télévision par exemple). Nous laisserons cependant ce dernier cas de côté, et nous n'étudierons ici que le jeûne compris comme privation alimentaire.

2. Le but du jeûne

Le rejet d'un jeûne institutionnalisé ou méritoire

La pratique du jeûne ne va pas de soi et certains auteurs, comme Keith Main, s'y opposent[20], estimant qu'il s'agit d'une « coutume ancienne et dépassée » qui ne doit plus avoir cours dans l'Église. Cette pratique témoignerait en effet d'un formalisme dépassé par la résurrection du Christ. Même si cette position extrême est très minoritaire, elle témoigne de deux préoccupations largement partagées par les protestants évangéliques. La première est celle d'éviter tout ce qui témoignerait d'une institutionnalisation traditionnelle ou d'une coutume à suivre. Comme nous l'avons vu précédemment, le monde évangélique insiste sur la nécessité d'une relation personnelle avec Dieu, ce qui, au moins dans le discours officiel, se caractérise par un effacement des différentes médiations, et notamment de celle de l'Église en tant qu'institution. Cette théologie conduit à un rejet de la liturgie. De plus, il n'y a dans le monde évangélique aucune autorité centrale qui pourrait imposer un calendrier religieux particulier et les « coutumes » ou « traditions » sont plutôt connotées négativement. Il n'y a donc pas de jeûnes qui reviennent régulièrement, à l'occasion de fêtes ou de moments clefs de l'année ou de la vie du croyant[21]. Le jeûne est au contraire laissé à la liberté des croyants en tant qu'individus ou communautés. Le jeûne n'étant pas régulier, il est donc le plus souvent lié à des occasions particulières et associé à un « combat spirituel ».

La deuxième préoccupation est d'éviter une conception « méritoire » du jeûne. En conformité avec les doctrines protestantes

---

faire de même avant de pouvoir rencontrer le roi. Le but était d'obtenir l'annulation d'un décret ordonnant l'extermination de tous les Judéens.
20. Cité par John Piper, qui consacre le premier chapitre de son livre à réfuter cette position. Voir J. PIPER, *Jeûner. Nourrir notre faim de Dieu par le jeûne et la prière*, Marpent 2019, p. 35-62.
21. Certains prédicateurs ou certaines Églises peuvent cependant imposer des temps de jeûne, juste avant le baptême notamment. Mais cette pratique est assez minoritaire.

traditionnelles de la grâce seule (*sola gratia*) et du salut par la foi (*sola fide*), les évangéliques veulent éviter que la pratique du jeûne ne soit perçue comme une œuvre pouvant contribuer au salut. En ce sens, jeûner peut même être un piège pour le croyant s'il en vient à « glorifier la force de [sa] détermination[22] ». Il faut à tout prix éviter que le jeûne ne devienne une « religion de la volonté » qui « nourrit l'orgueil spirituel de la chair tout en soumettant ses appétits physiques[23] ». De son côté, le pasteur Yvan Castanou, dans une prière publique, insiste : « Nous n'avons aucun mérite. Notre jeûne et prière ne nous donnent aucun mérite. C'est uniquement sur les mérites du sang de Jésus que nous nous appuyons, que nous nous sommes appuyés, et que nous continuerons à nous appuyer[24] ». Plusieurs commentateurs insistent néanmoins sur la nécessité du jeûne dans la vie d'un chrétien. Ils s'appuient pour cela sur les paroles attribuées à Jésus et rapportées dans l'Évangile selon Matthieu : « Lorsque vous jeûnez[25]... » Ils font remarquer que Jésus n'a pas dit : « Si vous jeûnez... », mais : « Lorsque vous jeûnez... », ce qui implique qu'il attend que ses disciples jeûnent[26].

Ce jeûne est systématiquement associé à la prière[27], et il est vu comme un soutien à celle-ci. En ce sens, on peut parler du jeûne comme un « combat spirituel », même si cela revêt des réalités différentes d'un courant à l'autre[28]. Ainsi, le chapitre VI du livre de Derek Prince s'intitule *Le jeûne intensifie la prière*[29]. John Piper use d'une

---

22. J. Piper, *Jeûner*, p. 31.
23. J. Piper, *Jeûner*, p. 58. L'auteur appuie son propos sur l'Épître aux Colossiens (2, 23) : « Ils ont, à la vérité, une apparence de sagesse, en ce qu'ils indiquent un culte volontaire, de l'humilité, et le mépris du corps, mais ils sont sans aucun mérite et contribuent à la satisfaction de la chair ».
24. Yvan Castanou, « Jour 19 : Tout ce que le diable a volé est récupéré et mis sous scellé » (17 décembre 2019). Disponible en ligne : https://youtu.be/Vb21u-2JfRfU (consulté le 31 juillet 2020).
25. Mt 6, 16.
26. J. Piper, *Jeûner*, p. 84-85.
27. On notera que les deux titres des livres mentionnés et les trois titres des séries de sermons étudiés associent « jeûne » et « prière ».
28. Sur la notion de « combat spirituel » dans le monde évangélique de tendance pentecôtiste-charismatique, voir Y. Fer, « La théologie du *combat spirituel*. Globalisation, autochtonie et politique en milieu pentecôtiste/charismatique »., dans P. Michel et J. Garcia-Ruiz (éd.), *Néo-pentecôtismes*, Paris 2016, p. 52-64 (https://halshs.archives-ouvertes.fr/halshs-01291822).
29. D. Prince, *Comment façonner l'histoire par la prière et le jeûne ?*, Olonzac 2000, p. 81.

expression semblable lorsqu'il présente le jeûne comme « une forme d'intensification de la prière[30] ». Le jeûne ne se fait donc pas nécessairement à un rythme régulier, mais plutôt pour soutenir des causes précises. Cela peut concerner aussi bien un problème politique qu'une difficulté touchant l'Église locale ou un individu.

Le jeûne comme soutien aux requêtes de prière

La première fonction du jeûne est d'aider un individu qui fait face à une difficulté ou à un obstacle dans sa vie personnelle. Il peut s'agir d'un problème d'ordre spirituel, l'impression d'une « stagnation spirituelle », ou d'un problème d'ordre matériel (problème de santé, difficultés économiques). Concernant les priorités, les auteurs de la préface du livre de John Piper, Francis Chan et David Platt, insistent sur le fait que la première motivation du jeûne doit être spirituelle :

> Nous jeûnons parce que nous avons faim de la Parole de Dieu, et de l'Esprit de Dieu dans nos vies.
> Nous jeûnons parce que nous aspirons à voir la gloire de Dieu éclater dans l'Église, et les louanges de Dieu éclater parmi les nations.
> Nous jeûnons parce que nous attendons avec impatience le retour du Fils de Dieu et la venue du règne de Dieu.
> Enfin, nous jeûnons tout simplement parce que c'est Dieu que nous voulons, plus que tout ce que ce monde peut nous offrir[31].

Cette volonté de jeûner pour « renforcer sa communion avec Dieu » est très caractéristique du courant orthodoxe-piétiste. Cela n'empêche toutefois pas ses membres d'intercéder pour des sujets plus concrets. Ainsi John Piper rapporte-t-il l'exemple suivant : « Il y a quelques années de cela, j'ai demandé aux membres de notre Église de jeûner chaque semaine pendant une période vingt-quatre heures (de préférence petit-déjeuner et déjeuner du mercredi) durant tout le mois de janvier. Nous faisions face à de gros problèmes de direction sans en comprendre les causes[32] ». John Piper insiste explicitement sur la nécessité de combiner les deux aspects : « Ce livre comporte donc deux lignes directrices : intérieure et extérieure. Il parle de lutte intérieure, contre les appétits qui font concurrence à notre faim de Dieu.

---

30. J. Piper, *Jeûner*, p. 132.
31. Fr. Chan et D. Platt, « Préface », dans J. Piper, *Jeûner*, p. 14.
32. J. Piper, *Jeûner*, p. 24.

Il parle aussi de lutte extérieure, pour le renouveau et le changement, pour l'évangélisation du monde, pour la justice sociale et l'engagement culturel[33] ».

Au sein du courant pentecôtiste-charismatique, on recourt plus facilement au jeûne, en complément de la prière, lorsque l'on est face à une difficulté. On jeûne pour résoudre un problème financier, pour guérir d'une maladie, pour trouver un travail ou un conjoint. Ces cas sont bien illustrés lors des séances de jeûne et prière organisées par l'Église Impact Centre Chrétien. On le voit déjà dans les titres des enseignements diffusés[34] : « Jour 6 : Les forces spéciales du Royaume font sortir tous les malades des prisons[35] » ; « Jour 18 : L'esprit de peur qui paralysait ta foi et bloquait tes exaucements est délogé[36] ». Dans la conception du monde véhiculée par ces assemblées charismatiques, on insiste sur le fait que derrière chaque problème (célibat, pauvreté, maladie) se trouve un esprit mauvais, c'est-à-dire une puissance spirituelle négative (esprit de célibat, esprit de pauvreté, esprit de maladie), qu'il faut combattre pour être délivré du mal en question. Ce combat se fait par la prière, mais lorsque cet esprit est trop résistant, il faut alors joindre le jeûne qui vient renforcer la prière.

Le thème de la guérison divine est particulièrement présent dans ces messages : « Nous sommes une Église où toute maladie, toute infirmité, quel que soit son nom, au nom des meurtrissures de Jésus, elle est guérie. Ça s'accomplira dans la vie de ceux qui ne méprisent pas le corps et le sang de Christ, parce que le mépris du corps et du sang de Christ, c'est le seul cas pour lequel il n'y aura jamais de guérison, tant qu'il n'y aura pas une repentance totale [...]. Il y a des malades au milieu de nous, il y a des handicapés au milieu de nous, mais que toute maladie, tout handicap, toute infirmité, à Impact Centre Chrétien, connaisse un témoignage de guérison surnaturelle[37] ».

---

33. *Ibid.*, p. 31.
34. Ces enseignements mélangent sermon, chants et prières.
35. Yvan Castanou (4 décembre 2019). Disponible en ligne : https://youtu.be/F0KIu-vSP-EE (consulté le 31 juillet 2020).
36. Yvan Castanou (16 décembre 2019). Disponible en ligne : https://youtu.be/0DzJ30v2MJw (consulté le 31 juillet 2020).
37. Yvan Castanou, « Jour 13 : Enfantons une Église victorieuse par la parole prophétique » (11 décembre 2019). Disponible en ligne : https://youtu.be/NNckED-FUvlk (consulté le 31 juillet 2020).

David Vincent

À côté de ces guérisons qui visent les maladies physiques, les exorcismes et la lutte contre la sorcellerie occupent aussi une place importante dans ces temps de jeûne et prière. Une des requêtes courantes est d'inverser un « sort » ou une « malédiction » afin que celui qui s'en est pris au croyant – le sorcier ou son commanditaire – soit lui-même frappé par son propre sortilège. De nombreux récits mettent souvent en scène des sorciers traditionnels[38]. Ce type de pratiques est une marque caractéristique du monde pentecôtiste-charismatique, mais est absent du courant orthodoxe-piétiste[39], qui se montre au contraire souvent très critique concernant cette « sur-spiritualisation » du monde.

Le jeûne « politique »

Le jeûne peut aussi être une arme politique. Dans ce cas-là, il ne faut pas comprendre le jeûne comme un moyen de pression sur des opposants politiques humains, comme le sont les grèves de la faim, mais plutôt comme une arme spirituelle permettant d'appuyer la cause défendue, étant entendu que les véritables obstacles sont eux aussi spirituels. Ce thème est particulièrement développé dans le livre de Derek Prince dont le sous-titre est *Comment les chrétiens peuvent influencer le cours des événements mondiaux par le moyen simple et puissant de la prière et du jeûne.* Parmi les récits présentés pour appuyer son propos, Derek Prince rapporte l'anecdote suivante : lorsqu'il était pasteur d'une Église à Londres, en Angleterre, au début de l'année 1953, il sentit la nécessité de prier pour les juifs d'URSS. Il décida donc de jeûner un jour par semaine avec les membres volontaires – il insiste sur ce point – de sa communauté. Finalement, au début du mois de mars, on annonce la mort de Staline. Cette nouvelle est interprétée par Derek Prince comme une réponse de Dieu au temps de jeûne et prière organisé par son groupe[40]. John Piper consacre aussi un chapitre de son livre à ce sujet. Le chapitre VII, *Jeûner pour les tout-petits*[41], traite de la nécessité pour les chrétiens de recourir au jeûne pour faire avancer les causes politiques qu'ils souhaitent défendre. Il prend

---

38. Yvan Castanou, « Jour 12 : Quiconque veut sacrifier ta vie sera sacrifié à ta place » (10 décembre 2019) (consulté le 31 juillet 2020).
39. Présentation de ces pratiques dans S. Fath, *Du ghetto au réseau*, p. 317-320.
40. D. Prince, *Comment façonner l'histoire par la prière et le jeûne ?*, p. 69-70.
41. J. Piper, *Jeûner*, p. 185-206.

Jeûne et combat spirituel au sein du protestantisme évangélique

ici l'exemple de la lutte contre l'avortement, qui est historiquement un thème de lutte important, mobilisant le monde évangélique américain depuis le début des années 1970.

À une échelle plus modeste, ce discours se retrouve aussi dans les prédications d'Yvan Castanou. Ainsi, une des campagnes de jeûne et prière d'Impact Centre Chrétien s'est déroulée pendant la grève des transports publics qui a affecté l'Île-de-France durant l'hiver 2019. Bien que ce sujet n'ait pas été initialement prévu, le pasteur a vu dans ce mouvement de grève une opposition de l'ennemi qu'il fallait combattre par la prière. Lors d'un rassemblement qui se tenait le 2 décembre 2019, donc trois jours avant le début de la grève annoncée, il termine par la prière suivante :

> Nous te prions pour cette grève annoncée ici le 5 décembre, nous implorons tes compassions et tes bontés, afin que cette grève, par ta seule grâce, ne dure pas. Ton peuple doit s'assembler, se rassembler. Père, nous plaidons la miséricorde et nous brandissons le sang de Jésus contre les forteresses et les dominations du chaos, du désordre, qui veulent paralyser le pays. Nous brandissons le sang de Jésus contre vous, esprits de désordre, de chaos, de confusion ici en France, au nom de Jésus. Nous vous réprimons dans le nom de Jésus. Laissez-la France en paix […] ! Et que les raisonnements de rébellions, de grèves et de contestations par la grève qui habitent les cœurs des syndicalistes de toutes les entreprises publiques et privées, que ces forteresses de rébellion et de chaos par la grève soient ébranlées au nom de Jésus[42].

Puis, dans la prière de clôture du rassemblement du 11 décembre, il déclare :

> Nous réprimons les esprits de chaos et de désordre de la RATP, de la SNCF qui contrôlent les syndicalistes, les décideurs, nous les réprimons ces esprits de chaos au nom de Jésus, par le sang de Jésus. Continuons de prier le matin, le soir et le midi contre toutes ces forces de chaos qui ont été libérées sur le pays pour paralyser le mois de décembre, que leur projet échoue lamentablement au nom de Jésus. Les hommes ne sont pas en cause, les hommes sont manipulés, nous comprenons la grève, nous comprenons que les hommes ne soient pas contents, mais on ne peut pas paralyser les transports, les mouvements

---

42. Yvan Castanou, « Jour 4 : Père pardonne-nous d'avoir laissé le diable ériger en nous des forteresses ! » (2 décembre 2019). Disponible en ligne : https://youtu.be/eB1UhWjnmeU (consulté le 31 juillet 2020).

des gens, pour leur protection et les acquis de quelques-uns. Ce n'est pas possible, ça doit s'arrêter, et ça va s'arrêter au nom de Jésus. Nous devons prier et ne pas nous relâcher, ne pas céder, nous devons continuer de prier. Nous ne sommes pas contre la grève, nous sommes contre la paralysie, que cette forteresse de la rébellion, de la grève et du chaos tombe, au nom de Jésus[43].

Nous voyons dans ces deux extraits les marques distinctives du combat spirituel tel qu'il est envisagé dans les milieux pentecôtistes-charismatiques. Derrière les problèmes auxquels peuvent être confrontés les chrétiens, en l'occurrence ici une grève qui empêche les fidèles de se rendre à l'église, se cachent en réalité des esprits mauvais. Ce sont ces forces spirituelles (« forteresses », « dominations », « esprits de désordre, de chaos ») qui manipulent les êtres humains, en l'occurrence ici « les syndicalistes et les décideurs ». Par conséquent, ce sont elles qu'il faut combattre par la prière et par le jeûne, qui renforce l'efficacité de la prière.

Le jeûne comme arme missionnaire

À côté des requêtes concernant les difficultés auxquelles peuvent être confrontés les individus et les Églises, le jeûne est aussi présenté comme une « arme missionnaire redoutable[44] ». L'évangélisme coréen est souvent cité comme un modèle dans ce domaine :

> Dans les dernières années du XXe siècle, *jeûne et prière* étaient pratiquement synonymes de *Églises de Corée du Sud*. La première Église protestante a été implantée en Corée en 1884. Un siècle plus tard, il en existait 30 000. Cela représente une moyenne de 300 nouvelles Églises par an, pendant cent ans. À la fin du XXe siècle, les évangéliques représentaient environ 30 % de la population du pays. Dieu a utilisé de nombreux moyens pour accomplir cette grande œuvre. L'un d'eux est le renouveau de la prière. Pas seulement une prière fervente, mais une prière associée au jeûne. Par exemple, parmi les Églises de l'OMS, plus de 20 000 personnes ont au moins une fois dans leur vie pratiqué un jeûne de quarante jours. La plupart du temps, ces jeûnes se pratiquent dans une *maison de prière*, dans les montagnes[45].

---

43. Yvan Castanou, « Jour 13 : Enfantons une Église victorieuse par la parole prophétique ! » (11 décembre 2019). Disponible en ligne : https://youtu.be/NNckE-DFUvlk (consulté le 31 juillet 2020).
44. J. Piper, *Jeûner*, p. 113.
45. *Ibid.*, p. 124.

Jeûne et combat spirituel au sein du protestantisme évangélique

À l'inverse, les Églises occidentales, et particulièrement, les Églises européennes sont régulièrement fustigées pour leur manque de zèle dans ce domaine, ce qui explique la faiblesse des Églises sur ce continent et la sécularisation toujours plus importante. Un récit de Carl Lundquist – qui a été pendant trente ans le président d'une grande université évangélique américaine – rapporté par John Piper, illustre bien ce propos :

> J'ai commencé à réfléchir sérieusement au jeûne en tant que discipline spirituelle suite à ma visite au Dr Joon Gon Kim à Séoul, en Corée.
> « – Est-il vrai, lui ai-je demandé, que vous avez jeûné quarante jours avant la campagne d'évangélisation de 1980 ?
> – Oui, m'a-t-il répondu, c'est vrai ».
> Le Dr Kim présidait la campagne qui devait réunir un million de personnes au Yoido Plaza. Mais six mois avant la rencontre, la police l'a informé qu'elle n'autorisait plus la campagne. La Corée traversait une période trouble sur le plan politique, et Séoul était sous la loi martiale. Les officiers avaient décidé qu'ils ne prendraient pas le risque d'autoriser la réunion d'un si grand nombre de personnes. Le Dr Kim et quelques-uns de ses associés sont donc partis sur une montagne de prière, où ils ont passé quarante jours devant Dieu, dans la prière et le jeûne, pour que la campagne d'évangélisation puisse avoir lieu. Ils sont ensuite descendus et sont retournés au poste de police :
> « – Oh ! a dit l'officier en voyant le Dr Kim, nous avons changé d'avis, vous pouvez organiser votre rencontre ! »
> Sur le chemin de l'hôtel, j'ai beaucoup réfléchi. Si je n'avais jamais vécu un tel jeûne, c'est peut-être que je n'avais jamais désiré voir se réaliser l'œuvre de Dieu avec une telle ferveur [...]. Son corps était marqué par les nombreux jeûnes de quarante jours qu'il avait vécus, durant sa longue expérience de conducteur spirituel dans l'œuvre de Dieu en Asie. D'un autre côté, je n'ai jamais vu de miracles comme ceux que le Dr Kim a vus[46].

Ce récit est particulièrement éloquent. Confrontés à une difficulté imprévue, en l'occurrence l'annulation d'une autorisation administrative d'un rassemblement d'évangélisation qui devait avoir lieu dans les mois à venir, les responsables évangéliques coréens décident de s'isoler pour jeûner et prier. Ils choisissent même d'opter pour le « jeûne suprême », qui est de quarante jours, en référence aux quarante

---

46. *Ibid.*, p. 84.

jours de jeûne de Moïse[47] et de Jésus[48]. À leur retour, le problème est miraculeusement résolu, puisque les officiers acceptent finalement la tenue de la réunion.

Cette issue favorable est bien évidemment attribuée à ce temps de jeûne et de prière. Le conférencier américain qui rapporte ce récit en profite pour souligner la différence qui existe entre le zèle de ces chrétiens coréens et la tiédeur des chrétiens occidentaux, qui ne sont pas prêts à faire les mêmes sacrifices pour voir « se réaliser l'œuvre de Dieu » – différence qui explique pourquoi le christianisme évangélique se développe en Asie, et particulièrement en Corée, tandis qu'il stagne ou régresse en Occident.

3. La pratique du jeûne

Le jeûne individuel

La première forme de jeûne est le jeûne individuel. Le croyant choisit de jeûner durant un temps et suivant des modalités qu'il détermine lui-même dans le but d'obtenir une réponse divine à un besoin particulier. La plupart du temps, les évangéliques sont invités à avoir une pratique du jeûne qui soit discrète pour suivre les recommandations attribuées à Jésus et rapportées dans l'Évangile selon Matthieu : « Lorsque vous jeûnez, ne prenez pas un air triste, comme les hypocrites, qui se rendent le visage tout défait, pour montrer aux hommes qu'ils jeûnent. Je vous le dis en vérité, ils reçoivent leur récompense. Mais quand tu jeûnes, parfume ta tête et lave ton visage, afin de ne pas montrer aux hommes que tu jeûnes, mais à ton Père qui est là dans le lieu secret ; et ton Père, qui voit dans le secret, te le rendra[49] ». Ce jeûne est le plus souvent ponctuel, mais certains fidèles particulièrement zélés peuvent aussi se fixer des temps de jeûne plus réguliers. Dans le monde charismatique, en particulier, il y a l'idée que ces temps de jeûne permettent de renforcer la puissance spirituelle de la personne qui les pratique. Celle-ci peut alors exercer plus efficacement les

---

47. Dt 9, 9-18. On notera aussi que les dirigeants coréens font le choix de s'isoler sur une montagne.
48. Lc 4, 1-2.
49. Mt 6, 16-18.

différents charismes surnaturels (prophétie, guérison divine). Dans leur témoignage, les prédicateurs charismatiques insistent souvent sur le rôle du jeûne dans leur vie personnelle[50].

Le jeûne communautaire

À côté des initiatives individuelles, le jeûne peut aussi être pratiqué dans un cadre collectif, le plus souvent lié à l'Église locale. Les Églises évangéliques, en particulier les *megachurches*, organisent régulièrement des temps de « prière et jeûne ». Ceux-ci peuvent être consacrés à un thème particulier (par exemple, récemment, la lutte contre le coronavirus) ou bien peuvent servir à soutenir toutes les demandes individuelles des membres, avec l'idée qu'une intercession collective, par le jeûne et la prière, favorise l'exaucement des requêtes. Un de ces temps de jeûne et de prière a d'ailleurs fait la une des journaux français au début de l'année 2020. L'Église Porte ouverte chrétienne, la *megachurch* du nord de la France[51], avait en effet organisé une semaine de « jeune et prière » du 17 au 21 février 2020 avec comme invité spécial Mamadou Karambiri, un célèbre pasteur évangélique burkinabé. Le problème est que cette rencontre est ensuite devenue un des foyers de diffusion du coronavirus en France, ce qui a valu à l'Église de fortes critiques de la part des autorités politiques locales et de particuliers. Cet épisode a notamment fait ressortir les tensions qui peuvent exister au sein du protestantisme entre le monde luthéro-réformé et le monde évangélique, certains pasteurs réformés considérant que la pratique du jeûne est « étrangère au protestantisme ». Même si ces propos méritent d'être nuancés d'un point de vue historique, il est vrai qu'à l'heure actuelle, les Églises évangéliques pratiquent beaucoup plus le jeûne que les Églises de tradition luthéro-réformée. Cela est encore plus vrai pour les Églises se rattachant, au sein du protestantisme évangélique, au courant « pentecôtiste-charismatique ».

Le jeûne peut aussi dépasser les communautés locales et être relayé par des réseaux ou des organisations plus larges. Ainsi, en Suisse, le Réseau évangélique suisse diffuse des calendriers pour appeler au jeûne et à la prière[52]. En France, le Conseil National des Évangéliques

---

50. M. SCHIFFMANN, *Pourquoi jeûner ?*, p. 23, cite l'exemple de Kenneth E. Hagin (1917-2003), célèbre télévangéliste américain.
51. Sur cette Église, voir S. FATH, *Dieu XXL*, p. 151-152.
52. Ph. GONZALEZ, *Que ton règne vienne*, p. 194-196.

de France (CNEF) s'était associé à la journée de jeûne et prière organisée par l'Église catholique le vendredi 29 juillet 2016, à la suite de l'assassinat du P. Jacques Hamel. On notera que dans son titre, l'article du journal *Le Point*, qui relaie l'information, reprend l'idée de combat spirituel : *Un vendredi de jeûne et de prière comme* arme spirituelle *contre le terrorisme*[53]. À l'heure des réseaux sociaux, les initiatives individuelles peuvent aussi connaître un franc succès. Ainsi, durant la crise du coronavirus, au printemps 2020, plusieurs appels au jeûne et à la prière ont été lancés et relayés à travers des groupes WhatsApp, Facebook, ou *via* des messages sur Twitter et Instagram. Ces initiatives sont, la plupart du temps, anonymes, mais elles se propagent rapidement, puisque ces groupes, constitués essentiellement de jeunes évangéliques, peuvent compter plusieurs milliers, voire dizaines de milliers de membres. Sans aucune contrainte, ni contrôle, ces messages proposent aux personnes qui les lisent de jeûner et de prier à un moment fixé, le jour et l'heure étant indiqués dans le message. On a donc là affaire à une autre forme collective de jeûne et de prière – virtuelle cette fois.

Le jeûne « national »

Enfin, le jeûne peut aussi être pratiqué à l'échelle nationale. Bien que les Églises évangéliques tiennent historiquement à l'autonomie des Églises par rapport à l'État et s'opposent au principe des Églises nationales, elles ne s'opposent pas à l'exercice d'une influence chrétienne sur la nation. Le jeûne national est particulièrement valorisé par certains auteurs, qui s'appuient sur des exemples bibliques, notamment ceux du roi Josaphat[54] et d'Esdras[55]. Ce jeûne a essentiellement pour but de réclamer la conversion de la nation, ce qui passe par une repentance collective. Il peut aussi tenter d'influencer la politique nationale ou internationale. Le jeûne décrété par le roi d'Angleterre George II en 1756 pour se prémunir d'une éventuelle invasion

---

53. « Un vendredi de jeûne et de prière comme *arme spirituelle* contre le terrorisme »., *Le Point*, 29 juillet 2016. Disponible en ligne : https://www.lepoint.fr/societe/un-vendredi-de-jeune-et-de-priere-comme-arme-spirituelle-contre-le-terrorisme-29-07-2016-2057935_23.php (consulté le 31 juillet 2020).
54. 2 Ch 20, 1-5.
55. Esd 8, 21.

française est souvent cité comme exemple aujourd'hui[56]. Derek Prince mentionne aussi plusieurs jeûnes dont des présidents américains ont pris l'initiative : celui du 17 février 1795, à l'initiative de George Washington (1732-1799), celui du 9 mai 1798, à l'initiative de John Adams (1735-1826), et enfin les trois jours de jeûne voulus par Abraham Lincoln (1809-1865) durant la guerre de Sécession. Cette insistance sur le rôle des présidents des États-Unis s'inscrit dans une historiographie évangélique américaine très contestée, qui tend à présenter les Pères fondateurs et les premiers présidents des États-Unis comme des modèles chrétiens. Il faut noter qu'en Suisse, existe la pratique d'un « Jeûne fédéral » et, à Genève, de son équivalent local, le « Jeûne genevois ». Complètement laïcisé aujourd'hui, ce jeûne peut être réinvesti d'une dimension religieuse par certains groupes évangéliques, en particulier ceux de tendances charismatiques[57].

Conclusion

En dépit de la grande diversité du monde évangélique, il est cependant possible de mettre en évidence certaines caractéristiques communes dans la pratique du jeûne, sans pour autant négliger les nuances qui existent d'un courant à l'autre, notamment entre l'aile orthodoxe-piétiste et l'aile pentecôtiste-charismatique. Tout d'abord, nous avons relevé un double rejet, celui du jeûne institutionnalisé et celui du jeûne comme « œuvre méritoire ». Les théologiens évangéliques et les prédicateurs insistent sur le fait que le jeûne n'est pas une « œuvre de salut », ni un devoir religieux auquel le fidèle devrait se soumettre par obligation. Même si le jeûne peut être perçu comme un moyen de repentance et d'humiliation devant Dieu, notamment dans le cadre des jeûnes collectifs et particulièrement des jeûnes nationaux, le jeûne est le plus souvent conçu comme un auxiliaire à la prière. Il est là pour renforcer l'intensité de la prière et augmenter les probabilités de succès de la requête. Cette requête peut être une demande spirituelle, traduisant la volonté du croyant de se rapprocher de Dieu, mais elle est le plus souvent une demande matérielle. Confronté à une difficulté, l'individu ou l'Église requiert l'intervention divine. Ces difficultés

---

56. Le récit se trouve dans le *Journal* de John Wesley. Il est repris par J. Piper, *Jeûner*, p. 131.
57. Sur ce sujet, voir Ph. Gonzalez, *Que ton règne vienne*, p. 80.

matérielles peuvent être très diverses, il peut s'agir de problèmes personnels (difficultés financières, maladie, problèmes conjugaux) ou communautaires (trouver un bâtiment pour l'Église par exemple), mais aussi politiques. L'idée sous-jacente est que tous ces problèmes qui se manifestent dans notre monde physique ont, ultimement, une cause spirituelle, d'où la nécessité de recourir à des armes spirituelles, et notamment au jeûne et à la prière, pour les combattre.

PIÉTÉ, ATHÉISME ET MYSTICISME EN ALBANIE : LE JEÛNE DU *MATEM* ENTRE INNOVATION ET TRADITION

Gianfranco Bria
Univerisité de Rome « Sapienza »

CETTE CONTRIBUTION ANALYSE le cas du *matem*, un rite pratiqué par les soufis[1] albanais pendant les dix premiers jours du mois de Muḥarram (premier mois du calendrier musulman)[2] pour commémorer le martyr Ḥusayn, le petit-fils du prophète Mohammed, tué lors de la bataille de Karbalā᾽ (10 muḥarram 61/10 octobre 680). Les commémorations de Karbalā᾽ sont également répandues dans d'autres contextes musulmans, en tant qu'expression de la piété islamique, sans toutefois assumer les mêmes connotations confessionnelles et politiques. En Albanie, le *matem* est l'un des rites les plus importants pour les ordres soufis (en arabe *tarīqa* ; pl. *ṭuruq*), y compris les Bektashis, et il est intrinsèquement lié à la consommation de la *῾āshūrā*᾽[3], un plat turc-ottoman typique, pendant le dixième jour de Muḥarram.

Ce travail vise à étudier l'évolution sémantique et normative du *matem*, pour comprendre son acculturation historique au sein de l'espace social et culturel albanais. Tout d'abord, cet article examine le cadrage rituel du *matem* à l'époque post-ottomane, pendant le processus d'institutionnalisation et de nationalisation des communautés

---

1. Le soufisme (*taṣawwuf* en arabe) est défini comme la dimension mystique intérieure (ésotérique) de l'islam. Les pratiquants du soufisme appartiennent souvent à différents « ordres », c'est-à-dire des congrégations formées autour d'un grand maître (Cheikh) qui entretient une chaîne directe d'enseignants avec le prophète de l'islam Muhammad.
2. M. PLESSNER, « al-Muḥarram », dans P. BEARMAN, Th. BIANQUIS, C. E. BOSWORTH *et al.* (éd.), *Encyclopaedia of Islam*, 2ᵉ éd., Leyde 1986, vol. 7, p. 464.
3. A. J. WENSINCK et Ph. MARÇAIS, « ῾Āshūrā᾽ », dans *Encyclopædia of Islam*, 2ᵉ éd., vol. 1, p. 705.

religieuses ; deuxièmement, cet article analyse la réinvention du *matem* à l'époque post-socialiste, car ce rite est investi de plusieurs connotations sociales et politiques dans le domaine islamique fragmenté et appauvri par la sécularisation communiste[4] ; enfin, il vise à expliquer les comportements religieux et les croyances des Albanais concernant les différents degrés d'engagement envers le *matem*.

D'un point de vue théorique, ce travail examine la nature hégémonique, performative et discursive de la tradition islamique[5], tout en prenant en compte aussi l'approche holistique de la « religion-vécue » qui se concentre sur les expériences religieuses incorporées par les fidèles dans la vie quotidienne[6]. Les sources de cette étude ont été repérées lors de périodes de recherches ethnographiques et archivistiques en Albanie, au Kosovo, au Monténégro et en Macédoine.

1. Le *matem* entre la tradition ottomane et la reconfiguration nationale

Les célébrations rituelles des dix premiers jours du mois de Muḥarram sont répandues dans le monde islamique selon diverses connotations pratiques, sémantiques et idéologiques. Dans le domaine

---

4. N. CLAYER, « Saints and Sufis in Post-Communist Albania », dans K. MASA-TOSHI (éd.), *Popular Movements and Democratization in the Islamic World*, Londres 2006, p. 33-42 ; N. CLAYER, « God in the Land of the Mercedes. The Religious Communities in Albania since 1990 », dans *Albanien, Österreichische Osthefte* 17 (2003), p. 277-314 ; A. ELBASANI et O. ROY, « Islam in the Post-Communist Balkans: Alternative Pathways to God », *Southeast European and Black Sea Studies* 15/4 (2015), p. 457-471 ; C. ENDRESEN, « Faith, Fatherland or Both? Accommodationist and Neo-Fundamentalist Islamic Discourses in Albania », dans A. ELBASANI et O. ROY (éd.), *The Revival of Islam in the Balkans. From Identity to Religiosity*, Londres 2015, p. 222-241 ; G. BRIA, « Post-Socialist Sufi Revival in Albania: Public Marginality or Spiritual Privatisation? », *Journal of Muslims in Europe* 8/3 (2019), p. 313-334.
5. Voir surtout l'approche théorique dans T. ASAD, *The Idea of an Anthropology of Islam*, Georgetown 1986, p. 23-35 ; M. BLOCH, *Ritual History and Power*, Londres 1988.
6. Th. J. CSORDAS, « Embodiment as a Paradigm for Anthropology », *Ethos* 18/1 (1990), p. 5-47 ; M. B. MCGUIRE, *Lived religion: Faith and practice in everyday life*, Oxford 2008, p. 12-15. Selon cette perspective, les croyants ne copient pas seulement les prescriptions institutionnelles ; en revanche, ils pourraient avoir un rôle actif dans l'élaboration et la négociation de leurs croyances et pratiques à travers leur expérience quotidienne et à leurs actions tactiques.

sunnite, la *'āshūrā'* (dix en arabe) se réfère à la période de jeûne volontaire de dix jours, que le prophète Muḥammad a à l'origine indiqué comme obligatoire, tout comme le « jour des expiations » juif (*Yom Kippour*)[7]. Selon les traditions chiites, cependant, le jeûne de la *'āshūrā'* commémore le martyre de Ḥusayn tué sur ordre du Calife omeyyade, Yazīd ibn Muʿāwiya (m. 683), en déterminant le sens de la communauté et la conception de l'histoire des chiites, qui ont incorporé la souffrance et le sacrifice comme des moyens rituels et émotionnels d'expression pieuse et religieuse[8]. Dans les temps modernes, la montée de la dichotomie confessionnelle et politique entre Shīʿisme et Sunnisme a fait de la *'āshūrā'* un symbole identitaire individuel et collectif, en particulier pour les minorités chiites dans des contextes multiconfessionnels[9]. Cependant, la commémoration du martyre de Ḥusayn n'est pas toujours une simple prérogative chiite, car elle a été répandue dans divers contextes sociaux et historiques.

Dans l'Empire ottoman, plusieurs groupes religieux commémoraient le martyre de Ḥusayn sous le contrôle plus ou moins intransigeant des autorités impériales qui ont toujours prétendu être les champions du sunnisme[10]. Des différentes communautés religieuses répandues surtout dans les territoires balkaniques et anatoliens, tels que les Alévis et certaines confréries soufies, la Bektāshiyya, la Qādiriyya et diverses branches Khalwātī, commémoraient la tragédie de

---

7. A. J. HUSSAIN, « The mourning of history and the history of mourning: The evolution of ritual commemoration of the Battle of Karbala », *Comparative Studies of South Asia, Africa and the Middle East* 25/1 (2005), p. 78-88. Pour des données empruntées à la tradition savante ancienne, voir S. BASHEAR, « ʿĀshūrā, an early muslim fast », *Zeitschrift der Deutschen Morgenländischen Gesellschaft* 141/2 (1991), p. 281-316.
8. N. YITZHAK, « An Attempt to Trace the Origin of the Rituals of ʿĀshūrā' », *Die Welt des Islams* 33/2 (1993), p. 161-181 ; M. M. AYOUB, *Redemptive suffering in Islam: A study of the devotional aspects of ʿĀshūrā' in twelver shi'ism*, New York 2011.
9. D. PINAULT, *The Shias: Rituals and Popular Piety in a Muslim Community*, New York 1992 ; K. S. AGHAIE, *The Martyrs Of Karbalā': Shi'i Symbols and Rituals in Modern Iran*, Washington 2004 ; S. A. HYDER, *Reliving Karbala: Martyrdom in South Asian Memory*, Oxford 2006 ; S. MERVIN, « Les Larmes et le Sang des Chiites : Corps et Pratiques Rituelles lors des Célébrations de la ʿĀshūrā' (Liban, Syrie) », *Le Corps et le Sacré dans l'Orient musulman*, Revue des mondes musulmans et de la Méditerranée 113-114 (2006), p. 153-166.
10. Th. ZARCONE, « La situation du chi'isme à Istanbul au XIXe siècle et au début du XXe siècle », dans Th. ZARCONE et F. ZARINEBAF-SHAHR (éd.), *Les Iraniens d'Istanbul*, Istanbul – Paris 1993, p. 97-111

Karbalā', développant une coutume rituelle relativement homogène et partiellement influencée par la propagande chiite de safavides. Au sein de ces communautés, le rite n'avait pas toujours la même définition ; parfois on l'appelait la fête du muḥarram, 'āshūrā' ou *matem*, tandis que les règles et les pratiques rituelles pouvaient varier dans le même milieu religieux[11]. En tout cas, le jeûne pendant les dix jours du muḥarram est resté l'un des éléments normatifs fondamentaux de ces célébrations pour simuler les mêmes contraintes imposées à Husayn pendant la bataille, selon les hagiographies chiites.

Pendant la seconde moitié du XIXe siècle, un processus d'émancipation progressive des Albanais de la domination et de la culture ottomane s'est mis en place. Ce mouvement présupposait le développement d'un mouvement nationaliste (« albanisme ») ; il incluait la langue et la culture albanaises et parfois même l'identité religieuse, y compris celle des Bektashis, qui, après avoir été bannis avec les Janissaires en 1926, ont décidé d'épouser la cause nationaliste. Le processus passait aussi par une certaine redéfinition (ou plutôt un affranchissement) des doctrines et des rituels, expliqués et illustrés en albanais, parfois dans un esprit nationaliste[12]. Ainsi Naim Frashëri a-t-il écrit un livre de catéchisme ('*ilmiḥāl*) sur les doctrines et pratiques Bektashi, le *Fletore e Bektashinjet* (« Manuel des Bektashis »). Naim était le frère de Shemsedin Sami (m. 1904) et d'Abdyl (m. 1892), qui ont participé, comme lui, de diverses manières au mouvement politique et culturel de l'*albanisme*[13]. Il a également grandi et s'est formé dans la *teqe* Bektashi de Frashëri (son village natal), où il a appris la doctrine Bektashi, ainsi que les langues turque et persane. Son oncle Dalip Frashëri a traduit en albanais le célèbre poème de Fużūlī (m. 155), *Hadîkat üs-Süed* (« Les plaisirs du jardin ») inspiré par le martyre de Ḥusayn à Kerbelā'[14]. En 1898, Naim a également écrit *Qerbelaja*, un

---

11. M. AND, « The Muharram Observances in Anatolic Turkey », dans P. J. CHELKOWSKI (éd.), *Ta'ziyeh: Ritual and Drama in Iran*, New York 1979, p. 243-252.
12. Sur ce sujet, voir N. CLAYER, « Bektashisme et nationalisme albanais », dans A. POPOVIC et G. VEINSTEIN (éd.), *Bektashiyya. Études sur l'ordre mystique des Bektachis et les groupes relevant de Hadji Bektach*, Istanbul 1995, p. 277-308.
13. Voir N. CLAYER, *Aux origines du nationalisme albanais : la naissance d'une nation majoritairement musulmane en Europe*, Paris 2007.
14. Selon Myderrizi, le poème *Hadîkat üs-Süed* de Fużūlī – qui était habituellement lu pendant le *matem* – a été traduit par Dalip en albanais pour des raisons pratiques, car peu des soufis connaissaient le turc. Pourtant, quelques décennies plus tôt, dans les *tekke* d'Asim Baba (Teqeja et Zallit) à Gjirokastra, des vers du poème de Fużūlī

long poème épique consacré à la bataille de Karbalā' et au martyre de Ḥusayn. Naim a transformé le martyre de Karbalā' en un texte nationaliste dans lequel les Albanais sont unis sous un seul Dieu contre les tyrannies (« les Turcs »), comme Ḥusayn qui a souffert des injustices des omeyyades.

Le *Fletore e Bektashinjet* mêle les pratiques et doctrines traditionnelles des Bektashis à la rhétorique nationaliste, au panthéisme, à l'unicité de l'être akbarien et à la parapsychose[15]. Ces enseignements ont été déterminants pour le développement ultérieur de la Betktashiyya et son lien avec le mouvement nationaliste. Naim a consacré également une place particulière au jeûne du muḥarram, considéré comme l'un des fondements du bektashisme :

> Le jeûne est le reflet de leur deuil des événements de Kerbela, soit les dix premiers jours du mois lunaire de Muharrem. Certains ne boivent pas d'eau pendant ces jours, mais cela est superflu car ce n'est que le soir du neuvième jour que les combats ont pris fin et que l'après-midi du dixième, l'imam Husain est tombé en martyr avec ses hommes. Ce n'est qu'à ce moment-là qu'ils se sont retrouvés sans eau. C'est pourquoi la période de deuil est maintenue pendant dix jours, mais l'abstention d'eau n'est pratiquée que du soir du neuvième jour à l'après-midi du dixième jour. Mais quiconque le souhaite peut s'abstenir de boire de l'eau pendant la période de deuil également. Cela montre l'amour que les Bektashis portent à toutes les vertus [...].
> Le Nouvel An, appelé *Novruz*, a lieu le dixième jour du mois de mars et le onzième jour du mois lunaire appelé Muharrem. Pendant les dix jours de deuil, ils lisent les histoires des Imams[16].

Après l'effondrement de l'Empire ottoman, les fêtes du Muḥarram ont continué d'être célébrées dans les nouveaux cadres nationaux dans lesquels la relation entre l'État et la religion a été redéfinie, poursuivant en différentes manières le travail de rationalisation commencé pendant les *Tanzimat* (« réformes ») ottomanes. Si la montée du kémalisme dans la nouvelle république de Turquie a compliqué la pratique religieuse en raison de la laïcité étatique imposée par Atatürk, en Albanie, le petit

---

étaient lus en albanais pendant le *matem*. Voir O. MYDERRIZI, « Letërsia fetare e bektashive », *Buletin për Shkencat Shoqërore* 3 (1955), p. 131-142.
15. G. DUIJZINGS, « Religion and the politics of "Albanianism": Naim Frashëri's Bektashi writings ». dans S. SCHWANDNER-SIEVERS et B. J. FISCHER (ed.), *Albanian Identities: Myths, Narratives and Politics,* Londres 2002, p. 60-69.
16. N. FRASHËRI, *Fletore e Bektashinjet*, Bucarest 2000, p. 7-8.

État balkanique né en 1912, les autorités gouvernementales ont tenté d'institutionnaliser la portée de la religion parmi la population. Le Roi Zog (m. 1961)[17], chef du gouvernement albanais à partir du 1925, a proposé, voire imposé, une réorganisation des communautés religieuses albanaises selon un modèle confessionnaliste et laïc pour préserver l'intégrité nationale face aux trois confessions réparties dans la population à 65 % musulmane, 20 % orthodoxe et 10 % catholique[18].

Cette tentative a conduit à la formation de plusieurs communautés religieuses, dont la Communauté musulmane d'Albanie (*Komuniteti Mysliman i Shqipërisë*) en 1923, qui visaient à adapter l'islam à l'idéologie nationale et à la modernité étatique, provoquant un grand ferment religieux et spirituel. Certains leaders soufis ont créé l'association *Drita Hyjnore* (« Lumière sacrée »), qui rassemble les Rifāʿis, Saʿdis, Naqshbandis, Qādiris et Tijānis afin de réorganiser et de diriger leurs activités sous l'égide institutionnelle de la communauté sunnite. La Khalwātiyya a mené la création d'une sorte de ligue appelée *Liga Aleviane* (« Ligue alévienne ») avec de mauvais résultats[19]. Un discours différent est pour la Bektāshiyya qui était l'une des confréries les plus répandues de l'Empire jusqu'à la dissolution des janissaires en 1826 ; la confrérie a connu par la suite un renouveau remarquable parmi les Albanais en participant directement au soulèvement nationaliste et à la diffusion de la langue albanaise. Dans la nouvelle république, les Bektashis revendiquent leur esprit nationaliste et leur autonomie en tant que confession religieuse indépendante, le Bektashisme, réussissant à devenir une secte religieuse autonome de facto en 1922[20].

---

17. Ahmet Lekë Bej Zog (connu sous le nom de Zog I Scanderbeg III, roi des Albanais) était un homme politique et soldat albanais, Premier ministre albanais (1922-1924), président de la République albanaise (1925-1928) et roi d'Albanie (1928 1939).
18. Bien que la population soit majoritairement musulmane, l'islam n'a jamais été la religion officielle d'Albanie. Pour Nathalie Clayer, trois facteurs ont motivé la laïcité étatique albanaise : premièrement, le nationalisme albanais, qui a été forgé sur une base ethno-nationale plutôt que religieuse ; deuxièmement, pour les Bektashis, qui ont formé une identité distincte en tant que « troisième voie » entre islam et christianisme ; troisièmement, les idées positivistes parmi les dirigeants de l'indépendance albanaise. Voir N. CLAYER, *Aux origines du nationalisme albanais*, p. 701-713.
19. N. CLAYER, *L'Albanie, pays des derviches. Les ordres mystiques musulmans en Albanie à l'époque post-ottomane (1912-1967)*, Wiesbaden 1990, p. 24-35.
20. Voir N. CLAYER, « Bektāshisme et nationalisme albanais », dans A. POPOVIC et G. VEINSTEIN (éd.), *Bektāshiyya. Études sur l'ordre mystique des Bektachis et les groupes relevant de Hadji Bektach*, Istanbul 1995, p. 277-308.

Dans ce contexte, le mysticisme islamique a connu une certaine revitalisation due au prosélytisme de nombreux maîtres soufis, certains éduqués dans des centres culturels renommés du monde musulman. En perdant les liens avec les anciens centres musulmans ottomans, ils ont animé, avec plusieurs ulémas d'orientation traditionaliste ou réformiste, un débat culturel et doctrinal sur la relation entre la tradition islamique, le réformisme et la nation[21]. Plusieurs pratiques et rites traditionnels ont subi un certain renouveau qui n'a pas changé foncièrement leurs fondements doctrinaux et symboliques, même s'ils étaient parfois marqués d'une valeur nationaliste. Les mêmes célébrations de Muḥarram, généralement appelées *matem*, ont été l'objet de la réflexion de plusieurs maîtres soufis qui, en même temps, en ont encouragé la pratique parmi leurs disciples.

Le célèbre Cheikh Rifāʿī, Adem Nuri Gjakova (m. 1938), dans son livre intitulé *Principe e rregulla të dervishizmit* du 1934[22], propose une description précise et détaillée du *matem* qui concerne le jeûne des dix premiers jours du Muḥarram, pour commémorer le martyre de Ḥusayn. Adem affirme que le *matem* est une obligation (*farz*) pour tous les initiés soufis ; son exécution comprend des actes obligatoires qui sont : l'interdiction de boire de l'eau (*mospirja ujë*) ; l'état de deuil (*pikëllimi*) ; la récitation de prières en mémoire de Ḥusayn (*elegjia*). On exige également des actes facultatifs : un régime alimentaire réduit (*pehrizi*) ou le jeûne total (*agjërimi*) et la veillée nocturne dans le *teqe*[23] (*të luturin Zotin netëve*). Selon Adem Nuri, le Cheikh doit rester isolé (*halvet*, en arabe *khalwā*) et effectuer le jeûne jusqu'au dixième jour ; tandis que les autres derviches peuvent interrompre le jeûne pendant la huitième nuit, dite celle des « joyaux » (*xhevheri*). En outre, selon le livre, les derviches doivent rester isolés dans le *teqe*, s'habiller en noir, adopter un air triste (éviter de rire ou de s'amuser) et ingérer un peu de sel avant chaque repas qui doit être très frugal. Il décrit également avec précision les pratiques rituelles à accomplir et le calendrier à suivre : les cinq prières, des chants, des litanies, des narrations et enfin le *dhikr* qui doit être célébré en différentes manières et

---

21. G. BRIA, *Aquile e dervisci. L'autorità sufi nell'Albania post-socialista*, Milan 2019.
22. Réimprimé dans A. NURI GJAKOVA, *Principe e rregulla të dervishizmit*, Gjakovë 1990, p. 18-22.
23. Le *teqe* (turc : *tekke*, arabe : *zāwiya*) est un édifice musulman qui constitue le centre autour duquel s'articule une confrérie soufie.

à différents moments. Au cours de la huitième nuit, les soufis célèbrent le *xhevheri*[24], qui implique la préparation de lait avec certains ingrédients (miel, clous de girofle, cannelle) que le Cheikh mélange, bénit et distribue à ses disciples. Au cours de la dernière nuit, le Cheikh prépare l'assiette de la *'āshūrā'*, qui est ensuite consommée par les disciples et, le lendemain, par les invités.

Bien que Adem fût l'un des maîtres de la Rifāʻiyya, il est très probable que la plupart des règles du *matem* concernaient aussi les autres communautés soufies albanaises, malgré les différences qui pouvaient les opposer. En effet, il existe plusieurs témoignages littéraires selon lesquels le *matem* était répandu parmi l'ensemble des soufis d'Albanie. Plusieurs parutions de *Njeriu* (« Homme »), le principal organe de presse de *Drita Hyjnore*, invitent les derviches à participer aux célébrations du *matem* en tant qu'obligation religieuse[25].

En 1936, Ferid Vokopola (m. 1969), secrétaire de *Drita Hyjnore*, a écrit un article sur le *matem* dans le journal *Kultura Islame* (« Culture Islamique ») qui était publié par la Communauté islamique d'Albanie[26]. Dans cet article, Ferid n'expliquait aucune procédure pratique, mais visait à légitimer le *matem* en tant qu'obligation coranique et *sunna* du Prophète. Pour Vokopola, différentes traditions religieuses et sciences positives présenteraient la même dualité du *matem*, c'est-à-dire le contraste entre le bien et le mal qui est symbolisé par le mensonge de Yazīd contre la sincérité de Ḥusayn. Pour lui, un bon musulman qui aime la famille du Prophète (*ahl al-bayt*) doit nécessairement célébrer le *matem* pour supprimer les éléments négatifs (*nafs*) de l'esprit humain (*rūḥ*). Ferid décrit brièvement l'histoire du martyre de Ḥusayn et cite de célèbres poètes ottomans, dont Ferezdak, Fużūlī et Kazim Pashaj, qui ont narré l'histoire de la bataille dans leurs poèmes. L'article se termine par une note (*shenim*) de l'ancien grand mufti d'Albanie, Behexhet Shapati (m. 1950), affirmant que « le *matem* est une obligation pour tous les musulmans qui implique les souvenirs de la douleur de Ḥusayn qui a été injustement tué, comme son père ».

Bien qu'il n'y ait pas d'informations précises à propos de sa pratique, il est très probable que la pratique du *matem* était répandue

---

24. « bijou », en turc *cevher*, en persan *jawāhir*.
25. Voir « Ceremonija e Ashurasë » *Njeriu* 7/1 (1943), p. 7.
26. F. VOKOPOLA, « Dhjetë Ditët e Muharremit. Dhe Kuptimi i Nalt i Matemit », *Kultura Islame* 2/17-19 (1936), p. 111-116.

parmi les musulmans, en particulier les soufis d'Albanie, y compris les Bektashis. Un turcologue italien, Ettore Rossi (m. 1955), qui a visité de nombreuses communautés Bektashies en Albanie pendant la domination fasciste, mentionne le *matem* dans un article en le présentant comme l'un des principaux rites Bektashis, au cours duquel « les Bektashis ne boivent pas de l'eau pure, n'abattent pas et ne mangent pas de viande, ils évitent également les œufs ; le 10 [de Muḥarram] ils lisent des *mersiye* [plaintes] en public, des élégies pour Ḥusayn et ses compagnons[27] ». Il faut d'ailleurs rappeler que dans ces mêmes années, plus précisément en 1939, le *teqe* Bektashi de Shemini Babait à Kruja avait promu la publication d'un livre, *Dy trëndafilat të bukur* (« Deux belles roses »), racontant l'histoire de la bataille de Karbalā' – l'événement dont on retrace le récit pendant les nuits du *matem*[28].

D'autres informations détaillées sur le jeûne du *matem* chez les Bektashis sont fournies par Baba Rexhepi (m. 1995), le célèbre Baba Bektashi émigré aux États-Unis suite à la montée du régime communiste qui, après la Seconde Guerre mondiale, a progressivement interdit toute forme de culte dans le pays. Les Bektashis ne sont pas les seuls à avoir subi des persécutions à cette époque : de nombreux chefs religieux d'autres confessions (catholiques, orthodoxes) ont été emprisonnés, tués ou exilés pendant la lutte antireligieuse du dictateur Enver Hoxha (m. 1985)[29] qui, en 1967, a interdit toutes les formes de culte, en affaiblissant les pratiques et les croyances religieuses à travers la propagande communiste laïciste et l'imposition de l'athéisme des institutions éducatives et culturelles, ainsi qu'un contrôle brutal sur les populations.

Au début des années 1950, Rexhepi a fondé une communauté à Taylor, en Michigan, où lui et ses disciples ont continué à perpétuer les traditions rituelles du Betkashisme albanais[30]. Ils ont également organisé la publication d'une revue en 1954-1955, *Zëri i Bektashizmës* (« La

---

27. E. Rossi, « Credenze ed usi dei Bektasci », *Studi e materiali di storia delle religioni* 18 (1942), p. 73-74.
28. *Dy trëndafilat të bukur*, Krujë Gjyshata Begthashiane, Teqe Sh. Shemini Babait, 1939.
29. Enver Halil Hoxha était un homme politique communiste albanais qui a été chef de l'État albanais de 1944 jusqu'à sa mort en 1985, en tant que premier secrétaire du Parti du travail d'Albanie. Il a été président du Front démocratique d'Albanie et commandant des forces armées de 1944 jusqu'à sa mort.
30. Voir Fr. Trix, *The Sufi Journey of Baba Rexheb*, Philadelphie 2009 ; Fr. Trix, *Spiritual discourse: learning with an Islamic master*, Philadelphie 1993.

voix Bektashie »)[31]. Dans cette revue, Rexhepi et d'autres Babas ont décrit les croyances et les rites Bektashis parmi lesquels le *matem*, dont Rexhepi a précisé les fondements théologiques et pratiques. Selon Rexhepi, chaque nuit du *matem* doit commémorer un événement particulier de l'histoire de ʿAlī, Ḥasan et Ḥusayn, à travers des chants, des prières et des lectures de *Hadîkat üs-Süedâ*[32]. Il fournit aussi les indications pour la préparation du dessert de la *ʿāshūrāʾ* qui marque la fin du jeûne de dix jours : « À la fin du *matem*, la *ʿāshūrāʾ* est mise dans le feu [...] ; lors d'une cérémonie religieuse, nous récitons une plainte (*merhije*) à haute voix. Par la suite, nous avons récité en silence les prières religieuses. Les gens commencent à manger la *ʿāshūrāʾ* invoquant l'Imam et maudissant Yazīd et ses successeurs ». La consommation de la *ʿāshūrāʾ* est habituellement suivie d'un dîner à base de la viande d'un bélier sacrifié (*qurbān*) pour commémorer Ḥusayn[33].

Selon Francis Trix, qui a participé personnellement aux célébrations du *matem* dans le *teqe* de Taylor, les plaintes récitées par les Bektashis sont la traduction en albanais des *Mersiye* (« condoléances ») de Cheikh Safi[34], réinterprétées dans un cadre nationaliste et anticommuniste[35]. En fait, ils emploient divers symboles religieux de la tradition perse et turque, tels que la lumière (*nūr*, symbole de grâce prophétique) et l'eau (symbolisant les larmes de Husayn), dans un registre typiquement nationaliste, en utilisant les rideaux rouges du drapeau albanais comme symbole de l'appartenance nationaliste et religieuse, renouvelant la liaison entre nationalisme et bektashisme.

2. Le renouveau post-communiste

Le travail de Rexhepi et des autres Bektashis de Detroit a contribué à garder en vie la tradition du *matem*, ainsi que d'autres rites soufis,

---

31. N. CLAYER, « *La voix du bektachisme* : une revue bektachie albanaise publiée aux États-Unis (1954-1955) », *Anatolia Moderna/Yeni Anadolu* 2 (1991), p. 227-235.
32. *Hadîkat üs-Süedâ* est un poème épique de Fużūlī (m. 1556) qui traite du martyre de Ḥusayn pendant la bataille de Karbalāʾ.
33. *Zëri i Bektashizmës* [*La voix Bektashie*], Détroit, Tekke Komision I/1, 1954, p. 21-22.
34. S. SADI, « Mersiye », dans A. RIFAT EFENDI (éd.), *Mirʾat ül-Makâsıd fī Def il-Mefâsid*, Istanbul 1876, p. 202-204.
35. Fr. TRIX, « The "Ashura" lament of Baba Rexheb and the Albanian Bektashi community in America », dans A. POPOVIC et G. VEINSTEIN, *Bektashiyya*, p. 415-422.

pendant la période de persécution religieuse par le régime communiste. Mais il a été tout aussi fondamental pour la reconstruction religieuse après la chute de ce même régime en 1990, lorsqu'il a été mis fin à la persécution religieuse, afin d'établir symboliquement le nouveau « cours démocratique » sanctionnant la fin de la dictature. Le passage du collectivisme socialiste au système capitaliste a conduit à de nouvelles transformations sociales, telles que l'ouverture vers de nouveaux modèles socio-culturels externes et une urbanisation croissante des quartiers de Durrës et de Tirana.

Les effets de la sécularisation socialiste étaient évidents dans le comportement critique et individualisé des Albanais envers la religion, tandis que l'athéisme, imposé par la constitution, était une prérogative des institutions de l'État, en particulier dans le domaine de l'éducation et de la culture. La reconstruction religieuse a été un processus complexe et multiforme dans lequel différents acteurs nationaux et étrangers sont intervenus. Plusieurs acteurs étrangers (arabes, turcs et iraniens) ont tenté d'exporter leur version de la religion islamique, favorisant ainsi une certaine diversification de l'identité islamique[36]. Quant à la Communauté islamique d'Albanie, elle a reproduit le discours officiel des institutions gouvernementales concernant « l'œcuménisme ontologique des Albanais » et le « pluriconfessionnalisme culturel et modéré » de l'Albanie, afin de s'arrimer aux valeurs européennes de la démocratie et de la liberté et rejeter le « fanatisme » religieux.

La communauté Bektashie a cherché à restaurer son ancienne autorité, d'abord à travers la mémoire de ses leaders encore vivants, en particulier de ceux vivant à l'étranger, aux États-Unis ou ailleurs. D'anciens et de nouveaux lieux de culte ont été (ré)ouverts là où les Babas vivants ont offert des bénédictions et un soutien spirituel aux fidèles. La communauté a organisé des pèlerinages dans certains lieux saints, tels que Kruja et Tomorr[37]. Cependant, parallèlement à cette forme de religiosité traditionnelle, les dirigeants Bektashis ont proposé une religiosité progressiste et nationaliste capable d'impliquer les générations d'Albanais qui ont grandi dans un contexte athée et post-sécularisé. Alors que certains Babas ont été promus pères de la

---

36. N. CLAYER, « God in the Land of the Mercedes ».
37. N. CLAYER, « L'islam balkanique aujourd'hui entre science et recherche de valeurs », dans G. FUSSMAN (éd.), *Croyance, raison et déraison*, Paris 2006, p. 319-339.

Nation, d'éminents patriotes étaient présentés comme des Bektashis d'honneur, comme Naim Frashëri. Le statut Bektashi, approuvé en 1999, a établi une structure hiérarchique interne et les objectifs de la communauté : le lien entre la la tradition mystique islamique, le progressisme et le nationalisme albanais pour proposer une solution idéologiquement attractive et religieusement modérée[38]. Certains auteurs ont contribué à façonner les doctrines Bektashies par le biais de publications de caractère scientifique ou culturel, tandis que certains organes de la communauté, comme le magazine *Urtësia* (« Sagesse »), ont cherché à répandre la croyance et l'idéologie Bektashies parmi la population[39].

Ce mélange entre tradition et progressisme, nationalisme et mysticisme, n'était pas seulement proposé dans les discours officiels, mais impliquait également les rituels Bektashis eux-mêmes, dont le sens a été réinterprété selon une grille œcuménique. Le jeûne *matem* a été réorganisé selon les règles de la tradition Bektashie et les nouveaux objectifs du dialogue religieux et patriotique de ses dirigeants. L'ancien chef de la communauté[40], Haxhi Dede Reshat Bardhi (m. 2011), a écrit une brochure qui explique les règles et les valeurs fondantes du *matem* : pendant ces jours, les Bektashis doivent se souvenir de la souffrance prophétique de l'événement tragique de Karbalā' et prier pour le droit chemin, la paix, la fraternité et la perfection humaine[41]. Selon son pamphlet, chaque nuit de jeûne doit être consacrée à un épisode des révélations prophétiques islamiques : la première nuit doit rappeler Âdam, Nūḥ, Ibrāhīm, Mūsā, Yūsha' et 'Īsā ; la deuxième nuit est pour Muḥammad ; le troisième est pour Imam 'Alī ; le quatrième pour Imām Ḥasan ; les cinquième, sixième, septième, huitième, neuvième et dixième nuits commémorent la vie de Ḥusayn jusqu'à son martyre à Karbalā'. Le même document contient une partie de *Qerbelaja* de Naim

---

38. *Statuti i komunitetit bektashian. Shqip & Anglisht*, Tirana 2000, p. 3.
39. G. Bria, « Celebrating Sultan Nevruz: Between Theological Debate and Multi-Framed Practice in Contemporary Albania », *Studia Islamica* 114/3 (2020), p. 355-377.
40. Il est important de clarifier les niveaux hiérarchiques au sein de la communauté Bektashie : tout d'abord, il y a le *Kryegjyshi Boterori Bektashinjve* (le leader mondial des Bektashi) ; le premier degré est le *Dede* ; le deuxième degré est *Baba* ; le troisième degré est *Dervish* ; et le dernier degré est *Myhib*. Voir le *Statuti i komunitetit bektashian. Shqip & Anglisht*.
41. R. Bardhi, « Si në Qerbela u bë... », *Urtësia. Revistë Fetare Shoqërore Artistike* 123 (2018), p. 11-16.

Frashëri et le poème *Nuk e Lemë* (« Nous n'avons pas oublié ») écrit en 1911 par Baba Meleq Shëmbërdhenji (m. 1947), un célèbre Baba Bektashi qui a activement participé aux mouvements nationalistes.

Cette synthèse entre le mysticisme islamique et le nationalisme est encore accentuée lors du dixième jour de Muḥarram, qui marque la fin du jeûne et l'avènement de la ʿāshūrāʾ, célébrée au cours d'une cérémonie publique à laquelle participent plusieurs personnages politiques et leaders religieux. Au cours de la cérémonie, le siège de Tirana et les autres *teqe* Bektashis sont ornés de drapeaux rouges d'Albanie et de bannières vertes du Bektashisme ; plusieurs plats du dessert de ʿāshūrāʾ sont offerts aux citoyens qui y participent en grand nombre. En 2017, le secrétaire Bektashi, Baba Mondi, a inauguré cette célébration avec un discours pour « commémorer la tragédie de Karbalāʾ afin que le dialogue, la paix et la coexistence religieuse puissent l'emporter sur la souffrance et la guerre ». En 2019, la ʿāshūrāʾ a été célébrée dans la tombe de Sari Saltik[42] à Kruja : après le discours initial du secrétaire Bektashi, le président de la République, Ilir Meta, a prononcé un discours en mettant l'accent sur l'unité nationale : « Nos fêtes religieuses sont toujours des moments d'unité et de joie pour tous. Ils nous permettent d'exprimer notre révérence et notre respect pour Allāh, mais aussi le message albanais bien connu de l'amour, de l'harmonie et de la compréhension entre les religions[43] ».

L'ouverture des Bektashis a donc également attiré la collaboration de certains acteurs religieux locaux et étrangers. Parmi ces derniers, l'Iran se signale pour avoir créé son propre réseau d'associations en Albanie basé sur la fraternité culturelle entre le chiisme et le mysticisme albanais. Les représentants de l'ambassade iranienne participent chaque année à la célébration de la ʿāshūrāʾ au siège du Bektashisme, pour témoigner de l'amitié avec la communauté Bektashie, qui a cependant toujours maintenu son indépendance politique et confessionnelle[44]. Des représentants de communautés religieuses albanaises, y compris des dirigeants de la Communauté islamique

---

42. Sari Saltik, également appelé Sari Saltuk Baba ou Dede (m. 1297/1298), est un derviche légendaire, vénéré comme un saint par les Bektashis des Balkans et de certaines régions du Moyen-Orient.
43. https://www.albaniandailynews.com/index.php?idm=35916&mod=2 [consulté le 20 juin 2020].
44. Sur ce sujet, voir G. BRIA, « Les réseaux iraniens dans l'Albanie post-socialiste entre *soft power* et incidents diplomatiques », à paraître dans *Oriente Moderno*.

sunnite ou divers chefs de communautés soufis participent généralement à la ʿāshūrāʾ de Bektashis pour promouvoir l'esprit de collaboration religieuse prôné par la rhétorique nationaliste.

Sans légitimer la tradition Bektashie, la Communauté sunnite cherche à proposer sa propre interprétation de la ʿāshūrāʾ selon la tradition sunnite. Un article de son magazine officiel *Drita Islame* (« Lumière Islamique ») de septembre 2017 décrit la ʿāshūrāʾ comme une « période (dix jours) d'avertissement et de jeûne (facultatif) » qui, selon al-Ghazālī[45], rappelle plusieurs événements prophétiques concernant Âdam, Nūḥ, Ibrāhīm, Mūsā et ʿĪsā et même Ḥusayn qui a été tué comme martyr. La ʿāshūrāʾ serait donc « *sunna*, c'est-à-dire une bonne pratique pour prier et mentionner Allāh, pour la miséricorde et la paix du Prophète, pour réfléchir sur les péchés qui ont compromis l'équilibre spirituel […] en se souvenant toujours que tous les musulmans sont frères[46] ». En novembre 2015, la Communauté sunnite (KMSH) a également organisé la distribution du dessert de la ʿāshūrāʾ devant les mosquées centrales de Tirana, Shkodra, Elbasan et Berat. Les organisateurs ont déclaré que le dessert avait été préparé en Turquie par des cuisiniers locaux selon la tradition ottomane. Les bannières de la table indiquaient : « Célébrons la ʿāshūrāʾ ensemble », sans aucune mention à Karbalāʾ et à Ḥusayn. De cette manière, les dirigeants de la KMSH ont cherché à remodeler la tradition de la ʿāshūrāʾ pour englober également la tradition sunnite. La distribution du dessert dans les places publiques vise à retravailler la sémantique sociale du rituel, en définissant sa valeur symbolique et sa narration publique : la ʿāshūrāʾ serait alors un rituel « sunnite », plutôt que Bektashi.

3. La piété soufie entre marginalité et individualisme

Les communautés soufies d'Albanie célèbrent également le *matem*, bien qu'elles n'aient pas la même visibilité publique que les Bektashis, car elles n'ont pas eu l'occasion ou la capacité de reconstituer l'ancienne organisation *Drita Hynjore*, à l'exception de quelques

---

45. Abū Ḥāmid Muḥammad ibn Muḥammad al-Ghazālī (m. 1111) est un philosophe et théologien soufi d'origine perse.
46. « Dita e Ashuras – një rast i volitshëm për shfrytëzim », *Drita Islame*, Shtator 2017, http://www.kmsh.al/al/2018/09/dita-e-ashures-vlera-dhe-rendesia-e-saj/ [consulté le 20 juin 2020].

tentatives initiales infructueuses[47]. Pour cette raison, les célébrations de ces communautés ont été nettement éclipsées par celles de la communauté Bektashie qui, aussi en raison de son unité interne, a été plus apte à réorganiser ses institutions dans la période post-communiste, en revendiquant le monopole du mysticisme albanais. En tout cas, chaque centre soufi célèbre habituellement le *matem*, selon la tradition qu'il juge la plus appropriée.

La communauté Rifā'i de Tropoja, une région très périphérique et rurale du nord, célèbre le rite selon les règles qu'Adem Nuri Gjakova a fournies dans son livre[48]. Pendant les dix jours du *matem*, le leader de la communauté, Haydari, reste complètement isolé dans le *teqe* avec ses disciples. Personne ne peut visiter le groupe pendant le jeûne qui est interrompu après la prière du soir avec un repas frugal. La nuit est consacrée à une veillée et au souvenir du martyre. Pendant la septième nuit, les derviches de Tropoja accomplissent le rituel du *xhevher*, tandis que pendant la neuvième nuit, le Cheikh prépare la *'āshūrā'* qui sera consommée le lendemain. Pour ces soufis, le *matem* est l'événement le plus important du calendrier religieux. Ainsi Besim, un jeune derviche âgé d'environ 30 ans, il déclare : « Le *matem* est le rituel le plus important pour nous, les soufis, [...] bien plus que le jeûne du Ramaḍān ». Le chef de la communauté, Haydari, n'a cessé de le répéter : « Un disciple peut oublier un jour de ramaḍān, mais pas de *matem* [...]. Même à la maison, il doit respecter le jeûne pour être un bon derviche[49] ».

La communauté Rifā'i de Tirana, dirigée par Qemaludin Reka, a mis l'accent sur le *matem*, avec une force égale voire supérieure. Pendant la période du jeûne que chacun respecte individuellement chez lui, le *teqe* est orné de rideaux noirs, de même que tous les derviches sont vêtus de noir. Quant aux lumières, elles sont progressivement éteintes pour symboliser la mort du martyr. Pendant le *dhikr* du soir, le maître et ses disciples battent leur poitrine énergiquement pour mortifier leur corps en imitant les souffrances de Husayn. De la même manière, quand le maître et les autres disciples entonnent des plaintes

---

47. G. BRIA, « Post-Socialist Sufi Revival in Albania ».
48. Informations collectées par l'auteur au cours de différents terrains de recherche en octobre 2014 et septembre 2015.
49. Entretiens, Tropoja, octobre 2014.

(*merhije*) à haute voix et récitent les passages les plus dramatiques du martyre, certains derviches pleurent ostensiblement, affligés par la douleur et le deuil de la mort de Husayn.

« Nous pleurons pour Husayn, nos cœurs sont pleins de douleur », a déclaré Bushat[50], un derviche de 40 ans, pour expliquer ses pleurs rituels. Si, en tout cas, cette implication émotionnelle profonde semble impliquer le moi intime de chaque participant, le *matem* dans ce centre semble être déterminé par un mélange de tradition albanaise et d'autres éléments rituels exogènes. Qemaludin est en effet accusé d'avoir noué une amitié avec l'ambassade d'Iran qui aurait financé la construction du centre. Bien que leur *teqe* ait plusieurs éléments décoratifs d'origine iranienne, il n'est pas certain qu'il ait reçu de l'argent. Il est vrai qu'au cours du *matem*, Qemaludin et ses disciples intègrent certains éléments rituels, tels que les coups sur la poitrine et les rideaux noirs symboliques (avec des écritures en persan), qui ne sont pas actuellement partagés par d'autres centres soufis du pays ; mais ces éléments peuvent avoir été incorporés à la suite des relations que Qemaludin a eues avec l'ambassade iranienne qui lui a offert, ainsi qu'à d'autres disciples, la possibilité de visiter l'Iran et des lieux de culte chiites tels que Qom et Karbalā'[51]. Il est donc probable que, fascinés par la piété chiite et ses spécificités rituelles, Qemaludin et ses disciples aient imité certains aspects des traditions imâmites.

La principale communauté Khalwātī de Tirana célèbre une version allégée du *matem* : son chef, Ali Pazari, a ordonné à ses disciples de ne pas jeûner, mais simplement de se souvenir de la tragédie de Karbalā' avec des hymnes religieux (*ilahi*) et la célébration nocturne du *dhikr*. Ali Pazari ne partage pas le jeûne du *matem* car, d'après lui, « il n'appartient pas à la tradition islamique ». Cependant, certains disciples ne suivent pas les recommandations de leur maître et pratiquent le jeûne pendant dix jours pour « respecter la tradition albanaise[52] ». Un derviche âgé de Korça et son fils ont déclaré : « Le *matem* fait partie de notre tradition familiale [...], nous le célébrons parce que nous sommes des derviches[53] ». Si plusieurs derviches respectent également le jeûne, d'autres suivent les instructions de leur maître qui laissent cependant tout le monde libre de choisir. Néanmoins, Ali et

---

50. Entretien, Tirana, septembre 2015.
51. Si Qom est en Perse, Karbalā' est en Irak, près de la ville de Koufa.
52. Entretien, Tirana, octobre 2014.
53. *Ibid.*.

Piété, athéisme et mysticisme en Albanie

ses disciples se rencontrent tous les soirs pour discuter, chanter et exécuter le *dhikr* auquel assistent des gens qui ne fréquentent pas habituellement le *teqe*. Ali a probablement refusé de pratiquer le jeûne car il craint que cette pratique puisse être présentée comme « chiite », donc fondamentaliste, selon une certaine narration largement répandue en Albanie[54]. D'autre part, il a lui-même vécu au Liban pendant un certain temps, développant une certaine aversion pour les chiites : « Je connais les chiites, j'habitais près d'eux et ce n'est pas le vrai islam[55] ». Comme on le voit, la position d'Ali Pazari est très similaire à celle de la communauté sunnite, bien qu'il ait probablement été influencé par ses expériences personnelles.

Pour les soufis qui le pratiquent, le *matem* représente la principale expression de leur croyance musulmane et de leur appartenance à la communauté. Pour eux, en effet, le jeûne du *matem* représente une pratique significative, dans laquelle ils reconnaissent une certaine autorité symbolique qui contribue à consolider leur être-dans-le-monde. Selon Besim, un jeune Soufi de Tropoja, « quand je pratique les *matem*, je me sens bien, je me fiche de la faim et de la douleur […], je suis bien avec moi-même et avec le monde » : « Le jeûne ne me pose pas de problème. Je suis triste pour Ḥusayn et pour toutes les autres souffrances injustes[56] ».

Le jeûne configure donc une expérience corporelle, qui établit un lien entre leur pratique, leur perception corporelle et leur représentation symbolique. Cette expérience d'incorporation permet de percevoir une pratique comme un symbole, qui façonne en même temps la subjectivité du musulman qui y participe : elle recèle plusieurs significations qui constituent l'ethos collectif partagé par la communauté, mais qui ont un sens spécifique dans la vie individuelle. Dans le même temps, la pratique requiert le respect de certaines disciplines, ou plutôt de certaines techniques corporelles[57] qui encadrent les émotions des

---

54. Selon cette narration, les acteurs islamiques étrangers sont potentiellement fanatiques et dangereux, qu'ils soient iraniens, wahhabites et arabes, tandis que les musulmans albanais sont intrinsèquement plus modérés, tolérants et progressistes, donc plus occidentaux. Voir C. ENDRESEN, « Faith, Fatherland or Both ? » ; E. SULSTAROVA, *Arratisje nga Lindja : Orientalizmi shqiptar nga Naimi te Kadareja*, Chapel Hill 2006.
55. Entretien, Tirana, octobre 2014.
56. Entretien, Tropoja, octobre 2014.
57. M. MAUSS, « Les techniques du corps », *Journal de psychologie* 32/3-4 (1936), p. 271-293.

participants de manière précise. Les pleurs rituels lors des *merhije* représentent une émotion précise (tristesse) exprimée à un moment déterminé de manière visible, suite à une partition qui reproduit les condoléances et les souffrances pour la mort de Ḥusayn. « Je pleure parce que ça me fait trop mal de ressentir la souffrance de Ḥusayn », disait Alban[58], un soufi de Tirana. En ce sens, le jeûne est très structuré en tant qu'expression socio-religieuse, capable de renforcer l'autorité même de la pratique.

En tout cas, les différentes manières de célébrer le *matem* semblent différer d'une communauté à l'autre puisqu'il n'y a pas de tradition unique capable de s'imposer de manière homogène. Cela est probablement dû à la redéfinition sémantique et pratique du savoir islamique causée par la sécularisation socialiste et les processus de mondialisation (voire, la pluralisation). La violente lutte menée par le régime de Hoxha a érodé la légitimité des chefs religieux, affectant leur capacité à assurer le lien circulaire entre action orientée, principes religieux et autorité qui valide les valeurs de l'ordre religieux, donc la capacité de reproduire les doctrines et pratiques religieuses, même le *matem*. Selon Maurice Bloch, l'élément constitutif de l'autorité religieuse est la capacité de rendre autoritaire une langue, qui peut être orale, mais aussi écrite et iconographique : la forte routinisation des rituels religieux et la formalisation structurelle de la communication discursive religieuse sont nécessaires pour réduire la créativité linguistique qui pourrait affaiblir l'autorité religieuse[59]. En Albanie, les politiques antireligieuses communistes et le changement pluraliste postsocialiste ont érodé une telle formalisation communicative autoritaire, permettant une sorte d'indétermination / créativité linguistique. Dans le cas du *matem* en époque postsocialiste, chaque communauté a essayé de combler ce « vide sémantique et pratique » avec sa propre version du rituel en mélangeant des éléments traditionnels avec d'autres, issus de la vague de prosélytisme étranger.

Un effet tout à fait secondaire de l'érosion de l'autorité religieuse a donc été le développement d'une attitude critique des fidèles qui, parfois, préfèrent former leurs propres comportements religieux individuellement, même s'ils sont incompatibles avec les discours officiels

---

58. Entretien, Tirana, septembre 2015.
59. M. BLOCH, « Symbols, Song, Dance and Features of Articulation. Is religion an extreme form of traditional authority? », *European Journal of Sociology/Archives Européennes de Sociologie* 15/1 (1974), p. 54-81.

des autorités, comme dans le cas d'Ali Pazari. Cela a également été provoqué par l'intervention de plusieurs acteurs étrangers du monde musulman proche (Kosovo et Turquie) et plus éloigné (Iran, Arabie saoudite), chacun ayant pour objectif de soutenir, voire de gérer, la renaissance religieuse, générant une pluralisation du domaine religieux au sein duquel chaque musulman choisit la version ou l'offre religieux qui correspond le mieux à sa vision du monde[60].

Bien qu'elle ait été soulignée à plusieurs reprises par plusieurs observateurs, l'influence iranienne a été largement marginale, malgré les rapports avec la communauté Rifāʿī dirigée par Qemaludin et la Communauté Bektashie. La reprise de la fraternité spirituelle et ethnique avec les communautés soufies du Kosovo a apporté une contribution plus importante. Plusieurs Cheikhs d'Albanie, tels que Qemaludin et Hayadri, ont été instruits par des maîtres soufis kosovars, tandis que les contacts entre les maîtres kosovars et albanais sont récurrents, aussi pendant la célébration de certaines fêtes y compris la *ʿāshūrāʾ*[61].

4. La stigmatisation du *matem*

À l'époque post-communiste, le champ musulman en Albanie, ainsi que dans d'autres pays balkaniques, a été décidément façonné par l'influence du salafisme militant, pas seulement wahhabite, à travers des financements directs à la construction de mosquées et au recrutement de jeunes pour étudier dans des institutions islamiques du Moyen-Orient. Ces jeunes étudiants sont devenus imams et remplissent aujourd'hui leurs fonctions dans d'anciennes ou nouvelles mosquées et ont formé la *Lidhja e Hoxhallarëve të Shqipërisë* (« Ligue des Imams d'Albanie »), un groupe qui partage et diffuse une interprétation salafiste de l'islam, qui ne tolère pas divers rites comme les *ziyārāt*[62] et même la *ʿāshūrāʾ* pour célébrer le martyre de Ḥusayn, considérée comme blasphématoire. En novembre 2013, la page Web officielle de la *Lidhja e Hoxhallarëve*, a rapporté un article contre le *matem* :

---

60. G. BRIA, « Post-Socialist Sufi Revival in Albania ».
61. G. BRIA, *Aquile e dervisci*.
62. Dans l'islam, les *ziyārāt* (sing. *ziyāra*) sont une forme de pèlerinage aux sites associés à des figures vénérées telles que les prophètes, les soufis et les érudits islamiques.

> Certaines sectes ont inventé l'histoire du meurtre de Ḥusayn qui a créé deux groupes de personnes : les hypocrites qui trahissent la vérité ; les dégénérés qui disent aimer le Prophète a.s. et sa famille transformant la ʿāshūrāʾ en un jour de deuil pour manifester des signes d'ignorance tels que battre leurs poitrines, s'habiller en noir, cris d'ignorance, récitations de poèmes tristes et fausses histoires […], il n'y a rien de vrai en dehors du radicalisme, la révolte contre la haine, la guerre et l'invention de la *fitna* (guerre interne à l'Islam) […], les extrémistes contre les Ḥusayn (chiites et autres) ou les ignorants tombent dans cette superstition […]. Les méchants ont répondu par le mal, le mensonge et la mauvaise innovation, ils ont inventé des traditions qui ruinent la joie des ʿāshūrāʾ […], les deux groupes sont hors de la *sunna* du Prophète[63] !

L'article soutient également que le jeûne de la ʿāshūrāʾ serait un acte méritoire à accomplir pour se souvenir de Nūḥ, Ibrāhīm, Mūsā et d'autres prophètes musulmans, à vivre avec joie et bonheur et non en deuil. Les imams de la *Lidhja e Hoxhallarëve* ont diffusé ce texte dans leurs mosquées fréquentées principalement par des jeunes. Par exemple, Faik, un jeune qui travaille dans une salle de musculation, a dit : « *ʿĀshūrāʾ* dans le *teqe* ? […] ne pas le suivre, ne pas le manger […], ils choisissent la mauvaise voie, ce n'est pas celle d'Allāh [64] ».

Comme Faik, d'autres musulmans considèrent le *matem* comme un héritage archaïque du passé ou une dégradation « indigène » et locale du véritable islam. Il ne s'agit pas seulement des musulmans proches de la *Lidhja e Hoxhallarëve*, mais aussi des reconvertis (*born-again*) ou des musulmans qui sont endoctrinés par un islam normatif que circule normalement dans le web. Olivier Roy a défini cette attitude comme la déculturalisation et la déterritorialisation de la religion, impliquant le détachement entre religion et culture locale[65]. L'interconnexion mondiale a façonné les comportements religieux individualistes et critiques des musulmans qui choisissent quoi, quand et comment croire, en adhérant à un islam très normatif qui est devenu un type idéal idéologique et identitaire, ainsi qu'esthétique. Pour Merdjanova, les musulmans balkaniques sont intégrés dans la *umma* virtuelle, où les règles et valeurs islamiques sont standardisées pour être adaptées à différentes cultures et personnes, en réduisant la complexité islamique historique à de strictes

---

63. http://www.lidhjahoxhallareve.com/l/vlera-e-muajit-muharrem-dhe-agjerimi-dites-se-ashurase/ [consulté le 20 juin 2020].
64. Entretien, Tirana, septembre 2015.
65. O. Roy, *L'Islam Mondialisé*, Paris 2004, p. 127-132.

normes (orthopraxie stricte)[66]. L'idéalisation de cette communauté mondiale a produit un Islam transactionnel et unilatéralement sunnite qui considère le Moyen-Orient comme un espace sacré réel unique et le Prophète le pivot de la religiosité islamique.

Dans cet espace, certaines pratiques sont dégradées, car elles sont considérées comme hérétiques ; le *matem* lui-même est considéré comme une corruption chiite ou une mauvaise dérivation du passé. Cette même opinion est partagée par les mêmes cheikhs soufis albanais qui ont étudié au Moyen-Orient, comme Sheh Ali Pazari, ou par des cheikhs provenant de pays arabes. Osman, un cheikh qui a échappé à la guerre en Syrie, a formé une communauté soufie à Durrës où il propose d'enseigner les principes et les règles soufies qu'il juge les plus justes, auxquelles le *matem* n'appartiendrait pas. Ce rite est considéré comme une mauvaise innovation, un signe chiite, qui a corrompu le soufisme albanais. « Le chiisme s'est en quelque sorte glissé dans le soufisme albanais et nous pensions tous que c'était la bonne chose [...], le seul jeûne légal est pendant le mois de ramadan[67] », a déclaré Ervin, un disciple d'Osman, mettant l'accent sur une vision normative et purement sunnite. L'identification symbolique du sunnisme arabe comme le seul véritable islam semble ainsi imprégner tous les musulmans à travers la vague de mondialisation où le « scripturalisme » interprétatif domine. Ervin pratiquait auparavant les *matem* à temps, mais a maintenant changé de croyance. Comme d'autres, il ne « croit » plus à la véracité de ce rituel, qui a donc cessé d'être un symbole sacré, capable de se référer à la « vérité de la foi », suscitant chez ces fidèles « humeurs et motivations[68] ».

Conclusion

Ce travail a donc retracé l'évolution historique du *matem* dans l'espace albanais de l'ère post-ottomane à l'ère contemporaine, époque durant laquelle il a assumé diverses attributions sémantiques et

---

66. I. MERDJANOVA, *Rediscovering the Umma. Muslims in the Balkans between Nationalism and Transnationalism*, Oxford 2012, p. 54-56. Voir aussi P. G. MANDAVILLE, *Transnational Muslim Politics: Reimagining the Umma*, Londres 2003.
67. Entretien, Durrës, août 2016.
68. Pour une définition des « moods and motivations », voir Cl. GEERTZ, « Religion as a Cultural System, in Anthropological Approaches », dans M. BANTON (éd.), *The Study of Religion*, Londres 1966, p. 1-46.

narratives, parfois conflictuelles. La sécularisation socialiste et la fragmentation du champ religieux islamique ont contribué à remodeler la pratique du jeûne : d'un côté, on trouve ceux qui, comme les Bektashi et certaines communautés soufies, le considèrent comme un élément de leur propre identité religieuse ; de l'autre, on trouve divers acteurs qui tentent de revendiquer l'orthodoxie sunnite par-dessus toutes les autres pratiques. Cette idéalisation, voire cette représentation discursive de la tradition sunnite, tant au niveau individuel que communautaire, est inspirée par la connaissance islamique normative et universelle qui circule dans la *umma* mondiale, qui désormais influence tous les musulmans. Dans ce contexte, le seul jeûne possible est celui du Ramaḍān, tandis que le *matem* est étiqueté comme une hérésie dépassée.

Pour ceux qui le pratiquent encore, le *matem* est une expression de la piété soufie albanaise traditionnelle, à travers laquelle les musulmans incorporent des dispositions morales et développent des disciplines éthiques propres à leur être « soufi ».

Toutefois, ce discours ne concerne qu'une partie modeste de la population, alors que pour la plupart des Albanais le *matem* n'a pas de signification particulière : c'est notamment le cas de ceux qui ont été marqués directement ou indirectement par les modèles culturels et sociaux du socialisme. Pour eux, « la vraie religion des albanais est l'albanisme[69] », développant une attitude désintéressée, parfois opportuniste envers la religiosité en général. Chez certains, cela conduit à une laïcité antireligieuse marquée.

Beaucoup d'Albanais ne connaissent la ʿāshūrāʾ que comme un dessert préparé par les pâtisseries locales. En ce sens, la sécularisation socialiste a presque totalement éradiqué la référence transcendante au dessert, qui reste un simple bien commercial. Les autorités religieuses semblent cependant marquer en partie le calendrier : la ʿāshūrāʾ est consommée surtout pendant le mois de Muḥarram. Les boulangers préparent ce dessert pendant cette période pour l'offrir aux consommateurs. Le marché suit le calendrier religieux pour ancrer sa tradition, qui cependant ne connote aucune appartenance religieuse : tous

---

69. Phrase de Vasa Pashko (m. 1892), célèbre politicien albanais et poète patriote, qui exprime le caractère œcuniménique et ethnique du nationalisme albanais. Sur la laïcité albanaise, voir A. ELBASANI et P. ARTAN, « Albanian-style *laïcité*. A Model for a Multi-religious European Home? », *Journal of Balkan and Near Eastern Studies* 19/1 (2017), p. 53-69.

consomment sans discernement le dessert, qui devient ainsi un acte culturel. Ainsi, le jeûne du *matem* perd graduellement sa capacité à s'imposer comme une tradition significative et faisant autorité, pour devenir au contraire un héritage marginal du passé, étouffé d'une part par la sécularisation culturelle et d'autre part par la montée de l'islam scripturalisé (voire standardisé) mondial.

ROMPRE LE JEÛNE SANS AVOIR JEÛNÉ : *IFTAR* POSTSOVIÉTIQUE À SAMARCANDE (OUZBÉKISTAN)

Anne Ducloux
EHESS, CETOBaC (UMR 8032)

LA POPULATION DE SAMARCANDE[1], ville de l'Ouzbékistan indépendant et importante cité universitaire, a connu de nombreuses religions au cours de ses 2 500 ans d'histoire : zoroastrisme, religion grecque (sous Alexandre le Grand), manichéisme, bouddhisme, christianismes nestorien, arménien et orthodoxe russe (introduit par le colonisateur tsariste à la fin du XIXe siècle), islam (depuis le VIIIe siècle), judaïsme et athéisme (matérialisme soviétique depuis la révolution bolchevique). État créé de toutes pièces en 1924 sur décision de Staline alors Commissaire du Peuple aux Nationalités, la République Socialiste Soviétique d'Ouzbékistan était composée de Tadjiks, d'Ouzbeks, de Kazakhs, de Karakalpaks, mais aussi d'Arméniens, d'Azéris, de Tatares déplacés par Staline et bien entendu de Russes dont certains étaient installés depuis le XIXe siècle. Une grande partie de ces derniers quittèrent la ville lors de l'implosion de l'URSS, laissant la place à de nombreux kolkhoziens de langue ouzbèque[2] chassés de leurs villages par l'exode rural[3].

---

1. Peuplée d'environ 500 000 habitants avec ses faubourgs et les villages de sa périphérie, tandis que l'Ouzbékistan en compte environ 32 millions (dont plus de deux millions en migration de travail).
2. Samarcande comme Boukhara sont des cités traditionnellement tadjikophones (le tadjik étant un dialecte persan) tandis que l'ouzbek est une langue turco-mongole (ouralo-altaïque).
3. En 2019, les paysans n'étaient toujours pas propriétaires de leurs terres (hormis un lopin de 15 ha.) et pouvaient en être expulsés à tout moment si les autorités estimaient qu'elles seraient plus productives en d'autres mains. Un décret présidentiel du 1er juillet 2019 a certes prévu d'établir une propriété héréditaire des

Anne Ducloux

À l'époque de l'Union soviétique, les Samarcandais, musulmans sunnites de l'école hanéfite pour environ 92 % d'entre eux, furent de fervents soviétiques, mais ils ne renièrent jamais leur religion, alternant les petits arrangements avec Staline et les grands accommodements avec Allah. Certes, l'athéisme était la « religion » officielle, mais la majeure partie de la population combinait islam et matérialisme dialectique en évitant de déroger trop ouvertement aux prescriptions de l'un et de l'autre. Au demeurant, jusqu'à la déstalinisation khrouchtchévienne, quelques mollahs clandestins, pour la plupart des kolkhoziens, donc des ruraux, goûtèrent au goulag pour avoir oublié le marxisme léniniste enseigné dans les écoles[4]. Ce n'est qu'en 1941 qu'un islam officiel, « un clergé croupion » comme le nomme Olivier Roy[5], fut créé par Staline parce qu'il avait besoin des forces vives centrasiatiques pour lutter contre Hitler, qui avait rompu le pacte germano-soviétique et commencé à envahir l'Union soviétique[6]. Toutefois, seuls les imams proches du régime étaient tolérés et les campagnes antireligieuses reprirent de plus belle dès la fin de la guerre. La dernière en date, celle de 1983, fut déclenchée en pleine guerre contre l'Afghanistan, tandis que les cercueils de fer[7] arrivaient en nombre

---

       terres cultivables pour l'avenir, mais déjà en novembre de la même année, les paysans doutaient de sa mise en application par les apparatchiks locaux.
4. Sous Staline, la peine la plus communément requise était de cinq années de détention pour ces mollahs réfractaires au matérialisme dialectique.
5. O. ROY, « Islam et politique en Asie centrale », *Archives des Sciences Sociales des Religions* 115 (2001), p. 49-61.
6. Musulmans et chrétiens profitèrent pareillement d'une accalmie pendant toute la durée de la « Grande Guerre Patriotique ». En Asie centrale, quelques jeunes mollahs favorables au régime furent envoyés dans les pays arabes pour y acquérir des connaissances du corpus islamique en langue arabe. Ils formèrent ensuite la Direction Spirituelle des musulmans soviétiques basée à Tachkent et dirigée par un mufti ouzbek. À leur retour, devenus imams officiels, ils géraient les quelques mosquées encore ouvertes. En 1979, de jeunes Ouzbeks issus de familles d'apparatchiks officiellement athées, après des études supérieures dans les Universités et Instituts d'État de langues orientales, furent envoyés en Afghanistan où la guerre soviéto-afghane faisait rage (1979-1989). Après l'indépendance, en 1991, ils furent souvent nommés cadres du nouvel islam officiel.
7. *Temur tobyt* en tadjik comme en ouzbek, tandis que les Russes parlaient de « cercueils de zinc » (S. ALEXIEVITCH, *Les cercueils de zinc*, trad. W. BERELOWITCH et B. DU CREST, Paris 2006 [2002¹]). De nombreux Ouzbeks et Tadjiks, musulmans et locuteurs proches des langues parlées par les Afghans, furent enrôlés dans l'Armée rouge, notamment dans les unités de propagande. Voir O. ROY, « Islam et politique en Asie centrale ».

à Tachkent et à Almaty depuis Kaboul. Et cette ultime campagne fut particulièrement sévère en Ouzbékistan, tandis que des manifestations éclataient au Kazakhstan contre les combats meurtriers qui se déroulaient en Afghanistan. Pour leur part, les Samarcandais composèrent sans renâcler. La guerre les obligeait pourtant à ignorer les règles canoniques de l'islam et celles, non moins prégnantes, de la tradition. Ainsi, lors des funérailles des fils morts au combat, toutes les prescriptions traditionnelles étaient-elles bafouées à l'exception des déchirantes lamentations accomplies sous le contrôle de deux soldats en arme. Ces lamentations étaient fort mal vues par les *apparatchiks*. « Simplement, pour éviter les ennuis, on criait moins fort », affirment les mères de soldats tombés en Afghanistan. « Quand on pense qu'il a fallu attendre l'indépendance et un président musulman[8] pour interdire les lamentations que l'on pratiquait depuis des siècles ! », ajoutent-elles sans amertume. Et là encore, dans les années 2010, elles ont obéi, remplaçant les cris par des élégies funèbres récitées dans le vase clos du foyer[9], comme pendant la guerre contre l'Afghanistan, où les mères de soldats avaient déjà dû se résoudre à voir partir leurs fils privés de la toilette mortuaire et du linceul blanc chers aux musulmans. En outre, leurs garçons étaient souvent morts depuis plusieurs semaines déjà lorsqu'ils arrivaient à Samarcande dans leurs cercueils en fer, alors qu'en islam, il est de coutume d'enterrer un défunt dans les vingt-quatre heures suivant le décès. Pire, ils étaient enterrés dans leurs sarcophages de plomb et non en pleine terre, tournés vers La Mecque, comme l'exige la tradition musulmane, et leurs corps étaient bien souvent incomplets. « On est sûres que parfois on n'avait enterré que de la terre », affirment encore certaines d'entre elles.

Les mêmes accommodements et la même résistance passive se retrouvèrent dans les comportements adoptés par les Samarcandais lorsque le pouvoir soviétique interdisait le respect des règles canoniques de l'islam. Cependant, les manifestations visibles se faisaient juste un peu plus discrètes ou un peu plus « laïques ». Ainsi la circoncision, fort mal vue de Moscou jusqu'à l'indépendance, ne cessa-t-elle jamais d'être pratiquée ; simplement, et jusqu'en 2019, où

---

8. Islom A. Karimov en 2011.
9. A. Ducloux, « *Marsiya* pour une infante défunte, à Samarcande. Élégies funèbres pour une jeune suicidée au lendemain de ses noces », dans A. Caiozzo (éd.), *Mythes, rites et émotions. Les funérailles le long de la route de la soie*, Paris 2016, p. 289-300.

pourtant l'islam est reconnu comme religion officielle, lorsque l'on invite quelqu'un à une fête (toujours fastueuse et ostentatoire) de circoncision, on indique sur le carton d'invitation que les festivités seront réalisées en l'honneur du *den' rozhdeniya* (« l'anniversaire » en russe) de leur garçon.

Il en était de même de la pratique du jeûne pendant le ramadan. Les familles samarcandaises, à qui l'on avait martelé pendant soixante-quinze ans d'Union soviétique, que « jeûner n'était pas bon pour la santé » s'abstinrent de jeûner par crainte des représailles, et certaines même par conviction. Seuls quelques irréductibles essayaient de jeûner en toute discrétion ou bien alors jeûnaient un jour sur deux, au gré des circonstances. En revanche, le repas de rupture de jeûne, l'*iftar*, était, à l'époque soviétique comme après l'indépendance, célébré chaque soir et ce, jusqu'à ce jour[10], même si ce « banquet » est le troisième ou le quatrième repas de la journée. Ainsi chaque samarcandaise ripaille dans la résidence familiale avec faste en compagnie d'une dizaine de commensales au moins deux fois pendant le mois sacré, renommée oblige. Les commensales tenteront d'éviter les commensaux du mari ou du beau-père invités au même moment, dans la même maison ou le même appartement. Les autres soirs, la Samarcandaise se rendra à son tour chez des parentes, des collègues, des amies ou des voisines pour partager quelques dattes (iraniennes), mais aussi et surtout un repas pantagruélique et des boissons bien peu musulmanes. Il n'est pas rare, dans la bonne société, d'envoyer une invitation en bonne et due forme, sur papier glacé, à des femmes de prestige dont on souhaite la présence pour rehausser l'assistance.

Pendant les vingt-six années du règne d'Islom Karimov, la propagande officielle répandit l'idée que la société ouzbèque se ré-islamisait et surtout se retradionnalisait. Mais en fait de retraditionnalisation de la société, comme aimaient le faire croire les autorités, les principaux intéressés parlaient, eux, de modernisation, même si, pour l'observateur extérieur, il ne s'agissait pas d'un réel bouleversement par rapport à la période précédente, la *perestroïka*. Sous la présidence de Shavkat Mirziyoev, les mentalités semblent toutefois changer. Actuellement, on n'organise plus l'*iftar* dans le même état d'esprit, notamment chez les plus jeunes, qui n'ont pas connu l'Union soviétique et ne parlent même plus le russe, à l'exception de quelques citadins se

---

10. En décembre 2019, date à laquelle j'écris ces lignes.

réclamant de l'intelligentsia. Cependant, ce prétendu regain de religiosité dans la nouvelle génération se manifeste surtout dans les déclarations d'intention, car, dans les faits, notamment lorsqu'il s'agit de respecter le jeûne pendant le mois de ramadan et lorsque l'on célèbre l'*iftar,* les changements semblent bien peu sensibles, à Samarcande comme à Boukhara, par rapport aux comportements ambigus de la génération précédente.

1. « Jeûner nuit gravement à la santé »

Depuis l'indépendance, la date du début du ramadan est décrétée par le président de cet État proclamé laïc dès son indépendance en 1991. Actuellement, à l'occasion du premier jour du mois sacré, Shavkat Mirziyoev, ex-premier ministre devenu président en 2016, fait une apparition solennelle à la télévision nationale, et il souhaite officiellement un bon ramadan à ses concitoyens. Parmi les Ouzbeks « d'en-bas », la coutume n'avait cependant jamais été abrogée de se souhaiter mutuellement un bon mois sacré dès les premiers jours du mois puisque le ramadan n'avait jamais été formellement interdit. Certes, à l'époque soviétique, il était fort mal vu de s'adonner à ce genre de « superstition », qui ne pouvait convenir à la construction de « l'homme nouveau » ; et comme tout le monde surveillait tout le monde, les communistes inscrits au Parti n'omettaient jamais une occasion de rappeler aux « masses arriérées » la nocivité d'une telle pratique, même après la déstalinisation ; cela pouvait même gravement nuire à l'ascension sociale du bigot démasqué ; mais la constitution brejnevienne de 1977 ne proclamait-elle pas la liberté de culte ?

Aussi, dans les premiers jours du ramadan, se posait-on – comme on se pose toujours – la question : « Shumo rûza mi ? » (« Est-ce que vous jeûnez ? »), lorsqu'on rencontrait une collègue, un voisin ou un parent dans la rue. Actuellement, la réponse est immédiate : « J'ai du diabète », ou bien « J'ai beaucoup de travail en ce moment », ou encore « J'ai des palpitations », suivie du dogme si longtemps rabâché : « Et puis jeûner n'est pas bon pour la santé ». Cette dernière phrase, je l'entends depuis près de vingt ans, à la différence près que jusque dans les années 2010, on ne prenait pas la précaution d'autant se justifier ; nul besoin d'un prétexte ou d'une banale excuse. Cela allait de soi, surtout en ville, parmi l'intelligentsia, où une telle « crédulité » faisait mauvais effet : en quoi le fait de jeûner, et donc d'affaiblir l'organisme, pouvait-il plaire à Dieu ? De toute façon, la plupart des textes canoniques, Coran et Hadith, sont ignorés de tous, y compris des *bikhalfa*, ces « femmes-mollah » qui dirigent les cérémonies côté femmes et sont censées connaître les règles canoniques.

Lors de mon arrivée en Ouzbékistan, en 2002, toutes les familles citadines que je visitais sortaient livres et manuscrits poussiéreux, écrits en caractère arabo-persiques, de la cachette où ils avaient été enfermés pendant des décennies à l'abri des regards indiscrets[11]. Elles furent à chaque fois très déçues d'apprendre que j'étais incapable de traduire leurs grimoires. Cependant, cette même année 2002, soit plus de dix ans après l'indépendance, ayant appris que je travaillais sur les funérailles, une famille d'*Ironi*[12] me « convia » à la cérémonie du « premier jour » (le jour du décès) du père de famille. La *bikhalfa* qui menait la cérémonie connaissait fort mal la *Fâtiha*, la sourate d'ouverture, et me demanda de la réciter[13]. Je lui rétorquai que j'étais athée et que donc cela n'aurait peut-être pas la valeur attendue. « Au contraire », me répondit-elle, « cela nous portera chance et nous n'aurons pas de nouveau décès dans l'année ». Le texte sacré avait ainsi acquis une valeur talismanique. Je ne suis pas exégète en la matière mais je doute fort que l'interprétation faite par cette *bikhalfa* reçoive l'agrément des ulémas.

Ce qui ne signifiait pas que les Samarcandais étaient des mécréants (*kafir*). Simplement, on était *benamoz* (« sans prière »). Malgré tout, on célébrait le mois sacré, dont on savait qu'il était un pilier de l'islam, mais sans se livrer à des pratiques jugées « incongrues » par la logique

---

11. Les langues ouzbèque et tadjique furent écrites en caractères arabo-persiques jusqu'en 1928, date à laquelle Staline les fit transcrire en caractères latins. En 1932, il les fit translittérer en caractères cyrilliques. En Ouzbékistan indépendant, l'ouzbek est ensuite repassé en caractères latins sur ordre d'Islom Karimov en 1993. Ce dernier espérait que cette nouvelle écriture serait totalement maîtrisée dès les années 2000. Il n'en fut rien et en juillet 2019, sous le pouvoir du nouveau président, le ministre de l'Éducation proposait de repasser à l'alphabet cyrillique, tant les 15-64 ans avaient de difficultés à s'accoutumer à l'alphabet latin. Il n'est pas rare en effet de voir cohabiter des caractères latins et cyrilliques dans le même mot, dans les copies des étudiants comme dans les nombreux formulaires de la bureaucratie ouzbèque. Le tadjik parlé au Tadjikistan est en revanche resté en caractères cyrilliques, tandis que le Kazakhstan s'est à son tour « latinisé » en 2019.
12. C'est ainsi que l'on appelle, à Samarcande, les chiites d'origine azérie déportés par Staline. Leurs cérémonies funèbres sont très proches de celles des Tadjiks, à l'exception d'un petit rappel de l'existence des douze imams.
13. Elle savait que j'avais travaillé en Kabylie et que je connaissais le texte de la Première sourate par cœur.

soviétique. En revanche, on marquait la rupture du jeûne lors du repas *ad hoc*, l'*iftar*, entamé à la minute près. Car l'heure prescrite était connue de tous et de toutes, par le bouche-à-oreille à l'époque soviétique – car les rares mosquées encore ouvertes l'affichaient – et par l'annonce officiellement publiée dans les journaux et à la télévision maintenant.

Ainsi, chaque soir du mois de ramadan, toute bonne famille samarcandaise reçoit-elle ou est-elle invitée à célébrer l'*iftar*, les femmes dans une pièce, les hommes dans une autre, cloisonnement sexuel oblige[14]. Mais ce festin, au sens littéral du terme, ne constitue généralement que le troisième ou le quatrième repas de la journée, car dans les familles lettrées de la cité, on ne jeûne toujours pas selon la pensée communément admise pendant la période soviétique.

Pour me fondre dans la société, en bonne anthropologue un tant soit peu ingénue, je pris donc l'habitude d'organiser, au moins deux fois par mois, un repas de rupture de jeûne en invitant collègues de l'Université, amies et voisines dans la famille qui m'hébergeait. Mais pas n'importe quel *iftar*. Un *iftar* « à la française ». Et la réputation de mes petits dîners s'est vite répandue tant chez les citadines de la nomenklatura que chez les « kolkhoziennes[15] » de la banlieue de la ville, notamment parmi mes étudiantes, leurs sœurs, leurs mères voire leurs belles-mères, qui toutes n'avaient connu que le matérialisme marxiste-léniniste et la dictature karimovienne (de 1991 à 2016), qui se voulait laïque et musulmane à la fois.

2. Vin ou vodka ?

J'avais retenu de mon expérience algérienne que la rupture du jeûne *stricto sensu* devait se faire, à la minute même où le soleil disparaissait à l'horizon, en buvant un verre d'eau et en mangeant une datte – en souvenir du Prophète – avant d'entamer le repas à proprement

---

14. Malgré la mixité officiellement prescrite par le régime soviétique, la société rurale, comme la société citadine, demeure « homosexuée » dans quasiment toutes les activités de la vie. Ainsi, dans les appartements ou les maisons, observe-t-on les stratégies d'évitement mises en place entre les hommes et les femmes (entre beau-père et belles-filles, entre garçons et belles-sœurs, etc.), mais aussi sur les lieux de travail, par exemple dans la salle des professeurs de l'Université, où l'on remarque vite que les hommes se tiennent d'un côté de la pièce et les femmes de l'autre, sans qu'aucun commandement n'ait été donné en ce sens.
15. C'est encore ainsi que l'on nomme les femmes de la campagne.

parler. Tous les *iftar* auxquels j'ai assisté, tant à Samarcande que dans tout l'Ouzbékistan, respectaient le début de ce rituel vespéral à l'identique : un *piyola* (« petit bol ») d'eau était servi aux convives en même temps qu'on leur présentait une boîte de dattes importées d'Iran qui circulait parmi les femmes présentes. Car, comme je l'ai déjà souligné, l'*iftar*, ainsi que tout autre rituel familial, se déroule avec les femmes d'un côté et les hommes de l'autre, les mâles d'une famille s'arrangeant pour être invités dans une autre maison que la leur le jour où épouse, filles, sœurs et mère organisaient un repas de rupture de jeûne dans leur foyer, surtout dans les familles vivant dans un appartement[16]. En cas de force majeure, les femmes rompent le jeûne dans une pièce et les hommes dans une autre ou chez un voisin immédiat[17].

Lors du ramadan de l'année 2005, en accord avec la « matriarche » – veuve mère de fils[18] – de la famille qui m'hébergeait, j'invitais donc collègues de l'Université et amies d'une part, puis, à quelques jours de là, les voisines du quartier de la vieille ville où je logeais, d'autre part, à célébrer un *iftar* à la française, c'est-à-dire avec des plats cuisinés par moi à la française et des boissons *ad hoc* apportées de France. Ces femmes connaissaient la cuisine française car, lasse de la nourriture ouzbèque, j'avais négocié l'habitude de cuisiner une fois par semaine dans ma famille d'accueil. Je préparais bien entendu des plats acceptables pour des palais centrasiatiques et sans porc, plats fort appréciés puisque, comme par hasard, les voisines débarquaient, ce jour-là, toujours à l'heure du déjeuner ; or il est de coutume d'inviter à partager le repas toute femme présente lorsqu'on se met

---

16. Les appartements ou *krouchtchevki* (datant, comme leur nom l'indique, de l'époque Krouchtchev) ne possèdent jamais plus de trois pièces, même quand ils abritent une famille étendue.
17. Il m'est arrivé, dans les premières années de mon terrain, de me rendre à un *iftar* masculin, mais j'y ai vite renoncé lorsque j'ai constaté que les participants ne se comportaient pas naturellement en ma présence. J'étais invitée parce que j'étais une femme « âgée », « lettrée » (universitaire) et occidentale (et qui sait, peut-être un peu russe ?), trois qualités qui font qu'une femme n'est plus tout à fait une femme, et ils estimaient, principe de séniorité oblige, devoir se comporter poliment (sans plaisanteries douteuses, sans s'apostropher vulgairement, sans gestes déplacés), voire intelligemment c'est-à-dire en conversant d'une manière que j'étais censée considérer comme « civilisée » et « évoluée », et surtout sans propos anti-occidental.
18. Voir A. Ducloux, *Violences et manipulations dans le vase clos des femmes à Samarcande*, Sarrebruck 2012.

Iftar *postsoviétique à Samarcande (Ouzbékistan)*

« à table[19] ». Je ne préparais pas « la table » de la même façon lors de ces deux *iftar* : lorsque mes collègues venaient « rompre le jeûne », nous dînions à table, à l'occidentale, assises sur des chaises ; le jour où j'invitais mes voisines, nous partagions le repas, assises sur des matelas (*kurpatcha*) autour de la nappe rituelle. Dans ce quartier périphérique de la vieille ville, « la ville indigène » comme disaient les Russes lors de la colonisation tsariste, ces voisines étaient toutes plus ou moins apparentées. Veuves et ayant toutes largement dépassé la cinquantaine[20], elles avaient pour la plupart exercé le métier d'enseignante, soit à école maternelle, soit à l'école secondaire, et avaient fait leurs études à l'époque soviétique ; par conséquent elles avaient toutes été, sinon komsomols, tout au moins pionnières, et avaient reçu l'enseignement destiné à fabriquer « l'homme nouveau ».

Mes voisines de la vieille ville lors d'un *iftar*, en 2008 – A. Ducloux

Lorsque je les recevais pour rompre le jeûne, je ne posais jamais de bouteille d'alcool sur la nappe rituelle. Ce qui n'empêchait pas la plupart d'entre elles, qui se revendiquaient comme musulmanes *benamoz*, de me réclamer une petite goutte de Martini, qu'elles appréciaient tout particulièrement et qui était alors introuvable à Samarcande après avoir bu une gorgée d'eau et mangé une datte[21]. Car cette

---

19. Seules les familles citadines et « éduquées » mangent « à table », c'est-à-dire autour d'une table en s'asseyant sur des chaises dans la vie quotidienne ; toutefois, dans ces mêmes familles, on continue à s'asseoir sur des matelas (*kurpatcha*) disposés sur le sol autour de la nappe rituelle blanche *(dastakhan)*, lors des repas cérémoniels tels que *l'iftar*.
20. L'espérance de vie des hommes ne dépasse pas les 65 ans, quoi qu'en disent les statistiques officielles.
21. J'ai perpétué cette habitude de convier voisines et collègues à *l'iftar* de 2005 à 2013.

prescription de la gorgée d'eau et des dattes était respectée. Deux ou trois des commensales (sur une douzaine) se rendaient même dans la pièce voisine pour y réciter la prière de rupture du jeûne ou ce qu'elles en savaient – soit la *fâtiha*, la première sourate du coran, soit la prière d'*al-maghrib* et ses trois *râqa* pour les plus éduquées d'entre elles – après avoir ajusté leur foulard[22]. De retour dans la pièce du « festin », chaque *benamoz* restée à table les saluait d'un sonore *as-salom aleykum* et les agapes commençaient. Le repas pouvait durer deux ou trois heures, et outre le poulet en sauce, les pommes de terre sautées et la tarte aux pommes, des théières entières, mais aussi des litres de sodas – Fanta et autres boissons gazeuses aux couleurs aussi vives que suspectes – étaient vidés, apportés par les plus jeunes de la maisonnée, taillables et corvéables à merci, surtout les belles-filles. Les bavardages et commérages allaient bon train et les échanges, fort gais, n'avaient rien de religieux.

La cérémonie se déroulait tout autrement lorsque mes collègues, très soviétisées, étaient mes invitées, même si l'une d'entre elles, Mohira, s'est découvert une piété nouvelle à la cinquantaine, en 2007, elle qui avait mené une vie « dissolue » à l'époque soviétique[23]. Par respect pour cette dernière, j'ai rétabli le bol d'eau et les dattes que j'avais souvent oubliés les années précédentes, obligation à laquelle les plus mécréantes d'entre nous se sont prêtées bien volontiers et sans commentaires. Mais la nouvelle religiosité de Mohira ne m'a jamais empêché de poser des bouteilles de vin – français – sur la table. Simplement, Mohira n'y touchait pas et personne ne lui en proposait. En revanche, comme le vin français n'est pas sucré, au contraire du vin ouzbek, certaines n'y goûtaient que du bout des lèvres et réclamaient de la vodka, sachant que toute bonne maison de la ville se devait d'avoir au moins une bouteille en réserve. La vodka est bue

---

22. Nombre de citadines ne portent pas de foulard et ont les cheveux libres et courts sauf en période de deuil (qui dure une année), où le port du double voile blanc (*qars*) et bleu (*rûymolcha*), remplacés par un foulard vert à partir du septième mois, est requis. Si les femmes âgées et veuves, à l'instar de la plupart de mes voisines, gardent souvent un foulard assorti au tissu de leur robe, il s'agit d'une sorte de fichu noué sur la nuque, laissant les oreilles (toujours ornées de boucles d'oreilles très ouvragées) et le cou découverts, mais en aucun cas d'un *hidjab*, du reste totalement interdit en Ouzbékistan.
23. Toute relative mais qui paraît maintenant inimaginable en ce début de XXIe siècle, car en matière de mariage, la tradition a repris toute sa place.

Iftar *postsoviétique à Samarcande (Ouzbékistan)*

Iftar 2011 avec mes collègues de l'Université – A. Ducloux

par toutes les convives après que la *tamada*[24] a indiqué le ou la bénéficiaire à la santé de qui l'on trinque. En pareille occasion, celle qui ne boit pas d'alcool remplit son *rioumka* (« petit verre » à vodka) ou son *piyola* de thé ou de soda et le lève en même temps que les autres. Évidemment, les toasts se succèdent et la « petite eau » est à chaque fois avalée cul-sec, avec une grande grimace, avant de se précipiter sur une gorgée de thé ou de soda pour en chasser l'âcreté. Ces agapes finissaient invariablement par délier les langues, et il est arrivé que les conversations, animées, dérivent vers la politique russe ou ouzbèque, dans cette dictature postsoviétique où des propos aussi politiquement incorrects auraient pu avoir des conséquences fâcheuses pour ces « dissidentes de cuisine[25] ». En revanche, de religion ou d'islam il n'a jamais été question. C'était encore un non-sujet.

Du reste, nos étudiants et leurs parents – que je connaissais bien – partageaient tout à fait notre point de vue, dans ces années-là.

Les choses semblent avoir quelque peu évolué depuis le changement de président en 2016. En effet, depuis approximativement 2017, les gens de la campagne, mais aussi la jeune génération, semblent

---

24. Sorte de maîtresse de cérémonie désignée par l'assemblée, selon la coutume russe, qui décide quand et à la santé de qui on porte un toast. Toujours selon la coutume russe, elle doit proposer de porter un toast le plus souvent possible au cours du repas.
25. Expression employée à l'époque soviétique pour désigner les opposants qui se contentaient de critiquer ou de brocarder le régime dans les cuisines communautaires lorsqu'ils étaient à peu près certains de ne pas être entendus.

Anne Ducloux

éprouver un regain, non pas de religiosité, mais d'intérêt pour la religion, son histoire et ses pratiques, sans toutefois personne pour les éduquer – les livres sont rares et chers en Ouzbékistan, et l'islamisme reste suspect pour les gouvernants –, si ce n'est quelques vieilles personnes suffisamment aisées et proches du pouvoir qui ont été autorisées à faire le pèlerinage à La Mecque.

3. Retraditionnalisation ou mondialisation ?

Dada (« Papa », en tadjik[26]) est décédé officiellement le 2 septembre 2016, pour avoir trop arrosé la victoire de sportifs ouzbeks, disent les mauvaises langues. Islom Abduganievitch Karimov avait été premier secrétaire du parti communiste ouzbek avant l'implosion de l'URSS et il était devenu, tout « naturellement », premier président de la république Ouzbèque en 1991. Et il l'était resté pendant vingt-six ans. Tout « naturellement », celui qui fut son premier ministre pendant treize ans, et qu'on appelait alors à Samarcande « le Boucher[27] », lui succéda et fut « élu » second président de la République ouzbèque en décembre 2016.

La présidence de Karimov avait été émaillée de plusieurs attentats et émeutes attribués aux islamistes[28]. De la même façon, la guerre civile entre communistes et musulmans qui ensanglanta le Tadjikistan voisin de 1992 à 1997 inquiéta le président ouzbek, tandis que, comme tous les dirigeants des États ex-soviétiques frontaliers avec l'Afghanistan, il redoutait des incursions de la part des talibans. Les présidents de ces pays en profitèrent pour renforcer leur police politique, et notamment Islom Karimov, qui octroya des pouvoirs substantiels au chef du SNB (ex-KGB) de son pays[29]. Officiellement, on parla de lutte contre l'islamisation et contre la retraditionnalisation de la société qui

---

26. C'est ainsi que les Ouzbeks « d'en-bas » appelait Karimov, qui s'était auto-proclamé « nouveau Tamerlan » et « Père de la Nation ».
27. Il avait été gouverneur de la région de Samarcande avant de devenir premier ministre en 2003, et il s'y était distingué avec une brutalité rappelant son ancien métier dans les abattoirs soviétiques.
28. Les plus importants eurent lieu en 1999 à Tachkent, en 2004 à Boukhara et surtout en mai 2005 à Andijan, dans la vallée de Ferghana, où les répressions karimoviennes causèrent plusieurs centaines de morts.
29. Rustam Rasulovitch Inoyatov demeura le très redouté chef du SNB de 1996 à 2018.

aurait aspiré à un retour au temps ancien après soixante-quinze ans d'Union soviétique, et les effectifs du SNB furent gonflés en conséquence. De l'avis des Occidentaux, il s'agissait pourtant plus de surveiller et de censurer la population que de réellement contrôler des islamistes plus ou moins imaginaires.

Personnellement, en dehors de la Vallée de Ferghana, qui passait pour être plus attachée à l'islam que partout ailleurs en Asie centrale postsoviétique[30], je ne vis rien de tout cela chez les gens « d'en-bas », aussi bien dans la région de Samarcande que dans celles du Sukhendarya, du Kachkadarya, du Khorezm ou au Karakalpak soit-disant autonome d'Ouzbékistan. Dans ces dernières régions, les *sovoks*[31], les apparatchiks et tous les anciens membres du défunt parti communiste, étaient encore aux commandes, aussi bien dans la sphère publique que dans la sphère privée, et la vie religieuse était toujours aussi assoupie. Le jeûne de ramadan, jamais évoqué mais tout à fait autorisé, ne souciait personne, sinon les mères de famille chargées d'organiser l'*iftar* et donc d'approvisionner toutes les commensales en ces temps de grandes difficultés financières[32]. En effet, le prestige d'une maison se mesure à l'aune des victuailles disposées sur la table, dans ce pays qui connut quatre grandes famines au XXe siècle.

Depuis les années 2010, les hommes des bonnes familles samarcandaises ont pris l'habitude de célébrer l'*iftar* au restaurant. De nombreux restaurants pouvant souvent accueillir cinq cents ou six cents personnes se sont construits dans toutes les cités ouzbèques au tout début des années 2000. Ils accueillent principalement les nombreuses personnes, prestige familial oblige, invitées à un mariage ou à une fête de circoncision, femmes d'un côté, hommes de l'autre. Or pendant le ramadan, nul mariage et nulle circoncision ne doivent être célébrés. Par conséquent, dans un souci de rentabilisation, les restaurateurs — souvent qualifiés de *businessmen* c'est-à-dire de nouveaux riches plus ou moins corrompus — favorisent la célébration de l'*iftar* dans

---

30. Il y avait tellement de policiers en civil, de grilles verrouillant les édifices publics et de contrôles que l'atmosphère y était effectivement pesante pendant le ramadan, notamment pendant celui de novembre 2005, celui qui suivit les événements d'Andijan et où commencèrent les procès des émeutiers.
31. Terme russe péjoratif pour désigner les « vieilles soviétiques ringardes ».
32. Une institutrice ou une infirmière gagnait à peine 80 euros par mois et 2,5 millions de personnes avaient migré à l'étranger, principalement en Russie, pour envoyer l'argent de leur travail à leur famille.

leurs établissements. Les hommes des familles aisées y reçoivent les hommes de leur parentèle et de leur clientèle, le rituel étant dirigé par un mollah ou mieux par un imam de leur connaissance. Le prestige de l'hôte est d'autant plus grand que son épouse, dans le même temps, reçoit somptueusement les femmes de leur réseau à la maison. Parmi ces dernières, il arrive que les plus pieuses et/ou les moins soviétisées se mettent une année à respecter le jeûne, mais souvent leurs bonnes résolutions s'effacent devant la difficulté que cela représente ; aussi n'est-il pas rare qu'elles changent d'avis l'année suivante et se contentent de rompre le jeûne sans avoir jeûné.

On retrouve la même velléité en ce qui concerne l'obligation de la prière : comme la prière d'*al-Maghrib*, qui doit être récitée en début de soirée[33], empêche les cinéphiles de suivre le feuilleton diffusé à la même heure[34], les rares femmes qui, sur leurs vieux jours, se sont mises à réciter les cinq prières quotidiennes cessent vite de le faire lorsque le mélodrame en cours est trop prenant – une série peut durer une ou deux années. D'où le surnom qu'elles s'octroient elles-mêmes de *benamoz* (« sans prière »).

Quand elles assistent à l'*iftar* organisé par leur belle-mère, les trentenaires troquent le jean pour la robe traditionnelle[35]. Elles ne se couvrent cependant pas la tête, et rares sont celles qui respectent le

---

33. C'est moi qui indique le nom de la quatrième prière du jour, car la plupart des femmes l'ignorent et se plaignent des difficultés qu'elles rencontrent à apprendre les *raka* qui composent chacune d'elles, avant souvent d'abandonner cette pieuse pratique.
34. Nombre de retraitées quittent précipitamment leurs hôtes si elles sont en visite et abandonnent toutes leurs occupations en cours vers 19 heures pour, toutes affaires cessantes, aller faire *namoz* (la « prière »), disent-elles. En réalité, il s'agit d'un code pour annoncer à leur entourage qu'elles vont regarder dans l'intimité de leur chambre le *sérial*, le feuilleton mélodramatique programmé à 19h10 tous les soirs de la semaine sur la chaîne nationale et qu'elles entendent ne pas être dérangées.
35. Il est quasiment inconcevable qu'une jeune femme ne soit pas encore mariée à 30 ans et dans ce cas, elle habite chez les parents de son mari, car la société est fortement patri-virilocale. Par conséquent, une belle-fille, selon le principe de séniorité, obéit toujours à sa belle-mère, à moins que, mariée au fils aîné, elle ne soit contrainte, lorsque la maison familiale ou l'appartement est vraiment trop exigu, de laisser la place aux épouses des frères cadets ; dans ce cas, elle va habiter dans son propre logement avec mari et enfants, en néo-localité par conséquent. En revanche, après un divorce, elle retourne vivre chez ses propres parents ou, si ceux-ci sont décédés, chez son frère aîné.

jeûne. Elles servent les convives, veillent à ce que rien ne manque sur la nappe rituelle et desservent les assiettes sales, qu'elles vont immédiatement laver à la cuisine en belles-filles bien soumises.

La belle-fille pendant l'*iftar* – A. Ducloux

Elles ne s'assoient à la « table » des commensales qu'une fois leur travail terminé, et elles ne participent pas à la prière dans la pièce voisine. Déjà éloignées de la « religion soviétique » dans laquelle elles ont pourtant été élevées par des grands-mères qui ont été pionnières, voire komsomols[36], elles ne sont pas encore bien familiarisées avec les prescriptions musulmanes. Mais ces citadines, assises entre deux chaises culturelles, sont éduquées, et il n'est pas rare qu'elles aient un emploi – enseignantes du primaire ou du secondaire, infirmières, couturières ou vendeuses au bazar. Aussi, soit parce qu'elles ont la foi, soit parce qu'elles désirent en savoir un peu plus sur un islam méconnu mais qui n'est plus interdit, cherchent-elles à se rapprocher de la *bikhalfa*

---

36. Les belles-mères ont tout pouvoir sur les enfants biologiques de leurs fils. Les belles-filles ne récupèrent une certaine autorité sur leurs enfants que lorsqu'ils arrivent en âge de se marier et qu'elles peuvent devenir belles-mères à leur tour. À Boukhara, ce pouvoir leur est encore conféré par le rituel du « nouage du turban » : voir A. Ducloux, « Quand *recevoir*, c'est prendre, et *rendre*, déprendre. Émancipation des belles-filles par le *nouage du turban* à Boukhara », *Revue du Mauss* 39 (2012), p. 123-140.

du quartier ou d'une aînée ayant réalisé le *hajj*. Des corans bilingues, arabe-russe et même maintenant arabe-ouzbek, sont du reste en vente sur le marché qui s'est récemment installé à côté du mausolée de l'imam al-Boukhârî[37], situé à une vingtaine de kilomètres de Samarcande. On y vend force « bondieuseries », telles que chapelets, tapis de prière, foulards pour les femmes, calottes pour les hommes, porte-clés, pendentifs à accrocher au rétroviseur de la voiture, mais un seul étal vend des livres, notamment la « Somme authentique » (*al-Djâmi al-Sahîh*) d'al-Boukhârî et quelques corans. Face à ces détails du quotidien, il paraît cependant difficile de parler de réislamisation et de retraditionnalisation.

En revanche, la jeune génération, dont les parents avaient été privés d'informations sur ce qui se passait en dehors de l'URSS depuis des décennies, est avide de connaissances sur le reste du monde[38], et, bien entendu, elle est friande de nouvelles technologies, surtout depuis les années 2010, quand les tablettes et autres i-phones ont commencé à se répandre parmi les lycéens et les étudiants. Dans les années karimoviennes, et même encore aujourd'hui parfois, les sites étrangers étaient fermés pour la plupart d'entre eux, car ils étaient « susceptibles de pervertir la pureté du peuple ouzbek » et notamment celle « de la jeunesse[39] ». Les cafés internet recevaient chaque semaine la visite d'agents du SNB qui notaient l'historique de chaque ordinateur offert au public dans ces établissements qui pouvaient être fermés à tout moment par décision administrative. Pourtant, pas un soupir, pas une protestation[40]. On avait l'habitude. Vingt ans après sa disparition,

---

37. Qui collecta 7275 *hadiths* considérés comme authentiques au IXe siècle. Totalement ruiné, son tombeau fut reconstruit par les Saoudiens en 1998 sur ordre de Karimov, qui voulait en faire un des grands centres de pèlerinage de l'Asie centrale. Peu fréquenté jusqu'aux années 2010, il est devenu un lieu très visité pendant le ramadan, et sa modernité de mauvais aloi ne rebute pas les pèlerins, qui doivent maintenant franchir des portillons électroniques et subir une fouille des sacs avant de pénétrer dans son enceinte. Le marché, lui, se tient à l'extérieur, tandis qu'un vaste restaurant (complet, à midi, pendant le ramadan 2019) attire touristes et croyants près de la gare routière, où bus et taxis déversent leurs passagers.
38. C'était ce qui m'avait frappée dans les années 2000 lorsque j'enseignais à l'Université et qui rendait l'enseignement si agréable et si stimulant.
39. C'est la période où le rock, le rap, la fête de la Saint-Valentin et autres dépravations occidentales furent proscrits en Ouzbékistan.
40. Hormis quelques « extravagants » (mal compris par la population, car cela leur rappelait les dissidents et les années honnies de la *perestroïka* de Gorbatchev, accusée d'avoir liquidé l'URSS) qui s'en mordirent les doigts : tabassage, prison,

l'URSS était encore dans les esprits, et le mot d'ordre était toujours le même : « Tout sauf le chaos ». Le mois de ramadan et le jeûne n'étaient donc pas une préoccupation majeure. Essayer de visionner des sites pornographiques ou d'écouter de la musique moins traditionnelle que celle qui passait en boucle sur la chaîne nationale ouzbèque sans être forcément le disco russe que l'on entendait dans les mariages huppés, absorbait beaucoup plus les énergies des moins de 25 ans.

4. Une jeune génération assise entre deux chaises rituelles

Durant les cinq dernières années, le mois de ramadan est tombé pendant la période chaude. Du reste, les quarante jours qui vont de la mi-juin à la mi-août sont appelés *saraton*, « cancer », en tadjik. En réalité la chaleur commence dès la mi-mai et s'achève rarement avant la mi-septembre. On imagine donc sans peine la difficulté de s'abstenir de manger et surtout de boire lorsque la température dépasse les quarante-cinq degrés à l'ombre. Les étudiants sont certes en vacances dès la fin mai, mais le concours d'entrée à l'Université se passe le 1er août depuis la période soviétique, et la rentrée se fait le 2 septembre. Réviser en respectant le jeûne constitue donc une gageure, surtout lorsque les parents n'ont pas les moyens d'acheter les sujets envoyés de Tachkent, ni de soudoyer les membres du jury.

Au demeurant, même en période moins caniculaire, en mai ou en octobre, jeûner signifie se lever avant l'aube pour s'alimenter et se coucher fort tard, après l'*iftar* lorsque les jours sont longs. Ainsi, en 2019, le mois de ramadan a débuté le 6 mai en Ouzbékistan, ce qui signifiait que l'apprenti-jeûneur devait se lever à 3h30 du matin et se coucher, pour une courte nuit, à 23h au plus tôt, sans pouvoir se livrer à une petite sieste réparatrice, car les cours avaient justement lieu l'après-midi. Pourtant, pleins de bonnes résolutions Aqsar – un de mes étudiants – et ses camarades de faculté s'y sont essayés. Étudiants sérieux, ils ont fait « comme si », et ils ont tenu toute la journée, mais, au deuxième jour, tombant de fatigue et à moitié déshydratés, ils ont dû aller

---

camp de rééducation où certains croupissent encore. En général accusés d'islamisme, qualification pénale bien commode, car le spectre du fantomatique MIO (Mouvement islamiste d'Ouzbékistan), réfugié au Pakistan et rallié en 2015 à l'État islamique, semblait, prétexte ou réalité, épouvanter le gouvernement ouzbek.

Anne Ducloux

se reposer en milieu de journée, à deux semaines des examens de fin d'année. Pour la plupart de ces Samarcandais de fraîche date, ces jeunes *qishloqi* – terme péjoratif que l'on pourrait traduire par « péquenots » – ne ressemblent pas aux étudiants d'origine citadine, souvent même issus de grande famille de lettrés, qui furent les miens dans les années 2000. Ces derniers étaient intéressés par le fait religieux plus par curiosité intellectuelle et par questionnement métaphysique que par ferveur religieuse. Du reste, le matérialisme dialectique ne les intéressait pas plus[41] que les œuvres d'Islom Karimov[42]. Au contraire, ils n'étaient jamais avares de questions sur le judaïsme, le catholicisme, l'hindouisme ou le bouddhisme lorsque l'occasion se présentait.

Les jeunes ruraux semblent actuellement faire preuve eux aussi d'un regain d'intérêt pour les sciences coraniques. Dans chaque village, une *bikhalfa* ou un *mollah*, voire une nouvelle *hajja*[43], enseignent comme ils le peuvent les rudiments des règles canoniques aux enfants. Mais les travaux des champs n'attendent pas. Jeûner quand la moisson, les vignes ou les légumes sont à maturité et que les températures dépassent les quarante degrés est effectivement « dangereux pour la santé ». D'autant que la sécheresse qui sévit en Asie centrale depuis plusieurs années[44] n'est pas particulièrement propice au repos estival dans les « kolkhozes », encore peu mécanisés, et évidemment pas climatisés. D'ailleurs certains villages ne sont toujours pas électrifiés. En revanche, l'*iftar* y est célébré.

Ce sont les grands-mères de la campagne qui, ces trois dernières années, montrent le plus d'intérêt pour l'islam. Lors du décès de Karimov en septembre 2016, de vieux autobus emmenaient les

---

41. Je n'ai moi-même jamais rien compris à ces cours de marxisme revisité par Staline et ses héritiers. Et quand un ou une collègue m'invitait à suivre son cours (d'histoire, d'anglais, de philosophie ou même de français), je faisais comme les étudiants : je dormais.
42. Docteur en économie marxiste, le « Père de la Nation » a écrit deux livres de trente-neuf pages que tous les étudiants ouzbeks devaient étudier tous les mardis matin.
43. Autrefois rarissime, le pèlerinage à La Mecque est actuellement beaucoup plus ouvert. Le frein en est surtout pécuniaire, alors que dans les années 2000 seuls les appartchiks y étaient admis. Pendant l'époque soviétique, y compris pendant la *perestroïka,* les Ouzbeks d'en-bas n'y pensaient même pas. La ville sainte était alors Moscou.
44. Le Khorezm, le Karakalpakistan et la région de Boukhara ont même subi une tempête de sel provenant de l'assèchement de la mer d'Aral en mai 2019.

villageois en larmes vers le tombeau de Dada, à Samarcande, depuis les régions les plus reculées du pays. Depuis lors, tous les lieux de pèlerinage, et principalement Samarcande et Boukhara, mais aussi Shahrisabz (la ville natale de Tamerlan), sont ouverts au tourisme intérieur. Les Ouzbeks de la campagne, qui avaient auparavant peu voyagé, car ils étaient dépourvus soit de passeport intérieur, soit de la précieuse *propiska* – « autorisation de résidence » toujours plus ou moins en vigueur, et « autorisation de séjour» –, découvrent leur pays et surtout leurs lieux de culte et d'histoire. Il est émouvant de voir ces grappes de paysannes de la vallée de Ferghana ou du Karakalpakistan, comme en témoignent leurs vêtements et leurs langages, tout juste descendues de leurs vieux bus réformés après quinze heures de route, se lancer pleines d'enthousiasme, sinon de ferveur, vers le tombeau de Baho ad-din Naqshband[45], près de Boukhara, ou bien vers le Gour Émir, le tombeau de Tamerlan, à Samarcande.

Conclusion

Les rares personnes qui respectent le jeûne du ramadan le font, disent-elles toutes générations confondues, pour se purifier. Certaines ajoutent qu'il s'agit de gagner des mérites afin de ne pas aller en enfer après la mort. Mais plus que le jeûne, c'est le repas de rupture du jeûne qui est important pour ces musulmans et ces musulmanes encore largement soviétisés, voire nostalgiques de l'URSS. L'*iftar* est unanimement célébré. Jamais interdit, il est avant tout une fête, un rite social plus que religieux, même si l'on ne peut jamais présager de ce qui se passe dans les têtes et dans les cœurs, un rite social porteur de prestige dans cette société qui s'ouvre sur le monde « impérialiste » et capitaliste. La voie vers le libéralisme se révèle tortueuse, d'autant que cette ouverture se tourne aussi, pour de rares privilégiés, vers le monde musulman à travers le *hajj*. Au demeurant, même pendant l'époque soviétique, personne ne devait montrer ses sentiments religieux, sinon envers le marxisme-léninisme, qui, pour beaucoup, n'était qu'un galimatias absorbé tel quel sans réelle adhésion idéologique et accepté

---

45. Fondateur au XIVe siècle de la confrérie soufie Naqshbandiy, son tombeau, situé à une vingtaine de kilomètres de Boukhara, a lui aussi été restauré par les Saoudiens. Les centrasiatiques disent que trois visites sur son tombeau équivalent à un pèlerinage à La Mecque.

passivement. Les apparences cependant étaient primordiales dans cette société où l'on doit montrer qu'on ne montre pas. À une époque où, officiellement, la propriété privée n'existait pas, les apparatchiks aimaient épater la galerie avec des Volga noires, symboles de pouvoir, des fêtes « d'anniversaire » – en réalité de circoncision – fastueuses, des mariages « rouges », c'est-à-dire avec des robes de mariage blanches à l'occidentale et des rituels simplifiés à la russe. L'*iftar* n'échappait pas à la règle : il fallait exhiber une aisance qui nécessitait parfois de mettre à contribution toute la famille étendue. De la même façon aujourd'hui, alors que 24 % du PNB proviennent de l'argent envoyé par les migrants de travail, on reconnaît immédiatement les maisons de ceux-ci aux énormes constructions un peu kitch[46] qu'ils se font bâtir, quand bien même elles resteraient inachevées pendant des années par manque d'argent pour les terminer.

Actuellement encore, ces *iftar* d'hommes, célébrés dans des restaurants à la mode, imposent de recourir à la famille élargie au nom de laquelle on invite tout le gratin masculin de la cité, tandis que les femmes reçoivent à la maison toutes leurs relations familiales, amicales et professionnelles. Cependant, dans les repas de femmes, les belles-filles servantes n'ont pas même le temps de s'asseoir pendant que leurs aînées s'empiffrent de nourritures qui n'ont rien de purificatrices. On peut donc penser que ces *iftar* ne sont pas que des actes de dévotion. Ce sont avant tout des rites sociaux, y compris pour les belles-mères, qui, sitôt le *piyola* d'eau avalé et la datte mangée, se dirigent avec ostentation vers la pièce voisine pour y réciter les prières prescrites. Ce que ne dément pas la satisfaction qu'elles affichent lorsque les « mécréantes » les saluent d'un respectueux *as-salom aleykum* lorsqu'elles reviennent dans la pièce du « banquet ». Du reste, bien peu parmi ces *benamoz* savent ce que ce repas commémore exactement, à quels textes canoniques il fait référence ; elles préfèrent s'appuyer sur le credo communiste : « Jeûner nuit gravement à la santé », plutôt qu'à la vulgate coranique qui fait du ramadan un des cinq piliers de l'islam. Bien peu, toutefois, se revendiquent encore comme athées, ce qui était le cas au lendemain de l'indépendance. En 2019, certaines hésitent encore entre les deux « religions » mais de plus en plus de

---

46. Un vaste chalet suisse précédé de lions dorés et couvert d'un toit en tôles ondulées rouges (la tôle ondulée est le seul matériau disponible pour les toitures à Samarcande) a ainsi été construit dans les années 2005 à la périphérie de la ville.

femmes se disent musulmanes, bien qu'elles mêlent sans hésitation à leur religion les dogmes marxistes-léninistes qu'on leur a inculqués pendant des décennies, sans se soucier des prescriptions coraniques mais sans non plus les mettre en cause. Indiscipline que l'on retrouve à la jeune génération – qui n'a pas connu l'emprise de l'idéologie soviétique –, si l'on en juge par l'affluence estudiantine rencontrée dans les nombreux fast-foods établis autour de l'Université, à l'heure du déjeuner, pendant tout le mois de ramadan.

« ENDURER LA SOIF ET LA FAIM POUR LES AUTRES » : JEÛNE ET EXPERTISE RITUELLE EN PAYS MANDINGUE (AFRIQUE DE L'OUEST)

Agnieszka Kedzierska Manzon
EPHE, Université PSL, IMAf (UMR 8171)

> *Celui qui ne sait se détacher de sa femme*
> *ne devient jamais un maître-chasseur*
> *celui qui ne sait se détacher de sa mère*
> *ne devient jamais un maître-chasseur*
> *jamais un peureux ne devient un maître-chasseur*
> *jamais un vaurien ne devient un maître-chasseur*
> *personne ne devient maître-chasseur sans raison*
> *Diakaridia*[1] *du Mandé !*
> *Personne ne devient maître-chasseur sans avoir*
> *des capacités et des connaissances*
> *Voici celui qui a des connaissances et du pouvoir*
> *Voici le détenteur du fétiche « la corde de la nuit* [2] *»*

Aucun des participants à la cérémonie dont provient l'extrait cité n'aurait été surpris si le chantre qui l'animait avait ajouté à la fin : « Jamais un glouton ne devient un maître-chasseur ». Membres d'une société initiatique fort ancienne dont l'intégration se fait sur la base d'une décision libre et demeure individuelle, les maîtres-chasseurs – à l'origine de la cérémonie en question – sont considérés en pays mandingue[3] comme héros civilisateurs et emblèmes des valeurs ancestrales. Ils ont en effet joué un rôle décisif dans la fondation du

---

1. Prénom du chasseur dont le chantre salue les exploits.
2. Chant entonné par le chantre Bala Bagayoko, enregistré à Namagana en mars 2003, ma traduction.
3. Ce pays, qui recouvre peu ou prou le territoire de l'Empire du Mali, datant du XIIe siècle, se situe à cheval entre le Mali, la Guinée, le Sénégal, la Côte d'Ivoire et le Burkina Faso.

premier royaume existant sur ces terres au XIIe siècle[4]. En charge, traditionnellement, de l'approvisionnement de leurs communautés en protéines animales mais aussi du maintien de l'ordre dans ces communautés et de leur protection contre les dangers visibles et invisibles, ils vouent un culte à Saanɛ et Kɔntron, et ils sont réputés connaître les secrets de la métamorphose ainsi que de la « science des arbres » : *jiridɔn*[5], essentielle pour la pharmacopée locale. De telles connaissances, qui contribuent à asseoir leur aura rituelle, sont localement perçues comme indispensables à la chasse.

Celle-ci consiste en pays mandingue en des séjours solitaires et prolongés – allant de quelques heures à quelques jours – dans des lieux considérés comme dangereux car peuplés de non-humains (dont les animaux sauvages mais aussi diverses créatures invisibles) potentiellement malveillants. Pour affronter ces non-humains, les *donsow*[6] adoptent un habitus spécifique qui implique, outre l'exercice des techniques du corps que j'ai désignées ailleurs comme extra-quotidiennes[7], la mise en contact avec des substances considérées comme fortes, et enfin un certain nombre de privations. Parmi ces privations, il y a l'abstinence sexuelle et la réduction du temps de sommeil – lors de la saison sèche notamment, quand on chasse de préférence la nuit – ainsi qu'un jeûne intermittent. C'est en raison de ces privations que la tradition orale locale présente les *donsow* comme ceux qui renoncent à leur confort personnel pour le bien-être des autres, restés au village. Dans le sillage de plusieurs chercheurs qui se sont penchés sur leur activité, j'ai qualifié donc par le passé leur conduite d'ascétique. Je souhaite revenir aujourd'hui sur cette conclusion afin de la nuancer et de l'approfondir. Cela me semble d'autant plus nécessaire que la problématique des privations d'ordre corporel, et plus précisément du

---

4. Voir Y. T. Cissé, *La confrérie des chasseurs malinké et bambara : mythes, rites et récits initiatiques*, Paris 1994. et A. Kedzierska-Manzon, *Chasseurs mandingues : violence, pouvoir et religion en Afrique de l'Ouest*, Paris 2014.
5. Voir P. McNaughton, *The Mande blacksmiths: knowledge, power, and art in West Africa*, Bloomington 1988.
6. Ce terme, que l'étymologie populaire considère comme composé de *don*, entrer, et *so*, maison (ce qui se traduirait par « celui qui rentre à la maison provenant d'un espace autre »), désigne les membres d'une société initiatique masculine, *donsoton*. Dans les ethnographies, il est habituellement traduit par chasseur, mais cette traduction ne permet que partiellement de rendre compte de son champ sémantique.
7. A. Kedzierska-Manzon, *Chasseurs mandingues*.

Jeûne et expertise rituelle en pays mandingue

jeûne, n'est abordée que de façon périphérique dans les études africaines en général et dans les études mandingues en particulier[8]. L'analyse du cas ethnographique choisi que je compte entreprendre ici vise à pallier partiellement cette lacune et à nous renseigner, à partir de matériaux empiriques inédits, sur un problème plus large. Elle devrait attirer notre attention sur des prescriptions et des comportements qui me semblent passer souvent inaperçus, bien qu'ils ne soient pas inexistants au sud du Sahara, et que je propose de considérer comme étant d'ordre religieux.

1. Religion et alimentation en pays mandingue : quelques remarques introductives

Quelques informations s'imposent d'abord au sujet des pratiques rituelles et des habitudes alimentaires que l'on trouve en pays mandingue. Aujourd'hui, on y mange – idéalement et si on peut se le permettre – trois repas par jour, en plus de certains en-cas tels que des fruits, des gâteaux ou des sucreries. Le repas du matin, souvent limité en ville à un bout du pain et un café, consiste traditionnellement en contexte rural en une bouillie de farine de mil (ou de maïs) à laquelle on ajoute volontiers du sucre ou du miel ainsi que du jus de citron vert. Le repas de la mi-journée et du soir se compose d'un plat de résistance à base de céréales (mil, riz, maïs), servies sous forme de pâte ou semoule et accompagnées d'une sauce épaisse à base de végétaux (oignons, aubergines africaines, tomates, arachides ou encore feuilles de patates douces). La nourriture carnée est considérée comme un extra plutôt que comme une norme culinaire, d'autant plus que la viande n'est pas toujours cuisinée à proprement parler : au lieu d'être cuite dans une marmite par les femmes, elle peut parfois être grillée directement sur le feu par les hommes. C'est ainsi qu'elle est préparée dans de nombreuses rôtisseries urbaines, et c'est également de cette

---

8. Aucune étude ne traite, à ma connaissance, du jeûne en pays mandingue. Sur d'autres terrains africains, on note davantage l'existence, en contextes rituels, de certaines règles alimentaires que du jeûne à proprement parler. Ainsi, lors des initiations, les novices femmes sont souvent obligées d'ingérer des quantités importantes de nourriture tout en restant immobiles ; les novices hommes, eux, sont souvent privés de la nourriture habituelle, voire affamés. De même, de nombreux interdits alimentaires pèsent d'ordinaire sur les femmes enceintes ou accompagnent le traitement rituel des maladies.

manière qu'on l'apprêtait jadis lors des cérémonies des sociétés initiatiques masculines, qui impliquaient des sacrifices et la consommation d'animaux sacrificiels sur les lieux de culte, situés en dehors de l'espace domestique.

De telles cérémonies, lors desquelles la bière de mil coulait à flots[9], constituaient, avec la célébration de multiples cultes voués à des entités tutélaires et protectrices du village, du territoire, du royaume[10], le pôle païen du champ religieux local, opposé à son pôle musulman, ancien sur ce terrain où l'islam a pénétré dès le VIIIe siècle[11]. Recouvrant un ensemble assez vaste de pratiques, ce pôle païen s'articulait par le passé et s'articule aujourd'hui encore autour des sacrifices sanglants destinés à certaines matérialisations du divin que les anthropologues ont pris l'habitude de désigner comme « dieux-objets » ou « choses-dieux[12] » et qu'en langues mandingues on nomme *basiw* ou *boliw*, selon la région. Au cours de la seconde moitié du XXe siècle, leurs manipulations se sont maintenues en dépit de la désintégration progressive de nombreuses sociétés initiatiques sur l'activité desquelles

---

9. Voir L. TAUXIER, *La religion bambara*, Paris 1927, et D. JONCKERS, « Autels sacrificiels et puissances religieuses, Le Manyan (Bamana-Minyanka, Mali) », *Systèmes de Pensée en Afrique Noire* 12 (1993), p. 65-102.
10. Pour des analyses et des descriptions de ces cultes, voir notamment J. BAZIN, « Retour aux choses dieux », dans Ch. MALAMOUD et J.-P. VERNANT (éd.), *Corps des dieux. Le temps de la réflexion*, Paris 1986, p. 253-273, J. BAZIN, « Genèse de l'État et formation d'un champ politique : le royaume de Segu », *Revue française de science politique* 38/5 (1988), p. 709-719, J.-P. COLLEYN et M. J. ARNOLDI (éd.), *Bamana: the Art of Existence in Mali*, New York – Gand 2001, G. DIETERLEN, *Essai sur la religion bambara*, 2e éd., Bruxelles 1988 [1950^1], J. HENRY, « Le culte des esprits chez les Bambara », *Anthropos* 3/4 (1908), p. 702-717, J. HENRY, *L'Âme d'un peuple africain : les Bambara, leur vie psychique, éthique, sociale, religieuse*, Münster 1910, et L. TAUXIER, *La religion bambara*.
11. Voir D. C. CONRAD, « Pilgrim Fajigi and basiw from Mecca: Islam and Traditional Religion in the Former French Sudan », dans J.-P. COLLEYN et M. J. ARNOLDI (éd.), *Bamana: the Art of Existence in Mali*, p. 25-35. Sur l'impact de l'islam sur les pratiques païennes locales, voir J.-P. COLLEYN, « La géomancie dans le contexte bamana : signes et objets forts », *Mande Studies* 7 (2005), p. 9-20, et T. TAMARI, « Notes sur les représentations cosmogoniques dogon, bambara et malinké et leurs parallèles avec la pensée antique et islamique », *Journal des Africanistes* 71/1 (2001), p. 93-111.
12. Pour reprendre la terminologie de M. AUGÉ, *Le dieu objet*, Paris 1988, et de J. BAZIN, « À chacun son Bambara », dans J.-L. AMSELLE et E. M'BOKOLO (éd.), *Au cœur de l'ethnie. Ethnie, tribalisme et État en Afrique*, Paris 1982, p. 87-127.

reposait auparavant le système rituel local[13]. D'autres sociétés initiatiques – comme celle des *donsow*-chasseurs dont il sera question plus loin – subissent des transformations consistant, par exemple, en l'ajout du nom d'Allah dans les formules énoncées pour accompagner les sacrifices ou la substitution d'eau à l'alcool lors des libations. À la suite des campagnes massives d'islamisation des années 1990[14], plusieurs villages se sont dotés de mosquées, et le port du voile, qui n'était pas régulièrement de mise il y a trente ans à peine, s'est répandu. Si l'alcool, particulièrement apprécié par des experts païens[15], n'a pas totalement disparu des célébrations collectives, sa consommation change de registre et se fait de plus en plus discrète. La pratique du jeûne lors du mois de carême musulman, en revanche, se popularise, même dans les zones reculées, au point d'être aujourd'hui généralisée.

En contexte païen, la pratique du jeûne collectif, même si elle n'est pas totalement absente, semble davantage liée à l'insuffisance périodique des denrées alimentaires qu'à des restrictions d'ordre religieux. Toutefois, selon les informations à ma disposition, hier comme aujourd'hui, certains individus au statut singulier doivent s'abstenir de consommer certains aliments dans certaines circonstances pour des raisons autres qu'économiques. Ainsi, selon les détenteurs de *basiw* que j'ai interrogés, les maîtres qui les fabriquent – ou, tout au moins, en fabriquent certains types, dont Kɔntron – doivent être à jeun. Plus exactement, il leur faut s'abstenir de manger, fumer, boire ou même chiquer du tabac, autrement dit, de mettre quoi que ce soit dans la bouche avant de se mettre à l'ouvrage. Aucune précision à ce propos n'existe dans les sources ethnographiques qui abordent rarement la

---

13. Voir A. KEDZIERSKA MANZON, « Le sacrifice comme mode de construction : du sang versé sur les fétiches (mandingues) », *Archives de Sciences Sociales des Religions* 174 (2016), p. 279-302, A. KEDZIERSKA MANZON, « Dialogues avec les fétiches, la fabrique des sujets en pays mandingues », *Langages du religieux, Parcours anthropologiques* 13 (2018), p. 7-36, et A. KEDZIERSKA MANZON, *Corps rituels en pays mandingue (Mali, Guinée, Côte d'Ivoire)*, Paris 2023.
14. B. SOARES, « The Fulbe Shaykh and the Bamana Pagans: Contempory Campains to Spread Islam in Mali », dans M. DE BRUIJN et H. VAN DIJK (éd.), *Peuls et Mandingues : dialectiques des constructions identitaires*, Paris 1997, p. 267-280, et B. SOARES, « Muslim Proselytation as Purification: Religious Pluralism and Conflict in Contemporary Mali », dans A. A. AN-NA'IM (éd.), *Proselitization and Communal Self-Determination in Africa*, Maryknoll (NY) 1999, p. 228-245.
15. Voir par exemple S. BRETT-SMITH, *The making of Bamana sculpture: creativity and gender*, Cambridge 1994, p. 48.

fabrication en question, tenue secrète localement. Les mêmes sources sont peu loquaces au sujet des interdits liés à la « science des arbres » déjà mentionnée et qui demeure indissociable de l'expertise rituelle. Celle-ci implique, en effet, inévitablement l'usage des plantes qu'on désigne par le terme générique de *furaw*, remèdes, médicaments, feuilles, et qu'on prépare sous forme de décoctions, potions ou pommades[16]. Selon mes données, le recours à ces remèdes impose parfois le respect d'interdits similaires à ceux qui pèsent sur les fabricants de *basiw*. C'est en tout cas ce qu'on m'a expliqué plusieurs fois sur le terrain, au moment, par exemple, de me procurer quelques-uns des remèdes évoqués. Si, pour pouvoir en tirer profit, il faut dans certains cas s'abstenir d'ingérer de la nourriture, cela suggère que le jeûne n'est pas absent *de facto*, si ce n'est *de iure*, des pratiques religieuses païennes du pays mandingue, même si rien ne l'atteste dans les travaux publiés. Retenons à titre d'hypothèse cette idée, à ma connaissance jamais explicitement formulée jusqu'ici dans la littérature sur le sujet, et tentons de la vérifier en nous tournant vers l'étude de l'activité des *donsow*-chasseurs.

2. *Donsoya* et jeûne : pratiques et discours

La tradition orale mandingue présente les *donsow* comme ceux qui « endurent la faim » (*kongo munya*) et « endurent la soif » (*minnogo munya*). Les deux expressions reviennent non seulement dans le corpus littéraire, mais aussi dans les propos de mes interlocuteurs ruraux dont certains me précisent que « être *donso*, c'est endurer la faim et la soif pour les autres ». On pourrait supposer que ce jeûne – car c'est d'un jeûne intermittent mais régulier et assumé dont il est ici question – s'explique par des contraintes pratiques pesant sur ceux

---

16. Sur l'usage des plantes et la « science des arbres », outre P. MCNAUGHTON, « Language, Art, Secrecy and Power: The Semantics of Dalilu », *Anthropological Linguistics* 24/4 (1982), p. 487-505, et P. MCNAUGHTON, *The Mande blacksmiths*, voir S. BRETT-SMITH, *The making of Bamana sculpture*, J.-P. COLLEYN et M. J. ARNOLDI (éd.), *Bamana: the Art of Existence in Mali*, P. IMPERATO, *African Folk Medicine: Practices and Beliefs of the Bambara and Other Peoples*, Baltimore 1977, A. KEDZIERSKA MANZON, *Guérisseurs et féticheurs : la médecine traditionnelle en Afrique de l'Ouest*, Paris 2006, et A. KEDZIERSKA MANZON, « Fétiches : dieux-matière sans cesse reconfigurés : les fétiches en pays mandingue (Afrique de l'Ouest) », *Cahiers d'Anthropologie Sociales* 19 (2021), p. 124-140.

Jeûne et expertise rituelle en pays mandingue

qui exercent l'activité cynégétique. Il est évident que les séjours prolongés et à répétition en brousse à la recherche du gibier entraînent la diminution du temps que le chasseur passe auprès de ses épouses en dégustant leurs préparations savoureuses [17]. Mais la situation est, comme nous allons le voir, un peu plus complexe, et elle nécessite qu'on s'y attarde plus longuement.

Pendant la saison humide, principalement vouée à l'agriculture, la chasse devient nocturne. Celui qui la pratique se prive de précieuses heures de repos, impossibles à récupérer une fois de retour au village, car il doit, comme tout un chacun, consacrer ses journées au labour. Responsable d'un déficit du sommeil, son activité cynégétique ne se traduit pas, en revanche, par des privations récurrentes d'ordre alimentaire, comme j'ai pu le constater lorsque, dans le cadre de mes recherches doctorales, je résidais dans un petit village situé au sud-ouest du Mali [18]. Comme mes observations et mes notes de terrain l'attestent, pendant la saison des pluies, les départs à la chasse ont lieu après le repas du soir, vers 19 heures ou 20 heures Il arrive que les chasseurs quittent le village vers 22 heures ou encore vers 3 heures ou 4 heures du matin, ce qui les prive de petit-déjeuner s'ils ne reviennent pas à temps au village. C'est néanmoins en saison sèche, quand les travaux champêtres s'arrêtent et que la chasse diurne prend toute son ampleur, qu'elle affecte les habitudes alimentaires de ceux qui s'y consacrent. Une fois les récoltes terminées, il n'est pas rare que les chasseurs s'y adonnent pendant plusieurs heures, voire plusieurs jours d'affilée. En mars 2004, un groupe auquel je me suis jointe continua ainsi pendant une semaine entière la recherche du gibier afin de constituer un stock de viande à consommer et à distribuer lors d'une cérémonie cynégétique annuelle qui se tenait juste après.

---

17. La polygamie est une forme d'union conjugale dominante en pays mandingue où, par ailleurs, les rôles et les tâches domestiques masculins et féminins sont clairement différenciés. Ainsi, l'espace de la cuisine est considéré communément et par les deux genres comme étant réservé à la gente féminine.
18. Plus précisément entre octobre 2003 et janvier 2004, en mars et avril 2004, en mai et en juin 2004, en septembre 2004, entre janvier et février 2005, en mai 2005. Ces séjours ont été pris en charge par mon laboratoire, le LLACAN CNRS, et par l'ED de l'INALCO, avec le soutien logistique de la représentation de l'IRD à Bamako. Je reviens depuis régulièrement au Mali presque chaque année et je suis fréquemment en contact téléphonique avec les plus importants de mes interlocuteurs locaux.

Lorsqu'ils passent en brousse plusieurs demi-journées ou journées de suite, il arrive que les chasseurs mangent quelques fruits sauvages poussant sur leur passage ou qu'ils boivent de l'eau trouvée dans les marigots qu'ils traversent. Cependant, ces faibles apports ne sauraient satisfaire leurs besoins alimentaires accrus par l'effort physique ou les hydrater dans une chaleur qui dépasse fréquemment 35° à l'ombre. Contrairement à mes hôtes, je me munissais toujours, lors des escapades cynégétiques auxquelles j'étais associée, d'une bouteille d'eau et je regrettais souvent de ne pas en avoir pris plusieurs. Mes compagnons et maîtres, quant à eux, n'emportaient jamais rien en brousse, hormis des noix de cola. Ces noix sont connues en Afrique de l'Ouest pour leurs qualités stimulantes. Échangées afin de sceller les mariages, elles occupent une place importante dans les pratiques rituelles locales parce que leur offrande précède immanquablement les sacrifices sanglants. Peut-être pour cette raison ou bien à cause de leur goût amer, personne n'y verrait de la nourriture à proprement parler. On ne dit jamais qu'on les mange, mais seulement qu'on les croque : on n'emploie pas le verbe *dumuni kɛ* mais le verbe *nyimi*. Notons que ce dernier est utilisé également pour parler de la consommation de viande grillée. Ainsi un locuteur mandingue dira volontiers qu'il croque (et non qu'il mange) du poulet. C'est la viande grillée du gibier, plus exactement son foie, qui pourra être consommée après la chasse réussie d'un mammifère assez grand pour qu'on le dépèce sur place. Cette exception apparente à la règle implicite – qui veut qu'on ne mange pas lorsqu'on pratique l'activité cynégétique – n'en est donc en réalité pas une. En effet, comme je l'ai suggéré, la viande grillée n'est pas considérée en pays mandingue comme un repas *stricto sensu* et, de toute façon, ce n'est pas pendant mais à la fin d'une partie de chasse qu'on l'ingère. On peut donc conclure que la pratique cynégétique va de pair avec l'abstention périodique de la consommation d'aliments.

Dans quelle mesure cette abstention est-elle intentionnelle, au-delà des contraintes pratiques ? Peut-on imaginer de s'y soustraire sans que cela entraîne des conséquences indésirables et, afin de ne pas s'exposer à la faim, emporter avec soi à la chasse une petite collation ou tout au moins de quoi boire ? Les *donsow* ruraux à qui je pose la question me répondent unanimement par la négative. L'un d'entre eux précise : « On peut trouver de l'eau en brousse à certains endroits, mais on ne prend rien avec soi. Car quand on a à manger, on se sent à l'aise et on ne pense qu'à manger ». Or, comme le même interlocuteur me l'a expliqué à un autre moment et comme d'autres me l'ont confirmé,

Jeûne et expertise rituelle en pays mandingue

le chasseur doit se focaliser entièrement sur sa tâche, et pour cela, il lui faut « être réfléchi, posé, calme », ce qu'on exprime par l'expression *hakili sigilen*. Lors de la réunion organisée à mon arrivée au village où je réside ensuite, les chasseurs réunis usent à plusieurs reprises de deux formulations qui semblent renvoyer au même état psychosomatique et comporter le terme *hakili* : esprit, intelligence, mémoire, concentration, attention, faire attention, réfléchir, ainsi que le verbe *sigi*, poser, asseoir. La première de ces formulations, *hakili ba sigi* pourrait se traduire par « poser son essence (ou principe) », tandis que la seconde, *hakili ma sigi*, par « poser sa personne (dans ses aspects physiques) ». Toutes les deux sont employées pour désigner un état de concentration mentale qui se manifeste par une attitude corporelle de vigilance. Cet état représente aux yeux de mes hôtes une clé du succès de toute entreprise cynégétique. Lors de nos échanges, tous insistent sur la nécessité qu'il y a pour un *donso* de se détacher de son cadre de vie ordinaire, de laisser ses préoccupations villageoises et même ses besoins organiques de côté, d'avoir donc un « esprit posé » – ou, pour reprendre le terme rapporté par Karim Traoré[19], spécialiste de la littérature orale mandingue et qui tire cet adjectif des chants cynégétiques, « vide », littéralement « sans pensée » (*miribali*). Qu'une certaine désaffection vis-à-vis du quotidien, corollaire d'une concentration maximale mais peu focalisée (l'esprit est « vide »), constitue une condition *sine qua non* de la réussite à la chasse, d'autres ethnologues l'ont également noté : ainsi Sory Camara, à partir de données recueillies dans la partie orientale du Sénégal[20], et Michael Jackson enquêtant chez les Kurano[21], les voisins méridionaux des Mandingues et qui appartiennent à la même famille linguistique. Ce dernier auteur cite les propos d'un chasseur avec qui il s'entretient et qui lui apprend que « a hunter should not worry about his wife at home or have anything on his mind except hunting » : « I've got to be patient and respect the rules of hunting, otherwise you'll never find game[22] ». On voit

---

19. Voir K. TRAORÉ, *Le jeu et le sérieux : essai d'anthropologie littéraire sur la poésie épique des chasseurs du Mandé (Afrique de l'Ouest)*, Cologne 2000.
20. Voir S. CAMARA, « Cynégétique et traversée de l'existence », dans *La chasse traditionnelle en Afrique de l'Ouest d'hier à aujourd'hui. Actes du Colloque international de Bamako, 26-27-28 janvier 2001*, Bamako 2001, p. 75-124.
21. Voir M. JACKSON, *Barawa and the Ways Birds Fly in the Sky*, Washington – Londres 1986.
22. *Ibid.*, p. 120.

bien que ce point de vue coïncide avec celui qu'adoptent et expriment mes interlocuteurs. Toutes les sources s'accordent pour affirmer qu'un certain état de l'esprit – et du corps – est indispensable pour se rendre en brousse en quête du gibier et en revenir sans encombres.

Cet état, que le jeûne contribue de toute évidence à préserver – comme semblent, en tout cas, le penser mes interlocuteurs – est, à les croire, crucial pour évoluer efficacement dans l'espace sylvestre. Rappelons que cet espace est réputé plein de périls de toutes sortes parce qu'il est le lieu de résidence non seulement de certains prédateurs du monde animal, mais aussi de créatures non-humaines : les génies de la brousse, *kungofenw*. Pour pouvoir les affronter ou, plutôt, pour ne pas éveiller inopportunément leur attention, les *donsow* adoptent une démarche feutrée, silencieuse et prudente que j'examine en détail ailleurs[23]. Ils apprennent à maîtriser certaines techniques spécialisées du corps, ou, plus généralement, à développer un rapport particulier au corps. Leur objectif est de ne pas être aperçus par leurs adversaires présumés. Pour cela, il leur faut, par exemple, effacer dans la mesure du possible leur odeur humaine, se vêtir de façon à modifier leur apparence chromatique pour se fondre autant que possible dans le milieu, adapter à ce milieu leur manière de se déplacer afin de ne pas faire de bruit ou même parfois, selon des récits connus de tous et le corpus littéraire, recourir à la métamorphose, qui permet de se soustraire totalement à la vue d'un ennemi mortel. En plus de l'usage à cette fin de techniques particulières du corps, les chasseurs se soumettent à certaines manipulations de la sphère corporelle, telles que la mise en contact de certaines parties de leur corps – et de sa prolongation qu'est le fusil – avec des substances actives ou fortes, choisies selon la « science des arbres » évoquée ci-dessus. Cette mise en contact, effectuée au moyen de « bains rituels » (*koli*), de fumigations, de frictions, de rinçages, plus rarement d'ingestion, est supposée leur permettre de rendre leur personne quasi invisible, inodore et inaudible, comme inexistante.

Ce qui mérite d'être souligné, c'est que certaines privations d'ordre somatique sont considérées comme des conditions d'efficacité de ce processus d'invisibilisation ou d'effacement du corps cynégétique. Elles s'imposent afin de ne pas diminuer ou anéantir l'effet attendu des « bains » rituels et autres applications de mélanges à base de plantes.

---

23. A. KEDZIERSKA MANZON, *Chasseurs mandingues*, p. 137-175.

Ainsi, l'activité sexuelle[24] même licite – avec une épouse légitime –, mais aussi, comme on l'a vu, l'ingestion de nourriture ordinaire ou toute pensée relative à une telle nourriture doivent être proscrites. Tout porte à croire qu'elles sont incompatibles avec la mise en absence du corps que les *donsow* doivent opérer en brousse et, plus généralement, avec l'expertise rituelle, qui implique toujours, pour les hommes au moins, le recours à des matières agissantes, dont les *basiw/boliw*. L'activité cynégétique est liée à la manipulation de ces dernières. Un dicton nous enseigne que « les oiseaux font confiance aux grandes aires, les poissons à l'eau et les chasseurs à leurs "choses-dieux" ». Comme d'autres procédés similaires qu'on appelle de façon générique *daliluw, dabali* ou *gundo*[25], l'usage des *basiw/boliw* paraît essentiel pour réussir tant à la chasse que dans beaucoup d'autres domaines de l'accomplissement masculin. Ces procédés servent à préserver ou à augmenter la capacité d'action de ceux qui y recourent et qui, pour ne pas gaspiller ce potentiel, sont tenus de faire preuve d'une certaine parcimonie tant dans la parole que dans leurs gestes[26]. Il est, effectivement, de notoriété publique que le chasseur – et tout expert rituel digne de ce nom, ou même tout homme du pouvoir – « ne doit pas être bavard ». Un *donso* devra, pour sa part, être patient, prudent, discipliné et attentif, comme me le précise au tout début de mes recherches un responsable bamakois d'une association nationale des chasseurs. Les *donsow* d'un petit village situé à quelques kilomètres de la frontière guinéenne, lors de notre réunion en décembre 2003, résument fort bien ces conceptions en m'informant qu'un membre initié de leur société devrait « se maîtriser sur tous les plans », autrement dit contrôler ses désirs, ses pulsions, ses réactions et ses pensées, ainsi que, bien évidemment, sa parole et sa braguette. C'est parce qu'il incarne l'idéal de la maîtrise que l'on s'adresse habituellement à lui en le nommant *karamɔgɔ* ou *sînbon,* qu'on pourrait traduire par « maître ».

---

24. Concernant l'incompatibilité de l'activité sexuelle et cynégétique, voir K. Traoré, *Le jeu et le sérieux*, et A. Kedzierska Manzon, *Chasseurs mandingues*, p. 175-198.
25. Voir P. McNaughton, « Language, Art, Secrecy and Power », et P. McNaughton, « The Semantics of *jugu*: Blacksmiths, Lore and "Who's Bad" in Mande », dans D. C. Conrad et B. E. Frank (éd.), *Status and Identity in West Africa: Nyamakalaw of Mande*, Bloomington 1995, p. 46-60.
26. Voir J. Derive, « Parole et pouvoir chez les dioula de Kong », *Journal des Africanistes* 57/1-2 (1987), p. 19-30.

Si tous mes interlocuteurs ruraux et urbains conviennent qu'un *donso* doit être capable de s'imposer une discipline, tous s'accordent également à reconnaître que, ce faisant, il sacrifie son épanouissement personnel et son confort au profit de la communauté de ceux qui mangeront la viande qu'il prélève en brousse au prix de son dévouement. Un chasseur bamakois interviewé en 2003 et à qui je fais part de mon intention de participer aux expéditions cynégétiques me prévient qu'à la chasse « on marche trop ». Et il ajoute que « ce n'est pas tout le monde qui peut marcher autant et de cette manière, être chasseur c'est consentir à un effort ». Un autre de mes interlocuteurs doute carrément de ma capacité de le faire. Tous ceux avec qui je m'entretiens, qu'ils soient membres du *donsoton* ou non, soulignent le fait que pour intégrer cette organisation, il faut être courageux ou, plus exactement, avoir le cœur dur (*dusu gɛlɛn*), car la pratique de la chasse est difficile et pénible (*donsoya ka gɛlɛn*). Pour s'y lancer et surtout, pour réussir, on doit être prêt à assumer une fatigue importante et à faire l'impasse sur ses propres besoins ou envies. Comme le précise le chant cité en incipit, en plus de posséder certaines connaissances – dont celles relatives à la « science des arbres » et aux procédés rituels secrets –, il est indispensable d'accepter de se détacher de son cercle familial, notamment féminin, et de renoncer aux petits plaisirs de la vie quotidienne. Force est de conclure que la chasse s'apparente, dans cette perspective, à une pratique (auto-)sacrificielle, ce que soutient d'ailleurs Joseph Hellweg[27].

En fait, les *donsow* mobilisent le schéma sacrificiel à plus d'un titre. Ce schéma sous-tend les récits de genèse de leur société, que ses fondateurs présumés, Saané et Kontron[28] – ou, sur le terrain ivoirien Manimori[29] –, sont censés avoir instaurée par leur disparition en recourant à un sacrifice initial. Leur geste est actualisé lors de l'initiation au *donsoton* ainsi que lors d'autres rites collectifs à travers

---

27. J. Hellweg, « Encompassing the State: Sacrifice and Security in the Hunters' Movement of Côte d'Ivoire », *Africa Today* 50/4 (2004), p 3-28, et J. Hellweg, *Hunting the Ethical State: The Benkadi Movement of Cote d'Ivoire*, Chicago 2011.
28. Pour les récits de genèse, voir Y. T. Cissé, *La confrérie des chasseurs malinké et bambara*, et F. M. Sidibé, « Les divinités tutélaires de la chasse Saane et Kòntòron », dans *La chasse traditionnelle en Afrique de l'Ouest d'hier à aujourd'hui*, p. 313-324.
29. Voir J. Hellweg, *Hunting the Ethical State*, et J. Derive et G. Dumestre (éd.), *Des hommes et des bêtes : chants de chasseurs mandingues*, Paris 1999.

l'immolation des volailles qui leur sont offertes par les membres de la société en position de sacrifiants. Mais l'essentiel consiste à souligner que la chasse – telle qu'on la pratique en pays mandingue – actualise ce même schéma sacrificiel en dehors du cadre rituel *stricto sensu* en mettant cette fois-ci les *donsow* en position d'objet de sacrifice ou, si l'on préfère, de victimes. Comme on l'a vu, elle suppose une bonne dose d'abnégation, ce que mettent en avant la tradition orale des chasseurs et toutes les études qui leur sont consacrées[30]. Elle repose, comme je l'ai montré, sur un effacement du corps – et de la personne – des *donsow*, que l'on pourrait dès lors considérer comme des « êtres sacrificiels ». J'emprunte l'expression à Andras Zémpleni[31], qui la forge pour parler des adeptes des cultes de possession, qui sont assimilables à la fois aux victimes animales du sacrifice accompagnant la possession et aux destinataires divins de ce sacrifice qu'ils incarnent par la transe. Ne pourrait-on pas envisager les chasseurs de façon similaire ? S'identifiant (et identifiés) dans les chants aux animaux qu'ils traquent – ces non-humains dont la mise à mort conditionne le bien-être de la communauté humaine –, à la fois experts rituels et êtres sacrificiels s'offrant de manière répétitive en oblation, ils assument plusieurs fonctions.

Si je m'accorde avec Joseph Hellweg sur l'aspect sacrificiel de la pratique cynégétique mandingue, pourquoi revenir ici sur cet aspect et sur mes travaux antérieurs qui en traitent ? C'est parce qu'après une analyse plus poussée, je doute en fin de compte qu'il soit approprié de décrire cette pratique dans les termes plutôt éthiques que Joseph Hellweg adopte et que j'avais moi-même naguère mobilisés[32]. Une étude des logiques à l'œuvre suggère qu'au lieu d'y voir une sorte

---

30. Notamment J. HELLWEG, « Encompassing the State », J. HELLWEG, « Hunters, Ritual and Freedom: Dozo Sacrifice as a Technology of Self in the Benkadi Movement of Côte d'Ivoire », *Journal of the Royal Anthropological Institute* 15/1 (2009), p. 36-56, J. HELLWEG, *Hunting the Ethical State*, ainsi que V. ARSENIEV, « Un groupe social particulier : les chasseurs (Bambara) », *Études Maliennes* 3 (1980), p. 5-31, S. CAMARA, « Cynégétique et traversée de l'existence », Y. T. CISSÉ, *La confrérie des chasseurs malinké et bambara*, et K. TRAORÉ, *Le jeu et le sérieux*.

31. A. ZÉMPLENI, « Des êtres sacrificiels », dans M. CARTRY (éd.), *Sous le masque de l'animal : essais sur le sacrifice en Afrique noire*, Paris 1987, p. 267-317.

32. A. KEDZIERSKA MANZON, *Chasseurs mandingues*, p. 187-197, et A. KEDZIERSKA MANZON, « Corps et objet forts : le "fétichisme" comme ascèse », *Corps. Revue interdisciplinaire* 12 (2015), p. 211-221.

d'ascèse qu'on ne saurait définir sans lien avec les notions abstraites du bien ou du mal, il convient de penser les restrictions que s'imposent les chasseurs – dont le jeûne – comme des techniques qui ne relèvent pas pour autant du registre moral. En prenant en compte leurs objectifs, on s'aperçoit qu'elles sont censées permettre de préserver un potentiel conçu comme une quantité de puissance ou une capacité d'action. De toute façon, comme le montre Patrick McNaughton[33], les notions abstraites du bien et du mal sont étrangères à la pensée mandingue, qui envisage tout acte dans son contexte et le juge bénéfique ou maléfique selon la position, toujours relative, de celui ou celle qui l'évalue ou l'accomplit. Ainsi, en suivant Patrick McNaughton[34], on pourrait dire que si un expert des rituels s'attaque de façon invisible à son voisin, cela peut être considéré comme mauvais si ce dernier est une bonne personne, bon si le voisin en question est connu comme un méchant sorcier, et mauvais encore si en dépit d'être sorcier, il compte parmi nos fidèles alliés. Mes propres observations de terrain le suggèrent. À maintes reprises, lorsque, forte de mon expérience du religieux et de son éthique, considérée comme universelle, je demandais à mes hôtes si tel ou tel acte – l'usage d'un *basi* donné, par exemple – était louable ou au contraire répréhensible en soi, leurs réponses, au lieu de consister en un simple « oui » ou « non », me renvoyaient vers des rapports de force complexes entre agent et patient, pris dans leurs réseaux respectifs et pourvus chacun d'un potentiel fluctuant dans la durée et impossible à connaître pleinement. Pour revenir aux chasseurs, leur activité est certes moins problématique moralement que celle des féticheurs dont les proies sont humaines, mais elle n'est pas totalement dépourvue d'ambiguïté puisqu'elle consiste en la mise à mort d'êtres localement conçus comme sensibles et disposant d'intentionnalité[35]. Ce n'est pourtant pas pour réparer le tort qu'ils causent à ces êtres, mais pour se prémunir – en augmentant leur potentiel – contre une vengeance éventuelle ou une rencontre malencontreuse avec les habitants de la brousse que les *donsow* s'abstiennent périodiquement de nourriture comme de rapports sexuels. L'abstinence en

---

33. P. McNaughton, « The Semantics of *jugu* ».
34. *Ibid.*, p. 51.
35. A. Kedzierska Manzon, « L'Homme et l'animal, si proches et si différents : la relation chasseur-gibier chez les Mandingues », dans U. Baumgardt (éd.), *Représentations de l'altérité dans la littérature orale africaine*, Paris 2014, p. 133-156.

question ne relève ni de l'expiation, ni d'une forme quelconque de pénitence, ce qui ne devrait pas nous empêcher de reconnaître son caractère religieux et de dépasser ainsi son interprétation comme une simple conséquence des contraintes pratiques de la chasse.

Conclusion

Mon intention dans ce court essai était de revenir sur la pratique du jeûne, qui paraît largement absente des traditions rituelles et religieuses africaines, afin de me demander s'il s'agissait réellement d'une absence ou plutôt d'une invisibilité due sans doute à un effet d'optique. Sans pouvoir mener ici une étude comparative à l'échelle du continent ou même d'une aire culturelle – en pays mandingue, plusieurs types de pratiques rituelles existent, qui, de plus, à présent, sont en pleine mutation avec, notamment, l'expansion fulgurante de nouveaux cultes de possession –, mon objectif n'était pas d'apporter une réponse à cette question, mais plutôt de la poser. Cette question s'ajoute à un grand nombre d'autres que peut formuler un anthropologue du religieux menant ses recherches en Afrique. À commencer par la question de la définition de la religion, sachant que, dans la grande majorité des langues parlées au sud du Sahara, aucun terme générique ne correspond à cette notion, ni à celle de rituel. En pays mandingue, les vocables d'origine arabe *diinε* ou *alasira* sont utilisés, mais ne renvoient qu'à la religion musulmane. Quant aux termes *mandenkaya* ou *bamanaya* – employés aujourd'hui pour désigner les pratiques considérées localement comme païennes ou, littéralement, cafres (*kafiri*) –, ils désignent fondamentalement la manière d'être mandingue ou *bamana*, en bref, autochtone[36]. Dès lors, délimiter leur champ sémantique ou définir de façon précise ce qui en fait partie paraît difficile, voire impossible. Selon la perspective adoptée – plus au moins tributaire du paradigme conceptuel de l'observateur ou, au contraire, plus proche du point de vue *emic* –, on y inclura, ou pas, la chasse ou la pharmacopée traditionnelle, conçue au sens large comme l'usage de substances agissantes – d'origine végétale notamment – afin de se prémunir contre tout malheur ou danger. Comme nous l'avons vu, c'est

---

36. Voir J. BAZIN, « À chacun son Bambara », J.-P. COLLEYN et M. J. ARNOLDI (éd.), *Bamana: the Art of Existence in Mali*, et A. KEDZIERSKA MANZON, *Corps rituel en Afrique de l'Ouest*.

pourtant précisément dans ces deux domaines, qui ne sont pas communément associés à la sphère religieuse[37], qu'on peut déceler l'existence de certains interdits alimentaires, voire des pratiques de jeûne. C'est probablement une des raisons pour lesquelles ces pratiques sont restées inaperçues et n'ont pas attiré le regard des chercheurs africanistes. Dans le cas ethnographique qui m'intéresse ici, elles semblent bien présentes, mais répondent moins à un impératif éthique qu'elles ne s'apparentent à un stratagème ou à une technique contribuant à la construction de soi des experts rituels et à leur constitution en sujets amplifiés, en sujets à haut potentiel, virtuoses, comme les aurait appelés Michael Lambek[38].

---

37. Pour une démonstration plus approfondie du bien-fondé du rapprochement entre chasse et rituel et pour une analyse de la tradition des chasseurs mandingues (*donsoya*) en tant que religion (*bamanaya*), voir A. KEDZIERSKA-MANZON, *Chasseurs mandingues*, p. 201-219.
38. M. LAMBEK, « Nuriaty, the Saint and the Sultan: Virtuous subject and Subjective Virtuoso of the Post-Modern Colony », *Anthropology Today* 16/2 (2000), p. 7-12.

KARÈM
LE JEÛNE DANS L'HINDOUISME RÉUNIONNAIS

Loreley Franchina
Université de Strasbourg, LinCS (UMR 7069)
Université de La Réunion, LCF (UR 7390)

JEÛNER, À LA RÉUNION, *i fé karèm* – faire carême –, ou *ét an karèm* – être en carême –, est une pratique hiératique qui structure le rapport au cultuel. Dans la conception de l'hindouisme réunionnais, le *karèm*, période d'une durée variable, confère au pratiquant la purification nécessaire à l'accès au sacré. Si la notion de purification est importante c'est parce que la question de la pureté et de la souillure, en créole réunionnais le *prop* – propre/pur – et le *sal* – sale/impur –, est un point saillant dans l'hindouisme comme dans plusieurs autres cultures[1]. La souillure peut s'étendre à différents registres qui touchent tant le quotidien – l'alimentation, la sexualité, le corps avec ses sécrétions – que les événements ponctuels de la vie – la naissance, la maladie, la mort[2]. Comme Mary Douglas le souligne, les interdits qui règlent la pureté et la souillure tracent les contours du cosmos et de l'ordre social idéal[3]. Les rites qui y sont liés mettent en lumière les structures symboliques et fournissent un sens et un lien aux différents éléments de la vie et de l'expérience[4].

---

1. M. DOUGLAS, *De la souillure. Essai sur les notions de pollution et de tabou*, Paris 2001 [1966¹].
2. C. RIVIÈRE, « Célébrations et cérémonial de la république », dans A. YANNIC (éd.), *Le rituel*, Paris 2009, p. 83-98 [p. 91].
3. M. DOUGLAS, *De la souillure*, p. 90.
4. *Ibid.*, p. 24.

Loreley Franchina

Il s'agit ici de porter un regard analytique sur le rituel de purification nommé *karèm*, notamment dans l'une de ses formes les plus rigoureuses observée lors des pratiques spirituelles qui demandent à l'individu de s'exposer au risque. Dans le cycle rituel de la marche sur le feu, le *karèm* va au-delà de la purification. Période évolutive pour l'individu, il est une protection symbolique pour le passage sur les braises.

1. Hindouisme réunionnais

Parler de jeûne dans l'hindouisme réunionnais exige de poser un cadre socio-historique pour en envisager le contexte. La société réunionnaise a été fondée sur le modèle hiérarchique de la plantation. Aujourd'hui département et région d'outre-mer, l'île a été peuplée à partir du XVIIe siècle. Elle a connu différents flux migratoires en fonction des périodes, au temps de l'esclavage ou de l'engagisme. Les premiers habitants de l'île arrivèrent de France et de Madagascar, ensuite de la côte est de l'Afrique, notamment du Mozambique, d'Inde, de Malaisie, de Polynésie, de Chine, et d'Australie[5].

Idiosyncrasiques, mais le plus souvent issus de ce que les chercheurs ont défini comme la *Petite Tradition*, les Indiens étaient originaires de différentes zones de l'Inde et en général appartenaient aux basses castes de la société indienne[6]. Cette *Petite Tradition*, iconolâtrique, est fondée sur des cultes non sanskrits qui tendent à invoquer des divinités considérées comme mineures – et, dans le sud de l'Inde, souvent féminines, les Grāmadevatā –, des entités qui peuvent aussi être malveillantes et adorées à des fins pragmatiques[7]. Les sacrifices d'animaux et la possession rituelle font aussi partie des pratiques[8]. La *Grande Tradition*, quant à elle, est pratiquée à partir des textes védiques sanskrits au sein desquels des valeurs philosophiques circulent. C'est une tradition où le culte des images laisse la place à la

---

5. L. Pourchez, « Métissages à La Réunion : entre souillure et complexité culturelle », *Africultures* 62 (2005), p. 46-55 [p. 48].
6. S. S. Govindin, *Les engagés indiens : Île de la Réunion, XIXe siècle*, Saint-Denis (La Réunion) 1994, p. 32.
7. S. Vertovec, « *Official* and *Popular* Hinduism in Diaspora: Historical and Contemporary Trends in Surinam, Trinidad and Guyana », *Contributions to Indian Sociology* 28/1 (1994), p. 123-147 [p. 123-124].
8. Ch. Ghasarian, *Honneur, chance et destin : la culture indienne à La Réunion*, Paris 1991, p. 41.

transcendance. Elle est perpétuée par les brahmanes, et les divinités priées sont celles qui sont considérées comme les plus hautes dans le panthéon hindou[9]. Cependant, comme le souligne Steven Vertovec[10], il ne faut pas voir ces deux traditions comme opposées et dichotomiques, telle une simple juxtaposition de deux sphères distinctes. En réalité, en Inde et dans l'hindouisme, il existe un continuum entre les deux univers, comme le démontre Marie-Louise Reiniche analysant l'homogénéité du système de référence de la tradition brahmanique et des cultes villageois qui renvoient aux mêmes valeurs universelles[11].

Les spécificités du peuplement réunionnais, desquelles relèvent les mariages mixtes, ont déclenché un processus de créolisation, un *third space* – selon la formule de Homi Bhabha[12] –, un espace dynamique né de l'interaction, de la négociation et de l'ajustement entre plusieurs cultures[13], où diversité rime avec rencontre. La créolisation a donné naissance à une société, une langue et une culture créole[14], une société récente en perpétuelle modification. Des réponses originales ont été apportées en tenant compte des contraintes de l'éloignement des terres d'origine et de l'empreinte standardisante de la métropole. En plus, la société a connu une évolution très rapide durant les cinquante dernières années. Cependant, la créolisation ne doit pas être entendue comme un métissage simple et harmonieux. Elle est assujettie à des enjeux de domination du modèle culturel dominant[15]. Le concept prend donc en compte l'oppression et la violence sur lesquelles les sociétés créoles se sont fondées[16].

Dans ce processus, l'héritage culturel indien s'incorpore au patrimoine collectif réunionnais ; il en est en effet l'un des fondements[17]. En contact avec d'autres religions et d'autres cosmologies, il a sûrement

---

9. S. Vertovec, « *Official* and *Popular* Hinduism in Diaspora ».
10. *Ibid.*
11. M.-L. Reiniche, *Les dieux et les hommes : étude des cultes d'un village du Tirunelveli, Inde du Sud*, Paris 1979.
12. H. K. Bhabha, *The location of culture*, Londres – New York 1994.
13. Ch. Ghasarian, « La Réunion : acculturation, créolisation et réinventions culturelles », *Ethnologie française* 32/4 (2002), p. 663-676 [p. 666].
14. L. Pourchez, « Métissages à La Réunion », p. 46.
15. R. Chaudenson, *Des îles, des hommes, des langues : essai sur la créolisation linguistique et culturelle*, Paris 1992, p. 281.
16. L. Pourchez, « Introduction », dans L. Pourchez (éd.), *Créolité, créolisation, regards croisés*, Paris 2013, p. 1-3 [p. 2].
17. J. Benoist, *Hindouismes créoles. Mascareignes, Antilles*, Paris 1998, p. 41.

contribué à structurer le socle commun de la créolité. La construction spécifique de la sphère religieuse à La Réunion a donné lieu à des métissages et à des syncrétismes en « mosaïque [18] », un « mixing and matching [19] » où les frontières du religieux ne sont pas mutuellement exclusives, mais flexibles. Pour comprendre le phénomène religieux à La Réunion, il ne suffit pas de faire référence à des pratiques ethno-culturelles. Il faut prendre en compte les logiques plus ancrées dans toute la société créole qui reposent sur le *promès*, le *karèm* et le *sèrvis*[20]. La *promès* est un vœu par lequel le fidèle demande à être exaucé en échange d'un contre-don matériel ou corporel ; le *karèm* est l'observation d'une période de restriction et d'abstinence ; le *sèrvis* est la participation aux cérémonies prévues.

Au sein de l'hindouisme, il convient de distinguer deux modalités d'approche de la religion[21] : d'une part, une approche par une fonction religieuse proprement dite, qui véhicule des valeurs dans un milieu social et culturel défini ; d'autre part, une approche par une fonction opératoire qui s'applique aux domaines personnel et familial, avec une articulation et des rapports d'interdépendance entre malheur et réussite, mal-être et santé. Le rituel, tenu pour puissant et efficace, peut agir dans la vie des individus[22]. Les deux fonctions ne sont ni incompatibles ni exclusives. Quant aux rituels hindous, ils se sont développés d'une façon originale. Sans être vidées de leur sens, les pratiques se sont enrichies des échanges jusqu'à créer un univers de traditions réunionnaises reconnaissables et spécifiques. Rituels et pratiques sont en transformation et actualisation permanentes depuis le renouveau des années 1970 avec une plus large circulation des informations. Toute tradition est toujours dans un processus de permanente invention et évolution.

Il convient d'écarter l'idée que les pratiquants de l'hindouisme sont un groupe clos de migrants indiens dans une dynamique diasporique.

---

18. R. BASTIDE, *Les Amériques noires : les civilisations africaines dans le nouveau monde*, Paris 1967.
19. V. SINHA, « *Mixing and Matching*: The Shape of Everyday Hindu Religiosity in Singapore », *Asian Journal of Social Science* 37/1 (2009), p. 83-106.
20. S. NICAISE, « La conjugaison du religieux à la Réunion », dans É. WOLFF et M. WATIN (éd.), *La Réunion, une société en mutation*, Paris 2010, p. 167-185 [p. 181].
21. J. BENOIST, *Hindouismes créoles*, p. 257.
22. *Ibid.* ; S. NICAISE, « Religion créole et dynamiques sociales à La Réunion », dans Ch. GHASARIAN (éd.), *Anthropologies de La Réunion*, Paris 2008, p. 175-187 [p. 181].

Karèm : le jeûne dans l'hindouisme réunionnais

Les pratiquants sont tout d'abord des Réunionnais. À La Réunion, sans renier l'existence des revendications identitaires – ethniques ou universalistes –, il est important de sortir d'une logique de groupe ethnique[23]. Le système culturel ne doit pas être conçu de manière cloisonnée où chaque groupe détiendrait une culture uniforme. Il faut plutôt concevoir la culture comme une forme d'« intersystème », c'est-à-dire un continuum fait de variations et de transformations continues[24]. Il convient d'entendre des mots comme *groupe* et *communauté* dans un sens très ouvert, celui de *milieu* suggéré par Paul Ottino[25] et Christian Ghasarian[26], c'est-à-dire un ensemble où « on entre et [d'où] l'on en sort au fil des situations dans lesquelles on s'implique[27] ». Les acteurs sociaux peuvent entrer dans le milieu hindou – à La Réunion, on parle de milieu *malbar* ou *tamoul*[28] – et en sortir, et ils remplissent cet espace d'un sens qui change par rapport à la situation et à leur vécu.

2. Le *karèm*

Le jeûne dans la religion hindoue réunionnaise est appelé *karèm*[29], version créole du terme catholique *carême*. Le catholicisme a, en effet, eu un rôle prépondérant dans le passé de l'île. Communément, le *karèm malbar* est assimilé à la privation de chair animale. En effet, dans un but de purification, pendant cette période, il est interdit de manger tout type de viande, de poisson ou d'œuf. Les œufs sont considérés comme de la

---

23. Ch. BARAT, *Nargoulan. Culture et rites malbar à La Réunion : approche anthropologique*, Saint-Denis (La Réunion) 1989 ; J. BENOIST, *Hindouismes créoles* ; S. NICAISE, « Le continuum religieux créole : une matrice du catholicisme à l'île de La Réunion », Saint-Denis (La Réunion) 1999, p. 199 ; L. POURCHEZ, *Grossesse, naissance et petite enfance en société créole : Île de la Réunion*, Paris 2002 ; S. NICAISE, « Religion créole et dynamiques sociales à La Réunion ».
24. L. DRUMMOND, « The Cultural Continuum: A Theory of Intersystems », *Man* 15/2 (1980), p. 352-374 [p. 372].
25. P. OTTINO, « Quelques réflexions sur les milieux créoles réunionnais », dans B. CHERUBINI (éd.), *La recherche anthropologique à La Réunion. Vingt années de travaux et de coopération régionale*, Paris 1999, p. 65-95.
26. Ch. GHASARIAN, « *L'identité* en question à La Réunion », dans Ph. VITALE (éd.), *L'île de la Réunion : regards contemporains*, *Faire savoirs* 7 (2008), p. 107-123.
27. Ch. GHASARIAN, « *L'identité* en question à La Réunion », p. 110.
28. Par conséquent, dans ce chapitre, il faut entendre par les « Malbars » et les « Tamouls » les Réunionnais qui pratiquent l'hindouisme.
29. Dans les grands temples, les mots tamouls sont aujourd'hui parfois préférés. Pour parler d'un *karèm* pour la marche sur le feu, le mot *tavom* peut être utilisé.

chair et non comme un produit animal dérivé, puisqu'ils sont susceptibles de donner et de contenir la vie. Manger un œuf équivaut à manger de la viande. Cependant, les viandes ont un degré d'impureté différent. Tout d'abord, *bann Malbar manz pa bèf* : les Malbars ne mangent pas la viande de bœuf. Ce type de chair est proscrite, car la vache est considérée comme sacrée dans l'hindouisme. Parmi les viandes consommées, celle de porc est la plus souillante et nécessite donc plus de jours de purification que la volaille ou le poisson avant de l'avoir éliminée du corps. Selon Francis[30], il faut une semaine pour purifier le corps de la viande de porc, trois jours pour la volaille, un jour pour le poisson et les œufs. Le temps de privation laisse la possibilité d'évacuer les résidus de viande du corps, puisqu'« on dit bien que la viande demande beaucoup d'énergie au corps pour broyer toutes ces protéines et justement donne beaucoup de travail au niveau de l'intestin » : « [En vous privant, vous avez] moins d'enzymes, ça fait que vous avez moins de perte d'énergie[31] ».

La durée de la privation avant la cérémonie est en tout cas flexible et déterminée par le fidèle lui-même, un jour minimum, souvent trois jours, et pour certains plus longtemps. En effet, s'il y a des règles fondamentales incontournables, une marge d'ajustement est toujours présente. Aussi, bien qu'elles ne le disent pas ouvertement, les personnes qui, par mégarde ou impossibilité, ont été en contact avec de la chair animale, peuvent, pour ne pas rompre le *karèm*, utiliser des préparations à base de safran – *Curcuma longa*, safran des Indes – afin de purifier le corps plus rapidement. Les menstrues, considérées comme impures, ne sont pas compatibles avec le *karèm*[32]. Une femme qui a ses menstruations n'a pas le droit de se rendre à la *sapèl* – temple hindou[33]. Là encore, des recettes locales de tisanes et de bains à base de plantes, ainsi que des médicaments allopathiques, peuvent modifier le cycle menstruel – pour l'anticiper, le retarder, le raccourcir – et enfin permettre de se rendre à la *sapèl*.

---

30. Francis, conversation privée, Terre Sainte, 3 décembre 2011.
31. Entretien avec Nambi, Saint-Denis, 16 mars 2015.
32. Pour plus de détail autour des représentations sur la femme dans les temples, notamment dans la marche sur le feu, voir L. FRANCHINA, « La reconquête du brasier. La femme et le cycle rituel de la marche sur le feu à La Réunion », dans V. ANDRIANJAFITRIMO-MAGDELAINE et M. ARINO (éd.), *ILES/ELLES. Résistances et revendications féminines dans les îles des Caraïbes et de l'océan Indien (XVIIIe-XXIe siècles)*, 2015, p. 303-317.
33. De même que pour *karèm*, le mot *sapèl* peut être remplacé par *kōvil* ou *koylou*.

Karèm : le jeûne dans l'hindouisme réunionnais

Au-delà de la définition brève et commune du *karèm*, c'est-à-dire suivre un régime alimentaire végétarien spécifique, cette période demande aussi que les fidèles s'abstiennent d'avoir des relations sexuelles, qu'ils maintiennent un comportement qui vise la non-violence, qu'ils réfléchissent à leurs actions, qu'ils rendent service à travers des bonnes actions et qu'ils procèdent au nettoyage systématique du temple, du domicile et de la personne.

Il n'existe pas une distinction qui permettrait de différencier les degrés d'approche à cette période de privation ; pourtant, l'investissement n'est pas toujours le même. Les exemples suivants montrent trois différentes situations récurrentes durant lesquelles le fidèle *fé karèm*. Une première situation est celle où le fidèle se prépare pour se rendre à la *sapèl* assister à un *sèrvis*, comme pour une cérémonie mensuelle. Dans ce cas, le fidèle suit un ou plusieurs jours de purification, il assiste à la cérémonie, et une fois qu'il rentre à son domicile, son *karèm* est terminé. Il peut toutefois choisir de revenir à un régime normal seulement le lendemain. Une deuxième situation est celle d'une célébration sur plusieurs jours. Le principe est le même sauf que le *karèm* commence avant les cérémonies et se poursuit jusqu'au dernier jour de la manifestation religieuse[34]. Le troisième degré est le plus conséquent. Il est suivi par les pratiquants qui font une *promès*. C'est dans les rituels qui exposent le corps des fidèles au danger, notamment dans la marche sur le feu et le *kavadi*[35], que le *karèm* prend sa place la plus importante et la plus austère.

---

34. Un cas spécifique est le *karèm* en lien avec le deuil. Une famille endeuillée commence un *karèm*, la mort étant considérée comme souillante. Le *karèm* se terminera par un rituel, le *kalmadi*, le seizième jour de la mort, le temps nécessaire pour le départ de l'âme du défunt. Le *karèm* peut être respecté chez certaines familles pendant quarante jours, ou un an et un jour, comme un moyen d'éprouver son deuil et porter respect à la personne décédée.
35. Cycle rituel qui dure dix jours, cette fête est en l'honneur de Mourugan (Murukaṉ, Kārttikeya, Skanda), fils de Śiva et Pārvatī, dieu de la guerre. Comme la marche sur le feu, le cycle se conclut par un sacrifice corporel. Les fidèles, sur les bords d'une rivière, se font percer le corps avec des crochets – auxquels ils accrochent des clochettes ou des citrons augmentant ainsi le poids –, ou des *vel* – tiges en or ou argent qui ont le pouvoir de détruire le mal, les souffrances, les désirs négatifs (Y. GOVINDAMA, *Le monde hindou à la Réunion : une approche anthropologique et psychanalytique*, Paris 2006, p. 159). Avec un autel sacré, le *kavadi*, qui représente une montagne, les fidèles marchent en cortège jusqu'au temple.

3. Du *sal* au *prop*

Afin de discerner le sens social des rituels, Émile Durkheim propose, dans *Les formes élémentaires de la vie religieuse*[36], une classification en rites négatifs et rites positifs. Cette répartition se fonde sur les points cardinaux de la religiosité, le sacré et le profane, et s'éloigne ainsi des interprétations qui définissent la religion dans le rapport au surnaturel ou qui limitent la religion aux cultes déistes et à la recherche de communion entre l'homme et les personnalités divines[37]. Le caractère distinctif de la pensée religieuse est, pour Durkheim, la séparation bipartite de l'univers connu et connaissable en deux genres qui s'excluent mutuellement et radicalement, mais l'un existe parce que l'autre est présent. Ils se supposent l'un l'autre dans un principe de continuité[38]. Les éléments sacrés sont isolés des éléments profanes et ils sont protégés par des interdits. C'est aux choses profanes que des interdits sont appliqués afin qu'elles restent isolées des choses sacrées[39]. « Ce qui définit le sacré », précise Durkheim, « c'est qu'il est surajouté au réel[40] ». Cet état de séparation est essentiel, et il ne peut être garanti qu'en passant par la pratique rituelle. Les rites négatifs sont alors des interdictions, des tabous qui servent à garder la séparation entre ce qui est profane et ce qui est sacré. Ils sont des impératifs qui souvent préparent la communauté à rentrer en contact avec le sacré[41]. Le *karèm* en ce sens est un culte négatif ; il permet de passer d'une condition de souillure – *sal* – à une condition de purification – *prop*. Le culte positif, quant à lui, règle et organise le rapport bilatéral entre l'homme et les forces religieuses[42]. Suivant la classification de Durkheim, les rites commémoratifs, les rites mimétiques et les rites représentatifs qui se manifestent notamment lors des représentations dramatiques, ainsi que les rites d'oblation, les sacrifices tant animaux que végétaux, seraient des rituels positifs. La marche sur le feu et le *kavadi* entrent dans cette catégorie.

---

36. É. DURKHEIM, *Les formes élémentaires de la vie religieuse : le système totémique en Australie*, Paris 1998 [1912¹].
37. *Ibid.*, p. 49.
38. *Ibid.*, p. 50-51.
39. *Ibid.*, p. 56.
40. *Ibid.*, p. 602.
41. *Ibid.*, p. 428.
42. *Ibid.*, p. 465.

Karèm : le jeûne dans l'hindouisme réunionnais

Le *karèm* s'approche de deux pratiques yogiques. Dans le Yoga-Sūtra, il est précisé que les préliminaires de toute ascèse, *tapas*, sont les cinq *yama*, « refrènements », abstentions : *ahimsā*, ne causer douleur à aucune créature ; *satya*, ne pas mentir, car la pensée doit être cohérente avec les actes ; *asteya*, ne pas voler ; *brahmacharya*, s'abstenir sexuellement ; *aparigraha*, ne pas être avare, attaché aux choses matérielles[43]. Les *yama* sont accompagnés par cinq *niyamas*, disciplines corporelles et physiques[44] : *śauca*, la purification intérieure, l'élimination des toxines et « l'éloignement des impuretés de l'esprit » ; la *saṃtoṣa*, la sérénité, qui consiste à ne pas désirer « d'amplifier les nécessités de l'existence » ; *tapas*, ascétisme dans l'effort pour faire habiter des désirs contraires ; *svādhyāya*, qui consiste à acquérir de la connaissance par les textes ; *īśvarapraṇidhāna*, qui consiste à mettre Dieu au centre de ses actions, à se consacrer. *Yama* et *niyamas* sont des exercices qui ne sont pas sans difficulté. Mais, dans le culte négatif, « la douleur en est une condition nécessaire », puisque « abstinences et privations ne vont pas sans souffrances[45] ». L'être humain doit accomplir un effort afin de se détacher du profane, car le profane est le « théâtre naturel de notre activité », « il nous pénètre de toutes parts », « notre vie en dépend[46] » :

> Nous ne pouvons donc nous en détacher sans faire violence à notre nature, sans froisser douloureusement nos instincts. En d'autres termes, le culte négatif ne peut se développer sans faire souffrir. La douleur en est une condition nécessaire. On a été ainsi amené à la considérer comme constituant par elle-même une sorte de rite[47].

Le *karèm*, dans la tradition réunionnaise, est un rite négatif qui est intrinsèquement difficile et douloureux. Cette purification permet à l'homme, à travers la privation, de se dépouiller de ce qui est profane, condition *sine qua non* pour accéder au domaine du sacré du rite positif[48] et, dans le cas de la marche sur le feu, pour entrer en contact avec le feu, symbole suprême de la pureté.

---

43. M. ELIADE, *Techniques du yoga*, Paris 1975 [1948¹], p. 84-86.
44. *Ibid.*, p. 86-87.
45. É. DURKHEIM, *Les formes élémentaires de la vie religieuse*, p. 446.
46. *Ibid.*
47. *Ibid.*
48. Depuis les contacts grandissants avec l'Inde, les pratiques se sont élargies avec l'arrivée d'officiants extérieurs et l'instauration des ashrams. Dans ces pratiques nouvelles, le *karèm* n'est pas uniquement lié à l'espace sacré. Un fidèle qui demande une lecture de son thème astral, qu'il découvre être sous une influence planétaire

4. La marche sur le feu

À La Réunion, la marche sur le feu est un cycle rituel pratiqué avec une cadence annuelle dans plusieurs temples. Les pénitents[49], à la suite d'une préparation de dix-huit jours, franchissent pieds nus un brasier de charbons ardents. Mythologiquement, ils marchent sur le feu pour Pandialy[50]. Selon le mythe, cette héroïne, élevée au rang de divinité, a montré sa pureté en s'exposant au feu et en en sortant indemne[51]. Personnellement, les pratiquants qui marchent sur le feu accomplissent un sacrifice. En réactualisant le mythe, ils demandent à Pandialy ou à une autre entité – divine ou guerrière[52] – d'exaucer un vœu, ou ils remercient pour une grâce reçue. Cet échange donnant-donnant avec la divinité, la *promès*, bien que critiqué par certains pour son côté marchand et contractuel, reste toujours la dimension première dans le choix de s'exposer au risque du feu. Les pénitents sont dans

---

néfaste, pourrait faire un *karèm* pour apaiser les influences négatives, le temps que les astres changent. Dans ce cas il s'agit d'une privation sur une période régulière et cyclique, par exemple un jour par semaine, où le fidèle ne mange pas de viande et récite des prières adaptées.

49. Le mot « pénitent » est utilisé par les fidèles eux-mêmes. Je l'utilise ici dans son sens *emique*, comme synonyme de « marcheur sur le feu ». Il faut l'entendre dans le sens de « celui qui se sacrifie et qui fait abstinence », et non par référence à la pénitence catholique.
50. Pandialé, Dolvédé ou Draupadī dans la tradition sanscrite.
51. Pour plus de précision sur le mythe qui donne la dramaturgie du rituel, voir L. FRANCHINA, « Did Pandialy Walk on Fire? The Refutation of an Ancestral Mythological Genesis as a Quest for Knowledge and Acknowledgement », *Interdisziplinäre Zeitschrift für Südasienforschung* 3 (2018), p. 59-91.
52. Les différentes divinités et leurs guerriers/gardiens se côtoient. Les *sapèl* sont pour la majorité dédiées à Pandialy. La déesse se trouve dans la partie centrale du temple et elle est accompagnée par Aldjounin, un de ses époux. L'énergie féminine, *sakti*, est protagoniste. À côté de Pandialy se trouvent toujours Marliémèn et Karli, accompagnées par leurs gardiens et par Vinaryéguèl-Ganesh. Dans des autels périphériques, d'autres divinités peuvent siéger comme Petyaye-Karteli, les Mouni et Mardevirin. La trimūrti, Trinité hindoue représentant les trois figures principales du panthéon hindou classique, n'est pas prépondérante à La Réunion, tout comme dans les cultes villageois du sud de l'Inde (Ch. GHASARIAN, *Honneur, chance et destin*, p. 43). Dans une *sapèl* où l'on marche sur le feu, il y a toujours une *sapèl goulou*, espace dédié aux ancêtres, où souvent les photographies des aïeux sont affichées. Ces temples sont chargés d'histoire et d'énergie pour les fidèles. Ils ont servi à structurer la communauté et servent encore à créer le lien entre les Réunionnais et les ancêtres qui ont travaillé dans les plantations (J. BENOIST, *Hindouismes créoles*, p. 32).

une logique de sacrifice de soi, dans une éthique de dévotion. Il n'est pas question de faire simplement une offrande animale ou végétale, mais de s'offrir soi-même. Le corps devient dans ce type de rituel un corps-oblation. En effet, dans la société réunionnaise, la marche sur le feu représente, avec le *kavadi*, l'« engagement suprême[53] ». Au long du cycle sont célébrés différents rituels tandis que des mises en scène du mythe, jouées par les pénitents, rythment les prières. Le dix-huitième jour, après une nuit blanche bercée par les cérémonies, les pénitents se préparent à franchir le brasier, ayant souvent pratiqué un jeûne complet depuis le matin. Cette marche sur le feu est la marche « traditionnelle » réunionnaise, mais depuis les années 1980, une nouvelle marche sur le feu a été introduite : c'est la marche sur le feu pour Marliémèn, Māriyamman[54]. Les différences principales sont que le cycle rituel dure dix jours et qu'il n'y a pas de réactualisation du mythe, ni de sacrifices d'animaux.

Le guide religieux, nommé *prèt*, prêtre (*malbar*), ou *pousari*[55] est le régisseur du rituel. Son rôle ne se limite pas à l'accompagnement des fidèles dans la prière. Il maîtrise toutes les cérémonies à travers les connaissances acquises et transmises par les ancêtres, il prodigue des conseils et sanctifie le périmètre. Le temps et l'espace se sacralisent en crescendo afin de préparer les marcheurs à l'épreuve du feu. Le jour de la marche sur le feu, les fidèles, les amis et les curieux sont nombreux : ils assistent à ce sacrifice qui, bien que réalisé dans un contexte religieux, reste très spectaculaire.

Quatre typologies de participants peuvent être distinguées : les marcheurs sur le feu, les fidèles assidus qui suivent tout le cycle rituel, et notamment les familles des marcheurs, des invités et des fidèles qui viennent uniquement pour les cérémonies les plus importantes et les externes. Cette dernière catégorie ne fait pas *karèm*, et elle a l'interdiction de pénétrer dans le périmètre sacré qui est clos et protégé. Les externes, comme les touristes et les curieux, ont généralement le droit d'assister uniquement à la traversée du brasier dans deux lieux qui leur sont dédiés et qui sont plus périphériques et séparés de l'espace sacré. Les trois autres catégories correspondent aux trois différents investissements dans le *karèm* distingués plus haut : ceux qui participent

---

53. L. POURCHEZ, *Grossesse, naissance et petite enfance en société créole*, p. 302.
54. Les premiers essais pour introduire la marche sur le feu pour Marliémèn ont été faits dans les années 1960, mais ils ont échoué.
55. Prononcé aussi *pousarli*.

ponctuellement se privent en fonction de leur participation ; ceux qui suivent tout le cycle rituel font un *karèm* sur toute la durée des cérémonies ; et les marcheurs sur le feu font un *karèm* avec des spécificités et une forte dimension ascétique. La flexibilité du *karèm* est donnée par l'implication personnelle à l'intérieur du temple. Le suivi du *karèm* sera d'autant plus strict que l'implication sera élevée, notamment pour les pénitents, du fait qu'ils se mettront dans une situation de danger. Les pénitents qui s'exposent à l'épreuve sont donc généralement plus rigoureux et stricts que des fidèles qui viennent simplement voir et suivre les cérémonies. L'efficacité du sacrifice impose une bonne exécution du rituel et le respect des règles, avant tout, par le *karèm*. Des rituels appelés *amar kap* et *kas karèm* en indiquent respectivement le début et la fin à travers le nouage autour du poignet d'un bracelet – *kap* ou *kanganom* – et sa cassure finale. Le *kap*, créé à partir d'un fil de coton et d'un morceau de *safran* enroulé dans une *fèy bétèl* – feuille de *piper betel* –, symbolise le lien avec la divinité et rappelle au fidèle son engagement et la *promès* formulée.

    Le temps et l'espace rituel se caractérisent par une symbolique très forte. La purification devient le *leitmotiv*. Bien que le *karèm* dure toujours plus longtemps que les cérémonies – il faut en effet se purifier avant le début du cycle rituel –, l'habitude a été prise d'évoquer les dix-huit jours de *karèm* correspondant aux dix-huit jours de guerre[56] entre les deux familles rivales du mythe, les Pandévèls et les Kaoulévèls, et illustrant la victoire du bien sur le mal. Comme ces récits – *zistoir* – l'enseignent, il faut prier le divin – *bondié*. Dans le rituel, il faut lui demander de réussir l'épreuve : « Qu'on gagne la victoire ! Parce que dans la marche du feu, c'est la guerre[57] » ; « c'est la guerre, hein, on va affronter le feu, on passe dessus[58] ». Le brasier – *karé dfé* ou *tikouli* – représente le champ de bataille. C'est la victoire de toute une dynastie dans le mythe qui est transposée dans la victoire individuelle : « C'est dix-huit jours de combat sur nous-même, de bataille sur nous-même […] pour y arriver[59] ». Faire une « pénitence de son corps » marque « l'aboutissement de nos actions de vie, de nos douleurs, de nos souffrances, de nos désirs[60] ».

---

56. Certains parlent de dix-huit ans.
57. Entretien avec Rico, Saint-Paul, 8 octobre 2015.
58. Entretien avec Gustave, Sainte-Anne, 25 septembre 2015.
59. Entretien avec Emmanuel, Saint-André, 7 mars 2012.
60. Entretien avec Fabienne, Saint-Paul, 14 octobre 2014.

5. S'armer par le *karèm*

La marche sur le feu, en tant que *spiritual edgework*[61], conduite à risque[62] dans le cadre spirituel, est un acte qui est à la limite de ce qui est normalement permis ou accepté. La limite est donnée par la dangerosité perçue – fût-elle réelle ou en puissance – de l'épreuve. Dans les consciences, si un problème se produit lors de la traversée, le pénitent risque l'invalidité, voire la mort. Les pratiquants transgressent les limites de la sécurité de l'activité humaine par l'engagement délibéré dans le rituel[63]. L'action met en péril l'intégrité de l'individu, intégrité qui n'est pas seulement charnelle, mais qui touche l'individu dans sa globalité. La marche sur le feu est vue comme un risque ultime, mais qui peut être dépassé grâce à un travail de préparation sur soi-même et par la protection des ancêtres : « Si on [n']est pas prêt, on ne peut pas bien marcher[64] ». Cette préparation est le *karèm*.

À travers son épreuve, le pénitent dépasse ses limites. Mais pour arriver à la bataille finale, il doit être armé, armé du sens qu'il donne à l'épreuve et d'amour envers le *bondié*. Pour les fidèles, il s'agit d'un moment extrêmement important, parce qu'il faut prendre sur soi-même. Les actions rituelles et l'accompagnement mis en œuvre par le *pousari* et par l'ensemble des fidèles sont extrêmement importants. Les scènes destinées à réactualiser le mythe qui régit la dramaturgie de la marche sur le feu sont représentées pas les pénitents. Parce qu'ils ne sont pas des acteurs et qu'ils ont parfois un caractère assez réservé et timide, la participation aux scènes peut revêtir aussi pour eux une forme de sacrifice. Quand le pénitent va au temple tous les soirs, régulièrement, pendant les dix-huit jours, il prie, il écoute les *zistoir*, « il y a une leçon à tirer dans tout ça, […] de toutes ces *zistoir*[65] ». La période du *karèm* est investie d'un rôle très important dans la transmission des savoirs et des connaissances concernant le mythe. Mais

---

61. D. G. Bromley, « On Spiritual Edgework: TheLogic of Extreme Ritual Performances », *Journal for the Scientific Study of Religion* 46/3 (2007), p. 287-303.
62. D. Le Breton, *Conduites à risque : des jeux de mort au jeu de vivre*, Paris 2002 ; D. Le Breton, *Passions du risque*, Paris 2000.
63. D. G. Bromley, « On Spiritual Edgework ».
64. Entretien avec Dylan, Saint-Denis, 3 juillet 2015. « Bien marcher » signifie traverser les braises avec une bonne attitude et, surtout, ne pas se brûler. Pour en savoir plus sur les techniques, voir L. Franchina, «"Bien marcher sur le feu" à l'île de La Réunion», *Techniques & Culture* 78, p. 50-65, «Mécaniques rituelles».
65. Entretien avec Maggie, Plateau-Caillou, 4 juillet 2015.

c'est à l'individu même de savoir saisir les « ingrédients » fournis, et de profiter de « l'énergie [...] emmagasinée pendant cette période[66] » afin de bien accomplir son épreuve.

Il s'agit d'une synergie qui découle du *karèm*, de la concentration, de la bienveillance et de la prière. L'ambiance religieuse dans laquelle baignent les fidèles produit un « éveil de spiritualité » qui fait qu'« on se détache justement de toutes les impuretés quotidiennes de notre vie[67] ». Une préparation que les dévots qualifient de corporelle, mentale et spirituelle : « Ça demande beaucoup beaucoup beaucoup de respect et surtout [...] il faut être prêt dans sa tête, psychologiquement et spirituellement[68] ». La préparation touche l'individu, mais aussi « tout ce qui est astral, tout ce qu'on ne voit pas, tout ce qu'on est censé avoir au-dessus de nous[69] ». Dans la conception d'Emmanuel, sur les dix-huit jours, les neuf premiers sont dédiés à tout ce qui est « terrestre », « physique » ; les neuf derniers sont consacrés à « tout ce qui est supérieur » : le « niveau mental », « notre étoile, notre planète, nous-même[70] ».

6. Préparation corporelle : nettoyer l'intérieur et l'extérieur

Le *pousari* est susceptible de donner des conseils de conduite au futur pénitent, notamment s'il marche sur le feu pour la première fois. La règle capitale est *fo bien li fé son karèm* – il faut qu'il fasse bien son *karèm* : « Ça veut dire : on a mis cette corde-là – le *kap* – dans la main droite du poignet[71], on fait serment pendant dix-huit jours, on va supprimer tout ce qu'on aime[72] ». Il est recommandé de préparer la nourriture chez soi, car si la nourriture est achetée à l'extérieur, il est impossible de savoir si la personne qui l'a préparée n'a pas mis le repas en contact avec des aliments interdits. Il existe une flexibilité et une variation des règles dans chaque *sapèl*, dans chaque famille et pour chaque situation. Par exemple, personne ne reprochera à un homme seul, qui travaille toute la journée et va au temple le soir, d'avoir acheté son repas à l'extérieur, sachant que d'habitude, les

---

66. Entretien avec Antoine, La Possession, 13 octobre 2015.
67. Entretien avec Antoine, La Possession, 13 octobre 2015
68. Entretien avec Gustave, Sainte-Anne, 25 septembre 2015.
69. Entretien avec Emmanuel, Saint-André, 7 mars 2012.
70. Entretien avec Emmanuel, Saint-André, 7 mars 2012.
71. Les femmes mettent le bracelet au poignet gauche.
72. Entretien avec Rico, Saint-Paul, 8 octobre 2015.

fidèles ont des adresses spécifiques pour le *karèm*. Ils achèteront chez des restaurateurs *malbar* qui connaissent les principes du *karèm* et qui seront très attentifs à ne pas *salir* la nourriture. Sans y être obligés, les pénitents s'abstiennent souvent de tout type de nourriture après la nuit blanche jusqu'à la traversée, respectant un jeûne complet. Parfois, ceux qui ont fait une *promès*, choisissent de ne pas se coiffer, de ne pas se couper les cheveux, la barbe et les ongles, jusqu'au jour où ils *kas karem* – rompent la période de privation.

Le positionnement envers l'alcool et la cigarette est très ambigu : il faudrait les proscrire, mais c'est à la discrétion du pénitent, qui généralement, lorsqu'il en utilise, se cache aux yeux des autres. Très controversée est l'utilisation du cannabis – *zamal*. Pour certains, c'est abominable : ceux qui en fument sont considérés comme des dégénérés. D'autres l'utilisent régulièrement, ils ne voient rien contre, c'est « l'Herbe de Śiva ». Certains ancêtres fumaient du *zamal* et dans certaines *sapèl* familiales, le chanvre leur est encore offert à la place des cigarettes. Selvan raconte que, dans son temple familial, « il y avait des pieds de cannabis qui poussaient » : « Pendant des années, des années, des années, ça poussait ». Ils enroulaient du *zamal* dans des feuilles de *koko* et ensuite ils mettaient en dessous « un petit bout de camphre », et « ça flambait » pour les ancêtres[73]. Ils n'y voient rien de mal : « En Inde, tous les *prèt*, tous les sadhou, ils fument[74] ». Selvan et Pascal croient que les gens stigmatisent l'utilisation du *zamal*, mais les deux jeunes ne sont pas les seuls à l'utiliser : « Ça se fait, mais ça ne [se] dit pas. Ça ne se fait pas devant les gens, ça ne se fait pas ». Le premier motif est que la loi l'interdit. Il faut ensuite tenir compte de la vision de certains fidèles qui font l'amalgame avec les gens qui fument du cannabis comme une drogue et qui souvent le mélangent avec la prise de médicaments et l'abus d'alcool.

Pendant le *karèm*, il est interdit d'avoir des rapports sexuels avec son partenaire. Il était d'usage pour les hommes de dormir par terre sur des *fèy lila*[75] dans la *sapèl* : « Quand on marchait sur le feu, on ne rentrait pas chez soi eh !!! », sauf pour prendre des vêtements propres, sinon « tu restais au temple, tu dormais là-bas[76] ». Aujourd'hui, les choses ont un peu changé. Si les hommes restent au temple, ils

---

73. Entretien avec Selvan, Saint-André, 23 juillet 2015.
74. Entretien avec Selvan, Saint-André, 23 juillet 2015.
75. Végétal sacré, *Margozié* (*Melia Azedarach*).
76. Entretien avec René, Saint-Gilles, 26 juin 2015.

apportent de petits matelas, ou des matelas gonflables. Dans certaines *sapèl*, ils rentrent chez eux et dorment dans une pièce séparée. *Dann tan lontan*[77], le *karèm* était plus sévère, mais aussi plus souple, disent les anciens : les hommes ne faisaient même pas un baiser sur la joue à leur femme, et certains refusaient de passer le bonjour à ceux qui n'étaient pas en *karèm*. Cependant, la chair des animaux qui étaient sacrifiés lors de certaines cérémonies était consommée même par les pénitents qui marchaient sur le feu : « *Nou lété mizèr*[78] ». Il n'y avait pas de réfrigérateurs pour conserver la viande, donc ne pas manger cette viande aurait signifié la jeter. Gaspiller la nourriture était inconcevable dans La Réunion d'antan, en particulier dans les années 1950, car l'île a traversé une période de pénuries accentuées par l'embargo auquel elle a été soumise pendant la Seconde Guerre mondiale[79].

Des liquides sont susceptibles d'aider à la purification : *lo safran, lo la mèr*, le *pisa d'bèf*[80]. Ces ingrédients sont d'autant plus abondamment consommés que le jour de l'épreuve approche et qu'ils sont aussi reconnus pour leur pouvoir protecteur. Ils sont ingérés purs, séparément, ou mélangés. La dose est déterminée par la personne en fonction de ses exigences. Le pénitent augmente sensiblement la quantité absorbée s'il pense qu'il a été touché par un sortilège – avoir la *malis si li*.

Comme le corps doit être purifié de l'intérieur, il doit l'être aussi à l'extérieur. La propreté est nécessaire. Le pénitent se lave trois fois par jour : le matin au réveil, l'après-midi avant d'aller au temple, puisqu'il ne « faut pas que tu transpires quand tu vas dans le temple[81] », et le soir après les cérémonies. Ce dernier nettoyage est partiel chez certains qui se lavent seulement les pieds – car on marche pieds nus dans la *sapèl* –, mais ne prennent ni de bain ni de douche pour ne pas effacer

---

77. Jadis, autrefois.
78. « Nous étions pauvres ».
79. Pierre Aubert, à l'époque gouverneur de La Réunion, s'était déclaré pour le maréchal Pétain et le régime de Vichy. Ce « loyalisme pétainiste » a eu de dures conséquences pour l'île puisqu'elle a subi pendant plus de deux ans un blocus organisé par la flotte britannique. La Réunion était coupée du reste du monde. Les commerces et les échanges avec l'extérieur étaient interrompus, les ravitaillements impossibles. Ce qui a eu pour conséquence un rationnement draconien : Y. COMBEAU, « Colonie, département, région (1940-1982) », dans Y. COMBEAU, Pr. ÈVE, E. MAESTRI et S. FUMA (éd.), *Histoire de La Réunion : de la colonie à la région*, Saint-Denis (La Réunion) – Paris 2001, p. 131-135.
80. L'eau mélangée avec du curcuma, l'eau de mer, l'urine de vache.
81. Entretien avec Raphaël, Saint-Denis, 16 juin 2015.

l'émanation du sacré qui les touche lors de la liturgie et pour prolonger l'effet de la bénédiction. Le pénitent, notamment au début du *karèm* et vers la fin du cycle, quand l'épreuve approche, prend des bains complémentaires avec des plantes médicinales – *zèrbaz* – qui sont mises à bouillir dans l'eau. On verse la préparation sur soi après s'être lavé : « Tu mets dessus, sur la tête au pied. Tu peux aussi boire un verre pour nettoyer le corps dedans[82] ». Les *zèrbaz*, employées pour se laver ou administrées sous la forme de tisane, servent aussi à rafraîchir le corps : « Il faut rafraîchir, parce que pendant dix-huit jours, on mange du piment, du piment, beaucoup d'épices, *massalé*[83], et tout ça, et il faut se rafraîchir un petit peu parce que, quand on marche sur le feu, toute l'inflammation descend, et ça vient ici, ça chauffe, ça chauffe beaucoup[84] ». De plus, plusieurs fidèles prennent un bain lustral avec de l'eau de mer. Ce bain peut être une action individuelle ou organisée collectivement dans certains temples. Gabriel souligne à quel point la mer est sacrée dans l'hindouisme, et pour cela, avant l'épreuve, il va à la mer, *li kas in ti koko* – il sacrifie une noix de coco –, il remercie la déesse, il lui offre un *ti plato* – offrandes –, et il lui demande de l'aider[85]. Le fidèle a le choix aussi de collecter de l'eau, la mer n'étant pas accessible sur toutes les côtes de l'île, et il peut prendre un bain dans l'intimité de son domicile avec cette eau sacrée. Dans ce cas, l'eau peut être mélangée avec du *safran* et du *pisa d'bèf*.

L'idée du nettoyage dépasse le corps de l'individu et investit les lieux. La maison est lavée tous les jours ainsi que les draps et les vêtements. Le même traitement est réservé aux sanctuaires de la *sapèl*.

7. Préparation spirituelle et mentale : prier et savoir se maîtriser

Si, pour certains, le *karèm* se résume au nettoyage corporel et à la propreté des lieux, pour la majorité, il ne se limite pas à ne « pas manger de viande, [...] c'est beaucoup plus intérieur[86] ». Il touche aussi un autre type de préparation qui englobe la spiritualité et, comme le définissent

---

82. Entretien avec Raphaël, Saint-Denis, 16 juin 2015.
83. Ensemble d'épices broyées comme la coriandre, le cumin, la moutarde, le fenugrec, le poivre, le girofle, le caloupilé.
84. Entretien avec Joël, Saint-Paul, 4 juillet 2015. Pour cela, certains évitent de manger du piment durant le *karèm*.
85. Entretien avec Gabriel, Saint-André, 1er août 2015.
86. Entretien avec Dylan, Saint-Denis, 3 juillet 2015.

les fidèles, le mental : « Déjà là on a purifié notre corps, d'accord ? Maintenant il nous reste quoi ? Le mental, de se mettre en condition vraiment, c'est le dernier rempart, là[87] ». Il faut « se nettoyer l'esprit[88] ».

La préparation spirituelle met en connexion le fidèle et la divinité. Tous les soirs, les prières que le *pousari* récite avec les pénitents servent à se concilier les faveurs de la divinité et des ancêtres. Concession de grâce et immunité sur le brasier, telles sont les demandes dont la prière est médiatrice : « En me disant sans cesse que Dieu est grand et qu'il veillera sur moi[89] ». Si le *prèt* est un bon *prèt* et s'il est bien concentré pendant la prière, « tu as des émotions, tu sens des vibrations [...], tu ressens que le *bondié* est là[90] ». Quant à la prière en groupe, « plus qu'on est nombreux, plus qu'on fait les incantations, plus qu'on prie [...], ça fait une force cosmique, une énergie[91] ».

Mais la prière a un autre atout, elle aide à se focaliser, à se concentrer pour travailler le mental : « Préparer la tête déjà, préparer la tête, c'est pendant dix-huit jours, tu prépares la tête ici, eh, avec toutes les cérémonies [...], c'est ça qui va nous aider [...], c'est ça qui nous aide, c'est la prière[92] ». « Quand ton cerveau il est occupé avec des séries de mantras [...], tu ne vois pas ce qui se passe autour de toi[93] ». La prière évite les distractions, elle oblige à rester focalisé. C'est comme une sorte de méditation : le pénitent doit rester concentré sur le sacré et sa pénitence. « Il ne faut pas avoir des arrière-pensées [...], des mauvaises idées dans ta tête[94] ». Or c'est très difficile, car le pénitent est stimulé par différentes sensations et perturbé par son entourage. Parmi les tentations les plus répandues, un fidèle est susceptible d'être attiré dans la rue par l'odeur de viande qui se propage dans l'air et l'invite à s'abandonner aux plaisirs de mets interdits ; l'image d'une belle femme risque d'éveiller en lui un désir sexuel et de le séduire ; la colère est toujours derrière la porte lors d'une querelle, alors que dans le *karèm*, le pénitent se trouve dans une période de faiblesse et de fragilité[95].

---

87. Entretien avec Nambi, Saint-Denis, 16 mars 2015
88. Entretien avec Selvan, Saint-André, 23 juillet 2015.
89. Échange écrit avec Lucien, 14 octobre 2015.
90. Entretien avec Zack, Saint-André, 18 septembre 2015.
91. Entretien avec Fabienne, Saint-Paul, 14 octobre 2014.
92. Entretien avec Joël, Saint-Paul, 4 juillet 2015.
93. Entretien avec Fabienne, Saint-Paul, 14 octobre 2014.
94. Entretien avec Selvan, Saint-André, 23 juillet 2015.
95. Entretien avec Louis, Saint-Paul, 3 octobre 2015.

Karèm : le jeûne dans l'hindouisme réunionnais

En effet, le *karèm* est vu d'une part comme « un rendez-vous incontournable[96] », mais il est aussi perçu comme une période « difficile », « contraignante », « intense ». « C'est vraiment un sacrifice[97], faire un *karèm* déjà[98] ». Les *gramoun* disent : « Ne prends jamais la colère pendant la marche sur le feu, parce que le sang bouillonne [...], et c'est pas bon pour la concentration ». D'où aussi le fait de ne pas manger la viande, puisqu'elle « est un excitant » : « L'animal que tu tues, son âme elle était là-dedans, donc il était stressé, agacé[99] ». Bien que cette règle ne soit pas expressément formulée, le pénitent évitera tout type d'amusement et de distraction : « Il n'y a pas que manger, il y a boire, s'amuser, sortir. Il y a les boîtes de nuit, les magasins, les sorties, les cinémas, il y a le plaisir, il y a tout ça là[100] ».

Toutes ces difficultés ne sont pas anodines, elles sont envoyées par la divinité afin de tester le marcheur : « Pour me faire chier, pour voir comment je vais réagir dans mon *karèm*[101] », dit Joël. Les distractions mettent la concentration du marcheur à l'épreuve et en danger. Des éléments perturbateurs viennent « te titiller, juste pour te tester[102] » ; on les appelle « *morgini*, des mauvaises images[103] », « des mauvaises tentations[104] », alors qu'il « faut rester serein, faut rester concentré, calme[105] ». Selvan et Pascal fument du *zamal* pour s'aider à atteindre cet apaisement. Selon Selvan et Pascal, l'action de fumer possède plusieurs significations : « Il y a fumer pour se défoncer, mais il y a fumer pour atteindre un niveau de concentration ». C'est « une source d'inspiration[106] ».

Certains pénitents ajoutent des conditions à leur *karèm*. Maggie, par exemple, réduit les dépenses, se douche à l'eau froide, et la dernière semaine, elle marche pieds nus : « Je supporte plus les chaussures, je ne supporte plus les *savat* – tongs – eh ! Il faut que mes pieds

---

96. Entretien avec Selvan, Saint-André, 23 juillet 2015.
97. Le sacrifice comprend aussi l'aide que le pénitent apporte. Tout le monde est censé aider, c'est un principe de solidarité propre au *karèm* que, d'après les plaintes qui sont ressorties lors des entretiens, certains fidèles oublient.
98. Entretien avec Gabriel, Saint-André, 1er août 2015.
99. Entretien avec Fabienne, Saint-Paul, 14 octobre 2014.
100. Entretien avec Nambi, Saint-Denis, 26 janvier 2015.
101. Entretien avec Joël, Saint-Paul, 4 juillet 2015.
102. Entretien avec Maggie, Plateau-Caillou, 4 juillet 2015.
103. Entretien avec Nambi, Saint-Denis, 26 janvier 2015.
104. Entretien avec Rico, Saint-Paul, 8 octobre 2015.
105. Entretien avec Rico, Saint-Paul, 8 octobre 2015.
106. Entretien avec Pascal, Saint-André, 23 juillet 2015.

soient à terre[107] ». Patricia ne regarde pas la télévision chez elle et, dans la voiture, elle s'interdit d'écouter la radio, sauf de la musique indienne religieuse. Tout cela dépend de la personne, Fabienne le précise : « Il y a des personnes qui ne regardent pas la télé pendant le *karèm*, il y en a d'autres qui regardent la télé parce qu'ils arrivent à se maîtriser ». Ceux qui ne la regardent pas le font « pour éviter tous ces fluides extérieurs de déconcentration[108] ».

Dans la préparation entre aussi la réflexion du pénitent sur l'acte qu'il s'apprête à faire : « Tu parles au fond de toi-même[109] ». Le pénitent pense aux motivations qui le poussent à accomplir ce sacrifice, et à chaque moment il se dit : « Je vais traverser un brasier, je vais traverser un brasier[110] ». Donc « on est conditionné, on sait que l'heure va arriver[111] ». Les dix-huit jours laissent le temps d'appréhender ses propres actions. « C'est ton esprit qui te pousse en fait, pendant dix-huit jours, tu l'as formé, l'esprit sait qu'on va marcher sur le feu […], on a atteint un but de concentration, on a atteint le seuil, et ce seuil-là, il te permet justement d'arriver devant le brasier et de te dire : *Vas-y, tu es prêt là*[112] ! » Selvan fait une comparaison avec la bête qui va être amenée à l'abattoir : « Elle sait qu'[elle] va être sacrifiée, c'est un peu pareil : avant d'arriver devant le feu, on va dire qu'on va jouer avec le feu, et il y a des chances qu'on va se brûler, tu vois ? Donc on met ça déjà dans la tête, et après on laisse Dieu faire le reste[113] ».

Le *karèm* fait « que le corps et le mental sont plus légers » : « Si vous préparez le corps, le corps prépare le cerveau[114] ». La préparation par le *karèm* prend la forme d'« une révision sur soi-même[115] ». L'objectif de la préparation « mentalement, spirituellement, physiquement » est d'abord la maîtrise de soi afin de réussir à « braver[116] » le brasier, et pas seulement. La capacité de maîtrise acquise doit – ou au moins devrait – être transposée dans la vie de tous les jours.

---

107. Entretien avec Maggie, Plateau-Caillou, 4 juillet 2015.
108. Entretien avec Fabienne, Saint-Paul, 14 octobre 2014.
109. Entretien avec Fabienne, Saint-Paul, 14 octobre 2014.
110. Entretien avec Nambi, Saint-Denis, 16 mars 2015.
111. Entretien avec Virginie, Grand-Bois, 14 octobre 2015.
112. Entretien avec Fabienne, Saint-Paul, 14 octobre 2014.
113. Entretien avec Selvan, Saint-André, 23 juillet 2015.
114. Entretien avec Nambi, Saint-Denis, 29 juillet 2015.
115. Entretien avec Louis, Saint-Paul, 3 octobre 2015.
116. Entretien avec Robert, Saint-Denis, 25 juin 2015.

8. Le *karèm*, une protection symbolique

Le *karèm* prépare l'individu et son espace en lui conférant la pureté adéquate et en confinant la souillure, mais dans la marche sur le feu, il a aussi une fonction complémentaire. Avec la protection des ancêtres, le *karèm* est considéré comme une des garanties majeures de la réussite de l'épreuve pour sortir du brasier sans brûlures. Pour Joël, « il y a pas photo, hein, c'est le *karèm*[117] » qui lui confère l'immunité du feu. Lorsqu'un marcheur se brûle, l'explication qui revient toujours est la question du *karèm* : « C'est le *karèm*, il n'a pas bien fait le *karèm*[118] ». Pour ne pas être brûlé, « il suffit de bien faire son *karèm*, c'est tout[119] », puisque « toute chose repose sur le *karèm*[120] ». En effet, dans la conception réunionnaise, la divinité confère sa protection sur les braises à ceux qui sont *prop*. La bonne exécution du *karèm* est donc la base du jugement de la divinité qui décide alors d'octroyer – ou pas – la protection aux fidèles lors du passage sur les braises ardentes et par conséquent d'exaucer ou non leurs vœux[121].

À l'instar de deux aspects du *karèm* définis pas les pratiquants comme respectivement physique et mental, il y a aussi deux niveaux d'explication de la raison pour laquelle la bonne exécution du *karèm* a un impact direct sur la réussite de l'épreuve. Sur le plan physique, c'est une question encore qui renvoie à la souillure : « Si tu t'es brûlé, c'est que tu as fait une faute. Et si tu as fait une faute, il n'y a pas de pitié, il n'y a pas de pardon. Parce qu'il[122] ne te pardonnera pas[123] ». Celui qui est *prop* ne se brûle pas, et celui qui est *sal*, le feu le « *fouèt*[124] ».

La brûlure peut être provoquée par la faute de la personne, mais elle peut aussi être transmise à travers un contact conscient ou inconscient qui apporte une impureté rituelle. Plusieurs marcheurs qui se sont brûlés ont cherché des explications en ce sens : plus au moins à leur insu, ils auraient brisé des interdits rituels, ils seraient entrés en contact avec des aliments interdits ou des situations de souillure

---

117. Entretien avec Joël, Saint-Paul, 4 juillet 2015.
118. Entretien avec René, Saint-Gilles, 26 juin 2015.
119. Entretien avec Marc, Saint-André, 29 septembre 2015.
120. Entretien avec Robert, Saint-Denis, 25 juin 2015.
121. Il est très important d'avoir les ancêtres de son côté pour augmenter la protection.
122. Le *bondié*/le feu.
123. Entretien avec Rico, Saint-Paul, 8 octobre 2015.
124. Le feu le fouette, le corrige. Entretien avec Joël, Saint-Paul, 4 juillet 2015, et avec Antonin, Saint-Denis le 14 avril 2014.

(décès, accouchement, hôpital). Pour cela, dans le milieu *malbar*, pendant la préparation à la marche sur le feu et à son exécution, il existe une « véritable obsession du "non-contact"[125] ». Cette obsession est aussi collective de peur que quelqu'un essaie de contaminer l'espace sacré par la *malis* – le sort –, en cachant par exemple des morceaux de viande dans le brasier.

Dans l'explication qui prend en compte la correcte exécution du *karèm*, une partie des pénitents s'appuie sur le *karèm* en tant que catalyseur de la pureté rituelle nécessaire pour l'incombustibilité conférée par la protection divine ; pour l'autre partie, le *karèm* pris au sens exclusif de respecter des interdits rituels ne suffit pas. La préparation que les fidèles définissent comme « spirituelle » et « mentale » apporte l'augmentation de la confiance en soi, de la foi et de la concentration. Le temps et l'accompagnement de la collectivité sont des facteurs importants pour la bonne réussite du rituel. Les privations pendant le *karèm*, « ça fait que le corps est plus léger, [et] un corps plus léger, ça fait que le mental est plus facilement ouvert à essayer de se concentrer[126] ». D'ailleurs, plus le *karèm* est long, plus il « met dans les conditions » adaptées et donne « cette foi ou cette énergie, ce que la personne a besoin pour justement arriver à la fin pour pouvoir traverser dans le brasier[127] ». Les cérémonies du soir, « c'est pour être concentré, pour apprendre à se préparer spirituellement le jour J pour faire la marche sur le feu[128] ».

Dans cette optique, le problème que pose une action interdite durant le *karèm*, comme celle de fantasmer sur une « belle fille qui est en minijupe », va bien au-delà d'une question de souillure – le problème est que « ton esprit part, direct », alors qu'il « faut le contrôler[129] ». Toute distraction ou manque de contrôle provoque une perturbation. C'est grâce à la concentration que les pénitents « peuvent faire [...] l'énergie, le vide[130] ». Pour arriver à cette maîtrise, il faut de la concentration et de la dévotion. Pour ces fidèles, c'est clair : « Il faut être concentré vers la divinité. Si on se déconcentre, on se brûle[131] ».

---

125. Ch. GHASARIAN, *Honneur, chance et destin*, p. 79.
126. Entretien avec Nambi, Saint-Denis, 29 juillet 2015.
127. Entretien avec Nambi, Saint-Denis, 29 juillet 2015.
128. Entretien avec Dylan, Saint-Denis, 3 juillet 2015.
129. Entretien avec Dylan, Saint-Denis, 3 juillet 2015.
130. Entretien avec Nambi, Saint-Denis, 26 janvier 2015.
131. Ivan, conversation privée, 19 décembre 2013.

Le *karèm* remplit une fonction très importante de protection symbolique au sens lévi-straussien[132]. Les protections symboliques prennent sens à l'intérieur de la perception du monde de l'individu. Elles sont efficaces, puisqu'elles s'insèrent dans un système de valeurs et de construction du monde activé et exprimé dans les processus endogènes[133]. Dans le milieu *malbar*, les protections sont diverses et touchent différents aspects des représentations, et la question de la souillure, avec celle du rapport aux ancêtres, possède une place prépondérante. Sans la protection du *karèm*, le marcheur sur le feu ne se sent pas apte à traverser les braises. Si cette protection venait à manquer, il se sentirait en péril, puisqu'il a adhéré à ce monde de représentations et de symboles. Ernesto de Martino raconte un épisode à ce sujet dans *Le Monde magique*[134]. Kuda Bux, un Indien du Cachemire, avait accepté de participer à une expérience du London Council for Psychical Research dans les années 1930 destinée à explorer la « domination du feu » à condition que les matériaux combustibles fussent purs. Kuda Bux récitait une prière coranique avant d'entrer sur les braises et expliquait que la non-brûlure dérivait de sa foi. Après deux passages sur le brasier, il a refusé de passer une troisième fois en disant : « Quelque chose en moi s'est brisé [...]. J'ai perdu ma foi et, si je recommence, je me brûlerai[135] ». Les outils de mesure utilisés par les scientifiques avaient souillé le brasier[136]. Il en irait de même pour le pénitent à La Réunion qui ne se sentirait plus protégé : soit il abandonnerait l'épreuve, soit il franchirait le brasier avec des capacités fort réduites, voire avec la crainte, sinon la conviction, de se brûler. Dans ce cas, il choisirait de ne pas reculer vis-à-vis de la *promès* ou de peur de perdre la face[137].

Les dix-huit jours de *karèm* sont capitaux. Les fidèles acceptent généralement l'idée que la préparation pour la marche sur le feu pour Marliémèn soit plus courte, mais certains n'hésitent pas à soutenir

---

132. C. Lévi-Strauss, *Anthropologie structurale*, Paris 1958.
133. Th. J. Csordas, « The rhetoric of transformation in ritual healing », *Culture, Medicine and Psychiatry* 7/4 (1983), p. 333-375 [p. 346].
134. E. De Martino, *Le monde magique : parapsychologie, ethnologie et histoire*, Verviers 1971 [1948¹].
135. *Ibid.*, p. 58.
136. E. De Martino, « Il signoreggiamento del fuoco », *Historia naturalis* 3/1 (1949), p. 26-31.
137. E. Goffman, *La mise en scène de la vie quotidienne. La présentation de soi*, trad. française, Paris 1973.

que, si le cycle de dix jours devient de plus en plus populaire, c'est justement parce que le *karèm* est plus court, donc moins contraignant par rapport à la marche sur le feu pour Pandialy. En revanche, personne n'accepte des formules différentes. Comme l'a remarqué David G. Bromley dans d'autres contextes, ceux qui s'exposent aux risques d'un *spiritual edgework* sans préparation sont considérés dans leurs milieux respectifs comme imprudents[138], mais en plus, dans le cadre religieux, ils sont jugés irrespectueux. Dans l'est de l'île, une *sapèl* propose une marche sur le feu de trois jours : « Faut pas déconner, trois jours la marche sur le feu[139] ? » Pour Selvan, dans la *sapèl* concernée, « marcher » est « un grand mot » : « Trois jours de *karèm* pour marcher, c'est *gaskoné*[140], alors pas besoin de faire *karèm*, tu arrives, tu allumes (le feu), tu rentres[141] ». Ce geste est vu comme une offense aux ancêtres et à la religion : « Mes parents vont se retourner dans leur tombe », « c'est *gaskoné* notre religion[142] ».

9. L'exécution collective du *karèm*

Concernant l'aspect individuel, chaque pénitent connaît ses propres actions, comportements, pensées. Cet aspect est fortement privé, et personne ne pourra vraiment vérifier la sincérité de l'autre. En revanche, une brûlure sera considérée souvent comme la preuve d'un *karèm* mal réalisé. Mais le *karèm* est aussi collectif. Il existe des systèmes de contrôle pour savoir comment il a été mené globalement, et par conséquent, pour savoir si la traversée du brasier sera globalement faisable ou difficile. Tout au long du *karèm*, le *pousari*, grâce à ses connaissances, observe de petits détails durant les cérémonies pour en lire les signaux, par exemple la façon dont les *koko* s'ouvrent au coup de machette. En plus, il possède des outils de vérifications. Par exemple, les grains qui ont été plantés le jour de l'*amar kap* – premier jour de cérémonies – symbolisent l'abondance pour le futur, mais la façon dont ils poussent marque le bon ou le mauvais aboutissement du *karèm* : « Ces graines-là représentent tout le long de notre

---

138. D. G. Bromley, « On Spiritual Edgework », p. 296.
139. Entretien avec Gustave, Sainte-Anne, 25 septembre 2015.
140. Se moquer.
141. Entretien avec Selvan, Saint-André, 23 juillet 2015.
142. Entretien avec Gustave, Sainte-Anne, 25 septembre 2015.

karèm pour voir si cela s'est bien déroulé[143] ». Ou encore le contenu du *kombon karèm*, une représentation de la divinité construite à l'occasion du cycle cérémoniel à partir d'un vase rempli avec des liquides et des épices. Le *pousari* vérifie la qualité de son contenu avant de marcher sur le feu. Si les ingrédients sont altérés, c'est le signe que le *karèm* n'a pas été bien fait, et c'est forcément de très mauvais augure. Nambi raconte un épisode d'une marche sur le feu en 2015. Cette année, plusieurs plantes étaient mortes et le contenu du *kombon karèm* était désastreux. Apparemment, le *pousari* y aurait même retrouvé des vers. Pendant le *karèm*, il y avait eu « beaucoup de problèmes, des discordes », « il a failli [y] avoir un meurtre, on était près là[144] ».

Le canal le plus direct est celui des ancêtres. Leurs esprits se manifestent souvent dans le corps d'un fidèle pour parler, pour exprimer leur contentement sur le déroulement du *karèm*, ou encore pour donner des conseils sur l'exécution d'un rituel, et le *pousari* cherche à interpréter leurs mots[145] et leurs gestes.

Tout au long du *karèm*, la tension est palpable, mais après l'épreuve, elle retombe instantanément. Les sourires reviennent sur les visages. Le jour qui suit la traversée du brasier est le jour des remerciements pour les divinités et pour les ancêtres. Des *kabri* – boucs – et des coqs sont sacrifiés tout au long de la matinée. Il arrive que des esprits possèdent des fidèles pour exprimer leur contentement – ou pas – sur le déroulement du cycle rituel. Aussitôt les animaux sacrifiés, les fidèles dépouillent les *kabri* et déplument les coqs pour les préparer à la cuisson. Une partie de cette viande est grillée et donnée en offrande aux ancêtres, accompagnée de morue grillée, de rhum, de whisky, de vin et de cigarettes. Le reste de la viande est cuisiné pour le grand repas partagé. Pendant la préparation de la nourriture, plusieurs rituels marquent la fin du cycle. C'est ainsi que les fidèles qui ont amarré le *kap* partent avec l'officiant à un point d'eau pour couper le fil du bracelet. Cette cérémonie, *kas karèm,* signe la fin de la période de privation.

---

143. Entretien avec Nambi, Saint-Denis, 26 janvier 2015.
144. Entretien avec Nambi, Saint-Denis, 26 janvier 2015.
145. L'esprit *i koz langaz*, en créole, signifie qu'il parle une langue étrangère ou incompréhensible. Dans ce cas spécifique, cela signifie que l'esprit, à travers la personne possédée, prononce des mots, d'après Nambi, en tamoul, en hindi, en télougou ou en malayalam.

Le repas est servi dans le réfectoire des *sapèl*. Parfois, il y a des rotations, car les places ne suffisent pas pour servir tous les invités. Ce repas est partagé parmi les fidèles qui ont suivi tout le cycle cérémoniel, mais pas seulement. Les marcheurs invitent des proches et des amis. Dans le passé, tout le quartier était le bienvenu, notamment les personnes les plus démunies.

Après un *karèm* pour la marche sur le feu, les fidèles forment – ou devraient former – une « famille de cœur », « c'est une même famille devant dieu[146] ». Quand le *karèm* se termine, Nambi se sent dépaysé, comme s'il rentrait après un long voyage dans un pays étranger. Il sent un vide. « C'est comme une séparation de quelqu'un que vous aimez. C'est comme si vous êtes seul[147] ».

Conclusion

Dans l'univers cultuel de l'hindouisme réunionnais, le *karèm*, fait de proscriptions alimentaires et de contraintes comportementales, est la voie pour passer d'un état de souillure – *sal* – à un état de pureté – *prop*. Pratique nécessaire pour franchir le seuil d'une *sapèl*, il est aussi une des clés essentielles pour la réussite des conduites spirituelles qui demandent à l'individu de s'exposer au risque, comme la marche sur le feu. La durée, l'intensité et le degré d'austérité du *karèm* sont en lien direct avec le type d'acte religieux à effectuer et le type d'engagement.

Au premier abord, le *karèm* se limite à l'observance de règles à suivre – interdits alimentaires et comportementaux –, mais en fait, lorsqu'il s'agit de la marche sur le feu, le *karèm* prend une dimension qui va au-delà d'une simple purification. En s'appuyant sur le parcours du *karèm*, à travers le renoncement et la prière, le pratiquant cherche à dépasser ses peurs et à obtenir un état d'attention et de vigilance. Il est plus attentif à ce qui se passe dans son corps, en le faisant sortir de l'oubli auquel souvent il est confiné, et il tend à l'acquisition d'une « sensibilité infra-corporelle[148] ».

---

146. Entretien avec Nambi, Saint-Denis, 24 juin 2015.
147. Entretien avec Nambi, La Possession, 8 octobre 2017.
148. D. Le Breton, « Apprendre l'impalpable : l'enseignement de techniques du corps à visée spirituelle », dans M. Durand et D. Hauw (éd.), *L'apprentissage des techniques corporelles*, Paris 2015, p. 183-193 [p. 191].

Le *karèm*, en tant que rite négatif, sert à entrer dans la dimension sacrée. Il purifie le corps pour permettre le contact avec le divin représenté par le feu. Le corps-oblation, en ascèse, devient « une prière en mouvement[149] ». Les fonctions corollaires du *karèm* sont multiples. Ce temps est fondamental, tant sur le plan collectif que sur le plan individuel. Il permet, lors du cycle rituel de la marche sur le feu, de participer à une période de formation et d'entraînement. Formation, puisque c'est à ce moment que les *zistoir* sont narrées, représentées et transmises ; entraînement, car les privations apprennent au fidèle à se maîtriser, à se connaître, à réfléchir sur lui-même et, à travers la prière, à expérimenter la focalisation et la concertation. Le respect des interdits qui règlent la conduite morale et physique pendant le *karèm*, à travers l'effort, permettrait d'aller vers un perfectionnement de soi, car « il n'y a pas [...] d'interdit dont l'observance n'ait, à quelque degré, un caractère ascétique[150] ». Daniel Winchester[151] l'a montré chez les convertis au pentecôtisme aux États-Unis : à l'instar du *karèm*, le jeûne qu'ils entreprennent ne se limite pas aux simples règles de privation ; bien au contraire, il est un outil pour certains fidèles afin de mieux se connaître ; il permet de travailler sur soi. Pendant le *karèm*, le pénitent travaille sur lui et tisse le sens de son expérience.

Le *karèm* est surtout un des axes centraux sur lesquels pivote la bonne réussite du rituel. Conscients que le feu brûle et détruit, les marcheurs prennent des protections symboliques pour affronter le brasier. Le fait de respecter les règles permet de se construire plus au moins consciemment une protection et d'utiliser des techniques avantageuses pour maîtriser le brasier[152].

---

149. J. RACINE, « Corps offert, corps meurtri : dévotion, grâce et pouvoir dans un culte villageois à Murukaṉ », dans V. BOUILLIER et G. TARABOUT (éd.), *Images du corps dans le monde hindou*, Paris 2016, p. 341-365 [p. 343].
150. É. DURKHEIM, *Les formes élémentaires de la vie religieuse*, p. 444.
151. D. WINCHESTER, « Converting to Continuity: Temporality and Self in Eastern Orthodox Conversion Narratives », *Journal for the Scientific Study of Religion* 54/3 (2015), p. 439-460.
152. L. Franchina, «"Bien marcher sur le feu" à l'île de La Réunion»

LE REPAS DU *IFTÂR* AU LIBAN ET SA SYMBOLIQUE [1]

Aïda Kanafani-Zahar

CNRS, Laboratoire d'anthropologie sociale (UMR 7130)

«LOUANGE SOIT À DIEU, pour Toi j'ai jeûné, et sur Ton *rizq*[2] j'ai rompu [le jeûne], la soif est étanchée, les veines s'humidifient, et la récompense (*ajr*) s'est confirmée si Dieu veut » (hadith du Prophète Muhammad)[3]. Cette invocation spécifique à la rupture du jeûne du

---

1. Ce texte sur le Ramadan résulte d'observations et de recherches récentes dans le contexte citadin de Beyrouth. Je remercie chaleureusement toutes celles et tous ceux qui ont partagé avec moi leur vécu du Ramadan. Pour des raisons de commodité, une prononciation de Beyrouth a été adoptée. Les mots féminins se terminant en *tâ' marbûta* sont transcrits avec un é comme *kebbé, fatté* ou *labné*. Les termes masculins comme *mihshi* (farci) ou *'ikkâwi* (fromage) sont transcrits avec un i. À l'exception des druzes qui restituent le *qâf*, ce dernier est rendu par une attaque vocalique, par exemple, *(q)ator* ou *mu(q)abbilât*. Ce travail rend compte du *qâf*. Comme j'ai adopté une prononciation de Beyrouth, je l'ai placé entre parenthèses.
2. Ibn Khaldoun définit le *rizq* comme suit : « Si les ressources ne sont pas employées à obtenir quelque chose d'avantageux, ou d'indispensable, elles ne sont pas appelées *rizq* » (IBN KHALDOUN, *Les textes sociologiques et économiques de la Mouqaddima, 1375-1379*, éd. G.-H. BOUSQUET, Paris 1965, p. 110). C. E. Bosworth met en exergue le lien avec le pourvoyeur divin : « D'occurrence très fréquente dans le Kuran, notamment en référence au *rizk Allâh*, la subsistance accordée par Dieu à l'humanité sous l'espèce des fruits de la terre et des animaux qui la peuplent. À partir de là, l'un des plus beaux noms de Dieu est *al-Razzâk*, celui qui pourvoit à tout ». Il semblerait que chez les anciens Arabes, le destin se chargeait du *rizq* et qu'avec l'islam « le pouvoir de déterminer la subsistance et le bonheur de l'homme fut transféré au Dieu Tout-Puissant » (C. E. BOSWORTH, « Rizk », *Encyclopédie de l'Islam*, 2ᵉ éd., t. VIII, Leyde 1995, p. 586). Au Liban, le *rizq* est une possession assurant la subsistance. Symbole de prospérité, le *rizq*, en milieu paysan, se réfère surtout à une terre (*ard*) fertile qui produit de la richesse et porte l'impact du travail de l'homme : voir A. KANAFANI-ZAHAR, *Liban : la guerre et la mémoire*, Rennes 2011, en particulier chap. x.
3. Les hadiths sont traduits par l'auteure.

Ramadan fait ressortir la gratification de l'acte de jeûner et l'espoir que le *ajr* du jeûne soit accordé au fidèle. Avec cette invocation murmurée d'une voix à peine audible ou dans le for intérieur, la rupture du jeûne, *iftâr,* est accueillie avec sérénité. Elle est suivie du « Au nom de Dieu, le Clément, le Miséricordieux ».

« Pour Toi j'ai jeûné ». Les fidèles se réfèrent au hadith *qudsî* (propos divin transmis par le Prophète) pour justifier l'attachement au mois du Ramadan : « Tout acte qu'entreprend l'être humain est à lui, sauf le jeûne, il est à Moi, et Je récompense celui qui l'accomplit » et à un hadith du Prophète : « Celui qui jeûne a deux joies : au moment de la rupture de son jeûne et quand il retrouve son Dieu, il est joyeux de s'être acquitté du jeûne ».

Les versets relatifs au jeûne, un des cinq piliers de l'Islam, sont au nombre de cinq, de 183 à 187 dans la sourate « La Génisse » (*Al-Baqara*) : ils l'instaurent comme pilier, identifient les dispenses, établissent les rachats, en font ressortir les bienfaits pour l'être humain, rappellent que le Ramadan est le mois de la Révélation, exhortent à magnifier Dieu pendant ce mois, rendent licites les relations sexuelles entre époux après la rupture du jeûne, et précisent le moment de son début. Apparaissent aussi des références aux jeûneurs comme faisant partie des vertueux dont le Coran fait l'éloge, par exemple dans la sourate « Les Factions » (*Al-Aḥzāb*) : « Les Soumis et les Soumises [*à Allah*] (*muslim*), les Croyants et les Croyantes, les Orants (*qânit*) et les Orantes, ceux et celles qui sont véridiques, ceux et celles qui sont constants, ceux et celles qui redoutent [*Allah*], ceux et celles qui donnent l'aumône, ceux et celles qui jeûnent, ceux et celles qui sont chastes, ceux et celles qui invoquent beaucoup Allah, pour ceux-là Allah a préparé un pardon et une rétribution immense » (sourate XXXIII, verset 35)[4].

Pour les musulmans, que l'on soit pieux ou non, le mois du Ramadan est celui de l'adoration, de la bénédiction et du recueillement. Il est fidèlement observé et vécu dans une intériorité spirituelle marquée. Les fidèles espèrent, d'une part, bénéficier du *ajr* pour les différents actes de dévotion qu'ils entreprennent pendant ce mois et, d'autre part, le pardon de leurs péchés. Certains récitent le Coran dans

---

4. *Le Coran* (*al-Qor'ân*), trad. R. BLACHÈRE, Paris 1980.

sa totalité. Divisé en trente parties, ils en récitent une partie par jour à différents moments de la journée. Ils égrènent également le chapelet à la louange et à la glorification de Dieu.

Le mois du Ramadan crée une solidarité collective forte notamment lors des prières collectives à la mosquée comme celle du *fajr* (aube) ainsi que par les *tarâwîh,* une « sunna certaine », accomplies tout le mois ou de manière occasionnelle chez les sunnites avec lesquels je me suis entretenue. Elles se déroulent après la prière du *'ishâ'* (du soir) et se réalisent sous la conduite d'un imâm (homme pour les hommes et femme pour les femmes). Elles peuvent durer jusqu'à l'appel à la prière de l'aube. Récitées par les hommes et les femmes dans des espaces séparés, ces prières surérogatoires consistent en deux à vingt génuflexions dont huit sont préconisées par la coutume suivie par mes interlocuteurs[5].

Des fidèles, des hommes, pratiquent le *i'tikâf*, une retraite spirituelle, dans la mosquée plus particulièrement pendant les dix derniers jours du mois en suivant l'exemple du Prophète. Ces dix jours correspondent à l'espérance de commémorer la Nuit du Destin en conformité avec le hadith « Persévérez dans votre requête de la Nuit du Destin les dix derniers jours de Ramadan[6] ». L'intention de jeûner peut être énoncée pour tout le mois à la veille du premier jour après la prière du *mughrib* (coucher du soleil) ou, tous les jours, au moment de la rupture du jeûne à la fin de l'invocation « Louange soit à Dieu, pour Toi j'ai jeûné » citée plus haut[7].

Bien que la *zakât*, impôt religieux et un pilier de l'Islam, puisse être acquittée durant l'année, un bon nombre de musulmans préfèrent la verser pendant le Ramadan, mois du « bien et de la bénédiction [bienfaits] » *(kheir wul baraké)*. Pour cette raison, disent-ils, ils espèrent vivre le Ramadan, année après année, autant il est comblé de grâce, de piété et d'espérance de pardon. À l'issue de chaque Ramadan, des invocations sont prononcées pour implorer Dieu d'atteindre, soi-même et ses proches, le prochain en bonne santé. Aussi l'avènement du Ramadan est-il accueilli dans la joie. Dans des villes et des bourgs, des places sont ornées d'une estrade sur laquelle sont posées des maquettes de dômes,

---

5. Les *tarâwîh* se pratiquent également chez soi.
6. Le *i'tikâf* peut être observé à tout moment de la journée pendant le Ramadan, mais les fidèles ont à cœur de le vivre pendant les dix derniers jours entre les prières du *'ishâ'*, qui a lieu à la tombée de la nuit et du *fajr*, laquelle a lieu à l'aube.
7. L'intention de jeûner est renouvelée par les femmes après les menstrues.

de minbars (chaire où se tient le prédicateur lors de la prière collective), de décorations évoquant le cycle de la lune. Cette joie se lit également sur les vitrines des magasins et dans des rues avec des banderoles dont certaines sont présentées par des œuvres charitables ou des associations de commerçants. Les entrées des immeubles s'ornent de bandes portant les inscriptions de « bienvenue » au mois : « *Ramadân karîm* » (Ramadan salutaire / honorable), « *Ramadân mubârak* » (Ramadan béni), « *Marhaba Ramadân* » (Bienvenu Ramadan), « *kul Ramadân wu into bkheir* » (Chaque Ramadan [et vous êtes] en bonne santé) ainsi que de décorations représentent croissants, étoiles, mosquées, lanternes (symbole de lumière et de décoration de jadis). Des balcons sont parés de guirlandes illuminées. Sur la porte de certains appartements des dessins d'enfants célèbrent l'arrivée du mois sacré.

Photo de nuit d'une place représentant le cycle de la lune, Beyrouth, photographie de l'auteure.

Dessin d'un enfant collé sur le mur du palier extérieur de l'appartement familial, avec les inscriptions *marhaban Ramadân*, « Bienvenue à Ramadan », et *Allahu akbar*, « Dieu est le plus grand », Beyrouth, photographie de l'auteure.

1. Le *suhûr* : soutenir son jeûne et se recueillir

Le Ramadan est une suspension du rythme alimentaire ordinaire qui se traduit par un arrêt complet de l'alimentation, entre l'appel à la prière de l'aube à celui de la prière du *mughrib*. De trois repas, les fidèles n'en font plus qu'un seul, celui de la rupture (*iftâr*). Néanmoins, pour supporter le jeûne qui commence avec l'appel à la prière du *fajr* jusqu'à l'appel de la prière du *mughrib*[8], ils se lèvent pour se sustenter plus ou moins légèrement pour prendre le *suhûr*[9]. Selon un hadith, il est recommandé de retarder le *suhûr* et de hâter le *iftâr*. Retarder le *suhûr* afin d'accomplir la prière du *fajr* pendant la durée agréée et pour raccourcir celle du jeûne ; hâter le *iftâr* pour assouvir sa faim. Les fidèles observent rigoureusement le *suhûr* s'appuyant sur deux hadiths cités fréquemment : « Prenez le *suhûr* car le *suhûr* est une baraka » ou « Prenez le *suhûr* ne fût-ce qu'une gorgée d'eau ». Dans les ruelles de certains quartiers, le *tabbêl* (« celui qui frappe le tambour ») continue à battre son *tabl* (petit « tambour » rond, d'une vingtaine de centimètres de diamètre, recouvert d'une peau) avec une baguette. Il appelle les dormeurs à se réveiller pour le *suhûr* : « Ô dormeur, unifie l'Éternel, Ô jeûneur unifie Dieu », « Unifiez-Le », « Levez-vous à votre *suhûr*, le Prophète vient vous visiter », « Levez-vous à votre *suhûr*, le Ramadan est arrivé pour vous visiter ».

Le *suhûr* est pratiqué de différente façon selon les familles et au sein de la même famille. Des variations peuvent être observées selon les jours. Ses membres peuvent, un jour, se réunir tous ensemble ou s'alimenter individuellement, plus ou moins rapidement, plus ou moins frugalement, un autre jour. Le *suhûr* se réduit alors à une collation simple : eau, café/thé, pain, fromages, confitures, fruits. Il peut s'apparenter à un repas type brunch, avec le rythme et le temps qui lui sont d'ordinaire dédiés. Il peut comporter des viandes froides ou chaudes – poulet, *kafta* [rondelles frites de viande hachée, de mouton ou de bœuf, assaisonnée d'oignons émincés et d'épices, et comprenant parfois du persil ou de la menthe] –, des légumes secs en salade (fèves, lentilles, haricots

---

8. « Mangez et buvez jusqu'à ce que se distingue pour vous le fil blanc du fil noir, à l'aube » (partie du verset 187 de la Sourate II « La Génisse »).
9. La racine verbale *sahara* signifie « prendre un repas léger » ; *sahar* veut dire « aube, le temps avant le point du jour » : voir H. WEHR, *A Dictionary of Modern Written Arabic (Arabic – English)*, éd. J. MILTON COWAN, Londres – Beyrouth 1980.

secs ou pois chiches), panades (*fatté*) aux pois chiches. Des restes du *iftâr* de la veille peuvent y être adjoints. Lorsqu'il se rapproche davantage d'un petit-déjeuner, le *suhûr* comprend surtout des *nawêshif* : pain, olives, laitages – yaourt (*laban*), *labné (*yaourt égoutté), œufs, beurre, divers fromages, confitures, *za'tar*[10], ainsi que des légumes riches en eau (tomates, concombres, oignons, laitues, radis) et des herbes aromatiques (persil, menthe). Il me semble que le terme *nawêshif*, dont la racine verbale est *nashafa* (sécher) signifierait « dénués de sauce ». Selon ma classification des modalités du cuit en vigueur dans la cuisine libanaise[11], les *nawêshif* sont les aliments qui n'appartiennent pas à la classe du mijoté (*tabîkh*). Quelques mots s'imposent ici sur cette classe. Le *tabîkh* consiste à apprêter, un à un, des ingrédients de nature différente – viandes, légumes, pâtes, aromates, condiments. Après les avoir rassemblés, la cuisinière ou le cuisinier sélectionne les aromates appropriés, rajoute un peu d'eau laquelle, avec les sucs libérés des divers ingrédients, participe au bouillon. Elle (il) les fait cuire à feu doux pendant une durée plus ou moins longue selon les ingrédients. Une nouvelle forme, véritable composition à partir des éléments constitutifs, est ainsi créée. Ce mode de cuisson a pour effet d'arrondir les textures, d'extraire les arômes et de produire une sauce qui concentre les saveurs. Dans le *tabîkh*, le mets, *tabkha*, est prêt à être servi aussitôt sorti du récipient à la différence du « cuit à l'eau » qui constitue une étape dans la préparation. Mais revenons au *suhûr*. Avec les *nawêshif*, le *suhûr* peut être complété avec des galettes, *manâqîsh*, à l'origan, au fromage ou au *kishk*[12] (sur les tables rurales) ainsi que des croissants (en ville). Une attention particulière est donnée aux sensibilités alimentaires afin que les préférences des personnes de tous les âges ainsi que la pertinence des contenus soient observées.

Quelle que soit la version du *suhûr* choisie, les liquides règnent sur la table, indépendamment de la saison de l'avènement du Ramadan : eau,

---

10. Mélange sec d'origan pilé ou moulu condimenté de sumac, de graines de sésame blanc grillées et de sel. Le sumac, *rhus coriaria*, est un condiment qui se présente sous forme d'une poudre de couleur rouge groseille avec une saveur acidulée et une note âpre tannique plaisamment amère.
11. A. KANAFANI-ZAHAR, *Le grand livre du mezzé libanais. Anthropologie d'un savoir séculaire*, Arles – Beyrouth 2020.
12. Le *kishk* est obtenu par la fermentation du gros boulgour et d'un dérivé (lui-même fermenté) de lait : lait caillé (*halîb tâli'*), yaourt (*laban*), yaourt égoutté (*labné*). Voir A. KANAFANI-ZAHAR, *Mûne, la conservation alimentaire traditionnelle au Liban*, préf. R. CRESSWELL, Paris 1994.

café, thé, lait, jus, sodas. La préparation la plus emblématique du *suhûr* est le *khshêf*[13], une préparation à base de pâte d'abricots séchée et présentée en feuilles d'environ 2-3 mm d'épaisseur – *(q)amar eddîne* –, de fruits secs – abricots, prunes, figues, dattes, et raisins –, mis à tremper dans de l'eau tiède aromatisée à l'eau de fleurs de bigaradier (*mazahr*)[14] et à l'eau de rose (*maward*), puis agrémentée de fruits à coque (pignons, pistaches, noix, amandes). En fonction de la saison, on rajoute des grains de grenades. Énergétique, frais et émollient, le *khshêf* est une composante indispensable du *suhûr*, été comme hiver. Une salade de fruits de saison le remplace parfois ou des fruits frais entiers et, l'été, on privilégie ceux qui sont gorgés d'eau comme la pastèque. Pendant l'hiver, les tisanes font leur apparition ainsi que des desserts réconfortants et nourrissants comme le riz au lait[15] ou le salep servi chaud[16]. On aime clore le *suhûr* en prenant quelques gorgées d'eau fraîche ou en sirotant un thé, un café noir ou blanc[17]. L'été on prépare du *laban 'îrân* (yaourt dilué avec de l'eau salée et rafraîchi avec des glaçons). On dit du *khshêf* et du *laban 'îrân* qu'ils « humectent le cœur ». Pour ces raisons, dans les commerces, aux côtés de la souveraine datte, la pâte d'abricots, les fruits secs et les fruits à coque figurent en bonne place, tout comme une diversité de jus et de sirops (*jellêb* [sirop à base de mélasse de datte et de raisins secs]), tamarin, abricot, citron jaune ou vert, rose, mûres, grenadine, menthe, fraise, amande).

---

13. *Khshêf* : terme issu du persan. *Khosh-âb* c'est ce qui est frais, juteux, en persan. C'est aussi « De l'eau dans laquelle des raisins, des figues, des prunes et des abricots secs ont été bouillis ensemble ». *Khosha* est « une grappe de raisins ou de dattes » (voir Fr. STEINGASS, *A comprehensive Persian-english Dictionary*, Londres 1977 [1892¹]) ; *khoshab*, vulg. *khoshâf*, issu du persan *khosh-âb*, est un « fruit cuit (*stewed*), avec abondance de jus, consommé froid » (voir J. W. REDHOUSE, *A Turkish and English Lexicon*, Constantinople 1890).
14. A. KANAFANI-ZAHAR, « The Lebanese *Bigarade*: A tree at the Heart of Urban Foodways », dans C. M. LUM et M. DE FERRIÈRE LE VAYER (éd.), *Urban Foodways and Communication. Ethnographic Studies in Intangible Cultural Food Heritages Around the World*, Lanham (Maryland) 2016.
15. Il est préparé avec du riz rond pré-cuit. Il est ensuite mélangé à du sucre, du lait, puis parfumé à l'eau de bigaradier et au mastic. Une fois refroidi, le riz est revêtu d'une confiture ou de miel et garni de pistaches concassées.
16. Le *salep* est obtenu en faisant dissoudre de la poudre de racines d'une variété d'Orchis dans de l'eau, du lait et du sucre. La préparation est aromatisée avec du mastic et saupoudrée de cannelle une fois déposée dans les coupes. De la fécule est parfois nécessaire pour lui donner un peu de consistance.
17. Breuvage infusé par la senteur intense de l'eau des fleurs du bigaradier.

Selon les mosquées, le *imsâk*, moment où débutent les abstentions, prévient environ quinze minutes avant l'appel à la prière du *fajr* de la survenance imminente de ce dernier. Certains font suivre la prière par des invocations et des implorations ainsi que par des psalmodies de sourates du Coran.

Le *suhûr*

Repas type « brunch »	viandes froides / chaudes ; légumes secs en salade, panades	Eau ; café ; thé ; lait ; *laban 'îrân* ; tisanes ; jus ; sodas	*Khshêf* ou salade de fruits frais ; fruits frais entiers ; douceurs nourrissantes faites maison
Repas type « petit-déjeuner »	*Nawêshif* ; galettes salées		
Collation	Pain ; fromages ; confitures ; fruits		

2. Le *iftâr*

*La datte (*tamr*) : l'offrande bienheureuse*

À mesure que s'approche l'heure de l'appel à la prière du *mughrib* qui signale le repas de la rupture, une vivacité règne dans les rues. Les gens s'affairent pour acheter les dernières courses : pains chauds cuits dans un four ou sur un *sâj*[18] (« *mushtâh Ramadân* », paré de grains d'anis, *marqûq*, « étiré », aux effluves de noisettes fumées ; petits pains au lait sertis de graines de nigelle ou d'anis, cuits dans un four) ; *(q)atâyif* à l'arôme envoûtant de levain[19] ; *killêj* fumants aux senteurs de fleurs de bigaradier etc. Les *(q)atâyif* sont des rondelles légères de pâte à la texture de velours achetées auprès de pâtissiers puis garnies chez soi de noix concassées ou de crème de lait. On les orne de pétales de fleurs de bigaradier confites et on les arrose de *(q)ator*. Ce dernier est un sirop de sucre parfumé aux eaux des fleurs de bigaradier et de rose, avec lequel on arrose un bon nombre de douceurs domestiques et professionnelles. Quant au *killêj*, il est préparé avec une feuille de

---

18. Le *sâj*, terme issu du turc, est une tôle convexe en acier (comme on en voit parfois dans Paris devant des boutiques de traiteurs libanais).
19. *(Q)atâyif* (singulier *qatîfa, qatafa* cueillir) est un « nuage » de pâte légère et évanescente. Est-ce le caractère aérien de la pâte qui incite à la « cueillir » avec délicatesse ?

pâte amidonnée assouplie farcie d'un flan à base de semoule très fine (*smîd*), de sucre, de lait et aromatisé à l'eau de fleur de bigaradier. Il est ensuite frit, égoutté et aspergé de *(q)ator*.

Après l'appel à la prière du *mughrib*, le repas de rupture du jeûne peut commencer. Il réunit tout aliment ordinairement licite[20]. Comme il sera explicité ici, sa caractéristique est, d'une part, une recherche de l'équilibre et de l'harmonie entre les diverses préparations et, d'autre part, la progression dans leur consommation selon un déroulement et un ordre précis. Chaque aliment ou préparation possède un sens et une destinée dans l'ensemble que constitue le *iftâr*. Si le *iftâr* est accueilli par une invocation spécifique au Ramadan, sa fin est marquée par les « Louanges à Dieu » (*al-hamdu lillâh*) ou par l'imploration « Dieu, que cette manne/grâce (*ni'mé*) nous revienne toujours », à la différence des invocations lors des repas en temps ordinaire.

Les fidèles libanais réservent la première bouchée de la rupture à la datte en suivant l'exemple du Prophète Muhammad qui en prenait lui-même. Dans un hadith, il a prôné la rupture du jeûne avec des dattes, ou à défaut, en prenant de l'eau. La consommation de la datte est d'ailleurs suivie par quelques gorgées d'eau pour « mouiller ses lèvres », « mouiller sa salive ». Certains effectuent ensuite la prière du *mughrib*, ne s'autorisant à se sustenter qu'après. D'autres s'en acquittent seulement à l'issue du *iftâr*.

« Les habitants d'une maison qui ne contient pas de dattes ont faim ». Ce hadith que citent des fidèles souligne l'importance de ce fruit dans l'alimentation quotidienne. Certains ont adopté la datte pour débuter leur petit-déjeuner ou pour l'offrir avec le café aux proches et amis lors de visites ordinaires. Avec le Ramadan, néanmoins, elle acquiert une aura qu'elle seule détient parmi tous les aliments consommés. Avec la première bouchée réservée à la datte, le fidèle s'imprègne d'une quiétude spirituelle. La manière dont la datte est consommée dans certaines familles au moment du *iftâr* en dit long sur sa vertu. Une personne circule autour de la table en offrant aux membres de sa famille les dattes présentées dans une belle vaisselle. On peut aussi les déposer dans une boîte à compartiments afin d'en proposer différentes variétés. Cette gestuelle, devenue rituelle dans certaines familles, est considérée en conformité avec le hadith :

---

20. Se référer à M. H. BENKHEIRA, *Islâm et interdits alimentaires. Juguler l'animalité*, Paris 2000.

« Celui qui nourrit un jeûneur obtient le même *ajr* [récompense] que lui ». On peut également poser la datte dans les assiettes individuelles comme un hommage à ce fruit bienheureux.

Avec cette présence essentielle, la datte acquiert une grande visibilité dans différents commerces (boulangeries, pâtisseries, magasins d'épices, de nougats et d'amuse-bouche salés torréfiés, amandes, pistaches, cacahuètes). Un emplacement de choix lui est réservé et plusieurs variétés sont exposées : *khudari*, *'anbari*, *safâwi*, *'ajwi* – petite datte ronde fragrante. Des assortiments pour cadeaux comprenant des dattes charnues fourrées de noix, de pistaches, d'amandes effilées ou mondées sont également proposés. Des vendeurs de rues la présentent sur leurs éventaires dans de grands plateaux posés sur des tréteaux, d'autres lui aménagent une place sur leurs charrettes de fruits, de légumes et d'herbes aromatiques. Tout au long du mois, la datte est honorée. À la sortie de mosquées après les *tarâwîh*, une datte est offerte aux fidèles. Elle est également offerte à ceux qui rendent visite à une famille. Dans ces cas, les dattes – achetées sous emballage individuel de cellophane – sont emportées pour une consommation ultérieure.

Humidifier, nourrir et régaler

Après la datte, une gorgée d'eau vient rasséréner le palais. Elle coule doucement comme dans un ruisseau en attente tranquille d'être étanché. Un pichet (ou une bouteille) demeure tout au long du repas sur la table. Des jus – abricots, *(q)amar eddîne*, fraises, tamarin –, et des limonades ont une présence notable à la table d'été. Un des plus affectionnés est le *jellêb* à l'arôme fumé et à la saveur capiteuse d'encens. Il est servi avec des glaçons pilés ainsi que des pignons et des raisins secs préalablement trempés. Desséché par le jeûne, le palais est humecté par la fraîcheur de l'eau, suivi par la fluidité réconfortante d'une soupe et par la fraîcheur d'une salade dont la plus commune est le *fattouche*. Soupe et salade préparent à la dégustation d'entrées diverses puis de mets plus substantiels composés de légumes, de légumes secs, de viandes rouges ou blanches, de poissons, de riz, de boulgour, de pommes de terre ou de pâtes. Quant aux pâtisseries, certaines ont comme particularité d'être confectionnées dans les ateliers citadins spécifiquement pour le Ramadan.

La soupe « mouille le cœur » dit-on. Elle est indispensable, que le Ramadan advienne en été ou en hiver. La plus aimée est « la soupe aux lentilles », aromatisée au cumin, garnie à table de pain grillé ou frit et assaisonnée de jus de citron. Elle peut être apprêtée avec des lentilles corail ou vertes. Des variantes avec légumes (blettes ou courgettes), préparées avec des lentilles vertes, sont prisées en hiver. Les soupes « de légumes », au poulet, aux épinards [avec boulettes de *kebbé*][21] ou « aux tomates », dite aussi « soupe de *kafta* », apportent de la diversité dans les *iftâr-s*.

Le souci de présenter des mets riches en eau se poursuit avec la salade phare du Ramadan, le *fattouche*, composé de légumes, d'herbes cultivées et sauvages ainsi que de pain grillé ou frit. Elle est saisonnière dans la mesure où elle intègre des herbes sauvages. Dans ce sens, le *fattouche* est une salade paysanne qui s'inscrit dans une cuisine de cueillette et de récupération. Le terme *fattouche* viendrait, à mon sens, de la forme verbale *fatta*, émietter, car à la base, le mets est garni avec du pain rassis provenant des morceaux laissés sur la table lors des repas. Le faire frire ou griller lui apporte saveur et texture. Alors que le taboulé[22], considéré comme un plat national, une salade emblématique de la culture culinaire, comprend des ingrédients stables, à l'exception du concombre que certains aiment lui adjoindre, le *fattouche* n'a de fixe que le pain avec lequel on garnit la salade. Une première éloquence du préparateur est, donc, de mélanger légumes du jardin, herbes aromatiques et herbes saisonnières. Aussi verra-t-on chicorée amère, roquette, origan, cresson, thym, pourpier, s'entremêler avec laitues romaines, concombres, tomates, poivrons, radis, persil, menthe, coriandre, fèves fraîches. Relevé d'une pointe d'ail et, si on le souhaite, d'un peu de vinaigre ou de citron, le tout enrobé d'huile d'olive, le *fattouche* est assaisonné avec du sumac et du coulis de grenade. Sumac et coulis de grenade contribuent à parfaire sa singularité. Sans le sumac qui lui octroie la saveur aigrelette et le pointillé rougeoyant, sans le coulis qui confère la note surette /

---

21. La *kebbé* est une préparation élaborée avec du boulgour et une chair-viande (mouton/bœuf) le plus souvent, mais aussi avec des poissons ou des légumes frais ou secs – pommes de terre, potiron, lentilles. À l'exception de la variante aux poissons – qui est frite, grillée ou cuite au four –, les autres *kebbé-s* peuvent être consommées crues.

22. Salade de persil agrémentée de tomates, de menthe, d'oignons et de boulgour, le tout assaisonné de citron et d'huile d'olive : voir A. KANAFANI-ZAHAR, « Une salade de persil ?! Le renversant voyage du 'taboulé », dans J.-Y. ANDRIEUX et P. HARISMENDY (éd.), *L'assiette du touriste. Le goût de l'authentique*, Rennes – Tours 2013, p. 117-130.

fruitée de la grenade, le mets aurait moins de retentissement. Ils lui procurent son goût inédit. Une deuxième éloquence du préparateur est d'atteindre un accord harmonieux avec les multiples condiments surets – citron, vinaigre, sumac et coulis de grenade.

À la différence du taboulé dont tous les ingrédients sont émincés ou taillés en petits bouts, le *fattouche* réunit les légumes et les herbes dans leur forme entière ou en gros morceaux : morceaux de laitue romaine – particulièrement gorgée en eau – et de tomates, rondins de concombres et de radis, feuilles entières ou sommités tendres de menthe, lobes de persil, brins de cresson et de roquette, oignons coupés en lamelles. Sa richesse en crudités, la nature et la taille de ses composants qui retiennent le suc, lui vaut d'être réputé comme « humide » (*rutib*) et « rafraîchissant » (*mun'ish, yin'ush* ou *bi-bawrid*). Plus encore, on dit qu'il « étanche la soif » (*yirwé*), privilège qui, d'ordinaire, revient à l'eau. Pour ces raisons, le désaltérant *fattouche* figure au menu quotidien du *iftâr* pour contribuer à humecter le palais du jeûneur.

Le *fattouche* fait partie des *mu(q)abbilât* (singulier *muqabbil*) d'un mezzé (*mêza*). *Mu(q)abbilât* est le terme générique pour « entrées » présentées en ouverture d'un repas que j'appelle « épicurien » (au sens courant du terme). Les Libanais aiment en rechercher les spécialités auprès de restaurants réputés afin de jouir de l'ampleur et de l'envergure de la table professionnelle. Ce repas comprend deux autres paliers, le plat principal « de clôture » et le dessert – douceurs et fruits –, qui s'articulent dans un mouvement fluide et continu. Froides ou chaudes, les *mu(q)abbilât* sont issues d'une grande variété de produits : herbes potagères et sauvages, légumes frais, légumes secs (pois chiches, lentilles, haricots, fèves), viandes, abats ; s'y ajoutent poissons et fruits de mer sur les tables du littoral. Les *mu(q)abbilât* sont uniquement des mets de dégustation. On y goûte[23]. Le *fattouche* n'y fait pas exception. Néanmoins dans le repas quotidien des familles, il accompagne fréquemment les plats principaux (ragoûts, farcis, panachés de légumes secs) et il est ainsi servi dans la même assiette. Mais, à l'*iftâr*, il est en général consommé comme un mets à part entière qui se suffit à lui-même. Il n'est pas réduit à un accompagnement. En outre, il remplace le plateau de crudités (*jât khudra*), comportant

---

23. Sur la scénographie et la structure gustative des *mu(q)abbilât*, voir A. KANAFANI-ZAHAR, *Le grand livre du Mezzé libanais*.

légumes et herbes, apporté souvent sans commande dans un mezzé[24]. Les coloris printaniers du *fattouche* confèrent fraîcheur et panache à la table indépendamment de la saison et, comme le *jât khudra*, il domine la table de sa présence rutilante.

Le taboulé est l'autre grande salade du Ramadan. Dans les pratiques du *iftâr*, il perd le statut supérieur qu'il a dans les mezzés pour être relégué au second plan. Quelques mots s'imposent au sujet du taboulé, considéré au Liban comme un plat national. Le nom « taboulé » vient de *tabala* (épicer, assaisonner). Littéralement, le taboulé est « l'assaisonné ». Du point de vue technique, « taboulé » est l'action de mélanger le persil, la menthe, les tomates, l'oignon et le boulgour et de les assaisonner avec du jus de citron, de l'huile d'olive, du sel (du piment de Jamaïque, du poivre blanc ou noir, en option). À l'exception du concombre – de la petite variété locale – que certains aiment lui adjoindre, les ingrédients du taboulé ne varient quasiment pas. Le persil doit demeurer à l'origine de sa singularité et de sa puissance de bouquet. Pour les partisans du concombre, le taboulé développe un sillage non envahissant d'arôme. Pour ses détracteurs, peu importe la quantité, ce légume est caractérisé en flaveur et doit donc être exclu. Selon les préférences, le zeste de citron et le piment émincé très finement, la cannelle ou le filet de coulis de grenade lui confèrent des tonalités rafraîchissantes, chaudes, aromatiques ou fruitées. Il est un plat de choix à la table familiale dominicale et il s'impose sur les tables festives des mariages, des anniversaires et des fêtes. « Il est meilleur dégusté en compagnie », et il est un plat de joie et n'est donc pas préparé en période de deuil.

Des entrées, *mu(q)abbilât*, agrémentent la table de la rupture du jeûne – comme le houmous, le caviar d'aubergines, les légumes « à l'huile », tels les haricots verts ou les cornes grecques à la tomate, les farcis non carnés de feuilles de vigne, de courgettes, d'aubergines ou de blettes[25], les bouchées de pâte (*fatâyir* [chaussons pyramidaux fourrés d'épinards, de blettes, de pourpier d'origan ou de *labné*], *sambûsik* [rissoles demi-lunes farcies de fromage ou de viande émincée],

---

24. Il y figure nécessairement des tomates, concombres, radis, oignons, brins de menthe, cœurs de laitues romaine et de choux, piments. Des restaurants pratiquent un « service *jât khudra* » non comptabilisé pour les mezzés à innombrables entrées.
25. La farce est composée d'un mélange de riz, de persil, de menthe, de tomates et d'épices.

r(q)â(q)ât [feuilletés au fromage, à la viande, au poisson ou au poulet], *sfîha* à la viande de mouton). En saison, tables rurales et citadines se parent des *mu(q)abbilât* de plantes sauvages crues (chicorée amère, panicaut, mauve, origan, thym, roquette, pourpier) assaisonnées de citron, d'un filet d'huile d'olive et d'une pointe d'ail. Elles peuvent également être poêlées et arrosées à table de jus de citron.

En même temps que les *mu(q)abbilât*, on présente pour l'*iftâr* des plats principaux puisés dans la palette des préparations affectionnées (« riz au poulet », « riz à la viande », *shîsh tâwûq* [brochettes de poulet grillé mariné avec du citron et de l'huile d'olive[26]], « kebbé au plat », « kafta au plat » [avec pommes de terre et tomates], ragoûts de légumes frais ou secs carnés, accompagnés d'une céréale, riz ou boulgour). Les mets avec *kishk* et *qawarma*[27] ainsi que les plats avec les herbes sauvages garnissent les repas dans les régions rurales. Servir les mets principaux en même temps que les *mu(q)abbilât* sont les pratiques observées dans le repas quotidien à la différence du repas « épicurien » où les *mu(q)abbilât* sont véritablement des entrées, c'est-à-dire présentées dans la première phase de son déroulement. Les mets préparés dans une sauce au yaourt, dégustés froids ou à peine tiédis (« yaourt de sa mère » [*laban ummo*, préparé avec des oignons râpés et de la viande, en boulettes ou en morceaux], *shîsh barak* [raviolis fourrés de viande hachée], *kebbé labniyyé* [boulettes de *kebbé* farcies de viande émincée ou creuses], *cheikh il-mihshi* « cheik du farci » [aubergines truffées de viande hachée et de pignons...])[28] sont appréciés l'été à cause de leur caractère rafraîchissant. Les panades, *fatté*[29], ont également leur place sur les tables d'été. Le nom se réfère au pain qui leur donne originalité et caractère. Panades carnées (chair de poulet ou de mouton) ou carnées/légumières (aubergines farcies

---

26. *Shîsh tâwûq* : du turc, *shîsh* : broche, *tavouq* : poule.
27. Confit de mouton dans le gras de la queue de la race à queue grasse awassi *'uweiss*, *Ovis aries laticaudata* L., animal de prédilection au Liban (voir A. KANAFANI-ZAHAR, *Le mouton et le mûrier : rituel du sacrifice dans la montagne libanaise*, Paris 1999).
28. À la différence des aubergines farcies d'ordinaire avec un mélange de riz et de viande hachée, les aubergines du « cheik du farci » associent deux ingrédients prestigieux, viande et pignons. Le riz est exclu. Pour cette raison, me semble-t-il, il a été appelé le « cheik du farci » (voir A. KANAFANI-ZAHAR, *Le grand livre du Mezzé libanais*, chap. XI).
29. Avec la même forme verbale que le *fattouche* qui se réfère aux morceaux émiettés de pain.

Le repas du iftâr *au Liban et sa symbolique*

de viande hachée) sont toutes garnies de morceaux de pain, frit ou grillé ainsi que de pois chiches entiers. L'ensemble est nappé de yaourt relevé d'ail et de menthe séchée (ou fraîche) puis paré de pignons frits ou d'un jeté de persil. Des mets d'origines multiples sont également appréciés (gratins de légumes carnés ou non, lasagne, « steak frites », pizzas, hamburgers, bœuf *Stroganoff*, curry).

Le *iftâr*

Datte	Solide	Sucré	Température ambiante
Eau	Liquide	Neutre	Frais
Jus divers, sodas	Liquide	Sucré ou neutre	Frais
Soupes (légumière, carnée ou associant légumes/viande)	Liquide/ Solide	Transition vers les solides	Salé	Chaud (hiver) ; tiède (été)
Salades	Solide	Salé	Frais
Entrées diverses	Solide	Salé	Chaud ou frais
Mets (légumes ; viandes ; céréales) des classes du mijoté, du cuit au four, du grillé…	Solide	Salé	Chaud
Douceurs	Solide	Sucré	– température ambiante (*hadf*) ; – chaud (*killêj*) ; – frais (*q*)*atâyif* à la crème de lait) ;
Café ; thé ; infusions	Liquide	Neutre ou sucré	Chaud

Liquides

Eau	Première humidification
Soupe	Deuxième humidification
Salade	Troisième humidification
Jus et sodas	Humidification intermittente
Cafés, thés et infusions	Clôture du repas

Exemples de soupes

Soupes carnées	Aux légumes avec jarrets ; à la tomate avec jarrets ou boulettes hachées ; au poulet et à la vermicelle
Soupes non carnées	Lentilles (avec ou sans légumes – courgettes ou blettes ; *rashta* garnie de menus morceaux de pâte) ; pois cassés champignons ou asperges (sachets)

Exemples de *mu(q)abbilât* non carnées

Légumes secs	Houmous ; Légumes secs en salade : pois chiches ; lentilles ; haricots
Légumes farcis	Feuilles de vigne ; blettes ; courgettes ; aubergines
Légumes à la sauce tomate	Haricots verts ; cornes grecques
Légumes au tahini	« Caviar d'aubergines » ; Blettes ; choux-fleurs
Légumes frits	Pommes de terre ; aubergines ; courgettes ; choux-fleurs
Plantes sauvages en saison	Mauve ; chicorée amère ; thym ; origan ; roquette ; pourpier
Plantes potagères	Chicorée amère ; origan ; sarriette ; roquette, pourpier
Enveloppés de pâte	*Sambûsik* et *r(q)â(q)ât* au fromage ou aux herbes ; *fatâyir*

Exemples de *mu(q)abbilât* carnées et leur modalité de cuisson

Cuit au four	*Sfîha*, *sambûsik* et *r(q)â(q)ât*
Frit	*Sambûsik* et *r(q)â(q)ât*, petites saucisses, *kebbé* en boulettes, foies de poulets ou de mouton
Cuit dans l'eau	Cervelle et moelle de mouton

Exemples de plats principaux carnés et leur modalité de cuisson

Le mijoté	Ragoûts accompagnés de riz : haricots verts ; choux-fleurs ; petits pois ; corète ; épinards ; blettes ; cornes grecques ; cœurs d'artichauts ; haricots secs
	Farcis de feuilles de vigne ; courgettes ; aubergines ; choux ; blettes
	Mets à base de yaourt : *fatté* ; *laban ummo* ; *shîsh barak* ; *kebbé labniyyé* ; « cheikh du farci »
	« Riz au poulet » ; « riz à la viande » ; riz aux fèves
Le cuit au four	Poulets ; *kafta* ; *kebbé* ; rôtis ; gratins
Le frit	*Kafta* en rondelles ; steak
Le grillé	*Shîsh tâwûq*

Le repas du iftâr *au Liban et sa symbolique*

Clore sur le mode du sucré

Le dessert est consommé de manière variable. Les douceurs et les fruits peuvent être dégustés à la suite des mets ou un peu plus tard. Du café, du thé, du café blanc, parfois accompagnés d'une cigarette[30] ou d'un narguilé, closent le repas. La pâtisserie la plus renommée est le *hadf* dit *hadf Ramadân* qui consiste en une pâte feuilletée, farcie de noix et arrosée de beurre et de *(q)ator*, cuite au four. L'autre douceur est le *killêj*, qualifié de *killêj Ramadân*. La palette des douceurs prisées pour le *iftâr* inclut également les douceurs disponibles toute l'année dont les *(q)atâyif*. D'autres douceurs aux formes multiples (triangles, losanges, carrés, rectangles, cercles etc.) comportent la *sha'ybiyyé* (pâte feuilletée fourrée d'un flan au *smîd* ou de crème de lait, frite ou cuite au four avec un corps gras), la *'ithmaliyyé* (cheveux d'ange de pâtisserie cuits au four et, au moment de servir, garnis de crème de lait et ornés de pétales de fleur de bigaradier), les « bras de la dame » (*znûdil sitt*, roulés de pâte farcis de crème de lait frits et décorés de pétales de fleur de bigaradier), le *mushabbak*, douceur entrelacée frite et gorgée de *(q)ator*, le *sfûf* (gâteau au curcuma), le *ma'mûl madd* (gâteau de semoule fourré de noix ou de dattes), la *ghraybé* (sablés au beurre ou au beurre clarifié), les *barâzi(q)* (petits biscuits ronds de sésame agrémentés de pistaches), les *karâbîj* (petits gâteaux de semoule fourrés de pistaches concassées et dégustés avec du *nâtif*)[31]. Les *'awaymêt* (boulettes de pâte) et le *ma'karûn* – beignets de semoule, prisés pour le mois de Sha'bân, qui précède celui du Ramadan, demeurent disponibles pendant le mois du jeûne.

Selon les préceptes de l'islam, le gaspillage (*isrâf*), c'est-à-dire manger avec excès est réprouvé comme le verset 31 de la sourate VII « Les 'A'râf », le stipule : « Mangez et buvez, mais ne soyez pas excessifs ! ». Dans la pratique toutefois, certains *iftâr-s* se réalisent dans l'opulence et l'exubérance. L'éloge de la simplicité et de l'humilité dans la consommation est énoncé dans un des hadiths du Prophète qui préconise que des petites bouchées suffisent au « fils d'Adam » pour lui donner de la force.

---

30. Certains fumeurs allument une cigarette après avoir consommé une datte et absorbé une gorgée d'eau.
31. Le *nâtif* est une crème sucrée à texture gélatineuse, préparée avec une décoction d'un rhizome de saponaire trempé dans l'eau, bouillie et montée en neige avec du blanc d'œuf.

Après le *iftâr*, certains se rendent à la mosquée pour les *tarâwîh*, d'autres restent à la maison, d'autres encore sortent pour se promener ou visiter des proches ou des amis.

Exemples de douceurs et de pâtisseries

Douceurs et pâtisseries du patrimoine libanais	Spécifiques au Ramadan	*Hadf – killêj*
	Prisées au Ramadan	*(q)atâyif, sha'ybiyyé, 'ithmaliyyé, znûdil sitt, mushabbak, sfûf, ma'mûl madd, ghraybé, barâzi(q), karâbîj, 'awaymêt, ma'karûn* Baklava
Pâtisseries non libanaises		Cake, tartes, chocolats…

Le iftâr : une table caractérisée

La table du *iftâr*, tout milieu social confondu, en région rurale ou citadine, se doit d'être belle, indépendamment des mets qui la garnissent. Séduire l'œil, solliciter l'appétit, réjouir les papilles, satisfaire les inclinaisons des convives est une façon de rendre hommage au mois du Ramadan, aux jeûneurs et à la nourriture elle-même, dont le nom en arabe libanais est *ni'mé*, c'est-à-dire grâce octroyée par Dieu. Elle s'apparente ainsi aux déjeuners et aux dîners quotidiens hors Ramadan. Soucoupes d'olives vertes et noires, légumes en saumure (concombres, navets, choux-fleurs), et légumes d'accompagnement (par exemple radis pour la « soupe aux lentilles », oignons jeunes pour les haricots verts à « l'huile »). Elle s'en distingue par sa structure fondée sur un déroulement précis qui met l'accent sur la progression dans l'humidification. Celle-ci commence avec quelques gorgées d'eau, avant de se poursuivre avec la consommation de la soupe et en dernier du *fattouche*.

Partager le *iftâr* est un moment privilégié de commensalité familiale et, par conséquent, de cohésion. Durant l'année, en général, les membres d'une famille ne se réunissent pour un repas qu'en fin de semaine. Le *iftâr* est également un moment privilégié de lien social. Il est fréquent de s'inviter entre proches et amis pour des repas de rupture du jeûne et l'on porte une attention particulière à ceux qui vivent seuls. Des invitations au restaurant sont initiées. En effet, des restaurants proposent un menu spécial Ramadan, *wajbit Ramadân*, avec les indispensables soupe, *fattouche* et *mu(q)abbilât*, et des plats glanés dans l'éventail des mets les plus notoires (« *kebbé* aux poissons », *ûzi* [riz à la viande de mouton], farcis carnés de feuilles de vigne, d'aubergines et de courgettes, *mughrabiyyé* [« maghrébine », plombs de semoule de la taille d'un petit pois fabriqués dans les ateliers des pâtissiers[32]], boyaux [*fawêrigh*, farcis de riz et de viande], corète [*mlûkhiyyé* aux jarrets de mouton et/ou du poulet[33]], *arnabiyyé* [boulettes de *kebbé* à la sauce de tahin (pâte de sésame) et d'agrumes notamment de bigaradier[34]]). Des douceurs sont également au menu. Pour s'imprégner de l'esprit social du Ramadan, des invitations au *suhûr* sont pareillement lancées entre proches et amis auprès d'un restaurant ou d'une tente dressée pour l'occasion. Des musiciens s'y produisent parfois. Des sorties sont également organisées par la famille ou entre amis pour prendre le *suhûr* dans les nombreux restaurants et cafés-restaurants qui restent ouverts tout le mois jusqu'à l'aube. Aussi se rendent-ils chez le *fawwêl*[35] afin de déguster le *fûl mutabbal*, nom donné aux fèves chaudes assaisonnées avec de l'ail, du jus de citron et de l'huile d'olive ou dans les boulangeries pour consommer des enveloppés de pâtes (*fatâyir*, bouchées à la viande, aux légumes ou aux herbes…) ainsi que des *manâqîsh* cuites sur le *sâj* dont la diversité (au

---

32. Une sauce concoctée avec des oignons et des pois chiches entiers est parfumée avec du piment de Jamaïque, de la cannelle, du carvi et du cumin. Le piment de Jamaïque est l'épice centrale de la cuisine libanaise : voir A. KANAFANI-ZAHAR, « 'Si vous n'avez rien d'autre, il suffit'. Le piment de Jamaïque : une pépite aromatique au cœur de la cuisine libanaise », dans P. SCHNEIDER et J. TRINQUIER (éd.), *Le poivre, Fragments d'histoire globale. Circulations et consommations, de l'Antiquité à l'époque moderne*, Paris 2022, p. 213-230 ; ID., « Le "sept épices" libanais. Un substitut heureux au piment de Jamaïque ? », *Food and Cooking in the Middle East and North Africa, Anthropology of the Middle East* 15/2 (2020), p. 34-46.
33. *Corchorus olitorius*, plante herbacée particulièrement savoureuse, cuisinée en saison à partir de feuilles fraîches ou séchées. Le mets est parfumé avec les deux coriandres, fraîche et en grain. Il est servi avec du riz, du pain grillé et une sauce aux oignons frais relevés au vinaigre.
34. Mets festif issu d'une cuisine citadine spécifiquement libanaise : voir A. KANAFANI-ZAHAR, « The Lebanese *Bigarade* ».
35. Comme son nom l'indique, le *fawwêl* est celui dont le métier est le *fûl, la fève*, un légume sec particulièrement ardu à cuire. *Fûl mutabbal* est le nom donné aux fèves chaudes assaisonnées avec de l'ail, du jus de citron et de l'huile d'olive. Après avoir trempé plusieurs heures dans l'eau, elles sont mises à cuire à feu doux sur des becs à gaz, dans le passé sur des braises toute la nuit, ce qui a pour conséquence d'assouplir sensiblement leur peau coriace.

fromage [cascaval, *hallûm, shanklîsh, 'ikkâwi*], à la *labné*, aux herbes fraîches, au *kishk*, aux oignons/tomate, et en saison à l'origan frais, etc.), régale les convives.

Décoration dans un restaurant, Beyrouth, photographie de l'auteure

3. La fête du *Fitr*

La fin du Ramadan annonce le *'Îd al-Fitr*, la fête de la rupture du jeûne. Quant à la *fitra* (du terme *Fitr*), « *zakât* du jeûne » (partie d'un hadith), elle consiste en un don, en argent ou en nature, que toute personne doit verser avant la grande prière de la fête, qui a lieu le matin. Son objectif est de purifier le jeûneur des infractions commises durant le mois du Ramadan. Elle est fixée par les autorités religieuses selon un barème précis et allouée aux plus pauvres.

Après la prière de la fête, les familles rendent visite à leurs aînés (*min 'âyid* de *'îd*). Parmi les expressions de vœux figurent : « *kil Fitr* [ou *'îd*] *wu into bkheir* » (chaque Fitr [ou fête] et vous êtes en bonne santé) « *'îd mubârak* » (fête bénie), « *yin'âd alaykum* » (Qu'il vous soit renouvelé) etc. Des gâteaux de semoule fourrés de dattes, *aqrâs btamir*, ou de noix/pistaches, *ma'mûl*, confectionnés chez soi ou achetés, sont le symbole alimentaire typique de la fête. Ils sont consommés par la famille et offerts à tous les visiteurs qui viennent porter leurs vœux. Des confiseries comme les nougats à la pâte d'abricots sertie de pistaches ainsi que des dragées d'amandes leur sont également offerts. Avec les gâteaux de semoule, les femmes préparent le *ka'ik,* gâteaux

Le repas du iftâr *au Liban et sa symbolique*

secs ronds parfumés à l'anis et au mahlab[36]. Dans le passé, parmi les manifestations de joie de la fête figuraient l'achat, en amont de la fête, de vêtements et de chaussures ainsi que la distribution le jour de la fête d'une obole (*'îdiyyé*) aux enfants. Dans le passé également, les enfants se rendaient dans les parcs pour se divertir notamment sur les balançoires et pour se délecter de fèves relevées de cumin et de morceaux de citrons, de cacahuètes et d'autres friandises.

Dattes exposées sur un tréteau à l'entrée d'une supérette,
avec les variétés *khudari* et *'anbari* extra, Beyrouth, photographie de l'auteure.

---

36. *Prunus mahaleb*. Le *mahlab* possède un arôme délicat et une saveur douce empreinte d'amertume. Il appartient au domaine du sucré et il est prisé pour sa suavité que certains comparent à la vanille. Il développe néanmoins une amertume désagréable s'il n'est pas savamment dosé. Le *mahlab* est réputé pour la saveur exquise qu'il confère aux gâteaux de semoule ou de noix/pistaches confectionnés pour la fête du Fitr.

L'*AŞURE* OU LA RECHERCHE DE L'HARMONIE DANS LA DIFFÉRENCE
un plat de jeûne emblématique dans la Turquie contemporaine

Marie-Hélène Sauner-Leroy
Université Galatasaray (Istanbul)
Université d'Aix-Marseille, Idemec (UMR 7307)

EN DÉCEMBRE 2011, le journal local français *La dépêche* diffuse une information qui paraît étonnante[1] : les statistiques du moteur de recherche *Google* montrent que le terme *aşure* associé à « dessert turc » a correspondu la semaine précédant le 14 décembre au terme le plus recherché à travers le monde dans la catégorie bonbons et friandises[2]. Pour qui connaît un peu la Turquie, cette information peut pourtant s'expliquer aisément. En effet, l'approche de la fête de l'*aşure* donne lieu chaque année à la confection de ce plat et les commerçants et supermarchés mettent tous en avant dans les rayons les produits nécessaires à sa préparation.

Qu'est-ce que l'*aşure* ? Cette bouillie est vendue toute l'année chez les *muhallebici* (vendeurs d'entremets) mais n'est généralement préparée individuellement chez soi et distribuée aux voisins qu'à partir du 10 *Muharrem*, premier mois de l'année du calendrier lunaire musulman, dont la date varie tous les ans[3]. Elle est dénommée

---

1. Ce texte reprend les éléments d'une intervention donnée dans le cadre de la 1re Conférence Internationale Histoire et Cultures de l'alimentation à Tours en 2015.
2. https://www.ladepeche.fr/article/2011/12/15/1240652-un-dessert-turc-en-tete-des-recherches-de-friandises-sur-google-cette-semaine.html
3. Cette date recule chaque année de 11 jours dans le calendrier en vigueur en Turquie. Ainsi, si elle correspondait au 5 décembre en 2011, elle a été fêtée le 29 août en 2020.

et classée comme une « soupe » (*aşure çorbası*) ou bien comme un « entremets » (*aşure tatlısı*). Cette ambiguïté terminologique révèle la place étonnante qu'elle occupe en Turquie, car les « entremets » y sont essentiellement divisés en deux catégories : ceux à base de lait (*sütlü*) et ceux à base de pâte (*hamurlu*). Or l'*aşure* ne comporte généralement ni lait ni pâte ; lorsque du lait est ajouté, ce n'est pas l'ingrédient principal[4] ; il a bien ainsi la consistance d'une bouillie[5] mais de saveur douce. Le nombre de ses ingrédients est important, sept au minimum, voire douze pour certains, sans qu'il soit fixe. Mais s'il y en a beaucoup, c'est bien vu. Les principaux ingrédients sont le blé entier, le riz, des légumineuses (haricots secs, pois chiches), des fruits secs (figues, abricots, raisins, noix, amandes). Sa confection est fastidieuse, car il faut d'abord laisser tremper les ingrédients séparément avant de les verser un par un (selon le temps de cuisson requis pour chacun) dans la marmite dans laquelle la cuisson des grains de blé entiers aura été bien entamée. On obtient une sorte de bouillie épaisse et sucrée que l'on place dans des ramequins. Une fois refroidis et avant de les distribuer, on saupoudre de grains de grenade, noix de coco en poudre, pistaches, noix et fruits secs. Cette dernière touche lui donne un aspect colorié. Si les ingrédients varient selon la région (avec des noisettes sur les côtes de la Mer noire, des amandes et du sésame près de Denizli), la version « urbaine » est relativement standardisée.

Commémorant tant le drame de Kerbela (*Achoura*) que le déluge et l'Arche de Noé, ce plat est confectionné et consommé à la fois par les musulmans sunnites et les alevis (minorité religieuse hétérodoxe, proche du chi'isme). Il existe également une version semblable chez les Arméniens (dénommée *anouch abour*, littéralement « soupe douce ») offerte en hiver entre le 25 décembre et le 6 janvier. Par ailleurs, le Palais ottoman et les centres soufis en distribuaient autrefois et cette pratique est de nouveau mise en avant par certaines confréries. Les distributions médiatisées de l'*aşure* par les politiques ces dernières années en soulignent également le caractère symbolique.

---

4. Au Palais ottoman (O. SAMANCI, « Aşure », *Yemek ve Kültür*, Istanbul 2008, p. 119) et dans les centres de derviches, on en préparait au lait. Voir N. IŞLI, « Kadirihâne'de Aşure » [L'*aşure* au centre de derviches *Kadiri*], dans S. KOZ (éd.), *Yemek Kitabı* (*Le livre de la nourriture*), Istanbul 2008, p. 945.
5. Caractéristique partagée par deux autres entremets : le *zerde* (au safran) et le *keşkul* (à base d'amandes et dont la dénomination correspond à une écuelle portée autrefois par les derviches errants faisant l'aumône de nourriture).

*L'*aşure *ou la recherche de l'harmonie dans la différence*

Ill. 1 : Cuisson de l'*aşure*, 2020, Akçakoca (photo M. Atesoglu)

Ill. 2 : *aşure* décoré et offert à Istanbul, 2021 (photo M. H. Sauner)

L'abondance, la générosité, le don : ce sont toutes ces caractéristiques qui sont immédiatement mises en avant lorsque le sujet est abordé. Mais immanquablement également, les raisons de sa confection sont données et, tout comme le nombre d'aliment varie d'un interlocuteur à l'autre, ces raisons ne sont pas non plus totalement fixes. Autrement dit, chacun s'accorde sur l'importance de ce plat et sur le fait qu'il constitue un support symbolique fécond, mais le sens qui lui est attribué change. Ainsi, à la charnière entre le social, l'imaginaire et le religieux, concentre-t-il un grand nombre de signifiants que nous allons essayer ici de démêler en nous aidant des approches socio-anthropologiques et sémiotiques. Nous tenterons de montrer comment ce plat emblématique aux signifiants multiples est utilisé à des fins diverses qui en font bien un signe[6]. Son attachement viscéral au champ du religieux et son extension hors de ce champ proprement dit, illustrent le propos greimassien de production de sens par enrichissement progressif mettant en lumière les valeurs différentielles de la société[7]. Mais on peut aussi le rapprocher de ce que P. Lemonnier appelle un objet « périssologique[8] », puisque ce plat mélange le mythe, le rite et l'action matérielle et permet par son aspect de résonance chez les acteurs, de lier comme on l'a vu le social, le politique et le religieux.

1. Pratique partagée – point de rencontre

Dans une Turquie aux appartenances multiples, l'*aşure* représente un aliment que tout le monde affectionne. Il constitue un point de rencontre particulier si l'on considère les différentes communautés religieuses de Turquie. Sa confection – à quelques détails près (le nombre d'ingrédients et les prières varient) – est la même à la fois dans les communautés arméniennes, les groupes alévis, les musulmans sunnites, les membres de confréries, mais aussi chez les particuliers ou les vendeurs d'entremets. Pour tous, il est ancré dans un temps religieux, celui du jeûne : la période de l'Avent pour les Arméniens, l'Achoura pour les alévis et les sunnites, bien que ces derniers interprètent ce jeûne de manière différente comme nous allons le voir. Il peut aussi être distribué lors de la commémoration de l'âme d'un défunt. Tous considèrent également que ce plat, classifié comme nous l'avons vu comme « soupe » ou « entremets », marque tout à la fois l'abondance, la guérison et le partage. Il a donc une connotation à la fois sociale et religieuse.

Sa confection – réservée sauf cas particulier à une période de l'année spécifique – est liée à sa distribution : on ne prépare généralement pas

---

6. R. BARTHES, « Pour une psycho-sociologie de l'alimentation contemporaine », *Annales. Économies, Sociétés, Civilisations* 16/5 (1961), p. 984.
7. M. SCHULZ, « De Greimas à Jacques Geninasca. Pour une sémiologie de la parole », *Actes Semiotiques* 120 (2017), p. 7 (https://www.unilim.fr/actes-semiotiques/5738).
8. P. LEMONNIER, « Faire penser. Une dimension maltraitée des objets », *Le Genre humain* 50/1 (2011), p. 71-86 [p. 78] : « Des objets rituels ont donc comme fonction de mettre en rapport, dans l'esprit de ceux qui les fabriquent ou les utilisent, des domaines dispersés de la réalité sociale à un moment clé de la vie collective […]. Je propose d'appeler *résonateurs périssologiques* de tels objets ».

L'aşure ou la recherche de l'harmonie dans la différence

Ill. 3 : *aşure* offert lors de la prière pour un défunt,
Istanbul, 2013 (photo M. H. Sauner)

d'*aşure* uniquement pour soi, il est partagé. Cuite dans une grande marmite ou un chaudron, cette bouillie crée du lien : par sa distribution, elle marque quasiment visuellement le réseau de relations des individus, et plus particulièrement des proches. Un ramequin est envoyé à chacune des personnes avec lesquelles les membres de la famille ont des liens (de voisinage, de travail ou d'alliance). Le réseau ici en question est le plus large possible, les liens peuvent être superficiels (on inclut les voisins, quels qu'ils soient, étrangers ou non). Le fait d'accepter ce don oblige à rendre le récipient « plein » (le plus souvent de fruits secs), c'est-à-dire qu'il renvoie à un contre-don différé, marque de la reconnaissance et de l'acceptation du lien social[9]. Par ailleurs, cette distribution peut aussi être une source de rivalité ou de fierté pour les femmes, leurs talents culinaires faisant l'objet de commentaires plus ou moins positifs. Par le don de nourriture, ce sont autant de liens sociaux qui sont signifiés et qui renvoient à des obligations réciproques. L'offre de l'*aşure* permet de visualiser clairement ces liens. Ceci est bien mis en évidence dans le beau documentaire de Murat Pay[10], où l'on voit par exemple que les enfants chargés de sa distribution tissent eux-mêmes et matérialisent ces liens, invisibles à d'autres moments de l'année.

---

9. M. MAUSS, *Essai sur le don. Forme et raison de l'échange dans les sociétés archaïques*, Paris 2012 [1925¹].
10. https://www.youtube.com/watch?v=7HWMzO-kCxQ.

2. Tradition renouvelée ?

Dans le cadre politique de la gouvernance, la distribution de l'*aşure* par le Palais ottoman confirmait le symbole du sultan comme père nourricier, chargé de redistribuer les richesses. Donner, distribuer de la nourriture, c'était régner[11]. Ces distributions de nourriture étaient ainsi la marque du pouvoir étatique ou plus spécifiquement religieux dans le cas des confréries. Accepter l'offre exprimait la reconnaissance d'une subordination et l'exemple des Janissaires retournant le chaudron en cas de révolte est de ce point de vue significatif[12]. L'*aşure* était ainsi distribué à partir du 10 et jusqu'à la fin du mois de *Muharrem* dans les couvents de derviches, les fondations pieuses (*vakıf*) et les *imaret*[13]. Le Palais préparait de l'*aşure* filtré (*süzme aşuresi*) qui lui était spécifique et correspondait de manière générale à la version propre à l'élite[14]. La version non écrasée (*taneli*) étant celle qui était distribuée au peuple[15] et celle qui correspond à celui que préparent encore les particuliers. Le Sultan faisait par ailleurs parvenir aux *tekke* les ingrédients et l'argent nécessaires à sa confection[16].

C'est peut-être cette particularité qui est à l'origine de la réapparition récente de distributions de l'*aşure* à la fois dans les centres de derviches, dans les municipalités et les institutions publiques. De très nombreux maires tentent en effet de promouvoir leur image en ayant recours à un renouvellement de la tradition. Tradition réinventée car la charge de sultan-calife a disparu en 1924, un an après la proclamation de la République. L'image du pouvoir considéré comme père nourricier est

---

11. H. INALCIK, « Matbakh », *Encyclopédie de l'Islam*, t. VI, 1989, p. 799-803.
12. *Ibid.*, p. 800.
13. Lieu de distribution de nourriture instauré dans le complexe d'une medresa, et destiné à ceux qui y travaillaient mais aussi aux étudiants, pauvres et parfois voyageurs. Voir Z. T. ERTUG, « Imaret », *Islam Ansiklopedisi*, vol. 22, Istanbul 2000, p. 219-220.
14. Au Palais deux types d'*aşure* étaient préparés en dehors de celui qui était distribué au peuple : le « süzme » (filtré) et celui au lait, « sütlü ». Voir N. SAKAOGLU, « Aşure », *Dünden bugüne Islam Ansiklopedisi* [Encyclopédie Istanbul d'hier à aujourd'hui], Istanbul 1993, p. 372. Ces deux types d'*aşure* étaient envoyés dans des carafes en porcelaine que les destinataires rendaient remplies de chocolats et autres amandes confites : voir M. Z. PAKALIN, « Aşure Testisi » [Les carafes pour l'*aşure*], *Osmanlı Tarih Deyimleri ve Terimleri Sözlüğü* [Dictionnaire des termes et expressions de l'histoire ottomane], vol. 1, Istanbul 1983, p. 102.
15. O. SAMANCI, « Aşure », p. 116.
16. *Ibid.*

réutilisée, l'*aşure* présentant l'avantage de mêler les références au politique et au religieux et permettant ainsi au pouvoir actuel de réinvestir ce symbole dans une situation nouvelle, de l'utiliser à d'autres fins. Chaque année en effet, les reportages télévisés fleurissent et lentement se met en place une répétition de ces pratiques renouvelées, construisant de ce fait un événement qualifié de traditionnel. Ainsi le Président de la République a-t-il distribué de ses propres mains l'*aşure* en 2014[17] ; il a fourni sa recette personnelle[18], pour la confection de l'*aşure* distribué dans 13 départements en 2017. En se référant à une situation ancienne, ces distributions répondent en réalité à des situations nouvelles et l'on pourrait souligner avec Laurent Sébastien Fournier[19], qu'elles sont en fait l'œuvre de ceux qui s'en réclament. Toutefois, les descriptions à notre disposition attestent bien la vivacité de la pratique pour la fin de l'Empire ottoman et ce jusqu'à l'interdiction des confréries en 1925. La confection et distribution de l'*aşure*, sur une longue période d'au moins 20 jours (entre le 10 et la fin du mois de Muharrem) sont attestées tant chez les particuliers et au Palais, que dans les très nombreux couvents de derviches[20].

Depuis les années 2000, le maire du district de Fatih[21] à Istanbul organise chaque année à cette époque au bazar égyptien une manifestation durant laquelle par exemple en 2014 de l'*aşure* a été distribué à 35 000 personnes[22]. Par ailleurs, ce renouveau mettant en scène la distribution au plus grand nombre est aussi visible chez les alévis[23] et

---

17. http://www.sabah.com.tr/webtv/turkiye/cumhurbaskani-erdogan-kendi-eliyle-askere-asure-dagitti.
18. http://aa.com.tr/tr/turkiye/cumhurbaskanligi-13-ilde-asure-dagitacak/925043.
19. L. S. Fournier, « Le patrimoine, un indicateur de modernité. À propos de quelques fêtes en Provence », *Ethnologie française* 34/4 (2004), p. 711.
20. Abdülaziz Bey, *Osmanlı âdet, Merasim ve Tabirleri* [Mœurs, cérémonies et expressions ottomanes], éd. K. Arisan et D. Arisan Günay, Istanbul 2000 ; E. Bas, « Aşure günü, Tarihsel boyutu ve Osmanlı Dinî Hayatındaki Yeri Üzerine Düşünceler » [Réflexions au sujet du jour d'Achoura, sa dimention historique et sa place dans la vie religieuse des ottomans], *AÜ Ilahiyat Fakültesi Dergisi* 45/1 (2004), p. 167-190.
21. C'est dans ce district que se situent de nombreux monuments touristiques dont le palais de Topkapi, Sainte Sophie, la mosquée bleue. S'y trouvent aussi l'ancien centre des affaires et la bourse ; le grand bazar ; le marché égyptien.
22. http://www.iha.com.tr/haber-tarihi-misir-carsisinda-asure-ikrami-407342/.
23. B. Fliche, « "La modernité est en bas" : ruralité et urbanité chez les habitants d'un *gecekondu* d'Ankara », *European Journal of Turkish Studies* 1 (2004), http://ejts.revues.org/67, § 71.

certaines confréries religieuses[24]. En outre, le ministère de la culture et du tourisme turc a inclus l'*aşure* dans la liste des biens immatériels dont il demande la reconnaissance à l'UNESCO[25].

Alors pourquoi tant d'intérêt pour une bouillie ? Son instrumentalisation politique ou sociale n'explique pas cet engouement, ce sont des conséquences plutôt que des causes. Ce plat cristallise un ensemble de symboles qui canalisent les différences, qui en font un plat auquel se réfèrent et que revendiquent des individus aux rattachements par ailleurs différents. Et c'est bien cet aspect symbolique qui permet en retour aux politiques de l'utiliser à leurs fins propres. Si l'on considère les discours, les transformations suivies par les aliments et les événements rattachés à la confection de ce plat, force est de constater que le caractère symbolique tout en étant pluri-directionnel est primordial. Ce plat concentre de nombreux signifiés que nous allons essayer de préciser.

3. Un plat de jeûne et de carême

Pour les musulmans sunnites, les 9, 10 et 11 de *Muharrem*, le premier mois de l'année, correspondent à un jeûne facultatif. C'était au départ un jeûne obligatoire mais dont la réalisation est devenue extrêmement méritoire (*sevap*). Le terme lui-même, provient de la racine arabe *'ashr* signifiant « 10 ». Il correspondrait à une pratique ancienne des tribus arabes qui jeûnaient ce jour-là[26]. Selon la Tradition musulmane, ce jeûne aurait été instauré lorsque le Prophète s'installa à Médine en 622. Certains y voient une proximité avec le jeûne pratiqué par les tribus juives rencontrées alors, celui du Yom Kippour, le jour du Grand pardon, le 10 du mois de *Tishri* qui rappelle la délivrance, l'exode et la sortie d'Égypte par la traversée de la mer Rouge[27]. Un an plus tard, le Prophète recommanda de jeûner deux jours au lieu d'un seul mais l'année suivante après la révélation de l'obligation du jeûne durant le mois de Ramadan, ce jeûne du mois de Muharram est devenu facultatif. Il est conseillé aux musulmans sunnites de ne pas jeûner une seule journée, mais plutôt deux ou trois (9, 10, 11), pour bien marquer la distinction avec les communautés

---

24. http://www.mynet.com/tv/anadolu-ajansi-izle-sumbul-efendi-merkez-tekkesinde-039039asure-kaynatma-gelenegi039039-yeniden-baslatildi--vid-1990077/.
25. M. Öcal Oguz, *Turkey's Intangible Cultural Heritage*, Ankara 2010, p. 165.
26. Y. S. Yavuz, « Aşura », *Islam Ansiklopedisi*, vol. 4, Istanbul 1991, p. 25.
27. S. Bashear, « Āshūrā, An Early Muslim Fast », *Zeitschrift der Deutschen Morgenländischen Gesellschaft* 141/2 (1991), p. 281-316.

juives[28]. Les prières faites ce jour sont considérées comme pouvant être exhaussées. La liste des événements que commémore l'*aşure* pour les sunnites ne s'arrête pas là, elle varie selon les interlocuteurs et relève plutôt de coutumes et croyances pour les juristes[29], mais les soufis par exemple en retiennent les aspects symboliques. On peut citer : le repentir d'Adam ; l'accostage du bateau de Noé ; la sortie de Jonas du corps de la baleine ; le jour où Abraham a été jeté au feu sous le roi Nemrod tout en en étant préservé (référence au Coran, XXI-68-69 et XXIX-23) ; l'ascension d'Énoch ; le jour où Job a guéri ; celui où Moïse a traversé la Mer rouge avec son peuple ; où Pharaon et ses soldats ont été noyés dans la Mer rouge ; Le jour où Jacob a retrouvé son fils Joseph ainsi que la vue ; La naissance de Jésus et son ascension ; mais également la mort à Kerbela de Huseyin (Husayn, en arabe), fils de 'Ali, le gendre du Prophète Mahomet, ainsi que celle de ses 71 compagnons[30].

Pour les alevis-bektachi, cette période de jeûne est stricte car elle rappelle que Huseyin et ses compagnons sont restés sans eau. Un jeûne de 11 ou 12 jours est ainsi pratiqué. Durant cette période, on ne mange ni viande, ni œufs, ni miel, ni oignon et on ne boit pas d'eau de toute la journée ; à table on ne trouve pas de couteaux ; le jeûne est associé à un deuil intense. On ne sourit pas, on ne se rase pas, on ne débute rien et l'on se tient éloigné des plaisirs terrestres. L'*aşure* est confectionné le 12 du mois de Muharrem[31]. Chacun se doit de préparer puis de distribuer un *aşure* comportant 12 ingrédients[32]. Il est appelé aussi soupe du deuil[33].

Comme le note Eyüp Bas[34], le 10 du mois de Muharrem a été instrumentalisé par les divers pouvoirs, qu'ils soient chiites ou sunnites

---

28. M. BOZKUS, « Aşure *günü, Muharrem Matemi / Orucu ve Sivas'ta Aşure Uygulamaları* » [Le jour d'*Aşure*, le jeûne / deuil de Muharrem et les pratiques concernant l'*Aşure* à Sivas], *C.Ü. Ilahiyat Fakültesi Dergisi* 12/1 (2008), p. 40.
29. Y. S. YAVUZ, « Aşura », p. 25.
30. Seul Zeynel Abidin, fils de Huseyin, échappe au massacre, permettant de perpétuer la lignée.
31. M. BOZKUS, « Aşure *günü, Muharrem Matemi / Orucu ve Sivas'ta Aşure Uygulamaları* », p. 48.
32. E. YILDIRIM, « Tunceli Yöresi Alevilerinde Muharrem Ayi'nin Önemi Ve Aşure Geleneği » [La tradition de *Muharrem* et de l'*aşure* chez les Alevis de Tunceli], *Ilahiyat Fakültesi Dergisi* 16/1 (2011), p. 81.
33. H. DEDEKARNIOGLU, « Muharrem ve Aşure », *Hünkâr Alevilik Bektaşilik Akademik Araştırmalar Dergisi*, Istanbul 2014, p. 43.
34. E. BAS, « Aşure günü, Tarihsel boyutu ve Osmanlı Dinî Hayatındaki Yeri Üzerine Düşünceler », p. 178.

attribuant à ce jour un caractère de tristesse ou au contraire insistant sur son aspect festif. Ainsi, une partie du monde musulman insiste davantage sur l'aspect joyeux lié au partage et à la charité et l'autre sur le deuil. Ces deux aspects du rite peuvent être combinés, comme en Tunisie[35]. Dans l'Empire ottoman, d'obédience sunnite mais où vivaient aussi des communautés chiites, les sultans, tout en maintenant et supervisant son aspect de distribution, ont permis aux commémorations d'influence chiite de se maintenir[36].

Pour la communauté arménienne, un plat identique (*anoush abour*) est confectionné durant la période de l'Avent qui correspond au « plein hiver », du 25 (ou 31) décembre au 6 janvier, cette dernière date est celle du Noël arménien. Ce dessert est donc confectionné dans une période maigre, celle de l'Avent, pour commémorer le jour où l'arche de Noé a touché terre. Les Arméniens eux-mêmes précisent qu'entre ce dessert et l'*aşure* il y a très peu de différences[37]. Chez les Grecs d'Anatolie (*Rum*), c'est le 4 décembre, à la fête de la sainte Barbe, que l'on distribue un dessert proche de l'*aşure* (composé de blé, raisin sec, noix, légumineuses, sucre et épices) et appelé *barbara*[38]. Le *koliva* est, lui, préparé pour la commémoration des morts, pour le samedi précédant le carnaval de même que pour le premier samedi du jeûne de Pâques et enfin pour le samedi précédant la Pentecôte.

4. La partition fondamentale

Les commémorations liées à ce plat font référence dans la plupart des cas, à une épreuve (déluge, chute, passage par le feu, enfermement dans le corps de la baleine, disparition d'un fils) et sont le plus souvent rattachées symboliquement à la mort, immédiatement suivie d'une résurrection (ou montée au ciel), du moins d'un renversement de la situation. Dans la totalité des cas, la période de préparation

---

35. H. TRABELSI-BACHA, « Ras al-ᶜaˉm et Achoura : deux fêtes carnées en Tunisie dans leur rapport aux rituels », *Anthropozoologica* 45/1 (2010), p. 53.
36. E. BAS, « Aşure günü, Tarihsel boyutu ve Osmanlı Dinî Hayatındaki Yeri Üzerine Düşünceler », p. 180, et Sema Sadri (2002) cité par le même auteur.
37. M.-H. SAUNER-LEROY, « Takuhi Tovmasyan'la Yeni yıl masası'ndan anılar » [Entretien avec Takuhi Tovmasyan sur la table du nouvel an], *Yemek ve Kültür* 13 (2008), p. 122.
38. M. YERASIMOS, « Ölümle ilgili Törensel bir yiyecek : Koliva » [Un plat rituel lié à la mort : *koliva*], *Yemek ve Kültür* 13 (2008), p. 111.

L'aşure ou la recherche de l'harmonie dans la différence

correspond à une période de jeûne. Pour les Arméniens il s'agit aussi d'une période marquée par l'interdiction de tout aliment d'origine animale, ce à quoi correspond parfaitement l'*anouch abour*.

Il faut mentionner le fait que ce type de plat, comprenant du blé, des fruits secs voire de la verdure est aussi très présent en Méditerranée, dans les rituels chrétiens (« 13 desserts », sainte Barbe), juifs (*tu bishvat*, fête des arbres)[39] et orthodoxes (*kolyva*, sainte Barbe) ou bien lors de la commémoration d'un mort (*kolyva*). Les rituels cités se situent tous en hiver (du 25 décembre au 6 janvier) ; 15 Shevat (janvier) ; Sainte Lucie (13 décembre) et Sainte Barbe (4 décembre). Ils reproduisent, miment le travail hivernal de gestation : tout semble sec, sans vie. Tout, durant cette période est interne, rien ne transparaît alors que la vie est potentiellement là : c'est « l'incertitude du retour[40] ». Cette crainte était autrefois bien prégnante dans les sociétés agricoles pour lesquelles les nouvelles récoltes revêtaient une importance cruciale. C'est pourquoi toutes ces fêtes sont marquées à la fois par le jeûne et la profusion de nourriture (essentiellement végétale), mais aussi par le deuil et la joie. L'hiver symbolise en quelque sorte l'incertitude quant à la mort, l'incertitude du renouveau de la nature. C'est probablement pour cette raison que l'idée d'abondance est aussi fortement attachée à ces rituels. Le blé de ce point de vue constitue l'élément le plus à même de symboliser cette idée. En Iran, le nouvel an (Nevruz, 21 mars) est fêté en plaçant sur une table au moins sept aliments dont le nom commence par la lettre « S » (*hafte sin*), l'initiale du mot « Selam », qui accueille la nouvelle année. Nous l'avons noté plus tôt, le 10 Muharrem se situe au début de l'année musulmane[41].

Or l'*aşure* (ou l'*anouch abour*) est toujours considéré comme un mélange « de tout ce que l'on trouve sous la main ». Ses ingrédients sont symboles de vie (blé), ont un caractère féminin : humides à l'intérieur (figues, abricots, grenade, raisin), et gonflent (blé, riz, haricots secs...).

---

39. G. KAYA, *Ermeni, Musevi, Rum Evlerinde Pişen Yemekler* [Les plats préparés chez les Grecs d'Anatolie, les Arméniens et les Juifs], Istanbul 2017. G. Kaya précise qu'à cette occasion est consommé un plat de blé bouilli sucré appelé « trigo koço » [p. 104 et p. 152].
40. A. GOKALP, *Têtes rouges et bouches noires*, Paris 1980, p. 200.
41. A. Gölpinarli remarque par ailleurs que, d'après la croyance populaire, le plat à l'origine de l'*aşure* (comprenant 7 aliments) préparé par Noé avec tout ce qui restait de consommable sur l'arche, est appelé « soupe du salut (*selâmet çorbası*) », « Muharrem ve aş (Muharrem et la nourriture) ». Voir A. GÖLPINARLI, *Mevlana'dan sonra Mevlevilik* [La confrérie Mevlevi après Mevlana], Istanbul 2006, p. 384.

C'est du reste cet aspect qui est souligné par sa confection : tous les ingrédients, avant d'être mélangés, passent – grâce à l'eau – d'un état de dessèchement à celui d'un retour à leur forme première, un retour à la vie. Ainsi trouve-t-on dans ce plat des aliments à caractère féminin, qui sont gonflés de nouveau d'eau (donc de vie) pour finalement être servis. Tout ceci semble bien reproduire le cycle de la nature, mais aussi celui de la gestation[42]. Comme s'il s'agissait en réalité de la réapparition de la vie : une naissance (un renouveau) après une gestation.

Cet aspect pourrait bien expliquer pourquoi dans certaines sources[43] ou dans certains villages[44], on note une consommation d'*aşure* lors des mariages. C'est aussi le cas chez les Arméniens qui considèrent l'*aşure* comme une jeune mariée[45]. Enfin, une ancienne coutume dit que les familles ayant une jeune fille à marier se devaient de confectionner l'*aşure* qui était distribué par la jeune fille en question[46].

Tout ceci nous rappelle ce que Pierre Bourdieu mentionnait dans *Le sens pratique*. La nature humaine a tendance à rechercher la ressemblance, elle a tendance à symboliser. Partout, selon lui, l'hiver et l'attente du retour qu'il provoque ont donné lieu de manière mimétique à un rapprochement avec l'état de la femme enceinte, à la fécondation, la gestation puis l'accouchement. C'est ce qui explique qu'un peu partout, on a utilisé des aliments qui gonflent, enflent, ou encore des céréales, des plantes germées[47].

Cela constitue selon Pierre Bourdieu le « modèle générateur », le « principe de division fondamental (dont le paradigme est l'opposition

---

42. Cet aspect se retrouve dans certaines croyances populaires comme par exemple chez les Juifs sépharades pour lesquels la nuit de la fête des arbres (*tu bishvat*), les arbres et les plantes s'unissent et permettent l'apparition de nouvelles plantes (S. Queralt i Redon, « Les dimensions symboliques du corps dans la culture des Juifs sépharades de la Méditerranée orientale », mémoire de Master, Paris V Sorbonne, 2006, p. 21).
43. Z. Nahya, « Özel gün yemekleri » [les plats des jours de fête], dans *Türk Mutfağı Sempozyumu Bildirileri* [Actes du colloque sur la cuisine turque], Ankara 1983, p. 91.
44. M.-H. Sauner-Leroy, « *Aşure, Anuş Abur, Koliva* Temel Ezginin Üç Örneği » [Trois exemples sur la « partition fondamentale » : *Aşure, Anouch Abur, Koliva*], *Yemek ve Kültür* 13 (2008), p. 105, n. 10.
45. G. Kaya, *Ermeni, Musevi, Rum Evlerinde Pişen Yemekler*, p. 80.
46. S. Kutucular, *Büyükada yemekleri* [Les mets des Iles aux Princes], Istanbul 2005, p. 165.
47. P. Bourdieu, *Le sens pratique*, Paris 1980, p. 369 et suivantes.

entre les sexes) » qui permet de comprendre complètement les divers rites et pratiques, les symboles rituels. Ces derniers sont constitués de deux catégories (« deux schèmes opératoires » qui reproduisent les processus naturels) : les rites de *licitation* (ils permettent la « réunion des contraires séparés ») et les rites *propitiatoires* (la « séparation des contraires réunifiés »)[48]. Nous avons ainsi une explication concernant cette surenchère dans l'utilisation de ce plat et le grand nombre de symbolisations que nous avons noté. L'*aşure* ou l'*anouch abour* reproduisent ainsi à la fois la transformation de la nature qui va redevenir verte, et le processus de procréation qui permet de donner la vie, c'est la « partition fondamentale », et elle donne lieu à des analogies démultipliées. Il serait possible d'y ajouter la symbolique du renouveau après la mort (dans le cas des commémorations des morts et du *kolyva*). Le fait que l'*aşure* participe de ce modèle générateur permet de comprendre en quoi son utilisation en tant que symbole ne peut qu'être productive puisqu'elle fait appel à un mode proprement humain d'interprétation du réel.

5. La symbolique soufie

Par ailleurs, tout un ensemble de pratiques liées à ce plat apparaissent dans les communautés soufies. On le sait, ces dernières présentent une forme de sociabilité très organisée, entraînant souvent une ritualisation du culinaire[49]. Malgré l'éparpillement des sources écrites dans ce domaine[50], il est possible d'avoir accès à des données permettant d'avancer une lecture à la fois semblable et différente. Si l'on considère strictement le plat et sa préparation, il convient tout d'abord de noter son extrême ritualisation.

Les écrits épars sur le sujet s'accordent sur le fait que ce plat était scrupuleusement confectionné, au cours du mois de Muharrem, dans tous les tekke d'Istanbul, à l'exception de ceux des Nakşibendis[51]. Certaines préparations ont acquis une renommée : au lait (*Beylerbeyi*

---

48. *Ibid.*, p. 366-367.
49. Th. ZARCONE, *La Turquie moderne et l'Islam*, Paris 2004, p. 278.
50. Rappelons que les confréries en tant que telles ont été fermées et interdites en 1925 par Mustafa Kemal. Leur réapparition progressive sur la place publique depuis une quinzaine d'années est très largement tolérée par le pouvoir actuel. Récemment les pratiques des confréries ont fait l'objet de nombreuses publications.
51. M. KOÇ, « Revnakoğlu Notlarında Tekke Mutfağı 1 » [« La cuisine des couvents de derviches dans les notes de Revnakoğlu 1 »], *Yemek ve Kültür* 60 (2020), p. 38-54.

Bedevi Tekkesi), avec beaucoup de pistaches (*Odabaşı Tekkesi* à Çapa), ou encore à la crème de lait (*kaymak*) (*Mengene Tekkesi* de Nuruosmaniye)[52]. Préparer l'*aşure* et surtout le distribuer, notamment aux pauvres, était une évidence pour tous les guides religieux.

Dans la confrérie Bektachi, qui utilise les symboles à foison[53], la préparation et la consommation rituelle de ce plat reposent sur des règles connues et rigoureuses[54]. Le jeûne très strict se termine le 10 du mois, les fidèles apportent ce jour-là des ingrédients pour l'*aşure* qui est préparé le lendemain. Chaque soir un chapitre du livre *Hadîkatü's-Sü'edâ* (de Fuzuli) était lu, suivi le 11ᵉ jour par le dernier chapitre (*hatim*), terminant le cycle du deuil[55]. Le 12 du mois a lieu la cérémonie de Cem. Le plat d'*aşure* qui suit le jeûne intense est considéré comme un plat de vie (*can aşı*), une douceur pour souligner le retour à la vie. Il est confectionné selon un rite particulier qui invite chacun des participants à le tourner pour le mélanger durant la cuisson initiée par le baba. Ce dernier s'installe à côté du chaudron et à sa suite les fidèles prennent la cuillère en disant « Destur ya Imâm » ce à quoi répondent les assistants : « Ya Hüseyin » puis celui qui tient la cuillère mélange en traçant un double « vav » (v) de l'alphabet arabe[56]. Le chant *mersiye* (en hommage aux martyrs de Kerbela) de Safi baba est également chanté[57].

Dans les autres confréries, l'*aşure* était confectionné entre le 10 et la fin du mois de Muharrem. Toutefois, chez les Kadiris (à Tophane), il était et est encore préparé aussi le 20 du mois de Safer pour fêter le fait que l'imam Zeynel Abidin a pu réchapper au massacre, permettant ainsi à la lignée des prophètes de perdurer. C'est cette seconde cérémonie qui prend ici allure de fête alors que la première est emplie de la tristesse du deuil[58].

---

52. *Ibid.*, p. 48-49.
53. M. SOILEAU, « Spreading the Sofra: Sharing and Partaking in the Bektashi Ritual Meal », *History of Religions* 52/1 (2012), p. 22.
54. D. AKBULUT, « Bektaşi Kazanlarından Saray Aşureliklerine Bir Paylaşım Geleneği Olarak Aşure » [Des chaudrons Bektachi aux carafes en porcelaine du Palais : l'*aşure* comme tradition de partage], *Türk Kültürü ve Hacı Bektaş Veli Araştırma Dergisi* 55 (2010), p. 274.
55. A. GÖLPINARLI, *Mevlana'dan sonra Mevlevilik*, p. 384
56. Sur ce point, voir P. M. IŞIN, *Gülbeşeker. Türk Tatlıları Tarihi* [Histoire des desserts turcs], Istanbul 2008, p. 263-264, pour une description de 1925 faite par Necib Asim.
57. C. S. REVNAKOGLU, cité par M. KOÇ, « Revnakoğlu Notlarında », p. 50.
58. N. IŞLI, « Kadirihâne'de Aşure », p. 941.

L'aşure *ou la recherche de l'harmonie dans la différence*

L'aspect cérémoniel de la cuisson et de la distribution de nourriture est extrêmement marqué. La confection avait lieu dans tous les couvents de derviches à tour de rôle, chaque sheikh étant invité à assister à l'événement. Nous disposons de plusieurs descriptions qui se recoupent et qui nous permettent de cerner le rituel dans ses grandes lignes[59]. Elles insistent sur un certain nombre de points qui semblent incontournables. Il existe bien entendu des variantes selon les groupes mais dans l'ensemble la cérémonie se déroule de façon très semblable. Après les achats d'ingrédients, les préparatifs proprement dits débutaient quelques jours à l'avance par le trempage du blé, des haricots, des pois chiches, des fèves puis du riz. C'est bien l'ensemble de la communauté des derviches qui participe à l'événement dont on peut cerner l'importance puisque chaque jour du 10 jusqu'à la fin du mois de Muharrem avait lieu alternativement dans chaque *tekke* une cuisson à laquelle venaient assister les convives invités (dont les sheikhs d'autres *tekke*) et les derviches du couvent.

La description faite par Revnakoglu et publiée en 1951 est la suivante[60] :

> Le jour de préparation de l'*Aş*, on récite d'abord l'*evrâd-ı şerîfe* puis le tekbir (*Allah-u ekber*) ou bien *Ey nûr-ı çeşm-i Ahmed-i muhtâr, yâ Hüseyin*, puis un chant *mersiye* durant lequel les participants et invités sont tous debout, ce qui rendait la cérémonie impressionnante et l'on pouvait ressentir l'amour pour les Ehl-i beyt (membres de la famille du Prophète).
> Tous les membres du tekke où est préparé l'*aşure* se réunissent dans la cuisine (*matbah*). Cette réunion se passe en grande cérémonie et avec beaucoup de respect. Lorsque l'eau commence à bouillir on y jette d'abord le blé. Lorsque le blé a bien cuit et éclate, alors on ajoute les ingrédients qui ont besoin de temps pour cuire, préalablement trempés, tels que les haricots secs, fèves, pois chiches. Le riz est placé en premier et lorsqu'il se mélange au blé, l'*aşure* prend une couleur blanche rappelant le lait. Ces ingrédients sont laissés à cuire puis lorsqu'ils ont bien bouilli, on ajoute le sucre. Une fois qu'ils ont bien cuit et se sont bien désintégrés, on ajoute les ingrédients qui

---

59. N. Işlı, « Kadirihâne'de Aşure », N. Tosun, « Tasavvuf Kültüründe Tekke Yemekleri » [La cuisine des confréries dans la culture soufie], *Tasavvuf Ilmi ve Akademik Araştırma Dergisi* 5/12 (2004), p. 123-135, et C. S. Revnakoglu (1951), repris par M. Koç, « Revnakoğlu Notlarında », p. 38-54.
60. Cette description est transmise par M. Koç, « Revnakoðlu Notlarýnda », p. 50. La traduction et le choix des passages sont de nous.

cuisent plus rapidement comme le raisin blond, les dattes, figues, etc. Après avoir ajouté le sucre, on utilisait un long bâton, de la longueur d'un homme, appelé *maplak*, pour bien mélanger. Ces « cuillères » se passaient de l'un à l'autre en commençant par le sheikh et en suivant selon le rang de chacun, en disant « Destur ya pir ! » Le sheikh dit la Fatiha pour tous les martyrs de Kerbela puis s'exclame : « *Bismillâh, destûr yâ sâhibe'l-hidâyet, destûr yâ sâhibe'r-reşâd, destûr yâ sâhibe hâze'l-makâm...* » et tous prononcent la prière sur le Prophète *salavat*. Ensuite certains derviches prononçaient la formule du *tekbir* (*Allah-u ekber*) pendant que commençait le chant *mersiye*. Puis en commençant par le sheikh et ensuite selon la hiérarchie spirituelle chaque participant tour à tour verse l'*aşure* dans les récipients auparavant préparés et lavés. Une fois l'*aşure* totalement refroidi, on place dessus sa décoration (*çeyizlenir*) pour qu'il prenne l'aspect qui est le sien : amandes, noix, pistaches, pignons blanc, raisins de Corinthe. Des derviches sont assignés au service de chaque table et les convives mangent l'*aşure* ; il y a de nouveau l'affirmation de l'unicité d'Allah (*tevhid*) et des chants *gülbang* sont récités ; la cérémonie se termine ainsi. L'*aşure* était placé dans des récipients de bois ou de cuivre, récipients en cuivre dont les côtés étaient gravés du nom du tekke ou de celui à qui appartenait la fondation pieuse (*vakif*). Ils étaient ensuite envoyés parfois jusqu'au palais, après avoir reçu les ingrédients de décoration et avoir été recouverts. Une fois refroidi, l'*aşure* était distribué au voisinage, aux pauvres. Ceux qui venaient avec leur propre récipient en remportaient chez eux.

6. L'itinéraire du soufi

On le voit, le rituel soufi est d'une part bien codifié et comprend une symbolique d'une grande richesse. Pour Necdet Işli, sa préparation mais aussi sa consommation peuvent être considérées comme une pratique du culte (*ibadet*), chaque miette une sourate Fatiha, il doit être mangé comme un remède et il ne faut pas le laisser toucher le sol : en effet, chaque ingrédient correspond à un nom d'Allah qui entre dans le chaudron cru, puis est cuit et mûri (arrive « à point ») pour ensuite se trouver dans l'état d'abandon recherché[61]. Les ingrédients doivent être « ramollis », ils doivent retrouver leur mollesse sans pour autant se fondre totalement dans le mélange. Ce processus est constamment suivi et dirigé par le maître de cérémonie, le sheikh ou guide spirituel

---

61. N. Işlı, « Kadirihâne'de Aşure », p. 942.

L'aşure *ou la recherche de l'harmonie dans la différence*

(il augmente ou non la cuisson, fait ajouter ou non les ingrédients) : en effet durant son parcours, le derviche ne pourrait pas progresser sans la direction du sheikh. Après avoir tracé un « elif », chacun des deux derviches (chez les Kadiris, les Bektachi et les Mevlevis) trace un « vav » comme nous l'avons noté plus haut. Cette lettre symbolise l'esclave (*kul*), c'est-à-dire le croyant, mais aussi le derviche qui doit être « comme un cadavre entre les mains du maître ».

Necdet Işli approfondit encore cette lecture symbolique en précisant que le fait que l'on retire la peau des haricots et pois chiches symbolise l'apparition de l'essence des derviches au cours du processus de cuisson que représente leur initiation « *seyr-i süluk*[62] ». Par ailleurs, le rattachement à Noé est aussi expliqué comme une étape sur le chemin spirituel. Chez les Mevlevis, un double « vav » est également tracé. Or, en calligraphie, cette lettre sert généralement à représenter le bateau de Noé[63]. En réalité, il y a surenchère de symboles puisque pour Necdet Tosun, les deux lettres « vav » tracées l'une à côté de l'autre durant la cuisson correspondent au chiffre 66 (chaque « vav » valant « 6 » dans la science des lettres *ebced*). 66 est aussi la valeur *ebced* du mot Allah. C'est pourquoi tracer deux « vav » était considéré comme le rappel du mot « Allah[64] ».

L'*aşure* permet donc, après une longue cuisson, aux divers ingrédients (noms d'Allah) que contiennent les créatures de cohabiter. Cela correspond au cheminement qu'est censé suivre le soufi. Or, de ce point de vue, celui en qui tous les contraires sont unifiés dans la perspective soufie, c'est l'homme accompli ou l'*Insan-ı kâmil*. Pour parvenir à cet état dans le cheminement soufi, il lui aura fallu suivre un enseignement qui va le « cuire », le « ramollir » suffisamment pour disparaître en Dieu et devenir en quelque sorte son représentant sur terre, voir avec ses yeux, entendre avec ses oreilles, agir avec ses mains. On l'aura compris, c'est ce processus qui était, chaque année, reproduit dans ces confréries, sous l'œil du Maître qui, par sa présence et par l'exemple, fournit aussi à ses disciples matière à méditer.

Par ailleurs, il convient de rappeler que l'*aşure* est un rite ayant lieu le dixième jour du mois. Dans son commentaire du verset 2 de

---

62. *Ibid.*, p. 945.
63. A. ALGAR, « Food in the life of the tekke », dans R. LIFCHEZ (éd.), *The Dervish Lodge. Architecture, Art and Sufism in Ottoman Turkey*, Berkeley – Los Angeles – Oxford 1992, p. 301, n. 9.
64. N. TOSUN, « Tasavvuf Kültüründe Tekke Yemekleri », p. 11.

la sourate de l'Aube, Necdet Ardıç[65] rappelle qu'il y a exactement 4 périodes de 10 nuits qui sont précisées dans le Coran. Celles-ci sont les 10 premiers jours du mois de Muharrem, les 10 derniers jours du mois de Ramadan (donc y compris la Nuit du destin), les 10 derniers jours du mois de Zilhicce (y compris la fête du sacrifice) et enfin les 10 jours de Moïse passés au mont Sinaï. Nous l'avons vu plus haut, pour un certain nombre de courants dans l'Islam, les chiffres ont une importance symbolique. De ce point de vue, Pierre Lory souligne le fait que « les penseurs musulmans n'ont jamais conçu le Non-être comme un vide, comme un néant, mais bien comme un indéterminé, pur potentiel, et l'être comme étant sa structuration, sa mise en forme » : « Ce qui explique que le zéro (*sifr* = vide) n'a pas reçu de correspondant conceptuel dans la Science des Lettres[66] ». C'est ce point précis que va développer Necdet Ardıç. Il souligne en effet que le chiffre 10 a été décrit par les anciens comme *aşere-i kâmile* (le 10 de l'accomplissement) : c'est à partir du 10 que commencent les nombres à deux chiffres, la dualité. « 1 » et « 0 » pris séparément peuvent s'interpréter ainsi : le « 1 » qui est à l'origine de tous les chiffres, si on place ensuite le « 0 » qui n'a aucune valeur, la pluralité apparaît. Ainsi le(s) « 0 » ne prennent-ils de la valeur qu'avec le « 1 ». Le « 0 » n'étant rien en lui-même mais devenant tout avec le « 1 », même si l'on retire le(s) « 0 », le « 1 » se maintient. Il ajoute que tout ce qui est dans le monde est apparu dans le cadre de ce système[67]. Autrement dit, c'est ce processus qui permet à la théophanie de se dérouler. Symboliquement, c'est aussi et donc la représentation d'un point important de la théorie de la *Vahdet-i vücud* (unité de l'existence) qui est ici littéralement représentée. Il serait possible d'y rattacher non seulement les doubles « vav » (traçant le nom Allah), mais aussi l'« elif » dessiné dans le chaudron, ainsi que la multitude d'ingrédients présents dans l'*aşure*.

Par ailleurs, la multiplicité des explications données par les approches soufies pourrait s'expliquer par l'existence des niveaux de connaissance (« şeriat », « tarikat », « hakikat », « marifet ») : étant donné que chaque explication, description, est faite en fonction

---

65. N. ARDIÇ, *Sourate de l'Aube*, p. 8-13.
66. P. LORY, *La science des lettres en Islam*, Paris 2004, p. 10.
67. N. ARDIÇ, *Fecr Suresi* [*Sourate de l'Aube*], p. 13.

L'aşure ou la recherche de l'harmonie dans la différence

du niveau de connaissance de celui qui la donne et de ceux qui la reçoivent, les interprétations sont multiples. Mais en réalité il n'y a qu'un processus qui se déroule.

Nous arrivons ainsi à une conclusion qui permet de relier la quasi-totalité des nombreux éléments que nous avons abordés : l'*aşure* doit probablement son succès au fait qu'à lui seul il permet, si ce n'est de représenter, du moins de rappeler à chacun un élément essentiel de l'idéal de la culture turque : celui de l'harmonie dans la différence, au niveau social (relations de voisinage, don, contre-don), politique (gestion de la pauvreté, redistribution des richesses), symbolique (la gestation et le rythme des saisons) et spirituel (l'homme accompli chez lequel les contraires s'équilibrent). De ce point de vue, l'*aşure* reste un modèle à atteindre.

JEÛNER EN HAUTE AMAZONIE

Oscar Calavia Saez
EPHE, Université PSL, GSRL (UMR 8582)

PUKUIDO, LE FILS d'un renommé *koshuiti* (chaman) Yaminawa, m'a expliqué une fois pourquoi, en dépit de cette circonstance si favorable, il n'était jamais devenu lui-même *koshuiti*. Il l'aurait voulu, parce que ceci lui aurait été d'un grand profit, mais il n'en avait pas été capable. Ce n'était pas le courage qui lui avait fait défaut – il avait traversé la plupart des ordalies qui parsèment le processus d'initiation : lécher la langue de l'anaconda (dont la salive est une substance de savoir chamanique) et fracasser sur sa propre tête un nid de guêpes qu'il avait dû au préalable aller chercher en haut d'un arbre. Il était également capable de se priver longuement de nourriture en consommant de manière intense de l'*ayahuasca*[1] – qui peut provoquer des visions terrifiantes – et de la fumée de tabac. Mais enfin, il n'avait pas réussi à se priver longtemps de rapports amoureux avec sa femme, comme l'exigeait un apprentissage abouti : elle lui manquait beaucoup, comme du reste il ne cessait de le répéter à chaque fois qu'elle s'absentait.

Le processus d'initiation chamanique, tel qu'il était pratiqué il y a une trentaine d'années chez les Yaminawa, était extraordinairement sélectif, et rarement trouvait-on plus d'un *koshuiti* dans chaque

---

1. Dans sa formule la plus courante, l'*ayahuasca* – *shori* pour les yaminawa, *uni* pour les yawanawa – est une décoction de la liane *banisteriopsis caapi* et de feuilles de *psychotria viridis*. Son ingestion est un élément fondamental dans de nombreux systèmes chamaniques en haute Amazonie et dans diverses religions diffusées par les pays amazoniens – partout sur la planète à ce jour.

localité – il était même plus fréquent de n'en trouver aucun[2]. En plus des tests très douloureux, comme celui des guêpes et d'autres encore qui avaient recours à des fourmis venimeuses, l'initiation exigeait une longue réclusion loin du village, une endurance routinière à la faim, une consommation de substances stupéfiantes – le tabac local ayant une forte teneur en nicotine –, et un effort soutenu consacré à l'apprentissage des chants. Le processus, dans son ensemble, était très dur, et après une retraite qui pouvait durer des mois, les initiés étaient dans un état physique très altéré et avaient subi une grande perte de poids.

1. Régimes chamaniques

Les Yaminawa, comme les Yawanawa dont on va parler ci-dessous, font partie du groupe ethnique et linguistique Pano, entièrement localisé en haute Amazonie, dans la zone frontalière entre le Brésil, le Pérou et la Bolivie. L'ensemble Pano se caractérise en même temps par son extrême fragmentation et son homogénéité culturelle et linguistique – il a été comparé à une « nébuleuse compacte[3] ». Les Shipibo-Conibo, dispersés le long des rives de l'Ucayali, l'un des principaux affluents de l'Amazonie, en sont le groupe le plus nombreux, et dans les bassins des rivières Juruá et Purús, qui sont également des affluents de l'Amazonie, l'ensemble Pano est représenté par une infinité d'autres groupes, de dimensions minuscules, pour la plupart connus par des noms qui incluent comme suffixe le terme *nawa* – généralement traduit par *gens*. Tous ces groupes ont vécu jusqu'à aujourd'hui, ou jusqu'à très récemment, de la chasse, de la pêche et

---

2. Depuis cet échange – qui a eu lieu pendant mon terrain en 1993 –, l'intérêt pour le chamanisme a beaucoup augmenté, et Pukuido a finalement atteint le statut de chaman. Dans le cas des Yawanawa, on peut dire qu'une bonne partie, sinon la plupart des membres du groupe sont maintenant des chamans. Ceci représente en partie un retour à des modèles plus anciens – on parle parfois d'initiations chamaniques collectives avant le contact permanent avec les blancs – et en partie une innovation, car ceci inclut désormais les femmes : voir L. PÉREZ GIL, « Chamanismo y modernidade : fundamentos etnográficos de un proceso histórico », dans O. CALAVIA SÁEZ, M. LENAERTS et A. M. SPADAFORA (éd.), *Paraiso Abierto, Jardines Cerrados : Pueblos indígenas, saberes y biodiversidad*, Quito 2004, p. 179-200.
3. Ph. ERIKSON, « Une nébuleuse compacte : le macro-ensemble Pano », *L'Homme* 33/126-128 (1993), p. 45-58.

de l'horticulture sur brûlis à petite échelle, combinées à des emplois occasionnels pour les commerçants de bois, les tailleurs de caoutchouc ou les éleveurs. Au cours des dernières décennies, les revenus tirés de l'État – les menus subsides de retraite, les salaires des enseignants et des agents de santé autochtones – et d'un marché de services spirituels en plein essor sont devenus de plus en plus importants.

Au sein de ce groupe, les Yawanawa sont, culturellement et géographiquement, très proches des Yaminawa. On les trouve dans trois petits villages très proches les uns des autres sur la rivière Gregorio, un affluent du Juruá. Les Yawanawa avaient jadis pratiqué une initiation chamanique[4] très similaire à celle des Yaminawa, initiation qui ne se pratiquait plus depuis que le groupe avait été converti par des missionnaires fondamentalistes américains durant les années 1970. En 1998, quand je les ai connus lors d'une brève visite dans la région, les Yawanawa n'avaient que deux chamans très âgés. Les Yawanawa entamaient alors un processus de sauvetage et de redressement de leurs traditions, et les deux anciens chamans, qui étaient restés dans une sorte d'exil intérieur au temps de la conversion au christianisme évangélique, étaient alors considérés comme des guides spirituels du groupe – un rôle, à proprement parler, bien différent de celui qu'ils avaient autrefois[5]. Les changements les plus radicaux sont survenus peu de temps après, lorsque pour la première fois une femme, Hushahu, a été ouvertement initiée en tant que chamane[6]. Hushahu a ouvert la voie à un renouveau des initiations qui se sont rapidement étendues à d'autres femmes et hommes, et finalement même à des Blancs – des amis blancs, au début, puis, petit à petit, aussi des « clients » blancs.

---

4. Les mots « chaman » et « chamanisme », que les ethnologues ont généralisés à partir d'un terme sibérien, sont devenus monnaie courante chez les peuples autochtones de l'Amazonie brésilienne, à côté de *pajé/pajelança*, des génériques équivalents, mais d'origine tupi.
5. Une description detaillée de ces processus se trouve dans M. CARID NAVEIRA, « Yawanawa : da guerra a festa », mémoire de master, Université de Santa Catarina, 1999 ; L. PÉREZ GIL, « Por los caminos de Yuve : conhecimento, cura e poder no xamanismo Yawanawa », mémoire de master, Université de Santa Catarina, 1999.
6. Par l'un des anciens chamans, tandis que l'autre montrait discrètement son désaccord. Auparavant, les femmes dotées de connaissances chamaniques ne manquaient pas, mais elles devaient les obtenir subrepticement, comme dans le cas de Dona Nega, épouse d'un grand chaman, qui avait écouté en cachette les leçons que son mari offrait à son disciple. Cette procédure informelle n'invalidait pas ses connaissances, qui lui étaient reconnues, bien qu'à un moindre degré.

Le processus d'initiation yawanawa consiste en plusieurs « diètes ». La principale est la diète du *muká* (un tubercule amer[7]), mais il y en a beaucoup d'autres : la diète du *caiçuma* (bière de manioc), du *jenipapo* (un fruit dont est tirée la teinture noire utilisée dans la peinture corporelle), la diète de la salive ou du cœur du serpent (non pas, dans ce cas, l'anaconda, serpent aquatique, mais le boa terrestre[8]). Il est difficile de savoir si ces diètes composent un système, si elles sont en train de le composer dans un panorama chamanique renouvelé, ou si elles constituent des voies d'initiation alternatives conduisant à différents chamanismes, ou si elles répondent à différents soucis spirituels du public – comme nous l'avons déjà dit, le chamanisme yawanawa suscite un intérêt considérable au-delà des frontières de ce groupe. Quelques-unes de ces diètes sont du reste largement hypothétiques : personne actuellement en vie n'a suivi, par exemple, la diète « du cœur », un exploit dangereux que l'on attribue à des personnages exceptionnels du passé. Les diètes sont nommées d'après un élément caractéristique qui est ingéré au début de la diète ou tout au long de sa durée ; elles sont également définies par une abstinence alimentaire qui varie autour d'un schéma commun. Le sucre et le sel – des assaisonnements introduits par les « blancs » –, ainsi que les fruits et la viande, sont bien sûr évités. La nourriture doit être fade. La classification locale identifie le sucré au salé, et la diète chamanique les exclut au même titre. L'eau, considérée comme « sucrée », est également évitée, et dans les périodes les plus restrictives, au début des diètes, le novice finit par n'ingérer que du *caiçuma* (une « bière » de manioc fermenté) et quelques petits poissons. Dans le cas de la « diète de la salive », marquée par l'absorption de la salive du boa constrictor, l'initié se nourrit des rongeurs que ce serpent chasse habituellement. Dans tous les cas, la privation complète de l'alimentation profane contraste avec l'apport intense de substances enthéogènes[9], telles que le *muka*, le venin de crapaud, l'*ayahuasca* et le « rapé », un mélange de

---

7. *Muka* désigne également par excellence l'amer, qui est la condition même du chaman. J'omets son identification, car les Yawanawa ne sont pas favorables à la diffusion de leurs connaissances botaniques.
8. Les langues Pano identifient les deux sous le nom de Ronoa en soulignant le dessin similaire de leur peau ; l'anaconda devient ainsi, non pas un animal différent, mais la version maximale du ronoa.
9. Le terme « enthéogène » a été proposé comme alternative à « hallucinogène » ; en dehors de certaines nuances péjoratives, « hallucinogène » se réfère à une illusion engendrée dans l'esprit de la personne qui prend la substance hallucinogène,

tabac tamisé avec des cendres provenant de divers arbres. Il faut aussi dire que la vulgarisation du processus initiatique a conduit, dans de nombreux cas, à un certain relâchement des exigences : il est courant d'admettre désormais l'ingestion de l'eau avec du citron[10].

Ce type d'initiation chamanique, bien que limité à certaines traditions locales, ne fait pas exception dans le panorama des peuples de langue Pano, ni des Amazoniens en général, ni – plus généralement encore – parmi les peuples autochtones des basses terres d'Amérique du Sud. Une abstinence alimentaire prolongée et la privation des relations sexuelles sont courantes dans des rituels d'« initiation » autres que celui d'un apprenti chaman, ou même dans d'autres situations de « passage » plus ou moins ritualisées, à l'occasion de naissances ou de décès. Le traitement que les Amahuaca – qui appartiennent eux aussi à l'ensemble Pano – subissent pour devenir de bons chasseurs comprend des épreuves similaires à celles que nous avons décrites au début[11], et compte tenu de la stricte analogie faite parmi les Pano – et généralement en Amazonie – entre la chasse et la guerre, il n'est guère surprenant que ce traitement soit étendu en partie à la conduite observée après un homicide. Le tueur, quelles que soient les dimensions ou les causes du conflit – à un moment donné, dans le passé, le meurtre équivalait à un rituel de passage du jeune homme à l'âge adulte –, peint son corps avec du *genipapo* et reste pour un temps en dehors du village. Une histoire que des Yaminawa m'ont rapportée racontait la première expédition solitaire d'un jeune homme pour tuer les Kukushdawa – les gens-luciole – dont les colliers brillants étaient rapportés en trophée. Cette description des protocoles guerriers d'un passé révolu était très succincte ; néanmoins elle montrait la nécessité d'une diète de bouillie de maïs.

Les diètes du tueur sont un thème constant dans l'ethnologie des basses terres d'Amérique du Sud, des récits sur les Tupinambá de la fin

---

tandis que « enthéogène » se réfère à une communication avec des êtres réels et externes.
10. Les données sur les diètes yawanawa se trouvent dans L. DUQUE PLATERO, « Reinvenções daimistas : uma etnografia da aliança entre uma igreja do Santo Daime e o povo indígena Yawanawá (Pano) », thèse de doctorat, Université de Rio de Janeiro, 2018 ; R. REIS DE SOUZA, « Arte, Corpo e Criação Vibrações de um modo de ser Yawanawa », mémoire de master, Université de Rio de Janeiro, 2015.
11. R. L. CARNEIRO, « Hunting and hunting magic among the Amahuaca », *Ethnology* 9/4 (1970), p. 331-341.

du XVIe siècle jusqu'aux ethnographies récentes. Leurs caractères diffèrent énormément à partir d'un noyau commun : « L'idée que l'homicide est une forme d'anthropophagie due à l'ingestion de certains constituants intangibles et / ou du sang de la victime [...] est extrêmement répandue » dans le continent. Dans certains groupes, les précautions et prescriptions post-homicides visent à expulser le sang exogène ; dans d'autres, elles visent à le neutraliser ou à le transformer dans le corps[12]. Le degré d'acceptation ou de rejet de ce cannibalisme virtuel définit le comportement suivi.

Ainsi, pour certains, le sang de l'ennemi mort peut-il adhérer au meurtrier comme une odeur : la bouche du tueur ou tout son corps sent le sang, et il doit le contrer avec du tabac et ingérer des potions très amères ; l'effet final est néanmoins positif, puisque le corps du tueur devient dur et résistant[13]. Pour d'autres, le tueur peut être considéré comme mort avec sa victime, et cela change sa réclusion en une sorte de deuil dont il sort enfin devenu un autre – un autre également renforcé, en quelque sorte immortel – et en adoptant un nouveau nom[14]. À la limite, le sang de l'ennemi peut être très bien reçu, car il se transforme en pouvoir génésique (c'est à partir de ce sang que le sperme est fait), et les soins effectués après le meurtre visent plutôt à ne pas le perdre. Le tueur doit grossir à ses dépens pendant la période de son confinement[15] – contrairement à ce qui se passe dans le cas de l'initié au chamanisme parmi les groupes Pano. L'attitude Pano envers cette absorption de sang est, au contraire, très négative : le sang de l'ennemi peut gonfler le ventre, et il faut l'expulser à l'aide d'émétiques. La présence de sang est redoutable même dans la nourriture ordinaire, bien que le sang puisse avoir un intérêt positif dans le cas où une agression externe à l'encontre du groupe – ce corps commun dont nous parlerons plus bas – a provoqué une perte de sang importante[16]. Cependant, le mythe Yaminawa mentionné ci-dessus a permis de souligner l'importance d'un aliment

---

12. C. FAUSTO, *Inimigos fiéis. História, guerra e xamanismo na Amazônia*, São Paulo 2001, p. 311.
13. *Ibid.*, p. 309-314.
14. C'est un amalgame de données tupinamba et araweté : voir Ed. VIVEIROS DE CASTRO, *Araweté : os deuses canibais*, Rio de Janeiro 1986, p. 599-605 [p. 611].
15. A. VILAÇA, *Comendo como gente : formas do canibalismo wari*, Rio de Janeiro 1992.
16. Ph. ERIKSON, « Alterité, tatouage et anthropophagie chez les Pano : la belliqueuse quête du soi », *Journal de la Société des Américanistes* 72 (1986), p. 185-209 [p. 194-197].

sucré, la bouillie de maïs, au sein de la diète alimentaire observée par le meurtrier pendant sa ségrégation. Les groupes Pano sont généralement enclins à séparer la figure du guerrier (et du chasseur) de celle du chaman[17] ; la notion de durcissement du corps est liée à l'absorption de substances amères qui différencient le corps du chaman du corps commun, alors qu'il semble que la diète du tueur tende plutôt à le rapprocher à nouveau de ses congénères et à purger le sang ennemi.

2. Jeûne *versus* diète

Il est à peine nécessaire de souligner la proximité entre les pratiques que nous venons d'évoquer et ce que dans d'autres contextes nous appelons le « jeûne ». Le terme vernaculaire utilisé pour désigner le jeûne est assez stable, du moins depuis que nous avons des dictionnaires de langue Pano : *samaqui*[18], *samaque*[19], *samaki*[20], *samai*[21]. Les Yawanawa appellent *samaki* l'endroit dans la jungle où les novices sont isolés. Tous les dictionnaires mentionnés ont été élaborés par des missionnaires, d'abord catholiques et plus tard protestants, et la traduction par « jeûne » a été progressivement remplacée par « diète », le terme le plus courant aujourd'hui, même dans le portugais ou l'espagnol parlé par les Indiens eux-mêmes. Le mot « purge » est également utilisé dans l'environnement métis de l'Amazonie péruvienne, mais surtout pour la prise de l'*ayahuasca*.

Les missionnaires n'ont jamais eu une conception très élevée de la vie religieuse Pano ; leur conception était même bien trop minimaliste pour qu'ils identifient des cultes ou des divinités, et les ethnologues ont adopté à leur suite une attitude semblable, parlant du chamanisme Pano plutôt comme d'une technique ou d'une cosmologie/philosophie que comme d'une religion. C'est peut-être la raison pour laquelle le mot « jeûne », évoquant en quelque manière le jeûne chrétien, a été relégué et remplacé par « diète », terme qui constitue une meilleure traduction. Si le « jeûne » ne signifie que l'abstention de nourriture, la « diète » indique qu'il y a d'autres nourritures prescrites en même

---

17. Ph. ERIKSON, « Alterité, tatouage et anthropophagie chez les Pano », p. 196.
18. K. VON DEN STEINEN, *Diccionario Sipibo. Abdruck der Handschrift eines Franziskaners*, Berlin 1904.
19. S. MONTAG, *Diccionario Cashinahua*, Yarinacocha 1981.
20. L. EAKIN, *Yaminahua Dictionary*, Yarinacocha 1987.
21. M. SCOTT, *Vocabulario Sharanahua-Castellano*, Lima 2004.

temps. Malgré cela, je retiendrai parfois dans le présent article le mot « jeûne », pour donner plus d'importance aux connotations morales de la pratique et pour expliciter le contraste avec la conception chrétienne du jeûne. Compte tenu du contexte culturel dont l'auteur relève et du rôle des missionnaires au sein des peuples autochtones de l'Amazonie, cette référence au christianisme, si brève soit-elle, est inévitable.

Les aliments prescrits dans ces jeûnes/diètes appartiennent assez souvent à une catégorie « anti-alimentaire ». Certains sont clairement définis comme impropres à l'homme : c'est le cas des souris et des crapauds de la « diète du cœur ». D'autres ont des effets qui sont à l'opposé de ce que nous entendons par nutrition : ils provoquent des vomissements et/ou des diarrhées. Ce n'est pas que cette combinaison d'interdictions et de prescriptions et cet équilibre entre la nourriture et l'anti-nourriture soient totalement étrangers à l'univers du jeûne chrétien ; au moins dans l'hagiographie chrétienne, les grandes mortifications nécessaires pour purifier l'âme peuvent inclure, conjointement avec le jeûne et l'agression pénitentielle contre le corps lui-même – flagellation ou cilice –, un contact avec des substances impures, telles que l'eau ou les chiffons qui ont été utilisés pour laver des malades, ou même l'absorption, par exemple, de matières purulentes. Mais tout cela se produit dans un contexte d'activisme anti-corporel : si le physique est inversement proportionnel au spirituel, on peut comprendre que la saleté corporelle soit, finalement, transmuée en puissance spirituelle ; l'eau sale guérit, chiffons et bandages exhalent une délicieuse odeur, et le pus a de « bonnes saveurs [22] ».

L'analogie entre le *samaqui* et le jeûne est donc d'une portée limitée. Dans le *samaqui*, le corps est affermi, il n'est pas étiolé au profit de l'âme. Les prétendus « anti-aliments » du chaman sont en réalité des aliments à part entière : ils font partie du corps de la personne qui les prend et fournissent des éléments actifs et bénéfiques. Ce qui caractérise le chaman n'est pas un esprit libéré du corps, mais un corps qui exerce son activité de connaissance avec toutes ses parties et tous ses organes et qui est imbu de *muka*, l'« amertume [23] ». La même chose

---

22. Voir, parmi d'innombrables anecdotes de ce genre, G. KLANÍCZAY, *Holy rulers and blessed princesses*, Cambridge 2002, p. 266 et 273-274, A. GONZÁLEZ MIGUEL DIÉGUEZ, *Sor Patrocinio*, Madrid 1981, p. 135.
23. K. M. KENSINGER, *How real people ought to live. The Cashinahua of Eastern Peru*, Prospect Heights (Ill.) 1995, « The body knows. Cashinahua perspectives on knowledge », p. 237-246.

s'observe dans les pratiques qui accompagnent le *samaqui* et que nous identifions à première vue comme de la torture : les piqûres d'insectes, par exemple, sont extrêmement douloureuses, et elles peuvent même à la limite provoquer la mort, mais la souffrance en tant que telle n'est pas l'objectif : il s'agit avant tout d'injecter des substances « amères » dans le corps du novice. La distinction occidentale entre nourriture et drogue n'est pas aussi tranchée chez les Pano. Dans la tradition médicale de l'Ancien Monde, le médicament purifie ou guérit, comme il le fait en Amazonie, mais en Amazonie, le médicament reste ensuite dans le corps et le caractérise, un rôle qui est réservé exclusivement à la nourriture en Occident. Des Yaminawa âgés et qui avaient déjà une longue expérience de l'usage de l'*ayahuasca* m'ont expliqué qu'au fil du temps, la dose qu'ils devaient prendre pour obtenir leurs visions diminuait jusqu'à devenir inutile pour les vétérans, et cela parce que l'*ayahuasca* était resté dans leur ventre et qu'il était même devenu une partie du corps.

Pour les Yaminawa ou les Yawanawa, il y a deux pôles dans la nourriture ou la drogue : le sucré (qui comprend le salé) et l'amer (voisin de l'épicé). Les aliments « sucrés » sont ceux qui composent le corps ; les substances amères, au contraire, le durcissent[24]. La tradition occidentale prétend que « nous sommes ce que nous mangeons » : la nourriture reste dans le corps sous forme d'os, de graisse ou de muscle ; les drogues, au contraire, doivent exercer leur action et puis disparaître, car ce sont des éléments étrangers au corps et qui devraient idéalement être évités. Dans le contexte Pano, les drogues sont déconseillées ou simplement interdites pour les enfants et les femmes en âge de procréer, mais une fois que ces conditions sont passées, les drogues deviennent des composants authentiques et nécessaires du corps : la « vie sans drogues » prônée par l'hygiène occidentale supposerait un corps doux et enfantin.

À ce stade, l'objet du présent article en devient déjà un autre avec lequel le jeûne affiche des liens importants, mais aussi une différence fondamentale : il est désormais plutôt question de ce qu'on

---

24. Les médicaments des blancs représentent une rupture dans ce système, car ils sont compris comme « sucrés » et « doux » – et ils sont donc de plus en plus en faveur, même si cela signifie à terme un déclin des corps, qui deviennent faibles et vulnérables.

appelle souvent les « tabous alimentaires[25] ». Il ne faut surtout pas les confondre et se laisser abuser par la notion de corps qu'ils ont en commun, mais il faut les traiter de sorte que cette notion de corps reste claire.

Nous avons, pour commencer, certains éléments dont l'exclusion absolue n'a pas besoin d'une autre exégèse que la plus tautologique et emphatique : ils ne sont pas mangés parce qu'ils ne sont pas mangés, sous danger de mort et de chute dans la sauvagerie. Dans l'ensemble Pano, cette exclusion s'étend essentiellement aux prédateurs et aux charognards ou à ceux qui leur sont associés : la viande du jaguar n'est pas mangée, l'opossum n'est pas mangé, le vautour n'est pas mangé. Cette sélection n'est pas très originale, et elle n'est pas du tout étrangère aux règles alimentaires occidentales, même si évidemment il faut éviter l'erreur de la tenir pour universelle. Sans aller très loin, les voisins brésiliens des Yaminawa considèrent l'opossum comme un mets délicat, et d'autres peuples des basses terres d'Amérique du Sud, comme les Guayaqui ou les Kulina, n'hésitent pas à se nourrir de la viande de jaguar, de serpent ou même de vautour.

Au-delà de ces interdits élémentaires, il existe un autre type d'abstinence qui peut porter sur tout type de nourriture et de drogue selon les cas : ainsi du régime alimentaire imposé par une grossesse ou par la naissance d'un enfant, ou du régime alimentaire lié à certaines conditions corporelles (maladie, menstruation, stades de croissance). Il y a des animaux à la viande très prisée qui doivent être évités pour prévenir les problèmes d'accouchement (animaux qui se cachent dans les trous) ou les malformations du nouveau-né (la tortue terrestre avec ses membres tordus) ou pour épargner au corps malade l'entrée de substances agressives : aliments excessivement gras ou lourds. Comme nous l'avons déjà dit, les substances amères sont généralement déconseillées, voire totalement exclues, dans l'alimentation des enfants, des femmes enceintes et des femmes en âge de procréer. Ces substances durciraient prématurément un corps qui doit encore s'épanouir. Encore une fois, il convient d'éviter les généralisations panamazoniennes : chez les Shuar, par exemple, il y a une consommation très précoce d'*ayahuasca*[26].

---

25. À ce sujet, le travail le plus significatif reste K. M. KENSINGER et W. H. KRACKE (éd.), *Working Papers on South American Indians. Food Taboos in Lowland South America*, Bennington 1981.
26. S. RUBENSTEIN, « On the importance of visions among the Amazonian Shuar », *Current Anthropology* 53/1 (2012), p. 39-79.

Comme nous pouvons le voir, ce ne sera pas parmi ces critères que nous trouverons une grande différence avec nos notions courantes d'hygiène alimentaire : la composition du menu peut varier considérablement, mais le régime alimentaire sain et *a fortiori* la diète « médicale » sont, dans un cas comme dans l'autre, léger et fade. Ce qui différencie clairement ce système du nôtre, c'est que la « diète » y dépasse les limites du corps individuel et affecte un corps relationnel. Une grande partie de l'abstinence alimentaire qui entoure la naissance d'un enfant affecte non seulement la mère et le père, mais un groupe relativement important de parents. Et il ne s'agit pas ici de solidarité de groupe : les hommes qui ont eu des relations sexuelles avec la mère – plusieurs peuvent se considérer comme pères en vertu d'une notion de paternité multiple assez répandue dans la région[27] – doivent respecter ce régime, en plus de tous ceux qui ont partagé de la nourriture avec les personnes qui sont directement impliquées dans cette naissance à venir. Bien entendu, une casuistique assez large est appliquée à l'observance de ces normes : selon l'intensité de la relation et la rigueur morale dont fait preuve le groupe environnant, la valeur de la norme peut aller du mandat catégorique sanctionné de menaces sévères à celui d'une simple recommandation. Mais un vieil homme Yawanawa m'a raconté, d'un air très amusé, l'occasion où une jeune femme, mère d'un nourrisson, avait « mis sa main » en public au visage de Kushnia, un redoutable guerrier, détruisant ses décorations faciales, car, alors qu'elle avait eu des relations sexuelles avec lui, il s'était permis de manger de la viande qui était interdite pour le bien du bébé – et Kushnia était un guerrier assez important pour qu'un type de lance porte son nom. L'histoire était très ancienne, mais il convient de noter que, dans une situation de grandes mutations comme celles qui se sont produites depuis le contact permanent avec le monde des « blancs », ces règles survivent. La conversion en « civilisé » ou « chrétien » a conduit à l'abandon de nombreuses traditions, mais ce type de tabou alimentaire n'a pas perdu sa validité. Il n'est pas rare que la radio soit utilisée pour prévenir des parents ou des amoureux éloignés des précautions à prendre à l'occasion de la naissance d'un enfant.

---

27. S. BECKERMAN et P. VALENTINE (éd.), *Cultures of multiple fathers. The Theory and Practice of Partible paternity in Lowland South America*, Gainesville 2002.

3. Totémisme

Semblable circonspection ne s'observe pas dans d'autres types d'abstinence, qui se rapportent à la viande d'animaux avec lesquels une relation de parenté est reconnue. Dans ce cas, parmi les personnes les plus scrupuleuses à définir et suivre la tradition, il y en a très peu qui ont une idée claire de cette relation et qui prennent soin de l'honorer. Les groupes linguistiques Pano, et les Yaminawa en particulier, offrent des exemples très expressifs de ce que l'on a appelé le *multinaturalisme*[28], c'est-à-dire une ontologie dans laquelle tous les êtres vivants partagent la même culture ou le même type d'esprit et diffèrent exclusivement par leur corps. En d'autres termes, au-delà de cette entité corporelle qui les empêche normalement d'être perçus de cette façon, les plantes sauvages, les jaguars ou les porcs sont des personnes à l'instar des êtres humains et ils ont des institutions humaines : ils vivent dans des villages, ils sont organisés selon des règles de parenté, ils ont leurs patrons, leurs rituels, leur politique.

Ce n'est pas ici le lieu de développer cette notion en détail, mais peut-être faut-il préciser ce qu'elle n'implique pas : à savoir une sorte de disposition mystique. Ce multinaturalisme a une place très similaire à celle de l'horizon évolutionniste pour les Occidentaux : savoir que les animaux sont des humains en cachette a le même type de conséquence que de savoir que tous les humains sont des animaux en cachette. L'adhésion à la théorie darwinienne ne modifie en rien les exigences de l'humanité et n'empêche pas de discriminer entre l'animal humain et les animaux « au sens propre », bien qu'elle serve bien sûr à interpréter certains faits et à établir certaines mesures de conduite. On peut en dire de même du multinaturalisme. Il relève d'une conviction philosophique dont la trace sur les habitudes quotidiennes peut être la plupart du temps imperceptible.

Les groupes de descendance auxquels les Yaminawa et la majorité des Pano sont attachés – un peu vaguement, il est vrai[29] – portent des noms qui sont composés presque toujours de noms d'animaux

---

28. E. VIVEIROS DE CASTRO, « Cosmological Deixis and Amerindian Perspectivism », *Journal of the Royal Anthropological Institute* 4/3 (1998), p. 469-488.
29. La plupart des groupes de la région ont des systèmes de parenté cognatique, ce qui – en plus de la paternité multiple –, fait de ces groupes des entités idéales et casuistiques en même temps. Cependant, les Indiens les appellent parfois des « clans », un terme emprunté à l'anthropologie.

(Xixinawa, Isonawa ou Yawanawa sont respectivement des gens-coati blanc, des gens-singe noir, des gens-pécari). Ce sont des marqueurs auxquels une notion de parenté avec l'espèce animale considérée n'est pas nécessairement liée. La condition humaine des animaux – visible dans les temps anciens – n'est perceptible aujourd'hui que par le chaman ou dans les visions et les rêves. Certains événements – une maladie, par exemple, qui est comprise comme une agression ou une vengeance de la part des proies animales – peuvent être interprétés sous cet angle. Les mythes parlent souvent de rencontres avec des animaux qui reconnaissent les humains comme des parents : ainsi le protagoniste de l'un d'eux[30] rencontre-t-il un énorme anaconda qui, au lieu de le dévorer, l'accueille dans sa maison en reconnaissant, par son odeur et par son nom, qu'il est un « parent ». Les mythes parlent plus fréquemment encore de mariages entre humains et animaux, une relation dont les conflits – très fréquents – tendent à se produire sur le registre de l'alimentation : le conjoint animal, autant qu'on le voit dans son aspect humain, conserve les habitudes alimentaires de son corps animal, ce qui peut le rendre dangereux ou dégoûtant. En revanche, la coexistence quotidienne, marquée par la commensalité et les rapports sexuels, fait que le conjoint humain devient corporellement semblable au conjoint animal et que la consommation de la viande de celui-ci lui devient fatale.

Tout ce patrimoine traditionnel peut être d'ailleurs mis à jour : ainsi l'un de mes meilleurs interlocuteurs a-t-il développé une théorie selon laquelle chaque Yaminawa appartenait à l'un des quatre groupes liés respectivement aux animaux aquatiques, aux oiseaux d'altitude, aux prédateurs de la jungle et aux pécaris. Selon lui, on pouvait compter sur la solidarité des animaux de son groupe, mais, en échange, la viande de ceux-ci devait être évitée sauf à se rendre coupable d'un cannibalisme dont les conséquences étaient graves. L'interdit était très facile à respecter pour les yaminawa des deuxième et troisième groupes, mais bien plus difficile pour le premier et pratiquement impossible pour le quatrième.

Le régime alimentaire est un signe de la différence entre les corps, et il contribue également puissamment à la produire, et cela s'applique non seulement au contraste entre les humains et les divers animaux,

---

30. Ó. CALAVIA SÁEZ, *O nome e o tempo dos Yaminawa: Etnologia e história dos Yaminawa do Alto Acre*, São Paulo 2006, p. 206.

mais aussi à celui entre les « Indiens » et les « blancs ». Le régime indigène traditionnel (généralement identifié à la combinaison de viande, de manioc/maïs/banane et de gibier, mais dont la dimension mémorielle est de plus en plus nette) est invoqué comme une différence décisive avec le mode de vie des blancs, qui consomment des aliments industrialisés et utilisent massivement du sucre et du sel. C'est surtout par la consommation de ces substances qu'un indigène peut finir par « devenir blanc », bien que cette transformation soit limitée par les potentialités de son corps. Au lieu de transformation, une dégradation peut plutôt se produire : les anciens ont tendance à faire de ces nouvelles habitudes alimentaires le thème central de leurs sermons, ils leur attribuent la mauvaise santé, le manque de force et de fibre morale des jeunes. Dans le sud du Brésil, les Guarani insistent volontiers sur cette question, et le fait est également très manifeste dans l'ensemble Pano. Cette censure vient prendre la forme d'une interdiction, peu respectée, des nouvelles nourritures – le diagnostic traditionaliste est finalement très proche de celui de la biomédecine : le diabète, suivi de l'hypertension et des lésions hépatiques causées par l'alcool, est depuis longtemps la principale cause de décès parmi la population indigène[31].

4. L'extension du corps

Comme nous l'avons vu, nous avons glissé dans les dernières pages vers un autre sujet, celui des tabous alimentaires, qui est éloigné du jeûne au sens propre. Par « jeûne », on entend une privation de la nourriture habituelle et surtout des aliments les plus appréciés ; la notion de jeûne n'implique pas de s'abstenir de consommer des aliments interdits, méprisés ou néfastes. Mais cette contamination thématique est importante. Bien que les normes alimentaires n'aient rien à voir avec le jeûne, c'est par elles que s'expliquent les notions de corps grâce auxquelles le jeûne – *samaqui* – prend son sens.

Nous avons vu qu'il n'y a pas de séparation nette entre la nourriture et la drogue. Il n'y en a pas non plus entre nutrition et rapports

---

31. Évitons cependant une confusion entre les deux. Bien que le fait de plaider en faveur du traditionalisme alimentaire soit susceptible d'être applaudi par n'importe quel médecin « blanc », ce que les blancs entendent par « nourriture saine » – les légumes et les méthodes biologiques telles que l'usage du fumier comme engrais – n'est pas du tout considéré comme tel par les sages de la forêt.

sexuels : dans les deux cas, il y a un échange de fluides, et cette connexion est confirmée par la fréquente identification lexicale (préservée en portugais) entre l'acte sexuel et l'acte de manger. Le sperme forme le corps de la même manière que le lait maternel ou les aliments de tous les jours. Grâce à cette alimentation sexuelle ou orale, un corps social est créé qui est beaucoup plus large que le corps individuel et qui n'est pas *corps* au sens métaphorique que nous donnons à ce terme lorsque nous parlons de corps collectifs : le corps social Pano est un corps dans le sens physiologique du terme. *Yura*, le terme qui s'est imposé comme la « dénomination de soi » d'un groupe Pano et qui est strictement équivalent à un pronom pluriel de la première personne, désigne un « corps », et il est également utilisé pour distinguer le composant le plus matériel et le plus lourd de la personne – le distinguant ainsi des différents « esprits » qui sont aussi des corps, pourtant plus petits et plus subtils – ; il est également employé dans le sens de « cadavre », un corps abandonné par le *weroyoshi*, soit l'esprit principal, celui de la prunelle.

Un pas de plus, et cet échange peut dépasser les limites de la parenté, du corps social, pour inclure l'ennemi. Nous avons déjà parlé des conséquences entraînées par le fait de manger comme des étrangers ou de l'imprégnation de sang qu'implique le meurtre. Celui qui tue un ennemi n'a pas « les mains sales de sang », mais son corps est considéré comme désormais empreint d'une substance étrangère qui est capable de le transformer en une autre personne. Bref, il y a un obstacle fondamental à assimiler la conception du jeûne des amérindiens d'Amazonie à celle du christianisme, qui repose sur l'idée d'un corps individuel, à la fois fondement et prison d'un sujet moral.

Jusqu'à présent, tout ce qui a été dit peut se résumer dans un net contraste entre le jeûne des grandes religions et le régime alimentaire des peuples amazoniens. Dans un cas, celui du christianisme, qui, pour des raisons de proximité et de familiarité, a été pris ici comme référence, le jeûne agit dans un jeu à somme nulle dont les adversaires sont le corps et l'âme : tout ce qui fortifie le premier se fait au détriment de la seconde, et vice versa : l'âme se nourrit du jeûne du corps et s'épuise dans l'excès de gourmandise ou de luxure. En Amazonie, pour autant que « corps » et « âme » ou « esprit » soient des termes utilisés dans les descriptions, nous ne rencontrons aucune opposition binaire entre eux : en fait, il n'y a pas de corps totalement inanimé, ni d'âme qui ne soit pas dans une certaine mesure corporelle. L'entité la plus instable de la psychologie Yaminawa, le *weroyoshi*, est aussi un corps, « ce petit bonhomme que l'on voit sur la prunelle », qui sort pendant le sommeil et qui peut causer la mort de l'individu s'il s'en éloigne trop. Tous les esprits – *yoshi* – sont aussi des corps, plus petits (microscopiques, même), plus subtils, plus légers, mais enfin des corps. À chaque fois que l'on examine la notion de personne et qu'il est procédé à une anatomie du vivant, on observe une multiplication d'entités qui sont des composantes mineures de la personne, mais on n'a jamais affaire à un « diviseur » de natures à partir duquel on puisse distinguer entre le purement spirituel et le purement matériel[32]. Ainsi le concept chrétien de jeûne, qui pourrait être formulé comme une équation (- corps) = (+ âme), n'a-t-il pas cours légal dans l'Amazonie indigène, où les pratiques de restriction/prescription alimentaire pourraient être formulées plutôt comme (corps $_a$) >>> (corps $_b$). Bien sûr, sans la dualité ontologique corps/âme, il n'y a en principe nulle part où placer une dualité morale correspondante.

Mais cette conclusion, comme toutes celles qui proviennent de comparaisons à grande échelle – Amérindiens *versus* Chrétiens dans ce cas –, peut être trop facile.

Il y a un sens dans lequel le jeûne de style amazonien peut se comparer au jeûne chrétien, bien que les concepts d'âme et de corps soient dans les deux cas différents. Ainsi lorsqu'une discipline alimentaire est considérée comme souhaitable pour gagner le paradis. Chez les Guarani, qui sont situés entre le Brésil et plusieurs autres pays du cône sud de l'Amérique latine, l'accès à une vie meilleure – définie à mi-chemin entre le ciel et une « terre sans mal » – a pour condition une combinaison d'ascétisme alimentaire – ce qui implique d'éviter des aliments lourds et en particulier des aliments « blancs » – et d'exercice persistant de danse rituelle[33]. Atteindre le « paradis » nécessite tout d'abord un corps léger, et cette exigence s'adresse particulièrement aux femmes, davantage associées aux aliments « sucrés » qui construisent le corps et, bien sûr, l'engraissent. Des conceptions semblables se retrouvent à l'autre bout du continent, chez des peuples de langue caribe comme les Ingarikó : dans ce cas, cette doctrine est

---

[32]. P. Deshayes, *Les mots, les images et leurs maladies*, Paris 2000, p. 28-38 et p. 210-212.

[33]. V. Macedo, « Dueños, cuerpos, embalajes. Emparentamientos y eclipsamientos en las alteridades Guaraní », dans Ó. Calavia Sáez (éd.), *Ensayos de etnografía teórica. Tierras bajas de América del Sur*, Madrid 2020, p. 51-78.

énoncée dans le cadre de la « religion de l'Alléluia[34] ». Comme on peut le déduire de ce terme, les Ingarikó ont fait l'objet d'une mission chrétienne, en particulier de l'Église morave ; quant aux Guarani, il n'est pas nécessaire de rappeler l'expérience des missions jésuites, très éloignées dans le temps, mais toujours présentes dans les histoires du passé qui peuvent encore être collectées. Cette circonstance a toujours conduit à une discussion infructueuse ou même absurde sur les limites entre les notions propres et acquises, comme si le fait de s'inspirer de sources étrangères disqualifiait les pratiques autochtones en tant qu'autochtones.

Il est vrai toutefois que cette notion de légèreté corporelle ascendante renforcée par la pratique du jeûne se retrouve également dans d'autres lieux où le contact avec la mission chrétienne n'a pas laissé de traces évidentes. C'est le cas des Pano que l'on analyse ici. Un mythe commun à différents groupes de cet ensemble[35] reformule en ces termes le processus initiatique par lequel nous avons commencé la description. La narration commence par la découverte de l'*ayahuasca* – propriété jusque-là des anacondas –, mais ce qui nous intéresse ici est le deuxième segment de la narration. Le groupe se réunit dans une maison et prend l'*ayahuasca* pour la première fois. Alors que les chants qui lui sont associés sont chantés à plusieurs reprises, la maison dans laquelle le groupe se trouve – et avec elle, tout le terroir environnant – commence à se détacher de la terre et à atteindre le niveau céleste des esprits *yoshi*. Désireux de partager leur expérience avec leurs proches, les membres du groupe envoient des messagers pour les inviter à les rejoindre : tous les envoyés remplissent leur mission, sauf l'un d'entre eux qui succombe à la tentation de manger de la viande de pécari et qui tombe ensuite dans un état de torpeur ; il se réveille trop tard, et lorsqu'il arrive à l'endroit où ses proches ont jeûné et pris depuis longtemps la puissante potion, il constate que la maison – voire tout le village – s'est enfin détachée de la terre et qu'elle est déjà trop haute pour qu'il puisse l'atteindre ; il reste au sol, transformé en un oiseau dont le chant évoque le cri désespéré de celui qui a été laissé seul. Toute la topologie morale que l'on trouve dans le jeûne chrétien, le contraste vertical entre le haut et le bas, entre les

---

34. S. AZEVEDO DE ABREU, *Aleluia e o banco de luz : messianismo indígena no norte amazônico*, Campinas 2004.
35. Voir une version étendue de ce mythe dans L. PÉREZ GIL, *Por los caminos de Yuve*, p. 166-170.

facultés supérieures et les besoins inférieurs, entre le poids du corps et la légèreté de l'âme, se retrouve ici, mais elle est projetée à l'échelle cosmologique : certes, on n'a pas ici affaire à une âme grande et légère opposée à un corps bas et lourd, mais il y a bien un ciel où vivent des corps légers et une terre où restent des corps lourds.

Cela ouvre, comme cela a toujours ouvert aux missionnaires, une voie facile à suivre pour la traduction ; mais il est très probable que l'on aboutisse en réalité à ce que les traducteurs appellent un faux ami. Il n'y a là rien de nouveau : dans le travail de traduction culturelle qui est ou a été la tâche la plus courante des anthropologues, se confronter à l'intraduisible est un épisode rare, et même une aubaine pour le chercheur, qui peut ainsi mettre en valeur ses compétences d'herméneute. En l'occurrence, nous n'avons pas ici affaire à des termes qui défient l'entendement de l'anthropologue, mais plutôt à une multitude de faux amis qui jonchent le chemin du traducteur et l'obligent à replacer sans cesse le terme traduit dans son champ sémantique d'origine.

Dans ce cas, il convient de souligner le fait que, si l'homologie entre les processus d'ascension provoqués par le jeûne est visible, le lien entre cette élévation et la supériorité morale est néanmoins absent. En d'autres termes, il reste à vérifier si les êtres « élevés » sont également « meilleurs ». Peut-être le sont-ils dans le cas des Guarani ; mais ce n'est pas le cas chez les Pano. Les habitants du ciel ne sont pas des modèles, ils sont irresponsables et hédonistes, ils passent leur temps à festoyer et ils sont – détail essentiel – incestueux : ils vivent ensemble et ils ont une sexualité entre frères et sœurs, comme me l'ont dit les Yaminawa[36]. À partir de là le travail social d'établissement de liens corporels, cet échange de nourriture qui est la concrétisation quotidienne de l'alliance conjugale, cesse d'être un impératif moral au ciel et devient redondant.

Nous arrivons ainsi à l'établissement d'un autre contraste qui servira à préciser davantage le premier. La morale ascétique chrétienne a été organisée autour du couple luxure/chasteté[37], où la luxure est comme une sorte de péché source d'où proviennent les autres. L'interprétation sexuelle du péché d'Adam et Ève est très ancienne, et elle

---

36. Les idées amazoniennes sur la vie après la mort sont fort diverses, mais la notion d'un au-delà sans interdits relatifs au degré d'affinité, au sens anthropologique du terme, reste considérablement étendue. Elle reçoit une confirmation de la part du christianisme, qui promet un monde futur de frères et de sœurs.
37. J. LE GOFF, *Un long Moyen Âge*, Paris 2004, « Le refus du plaisir », p. 111-125.

est toujours restée une sorte de message refoulé, censuré par la même impulsion morale qui avait amené à la concevoir[38]. Quoi qu'il en soit, avec la gourmandise, la luxure a formé le pôle le plus corporel des péchés capitaux, et le jeûne comptait au nombre de ses principales vertus celle d'affaiblir la luxure et de faciliter ainsi la victoire de l'âme sur le corps. La morale amazonienne est très éloignée de cette préoccupation, elle est même plutôt aux antipodes de celle-ci : elle tourne au contraire autour du couple avarice/générosité. La carence morale qui donne naissance à toutes les autres, celle qui sert de motif à toute censure, insulte et stigmatisation, c'est la tendance à retenir, à ne pas partager. Elle est en rapport direct avec la paresse, la bêtise, la maladresse et le vol. Le refus de la nourriture en est un signe, le plus clair qu'on connaisse.

Or l'état de *muka*, amer, obtenu au cours et au prix du *samaki*, n'est nullement un gage de générosité, bien au contraire. Il durcit le corps et il le sépare en quelque sorte du corps commun. Le chaman n'est pas un modèle moral. Bien que, de toute évidence, la figure populaire qui s'est imposée sur le marché néo-chamanique destiné au public national soit très différente et que les chamans réels que l'on peut rencontrer à l'occasion de séjours ethnographiques soient plus d'une fois bien éloignés de ce profil, le profil traditionnel d'un chaman répond plutôt à l'idée d'un mal prestigieux et nécessaire. Le chaman idéal, contrairement au chef idéal – polygame, bavard et généreux –, est un avare, bon gardien de ses connaissances et de ses biens, et aussi un sujet de terne sexualité. Dans les années 1970, le chaman était, parmi les Marubo – un autre groupe Pano –, la personne la plus compétente pour exercer les fonctions de courtier commercial, la plus capable de contrôler les comptes et d'exiger des paiements[39]. Le chaman Yaminawa que je connaissais – le père de Pukuido, mentionné au début de cet article – était le seul Yaminawa à avoir une juste notion de la valeur et de l'utilisation de l'argent par les Blancs, gens avares par définition.

Considéré sous cet angle, le jeûne a quelque chose d'une pratique malfaisante – avaricieuse, avide de mérites, source de pouvoir,

---

38. P. BROWN, *The body and society: men, women, and sexual renunciation in early Christianity*, Londres 1989 ; J.-Cl. SCHMITT, « Corps et âmes », dans J. LE GOFF et J.-Cl. SCHMITT (éd.), *Dictionnaire raisonné de l'Occident médiéval*, Paris 1999, p. 230-245.
39. J. CÉZAR MELATTI, « Os patrões Marubo », *Anuário Antropológico* 83 (1985), p. 155-198.

jamais dépourvue d'un certain danger. Il suppose une ségrégation alimentaire, un refus temporaire de partager la nourriture – et donc la substance – avec les autres ; l'abstinence sexuelle qui l'accompagne signifie également le refus de donner l'une des substances les plus importantes dans la relation à autrui. La chasteté est souvent associée à l'avarice : quiconque refuse les avances sexuelles d'autrui est taxé de pingrerie[40]. La glose de « jeûne » dans le dictionnaire Shipibo de Loriot[41] inclut le sens d'« épargne ». En Amazonie indigène, on peut donc trouver un concept de jeûne qui, malgré des différences essentielles en ce qui concerne les notions de nourriture et de corps, comporte de toute évidence des significations semblables à celles du jeûne chrétien, mais qui leur confère aussi une valeur morale diamétralement opposée.

---

40. B. Maissonave Arisi, « Vida Sexual dos Selvagens (nós) : indígenas pesquisam a sexualidade dos brancos e da antropóloga. Relato de experiência de uma antropologia reversa », dans A. Sacchi et M. Gramkow (éd.), *Gênero e Povos Indígenas*, Brasilia 2012, p. 50-77.
41. J. Loriot *et al.*, *Diccionario Shipibo-Castellano*, Lima 2008 [1993¹].

– **INDEX** –

Index thématique

abandon/ abandonner	105, 231, 249, 260, 428, 475, 537	ascétisme	63, 139, 143, 146, 173, 242-245, 278, 461, 538
abnégation	30, 449	austérité	18, 46, 57, 235, 325, 328, 335, 478
abondance	33, 142, 172, 209, 212, 222, 229, 304, 347, 476, 487, 505, 506, 513	blasphème	52, 259
		bouddhisme	415, 432
abstinence	13, 18, 35, 37, 39-42, 45, 48, 49, 64, 68, 70, 72, 76, 82, 90, 105, 107-109, 112, 117, 119, 122, 131, 132, 138-141, 153, 196, 198, 199, 201, 203, 206, 215, 221, 223, 224, 226, 227, 233, 234, 237, 239, 241-243, 245, 254, 284, 303, 314, 322, 327, 329, 330, 345, 347, 348, 377, 438, 450, 456, 461, 462, 526, 527, 532-534, 542	brahmane	455
		calendrier	12, 24, 65, 94, 113, 123, 141, 144, 197, 204, 211, 221, 378, 387, 391, 397, 405, 412, 503
		calife	393, 508
		carême	25, 58, 63, 66, 68, 69, 88, 89, 91, 94, 97-99, 103, 104, 106, 135, 141, 173, 191, 196-198, 201-209, 211-227, 229, 230, 232, 266, 270, 285, 294, 303, 304, 315, 319, 333, 335-338, 340, 342, 344, 346-349, 441, 453, 457, 510
affliction	216, 251, 254, 256		
agression	528, 530, 535	casuistique	18, 122, 254, 269, 273, 277, 284, 286, 296, 323, 329, 335, 533, 534
alcool	100, 229, 240, 320, 423, 425, 441, 467, 536		
alliance	28, 103, 266, 323, 507, 540	chaman/ chamanisme	523-530, 535, 541
âme	24, 29, 30, 38, 43, 54, 155, 238, 355, 362, 471, 537, 538, 540	charité	29, 40, 71-73, 82, 103, 113, 124, 170, 264, 267, 304, 484, 512
animal	49, 76, 84, 114, 147, 202, 204, 207, 217-219, 221-223, 229, 364, 365, 371, 438, 446, 449, 457, 458, 460, 463, 468, 471, 477, 481, 494, 513, 526, 532, 534, 535	chasse	49, 50, 139, 173, 219, 235, 415, 425, 437, 438, 441-452, 524, 526, 527, 529
		chasteté	14, 26, 40, 41, 138, 236, 482, 540, 542
anorexie	58, 368	châtiment	134, 144, 188, 263, 265-267
ascension	36, 419, 511, 540	chocolat	286, 287, 300, 337, 341, 343, 344, 346, 349, 350
ascèse/ascète	8, 14, 17, 41, 47, 49-51, 56, 57, 59-61, 63, 74, 75, 77, 82, 95, 101, 131, 132, 134, 135, 138, 142, 144, 147, 148, 150, 152, 161, 461, 479	chute	512, 532, 401
		colère	54, 117, 136, 257, 260, 264, 315, 470, 471

545

commémoration	52, 67, 174, 391, 393, 460, 506, 512, 513, 515		199, 202, 204-207, 211, 224, 225, 254, 274, 278, 347, 378, 394, 417, 419, 422, 425, 483, 511, 514
communion	7, 59, 60, 87, 100, 101, 105, 107, 149, 156, 157, 161, 162, 170, 178, 180, 185, 186, 188-193, 195, 196, 254, 269, 271-276, 278-289, 291, 292, 294-299, 302, 306-320, 323, 326, 380, 460	culte	23, 24, 29, 30, 33, 43, 62, 105, 110, 159-161, 165, 171, 194, 254, 266, 290, 376, 377, 379, 399, 401, 406, 419, 433, 440, 449, 451, 454, 455, 460-462, 471, 479, 518, 529
concupiscence	8, 117, 136, 329, 332, 335, 344	danger	29, 127, 209, 212, 273, 451, 459, 464, 471, 532, 542
contournement	205, 330, 332, 339, 347, 350	dégoût	209, 216, 218, 226, 535
contrainte	12, 82, 91, 94, 197, 199, 220, 226, 237, 269, 273, 280, 283-286, 302, 304, 317, 321, 322, 327, 329-332, 336-339, 341, 344, 350, 366, 388, 394, 428, 442, 444, 451, 455, 478	démon	38, 47, 53, 73, 74, 82, 100, 139, 141, 163,
		deuil	29, 35, 54, 395, 397, 406, 410, 424, 459, 493, 511-513, 516, 528
conversion	56, 63, 66, 230, 239, 260, 263, 266, 374, 388, 525, 533	diète	77, 103, 356, 358, 360, 361, 369-371, 526, 527, 529, 530, 533
		diététique	10, 242, 358
convoitise	32, 40, 41, 56, 75, 131, 153, 203, 267, 361-363	douleur	31, 60, 62, 398, 406, 407, 461, 464, 524, 531
corps	8, 9, 12, 29, 30, 33, 34, 36, 37, 40, 41, 43, 44, 47, 48, 53, 54, 58-62, 68, 69, 72-75, 77, 97, 103, 118-120, 136-138, 141, 145-147, 149-152, 154, 170, 172, 202, 204, 210, 229, 231, 235, 237-239, 241-244, 246-248, 253, 254, 262, 265, 274-276, 278-280, 305, 315, 317, 324, 328, 329, 336, 338, 341, 355-358, 362, 365-368, 370, 379, 381, 385, 405, 417, 438, 446, 447, 449, 453, 458, 459, 463, 464, 468-470, 472, 474, 477-479, 497, 511, 512, 527-538, 540-542	drogue	320, 467, 531, 532, 536
		émotion	262, 393, 406-408, 470
		emprisonnement	252, 366, 399
		esprit	7, 26, 27, 33, 40, 41, 43, 47, 53, 69, 70, 71, 74, 75, 126, 131, 136, 146, 147, 155, 165, 170, 210, 230, 232, 240, 242, 244, 245, 248, 254, 256, 260, 274, 276, 278, 305, 307, 308, 335, 356-358, 365-368, 370, 380, 381, 383, 384, 394, 398, 431, 445, 446, 461, 470, 472, 474, 477, 499, 526, 530, 534, 537-539
cosmologie	455, 529, 540		
coutume	23, 64, 65, 92, 93, 96, 97, 101, 102, 109-111, 113-117, 119-221, 123, 125, 128, 132, 142, 158, 159, 161, 164, 174, 176, 177, 179,	eucharistie	25, 58, 59, 81, 100, 101, 105, 148-151, 154-156, 161-163, 170-174, 199, 269, 270, 272, 274-280, 284, 289, 291, 292, 294, 298, 305, 316, 319, 322, 331

546

Index thématique

évangélique	68, 234, 373-379, 381, 383, 385-387, 389, 525	guerre	30, 33, 45, 73, 99, 103, 139, 230, 251, 257-259, 261, 266, 389, 399, 403, 410, 411, 416, 417, 426, 459, 464, 468, 527
excès/excessif	42, 44, 61, 102, 135, 137, 146, 169, 204, 209, 229, 234, 245, 246, 282, 313, 328, 351, 363, 497, 532, 537		
		hadith	420, 430, 481-483, 485, 489, 497, 500
exclusion	8, 48, 53, 113, 123, 166-168, 174, 192, 195, 324, 493, 494, 532	hédonisme	359, 360
		hérésie	125, 147, 166, 167, 412
		hindouisme	432, 453-458, 469, 478
excommunication	86, 143, 167, 187, 232, 290, 312, 322	humilité	24, 74, 239, 254, 304
		hygiène	60, 242, 531, 533
expiation/ expiatoire/ expier	8, 16, 17, 24, 43, 90, 335, 393, 451	iftâr	415, 418, 419, 421-423, 425, 427-429, 431-434, 481, 482, 485, 486, 488, 489, 491-495, 497, 498
faiblesse/ faible	244, 260, 309, 385, 470		
		illicite	112, 117, 121, 202, 296
faim	15, 17, 37, 38, 45, 47, 53, 55, 58, 60, 75, 80, 105, 136, 137, 149, 301, 302, 332, 333, 335, 337, 339, 346, 350, 355-357, 364-371, 380, 382, 407, 437, 442, 444, 485, 489, 524	imâm	14, 395, 400, 402, 409, 410, 416, 420, 428, 430, 483, 516
		impureté	40, 41, 453, 458, 461, 466, 473, 530
		indécence	272, 288, 289, 303, 307, 309, 312, 313, 318,
faute	73, 75, 113, 128, 131, 245, 473	indigestion	276, 277, 318
féminin	148, 149, 152, 443, 448, 454, 462, 481, 513, 514	infraction	229, 275, 276, 279-282, 285-287, 291-293, 295, 297, 298, 300-302, 306-312, 315, 316, 321, 330, 332, 334, 335, 337, 338, 342-347, 500
foi	17, 29, 30, 39, 40, 44, 59, 92, 70, 84, 91, 99, 109, 111, 133, 141, 170, 184, 192, 204, 231-233, 235, 236, 238, 267, 374, 379, 381, 411, 429, 474, 475		
		ingestion	50, 275, 280, 281, 287, 292, 309, 317, 318, 446, 447, 523, 527, 528
frugalité	35, 37, 42, 44, 48, 232, 246, 397, 405	initiation/ initiatique	166, 437-441, 448, 519, 523-527, 539
fuite	46, 211, 357-361, 364		
gastronomie/ gastronomique	19, 147, 356-361, 364	insomnie	243, 246, 247, 276, 277
		interdiction/ interdit	8, 12, 88, 102, 126, 132, 173, 188, 207, 210, 252, 275, 276, 279, 280, 288-290, 295, 305, 310, 316, 320, 337, 344, 347, 399, 419, 424, 429, 433, 457, 467, 536
générosité	28, 347, 505, 541		
goût	51, 145, 157, 207, 208, 212, 215, 216, 222, 234, 246, 281, 360, 368, 444, 492		
grâce	31, 34, 39, 74, 141, 152, 155, 170, 235, 238, 261, 275, 328, 379, 383, 400, 462, 470, 483, 489, 498		
		intransigeance	52, 146, 194, 224, 313, 316, 319, 393

La dîme du corps – volume II

jeun	173, 174, 176-178, 187, 188, 191, 209, 270-272, 274, 278, 282-284, 314-316, 320, 441
joie	11, 17, 38, 39, 403, 410, 482-484, 493, 501, 512, 513
jouissance	17, 27, 28, 31, 355, 362
liquide	193, 196, 214, 270, 273, 275, 280, 281, 297, 301, 317, 331-347, 349, 350, 356, 430, 468, 477, 486, 495
liturgie/ liturgique	24, 43, 47, 64, 65, 67, 69, 81, 84-86, 93, 94, 141, 152, 162, 171, 183, 197, 220, 229, 250, 262, 289, 378, 469
loi	23, 26-30, 33, 39, 41, 45, 79, 80, 82, 96, 97, 100, 111, 115-119, 121, 123, 125, 127-129, 159, 165, 166, 236, 278, 304, 319, 323, 330, 341, 344-346, 366, 368, 385, 467
lune	95, 155, 395, 484, 503
luxe	241, 246
luxure	14, 40, 131, 138, 204, 206, 244, 265, 537, 540, 541
mal	27, 44, 47, 74, 79, 126, 163, 216-218, 246, 260, 267, 368, 381, 398, 410, 450, 459, 464, 538, 541
maladie/ malade	27, 47, 60, 71, 72, 74, 86, 99, 124, 151, 163, 194, 199-201, 205, 225, 226, 240, 272, 273, 288, 297, 315, 381, 382, 390, 439, 453, 530, 532, 535
malaise	283, 315, 361
malédiction	80, 382
martyr	35, 55, 67, 69, 110, 133, 146, 196, 233, 391, 393-395, 397, 398, 400, 402, 404-406, 409, 516, 518
médecine/ médecin	10, 38, 114, 123, 198, 204, 217, 223, 225, 242, 286, 291, 299-306, 329, 332, 335-337, 368, 536
méditation	42, 63, 69, 146, 239, 246, 461, 470
mensonge	125, 398, 470
meurtre	410, 477, 527, 528, 537
miracle	35, 69, 152, 162, 199, 385
miséricorde	56, 80, 239, 328, 383, 404
mort/mortel/ mortalité	31-33, 40-42, 52, 70, 74, 79, 97, 101, 110, 112, 117, 124, 138, 140, 144, 147, 155, 156, 161, 163, 181, 191, 199, 224, 227, 236, 246, 271, 273, 274, 280, 282, 283, 288, 294, 297, 299, 303, 307, 315-317, 319, 320, 363, 375, 382, 399, 405, 406, 408, 417, 426, 433, 446, 449, 450, 453, 459, 465, 477, 511-513, 515, 528, 531, 532, 538, 540
mortification/ mortifier	15-17, 29, 40-42, 44, 55, 60, 146, 231, 234, 238, 254, 405, 530
mufti	398, 416
mythe	41, 462-465, 506, 528, 535, 539
norme	16, 47, 57, 65, 111, 112, 116, 117, 120, 143, 144, 195, 202, 208, 227, 271, 306, 370, 374, 411, 439, 533, 536
nutrition	10, 124, 302, 366, 368-370, 530, 536
offrande	18, 41, 142, 170, 183, 444, 463, 469, 477, 488
orthodoxie/ orthodoxe	32, 79-81, 85, 86, 91-93, 95, 96, 99-105, 147, 167, 169, 174, 328, 374-376, 380, 382, 389, 396, 415, 412
orthopraxie	57, 105, 167, 169, 171, 173, 174, 195, 286, 291, 323, 325, 328, 411
paradis	26, 27, 37, 61, 74-77, 79, 103, 138, 200, 538
pardon	29, 73, 103, 190, 260, 261, 267, 473, 482, 483, 510

548

Index thématique

Passion	23, 44, 66, 69, 172	privation	7-12, 14, 16-19, 36, 53, 55, 57, 62, 67, 70, 126, 138, 139, 148, 197, 201, 212, 227, 239, 246, 254, 259, 267, 270, 275, 315, 326, 327, 329, 332, 333, 336, 357, 358, 364, 377, 378, 438, 443, 446, 457-459, 461, 462, 467, 474, 477, 479, 526, 527, 536
passion	14, 35, 40, 41, 54, 139, 146, 170, 234, 239, 241, 244, 246, 247		
péché	8, 27-29, 38-40, 73, 79, 117, 124, 127, 131, 138, 139, 143, 145, 152, 179, 186, 201, 224, 230, 234, 235, 237-240, 254-256, 260-267, 279, 288, 294, 297, 307, 314-321, 328, 329, 335, 346, 363, 404, 482, 540, 541		
		probabilisme	282, 291-293, 306, 308, 310, 311, 314, 325, 326, 328, 340, 348
		profanation	161, 271, 284
pèlerinage/ pèlerin	61, 62, 113, 120, 149, 200, 235, 401, 409, 426, 430, 432, 433	prophète	23, 26, 28, 30-32, 35, 38, 43, 46, 64, 69, 141, 145, 256, 264, 266, 391, 393, 398, 404, 409-411, 421, 481-483, 485, 489, 497, 510, 511, 516-518
pénitence/ pénitent	16, 24, 25, 27, 29, 35, 39, 43, 45, 53, 60, 64, 75, 76, 94, 113, 127, 131, 139, 140, 143-145, 151-153, 196, 203, 204, 218, 227, 229, 239, 241, 242, 263, 294, 451, 462, 464-472, 475, 476, 479		
		protestantisme/ protestant	192, 220, 229-267, 277, 278, 327, 373, 374, 378, 387, 529
		pureté/pur(e)	34, 40, 43, 53, 74, 117, 136, 139, 165, 167, 170, 183, 234, 235, 430, 453, 461, 462, 466, 473, 474, 478, 520
poisson	83, 84, 86, 93, 94, 104, 107, 108, 122, 143, 147, 165, 202, 204-209, 211-217, 219-223, 231, 233, 366, 447, 457, 458, 490-492, 494, 499, 526		
		purge	155, 529
		purification	16, 95, 153, 453, 454, 457-461, 464, 468, 478
porc	165, 218, 219, 422, 458, 534	quantité	51, 52, 113, 117, 183, 217, 220, 223, 243, 271, 276, 279, 284, 295, 309, 335, 337, 344, 345, 362, 363, 368, 369, 439, 450, 468, 493
prescription	49, 83, 84, 111, 200, 206, 211, 221, 231, 240, 282, 284, 289, 290, 297, 316, 327, 392, 416, 417, 424, 429, 435, 439, 528, 530, 538		
		quiétude	74, 489
		Ramadan	11, 19, 405, 411, 412, 418, 419, 421, 422, 427, 430, 431, 433-435, 481-486, 488-491, 493, 497-500, 510, 520
prière/prier	24, 25, 29-31, 36, 42, 43, 50, 54, 55, 63, 64, 66, 68-70, 72, 73, 80, 81, 95, 98, 101, 114, 136, 140, 145, 152, 236, 239, 241, 242, 249, 251, 255, 256-261, 270, 375-390, 397, 400, 402, 404, 405, 420, 424, 428-430, 434, 462-464, 466, 469, 470, 475, 478, 479, 483-485, 488, 489, 500, 506, 507, 511, 518		
		Réforme	239, 241, 243, 244, 373, 374
		réforme/ réformé	18, 65, 71, 72, 76, 84, 85, 91, 157, 192, 193, 208, 249-251, 259, 263, 264, 266, 348, 387, 395, 433

549

La dîme du corps – volume II

régénération	44, 59	santé	7, 15, 33, 38, 60, 82, 83, 113, 124, 125, 211, 225, 226, 242, 245, 303, 321, 329, 362, 380, 418, 419, 425, 432, 434, 456, 483, 484, 500, 525, 536
régime	27, 35, 42, 51, 61, 64, 68, 82, 83, 121, 122, 124, 132, 142, 145, 160, 167, 211, 212, 217, 242, 358, 366, 397, 425, 459, 524, 532, 533, 535-537		
		sévérité	65, 107, 276, 285, 291, 299, 301, 304-306, 308-310, 312-314, 319, 322, 325, 326, 328, 329, 332, 335, 337, 340, 348, 349, 351
renoncement	53, 55, 56, 71, 73, 75, 134, 190, 201, 254, 438, 448, 478		
repentance/ repentir	66, 67, 80, 254-258, 261, 262, 264-267, 381, 388, 389, 511		
		sexe/sexualité	19, 119, 139, 150, 246-248, 289, 453, 515, 540, 541
restriction	48, 53, 62, 73, 100, 101, 298, 301, 312, 341, 441, 450, 456, 538	silence	12, 69, 74, 159, 160, 165, 187, 244, 400, 446
rituel	24, 85, 155, 162, 165, 167, 173, 187, 250, 262, 272, 279, 284, 391-394, 397, 399, 402, 404-406, 408, 411, 422, 423, 428, 429, 431, 434, 437-439, 441, 442, 444, 446-452, 454, 456, 459, 460, 462-465, 473, 474, 477, 479, 489, 506, 512, 513, 515-518, 527, 534, 538	soif	52, 53, 55, 56, 60, 75, 80, 302, 333, 335-338, 342, 345, 437, 442, 481, 492
		sommeil	53-55, 60, 75, 145, 146, 201, 246, 248, 282, 328, 438, 443, 538
		sortilège	382, 468
		souffrance	12, 14, 31, 37, 55, 72, 73, 153, 198, 215, 267, 393, 402, 403, 405, 407, 408, 459, 461, 464, 531
rupture	15, 32, 35, 74, 75, 107, 113, 116, 119, 124, 125, 128, 129, 134, 233, 235, 244, 279, 280, 292, 293, 302, 318, 324, 331, 336, 337, 346, 418, 421, 422, 424, 433, 481-483, 485, 488, 489, 493,	soufisme/ soufi	391, 404, 405, 407, 408, 411, 412, 518, 519
		souillure	35, 172, 183, 289, 305, 453, 454, 460, 473-475, 478
sacrifice	18, 27, 41, 55, 136, 165, 170, 189, 201, 206, 248, 283, 386, 393, 440, 441, 444, 448, 449, 454, 459, 460, 462-465, 471, 472, 520	spiritualité/ spirituel	8, 10, 12-14, 17, 25, 33, 38-40, 42, 45, 47, 48, 51, 54, 60, 64, 68, 69, 72-75, 81, 86, 90, 92, 98, 101, 102, 105, 114, 117-121, 123-125, 127, 131, 133, 136, 138, 139, 144, 146, 150, 152, 153, 191, 199, 241, 242, 253, 258, 262, 267, 278, 314, 315, 329, 356, 373, 378-382, 384-386, 388-390, 396, 401, 409, 416, 454, 466, 469, 470, 472, 478, 482, 483, 489, 518, 519, 521, 525, 526, 530, 538
sainteté	52-54, 57, 58, 134, 136, 264		
saleté	61, 172, 453, 530		
salut	28, 47, 80, 91, 97, 101, 112, 118, 120, 127, 128, 138, 204, 235, 236, 238, 266, 267, 270, 374, 379, 389, 484, 513		

550

Index thématique

substance	121, 125, 214, 276, 279, 281, 297, 318, 324, 336, 350, 362, 363, 523, 526, 537, 542
Sunna	398, 404, 410, 483
sunnisme	393, 411
tabac	285-314, 316, 318, 319, 441, 523, 524, 527, 528
tabou	460, 533, 536
technique	8, 17, 19, 59, 244, 246, 407, 438, 446, 450, 452, 479, 493, 529
température	431, 432, 495
tentation	30, 37, 47, 53, 73, 139, 362, 470, 471, 539
tradition	64, 66, 67, 70, 79, 85, 88, 97, 101, 102, 105, 128, 131, 132, 153, 162, 163, 179, 213, 227, 231, 266, 315, 321, 336, 337, 365, 374, 387, 391-393, 397, 400, 402, 404-406, 408, 412, 413, 417, 424, 438, 442, 449, 452, 454-456, 461, 462, 508, 510, 516, 531, 534
tristesse	27, 41, 75, 408, 512, 516
viande	26, 35, 36, 39, 40, 49, 53, 54, 62, 64, 71, 93, 100, 106, 107, 111, 122, 134, 139, 141, 145, 147, 165, 172, 197, 201, 204-211, 213, 217, 218, 221-223, 225, 227, 229-231, 233, 239, 241, 242, 262, 267, 294, 319, 326, 341, 359, 366, 399, 400, 439, 443, 444, 448, 457, 458, 462, 468-471, 474, 477, 485, 486, 488, 490-496, 499, 511, 526, 532-536, 539
victime	179, 449, 528
violence	183, 369, 455, 459, 461

La dîme du corps – volume II

Index des noms propres

'Abd Isô' Ḥazzāyā	54, 55	Aphraate	51, 53, 56, 74, 76
Abdias	145	Apollonius de Tyane	48
Abraham d'apa Phoibammôn	163, 164	Ardiç, Necdet	520
Achab	266	Arnauld, Antoine	157, 192
Adam	12, 27, 79, 80, 138, 240	Athanase d'Alexandrie	34, 38, 133
Adam, Melchior	247	Augustin d'Hippone	110, 120, 138, 147, 159, 174, 176, 177, 179-182, 186, 195, 361, 362, 364
Adams, John	389		
Adrien VI	181		
Albani, Annibale	312	Aversa, Raffaelle	297
Albert, Micheline	68	Avicenne	114
Albrecht, Johan	234	Azarias	35
Alcoholado, Pedro Ruiz	291	Baba Rexhepi	399, 400
		Babait	399
Alexandre, Noël	308, 312, 331, 332, 337, 340, 341, 345, 347-349	Balsamon, Théodore	87-89, 91, 96, 97
Alexis Iᵉʳ Comnène	86	Bar 'Ebrōyō	64
al-Ghazālī	404	Bar 'Edta, Rabban	51, 54, 69,
Allix, Pierre	260, 265	Baradée, Jacques	64
Alpais de Cudot	149-151	Barbieri, Angus	356
Ambroise de Milan	161, 177, 295	Bardhi, Reshat	402
Ananias	35	Barthélémy de Brescia	115
Ancharano, Pierre d'	124		
Andrea, Jean d'	118, 124, 127	Bartolomeo di San Fausto	295
Andrés de la Madre de Dios	311	Basile de Césarée	25-27, 30-38, 42-44, 82, 83, 96, 97, 99, 132
Andriani, Rosa Maria	148		
		Basile le Loup	96, 98
Andry de Boisregard, Nicolas	302, 304	Bauer, Walter	169
		Bausi, Alessandro	162
Angélos, Christophoros	94, 96	Bède le Vénérable	128, 129
Antonio del Santísimo Sacramento	311	Bellenchombre, Laura	9, 10
Apellès	148	Belt, Hans	230

552

Index des noms propres

Benkheira, Hocine	18, 19
Benoît d'Aniane	206
Benoît de Nursie	13, 132, 141, 144, 205-207,
Benoît XIII	312, 313
Benoît XIV	313, 316, 319, 321-323, 348, 349
Berger, Claude	303
Bergerac, Cyrano de	155
Bériou, Nicole	190
Bernard de Clairvaux	141, 209, 210, 328,
Bernard de Parme	116
Bernard de Tiron	142
Bhabha, Homi	455
Billuart, Charles-René	316-318, 345-347
Bingham, Joseph	175, 176, 178
Bisso, Bernardo	310
Blastarès, Matthieu	96
Bloch, Maurice	408
Boisregard, Nicolas Andry de	302-304
Bölling, Gisbert	10
Boltanski, Luc	229
Bon de Merbes	7
Bona, Giovanni	323
Bonacina, Martino	295
Boniface VIII	111
Boudewyns, Michael	301, 302
Bouffard-Madiane, Jean de	262
Bourdieu, Pierre	514
Bromley, David G.	476
Browe, Peter	158
Bruegel l'Ancien, Pieter	219
Bünting, Heinrich	234
Butterfield, Herbert	157
Butz, Earl	368, 369
Bux, Kuda	475
Cabrol, Fernand	156
Calmet, Augustin	349
Calvin, Jean	193, 235, 238, 243-245, 251, 254, 257
Camara, Sory	445
Camard, Pr	250
Canivet, Pierre	52
Casaubon, Isaac	262
Castanou, Yvan	377, 379, 381-384
Catherine de Gênes	150
Catherine de Sienne	150, 151
Celse	175
Certeau, Michel de	19
Chan, Francis	380
Charles Quint	322
Charles VII	223
Chenoté du Monastère Blanc	182
Chiericato, Giovanni Maria	309, 310, 312, 313
Claude de Vert	157, 169
Claude, Jean	260, 261, 267
Clément d'Alexandrie	29, 32, 34, 42, 83, 137
Clément de Rome	28, 29, 34
Clément XIII	349
Cohen, Patrice	9, 10
Collet, Pierre	319-321
Concina, Daniele	319, 326, 348-350
Cotelle de La Blandinière, Jean-Pierre	340
Cottiby, Samuel	251
Cremonesi, Chiara	57
Crespin, Jean	233
Cyprien de Carthage	174-176, 195
Cyrille de Jérusalem	25

553

La dîme du corps – volume II

Dad-Īshō' Qatrāyā	68, 72-74	Étienne d'Obazine	140
Daillé, Jean	251, 258, 263	Eugippe	186
Damien, Pierre	132, 144-146, 149, 207	Eusèbe de Césarée	25
		Eustache, David	259
Daniel le stylite	55, 62	Evagre le Pontique	70, 73
Daniel	34-36, 43, 46, 77, 145	Évagre le scholastique	61
David	64, 266	Everaerts, Gilles	300
De Coninck, Gilles	295	Fagon, Guy-Crescent	303
De Franceschi, Sylvio	196, 227	Fagundes, Estevào	284, 286, 292, 294
Denys d'Alexandrie	83	Farel, Guillaume	242
Deschamp, Marion	243	Fauchon, Claire	57
Deschamps, Eustache	215-218	Féliu, François	9, 10
		Ferezdak	398
Diana, Antonino	291-302, 307, 308, 310-314, 319	Ferréol d'Uzès	143
		Festugière, André Jean	133
Domenica del Paradiso	150		
		Filliucci, Vincenzo	293
Dosithée II	99	Fischler, Claude	9
Drelincourt, Charles	254, 255, 258-263, 265-267	Fisher, Greg	61
		Florus de Lyon	188
Du Bois, François	338	Fontaine, Jacques	141
Durkheim, Émile	460	Foucault, Michel	19, 167
Edlibach, Gerold	232	Francisco de Jesús Maria	311, 321
Edwards, Jonathan	3 7 4		
Élie	30, 31, 33, 34, 36, 37, 46, 67, 135, 145	Francke, August Hermann	175, 374
Elie le Tishbite	46	François d'Assise	148
Elisabeth von Reute	150	Frashëri, Naim	394, 402, 403
Epachius	187, 188	Frochisse, Jean-Marie	158, 160
Ephrem de Nisibe	47, 48, 55, 61, 64, 72, 73, 75, 77	Froschauer, Christophe	231, 242
Épiphane de Salamine	49, 168, 172, 173		
		Fürtner, Maria	148
Erlsfeld, Johann Franz Löw von	305	Fuzūlī	394, 398, 400, 516
		Gaches, Raymond	263
Escobar y Mendoza, Antonio	297, 339	Gandhi	17
Esther	29, 30, 34, 377	Gehren, Siegmund Friedrich	246
Étienne de Muret	145		

Index des noms propres

Gennade de Marseille	186, 189	Harnack, Adolf	173
Geoffroy de Trani	112, 114	Harveng, Philippe de	137
Gérontius	161, 162	Harvey, Barbara	208
Ghasarian, Christian	457	Ḥasan	400, 402
Gheyloven, Arnold	198-202	Hecquet, Philippe	302-305, 332, 333, 335-337
Gibert, Jean-Pierre	314-324	Heisterbach, Césaire de	137
Gilles le Bouvier	223	Hellweg, Joseph	448, 449
Gilman, Sylvie	10	Henri de Langestein	202
Giraud de Barri	207	Henri de Saint-Ignace	337, 339-341
Giribaldi, Sebastiano	311	Henri de Silesie	225
Gjakova, Adem Nuri	397, 405	Henri de Suze, dit Hostiensis	114, 115, 119, 127
Gondulf de Rochester	146	Henri IV	258
Gounelle, Rémi	16	Henry Savile	178
Grancolas, Jean	179	Hermas	24, 43
Gratien	109, 110, 112, 114, 116, 123, 190, 270	Hermès	95
Grégoire de Nazianze	30, 32, 33, 35, 37, 42, 43	Hilarion	133
Grégoire de Nicopolis	147	Hippocrate	123, 336
Grégoire de Nysse	26, 37	Hippolyte	162, 163
Grégoire de Tours	187, 188	Hitler	416
Grégoire IX	109, 223	Honorius Augustodunensis	206
Grégoire le Grand	137, 141	Honorius III	110, 111
Grotewahl, Kurt	230, 231	Hormizd, Rabban	51, 59
Guibert de Nogent	137	Hornburg, Hans	230
Guillaume de Saint-Thierry	146, 209, 328	Hoxha, Enver	399, 408
Guillaumont, Antoine	68	Hugues de Flavigny	149
Guiwarguis d'Abèles	68	Hugues de Saint-Victor	137
Gury, Jean-Pierre	287, 288	Hurtado, Tomás	298, 299, 301
Hammelle, Godefroy de	233	Ḥusayn	391, 393-395, 397-400, 402, 404-410, 511
Hanegraaff, Wouter	167	Ibn Khaldoun	481
Harménopoulos, Constantin	96	Ibn Muʿāwiya	393
		Ibrāhīm	402, 404, 410
		Ildefonso de los Ángeles	311

555

La dîme du corps – volume II

Innocent III	110, 111, 115, 120, 129	Juan Bautista de Lezana	296, 297, 299-301, 304, 307, 309, 312
Innocent IV	113, 117-119, 123, 124	Jud, Leo	231
Innocent VIII	224	Judith	29
Innocent X	290, 299, 307, 312	Jules III	322
Irène Paléologue	90	Julien l'empereur	35
Irénée de Lyon	25, 169	Julien Saba	52, 55
'Īsā	402, 404	Jungmann, Josef Andreas	158
Isaac de l'Étoile	137	Justinien	121
Isaac de Ninive	59	Karimov, Islom	417, 418, 420, 426, 430, 432
Isidore de Séville	123, 137, 139, 363	Karkā d-Beth Slokh	67
Işli, Necdet	518, 519	Kaškar, Abraham de	50, 54, 63, 65, 69, 71
Jackson, Michael	445	Katherine de Norwich	221
Jacob	511	Kontron	438, 441, 448
Jacques III d'Angleterre	321	Keys, Ancel	365
Jacques de Nisibe	57, 58	Khusrō Ier	67
Jacques de Saroug	51	Krause, Martin	184
Jacques de Vitry	150, 152, 153	Kruse, Goldschalk	230
Januarius	120, 174, 176, 181, 187	Kuttner, Stefan	128
Jean Cassien	70, 82, 136, 139	Kyriakos de Synnada	178
Jean Chrysostome	26, 38, 177-179	La Palud, Pierre	282
Jean de Dalyatha	59	Lambek, Michael	452
Jean de Tella	181	Lanfranco, Zacchia	299
Jean de Vissec	207, 212	Langlois, Claude	194
Jean Gerson	191, 192	Lateau, Louise	148
Jean l'Hésychaste	91	Lazzari, Domenica	148
Jean le Jeûneur	102, 107	Le Boulluec, Alain	166, 167, 169
Jean le Teutonique	120, 123	Le Corvaisier, René	251
Jean-Paul II	194	Le Faucheur, Michel	255, 259, 263-266
Jérôme	117, 133, 135-137, 223	Le Semelier, Jean-Laurent	342-344
Joël	264	Lenain de Tillemont, Louis-Sébastien	178
Jonas	66, 255, 511	Léon III	62
José de Jesús Maria	311		
Joseph	511		
Josion, Jean	250		

Index des noms propres

Léon VI le Sage	97
Léon XIII	178
Léon de Rome	173, 174
León Pinelo, Antonio de	287, 288, 290, 291, 293, 299, 311-313
Léonard de Saint-Jacques de Liège	211, 212
Leone, Alfonso	293, 294
Leroy-Molinghen, Alice	52
Lestrade, Thierry de	10
Lévi-Strauss, Claude	16
Liguori, Alphonse de	313, 314, 323, 324
Lincoln, Abraham	389
Lorich, Jodok	295
Lory, Pierre	520
Louis XIV	261, 303, 320
Luc Chrysobergès	87
Luther, Martin	230, 233-237, 241, 247
Lydwine de Schiedam	150
Mabillon, Jean	157, 175
Machado de Chaves, Juan	298
Madiran, Jean	194
Mahé, Jean-Pierre	76, 160
Malchus	133
Manimori	448
Manuel Ier Comnène	86
Mār Abba	66
Mār Saba	65, 66
Marān-'Ammeh	51
Marc le moine	90-92
Marchant, Jacques	297, 307
Marchesseau, Pierre-Valentin	10
Marcianos	58
Marie d'Oignies	149, 150
Māriyamman	463
Marliémèn	462, 463, 475
Martin de Tours	140, 141
Martino, Ernesto de	475
Marūtha de Maypherqat	52, 60, 66, 71
Mathieu, Séverine	15
Matthes, Karl	246
Maurice de Sully	190
Maxime de Turin	138
Mazyk, Étienne	252
Melanchthon, Philippe	243, 245, 246
Mélèce IV Métaxakès	103
Mercier, Jean	246
Merdjanova, Ina	410
Mestrezat, Jean	254, 258, 259, 265
Meta, Ilir	403
Michel II de Constantinople	87
Michel VIII	90
Millar, Fergus	57
Mirziyoev, Shavkat	418, 419
Misaèl	35
Moghila, Pierre	98-100, 106
Moïse	27-29, 33, 34, 36, 37, 46, 48, 67, 84, 89, 94, 135, 386, 511, 520
Monardes, Nicolás	300, 304
Mondi, Baba	403
Montfaucon, Bernard de	178
Morin-Larbey, Isabelle	15
Muḥammad	391, 393, 402, 481, 489
Müller, Hans	230
Münzer, Thomas	230
Mūsā	402, 404, 410

557

La dîme du corps – volume II

Musculus, Wolfgang	243, 244	Paul II	214, 220
Nabuchodonosor	35	Paul V	272
Neander, Johann	300	Paul VI	193
Neri, Giovanni Battista	306-308	Pazari, Ali	406, 407, 409, 411
Neumann, Teresa	148	Pélage	179, 186
Nicodème l'Hagiorite	101, 102	Philon d'Alexandrie	137
Nicolas III Kyrdiniatès, dit Grammatikos	86, 87	Philothée Kokkinos	85
		Philoxène de Mabboug	45, 66, 72
Nicolas de Flüe	150	Pie I	114
Nicolopoulos, Panagiotis	178	Pie X	193
		Pie XII	193
Nicot, Jean	287	Pierre de Bénévent	111
Nixon, Richard	368	Pierre de l'Estoile	262
Noé	504, 511-513, 519	Pierre du Moulin	176
Nogarola, Ludovico	181	Pierre le Chantre	137
Noyé, Jean-Claude	14	Pierre le Vénérable	210
Nūḥ	402, 404, 410	Pierre, Marie-Joseph	56, 74
Opitz, Josua	233, 240	Piper, John	376, 378-380, 382, 385
Origène	26, 30-32, 35, 37-41	Pitigiani d'Arezzo, Francesco	294
Osman	411		
Oubrou, Tareq	14	Platt, David	380
Pandialy	462, 476	Platter, Thomas	245, 248
Pantaleone da Confienza	223	Pontas, Jean	323
		Prince, Derek	375, 379, 382, 389
Paolo Francesco de Negro	291	Prospero Santacroce	287
Pascal, Blaise	326, 339	Pythagore	41
Pashaj, Kazim	398	Qaṭrāyā, Aḥūb	64
Pashko, Vasa	412	Quantin, Jean-Louis	159, 180
Pasmans, Barthélemy	333-335	Quarti, Paolo Maria	320
		Quiroga, Lugo y	292
Pasqualigo, Zaccaria	298, 299, 313, 321-324	Rabbūla d'Édesse	52-54, 59, 71
		Radbert, Paschase	188
Passerat, Jean	243	Raspail, François-Vincent	288
Patuzzi, Vincenzo	349-351		
Paul, saint	32, 37-40, 44, 67, 131, 133, 135, 170	Ratramne de Corbie	188
		Ratz, Jacob	233, 240

558

Index des noms propres

Raymond de Peñafort	111, 129, 199	Shapin, Steven	243, 358
Reiniche, Marie-Louise	255	Shëmbërdhenji, Baba Meleq	403
Reka, Qemaludin	405	Singer, Peter	369
Revnakoglu, Cemaleddin Server	517	Sixte IV	224, 225
Richer, Edmond	192	Socrate de Constantinople	83, 184
Robert de Châtillon	209	Spener, Philip	374
Robin, Marthe	148	Staline	382
Rondelet, Guillaume	243	Standaert, Benoît	11, 12, 15
Rose de Lima	150	Stella, Benedetto	309
Rossi, Ettore	399	Stilting, Jean	178
Rou, Jean	282	Stuart, Jacques-François	321, 322
Roumy, Frank	128	Suárez, Francisco	277-285, 292, 294, 317, 321, 324
Rousseau, Philip	57	Succi, Giovanni	16, 17
Roy, Olivier	410, 416	Sulpice Sévère	140
Ruchat, Abraham	242	Syméon le stylite	50, 52, 58-60, 62, 135
Rurice de Limoges	187	Syrigos, Mélétios	96-98
Saanɛ	438, 448	Tamburini, Tommaso	339, 341
Sabr-Īšōʿ de Bēth-Qoqa	51	Tamcke, Martin	76
Sachs, Michael	234	Tanner, Adam	295
Sahdona	53, 59, 73	Taylor, Jeremy	176
Sahrōy	67	Térence	137
Salomon	266	Tertullien	137, 158, 161, 174, 175, 195, 269
Saltik, Sari	403	Tessier, Antoine	243
Samson	30-34	Theodore Balsamon	87, 96
Samuel	30-32, 36	Théodore de Bèze	245
Sanctis, Sante de	16, 17	Théodoret de Cyr	49, 51, 57, 75
Saül	43	Théodore Stoudite	85
Scaglia, Desiderio	307	Théotokès, Nicéphore	102, 103
Schoen, Erhard	230	Thomas d'Aquin	131, 153, 190, 202-204, 223, 273-277, 279, 281, 283, 284, 310, 318, 324, 325, 328-335, 338-351, 361-364
Sébastián de San Joaquin	311		
Séguy, Jean	168		
Sen, Amartya	369		
Shapati, Behexhet	398		

559

La dîme du corps – volume II

Thomas de Cantimpre	207	Wirich de Thure	226
Thomson, George	251, 257, 261	Wittelsbach, Otton-Henri de, dit Ottheinrich	240
Titus (disciple de Daniel le stylite)	55	Xvadâhôy	50, 61
Tranquille de Saint-Rémy	251	Yazīd ibn Muʿāwiya	393, 398, 400
Traoré, Karim	445	Yoḥannān bar Qūrsos	59
Trix, Francis	400	Yūshaʿ	402
Troeltsch, Ernst	168	Zacchia, Paolo	299-302, 305, 306, 312
Tudeschi, Nicolas de	118	Zanetti, Ugo	185
Ubaldi, Paolo	178	Zénon	51
Urbain VIII	289, 290, 310, 313	Zindendorf, Nikolaus Ludwig von	374
Valenti, Ludovico	321	Zog Iᵉʳ	396
Van der Heyden, Pieter	219	Zwilling, Anne-Laure	16
Vattolo, Gaspare	349	Zwingli, Ulrich	231, 233, 235, 237, 242, 244, 245, 247
Vaugirauld, Jean de	340		
Vernejoul, Pierre de	262		
Véron, François	251		
Vertovec, Steven	455		
Victor d'apa Phoibammôn	164		
Villiers, Philippe de	249		
Viret, Pierre	242		
Voguë, Adalbert de	13-15, 132, 138		
Vokopola	398		
Volpi, Antonio	310		
Vööbus, Arthur	51, 54		
Walker Bynum, Caroline	152, 153, 357		
Washington, George	389		
Weibel, Nadine	16, 17		
Weller, Hieronymus	234		
Wesley, Charles	374		
Wesley, John	374, 376, 389		
Whitefield, George	374		
Wigand, Johann	234		
Winchester, Daniel	479		

BIBLIOTHÈQUE DE L'ÉCOLE DES HAUTES ÉTUDES, SCIENCES RELIGIEUSES *

vol. 176 (Série "Histoire et prosopographie" n° 13)
L. Soares Santoprete, A. Van den Kerchove (éd.)
Gnose et manichéisme. Entre les oasis d'Égypte et la Route de la Soie.
Hommage à Jean-Daniel Dubois
970 p., 156 x 234, 2016, ISBN 978-2-503-56763-1

vol. 177
M. A. Amir-Moezzi (éd.), *L'ésotérisme shi'ite : ses racines et ses prolongements /*
Shi'i Esotericism: Its Roots and Developments
vi + 870 p., 156 x 234, 2016, ISBN 978-2-503-56874-4

vol. 178
G. Toloni
Jéroboam et la division du royaume
Étude historico-philologique de 1 Rois 11, 26 – 12, 33
222 p., 156 x 234, 2016, ISBN 978-2-503-57365-6

vol. 179
S. Marjanović-Dušanić
L'écriture et la sainteté dans la Serbie médiévale. Étude hagiographique
298 p., 156 x 234, 2017, ISBN 978-2-503-56978-9

vol. 180
G. Nahon
Épigraphie et sotériologie.
L'épitaphier des « Portugais » de Bordeaux (1728-1768)
430 p., 156 x 234, 2018, ISBN 978-2-503-51195-5

vol. 181
G. Dahan, A. Noblesse-Rocher (éd.)
La Bible de 1500 à 1535
366 p., 156 x 234, 2018, ISBN 978-2-503-57998-6

* Tous les ouvrages peuvent être commandés sur le site de Brepols :
https://www.brepols.net/series/behe

vol. 182
T. Visi, T. Bibring, D. Soukup (éd.)
Berechiah ben Natronai ha-Naqdan's Works and their Reception
L'œuvre de Berechiah ben Natronai ha-Naqdan et sa réception
254 p., 156 x 234, 2019, ISBN 978-2-503-58365-5

vol. 183
J.-D. Dubois (éd.)
Cinq parcours de recherche en sciences religieuses
132 p., 156 x 234, 2019, ISBN 978-2-503-58445-4

vol. 184
C. Bernat, F. Gabriel (éd.)
Émotions de Dieu. Attributions et appropriations chrétiennes (XVIe-XVIIIe siècles)
416 p., 156 x 234, 2019, ISBN 978-2-503-58367-9

vol. 185
Ph. Hoffmann, A. Timotin (éd.)
Théories et pratiques de la prière à la fin de l'Antiquité
398 p., 156 x 234, 2020, ISBN 978-2-503-58903-9

vol. 186
G. Dahan, A. Noblesse-Rocher (éd.)
La Vulgate au XVIe siècle. Les travaux sur la traduction latine de la Bible
282 p., 156 x 234, 2020, ISBN 978-2-503-59279-4

vol. 187
N. Belayche, F. Massa, Ph. Hoffmann (éd.)
Les « mystères » au IIe siècle de notre ère : un « tournant » ?
350 p., 156 x 234, 2021, ISBN 978-2-503-59459-0

vol. 188 (Série "Histoire et prosopographie" n° 14)
M. A. Amir-Moezzi (éd.)
Raison et quête de la sagesse. Hommage à Christian Jambet
568 p., 156 x 234, 2021, ISBN 978-2-503-59353-1

vol. 189
P. Roszak, J. Vijgen (éd.)
Reading the Church Fathers with St. Thomas Aquinas
Historical and Systematical Perspectives
520 p., 156 x 234, 2021, ISBN 978-2-503-59320-3

vol. 190
M. Bar-Asher, A. Kofsky
The 'Alawī Religion: An Anthology
221 p., 156 x 234, 2021, ISBN 978-2-503-59781-2

vol. 191
V. Genin
L'Éthique protestante de Max Weber et les historiens français (1905-1979)
283 p., 156 x 234, 2022, ISBN 978-2-503-59783-6

vol. 192
V. Goossaert, M. Tsuchiya (éd.)
Lieux saints et pèlerinages : la tradition taoïste vivante /
Holy Sites and Pilgrimages: The Daoist Living Tradition
488 p., 49 ill. n/b + 26 ill. couleurs,156 x 234, 2022, ISBN 978-2-503-59916-8

vol. 193 (Série "Histoire et prosopographie" n° 15)
S. Azarnouche (éd.)
À la recherche de la continuité iranienne. De la tradition zoroastrienne
à la mystique islamique.
Recueil de textes autour de l'œuvre de Marijan Molé (1924-1963)
338 p., 3 ill. n/b, 156 x 234, 2022, ISBN 978-2-503-60022-2

vol. 194 (Série "Histoire et prosopographie" n° 16)
S. De Franceschi, D.-O. Hurel, B. Tambrun (éd.)
Le Dieu un : problèmes et méthodes d'histoire des monothéismes.
Cinquante ans de recherches françaises (1970-2020)
916 p., 156 x 234, 2022, ISBN 978-2-503-60112-0

vol. 195
A. Panaino
Le collège sacerdotal avestique et ses dieux. Aux origines indo-iraniennes
d'une tradition mimétique (Mythologica Indo-Iranica II)
332 p., 11 ill. couleurs, 156 x 234, 2022, ISBN 978-2-503-60241-7

vol. 198 (Série "Sources et documents" n° 3)
M. Terrier
Le guide du monde imaginal. Présentation, édition et traduction de la Risāla
mithāliyya (Épître sur l'imaginal) *de Quṭb al-Dīn Ashkevarī*
546 p., 156 x 234, 2023, ISBN 978-2-503-60643-9

À paraître

vol. 196
M.-H. Deroche
Une quête tibétaine de la sagesse
Prajñāraśmi (1518-1584) et l'attitude impartiale (ris med)
728 p., 33 ill. couleurs, 30 ill. n/b, 156 x 234, 2023, ISBN 978-2-503-60337-7

vol. 197
A. Girard, B. Heyberger, V. Kontouma (éd.)
Livres et confessions chrétiennes orientales. Une histoire connectée entre l'Empire
*ottoman, le monde slave et l'Occident (XVI*e*-XVIII*e *siècles)*
env. 492 p., 17 ill. couleurs, 1 carte n/b, 156 x 234, 2023, ISBN 978-2-503-60440-4

vol. 199 (Série "Histoire et prosopographie" n° 17)
D. Pelletier, Fl. Michel (éd.),
avec la collaboration de G. Cuchet, A. Guise-Castelnuovo, et I. Saint-Martin
Pour une histoire sociale et culturelle de la théologie. Autour de Claude Langlois
env. 412 p., 156 x 234, 2023, ISBN 978-2-503-60628-6

Réalisation : Cécile Guivarch
École pratique des hautes études